U0216106

吉林人民出版社

简体字本二十六史

新唐书

卷一二二——卷一八二

（六）

〔宋〕 欧阳修 宋祁 撰

王小甫等 标点

唐书卷一二二
列传第四七

魏元忠　韦安石 陟　斌　叔夏
缊　抗　郭震

　　魏元忠，宋州宋城人。为太学生，跌荡少检，久不调。盩厔人江融晓兵术，元忠从之游，尽传所学。仪凤中，吐蕃数盗边，元忠上封事洛阳宫，言命将用兵之要曰：

　　天下之柄有二，文武而已，至制胜御人，其道一也。今言武者先骑射，不稽之权略；言文者首篇章，不取之经纶。臣观魏、晋、齐、梁才固不乏，然何益治乱哉！养由基射能穿札，不止鄢陵之奔，陆机识能辨亡，无救河桥之败，断可见已。

　　夫才生于世，世实须才。何世而不生才？何才而不资世？故物有不求，未有无物之岁；士有不用，未有无士之时也。志士在富贵与贱贫，皆思立功名以传于后，然知己难而所遇罕。士之怀琬琰就煨尘、抱栋干困沟壑者，悠悠之人直睹此士之贫贱，安知其方略哉！故汉拜韩信，举军惊笑；蜀用魏延，群臣觖望。此富贵者易为善，贫贱者难为功也。昔汉文帝不知魏尚贤而囚之，知李广才而不用，乃叹其生不逢时。夫以广之才，天下无双，时方岁事匈奴，而卒不任。故近不知尚、广之贤，而远想廉颇、李牧，冯唐是以知其有而不能用也。此身为时主所知，不得尽其才也。晋羊祜谋举吴，贾充、荀勖沮之，祜叹曰："天下事不如意十常七八。"以二人不同，终不大举。此据立功之地，而不获展其志也。布衣之人，怀奇抱策，而望朝奏夕召，岂易得哉？臣愿历访文武五品以上，得无有智如羊祜、武如李广而不得骋其才者乎？使各言其志，毋令久失职。

又言：

人无常俗，政有治乱；军无常胜，将有能否。兵为王者大事，存亡系焉，将非其任，则殄人败国。齐段孝玄有言："持大兵如擎盘水，一致蹉跌，求止可得哉？"周亚夫坚壁以挫吴、楚，司马懿闭营而困诸葛亮，此皆全军制胜，不战而却敌。是知大将临戎，以智为本。今之用人，类将家子，或死事孤儿，进非干略，虽竭力尽诚，不免于倾败，若之何用之？且建功者，言其所济，不言所来；言其所能，不言所藉。若陈汤、吕蒙、马隆、孟观悉出贫贱，而勋伐甚高，不闻其家世将帅也。故阴阳不和，擢士为相；蛮貊不廷，擢校为将。今以四海之广，亿兆之众，岂无卓越之士？臣恐未之思乎！

又赏者礼之基，罚者刑之本。礼崇则谋夫竭其能，赏厚则义士轻其死，刑正故君子勖其心，罚重则小人惩其过。赏罚者军国之纲纪，政教之药石。吐蕃本非强敌，而薛仁贵、郭待封至弃甲丧师，脱身以免。国家宽政，罪止削除，网漏吞舟，何以过此。虽陛下顾收后效，然朝廷所少，岂此一二人乎？夫赏不劝，谓之止善；罚不惩，谓之纵恶。臣诚疏贱，干非其事，岂欲间陛下君臣生薄厚哉？正以刑赏一亏，百年不复。故国无赏罚，虽尧、舜不能为。今罚既不行，赏复难信，故议者皆谓比日征行，虚立赏格，而无其实。盖忘大体之臣，恐赉勋庸，竭府库，留意锥刀，以为益国，所谓惜毫厘失千里者也。且黔首虽微，不可以欺，安有寓不信之令，设虚赏之格乎？自苏定方平辽东，李勣破平壤，赏既不行，勋亦淹废，岁月纷淆，真伪相错。臣以吏不奉法，慢自京师，伪勋所由，主司过也，其则不远，近在尚书省中。然未闻斩一台郎、戮一令史，使天下知之。陛下何照远而不照近哉？神州化首，文昌政本，治乱攸在，臣故冒死而言。失明鉴所以照形,往事所以知今,臣请借近以为谕:贞观中,万年尉司马玄景舞文饰智,以邀干没,太宗弃之都市;后征高丽,总管张君乂不进击贼,斩之旗下。臣以为伪勋之罪,多于玄景;仁贵等败,重于君乂。使早诛之,则诸将岂复有负哉?慈父多败子,严家无格虏。且人主病不广大,人臣病不节俭,臣恐陛下病之于不广大,过在于慈父,斯日月一蚀也。

又今将吏贪暴,所务口马、财利,臣恐戎狄之平,未可旦夕望也。凡人识不经远,皆言吐蕃战,前队尽,后队方进,甲坚骑多,而山有氛瘴,官军远入,前无所获,不积谷数百万,无大举之资。臣以为吐蕃之望中国,犹孤星之对太阳,有自然之大小、不疑之明暗,夷狄虽禽兽,亦知爱其性命,岂肯前尽死而后进哉?由残迫其人,非下所愿也。必其战不顾死,则兵法许敌能斗,当以智筹取之,何忧不克哉!向使将能杀敌,横尸蔽野,敛其头颅以为京观,则此虏闻官军钟鼓,望尘却走,何暇前队皆死哉!自仁贵等覆师丧气,故虏得跳梁山谷。

又师行必藉马力,不数十万,不足与虏争。臣请天下自王公及齐人挂籍之口,人税百钱;又弛天下马禁,使民得乘大马,不为数限,官籍其凡,勿使得隐。不三年,人间畜马可五十万,即诏州县以所税口钱市之,若王师大举,一朝可用。且虏以骑为强,若一切使人乘之,则市取其良,以益中国,使得渐耗虏兵之盛,国家之利也。

高宗善之,授秘书省正字,直中书省,仗内供奉。

迁监察御史。帝尝从容曰:"外以朕为何如主?"对曰:"周成、康,汉文、景也。""然则有遗恨乎?"曰:"有之。王义方一世豪英,而死草莱。议者谓陛下不能用贤。"帝曰:"我适用之,闻其死,顾已无及。"元忠曰:"刘藏器行副于才,陛下所知,今七十为尚书郎。徒叹彼而又弃此。"帝默然惭。

迁殿中侍御史。徐敬业举兵,诏元忠监李孝逸军。至临淮,而偏将雷仁智为贼败,孝逸惧其锋,按兵未敢前。元忠曰:"公以宗室

将，天下安危系焉。海内承平久，闻狂狡窃发，皆倾耳翘心以待其
诛。今军不进，使远近解情，万有一朝廷以他将代公，且何辞？”孝逸
然之，乃部分进讨。时敬业保下阿溪，弟敬猷屯淮阴，咸请“先击下
阿，下阿败，淮阴自破。今淮阴急，敬业必救，是敌在腹背也”。元忠
曰：“不然。贼劲兵尽守下阿，利在一决，苟有负，则大事去矣。敬猷
博徒不知战，且其兵寡易摇，大军临之，势宜克。敬业畏直捣江都，
必将邀我中路，吾今乘胜进，又以逸击劳，破之必矣。譬之逐兽，弱
者先禽。今舍必禽之弱，而趋难敌之强，非计也。”孝逸乃引兵击淮
阴，敬猷脱身遁，遂进击敬业，平之。还，授司刑正。

迁洛阳令。陷周兴狱当死，以平扬、楚功，得流。岁余，为御史
中丞，复为来俊臣所构。将就刑，神色不动，前死者宗室子三十余，
尸相枕藉于前，元忠顾曰：“大丈夫行居此矣。”俄敕凤阁舍人王隐
客驰骑免死，传声及于市，诸囚欢叫，元忠独坚坐，左右命起，元忠
曰：“未知实否。”既而隐客至，宣诏已，乃徐谢，亦不改容。流费州。
复为中丞。岁余，陷侯思止狱，仍放岭南。酷吏诛，人多讼元忠者，
乃召复旧官。因侍宴，武后曰：“卿累负谤铄，何邪？”对曰：“臣犹鹿
也，罗织之吏如猎者，苟须臣肉为之羹耳，彼将杀臣以求进，臣顾何
辜？”

圣历二年，为凤阁侍郎、同凤阁鸾台平章事，俄检校并州长史、
天兵军大总管，以备突厥。迁左肃政台御史大夫，兼检校洛州长史，
治号威明。张易之家奴暴百姓，横甚，元忠笞杀之，权豪惮服。俄为
陇右诸军大使，以讨吐蕃；又为灵武道行军大总管御突厥。元忠驭
军持重，虽无赫然功，而亦未尝败。

中宗在东宫，为检校左庶子。时二张势倾朝廷，元忠尝奏曰：
“臣承先帝之顾，且受陛下厚恩，不能徇忠，使小人在君侧，臣之罪
也。”易之等恨怒，因武后不豫，即共谮元忠与司礼丞高戢谋挟太子
为耐久朋，遂下制狱。诏皇太子、相王及宰相引元忠等辨于廷，不能
决。昌宗乃引张说为证，说初伪许之，至是迫使言状，不应，后又促
之，说曰：“臣不闻也。”易之等遽曰：“说与同逆。说曩尝谓元忠为

伊、周。夫伊尹放太甲,周公摄王位。此反状明甚。"说曰:"易之、昌宗安知伊、周,臣乃能知之。伊尹、周公,历古以为忠臣,陛下不遣学伊、周,将何效焉?"说又曰:"臣知附易之朝夕可宰相,从元忠则族灭。今不敢面欺,惧元忠之冤。"后癏其谗,然重违易之,故贬元忠高要尉。

中宗复位,召为卫尉卿、同中书门下三品。不阅旬,迁兵部尚书,进侍中。武后崩,帝居丧,军国事委元忠裁可,拜中书令,封齐国公。神龙二年,为尚书右仆射,知兵部尚书,当朝用事,群臣莫敢望。谒告上冢,诏宰相诸司长官祖道上东门,赐锦袍,给千骑四人侍,赐银千两。元忠到家,于亲戚无所赈施。及还,帝为幸白马寺迎劳之。

安乐公主私请废太子,求为皇太女,帝以问元忠,元忠曰:"公主而为皇太女,驸马都尉当何名?"主恚曰:"山东木强安知礼?阿母子尚为天子,我何嫌?"宫中谓武后为阿母子,故主称之。元忠固称不可,自是语塞。

武三思用事,京兆韦月将、渤海高轸上书言其恶,帝榜杀之,后莫敢言。王同皎谋诛三思,不克,反被族。元忠居其间,依违无所建明。初,元忠相武后,有清正名,至是辅政,天下倾望,冀干正王室,而稍惮权幸,不能赏善罚恶,誉望大减。陈郡男子袁楚客者以书规之曰:

今皇帝新服厥德,任官惟贤才,左右惟其人,因以布大化,充古谊,以正天下。君侯安得事循默哉?苟利社稷,专之可也。夫安天下者先正其本,本正则天下固,国之兴亡系焉。太子天下本,譬之大树,无本则枝叶零悴,国无太子,朝野不安。储君有次及之势,故师保教以君人之道,用蕴崇其德,所以重天下也。今皇子既长,未定嫡嗣,是天下无本。天下无本,犹树而亡根,枝叶何以存乎?愿君侯以清宴之闲言于上,择贤而立之,此安天下之道。旷而不置,朝廷一失也。

女有内则,男有外傅,岂相滥哉?幕府者,丈夫之职。今公主并开府置吏,以女处男职,所谓长阴抑阳也,而望阴阳不愆、风雨时若,得乎？此朝廷二失也。

今度人既多,缁衣半道,不本行业,专以重宝附权门,皆有定直。昔之卖官,钱入公府,今之卖度,钱入私家。以兹入道,徒为游食。此朝廷三失也。

唯名与器,不可以假人。故曰："天工,人其代之。"夫代天,非材不可也。代非其人,必失天意。失天意而无患祸,未之有也。今倡优之辈,因耳目之好,遂授以官,非轻朝廷、乱正法邪？人君无私,私怒害物,私赏费财,况私人以官乎？此朝廷四失也。

贤者邦家之光,任之致治,弃之生乱。近诏博求多士,虽有好贤之名,无得贤之实。盖有司选士,非贿即势,上失天心,下违人望,非为官择吏,乃为人择官。葛洪有言："举秀才,不知书；察孝廉,浊如泥；高第贤良寉如蝇。"此朝廷五失也。

阉竖者,给宫掖扫除事,古以奴隶畜之。中古以来,大道乖丧,疏贤哲,亲近习,乃委之以事,授之以权。故竖刁乱齐,伊戾败宋。君侧之人,众所畏惧,所谓鹰头之蝇、庙垣之鼠者也。后汉时用事尤甚,晚节卒乱天下。今大君中兴,独有阉竖坐升班秩,既无正阙,率授员外,乃盈千人,缩青紫,耗府藏。前事之验,后事之师。此朝廷六失也。

古者茅茨采椽,以俭约遗子孙,所以爱力也。今公主所赏倾库府,所造皆官供,其疏筑台沼,崇峙观庑,山无本石,木无近产,造之终岁,功用不绝。夫为君所以养人,非以害人,今外戚不助养而反害之,是使人主受谤天下。此朝廷七失也。

官以安人,非以害于人也。先王欲人治必选材,欲人安必省事,此诚同天下忧也。人有乐,君共之,君有乐,人庆之,可谓同乐矣。如此,则上下无间,而均一体也。今天下困穷,州牧、县宰,非以选进,割剥自私,人不聊生,是下有忧而上不恤也。而更员外置官,非助桀纣？夫人情自以员外吏,恐下不已畏也,必峻法惧之；恐财不己奉也,必枉道夺之。欲不乱,可得哉？古语有之，十羊九牧，羊既不得食，人亦不得息。《书》曰："官不必备，惟其人。"此言正员犹难其备，况员之外乎！此朝廷八失也。

政出多门，大乱之渐。近封数夫人，皆先帝宫嫔。以为备内职，则不当知外；不备内职，则自可处外。而令出入禁掖，使内言必出，外言必入，固将弄君之法，纵而不禁，非所以重宗庙、固国家。孔子曰："彼妇之口，可以出走；彼妇之谒，可以死败。"此朝廷九失也。

不以道事其君者，所以危天下也，危天下之臣不可不逐，安天下之臣不可不任。今有引鬼神、执左道以惑主者，托鬼神为难知，故致其诈，而据非才之地，食非德之禄，此国盗也。《传》曰："国将兴，听于民，将亡，听于神。"今几听于神乎？此朝廷十失也。

君侯不正，谁与正之？

元忠得书益惭。以三思专权，思有以诛之。会节愍太子起兵，与闻其谋。太子已诛三思，引兵走阙下，元忠子太仆少卿升遇于永安门，太子胁使从战，已而被杀。议者未辨逆顺，元忠诵言曰："既诛贼谢天下，虽死鼎镬所甘心。惟皇太子没为恨耳。"帝以其尝有功，且为高宗、武后素所礼，置不问。宗楚客、纪处讷大怒，固请夷其族，不听。元忠不自安，上政事及国封，诏以特进、齐国公致仕，朝朔望。楚客等引右卫郎将姚廷筠为御史中丞，暴奏反状，繇是贬渠州司马。杨再思、李峤皆希顺楚客，傅致元忠罪，唯萧至忠议当申宥之。楚客复遣再思与冉祖雍奏元忠缘逆不宜处内地，监察御史袁守一固请行诛，遂贬务川尉。守一又劾："天后尝不豫，狄仁杰请陛下监国，元忠止之，此其逆久萌。"帝谓杨再思曰："守一非是。事君者一其心，岂有上少疾遽异论哉？朕未见元忠过也。"

元忠至涪陵，卒，年七十余。景龙四年，赠尚书左仆射、齐国公、本州刺史。睿宗诏陪葬定陵，以实封一百五十户赐其子晃。开元六年，谥曰贞。

元忠始名真宰，以诸生见高宗，高宗尉遣，不知谢即出，仪举自安。帝目送谓薛元超曰:"是子未习朝廷仪,然名不虚谓,真宰相也。"避武后母讳,改今名。

韦安石,京兆万年人。曾祖孝宽,为周大司空、郧国公。祖津,隋大业末为民部侍郎,与元文都等留守洛,拒李密,战上东门,为密禽。后王世充杀文都而津独免,密败,复归洛。世充平,高祖素与津善,授谏议大夫,检校黄门侍郎,陵州刺史,卒。父琬,仕为成州刺史。

安石举明经,调乾封尉,雍州长史苏良嗣器之。永昌元年,迁雍州司兵参军。良嗣当国,谓安石曰:"大才当大用,徒劳州县可乎?"荐于武后,擢膳部员外郎,迁并州司马,有善政,后手制劳问,陟拜德、郑二州刺史。安石性方重,不苟言笑,其政尚清严,吏民尊畏。

久视中,迁文昌右丞,以鸾台侍郎同凤阁鸾台平章事,兼太子左庶子,仍侍读,寻知纳言事。时二张及武三思宠横,安石数折辱之。会侍宴殿中,易之引蜀商宋霸子等博塞后前,安石跪奏:"商等贱类,不当戏殿上。"顾左右引出,坐皆失色,后以安石辞正,改容慰勉。凤阁侍郎陆元方自以为不及,退告人曰:"韦公真宰相。"后尝幸兴泰宫,议趋疾道,安石曰:"此道板筑所成,非自然之固。千金子且诫垂堂,况万乘可轻乘危哉?"后为回辇。长安二年,同凤阁鸾台三品,俄又知纳言,检校扬州大都督府长史。神龙元年,罢政事,俄复同三品,迁中书令,兼相王府长史,封郧国公,赐封三百户,加特进,为侍中。中宗与韦后以正月望夜幸其第,赉赐不赀。帝尝幸安乐公主池,主请御船,安石曰:"御轻舟,乘不测,非帝王事。"乃止。

睿宗立,授太子少保,改封郇国,复为侍中、中书令,进开府仪同三司。太平公主有异谋,欲引安石,数因其婿唐晙邀之,拒不往。帝一日召安石曰:"朝廷倾心东宫,卿胡不察?"对曰:"太子仁孝,天下所称,且有大功。陛下今安得亡国语?此必太平公主计也。"帝矍然曰:"卿勿言,朕知之。"主窃闻,乃构飞变,欲讯之,赖郭元振保护,免。迁尚书右仆射兼太子宾客、同三品,俄罢政事,留守东都。

会妻薛怨婿婢，笞杀之，为御史中丞杨茂谦所劾，下迁蒲州刺史，徙青州。安石在蒲，太常卿姜皎有所请，拒之。皎弟晦为中丞，以安石昔相中宗，受遗制，而宗楚客、韦温擅削相王辅政语，安石无所建正，讽侍御史洪子舆劾举，子舆以更赦不从。监察御史郭震奏之，有诏与韦嗣立、赵彦昭等皆贬，安石为沔州别驾。皎又奏安石护作定陵，有所盗没，诏籍其赃。安石叹曰："只须我死乃已。"发愤卒，年六十四。开元十七年，赠蒲州刺史。天宝初，加赠左仆射、郇国公，谥文贞。二子：陟、斌。

陟字殷卿，与弟斌俱秀敏异常童。安石晚有子，爱之。神龙二年，安石为中书令，陟甫十岁，授温王府东阁祭酒、朝散大夫。风格方整，善文辞，书有楷法，一时知名士皆与游。开元中居丧，以父不得志殁，用与斌杜门不出八年。亲友更往敦晓，乃强调为洛阳令。宋璟见陟叹曰："盛德遗范，尽在是矣。"累除吏部郎中，中书令张九龄引为舍人，与孙逖、梁涉并司书命，时号得才。

迁礼部侍郎。陟于鉴裁尤长。故事，取人以一日试为高下。陟许自通所工，先就其能试之，已乃程考，由是无遗材。迁吏部侍郎，选人多伪集，与正调相冒，陟有风采，摘辨无不伏者，黜正数百员，铨综号为公平。然任威严，或至詈诘，议者訾其峻。又自以门品可坐阶三公，居常简贵，视僚党警然；其以道谊合，虽后进布衣与均礼。

李林甫恶其名高，恐逼己，出为襄阳太守，徙河南采访使。以判官员锡善讯覆，支使韦元甫工书奏，时号"员推韦状"，陟皆倚任之。俄袭郇国公，坐事贬守钟离、义阳，后为河东太守。以失职，内怏怏，乃毁廉隅，颇饷谢权幸欲自结。天宝十二载，入考华清宫，杨国忠忌其才，谓拾遗吴豸之曰："子能发陟罪乎？吾以御史相处。"豸之乃劾陟馈遗事，国忠又使甥婿韦元志左验，陟惶悸，赂吉温求救，由是俱得罪，陟贬桂岭尉，坐不行，徙平乐。会安禄山陷洛阳，弟斌没贼，国忠欲构陟与贼通，密谕守吏，令胁陟使忧死。州豪杰共说曰："昔张说被窜，匿陈氏以免。今若诏书下，谁敢庇公？愿公乘扁舟遁去，事宁乃出，不亦美乎？"陟慨然曰："命当尔，其敢逃刑？"因谢遣，坚卧不出。

岁余，肃宗即位，起为吴郡太守，使者趣追，未至，会永王兵起，委陟招谕，乃授御史大夫、江东节度使。与高适、来瑱会安州，陟曰："今中原未平，江淮骚离，若不斋盟质信，以示四方，知吾等协心戮力，则无以成功。"乃推瑱为地主，为载书，登坛曰："淮西节度使瑱、江东节度使陟、淮南节度使适，衔国威命，纠合三垂，翦除凶慝，好恶同之，毋有异志。有渝此盟，坠命亡族，罔克生育，皇天后土，祖宗明神，实鉴斯言。"辞旨慷慨，士皆陨泣。

永王败，帝趣陟赴凤翔。初，季广琛从永王乱，非其本谋，陟表广琛为历阳太守，尉安之。至是，恐广琛有后变，乃驰往谕诏恩释其疑，而后趣召。帝雅闻陟名，欲倚以相，及是迁延，疑有顾望意，止除御史大夫。会杜甫论房琯，词意迁慢，帝令陟与崔光远、颜真卿按之，陟奏："甫言虽狂，不失谏臣体。"帝繇是疏之。富平人将军王去荣杀其县令，帝将宥之，陟曰："昔汉高帝约法，杀人者死。今陛下杀人者生，恐非所宜。"时朝廷尚新，群臣班殿中，有相吊哭者，帝以陟不任职，用颜真卿代之，更拜吏部尚书。久之，宗人伐墓柏，坐不相教，贬绛州刺史。还授太常卿。吕諲入辅，荐为礼部尚书、东京留守。史思明逼伊、洛，李光弼议守河阳，陟率东京官属入关避之，诏授吏部尚书，令就保永乐，以图收复。卒，年六十五，赠荆州大都督。

陟早有名，而为林甫、国忠挨废。及肃宗择相，自谓必得，以后至不用。任事者皆新进，望风惮之，多言其骄倨。及入关，又不许至京师。郁郁不得志，成疾，且卒，叹曰："吾道穷于此乎！"性侈纵，喜饰服马，侍儿阉童列左右常数十，侔于王宫主第。穷治馔羞，择膏腴地艺谷麦，以鸟羽择米，每食视庖中所弃，其直犹不减万钱，宴公侯家，虽极水陆，曾不下箸。常以五采笺为书记，使侍妾主之，其裁答受意而已，皆有楷法，陟唯署名，自谓所书"陟"字若五朵云，时人慕之，号"郇公五云体"。然家法修整，敕子允就学，夜分视之，见其勤，旦日问安,色必怡;稍息则立堂下不与语。虽家僮数十,然应门宾客,必允主之。

永泰元年,赠尚书左仆射。太常博士程皓议谥"忠孝",颜真卿以为许国养亲不两立,不当合二行为谥,主客员外郎归崇敬亦驳正之。右仆射郭英乂无学术,卒用太常议云。

斌,父为相时授太子通事舍人。少修整,好文蓺,容止严峭,有大臣体,与陟齐名。开元中,薛王业以女妻之,迁秘书丞。天宝中,为中书舍人,兼集贤院学士,改太常少卿。李林甫构韦坚狱,斌以宗累,贬巴陵太守,移临汝。久之,拜银青光禄大夫,列五品。时陟守河东,而从兄由为右金吾卫将军,缙为太子少师,四第同时列戟,衣冠罕比者。禄山陷洛阳,斌为贼得,署以黄门侍郎,忧愤卒。乾元元年,赠秘书监。

斌天性质厚,每朝会,不敢离立笑言。尝大雪,在廷者皆振裾更立,斌不徙足,雪甚,几至靴,亦不失恭。

子况,少隐王屋山,孔述睿称之,及述睿以谏议大夫召,荐况为右拾遗,不拜。未几,以起居郎召,半岁,辄弃官去,徙家龙门。除司封员外郎,称疾固辞。元和初,授谏议大夫,勉谕到职,数月,乞骸骨,以太子左庶子致仕,卒。况虽世贵,而志冲远,不为声利所迁,当时重其风操。

叔夏,安石兄。通礼家学。叔父太子詹事琨尝曰:"而能继汉丞相业矣。"擢明经第,历太常博士。高宗崩,恤礼亡缺,叔夏与中书舍人贾大隐、博士裴守真撰定其制,擢春官员外郎。武后拜洛,享明堂,凡所沿改,皆叔夏、祝钦明、郭山恽等所裁讨。每立一议,众咨服之。累迁成均司业。后又诏:"五礼仪物,司礼博士有所修革,须叔夏、钦明等评处,然后以闻。"进位春官侍郎。中宗复位,转太常少卿,为建立庙社使,进银青光禄大夫,累封沛郡公,国子祭酒。卒,赠兖州都督、修文馆学士,谥曰文。子绍。

绍，开元时历集贤修撰、光禄卿，迁太常。

唐兴，礼文虽具，然制度时时缪缺不伦。至显庆中，许敬宗建言：“笾豆以多为贵，宗庙乃逾于天，请大祀十二、中祀十、小祀八。大祀、中祀，簠、簋、甒、俎皆一，小祀无甒。”诏可。二十三年，敕令以笾豆之荐，未能备物，宜诏礼官学士共议以闻。绍请“宗庙笾豆皆加十二”。又言“郊奠，爵容止一合，容小则陋，宜增大之”。

兵部侍郎张均、职方郎中韦述议曰：“《礼》：‘天之所生，地之所节，苟可荐者，莫不咸在。’圣人知孝子之情深，而物类无限，故为之节，使物有品，器有数，贵贱差降，不得相越。周制：王，食用六谷，膳用六牲，饮用六清，羞用百有二十品，珍用八物，酱用百有二十罋，而以四笾、四豆供祭祀。此祀与宾客丰省不得同，旧矣。且嗜好燕私之馔，与时而迁，故圣人一约以礼。虽平生所嗜，非礼则不荐；所恶，是礼则不去。屈建命去祥祭之芰曰：‘祭典有之，不羞珍异，不陈庶侈。’此则礼外之食，前古不荐。今欲以甘旨肥浓皆充于祭，苟逾旧制，其何极焉。虽笾豆有加，不能备也。若曰以今之珍，生所嗜爱，求神无方，是簠、簋可去，而盘、盂、杯、案当御矣；韶、护可抵，而箜篌、笙、笛应奏矣。且自汉以来，陵有寝宫，岁时朔望，荐以常馔，固可尽孝子之心。至宗庙法享，不可变古从俗。有司所承，一升爵，五升散。《礼》，凡宗庙，贵者以爵，贱者以散，此贵小贱大，以示节俭。请如故。”

太子宾客崔沔曰：“古者，有所饮食，必先严献，未火化，则有毛血之荐，未曲蘗，则有玄酒之奠。至后王，作酒醴、用牺牲，故有三牲、八簋、五齐、九献。然神尚玄，可存而不可测也；祭主敬，可备而不可废也。盖荐贵新，味不尚亵，虽曰备物，犹有节制存焉。铏、俎、笾、豆、簠、簋、尊、罍，周人时馔也，其用通于燕享宾客，周公乃与毛血玄酒共荐。晋中郎卢谌家祭，皆晋日食，则当时之食，不可阙于祀已。唐家清庙时享，礼馔备进，周法也；园寝上食，时膳具陈，汉法也。职贡助祭，致远物也；有新必荐，顺时令也。苑囿躬稼所入，搜田亲发所中，皆因宜以荐，荐而后食。则浓腴鲜美尽在矣。又刺有司著于令，不必加笾豆之数也。大凡祭器，视物所宜。故大羹，古馔也，盛以瓬，瓬，古器也；和羹，时馔也，盛以铏，铏，时器也。有古馔而用时器者，则毛血于盘，玄酒于尊。未有进时馔用古器者，古质而今文，有所不称也。虽加笾豆十二，未足尽天下之美，而措诸庙，徒以近侈而见訾抵。臣闻墨家者流，出于清庙，是庙贵俭不尚奢也。"

礼部员外郎杨仲昌、户部郎中阳伯成、左卫兵曹参军刘秩等，请如旧礼便。宰相白奏，玄宗曰："朕承祖宗休德，享祀粢盛，实贵丰絜。有如不应于法，亦不敢用。"乃诏太常，择品味可增者稍加焉。绍又请"室加笾、豆各六，每四时以新果珍馐实之"，制"可"。又诏："献爵视药升所容，以合古。"

二十三年，诏书服纪所未通者，令礼官学士详议。绍上言："《礼丧服》：舅，缌麻三月。从母，小功五月，《传》曰'何以小功，以名加也。'而堂姨、舅母，恩所不及焉。外祖父母，小功五月，《传》曰："何以小功，以尊加也。"舅，缌麻三月，皆情亲而属疏也。外祖正尊，服同从母；姨、舅一等，而有轻重；堂姨、舅亲未疏，不相为服；亲舅母不如同爨。其亦古意有所未畅。且外祖小功，此为正尊，请进至大功；姨、舅侪亲，服宜等，请进舅至小功；堂姨舅以疏降亲舅从母一等；亲舅母古未有服，请从祖免。"

于是韦述议曰："自高祖至玄孙并身谓之九族。由近及远，差其轻重，遂为五服。《传》曰：'外亲服皆缌。'郑玄曰：'外亲之服异姓，正服不过缌。'外祖父母小功，以尊加；从母小功，以名加；舅、甥、外孙、中外昆弟，皆缌。以匹言之，外祖则祖也，舅则伯叔也，父母之恩不殊，而独杀于外者有以也。禽兽知终而不知父，野人则父母等，都邑之士则知尊祢，大夫则知尊祖，诸侯及太祖，天子及始祖。圣人究天道，厚祖祢，系姓族，亲子孙，则母党之于本族，不同明甚。家无二尊，丧无二斩，人之所奉，不可贰也。为人后，降其父母丧。女子嫁，杀其家之丧。所存者远，抑者私也。若外祖及舅加一等，而堂舅及姨著服，则中外其别几何？且五服有上杀之义，伯叔父母服大功，从父昆弟亦大功，以其出于祖，服不得过于祖也。从祖祖父母、从祖父母、从祖昆弟皆小功，以其出于曾祖，服不得过曾祖也。族祖祖父母、族祖父母、族昆弟皆缌，以其出于高祖，服不得过高祖也。堂姨、舅出外曾祖，若为之服，则外曾祖父母、外伯叔祖父母亦可制服矣。外祖至大功，则外曾祖小功，外高祖缌。推而广之，与本族无异。弃亲录疏，不可谓顺。且服皆有报，则堂甥、外曾孙、侄女之子皆当服。圣人岂薄其骨肉恩爱哉？盖本于公者末于私，义有所断，不得不然。苟可加也，则可减也，如是，礼可隳矣。请如古便。"杨仲昌又言："舅服小功，魏徵尝进之矣。今之所请，正同徵论。堂舅、堂姨、舅母，皆升祖免，则外祖父母进至大功，不可报于外孙乎？外孙而报以大功，则本宗之庶孙用何等邪？"

帝手敕曰："朕谓亲姨、舅服小功，则舅母于舅有三年之丧，不得全降于舅，宜服缌。堂姨、舅古未有服，朕思睦厚九族，宜祖免。古有同爨缌，若比堂姨、舅于同爨，不已厚乎？《传》曰：'外亲服皆缌'。是亦不隔堂姨、舅也。若谓所服不得过本，而复为外曾祖父母、外伯叔父母制服，亦何伤？皆亲亲敦本意也。"

侍中裴耀卿、中书令张九龄、礼部尚书李林甫奏言："外服无降，甥为舅母服，舅母亦报之。夫之甥既报，则夫之姨、舅又当服，恐所引益疏。臣等愚，皆所不及。"诏曰："从服六，此其一也。降杀于礼无文，皆自身率亲为之数。姨、舅属近，以亲言之，亦姑伯之匹，可曰所引疏耶？妇人从夫者也，夫于姨舅既服矣，从夫而服，是谓睦亲。卿等宜熟计。"耀卿等奏言："舅母缌，堂姨舅祖免。请准制旨，自我为古，罢诸儒议。"制曰："可。"

初，帝诏岁率公卿迎气东郊，至三时，常以孟月读《时令》于正寝。二十六年，诏绀月奏《令》一篇，朔日于宣政侧设榻，东向置案，绀坐读之，诸司官长悉升殿坐听。岁余，罢。

高宗上元三年，将祫享。议者以《礼纬》三年祫，五年禘；《公羊》家五年再殷祭。二家舛互，诸儒莫能决。太学博士史玄璨曰："《春秋》：僖公三十三年十二月薨。文公之二年八月丁卯，大享。

《公羊》曰：'祫也。'则三年丧毕，新君之二年当祫，明年当禘群庙。又宣公八年，禘僖公。宣公八年皆有禘，则后禘距前禘五年。此则新君之二年祫、三年禘尔。后五年再殷祭，则六年当祫，八年禘。昭公十年，齐归薨。十三年，丧毕当祫，为平丘之会。冬，公如晋，至十四年祫，十五年禘。《传》曰'有事于武宫'是也。至十八年祫，二十年禘；二十三年祫，二十五年禘。昭公二十五年'有事于襄宫'是也。则禘后三年而祫，又二年而禘，合于礼。"议遂定。后睿宗丧毕，祫于庙。至开元二十七年，禘祭五，祫祭七。是岁，绍奏："四月尝已禘，孟冬又祫，祀礼丛数，请以夏禘为大祭之源。"自是相循，五年再祭矣。

绍终太子少师。

抗者，安石从父兄子。弱冠举明经，累官吏部郎中。景云初，为永昌令，辇毂繁要，抗不事威刑而治，前令无及者。迁右御史台中丞，邑民诣阙留，不听，乃立碑著其惠。开元三年，自太子左庶子为益州大都督府长史，授黄门侍郎。河曲胡康待宾叛，诏持节慰抚。抗于武略非所长，称疾逗留，不及贼而返。俄代王晙为御史大夫，兼按察京畿。弟拯方为万年令，兄弟领本部，时以为荣。坐荐御史非其人，授安州都督，改蒲州刺史。入为大理卿，进刑部尚书，分掌吏部选，卒。抗历职以清俭，不治产，及终无以葬，玄宗闻之，特给槥车。赠太子少傅，谥曰贞。

所表奉天尉梁升卿、新丰尉王倕、华原尉王焘，皆为僚属，后皆为显人。升卿涉学工书，于八分尤工，历广州都督，书《东封朝觐碑》，为时绝笔。倕累迁河西节度使，天宝中，功闻于边。它所辟举，如王维、王缙、崔殷等，皆一时选云。

郭震，字元振，魏州贵乡人，以字显。长七尺，美须髯，少有大志。十六与薛稷、赵彦昭同为太学生，家尝送资钱四十万，会有缞服者叩门，自言"五世未葬，愿假以治丧。"元振举与之，无少吝，一不质名氏。稷等叹骇。

十八举进士，为通泉尉。任侠使气，拨去小节，尝盗铸及掠卖部中口千余，以饷遗宾客，百姓獣苦。武后知所为，召欲诘，既与语，奇之，索所为文章，上《宝剑篇》，后览嘉叹，诏示学士李峤等，即授右武卫铠曹参军，进奉宸监丞。

会吐蕃乞和，其大将论钦陵请罢四镇兵，披十姓之地，乃以元振充使，因觇虏情。还，上疏曰：

利或生害，害亦生利。国家所患，唯吐蕃与默啜耳，今皆和附，是将大利于中国也。若图之不审，害且随之。钦陵欲裂十姓地，解四镇兵，此动静之机，不可轻也。若直遏其意，恐边患必甚于前，宜以策缓之，使其和望勿绝，而恶不得萌，固当取舍审也。夫患在外者，十姓、四镇是也；患在内者，甘、凉、瓜、肃是也。关陇屯戍，向三十年，力用困竭，脱甘、凉有一日警，岂堪广调发耶？

善为国者，先料内以敌外，不贪外以害内，然后安平可保。钦陵以四镇近己，畏我侵掠，此吐蕃之要；然青海、吐浑密迩兰、鄯，易为我患，亦国家之要。今宜报钦陵曰："四镇本扼诸蕃走集，以分其力，使不得并兵东侵。今委之，则蕃力益强，易以扰动。保后无东意，当以吐浑诸部、青海故地归于我，则俟斤部落迁吐蕃矣。"此足杜钦陵口，而和议未绝。且四镇久附，其倚国之心，岂与吐蕃等？今未知利害情实而分裂之，恐伤诸国意，非制御之筹。

后从之。

又言："吐蕃倦徭戍久矣，咸愿解和；以钦陵欲裂四镇，专制其国，故未归款。陛下诚能岁发和亲使，而钦陵常不从，则其下必怨，设欲大举，固不能，斯离间之渐也。"后然其计。后数年，吐蕃君臣相猜携，卒诛钦陵，而其弟赞婆等来降，因诏元振与河源军大使夫蒙令卿率骑往迎。授主客郎中。

久之，突厥、吐蕃联兵寇凉州，后方御洛城门宴，边遽至，因辍乐，拜元振为凉州都督，即遣之。初，州境轮广才四百里，虏来必傅城下。元振始于南硖口置和戎城，北碛置白亭军，制束要路，遂拓境千五百里，自是州无虏忧。又遣甘州刺史李汉通辟屯田，尽水陆之利，稻收丰衍。旧凉州粟斛售数千，至是岁数登，至匹缣易数十斛，支廥十年，牛羊被野。治凉五岁，善抚御，夷夏畏慕，令行禁止，道不举遗。河西诸郡置生祠，揭碑颂德。

神龙中，迁左骁卫将军、安西大都护。西突厥酋乌质勒部落盛强，款塞愿和，元振即牙帐与计事。会大雨雪，元振立不动，至夕冻冽，乌质勒已老，数拜伏，不胜寒，会罢即死。其子娑葛以元振计杀其父，谋勒兵袭击，副使解琬知之，劝元振夜遁，元振不听，坚卧营为不疑者。明日，素服往吊，道逢娑葛兵，虏不意元振来，遂不敢逼，扬言迎卫。进至其帐，修吊赠礼，哭甚哀，为留数十日助丧事，娑葛感义，更遣使献马五千、驼二百、牛羊十余万。制诏元振为金山道行军大总管。

乌质勒之将阙啜忠节，与娑葛交怨，屡相侵，而阙啜兵弱不支。元振奏请追阙啜入宿卫，徙部落置瓜、沙间。诏许之。阙啜遂行。至播仙城，遇经略使周以悌，以悌说之曰："国家厚秩待君，以部落有兵故也。今独行入朝，一羁旅胡人耳，何以自全？"乃教以重宝赂宰相，无入朝；请发安西兵导吐蕃以击娑葛；求阿史那献为可汗以招十姓；请郭虔瓘使拔汗那搜其铠马以助军，既得复仇，部落更存。阙啜然之，即勒兵击于阗坎城，下之。因所获，遣人间道赍黄金分遗宗楚客、纪处讷，使就其谋。元振知之，上疏曰：

国家往不与吐蕃十姓、四镇而不扰边者，盖其诸豪泥婆罗等属国自有携贰，故赞普南征，身殒寇庭，国中大乱，嫡庶竞立，将相争权，自相剪屠，士畜疲疬，财力困穷，顾人事、天时两不谐契，所以屈志于汉，非实忘十姓、四镇也。如其有力，后且必争。今忠节忽国家大计，欲为吐蕃乡导主人，四镇危机恐从此启。吐蕃得志，忠节亦当在贼掌股，若为复得事我哉？往吐蕃于国无有恩力，犹欲争十姓、四镇；今若效力树恩，则请分于阗、疏勒者，欲何理抑之？且其国诸蛮及婆罗门方自嫌阻，藉令求我助讨者,亦何以拒之?是以古之贤人,不愿夷狄妄惠,非不欲其力,惧后求无厌,益生中国事也。臣愚以为用吐蕃之力,不见其便。

又请阿史那献者,岂非以可汗子孙能招绥十姓乎?且斛瑟罗及怀道与献父元庆、叔仆罗、兄俀子,俱可汗子孙也。往四镇以他匐十姓之乱,请元庆为可汗,卒亦不能招来,而元庆没贼,四镇沦陷。忠节亦尝请以斛瑟罗及怀道为可汗矣,十姓未附而碎叶几危。又吐蕃亦尝以俀子、仆罗并拔布为可汗矣,亦不能得十姓而皆自亡灭,此非它,其子孙无惠下之才,恩义素绝故也。岂止不能招怀,且复为四镇患,则册可汗子孙其效固试矣。献又远于其父兄,人心何繇即附,若兵力足取十姓,不必要须可汗子孙也。

又请以郭虔瓘搜兵税马于拔汗那。往虔瓘已尝与忠节擅入其国,臣时在疏勒,不闻得一甲一马,而拔汗那挟忿侵扰,南导吐蕃,将俀子,以扰四镇。且虔瓘往至拔汗那国,四面无助,若履虚邑,犹引俀子为敝。况今北有娑葛,知虔瓘之西,必引以相援,拔汗那倚坚城而抗于内,突厥邀伺于外,虔瓘等岂能复如往年得安易之幸哉?

疏奏不省。

楚客等因建遣摄御史中丞冯嘉宾持节安抚阙啜,以御史吕守素处置四镇,以牛师奖为安西副都护,代元振领甘、凉兵,召吐蕃并力击娑葛。娑葛之使婆腊知楚客谋,驰报之,娑葛怒,即发兵出安西、拔换、焉耆、疏勒各五千骑。于是阙啜在计舒河与嘉宾会,娑葛兵奄至,禽阙啜,杀嘉宾,又杀吕守素于僻城、牛师奖于火烧城,遂陷安西,四镇路绝。元振屯疏勒水上,未敢动。楚客复表周以悌代元振,且以阿史那献为十姓可汗,置军焉耆以取娑葛。娑葛遗元振书,且言:"无仇于唐,而楚客等受阙啜金,欲加兵击灭我,故惧死而斗。且请斩楚客。"元振奏其状。楚客大怒,诬元振有异图,召将罪之。元振使子鸿间道奏乞留定西土,不敢归京师。以悌乃得罪,流白州，而赦娑葛。

睿宗立，召为太仆卿。将行，安西酋长有劙面哭送者，旌节下玉门关，去凉州犹八百里，城中争具壶浆叹迎，都督嗟叹以闻。景云二年，进同中书门下三品，迁吏部尚书，封馆陶县男。先天元年，为朔方军大总管，筑丰安、定远城，兵得保顿。明年，以兵部尚书复同中书门下三品。

玄宗诛太平公主也，睿宗御承天门，诸宰相走伏外省，独元振总兵扈帝，事定，宿中书者十四昔乃休。进封代国公，实封四百户，赐一子官，物千段。俄又兼御史大夫，复为朔方大总管，以备突厥。未行，会玄宗讲武骊山，既三令，帝亲鼓之，元振遽奏礼止，帝怒军容不整，引坐纛下，将斩之。刘幽求、张说扣马谏曰：“元振有大功，虽得罪，当宥。”乃赦死，流新州。开元元年，帝思旧功，起为饶州司马，怏怏不得志，道病卒，年五十八。十年，赠太子少保。

元振虽少雄迈，及贵，居处乃俭约，手不置书，人莫见其喜愠。建宅宣阳里，未尝一至诸院厩。自朝还，对亲欣欣，退就室，俨如也。距国初仕至宰相而亲具者，唯元振云。

赞曰：魏、韦皆感概而旧，似矣。及在昏上侧臣间，临机会，不一引手捬奸邪之谋，诚可鄙哉。至嬖后艳主以炰潛撼宗社，亦不肯从也。古所谓具臣者，谅乎！元振功显节完，一跌未复，世恨其蚤殁云。

唐书卷一二三
列传第四八

李峤　萧至忠　卢藏用
韦巨源　赵彦昭　和逢尧

李峤，字巨山，赵州赞皇人。早孤，事母孝。为儿时，梦人遗双笔，自是有文辞，十五通《五经》，薛元超称之。二十擢进士第，始调安定尉。举制策甲科，迁长安。时畿尉名文章者，骆宾王、刘光业，峤最少，与等夷。

授监察御史。高宗击邕、岩二州叛獠，诏监其军，峤入洞喻降之，由是罢兵。稍迁给事中。会来俊臣构狄仁杰、李嗣真、裴宣礼等狱，将抵死，敕峤与大理少卿张德裕、侍御史刘宪覆验，德裕等内知其冤，不敢异。峤曰：“知其枉不申，是谓见义不为者。”卒与二人列其枉，忤武后旨，出为润州司马。久乃召为凤阁舍人，文册大号令，多主为之。

初置右御史台，察州县吏善恶，风俗得失，峤上疏曰：“禁纲上疏，法象宜简，简则法易行而不烦杂，疏则所罗广而不苛碎。伏见垂拱时，诸道巡察使科条四十有四，至别敕令又三十。而使以三月出，尽十一月奏事，每道所察吏，多者二千，少亦千计，要在品核才行而褒贬之。今期会迫促，奔逐不暇，欲望详究所能，不亦艰哉。此非隳于职，才有限，力不逮耳。臣愿量其功程以为节制，使器周于用，力济于时，然后得失可以精核矣。”又言：“今所察按，准汉六条而推广之，则无不包矣，乌在多张事目也？且朝廷万机非无事，而机事之动,常在四方,故出使者冠盖相望。今已置使,则外州之事悉得专之,传驿减矣。请率十州置一御史,以期岁为之限,容其身到属县,过闾里,督察奸讹,采风俗,然后可课其成功。且御史出入天禁,励己自修,比他吏相百也。按劾回庸,纠擿隐欺,比他吏相十也。陛下诚用臣言,妙择能者委之,莫不尽力效死矣。"武后善之,下制析天下为二十道,择堪使者。为众议沮止。

俄知天官侍郎事,进麟台少监、同凤阁鸾台平章事。迁鸾台侍郎。会张锡辅政,峤,其出也,罢为成均祭酒。俄检校文昌左丞,留守东都。长安三年,以本官复为平章事,知纳言。迁内史,峤辞剧,复为成均祭酒、平章事。

武后将建大像于白司马坂,峤谏:"造像虽俾浮屠输钱,然非州县承办不能济,是名虽不税而实税之。臣计天下编户,贫弱者众,有卖舍、帖田供王役者。今造像钱积十七万缗,若颁之穷人,家给千钱,则纾十七万户饥寒之苦,德无穷矣。"不纳。

张易之败,坐附会贬豫州刺史,未行,改通州。数月,以吏部侍郎召,俄迁尚书。神龙二年,代韦安石为中书令。

峤在吏部时,阴欲藉时望复宰相,乃奏置员外官数千。既吏众猥,府库虚耗,乃上书归咎于时,因盖向非,曰:

元首之尊,居有重门击柝之卫,出有清警戒道之禁,所以备非常,息异望,诚不可易举动,慢防闲也。陛下厌崇邃,轻尊严,微服潜游,阅廛过市,行路私议,朝廷惊惧,如祸产意外,纵不自惜,奈宗庙苍生何?

又分职建官,不可以滥。《传》曰:"官不必备,惟其人。"自帝室中兴,以不慎爵赏为惠,冒级躐阶,朝升夕改,正阙不给,加以员外。内则府库为殚,外则黎庶蒙害,非求贤助治之道也。愿爱吝班荣,息匪服之议。今文武六十以上,而天造含容,皆矜恤之。老病者已解还授,员外者既遣复留,恐非所以消敝救时也。请敕有司料其可用进,不可用退。又远方夷人不堪治事,国家向务抚纳而官之,非立功酋长,类糜俸禄。愿商度非要者,一切放还。

又《易》称:"何以守位曰仁,何以聚人曰财。"今百姓受婪,不安居处,不可以守位。仓储荡耗,财力倾殚,不足以聚人。山东病水潦,江左困输转。国匮于上,人穷于下。如令边埸少竦,恐逋亡遂多,盗贼群行,何财召募?何众闲遏乎?又崇作寺观,功费浩广。今山东岁饥,糟糠不厌。而投艰阨之会,收庸、调之半,用吁嗟之物,以荣土木,恐怨结三灵,谤蒙四海。

又比缘征戍,巧诈百情,破役隐身,规脱租赋。今道人私度者几数十万,其中高户多丁,黠商大贾,诡作台符,羼名伪度。且国计军防,并仰丁口,今丁皆出家,兵悉入道,征行租赋,何以备之?

又重赂贵近,补府若史,移没籍产,以州县甲等更为下户。当道城镇,至无捉驿者,役逮小弱,即破其家,愿许十道使访察括取,使奸猾不得而隐。

又太常乐户已多,复求访散乐,独持大鼓者已二万员,愿量留之,余勒还籍,以杜妄费。

中宗以峤身宰相,乃自陈失政,丐罢官,无所嫁非,手诏诘让。峤惶恐,复视事。

三年,加修文馆大学士,封赵国公,以特进同中书门下三品。睿宗立,罢政事,下除怀州刺史,致仕。初,中宗崩,峤尝密请相王诸子不宜留京师。及玄宗嗣位,获其表宫中,或请诛之。张说曰:"峤诚懵逆顺,然为当时谋,吠非其主,不可追罪。"天子亦顾数更赦,遂免,贬滁州别驾,听随子虔州刺史畅之官。改庐州别驾,卒,年七十。

峤富才思,有所属缀,人多传讽。武后时,氾水获瑞石,峤为御史,上《皇符》一篇,为世讥薄。然其仕前与王勃、杨盈川接,中与崔融、苏味道齐名,晚诸人没,而为文章宿老,一时学者取法焉。

萧至忠,沂州丞人。祖德言,为秘书少监。至忠少与友期诸路,会雨雪,人引避,至忠曰:"宁有与人期可以失信?"卒友至乃去,众叹服。仕为伊阙、洛阳尉。迁监察御史，劾奏凤阁侍郎苏味道赃贪，超拜吏部员外郎。至忠长击断，誉闻当时。中宗神龙初，为御史中丞。始，至忠为御史，而李承嘉为大夫，尝让诸御史曰："弹事有不咨大夫，可乎？"众不敢对，至忠独曰："故事，台无长官。御史，天子耳目也，其所请奏当专达，若大夫许而后论，即劾大夫者，又谁白哉？"承嘉惭。至是，承嘉为户部尚书，至忠劾祝钦明、窦希玠与承嘉等罪，百寮震悚。迁吏部侍郎，犹兼中丞。

节愍太子以兵诛武三思而败，宗楚客等谂侍御史冉祖雍上变，言相王与太子谋。帝欲按之，至忠泣曰："往者，天后欲以相王为太子，而王不食累日，独请迎陛下，其让德天下莫不闻。陛下贵为天子，不能容一弟，受人罗织耶？窃为陛下不取。"帝纳其言，止。寻授中书侍郎、同中书门下平章事。上疏陈时政曰：

求治之道，首于用贤。苟非其才则官旷，官旷则事废，事废则人残，历代所以陵迟者此也。今授职用人，多因贵要为粉饰，上下相蒙，苟得为是。夫官爵，公器也；恩幸，私惠也。王者正可金帛富之，梁肉食之，以存私泽也。若公器而私用之，则公义不行而劳人解体，私谒开而正言塞。日朘月削，卒见凋弊。

今列位已广，冗员复倍。陛下降不訾之泽，近戚有无崖之请，台阁之内，朱紫充满，官秩益轻，恩赏弥数。才者不用，用者不才，故人不效力，官匪其人，欲求治固难矣。

又宰相要官子弟，多居美爵，并罕才艺，而更相诿托。《诗》云："私人之子，百寮是试。或以其酒，不以其浆，鞙鞙佩璲，不以其长。"此言王政不平而众官废职，私家子列试荣班，徒长其佩尔。臣愿陛下爱惜爵赏，官无虚授，进大雅以枢近，退小人于闲左，舍政令惟一，私不害公，则天下幸甚。且贞观故事，宰相子弟多居外职，非直抑强宗，亦以择贤才尔。请自宰相及诸司长官子弟，并授外官，共宁百姓，表里相统。

帝不纳。俄为侍中、中书令。时楚客怀奸植党，而韦巨源、杨再思、李峤务自安，无所弼正，至忠介其间，独不诡随，时望翕然归重。

帝亦曰："宰相中，至忠最怜我。"韦后尝为其弟洵与至忠殇女冥婚。至忠又以女妻后舅崔从礼子无诐。两家合礼，帝主萧，后主崔，时谓"天子嫁女，皇后娶妇。"

唐隆元年，以后党应坐，而太平公主为言，出为晋州刺史，治有名。默啜遣大臣来朝，见至忠风采，逡巡畏俯，谓人曰："是宜相天子，何乃居外乎？"太平寝用事，至忠乃自附纳，且丐还，主以至忠子任千牛死韦氏难，意怨望易动，能助己，请于帝。拜刑部尚书，复为中书令，封酂国公，乃参主逆谋。先天二年，主败，至忠遁入南山。数日，捕诛之，籍其家。

至忠始在朝，有风望，容止闲敏，见推为名臣。外方直，纠擿不法，而内无守，观时轻重而去就之。始为御史，桓彦范等颇引重。五王失政，更因武三思得中丞，附安乐公主为宰相。及韦氏败，遽发韦洵垄，持其女柩归。后依太平，复当国。尝出主第，遇宋璟，璟戏曰："非所望于萧傅。"至忠曰："善乎宋生之言。"然不能自返也。姊嫁蒋钦绪，钦绪每戒之，至忠不听。叹曰："九世卿族，一举而灭之，可哀也已！"不喜接宾客，以简俭自高，故生平奉赐，无所遗施，及籍没，珍宝不可计。然玄宗贤其为人，后得源乾曜，亟用之，谓高力士曰："若知吾进乾曜遽乎？吾以其貌言似萧至忠。"力士曰："彼不尝负陛下乎？"帝曰："至忠诚国器，但晚谬尔，其始不谓之贤哉？"

弟元嘉，工部侍郎；广微，工部员外郎。

卢藏用，字子潜，幽州范阳人。父敬，魏州长史，号才吏。藏用能属文，举进士，不得调。与兄徵明偕隐终南、少室二山，学练气，为辟谷，登衡、庐，彷洋岷、峨。与陈子昂、赵贞固友善。

长安中，召授左拾遗。武后作兴泰宫于万安山，上疏谏曰："陛下离宫别观固多矣，又穷人力以事土木，臣恐议者以陛下为不爱人而奉己也。且顷岁谷虽颇登，而百姓未有储。陛下巡幸，讫靡休息，斤斧之役，岁月不空，不因此时施德布化，而又广宫苑，臣恐下未易堪。今左右近臣以谀意为忠，犯忤为患，至令陛下不知百姓失业，百姓亦不知左右伤陛下之仁也。忠臣不避诛震以纳君于仁，明主不恶切诋以趋名于后。陛下诚能发明制，以劳人为辞，则天下必以为爱力而苦己也。不然，下臣此章，得与执事者共议。"不从。

姚元崇持节灵武道，奏为管记。还应县令举，甲科，为济阳令。神龙中，累擢中书舍人，数纠驳伪官。历吏部、黄门侍郎、修文馆学士。坐亲累，降工部侍郎。进尚书右丞。附太平公主，主诛，玄宗欲捕斩藏用，顾未执政，意解，乃流新州。或告谋反，推无状，流欢州。会交趾叛，藏用有捍御劳，改昭州司户参军，迁黔州长史，判都督事，卒于始兴。

藏用善蓍龟九宫术，工草棣、大小篆、八分，善琴、弈，思精远，士贵其多能。尝以俗徇阴阳拘畏，乖至理，泥变通，有国者所不宜专，谓："天道从人者也。古为政者，刑狱不滥则人寿，赋敛省则人富，法令有常则邦宁，赏罚中则兵强。礼者士所归，赏者士所死，礼赏不倦，则士争先。否者虽揆时行罚，涓日出号，无成功矣。故任贤使能，不时日而利；明法审令，不卜筮而吉；养劳贵功，不祷祠而福。"乃为《析滞论》以畅其方，世谓"知言"。子昂、贞固前死，藏用抚其孤有恩，人称能终始交。始隐山中时，有意当世，人目为"随驾隐士"。晚乃徇权利，务为骄纵，素节尽矣。司马承祯尝召至阙下，将还山，藏用指终南曰："此中大有嘉处。"承祯徐曰："以仆视之，仕宦之捷径耳。"藏用惭。无子。

弟若虚，多才博物。陇西辛怡谏为职方，有获异鼠者，豹首虎臆，大如拳。怡谏谓之貔鼠而赋之。若虚曰："非也，此许慎所谓鼮鼠，豹文而形小。"一坐惊服。终起居郎，集贤院学士。

韦巨源与安石同系，后周京兆尹总曾孙。祖贞伯，袭郧国公，入隋，改舒国。巨源有吏干，武后时累迁夏官侍郎、同凤阁鸾台平章事。其治委碎无大体，句校省中遗隐，下符敛克不少蠲，虽收其利，然下所怨苦。坐李昭德累，贬麟州刺史。累拜地官尚书。

神龙初，以吏部尚书同中书门下三品。时要官缺，执政以次用其亲,巨源秉笔,当除十人,杨再思得其一,试问余授,皆诸宰相近属。再思喟然曰:"吾等诚负天下。"巨源曰:"时当尔耳。"是时虽贤有德,终莫得进,士大夫莫不解体。会安石为中书令,避亲罢政事。

寻迁侍中,舒国公。韦后与叙昆弟,附属籍。武三思封户在贝州,属大水,刺史宋璟议免其租,巨源以为蚕桑可输,繇是河朔人多流徙者。景龙二年,韦后自言衣笥有五色云,巨源倡其伪,劝中宗宣布天下,帝从其言,因是大赦。巨源见帝昏惑,乃与宗楚客郑愔、赵延禧等推处祥妖,阴导韦氏行武后故事。俄迁尚书左仆射,仍知政事。帝方南郊,巨源请后为亚献,而自为终献。及临淄王平诸韦,家人请避之,巨源曰:"吾大臣,无容见难不赴。"出都街,乱兵杀之,年八十。

睿宗立,赠特进、荆州大都督。博士李处直请谥为"昭",户部员外郎李邕以巨源附武三思为相,托韦后亲属,谥"昭"为非。处直执不改,邕列陈其恶,不见用,然世皆直邕。韦氏自安石及武后时宰相待价、巨源皆近亲,其族至大官者,又数十人。

赵彦昭,字奂然,甘州张掖人。父武孟,少游猎,以所获馈其母,母泣曰:"汝不好书而敖荡,吾安望哉?"不为食。武孟感激,遂力学,淹该书记。自长安丞为右台侍御史,著《河西人物志》十篇。

彦昭少豪迈,风骨秀爽。及进士第,调为南部尉。与郭元振、薛稷、萧至忠善。自新丰丞为左台监察御史。景龙中,累迁中书侍郎、同中书门下平章事。金城公主嫁吐蕃,始以纪处讷为使,处讷辞,乃授彦昭。彦昭顾已处外,恐权宠夺移,不悦。司农卿赵履温曰:"公天宰,而为一介使,不亦鄙乎!"彦昭问计安出,履温乃为请安乐公主留之,遂以将军杨矩代。睿宗立,出为宋州刺史,坐累贬归州。俄授凉州都督,为政严,下皆股栗。入为吏部侍郎,持节按边。迁御史大夫。萧至忠等诛,郭元振、张说言彦昭与秘谋,改刑部尚书、封耿国公,实封百户。

彦昭本以权幸进,中宗时,有巫赵挟鬼道出入禁掖,彦昭以姑事之。尝衣妇服,乘车与妻偕谒,其得宰相,巫力也。于是殿中侍御史郭震劾暴旧恶。会姚崇执政,恶其为人,贬江州别驾,卒。

和逢尧,岐州岐山人。武后时,负鼎诣阙下上书,自言愿助天子和饪百度。有司诘曰:"昔桀不道,伊尹负鼎于汤;今天子圣明,百司以和,尚何所调?"逢尧不能答,流庄州。十余年,乃举进士高第,累擢监察御史。

突厥默啜请尚公主,逢尧以御史中丞摄鸿胪卿,报可。默啜遣贵近颉利来曰:"诏送金镂具鞍,乃涂金,非天子意。使者不可信,虽得公主,犹非实,请罢和亲。"欲驰去,左右色动,逢尧呼曰:"我大国使,不受我辞,可辄去。"乃牵持其人谓曰:"汉法重女婿而送鞍具,欲安且久,不以金为贵。可汗乃贪金而不贵信邪?"默啜闻曰:"汉使至吾国众矣,斯食铁石人,不可易。"因备礼以见。逢尧说之曰:"天子昔为单于都护,思与可汗通旧好,可汗当向风慕义,袭冠冕,取重诸蕃。"默啜信之,为敛发紫衣,南面再拜称臣,遣子入朝。逢尧以使有指,擢户部侍郎。坐善太平公主,斥朗州司马,终柘州刺史。逢尧诙诡,当大事敢徼福,故卒以附丽废,然唐兴奉使者称逢尧。

赞曰:异哉,玄宗之器萧至忠也,不亦惑乎!至忠本非贤,而寄贤以奸利,失之则邀利以丧贤,姻艳后,挟宠主,取宰相,谋间王室,身诛家破,遗臭无穷。而帝以乾曜似之,遽使当国,是帝举不知至忠之不可用,又不知乾曜之所可用也。或称帝不以罪掩才,益可怪叹。呜呼!力士诚腐夫庸人,不能发擿天子之迷,若曰"至忠贤于初,固不缪于末;既缪于末,果不贤于初。惟陛下图之",如是,帝且误往失而精来鉴已。其后相李林甫、将安禄山,皆基于不明,身播岷陬,信自取之欤。

唐书卷一二四
列传第四九

姚崇 奕 合 勖　宋璟

　　姚崇，字元之，陕州硖石人。父懿，字善懿，贞观中，为嶲州都督，赠幽州大都督，谥文献。

　　崇少倜傥，尚气节，长乃好学。仕为孝敬挽郎，举下笔成章，授濮州司仓参军。五迁夏官郎中，契丹扰河北，兵檄丛进，崇奏决若流，武后贤之，即拜侍郎。后尝语左右："往周兴、来俊臣等数治诏狱，朝臣相逮引，一切承反。朕意其枉，更界近臣临问，皆得其手牒不冤，朕无所疑，即可其奏。自俊臣等诛，遂无反者，然则向论死得无冤邪？"崇曰："自垂拱后，被告者类自诬。当是时，以告言为功，故天下号曰'罗织'，甚于汉之钩党。虽陛下使近臣覆讯，彼尚不自保，敢一摇手以忤酷吏意哉！且被问不承，则重罹其惨，如张虔勖、李安静等皆是也。今赖天之灵，发寤陛下，凶竖奸夷，朝廷乂安，臣以一门百口保内外官无复反者。陛下以告牒置弗推，后若反有端，臣请坐知而不告。"后悦曰："前宰相务顺可，陷我为淫刑主，闻公之言，乃得朕心。"赐银千两。

　　圣历三年，进同凤阁鸾台平章事。迁凤阁侍郎，俄兼相王府长史，以母老纳政归侍，乃诏以相王府长史侍疾，月余，复兼夏官尚书、同凤阁鸾台三品。崇建言："臣事相王，而夏官本兵，臣非惜死，恐不益王。"乃诏改春官。张易之私有请于崇，崇不纳，易之谮于后，降司仆卿，犹同凤阁鸾台三品。出为灵武道大总管。

　　张柬之等谋诛二张，崇适自屯所还，遂参计议。以功封梁县侯，实封二百户。后迁上阳宫，中宗率百官起居，王公更相庆，崇独流涕。柬之等曰："今岂涕泣时邪？恐公祸由此始。"崇曰："比与讨逆，不足以语功，然事天后久，违旧主而泣，人臣终节也，由此获罪甘心焉。"俄为亳州刺史。后五王被害，而崇独免。历宋、常、越、许四州。睿宗立，拜兵部尚书、同中书门下三品，进中书令。

　　玄宗在东宫，太平公主干政，宋王成器等分典闲厩、禁兵。崇与宋璟建请主就东都，出诸王为刺史，以壹人心。帝以谓主，主怒。太子惧，上疏以崇等惎间王室，请加罪，贬为申州刺史。移徐、潞二州，迁扬州长史。政条简肃，人为纪德于碑。徙同州刺史。

　　先天二年，玄宗讲武新丰。故事，天子行幸，牧守在三百里者，得诣行在。时帝亦密召崇，崇至，帝方猎渭滨，即召见，帝曰："公知猎乎？"对曰："少所习也。臣年二十，居广成泽，以呼鹰逐兽为乐。张憬藏谓臣当位王佐，无自弃，故折节读书，遂待罪将相。然少为猎师，老而犹能。"帝悦，与俱驰逐，缓速如旨，帝欢甚。既罢，乃咨天下事，衮衮不知倦。帝曰："卿宜遂相朕。"崇知帝大度，锐于治，乃先设事以坚帝意，即阳不谢，帝怪之。崇因跪奏曰："臣愿以十事闻，陛下度不可行，臣敢辞。"帝曰："试为朕言之。"崇曰："垂拱以来，以峻法绳下；臣愿政先仁恕，可乎？朝廷覆师青海，未有牵复之悔；臣愿不幸边功，可乎？比来壬佞冒触宪纲。皆得以宠自解；臣愿法行自近，可乎？后氏临朝，喉舌之任出阉人之口；臣愿宦竖不与政，可乎？戚里贡献以自媚于上，公卿方镇寖亦为之；臣愿租赋外一绝之，可乎？外戚贵主更相用事，班序荒杂。臣请戚属不任台省，可乎？先朝褒狎大臣，亏君臣之严；臣愿陛下接之以礼，可乎？燕钦融、韦月将以忠被罪，自是诤臣沮折；臣愿群臣皆得批逆鳞，犯忌讳，可乎？武后造福先寺，上皇造金仙、玉真二观，费巨百万；臣请绝道佛营造，可乎？汉以禄、莽、阎、梁乱天下，国家为甚；臣愿推此鉴戒为万代法，可乎？"帝曰："朕能行之。"崇乃顿首谢。翌日，拜兵部尚书、同中书门下三品。封梁国公。迁紫微令。固辞实封，乃停旧食，赐新封百户。

　　中宗时，近戚奏度僧尼，温户强丁因避赋役。至是，崇建言："佛不在外，悟之于心。行事利益，使苍生安稳，是谓佛理。乌用奸人以汩真教？"帝善之，诏天下汰僧伪滥，发而农者余万二千人。

　　崇尝于帝前序次郎吏，帝左右顾，不主其语。崇惧，再三言之，卒不答，崇趋出。内侍高力士曰："陛下新即位，宜与大臣裁可否。今崇亟言，陛下不应，非虚怀纳诲者。"帝曰："我任崇以政，大事吾当与决，至用郎吏，崇顾不能而重烦我邪？"崇闻乃安。由是进贤退不肖而天下治。

　　开元四年，山东大蝗，民祭且拜，坐视食苗不敢捕。崇奏："《诗》云：'秉彼蟊贼，付畀炎火。'汉光武诏曰：'勉顺时政，劝督农桑。去彼螟蜮，以及蟊贼。'此除蝗谊也。且蝗畏人易驱，又田皆有主，使自救其地，必不惮勤。请夜设火，坎其旁，且焚且瘗，蝗乃可尽。古有讨除不胜者，特人不用命耳。"乃出御史为捕蝗使，分道杀蝗。汴州刺史倪若水上言："除天灾者当以德，昔刘聪除蝗不克而害愈甚。"拒御史不应命。崇移书诮之曰："聪伪主，德不胜祆，今祆不胜德。古者良守，蝗避其境，谓修德可免，彼将无德致然乎？今坐视食苗，忍而不救，因以无年，刺史其谓何？"若水惧，乃纵捕得蝗十四万石。时议者喧哗，帝疑，复以问崇，对曰："庸儒泥文不知变。事固有违经而合道，反道而适权者。昔魏世山东蝗，小忍不除，至人相食；后秦有蝗，草木皆尽，牛马至相啖毛。今飞蝗所在充满，加复蕃息。且河南、河北家无宿藏，一不获则流离，安危系之。且讨蝗纵不能尽，不愈于养以遗患乎？"帝然之。黄门监卢怀慎曰："凡天灾安可以人力制也！且杀虫多，必戾和气。愿公思之。"崇曰："昔楚王吞蛭而厥疾瘳，叔敖断蛇福乃降。今蝗幸可驱，若纵之，谷且尽，如百姓何？杀虫救人，祸归于崇，不以诿公也！"蝗害讫息。

　　于是，帝方躬万机，朝夕询逮，它宰相畏帝威决，皆谦惮，唯独崇佐裁决，故得专任。崇第赊僻，因近舍客庐。会怀慎卒，崇病痁移告，凡大政事，帝必令源乾曜就咨焉。乾曜所奏善，帝则曰："是必崇

画之。"有不合，则曰："胡不问崇？"乾曜谢其未也，乃已。帝欲崇自
近，诏徙寓四方馆，日遣问食起居，高医、尚食踵道。崇以馆局华大，
不敢居。帝使语崇曰："恨不处禁中，此何避？"久之，紫微史赵诲受
夷人赇，当死。崇素亲倚，署奏营减，帝不悦。时曲赦京师，惟诲不
原。崇惶惧，上还宰政，引宋璟自代，乃以开府仪同三司罢政事。

帝将幸东都，而太庙屋自坏，帝问宰相，宋璟、苏颋同对曰："三
年之丧未终，不可以行幸。坏压之变，天所以示教戒，陛下宜停东
巡，修德以答至谴。"帝以问崇，对曰："臣闻隋取苻坚故殿以营庙，
而唐因之。且山有朽坏乃崩，况木积年而木自当蠹乎。但坏与行会，
不缘行而坏。且陛下以关中无年，输饷告劳，因以幸东都，所以为人
不为己也。百司已戒，供拟既具，请车驾如行期。旧庙难复完，盍奉
神主舍太极殿？更作新庙，申诚奉，大孝之德也。"帝曰："卿言正契
朕意。"赐绢二百匹，诏所司如崇言，天子遂东。因诏五日一参，入阁
供奉。

八年，授太子少保，以疾不拜。明年卒，年七十二。赠扬州大都
督，谥曰文献。十七年，追赠太子太保。

崇析赀产，令诸子各有定分。治令曰：

　　比见达官之裔多贫困，至铢尺是竞，无论曲直，均受嗤诋。
　　田宅水硙既共有之，至相推倚以顿废。陆贾、石苞，古达者也，
　　亦先有定分以绝后争。

　　昔杨震、赵咨、卢植、张奂咸以薄葬，知真识去身，贵速朽
　　耳。夫厚葬之家流于俗，以奢靡为孝，令死者戮尸暴骸，可不痛
　　哉！死者无知，自同粪土，岂烦奢葬；使其有知，神不在柩，何用
　　破赀徇侈乎？吾亡，敛以常服，四时衣各一称。性不喜冠衣，毋
　　以入墓。紫衣玉带，足便于体。

　　今之佛经，罗什所译，姚兴与之对翻，而兴命不延，国亦随
　　灭。梁武帝身为寺奴，齐胡太后以六宫入道，皆亡国殄家。近
　　孝和皇帝发使赎生，太平公主、武三思等度人造寺，身婴夷戮，
　　为天下笑。五帝之时，父不丧子，兄不哭弟，致仁寿，无凶短也。

下逮三王，国祚延久，其臣则彭祖、老聃皆得长龄，此时无佛，岂抄经铸像力邪？缘死丧造经像，以为追福。夫死者生之常，古所不免，彼经与像何所施为？儿曹慎不得为此！

崇尤长吏道，处决无淹思。三为宰相，常兼兵部，故屯戍斥候、士马储械，无不谙记。

玄宗初立，宾礼大臣故老，雅尊遇崇，每见便殿，必为之兴，去辄临轩以送，它相莫如也。时承权戚干政之后，纲纪大坏，先天末，宰相至十七人，台省要职不可数。崇常先有司罢冗职，修制度，择百官各当其材，请无广释道，无数移吏。繇是天子责成于下，而权归于上矣。

然资权谲。始为同州，张说以素憾，讽赵彦昭劾崇。及当国，说惧，潜诣岐王申款。崇它日朝，众趋出，崇曳踵为有疾状，帝召问之，对曰："臣损足。"曰："无甚痛乎？"曰："臣心有忧，痛不在足。"问以故，曰："岐王陛下爱弟，张说辅臣，而密乘车出入王家，恐为所误，故忧之。"于是出说相州。魏知古，崇所引，及同列，稍轻之，出摄吏部尚书，知东都选，知古憾焉。时崇二子在洛，通宾客馈遗，凭旧请托。知古归，悉以闻。他日，帝召崇曰："卿子才乎？皆安在？"崇揣知帝意，曰："臣二子分司东都，其为人多欲而寡慎，是必尝以事干魏知古。"帝始以崇私其子，或为隐，微以言动之。及闻，乃大喜，问："安从得之？"对曰："知古，臣所荐也，臣子必谓其见德而请之。"帝于是爱崇不私而薄知古，欲斥之。崇曰："臣子无状，桡陛下法，而逐知古，外必谓陛下私臣。"乃止，然卒罢为工部尚书。

崇始名元崇，以与突厥叱刺同名，武后时以字行；至开元世，避帝号，更以今名。三子：彝、异、弈，皆至卿、刺史。

弈少修谨。始，崇欲使不越官次而习知吏道，故自右千牛进至太子舍人，皆平迁。开元中，有事五陵，有司以鹰犬从，弈曰："非礼也。"奏罢之。请治剧，为睢阳太守，召授太仆卿。后为尚书右丞。

子闳，居右相牛仙客幕府。仙客病甚，闳强使荐弈及卢奂为宰相，仙客妻以闻，闳坐死，弈贬永阳太守，卒。

曾孙合、勋。合，元和中进士及第，调武功尉，善诗，世号姚武功者。迁监察御史，累转给事中。奉先、冯翊二县民诉牛羊使夺其田，诏美原主簿朱俦覆按，猥以田归使，合劾发其私，以地还民。历陕虢观察使，终秘书监。

勋字斯勤。长庆初擢进士第，数为使府表辟，进监察御史，佐盐铁使务。累迁谏议大夫，更湖、常二州刺史。为宰相李德裕厚善。及德裕为令狐绹等谮逐，摘索支党，无敢通劳问，既居海上，家无资，病无汤剂，勋数馈饷候问，不傅时为厚薄。终夔王傅。自作寿藏于万安山南原崇茔之旁，署兆曰"寂居穴"，坟曰"复真堂"，中剗土为床曰"化台"，而刻石告后世。

宋璟，邢州南和人。七世祖弁为元魏吏部尚书。璟耿介有大节，好学，工文辞，举进士中第。调上党尉，为监察御史，迁凤阁舍人。居官鲠正，武后高其才。张易之诬御史大夫魏元忠有不臣语，引张说为验，将廷辩，说惶遽，璟谓说曰："名义至重，不可陷正人以求苟免。缘此受谪，芬香多矣。若不测者，吾且叩阁救，将与子偕死。"说感其言，以实对，元忠免死。

璟后迁左台御史中丞，会飞书告张昌宗引相工观吉凶者，璟请穷治，后曰："易之等已自言于朕。"璟曰："谋反无容以首原，请下吏明国法，易之等贵宠，臣言之且有祸，然激于义，虽死不悔。"后不怿，姚㻇遽传诏令出，璟曰："今亲奉德音，不烦宰相擅宣王命。"后意解，许收易之等就狱。俄诏原之，敕二张诣璟谢，璟不见，曰："公事公言之，若私见，法无私也。"顾左右叹曰："吾悔不先碎竖子首而令乱国经。"尝宴朝堂，二张列卿三品，璟阶六品，居下坐。易之诣事璟，虚位揖曰："公第一人，何下坐？"璟曰："才劣品卑，卿谓第一何邪？"是时朝廷以易之等内宠，不名其官，呼易之"五郎"，昌宗"六郎"。郑善果谓璟曰："公奈何谓五郎为卿？"璟曰："以官正当为卿。君非其家奴，何郎之云？"会有丧，告满入朝，公卿以次谒，通礼意。易之等后至，促步前，璟举笏却揖唯唯。故积怨，常欲中伤，后知之，得免。然以数忤旨，诏按狱扬州，璟奏："按州县才监察御史职耳。"又诏按幽州都督屈突仲翔，辞曰："御史中丞非大事不出使。仲翔罪止赃，今使臣往，此必有危臣者。"既而诏副李峤使陇、蜀，璟复言："陇右无变，臣以中丞副李峤，非朝廷故事。"终辞。易之初异璟出则劾奏诛之，计不行，乃伺璟家婚礼，将遣客刺杀之。有告璟者，璟乘库车舍他所，刺不得发。俄二张死，乃免。

　　神龙初，为吏部侍郎。中宗嘉其直，令兼谏议大夫、内供奉，仗下与言得失。迁黄门侍郎。武三思怙盛宠，数有请于璟。璟厉答曰："今复子明辟，王宜以侯就第，安得尚干朝政，独不见产、禄事乎？"后韦月将告三思乱宫掖，三思讽有司论大逆不道，帝诏殊死，璟请付狱按罪，帝怒，岸巾出侧门，谓璟曰："朕谓已诛矣，尚何请？"璟曰："人言后私三思，陛下不问即斩之，臣恐有窃议者，请按而后刑。"帝愈怒。璟曰："请先诛臣，不然，终不奉诏。"帝乃流月将岭南。会还京师，诏璟权检校并州长史，未行，又检校贝州刺史。时河北水，岁大饥，三思使敛封租，璟拒不与，故为所挤。历杭、相二州，政清毅，吏下无敢犯者。迁洛州长史。

　　睿宗立，以吏部尚书、同中书门下三品。玄宗在东宫，兼右庶子。先是，崔湜、郑愔典选，为戚近干夺，至迎用二岁阙，犹不能给，更置比冬选，流品淆并，璟与侍郎李乂、卢从愿澄革之，铨总平允。

　　太平公主不利东宫，尝驻辇光范门，伺执政以讽。璟曰："太子有大功，宗庙社稷主也，安得异议？"乃与姚崇白奏出公主、诸王于外，帝不能用。贬楚州刺史，历兖冀魏三州、河北按察使，进幽州都督，以国子祭酒留守东都，迁雍州长史。

　　玄宗开元初，以雍州为京兆府，复为尹。进御史大夫，坐小累为睦州刺史，徙广州都督。广人以竹茅茨屋，多火。璟教之陶瓦筑堵，列邸肆，越俗始知栋宇利而无患灾。召拜刑部尚书。四年，迁吏部兼侍中。

　　帝幸东都，次崤谷，驰道隘，稽拥车骑，帝命黜河南尹李朝隐、知顿使王怡等官。璟曰："陛下富春秋，今始巡守，以道不治而罪二臣，縱此相饬，后有受其敝者。"帝遽命舍之。璟谢曰："陛下向以怒责之，以臣言免之，是过归于上而恩在下。姑听待罪于朝，然后诏还其职，进退得矣。"帝善之。累封广平郡公。广人为璟立遗爱颂，璟上言："颂所以传德载功也。臣之治不足纪，广人以臣当国，故为溢辞，徒成谄谀者。欲厘正之，请自臣始。"有诏许停。

帝尝命璟与苏颋制皇子名与公主号，遂差次所封，且诏别择一美称及佳邑封上。璟奏言："七子均养，诗人所称。今若同等别封，或母宠子爱，恐伤鸤鸠之平。昔袁盎引却慎夫人席，文帝纳之，夫人亦不为嫌，以其得长久计也。臣不敢别封。"帝叹重其贤。

皇后父王仁皎卒，将葬，用昭成皇后家窦孝谌故事，坟高五丈一尺。璟等请如著令，帝已然可，明日，复诏如孝谌者。璟还诏曰："俭，德之恭；侈，恶之大也。僭礼厚葬，前世所诫，故古墓而不坟。人子于哀迷则未皇以礼自制，故圣人制齐、斩、缌、免，衣衾棺椁，各有度数。虽有贤者，断其私怀。众皆务奢，独能以俭，所谓至德要道者。中宫若谓孝谌逾制，初无非者，一切之令固不足以法。贞观时嫁长乐公主，魏徵谓不可加长公主，太宗欣纳，而文德皇后降使厚谢。韦庶人追王其父，擅作丰陵，而祸不旋踵。国家知人情无穷，故为制度，不因人以摇动，不变法以爱憎。比来人间竞务靡葬，今以后父重戚，不忧乏用，高冢大寝，不畏无人，百事官给，一朝可就，而区区屡闻者，欲成朝廷之政、中宫之美尔。悦中宫情不可夺，请准令一品陪陵坟四丈。差合所宜。"帝曰："朕常欲正身纪纲天下，于后容有私邪？然人所难言，公等乃能之。"即可其奏。又遣使赉彩绢四百匹。

会日食，帝素服俟变，录囚多所贷遣，赈恤灾患，罢不急之务。璟曰："陛下降德音，恤人隐，末宥轻系，惟流、死不免，此古所以慎赦也。恐议者直以月蚀修刑、日蚀修德，或言分野之变，冀有揣合。臣以谓君子道长，小人道销。止女谒，放逸夫，此所谓修德也。图圄不扰，兵甲不渎，官不苟治，军不轻进，此所谓修刑也。陛下常以为念，虽有亏食，将转而为福，又何患乎？且君子耻言浮于行，愿动天以诚，无事空文。"帝嘉纳。后以开府仪同三司罢政事。

　　京兆人权梁山谋逆,敕河南尹王怡驰传往按。牢械充满,久未决,乃命璟为京留守,覆其狱。初,梁山诡称婚集,多假贷,吏欲并坐贷人。璟曰:"婚礼借索大同,而狂谋率然,非所防亿。使知而不假,是与为反。贷者弗知,何罪之云?"平纵数百人。

　　十二年,东巡泰山,璟复为留守。帝将发,谓曰:"卿,国元老,别方历时,宜有嘉谋以遗朕。"璟因一二极言。手制答曰:"所进当书之坐右,出入观省,以诚终身。"赐赍优渥,进兼吏部尚书。十七年,为尚书右丞相,而张说为左丞相,源乾曜为太子少傅,同日拜。有诏太官设馔,太常奏乐,会百官尚书省东堂。帝赋《三杰诗》,自写以赐。二十年,请致仕,许之,仍赐全禄。退居洛。乘舆东幸,璟谒道左,诏荣王劳问,别遣使赐药饵。二十五年卒,年七十五,赠太尉,谥文贞。

　　璟风度凝远,人莫涯其量。始,自广州入朝,帝遣内侍杨思勖驿迓之,未尝交一言。思勖自以将军贵幸,诉之帝,帝益嗟重。璟为宰相,务清政刑,使官人皆任职。圣历后,突厥默啜负其强,数窥边,侵九姓拔曳固,负胜轻出,为其狙击斩之,入蕃使郝灵佺传其首京师。灵佺自谓还必厚见赏。璟顾天子方少,恐后干宠蹈利者夸威武,为国生事,故抑之,逾年,才授右武卫郎将,灵佺恚愤不食死。张嘉贞后为相,阅堂案,见其危言切议,未尝不失声叹息。六子:升、尚、浑、恕、华、衡。

　　升,太仆少卿。尚,汉东太守。浑与李林甫善,历谏议大夫、平原太守、御史中丞、东京采访使。在平原,暴敛求进,至重取民一年庸、租。使东畿,薛稷甥女郑寡而美,浑使河南尉杨朝宗聘而己纳之,荐朝宗为赤尉。恕,以都官郎中为剑南采访判官,数贪纵不法,阴养刺客。天宝中,浑、恕、尚并以赃败,浑流高要,恕流海康,尚贬临海长史。华、衡亦皆坐贪得罪。广德中,浑起为太子谕德,物议秽薄之,留死江岭。昆弟皆荒饮俳嬉,而衡最险悖,广平风衰焉。

　　赞曰:姚崇以十事要说天子而后辅政,顾不伟哉,而旧史不传。观开元初皆已施行,信不诬已。宋璟刚正又过于崇,玄宗素所尊惮,常屈意听纳。故唐史臣称崇善应变以成天下之务,璟善守文以持天下之正。二人道不同,同归于治,此天所以佐唐使中兴也。呜呼!崇劝天子不求边功,璟不肯赏边臣,而天宝之乱,卒悼其害,可谓先见矣。然唐三百年,辅弼者不为少,独前称房、杜,后称姚、宋,何哉?君臣之遇合,盖难矣夫!

唐书卷一二五
列传第五〇

苏瓌 颋 诜 震 干　张说 均 垍

苏瓌，字昌容，雍州武功人，隋尚书仆射威之曾孙。擢进士第，补恒州参军。居母丧，哀毁加人，左庶子张大安表举孝悌，擢豫王府录事参军，历朗、歙二州刺史。

时来俊臣贬州参军，人惧复用，多致书请瓌，瓌叱其使曰："吾忝州牧，高下自有体，能过待小人乎？"遂不发书。俊臣未至追还，恨之。由是连外徙，不得入。久之，转扬州大都督府长史。州据都会，多名珍怪产，前长史张潜、于辩机赀取巨万，瓌单身橐被自将。徙同州刺史。

岁旱，兵当番上者不能赴。瓌奏："宿卫不可阙，宜月赐增半粮，俾相给足，则不阙番。又宜却进献，罢营造不急者。"不见省。时十道使括天下亡户，初不立籍，人畏搜括，即流入比县旁州，更相廞蔽。瓌请罢十道使，专责州县，豫立簿注，天下同日阅正，尽一月止，使柅奸匿，岁一括实，检制租调，以免劳弊。武后铸浮屠，立庙塔，役无虚岁。瓌以为"縻损浩广，虽不出国用，要自民产日殚。百姓不足，君孰与足？天下僧尼滥伪相半，请并寺，著僧常员数，缺则补。"后善其言。

神龙初，入为尚书右丞，封怀县男。瓌明晓法令，多识台省旧章，一朝格式，皆所删正。再迁户部尚书，拜侍中，留守京师。

中宗复政，郑普思以妖幻位秘书员外监，支党遍岐、陇间，相煽

讨为乱。瑰捕系普思穷讯，普思妻以左道得幸韦后，出入禁中，有诏
勿治。瑰廷争不可，帝犹依违。司直范献忠，瑰使按普思者，进曰：
"瑰为大臣，不能前诛逆竖而报天子，罪大矣，臣请先斩瑰。"于是，
仆射魏元忠顿首曰："瑰长者，用刑不枉，普思法当死。"帝不得已，
流普思于儋州，余党论死。累拜尚书右仆射、同中书门下三品，进封
许国公。

帝南郊，国子祭酒祝钦明建白皇后为亚献，安乐公主为终献。
瑰以为非礼，帝前折愧之。帝昏懦，不能从。时大臣初拜官，献食天
子，名曰"烧尾"，瑰独不进。及侍宴，宗晋卿嘲之，帝默然。瑰自解
于帝曰："宰相燮和阴阳，代天治物。今粒食踊贵，百姓不足，卫兵至
三日不食，臣诚不称职，不敢烧尾。"帝崩，遗诏皇太后临朝，相王以
太尉辅政。后召宰相韦安石、韦巨源、萧至忠、宗楚客、纪处讷、韦
温、李峤、韦嗣立、唐休璟、赵彦昭洎瑰议禁中。楚客猥曰："太后临
朝，相王有不通问之嫌，不宜辅政。"瑰正色曰："遗制乃先帝意，安
得辄改？"楚客等怒，卒削相王辅政事，瑰称疾不朝。是月，韦氏败，
睿宗即位，进左仆射。

景云元年，老病，罢为太子少傅。卒，年七十二，赠司空、荆州大
都督，谥曰文贞。皇太子别次发哀。遗令薄葬，布车一乘。

瑰治州考课常最，为宰相，陈当世病利甚多。韦温始为汴州司
仓参军，以赇被杖，及用事，惮瑰正，卒不敢伤。开元二年，赐其家实
封百户，长子颋固辞，乃擢中子义左补阙。六年，诏与刘幽求配享睿
宗庙廷。文宗大和中，录旧德，官其四代孙翔。

瑰诸子，颋、诜显。

颋字廷硕，弱敏悟，一览至千言，辄覆诵。第进士，调乌程尉。武
后封嵩高，举贤良方正异等，除左司御率府胄曹参军。吏部侍郎马
载曰："古称一日千里，苏生是已。"再迁监察御史。长安中，诏覆来
俊臣等冤狱，颋验发其诬，多从洗宥。迁给事中、修文馆学士，拜中
书舍人。时瑰同中书门下三品，父子同在禁管，朝廷荣之。

玄宗平内难，书诏填委，独颋在太极后阁，口所占授，功状百绪，轻重无所差。书史白曰："丐公徐之，不然，手腕脱矣。"中书令李峤曰："舍人思若涌泉，吾所不及。"迁太常少卿，仍知制诰。遭父丧，起为工部侍郎，辞不拜，终制乃就职。帝问宰相："有自工部侍郎得中书侍郎乎？"对曰："陛下任贤惟所命，何资之计？"乃诏以颋为中书侍郎。帝劳曰："方美官缺，每欲用卿，然宰相议遂无及者，朕为卿恨。陆象先殁，紫微侍郎未尝补，朕思其人无易卿者。"颋顿首谢。明日加知制诰，给政事食，给食自颋始。时李乂对掌书命，帝曰："前世李峤、苏味道文擅当时，号'苏李'。今朕得颋及乂，何愧前人哉！"俄袭封许国公。

吐蕃盗边，诸将数败，虏益张，秣骑内侵。帝怒，欲自将兵讨之。颋谏曰："古称荒服，取荒忽之义，非常奉职贡也。故来则拒，去则勿逐，以禽兽畜之，羁縻御之。譬若猎然，羽毛不入服用，体肉不登郊庙，则王者不射也。况万乘之重，与犬羊蚊虻语负胜哉？远夷左衽，不足以辱天子，亦可见矣。虽然，兵法先声后实，陛下姑班亲征之诏，而敕虓将谋夫投会济师，则吐蕃不日崩破，亦无待躬致天讨也。臣谓岐、陇凋弊积年，若千乘万骑，供亿不涯，诚恐徭役内兴，寇掠外虞，斯人不堪，一也。戎虏之性，骤往倏来，败不耻奔，胜不让成。若大军一临边，怖震鸟散，彼出多方，我受其误，二也。太上皇闻陛下身对寇场，不能无忧，烝烝之思，何以自安？三也。汉蒯成侯谏高帝曰：'上尝自劳，岂谓无人使哉？'高帝以为爱我。今将相大臣，岂无陛下宣力者，何亲行之遽邪？"不省。

复上言："王者之师，有征无战，藩贡或阙，王命征之，于是乎治兵其郊，获辞而止，非谓按甲自临，敌人畏之莫敢战也。古天子无亲将，惟黄帝五十二战，当未平之时。自阪泉功成，则修身闲居，无为无事。陛下拔定祸乱，方当深视高居，制礼作乐，禅梁父，登空桐，何至猒天居，衽金革，为一日之敌？今吐蕃遣渠领干犯国令，军吏一不胜，而陛下屈至尊为之敌，虽朝鼎夕砧，犹未可以夸四夷，安足劳圣躬哉？虏之入，唯盗羊马，发窖褫衣，未尝杀略边人，其罪易原也。臣恐虏情狼顾,牵连北狄,闻六师之行,入幽、并,犯灵、夏,南动京师,太上皇一致忧劳,是陛下以天下之安,不能宁其亲也。臣固曰,居中制胜,策之上者。若夫择良将,募重而约严,违律必诛,杀敌必赏,多出金以购酋长,虏亡无日矣。愿稍迁延,以须西音。"亦会薛讷大破吐蕃,俘获不赀,由是帝止不行。

时诏立靖陵碑,命颋为之词,辞曰:"前世帝后不志碑,事弗稽古,谓之不法。审当可者,祖宗诸陵,一须营立,后嗣谓何?"帝不纳其言。

开元四年,进同紫微黄门平章事,修国史,与宋璟同当国。璟刚正,多所裁决,颋能推其长。在帝前敷奏,璟有未及,或少屈,颋辄助成之,有不会意,颋更申璟所执,故帝未尝不从,二人相得欢甚。璟尝曰:"吾与苏氏父子同为宰相,仆射长厚,自是国器;若献可替否,事至即断,尽公不顾私,则今丞相为过之。"

八年,罢为礼部尚书。俄俭校益州大都督长史,按察节度剑南诸州。时蜀雕劲,人流亡,诏颋收剑南山泽盐铁自赡。颋尚简静,重兴力役,即募戍人,输雇直,开井置炉,量入计出,分所赢市谷,以广见粮。时前司马皇甫恂使蜀,檄取库钱市锦半臂、琵琶捍拨、玲珑鞭,颋不肯予,因上言:"遣使衔命,先取不急,非陛下以山泽赡军费意。"或谓颋:"公在远,讵得忤上意。"颋曰:"不然。明主不以私爱夺至公,吾可以远近废忠臣节邪?"嶲州蛮苴院与吐蕃连谋入寇,获谍者,吏请讨之,颋不听,移书还其谍曰:"毋得尔。"苴院羞悔,不敢侵边。

从封泰山,诏颂朝觐坛,世咨其文。还,分主十铨事。卒,年五十八。帝犹视朝,起居舍人韦述上疏曰:"贞观、永徽时,大臣薨,辄置朝举哀,成终始恩,上有旌贤录旧之德,下有生荣死哀之美。昔晋知悼子卒,平公宴乐,杜蒉一言而悟,《春秋》载之。故礼部尚书颋累叶辅弼,奉事轩陛二十余年,今奄忽不还,邦人痛嗟。惟帷盖之旧,股肱之戚,宜节废朝,明君臣之谊。"帝曰:"固朕意也。"即日帐次哭洛城南门,不朝。诏赠右丞相,谥曰文宪。葬日,帝游咸宜宫,将猎,闻之,曰:"颐且葬,我忍自娱哉!"半道而还。

颐性廉俭,奉禀悉推散诸弟亲族,储无长赀。自景龙后,与张说以文章显,称望略等,故时号"燕许大手笔"。帝爱其文,曰:"卿所为诏令,别录副本,署臣某撰,朕当留中。"后遂为故事。其后李德裕著论曰"近世诏诰,惟颐叙事外自为文章"云。

诜字廷言,举贤良方正高第,补汾阴尉,迁秘书详正学士,累转给事中,时颐为紫微侍郎,固辞。帝曰:"古有内举不避亲者乎?"对曰:"晋祁奚是也。"帝曰:"若然,朕自用诜,卿言非公也。"顷之,出徐州刺史,治有迹。卒,赠吏部侍郎。

诜子震,以荫补千牛。十余岁,强学有成人风。颐曰:"吾家有子。"累迁殿中侍御史、长安令。安禄山陷京师,震与尹崔光远杀开远门吏,弃家出奔。会肃宗兴师灵武,震昼夜驰及行在,帝嘉之,拜御史中丞,迁文部侍郎。广平王为元帅,崇择宾佐,以震为粮料使。二京平,封岐阳县公,改河南尹。九节度兵败相州,震与留守崔圆奔襄、邓,贬济王府长史。起为绛州刺史,进户部侍郎,判度支,为泰陵、建陵卤簿使,以劳封岐国公,拜太常卿。代宗将幸东都,复以震为河南尹,未行,卒,赠礼部尚书。

干,瓌从父兄也。父勖,字慎行,武德中,为秦王咨议、典签、文学馆学士,尚南康公主,拜驸马都尉。迁魏王泰府司马,博学有美名,泰重之。劝开馆引文学士,著书名家。历吏部侍郎、太子左庶子,卒。

干擢明经,授徐王府记室参军,王好畋,每谏止之。垂拱中,迁魏州刺史。河朔饥,前刺史苛暴,百姓流徙,干检吏督奸,劝课农桑,由是流冗尽复,以治称。拜右羽林军将军,迁冬官尚书。来俊臣素忌之,诬干与琅邪王冲通书,系狱,发愤卒。

张说,字道济,或字说之,其先自范阳徙河南,更为洛阳人。永昌中，武后策贤良方正，诏吏部尚书李景谌糊名校覆，说所对第一，后署乙等，授太子校书郎，迁左补阙。

后尝问："诸儒言氏族皆本炎、黄之裔，则上古乃无百姓乎？若为朕言之。"说曰："古未有姓，若夷狄然。自炎帝之姜，黄帝之姬，始因所生地而为之姓。其后天子建德，因生以赐姓黄帝二十五子，而得姓者十四。德同者姓同，德异者姓殊。其后或以官，或以国，或以王父之字，始为赐族，久乃为姓。降唐、虞，抵战国，姓族渐广。周衰，列国既灭，其民各以旧国为之氏，下及两汉，人皆有姓。故姓之以国者，韩、陈、许、郑、鲁、卫、赵、魏为多。"后曰："善。"

久视中，后逭暑三阳宫，汔秋未还。说上疏曰：

宫距洛城百六十里，有伊水之隔，嶿坂之峻，过夏涉秋，水潦方积，道坏山险，不通转运，河广无梁，咫尺千里，扈从兵马，日费资饷。太仓、武库，并在都邑，红粟、利器，蕴若山丘，奈何去宗庙之上都，安山谷之僻处？是犹倒持剑戟，示人镡柄，臣窃为陛下不取。夫祸变之生，在人所忽，故曰："安乐必戒，无行所悔。"不可一也。告成褊小，万方辐凑，填郛溢郭，并锸无所。排斥居人，蓬宿草次，风雨暴至，不知庇托，孤茕老病，流转衢巷。陛下作人父母，将若之何？不可二也。池亭奇巧，荡诱上心。削峦起观，竭流涨海，俯贯地脉，仰出云路，易山川之气，夺农桑之土。延木石，运斧斤，山谷连声，春夏不辍。劝陛下作此者，岂正人邪？《诗》云："人亦劳止，迄可小康。"不可三也。御苑东西二十里，外无墙垣扃禁，内有榛丛溪谷，猛毅所伏，暴愍所凭。陛下往往轻行，警跸不肃，历蒙密，乘险巇，卒有逸兽狂夫，惊犯左右，岂不殆哉？《易》曰："思患豫防。"愿为万姓持重。不可四也。

今北有胡寇觑边，南有夷獠骚徼，关西小旱，耕稼是忧，安东近平，输漕方始。臣愿及时旋轸，深居上京，息人以展农，修德以来远，罢不急之役，省无用之费。澄心澹怀，惟亿万年，苍苍群生，莫不幸甚。臣度刍议，十不从一，何者？沮盘游之娱，

间林泚之玩，规远图，替近适，要后利，弃前欢，未沃明主之心，
已掭贵臣之意。然不爱死者，惧言责不职耳。

后不省。

擢凤阁舍人。张易之诬陷魏元忠也，援说为助。说廷对"元忠
无不顺言"，忤后旨，流钦州。中宗立，召为兵部员外郎，累迁工部、
兵部二侍郎，以母丧免。既期，诏起为黄门侍郎，固请终制，祈陈哀
到。时礼俗衰薄，士以夺服为荣，而说独以礼终，天下高之。除丧，
复为兵部，兼修文馆学士。

睿宗即位，擢中书侍郎兼雍州长史。谯王重福死，东都支党数
百人，狱久不决，诏说往按，一昔而罪人得，乃诛张灵均、郑愔，余诖
误悉原。帝嘉其不枉直，不漏恶，慰劳之。玄宗为太子，说与褚无量
侍读，尤见亲礼。逾年，进同中书门下平章事，监修国史。

景云二年，帝谓侍臣曰："术家言五日内有急兵入宫，为我备
之。"左右莫对。说进曰："此谗人谋动东宫耳，陛下若以太子监国，
则名分定，奸胆破，蜚祸塞矣。"帝悟，下制如说言。明年，皇太子即
皇帝位，太平公主引萧至忠、崔湜等为宰相，以说不附己，授尚书左
丞，罢政事，为东都留守。说知太平等怀逆，乃因使以佩刀献玄宗，
请先决策，帝纳之。至忠等已诛，召为中书令，封燕国公，实封二百
户。

始，武后末年，为泼寒胡戏，中宗尝乘楼从观。至是，因四夷来
朝，复为之。说上疏曰："韩宣适鲁，见周礼而叹；孔子会齐，数倡优
之罪。列国如此，况天朝乎？今四夷请和，使者入谒，当接以礼乐，
示以兵威，虽曰戎夷，不可轻也。焉知无驹支之辩，由余之贤哉？且
乞寒泼胡，未闻典故，裸体跳足，汩泥挥水，盛德何观焉？恐非干羽
柔远、樽俎折冲之道。"纳之，自赎遂绝。

素与姚元崇不平，罢为相州刺史、河北道按察使。坐累徙岳州，
停实封。说既失执政意，内自惧。雅与苏瓌善，时瓌子颋为相，因作
《五君咏》献颋，其一纪瓌也，候瓌忌日致之。颋览诗呜咽，未几，见
帝陈说忠謇有劲，不宜弃外，遂迁荆州长史。

俄以右羽林将军检校幽州都督,入朝以戎服见。帝大喜,授检校并州长史,兼天兵军大使,修国史,敕赍稿即军中论撰。朔方军大使王晙诛河曲降虏阿布思也,九姓同罗、拔野固等皆疑惧。说持节从轻骑二十,直诣其部,宿帐下,召见酋豪慰安之。副使李宪以虏难信,不宜涉不测。说报曰:“吾肉非黄羊,不畏其食;血非野马,不畏其刺。士当见危致命,亦吾效死秋也。”由是九姓遂安。晙后讨兰池叛胡康待宾,诏说相闻经略。时党项羌亦连兵攻银城,说将步骑万人出合河关掩击,破之,追北骆驼堰。羌、胡自相猜,夜斗,待宾遁入铁建山,余众奔溃。说招纳党项,使复故处。副使史献请尽诛之,说不从,奏置麟州以安羌众。

召拜兵部尚书、同中书门下三品,让宋璟、陆象先,不许。明年,诏为朔方节度大使,亲行五城,督士马。时庆州方渠降胡康愿子反,自为可汗,掠牧马,西涉河出塞。说进讨,至木槃山禽之,俘获三千。乃议徙河曲六州残胡五万于唐、邓、仙、豫间,空河南朔方地。以功赐实封三百户。故时,边镇兵赢六十万,说以时平无所事,请罢二十万还农。天子以为疑,说曰:“边兵虽广,诸将自卫、营私尔,所以制敌,不在众也。以陛下之明,四夷畏威,不虑减兵而招寇,臣请以阖门百口为保。”帝乃可,时卫兵贫弱,番休者亡命略尽,说建请一切募勇强士,优其科条,简色役。不旬日,得胜兵十三万,分补诸卫,以强京师,后所谓“彍骑”者也。

帝自东都将还京,因幸并州。说见帝曰:“太原王业所基,陛下巡幸,振耀威武,以申永思。繇河东入京师,有汉武脽上祠,此礼废阙,历代莫举,愿为三农祈谷,诚四海之福。”帝纳其言,过祠后土乃还。进中书令。

说又倡封禅议,受诏与诸儒草仪,多所裁正。帝召说与礼官学士置酒集仙殿,曰:“朕今与贤者乐于此,当遂为集贤殿。”乃下制改丽正书院为集贤殿书院,而授说院学士,知院事。东封还,为尚书右丞相兼中书令。诏说撰《封禅坛颂》,刻之泰山,以夸成功。初,源乾曜不欲封禅,说固请,乃不相平。及升山,执事官当从者,说皆引所厚超阶入五品，从兵唯加勋而不赐，众怨其专。

宇文融先献策，括天下游户及籍外田，署十道劝农使，分行郡县。说畏其扰，数沮格之。至是，融请吏部置十铨，与苏颋等分治选事，有所论请，说颇抑之，于是铨综失叙。融恨恚，乃与崔隐甫、李林甫共劾奏说"引术士王庆则夜祠祷解，而奏表其闻；引僧道岸窥诇时事，冒署右职；所亲吏张观、范尧臣依据说执，市权招赂，擅给太原九姓羊钱千万"，其言丑惨。帝怒，诏乾曜、隐甫、刑部尚书韦抗即尚书省鞫之，发金吾兵围其第。说兄左庶子光诣朝堂刑耳列冤，帝遣高力士往视，见说蓬首垢面，席藁，家人以瓦器馈脱粟盐疏，为自罚忧惧者。力士还奏，且言："说往纳忠，于国有功。"帝恻然，乃停说中书令，诛庆则等，坐者犹十余人。说既罢政事，在集贤院专修国史。又乞停右丞相，不许。然每军国大务，帝辄访焉。隐甫等恐说复用，巧文诋毁，素忿说者又著《疾邪篇》，帝闻，因令致仕。

始为相时，帝欲事吐蕃，说密请讲和以休息郓塞，帝曰："朕待王君㚟计之。"说出告源乾曜曰："君㚟好兵以求利，彼入，吾言不用矣。"后君㚟破吐蕃于青海西，说策其且败，因上巂州斗羊于帝，以申讽谕，曰："使羊能言，必将曰'斗而不解，立有死者'。所赖至仁无残，量力取欢焉。"帝识其意，纳之，赐采千匹。后瓜州失守，君㚟死。

十七年，复为右丞相，迁左丞相。上日，敕所司供帐设乐，内出醪馔，帝为赋诗。俄授开府仪同三司。十八年卒，年六十四，为停正会，赠太师，谥曰文贞，群臣驳异未决，帝为制碑，谥如太常，繇是定。

说敦气节，立然许，喜推藉后进，于君臣朋友大义甚笃。帝在东宫，所与秘谋密计甚众，后卒为宗臣。朝廷大述作多出其手，帝好文辞，有所为必使视草。善用人之长，多引天下知名士，以佐佑王化，粉泽典章，成一王法。天子尊尚经术，开馆置学士，修太宗之政，皆说倡之。为文属思精壮，长于碑志，世所不逮。既谪岳州，而诗益凄婉，人谓得江山助云。常典集贤图书之任，间虽致仕一岁，亦修史于家。

始,帝欲授说大学士,辞曰:"学士本无大称,中宗崇宠大臣,乃有之,臣不敢以为称。"固辞乃免。后宴集贤院,故事,官重者先饮,说曰:"吾闻儒以道相高,不以官阀为先后。大帝时修史十九人,长孙无忌以元舅,每宴不肯先举爵。长安中,与修《珠英》,当时学士亦不以品秩为限。"于是引觞同饮,时伏其有体。中书舍人陆坚以学士或非其人,而供拟太厚,无益国家者,议白罢之。说闻曰:"古帝王功成,则有奢满之失,或兴池观,或尚声色。今陛下崇儒向道,躬自讲论,详延豪俊,则丽正乃天子礼乐之司,所费细而所益者大。陆生之言,盖未达邪。"帝知遂薄坚。

说尝自为其父碑,帝为书其额曰:"呜呼,积善之墓。"说殁后,帝使就家录其文,行于世。开元后,宰相不以姓著者,曰燕公云。大历中,诏配享玄宗庙廷。子均、垍、埱。

均亦能文。自太子通事舍人累迁主爵郎中、中书舍人。开元十七年,说授左丞相,校京官考,注均考曰:"父教子忠,古之善训,王言帝载,尤难以任。庸以嫌疑,而挠纪纲?考上下。"当时亦不以为私。后袭燕国公,累迁兵部侍郎,以累贬饶、苏二州刺史。久之,复为兵部侍郎。

自以己才当辅相,为李林甫所抑,林甫卒,倚陈希烈,冀得其处。既而杨国忠用事,希烈罢,而均为刑部尚书。坐垍,贬建安太守。还,授大理卿,居常觖望不平。禄山盗国,为伪中书令。肃宗反正,兄弟皆论死。房琯闻之,惊曰:"张氏灭矣。"乃见苗晋卿,营解之。帝亦顾说有旧,诏免死,流合浦。建中初,赠太子少傅。

子濛,事德宗,为中书舍人。

垍尚宁亲公主。时说居中秉政,均为舍人,诸父光为银青光禄大夫,荣盛冠时。玄宗眷垍厚,即禁中置内宅,侍为文章,珍赐不可数。均供奉翰林,而垍以所赐夸均,均曰:"此妇翁遗婿,非天子赐学士也。"垍尝为帝赞礼,举止都雅,帝悦之。因幸内宅,顾垍曰:"希烈辞宰相,孰可代者?"垍错愕,未得对。帝曰:"无易吾婿。"垍顿首谢。
会贵妃闻,以语国忠,国忠恶之,及希烈罢,荐韦见素代之,垍始怨
上。

　　天宝十三载,禄山入朝以破奚、契丹功,求平章事,国忠曰:"禄
山有军功,然不识字,与之,恐四夷轻汉。"乃止。及还范阳,诏高力
士饯浐坡,力士归曰:"禄山内郁郁,若知欲相而不行者。"帝以语国
忠,国忠曰:"所告者必张垍。"帝怒,尽逐其兄弟,以均守建安,而垍
为卢溪郡司马,𡊤自给事中为宜春郡司马。岁中,还,垍为太常卿。

　　帝西狩至咸阳,唯韦见素、杨国忠、魏方进从。帝谓力士曰:"若
计朝臣当孰至者?"力士曰:"张垍兄弟世以恩戚贵,其当即来。房琯
有宰相望,而陛下久不用,又为禄山所器,此不来矣。"帝曰:"未可
知也。"后琯至,召见流涕。帝抚劳,且问:"均、垍安在?"琯曰:"臣之
西,亦尝过其家,将与偕来均曰:'马不善驰,后当继行。'然臣观之,
恐不能从陛下矣。"帝嗟怅,顾力士曰:"吾岂欲诬人哉?均等自谓才
器亡双,恨不大用,吾向欲始终全之,今非若所料也。"垍遂与希烈
皆相禄山,垍死贼中。

　　赞曰:于玄宗最有德,及太平用事,纳忠惓惓,又图封禅,发明
典章,开元文物彬彬,说力居多。中为奸人排根,几不免,自古功名
始终亦几希,何独说哉!至子以利遽败其家。若璟、颋再世,称贤宰
相,盛矣!

唐书卷一二六
列传第五一

魏知古 卢怀慎 奂
李元纮 杜暹 鸿渐 张九龄
拯 仲方 # 韩休 洪 滉 皋 泂

魏知古，深州陆泽人。方直有雅才，擢进士第。以著作郎修国史，累迁卫尉少卿，检校相王府司马。神龙初，为吏部侍郎，以母丧解。服除，为晋州刺史。睿宗立，以故属拜黄门侍郎，兼修国史。

会造金仙、玉真观，虽盛夏，工程严促，知古谏曰："臣闻'古之君人，必时视人之所勤，人勤于力则功筑罕，人勤于财则贡赋少，人勤于食则百事废'。故曰'不作无益害有益'。又曰'阋呷百姓以从己之欲'。《礼》：'季夏之月，树木方盛，无有斩伐，不可以兴土功。'此皆兴化立治、为政养人之本也。今为公主造观，将以树功祈福，而地皆百姓所宅，卒然迫逼，令其转徙，扶老携幼，剔椽发瓦，呼嗟道路。乖人事，违天时，起无用之作，崇不急之务，群心震摇，众口藉藉。陛下为人父母，欲何以安之？且国有简册，君举必记，言动之微，可不慎欤！愿下明诏，顺人欲，除功役，收之桑榆，其失不远。"不纳。复谏曰："自陛下裁翦凶逆，保定大器，苍生颙颙，以谓朝有新政。今风教颇替日益甚，府藏空屈，人力劳敝，营作无崖，吏员寖增，诸司试补、员外、检校官已赢二千，太府之帛为弹，太仓之米不支。臣前请停金仙、玉真，讫亦未止。今前水后旱，五谷不立，繇兹向春，必甚饥馑，陛下欲何方以赈之？又突厥于中国为患自久，其人非可以礼义诚信约也。虽遣使请婚，恐豺狼之心，弱则顺伏，强则骄逆，月满骑肥，乘中国饥虚，讲亲际会，窥犯亭鄣，复何以防之？"帝嘉其直，以左散骑常侍同中书门下三品。玄宗在春宫，又兼左庶子。

先天元年，为侍中。从猎渭川，献诗以讽，手制褒答，并赐物五十段。明年，封梁国公。窦怀贞等诡谋乱国，知古密发其奸，怀贞诛，赐封二百户，物五百段。玄宗恨前赏薄，手敕更加百户，旌其著节。是冬，诏知东都吏部选事，以称职闻，优诏赐衣一副。自是恩意尤渥，由黄门监改紫微令。与姚元崇不协，除工部尚书，罢政事。开元三年卒，年六十九，宋璟闻而叹曰："叔向古遗直，子产古遗爱，兼之者其魏公乎！"赠幽州都督，谥曰忠。

所荐洹水令吕太一、蒲州司功参军齐浣、右内率骑曹参军柳泽、密尉宋遥、左补阙袁晖、右补阙封希颜、伊阙尉陈希烈，后皆有闻于时。

文宗大和二年，求其曾孙处讷，授湘阳尉，与魏徵、裴冕后擢任之。

卢怀慎，滑州人，盖范阳著姓。祖悊，仕为灵昌令，遂为县人。怀慎在童卝已不凡，父友监察御史韩思彦叹曰："此儿器不可量！"及长，第进士，历监察御史。神龙中，迁侍御史。中宗谒武后上阳宫，后诏帝十日一朝。怀慎谏曰："昔汉高帝受命，五日一朝太公于栎阳宫，以起布衣登皇极，子有天下，尊归于父，故行此耳。今陛下守文继统，何所取法？况应天去提象才二里所，骑不得成列，车不得方轨，于此屡出，愚人万有一犯属车之尘，虽罪之何及。臣愚谓宜遵内朝以奉温清，无烦出入。"不省。

迁右御史台中丞。上疏陈时政曰：

臣闻"善人为邦百年，可以胜残去杀"。孔子称："苟用我者，期月而已，三年有成。"故《书》："三载考绩，三考黜陟幽明。"昔子产相郑，更法令，布刑书，一年人怨，思杀之，三年人德而歌之。子产，贤者也，其为政尚累年而后成，况常材乎？比州牧、上佐、两畿令或一二岁，或三五月即迁，曾不论以课最，使未迁者倾耳以听，企踵以望，冒进亡廉，亦何暇为陛下宣风恤人哉？礼义不能兴，户口益以流，仓库愈匮，百姓日敝，职为此耳。人知吏之不久，不率其教；吏知迁之不遥，不究其力。媮处爵位，以养资望，虽明主有勤劳天下之志，然侥幸路启，上下相蒙，宁尽至公乎？此国病也。贾谊所谓蹠盭，乃小小者耳。此而不革，虽和、缓将不能为。汉宣帝综核名实，兴治致化，黄霸良二千石也，加秩赐金，就旌其能，终不肯迁。故古之为吏，至长子孙。臣请都督、刺史、上佐、畿令任未四考，不得迁。若治有尤异，或加赐车裘禄秩，降使临问，玺书慰勉，须公卿阙，则擢之以励能者。其不职或贪暴，免归田里，以明赏罚之信。

昔唐、虞稽古，建官惟百。夏、商官倍，亦克用乂。此省官也。故曰“官不必备，惟其才”，“无旷庶官，天工人其代之”。此择人也。今京诸司员外官数十倍，近古未有。谓不必备，则为有余，求其代工，乃多不厘务，而奉禀之费，岁巨亿万，徒竭府藏，岂致治意哉？今民力敝极，河、渭广漕，不给京师，公私耗损，边隅未静。傥炎暵成沴，租税减入，疆场有警，赈救无年，何以济之？“毋轻人事，惟艰；毋安厥位，惟危。”此慎微也。原员外之官，皆一时良干，擢以才不申其用，尊以名不任其力，自昔用人，岂其然欤？臣请才堪牧宰上佐，并以迁授，使宣力四方，责以治状。有老病苦不任职者，一废省之，使贤不肖确然殊贯，此切务也。

夫冒于宠赂，侮于鳏寡，为政之蠹也。窃见内外官有赃饷狼藉，剿剥蒸人，虽坐流黜，俄而迁复，还为牧宰，任以江、淮、岭、碛，粗示惩贬，内怀自弃，徇货掊赏，讫无悛心。明主之于万物，平分而无偏施，以罪吏牧遐方，是谓惠奸而遗远。远州陋邑，何负圣化，而独受其恶政乎？边徼之地，夷夏杂处，凭险恃远，易扰而难安；官非其才，则黎庶流亡，起为盗贼。由此言之，不可用凡才,况猾吏乎?臣请以赃论废者,削迹不数十年,不赐收齿。《书》曰"旌别淑慝",即其谊也。

疏奏,不报。

迁黄门侍郎、渔阳县伯。与魏知古分领东都选。开元元年,进同紫微黄门平章事。三年,改黄门监。薛王舅王仙童暴百姓,宪司按得其罪,业为申列,有诏紫微、黄门覆实。怀慎与姚崇执奏"仙童罪状明甚,若御史可疑,则它人何可信?"由是狱决。怀慎自以才不及崇,故事皆推而不专,时讥为"伴食宰相"。又兼吏部尚书,以疾乞骸骨,许之。卒,赠荆州大都督,谥曰文成。遗言荐宋璟、李杰、李朝隐、卢从愿,帝悼叹之。

怀慎清俭不营产,服器无金玉文绮之饰,虽贵而妻子犹寒饥,所得禄赐,于故人亲戚无所计惜,随散辄尽。赴东都掌选,奉身之具,止一布囊。既属疾,宋璟、卢从愿候之,见敝簀单藉,门不施箔。会风雨至,举席自障。日晏设食,蒸豆两器、菜数杯而已。临别,执二人手曰:"上求治切,然享国久,稍倦于勤,将有憸人乘间而进矣。公弟志之!"及治丧,家亡留储。帝时将幸东都,四门博士张星上言:"怀慎忠清,以直道始终,不加优锡,无以劝善。"乃下制赐其家物百段、米粟二百斛。帝后还京,因校猎鄠、杜间,望怀慎家,环堵庳陋,家人若有所营者,驰使问焉,还白怀慎大祥,帝即以缣帛赐之,为罢猎。经其墓,碑表未立,停跸临视,泫然流涕,诏官为立碑,令中书侍郎苏颋为之文,帝自书。

子奂、弈。

奂早修整,为吏有清白称。历御史中丞,出为陕州刺史。开元二十四年,帝西还,次陕,嘉其美政,题赞于听事曰:"专城之重,分陕之雄,亦既利物,内存匪躬,斯为国宝,不坠家风。"寻召为兵部侍郎。天宝初,为南海太守。南海兼水陆都会,物产瓌怪,前守刘巨鳞、彭杲皆以赃败,故以奂代之。污吏敛手,中人之市舶者亦不敢干其法,远俗为安。时谓自开元后四十年,治广有清节者,宋璟、李朝隐、央三人而已。终尚书右丞。弈见《忠义传》。

李元纮,字大纲,其先滑州人,后世占京兆万年,本姓丙氏。

曾祖粲,仕隋为屯卫大将军,炀帝使督京师之西二十四郡盗贼,善抚循,能得士心。高祖与之厚,及兵入关,以众归,授宗正卿、应国公,赐姓李。后为左监门大将军,以其老,听乘马按视宫禁。年八十余卒,谥曰胡。祖宽,高宗时为太常卿,陇西公。父道广,武后时为汴州刺史,有善政。突厥、契丹寇河北,议发河南兵击之,百姓震扰,道广悉心抚定,人无离散。迁殿中监、同凤阁鸾台平章事,封金城侯。卒,赠秦州都督,谥曰成。

元纮早修谨,仕为雍州司户参军。时太平公主势震天下,百司顺望风指,尝与民竞碾硙,元纮还之民。长史窦怀贞大惊,趣改之,元纮大署判后曰:“南山可移,判不可摇也。”改好畤令,迁润州司马,以办治称名。开元初,为万年令,赋役称平,擢京兆少尹。诏决三辅渠,时王、主、权家皆旁渠立硙,潴堨争利,元纮敕吏尽毁之,分溉渠下田,民赖其恩。三迁吏部侍郎。会户部杨玚、白知慎坐支调失宜,贬刺史,帝求可代者,公卿多荐元纮。帝欲擢为尚书,宰相以资薄,乃为户部侍郎。条陈利害及政得失,帝才之,谓可丞辅,赐衣一称、绢二百匹。明年,遂拜中书侍郎、同中书门下平章事,封清水县男。

元纮当国,务峻涯检,抑奔竞,夸时者惮之。五月五日,宴武成殿,赐群臣袭衣,特以紫服、金鱼锡元纮及萧嵩,群臣无与比。是时,废京司职田,议者欲置屯田。元纮曰:“军国不同,中外异制,若人闲无役,地弃不垦,以闲手耕弃地,省馈运,实军粮,于是有屯田,其为益尚矣。今百官所废职田不一县,弗可聚也;百姓私田皆力自耕,不可取也。若置屯,即当公私相易,调发丁夫。调役则业废于家,免庸则赋阙于国,内地为屯,古未有也。恐得不补失,徒为烦费。”遂止。初,左庶子吴兢为史官,撰《唐书》及《春秋》,未成,以丧解,后上书请毕其功,诏许就集贤院成书;张说致仕,诏在家修史。元纮因言:

"国史记人君善恶、王政损益，褒贬所系，前圣尤重。今国大典，分散不一，且太宗别置史馆禁中，所以秘严之也。请勒说以书就馆，参会撰录。"诏可。

后与杜暹不协，数辩争帝前，帝不怿，皆罢之，以元纮为曹州刺史，徙蒲州，引疾去。后以户部尚书致仕，复起为太子詹事。卒，赠太子少傅，谥曰文忠。

元纮再世宰相，有清节，其当国累年，未尝改治第宅，僮马敝弱，得封物辄给亲族。宋璟尝叹曰："李公引宋遥之美，黜刘晃之贪，为国相，家无留储，虽季文子之德，何以加之！"

杜暹，濮州濮阳人。父承志，武后时为监察御史。怀州刺史李文暕为人所告，诏承志推验，无实。文暕，宗室近属也，卒得罪，承志贬为方义令，迁天官员外郎。见罗织狱兴，移疾去，卒于家。

自高祖至暹，五世同居。暹尤恭谨，事继母孝。擢明经第，补婺州参军，秩满归，吏以纸万番赆之，暹为受百番，众叹曰："昔清吏受一大钱，何异哉？"为郑尉，复以清节显。华州司马杨孚，公挺人也，每咨重暹。会孚迁大理正，暹适以累当坐，孚曰："使若人得罪，众安劝乎？"以状言执政，繇是擢为大理评事。

开元四年，以监察御史覆屯碛西。会安西副都护郭虔瓘与西突厥可汗阿史那献、镇守使刘遐庆更相讼，诏暹即按。入突骑施帐，究索左验。虏以金遗暹，暹固辞，左右曰："公使绝域，不可失戎心。"乃受焉，阴埋幕下。已出境，乃移文界取之。突厥大惊，度碛追，不及，去。迁给事中，以母丧解。会安西都护张孝嵩迁太原尹，或言暹往使安西，虏伏其清，今犹慕思，乃夺服拜黄门侍郎兼安西副大都护。明年，于阗王尉迟眺约突厥诸国叛，暹觉其谋，发兵讨斩之，支党悉诛，更立君长，于阗遂安。以功加光禄大夫。守边四年，抚戎练士，能自勤励，为夷夏所乐。

十四年，召同中书门下平章事，遣中使往迎。谒见，赐绢二百、马一匹、第一区。与李元纮轻重不得，罢为荆州都督长史，历魏州刺史、太原尹。帝幸北都，进户部尚书，许扈跸。还，复东幸，以暹为京留守。暹率当番卫士缮三宫城，浚池，督役不少懈。帝闻嘉之，数赐书褒劳，进礼部尚书，封魏县侯。

二十八年卒，赠尚书右丞相，遣使护丧，禁中出绢三百匹赐之，太常谥曰贞肃。右司员外郎刘同升等以暹行忠孝，谥有未尽，博士裴总谓暹往以墨衰受命安西，虽勤劳于国，不得尽孝。其子列诉，帝更敕有司考定，卒谥贞孝。

暹友爱，抚异母弟昱甚厚。其为人少学术，故当朝议论，时时失浅薄。然能以公清勤约自将，亹亹为之，自弱冠誓不通亲友献遗，以终身。既卒，尚书省及故吏致赙，其子孝友一不受，以行暹素志云。

暹族子鸿渐。

鸿渐字之巽。父鹏举，与卢藏用隐白鹿山，以母疾，与崔沔同授医兰陵萧亮，遂穷其术。历右拾遗。玄宗东行河，因游畋，上赋以风。终安州刺史。

鸿渐第进士，解褐延王府参军，安思顺表为朔方判官。禄山乱，皇太子按军平凉，未知所适，议出萧关趣丰安。鸿渐与六城水运使魏少游、节度判官崔漪、支度判官卢简金、关内盐池判官李涵谋曰："胡羯乱常，二京覆没，太子治兵平凉，然散地难恃也。今朔方制胜之会，若奉迎太子，西诏河、陇，北结回纥，回纥固与国，收其劲骑，与大兵合，鼓而南，雪社稷之耻，不亦易乎！"即具上兵马招辑之势，且录军资、器械、储庤凡最，使涵诣平凉见太子，太子大悦。会裴冕至自河西，亦劝之朔方。而鸿渐与漪至白草顿迎谒，说曰："朔方天下劲兵，灵州用武地。今回纥请和，吐蕃结附，天下列城坚守，以待王命。纵为贼据，日夜望官军，以图收复。殿下治兵长驱，逆胡不足灭也。"太子喜曰："灵武我之关中，卿乃吾萧何也。"既至灵武，鸿渐即与冕等劝即皇帝位，以系中外望。六请，见听。鸿渐明习朝章，采旧仪，设坛墠城南，先一日草其仪上之。太子曰："圣皇在远，寇逆方结，宜罢坛场，它如奏。"太子即位，是为肃宗，授鸿渐兵部郎中，知中书舍人事。俄为武部侍郎，迁河西节度使。两京平，又节度荆南。乾元二年，襄州大将康楚元等反，刺史王政脱身走，楚元伪称南楚霸王，因袭荆州。鸿渐弃城遁，人皆南奔，争舟溺死者甚众。澧、朗、复、郢等州闻鸿渐出，皆窜伏山谷。俄而商州刺史韦伦平其乱。

久之，乃召鸿渐为尚书右丞、太常卿，充礼仪使。泰、建二陵制度皆鸿渐综正，以优，封卫国公。又建言：“《周官》：‘凶荒杀礼。’今承大乱，民人夷残，其婚葬卤簿，非于国有大功及二等以上亲皆不许给。”诏可。

代宗广德二年，以兵部侍郎同中书门下平章事。寻进中书侍郎。崔旰杀郭英乂据成都，邛州牙将柏贞节、泸州牙将杨子琳、剑州牙将李昌夔以兵讨旰，蜀、剑大乱。命鸿渐以宰相兼成都尹、山南西道剑南东川副元帅、剑南西川节度副大使往镇抚之。鸿渐性畏怯，无它远略，而晚节溺浮图道，畏杀戮。及逾剑门，惩艾张献诚败，且惮旰雄武，先许以不死。既见，礼遇之，不敢加谯责，反委以政，日与从事杜亚、杨炎纵酒高会，因荐旰为成都尹，而授贞节邛州刺史，子琳泸州刺史，各罢兵。乃请入朝，许之。及见帝，盛言旰威略可任，宜为留后。献宝器五床、罗锦十五床、麝脐五石。复辅政。议者疾其长乱。进门下侍郎。大历三年，兼东都留守、河南淮西山南东道副元帅，辞疾不行。又让山南、剑南副元帅，听之。四年，疾甚，辞宰相，罢三日卒，年六十一，赠太尉，谥曰文宪。

鸿渐自蜀还，食千僧，以为有报，搢绅效之。病甚，令僧剔顶发，遗命依浮图葬，不为封树。

张九龄，字子寿，韶州曲江人。七岁知属文，十三以书干广州刺史王方庆，方庆叹曰：“是必致远。”会张说谪岭南，一见厚遇之。居父丧，哀毁，廷中木连理。擢进士，始调校书郎，以道侔伊吕科策高第，为左拾遗。时玄宗即位，未郊见，九龄建言：

天，百神之君，王者所由受命也。自古继统之主，必有郊配，盖敬天命，报所受也。不以德泽未洽、年谷未登而阙其礼。

昔者周公郊祀后稷以配天,谓成王幼冲,周公居摄,犹用其礼,明不可废也。汉丞相匡衡曰:"帝王之事,莫重乎郊祀。"董仲舒亦言:"不郊而祭山川,失祭之序,逆于礼,故《春秋》非之。"臣谓衡、仲舒古之知礼,皆以郊之祭所宜先也。陛下绍休圣绪,于今五载,而未行大报,考之于经,义或未通。今百谷嘉生,鸟兽咸若,夷狄内附,兵革用弭,乃怠于事天,恐不可以训。愿以迎日之至,升紫坛,陈采席,定天位,则圣典无遗矣。

又言:

乖政之气,发为水旱。天道虽远,其应甚迩。昔东海枉杀孝妇,天旱久之。一吏不明,匹妇非命,则天昭其冤。况六合元元之众,县命于县令,宅生于刺史,陛下所与共治,尤亲于人者乎!若非其任,水旱之繇,岂唯一妇而已。今刺史,京辅雄望之郡,犹少择之,江、淮、陇、蜀、三河大府之外,稍非其人。繇京官出者,或身有累,或政无状,用牧守之任,为斥逐之地。或因附会以忝高位,及势衰,谓之不称京职,出以为州。武夫、流外,积资而得,不计于才。刺史乃尔,县令尚可言哉?氓庶,国家之本,务本之职,乃为好进者所轻。承弊之民,遭不肖所扰,圣化从此销郁,繇不选亲人以成其敝也。古者刺史入为三公,郎官出宰百里。今朝廷士入而不出,其于计私,甚自得也。京师衣冠所聚,身名所出,从容附会,不勤而成,是大利在于内,而不在于外也。智能之士,欲利之心,安肯复出为刺史、县令哉?国家赖智能以治,而常无亲人者,陛下不革以法故也。臣愚谓欲治之本,莫若重守令,守令既重,则能者可行。宜遂科定其资:凡不历都督、刺史,虽有高第,不得任侍郎、列卿;不历县令,虽有善政,不得任台郎、给、舍;都督、守、令虽远者,使无十年任外。如不为此而救其失,恐天下犹未治也。

又古之选士,惟取称职,是以士修素行,而不为徼幸,奸伪自止,流品不杂。今天下不必治于上古,而事务日倍于前,诚以不正其本而设巧于末也。所谓末者,吏部条章,举赢千百。刀

笔之人,溺于文墨;巧史猾徒,缘奸而奋。臣以谓始造簿书,备
遗忘耳,今反求精于案牍,而忽于人才,是所谓遗剑中流,契舟
以记者也。凡称吏部能者,则曰自尉与主簿,繇主簿与丞,此执
文而知官次者也,乃不论其贤不肖,岂不谬哉!夫吏部尚书、侍
郎,以贤而授者也,岂不能知人?如知之难,拔十得五,斯可矣。
今胶以格条,据资配职,为官择人,初无此意,故时人有平配之
诮,官曹无得贤之实。

　　臣谓选部之法,敝于不变。今若刺史、县令精核其人,则管
内岁当选者,使考才行,可入流品,然后送台,又加择焉,以所
用众寡为州县殿最,则州县慎所举,可官之才多,吏部因其成,
无庸人之繁矣。今岁选乃万计,京师米物为耗,岂多士哉?盖
冒滥抵此尔。方以一诗一判,定其是非,适使贤人遗逸,此明代
之阙政也。天下虽广,朝廷虽众,必使毁誉相乱,听受不明,事
则已矣。如知其贤能,各有品第,每一官缺,不以次用之,岂不
可乎?如诸司要官,以下等叨进,是议无高卑,唯得与不尔。故
清议不立,而名节不修,善士守志而后时,中人进求而易操也。
朝廷能以令名进人,士亦以修名获利,利之出,众之趋也。不如
此,则小者得以苟求,一变而至阿私;大者许以分义,再变而成
朋党矣。故于用人不可不第其高下,高下有次,则不可以妄干,
天下之士必刻意修饰,而刑政自清,此兴衰之大端也。

俄迁左补阙。九龄有才鉴,吏部试拔萃与举者,常与右拾遗赵
冬曦考次,号称详平。改司勋员外郎。时张说为宰相,亲重之,与通
谱系,常曰:“后出词人之冠也。”迁中书舍人内供奉,封曲江男,进
中书舍人。会帝封泰山,说多引两省录事主书及所亲摄官升山,超
阶至五品。九龄当草诏,谓说曰:“官爵者,天下公器,先德望,后劳
旧。今登封告成,千载之绝典,而清流隔于殊恩,胥史乃滥章被,恐
制出,四方失望。方进草,尚可以改,公宜审计。”说曰:“事已决矣,
悠悠之言不足虑。”既而果得谤。御史中丞宇文融方事田法,有所关
奏,说辄建议违之。融积不平,九龄为言,说不听。俄为融等痛诋,

几不免,九龄亦改太常少卿,出为冀州刺史。以母不肯去乡里,故表换洪州都督。徙桂州,兼岭南按察选补使。

始,说知集贤院,尝荐九龄可备顾问。说卒,天子思其言,召为秘书少监、集贤院学士,知院事。会赐渤海诏,而书命无足为者,乃召九龄为之,被诏辄成。迁工部侍郎,知制诰。数乞归养,诏不许。以其弟九皋、九章为岭南刺史,岁时听给驿省家。迁中书侍郎,以母丧解,毁不胜哀,有紫芝产坐侧,白鸠、白雀巢家树,是岁,夺哀拜中书侍郎、同中书门下平章事。固辞,不许。明年,迁中书令。始议河南开水屯,兼河南稻田使。上言废循资格,复置十道采访使。

李林甫无学术,见九龄文雅,为帝知,内忌之。会范阳节度使张守珪以斩可突于功,帝欲以为侍中。九龄曰:"宰相代天治物,有其人然后授,不可以赏功。国家之败,由官邪也。"帝曰:"假其名若何?"对曰:"名器不可假也。有如平东北二虏,陛下何以加之。"遂止。又将以凉州都督牛仙客为尚书,九龄执曰:"不可。尚书,古纳言,唐家多用旧相,不然,历内外贵任,妙有德望者为之。仙客,河、湟一使典耳,使班常伯,天下其谓何?"又欲赐实封,九龄曰:"汉法非有功不封,唐遵汉法,太宗之制也。边将积谷帛,缮器械,适所职耳。陛下必赏之,金帛可也,独不宜裂地以封。"帝怒曰:"岂以仙客寒士嫌之邪?卿固素有门阀哉?"九龄顿首曰:"臣荒陬孤生,陛下过听,以文学用臣。仙客擢胥史,目不知书。韩信,淮阴一壮夫,羞绛、灌等列。陛下必用仙客,臣实耻之。"帝不悦。翌日,林甫进曰:"仙客,宰相材也,乃不堪尚书邪?九龄文吏,拘古义,失大体。"帝由是决用仙客不疑。九龄既忤帝旨,固内惧,恐遂为林甫所危,因帝赐白羽扇,乃献赋自况,其末曰:"苟效用之得所,虽杀身而何忌?"又曰:"纵秋气之移夺,终感恩于箧中。"帝虽优答,然卒以尚书右丞相罢政事,而用仙客。自是朝廷士大夫持禄养恩矣。尝荐长安尉周子谅为监察御史,子谅劾奏仙客,其语援谶书。帝怒,杖子谅于朝堂,流瀼州,死于道。九龄坐举非其人,贬荆州长史。虽以直道黜,不戚戚婴望,惟文史自娱,朝廷许其胜流。久之,封始兴县伯,请还展墓,病卒,年六十八,赠荆州大都督,谥曰文献。

　　九龄体弱,有酝藉。故事,公卿皆搢笏于带,而后乘马。九龄独常使人持之,因设笏囊,自九龄始。后帝每用人,必曰:“风度能若九龄乎?”初,千秋节,公、王并献宝鉴,九龄上“事鉴”十章,号《千秋金鉴录》,以伸讽谕。与严挺之、袁仁敬、梁升卿、卢怡善,世称其交能终始者。及为相,谔谔有大臣节。当是时,帝在位久,稍怠于政,故九龄议论必极言得失,所推引皆正人。武惠妃谋陷太子瑛,九龄执不可。妃密遣宦奴牛贵儿告之曰:“废必有兴,公为援,宰相可长处。”九龄叱曰:“房帏安有外言哉!”遽奏之,帝为动色,故卒九龄相而太子无患。安禄山初以范阳偏校入奏,气骄蹇,九龄谓裴光庭曰:“乱幽州者,此胡雏也。”及讨奚、契丹败,张守珪执如京师,九龄署其状曰:“穰苴出师而诛庄贾,孙武习战犹戮宫嫔,守珪法行于军,禄山不容免死。”帝不许,赦之。九龄曰:“禄山狼子野心,有逆相,宜即事诛之,以绝后患。”帝曰:“卿无以王衍知石勒而害忠良。”卒不用。帝后在蜀,思其忠,为泣下,且遣使祭于韶州,厚币恤其家。开元后,天下称曰曲江公而不名云。建中元年,德宗贤其风烈,复赠司徒。

　　子拯,居父丧,有节行,后为伊阙令。会禄山盗河、洛,陷焉,而终不受伪官。贼平,擢太子赞美善大夫。

　　九龄弟九皋,亦有名,终岭南节度使。其曾孙仲方。

　　仲方,生歧秀,父友高郢见,异之,曰:“是儿必为国器,使吾得位,将振起之。”贞元中,擢进士、宏辞,为集贤校理,以母丧免。会郢拜御史大夫,表为御史。进累仓部员外郎。

　　会吕温等以劾奏宰相李吉甫不实,坐斥去,仲方以温党,补金州刺史。宦人夺民田,仲方三疏申理,卒与民直。入为度支郎中。吉甫卒,太常谥恭懿,博士尉迟汾请谥敬宪,仲方挟前怨未已,因上议曰:“古之谥,考大节,略细行,善善恶恶,一言而足。按吉甫虽多才多艺,而侧媚取容,叠致台衮,寡信易谋,事无成功。且兵凶器,不可从我始，至以伐罪，则邀必成功。今内有贼辅臣之盗，外有怀毒蜚之臣，师徒暴野，农不得在亩，妇不得在桑，耗赋殚畜，尸僵血流，骼骼成岳，毒痛之痛，诉天无辜，阶祸之发，实始吉甫。"又言："吉甫平易柔宽，名不配行。请俟蔡平，然后议之。"宪宗方用兵，疾其言丑讦，贬为遂州司马。稍进河南少尹、郑州刺史。

敬宗立，李程辅政，引为谏议大夫。帝时诏王播造竞渡舟三十艘，度用半岁运费。仲方见延英，论诤坚苦，帝为减三之二。又诏幸华清宫，仲方曰："万乘之行，必具葆卫，易则失威重。"不从，犹见慰劳。鄠令崔发以辱黄门系狱，逢赦不见宥。仲方曰："恩被天下，流昆虫，而不行御前乎？"发繇是不死。大和初，出为福建观察使。召还，进至左散骑常侍。李德裕秉政，以太子宾客分司东都。德裕罢，复拜常侍。

李训之变，大臣或诛或系。翌日，属臣谒宣政，牙阖不启。群臣错立朝堂，无史卒赞候，久乃半扉启，使者传召仲方曰："有诏，可京兆尹。"然后门辟，唤仗。于时族夷将相，胔足旁午，仲方皆密使识其尸。俄许收葬，故骼骸不相乱。已而禁军横，多挠政，仲方势笮，不能有所绳劾。宰相郑覃更以薛元赏代之，出为华州刺史。召入，授秘书监。人颇言覃助德裕，摈仲方不用，覃乃拟丞、郎以闻。文宗曰："侍郎，朝廷华选。彼牧守无状，不可得。"但封曲江县伯。卒，七十二，赠礼部尚书，谥曰成。仲方确正有风节，既驳吉甫谥，世不直其言，卒不至显。既殁，人多伤之。

始，高祖仕隋时，太宗方幼而病，为刻玉像于荥阳佛祠以祈年，久而刓晦。仲方在郑，敕吏治护，镂石以闻，传于时。

韩休，京兆长安人。父大智，洛州司功参军，其兄大敏，仕武后为凤阁舍人。梁州都督李行褒为部人告变，诏大敏鞫治。或曰："行褒诸李近属，后意欲去之，无列其冤，恐累公。"大敏曰："岂顾身枉人以死乎？"至则验出之。后怒，遣御史覆按，卒杀行褒，而大敏赐死于家。

休工文辞，举贤良。玄宗在东宫，令条对国政，与校书郎赵冬曦并中乙科，擢左补阙，判主爵员外郎。进至礼部侍郎，知制诰。出为虢州刺史。虢于东、西京为近州，乘舆所至，常税厩刍，休请均赋它郡。中书令张说曰：“免虢而与它州，此守臣为私惠耳。”休复执论，吏白恐忤宰相意，休曰：“刺史幸知民之敝而不救，岂为政哉？虽得罪，所甘心焉。”讫如休请。以母丧解，服除，为工部侍郎，知制诰。迁尚书右丞。侍中裴光庭卒，帝敕萧嵩举所以代者，嵩称休志行，遂拜黄门侍郎、同中书门下平章事。

休直方不务进趋，既为相，天下翕然宜之。万年尉李美玉有罪，帝将放岭南。休曰：“尉小官，犯非大恶。今朝廷有大奸，请得先治。金吾大将军程伯献恃恩而贪，室宅舆马僭法度，臣请先伯献，后美玉。”帝不许，休固争曰：“罪细且不容，巨猾乃置不问，陛下不出伯献，臣不敢奉诏。”帝不能夺。大率坚正类此。初，嵩以休柔易，故荐之。休临事或折正嵩，嵩不能平。宋璟闻之曰：“不意休能尔，仁者之勇也。”嵩宽博多可，休峭鲠，时政所得失，言之未尝不尽。帝尝猎苑中，或大张乐，稍过差，必视左右曰：“韩休知否？”已而疏辄至。尝引鉴，默不乐。左右曰：“自韩休入朝，陛下无一日欢，何自戚戚，不逐去之？”帝曰：“吾虽瘠，天下肥矣。且萧嵩每启事，必顺旨，我退而思天下，不安寝。韩休敷陈治道，多讦直，我退而思天下，寝必安。吾用休，社稷计耳。”后以工部尚书罢。迁太子少师，封宜阳县子。卒，年六十八，赠扬州大都督，谥曰文忠。宝应元年，赠太子太师。

子浩、洽、洪、汯、滉、浑、泂，皆有学尚。

浩，万年主簿，坐籍王鉷家赀有隐入，为尹鲜于仲通所劾，流循州。洪为司库员外郎，与汯皆以累贬。洪后为华州长史。浑，大理司直。安禄山盗京师，皆陷贼，贼逼以官，浩与洪、汯、滉、浑出奔，将走行在，浩、洪、浑及洪四子复为贼禽杀之。洪善与人交，有节义，藉甚于时，见者为流涕。肃宗以大臣子能死难，诏赠浩吏部郎中，洪太常卿，浑太常少卿。汯，上元中终谏议大夫。洽，终殿中侍御史。

滉字太冲，以荫补左威卫骑曹参军。至德初，避地山南，采访使李承昭表为通川郡长史，改彭王府咨议参军。初，泓知制诰，当草王玙诏，无借言，衔之。及当国，滉兄弟皆斥冗官。玙罢，乃擢殿中侍御史，三迁吏部员外郎。性强直，明吏事，莅南曹五年，簿最详致。再迁给事中，知兵部选。时盗杀富平令韦当，贼隶北军，鱼朝恩私其凶，奏原死，滉执处，卒伏辜。迁右丞，知吏部选，以户部侍郎判度支。

自至德军兴，所在赋税无艺，帑司给输干隐。滉检制吏下及四方输将，犯者痛根以法。会岁数稔，兵革少息，故储积谷帛稍丰实。然覆治案牍，深文钩剥，人亦咨怨。大历十二年秋，大雨害稼什八，京兆尹黎干言状，滉恐有怕蠲贷，固表不实。代宗命御史行视，实损田三万余顷。始，渭南令刘藻附滉，言部田无害，御史赵计按验如藻言，帝又遣御史朱敖覆实，害田三千顷。帝怒曰："县令，所以养民，而田损不问，岂恤隐意邪？"贬南浦员外尉，计亦斥为丰州司户员外参军。方是时，潦败河中盐池，滉奏池产瑞盐。帝疑，遣谏议大夫蒋镇廉状，镇畏滉，还乃贺帝，且请置祠，诏号宝应灵庆池。

德宗立，恶滉掊刻，徙太常卿。议者不斁，乃出为晋州刺史。未几，迁浙江东、西观察使，寻检校礼部尚书为镇海军节度使。绥辑百姓，均租、调，不逾年，境内称治。帝在奉天，淮、汴震骚，滉训士卒，分兵戍河南。既狩梁州，又献缣十万匹，请以镇兵三万助讨贼，有诏嘉劳，进检校尚书右仆射，封南阳郡公。李希烈陷汴州，滉遣裨将王栖耀、李长荣、柏良器以劲卒万人进讨，次睢阳，而贼已攻宁陵，栖耀等破走之，漕路无梗，完靖东南，滉功多。

时里胥有罪，辄杀无贷，人怪之。滉曰："袁晁本一鞭背史，禽贼有负，聚其类以反，此辈皆乡县豪黠，不如杀之，用年少者，惜身保家不为恶。"又以贼非牛酒不啸结，乃禁屠牛以绝其谋。婺州属县有犯令者，诛及邻伍，坐死数十百人。又遣官分察境内，罪涉疑似必诛，一判辄数十人，下皆愁怖。

闻京都未平，乃闭关梁，禁牛马出境，筑石头五城，自京口至玉

山。毁上元道、佛祠四十区，修坞壁，起建业、抵京岘，楼雉相望。以
为朝廷有永嘉南走事，置馆第数十于石头城，穿井皆百尺。命偏将
丘涔督役，日数千人，涔虐用其众，朝令夕办，先世丘垄皆发夷。造
楼舰三千柁，以舟师由海门大阅，至申浦乃还，追李长荣等归，以亲
吏卢复为宣州刺史，增营垒，教习长兵，毁钟铸军器。陈少游在扬
州，以甲士三千临江大阅；滉亦总兵临金山，与少游会，以金缯相饷
酬。然滉握强兵，迁延不赴难，而调发粮帛以济朝廷者缲属，当时实
赖之。李晟方屯渭北，滉运米馈之，船置十弩以相警捍，贼不能剽。
始，漕船临江，滉顾僚吏曰："天子蒙尘，臣下之耻也。"乃自举一囊，
将佐争负之。

贞元元年，加检校左仆射、同中书门下平章事、江淮转运使，封
郑国公。以缮治石头城，人颇言有窥望意，虽帝亦惑之。会李泌间
关辩数，帝意乃解。二年，更封晋。是岁入朝。滉既宿齿先达，颇简
倨，接新进用事，不能满其意，众怨之。献羡钱五百余万缗，诏加度
支诸道转运、盐铁等使。

右丞元琇判度支也，以关辅旱，请运江南租米西给京师。帝委
滉专督之，而琇畏其刚愎难共事，请自江至扬子，滉主之；扬子以
北，自主之。滉由是衔琇。会琇以京师钱重货轻，发江东盐监院钱
四十万缗入关。滉给奏"运钱至京师，率费万致千，不可从"。帝责
谓琇，琇曰："千钱其重与斗米均，费三百可致。"帝以谕滉，滉执不
可。至是，诬劾琇馈米与淄青李纳、河中李怀光。帝怒，不复究验，
贬琇雷州司户参军。左丞董晋白宰相刘滋、齐映曰："昨关辅用兵，
方蝗旱，琇不增一赋，而军兴皆济，可谓劳臣。今被谪无名，刑滥人
惧，假令权臣逞志，公胡不请三司鞫之？"滋、映不能用。给事中袁高
抗疏申执，滉指为党与，寝不报。

刘玄佐不朝，帝密诏滉讽之。及过汴，玄佐素惮滉，修属吏礼。
滉辞不敢当，因结为兄弟，入拜其母，置酒设女乐。酒行，滉曰："宜
早见天子，不可使夫人白首与新妇子孙填宫掖也。"玄佐泣悟。滉以
钱二十万缗为玄佐办装，又以绫二十万犒军。玄佐入朝，滉荐可任

边事。时两河罢兵，滉上言："吐蕃盗河、湟久，近岁寖弱，而西迫大食，北捍回鹘，东抗南诏，分军外战，兵在河陇者不过五六万。若朝廷命将，以十万众城凉、鄯、洮、渭，各置兵二万为守御，臣请以本道财赋馈军，给三年费，然后营田积粟，且耕且战，则河、陇之地可翘足而复。"帝善其言，因访玄佐，玄佐请行。会滉病甚，张延赏奏减州县冗官，收禄俸，募战士西讨。玄佐虑延赏靳削资储，辞犬戎未衅，不可轻进，因称疾。帝遣中人劳问，卧受命。延赏知不可用，乃止。滉寻卒，年六十五，赠太傅，谥曰忠肃。

滉虽宰相子，性节俭，衣裘茵衽，十年一易。甚暑不执扇，居处陋薄，取庇风雨。门当列戟，以父时第门不忍坏，乃不请。堂先无挟庑、弟洄稍增补之，滉见即彻去，曰："先君容焉，吾等奉之，常恐失坠。若擅圮，缮之则已，安敢改作以伤俭德？"居重位，清絜疾恶，不为家人资产。自始仕至将相，乘五马，无不终枥下。好鼓琴，书得张旭笔法，画与宗人干相埒。尝自言："不能定笔，不可论书画。"以非急务，故自晦，不传于人。善治《易》、《春秋》，著《通例》及《天文事序议》各一篇。初判度支，李晟以神将白军事，滉待之加礼，使其子拜之，厚遗器币鞍马。后晟终立大功。滉幼时已有美名，所与游皆天下豪俊。晚节益苛惨，故论者疑其饰情希进，既得志，则强肆，盖自其性云。子群、皋。

群终国子司业。

皋字仲闻，资质重厚，有大臣器。由云阳尉策贤良方正异等，拜右拾遗。累迁考功员外郎。父丧，德宗遣使吊问，俾论撰滉行事，号泣承命，立草数千言以进，帝嘉之。服除，宰相拟考功郎中，帝为加知制诰。迁中书舍人、御史中丞、兵部侍郎，号称职。俄拜京兆尹，奏署郑锋为仓曹参军。锋奇敛吏，乃说皋悉索府中杂钱，折籴粟麦三十万石献于帝，皋悦之，奏为兴平令。贞元十四年，大旱，民请蠲租赋，皋府帑已空，内忧恐，奏不敢实。会中人出入，百姓遮道诉之，事闻，贬抚州员外司马。未几，改杭州刺史，入拜尚书右丞。王叔文用事，皋嫉之，谓人曰："吾不能事新贵。"从弟烨以告叔文，叔文怒，出为鄂岳蕲沔观察使。叔文败，即拜节度，徙镇海，入为户部尚书，历东都留守、忠武军节度使。大抵以简俭治，所至有绩。召拜吏部尚书，兼太子少傅。庄宪太后崩，充大明宫留守。穆宗以旧傅恩，加检校尚书右仆射，俄为真。又进左仆射。长庆四年，复为东都留守，卒于道，年七十九，赠太子太保，谥曰贞。

皋貌类父，既孤，不复视鉴。生知音律，常曰："长年后不愿听乐，以门内事多逆知之。"闻鼓琴，至《止息》叹曰："美哉！嵇康之为是曲，其当晋、魏之际乎。其音主商，商为秋，秋者天将摇落肃杀，其岁之晏乎。晋乘金运，商又金声，此所以知魏方季而晋将代也。缓其商弦，与宫同音，臣夺君之义，知司马氏之将篡也。王陵、毋丘俭、文钦、诸葛诞继为扬州都督，咸有兴复之谋，皆为司马懿父子所杀。康以扬州故广陵地，陵等皆魏大臣，故名其曲曰《广陵散》，言魏散亡自广陵始。'止息'者，晋虽暴兴，终止息于此。其哀愤、躁蹙、憯痛、迫胁之音，尽于是矣。永嘉之乱，其兆乎！康避晋、魏之祸，托以鬼神，以俟后世知音云。"

洄字幼深，荫补弘文生，满岁，参调吏部侍郎，达奚珣以地望抑之。除章怀太子陵令，无愠容。安禄山乱，家七人遇害，洄避难江南，蔬食不听乐。乾元中，授睦州别驾，刘晏表为屯田员外郎，知扬子留后。召拜谏议大夫，与补阙李翰数上章言得失，擢知制诰。坐与元载善，贬邵州司户参军。德宗即位，起为淮南黜陟使，复为谏议大夫。

晏被罪，天下钱谷归尚书省，而省司废久，无纲纪，莫总其任，乃擢洄户部侍郎，判度支。洄上言："江、淮七监，岁铸钱四万五千缗输京师，工用运转，每缗度二千，是本倍于子。今商州红崖冶产铜，而洛源监久废，请凿山取铜，即治旧监，置十炉铸之，岁得钱七万二千缗，度费每缗九百，则得可浮本矣。江、淮七监，请皆罢。"又言："天下铜铁冶，乃山泽利，当归王者，请悉隶盐铁使。"从之。复罢省胥史冗食二千人，积米长安、万年二县各数十万石，视年丰耗而发敛焉，故人不艰食。

洄与杨炎善，炎得罪，不自安。无何，皋上疏理炎罪，帝意洄教之，贬蜀州刺史。兴元元年，入为兵部侍郎，转京兆尹。贞元十年，终国子祭酒，赠户部尚书。

赞曰：人之立事，无不锐始而工于初，至其半则稍怠，卒而漫澶不振也。观玄宗开元时，厉精求治，元老魁旧，动所尊惮，故姚元崇、宋璟言听计行，力不难而功已成。及太平久，左右大臣皆帝自识擢，狎而易之，志满意骄，而张九龄争愈切，言益不听。夫志满则忽其所谋，意骄则乐软熟、憎鲠切，较力虽多，课所效不及姚、宋远矣。终之胡雏乱华，身播边陬，非曰天运，亦人事有致而然。若知古等皆宰相选，使当天宝时，庸能有救哉！

唐书卷一二七
列传第五二

张嘉贞 延赏 弘靖 文规 次宗 嘉祐
源乾曜 光裕 洧 裴耀卿 佶

张嘉贞，字嘉贞，本范阳旧姓。高祖子吒，仕隋终河东郡丞，遂家蒲州，为猗氏人。以五经举，补平乡尉，坐事免。长安中，御史张循宪使河东，事有未决，病之，问吏曰："若颇知有佳客乎？"吏以嘉贞。循宪召见，咨以事。嘉贞条析理分，莫不洗然。循宪大惊，试命草奏，皆意所未及；它日，武后以为能，循宪对皆嘉贞所为，因请以官让。后曰："朕宁无一官自进贤邪？"召嘉贞见内殿，以帘自鄣。嘉贞仪止秀伟，奏对侃侃，后异之。因请曰："臣草茅之人，未睹朝廷仪，陛下过听，引对禁近。今天威咫尺，若隔云雾，恐君臣之道有未尽也。"后曰："善。"诏上帘，引拜监察御史，擢循宪司勋郎中，酬其得人。

累迁兵部员外郎。时功状盈几，郎吏不能决，嘉贞为详处，不阅旬，廷无稽牒。进中书舍人。历梁秦二州都督、并州长史，政以严办，吏下畏之。奏事京师，玄宗善其政，数慰劳。嘉贞自陈："少孤，与弟嘉祐相恃以长，今为鄯州别驾，愿内徙，使少相近，冀尽力报，死无恨。"帝为徙嘉祐忻州刺史。

突厥九姓新内属，杂处太原北，嘉贞请置天兵军绥护其众，即以为天兵使。明年入朝或告其反，按无状，帝令坐告者。嘉贞辞曰："国之重兵利器皆在边，今告者一不当即罪之，臣恐塞言路，且为未来之患。昔天子听政于上，瞍赋，矇诵，百工谏，庶人谤，今将坐之，则后无繇闻天下事。"遂得减死。天子以为忠，且许以相。嘉贞因曰："昔马周起徒步，谒人主，血气方壮，太宗用之，能尽其才，甫五十而没。向使用少晚，则无及已。陛下不以臣不肖，必用之，要及其时，后衰无能为也。且百年寿孰为至者？臣常恐先朝露死沟壑，诚得效万一，无负陛下足矣！"帝曰："弟往，行召卿。"

及宋璟等罢，帝欲果用嘉贞，而忘其名。夜诏中书侍郎韦抗曰："朕尝记其风操，而今为北方大将，张姓而复名，卿为我思之。"抗曰："非张齐丘乎？今为朔方节度使。"帝即使作诏以为相。夜且半，因阅大臣表疏，举一则嘉贞所献，遂得其名，即以为中书侍郎、同中书门下平章事。迁中书令。居位三年，善傅奏，敏于裁遣。然强躁，论者恨其不裕。

帝数幸东都，洛阳主簿王钧者，为嘉贞缮第，会以赃闻，有诏杖之朝堂。嘉贞畏蔓染，促有司速毙以灭言。秘书监姜皎得罪，嘉贞希权幸意，请加诏杖，已而皎死。会广州都督裴伷先抵罪，帝问法如何，嘉贞复援皎比，张说曰："不然，刑不上大夫，以近君也。士可杀不可辱。向皎得罪，官三品，且有功，若罪应死，即杀，独不宜廷辱，以卒伍待也。况勋贵在八议乎？事往不可咎，伷先岂容复滥哉？"帝然之。嘉贞退，不悦曰："言太切。"说曰："宰相，时来则为，非可长保。若贵臣尽杖，正恐吾辈及之，渠不为天下士君子地乎？"

初，嘉贞在兵部，而说已为侍郎。及皆相，说位其下，议论无所让，故说不平。未几嘉祐拜金吾将军，兄弟要近，人颇惮媚。帝幸太原，嘉祐以赃闻，说讦嘉贞素服待罪，不谒，遂出为幽州刺史，说代其处。嘉贞衔悔，谓人曰："中书令幸二员，何相迫邪？"逾年，为户部尚书、益州长史，判都督事，诏宴中书省，与宰相会。嘉贞衔说不已，于坐慢骂说，源乾曜、王晙共平解，乃得去。

明年，王守一死，坐与厚善，贬台州刺史。俄拜工部尚书，为定州刺史，知北平军事，封河东侯。及行，帝赋诗，诏百官祖道上东门。久之，以疾丐还东都，诏医驰驿护视。卒，年六十四，赠益州大都督，谥曰恭肃。

　　嘉贞性简疏,与人不疑,内旷如也,或时以此失。有嗜进者,汲引之,能以恩终始。所荐中书舍人苗延嗣、吕太一,考功员外郎员嘉静,殿中侍御史崔训,皆位清要,日与议政事。故当时语曰:"令君四俊:苗、吕、崔、员。"其始为中书舍人,崔湜轻之,后与议事,正出其上。湜惊曰:"此终其坐。"后十年而为中书令。嘉贞虽贵,不立田园。有劝之者,答曰:"吾尝相国矣,未死,岂有饥寒忧? 若以谴去,虽富田产,犹不能有也。近世士大夫务广田宅,为不肖子酒色费,我无是也。"

　　引万年主簿韩朝宗为御史,卒后十余岁,朝宗以京兆尹见帝曰:"陛下待宰相,进退皆以礼,身虽没,子孙咸在廷。张嘉贞晚一息宝符,独未官。"帝恻然,召拜左司御率府兵曹参军,赐名曰延赏。

　　延赏虽蚤孤,而博涉经史,通吏治,苗晋卿尤器许,以女妻之。肃宗在凤翔,擢监察御史,辟署关内节度使王思礼府。思礼守北都,表为副,入迁刑部郎中。始,元载被用,以晋卿力,故厚遇延赏,荐为给事中、御史中丞。

　　大历初,除河南尹、诸道营田副使,河、洛当兵冲,邑里墟榛,延赏政简约,轻徭赋,疏河渠,筑宫庙。数年,流庸归附,都阙完雄,有诏褒美。时罢河南、山南等副元帅,兵屯东都,诏延赏知留守,以兵属。居五年,治行第一,召还。

　　会李少良劾元载阴罪,载斥其狂,下御史台治讯,而延赏适拜大夫,不满所私,出为淮南节度使。岁旱,民它迁,吏禁之。延赏曰:"食者,人恃以活。拘此而毙,不如适彼而生。苟存吾人,何限为?"乃具舟遣之,敕吏为修室庐,已逋债,而归者更增于旧。瓜步舟舻津凑,而遥系江南,延赏请度属扬州,自是行无稽壅。

　　会母丧免,服除,累拜荆南、剑南西川节度使。建中中,西山兵马使张朏袭成都为乱,延赏奔鹿头戍。朏酗乱不设备,延赏谍知之,遣将叱干遂捕斩朏,复成都。自杨国忠讨南蛮,三蜀疲罄。及乘舆临狩,糜用百出。后更郭英乂、崔宁、杨子琳乱,益矜僭,公私萧然。延赏事为之制,薄入谨出,府库遂实。德宗在奉天,贡献踵道。及次梁,倚剑蜀为根本。即拜中书侍郎、同中书门下平章事。

帝还,诏入秉政。初,吐蕃寇剑南,李晟总神策军戍之,及还,以成都倡自随,延赏遣吏夺取,故晟衔之;至是,镇凤翔,帝所倚重,表陈宿憾,帝不得已,罢延赏为尚书左仆射,然雅意决用之,以晟尝为韩滉识擢,命滉移书道意。及俱入朝,滉从容邀晟平憾,且使荐延赏于帝,于是复拜平章事。既而宴禁中,帝出瑞锦一端分系之,以示和解。晟因为子请婚,延赏不许。晟曰:“吾武夫虽有旧恶,杯酒间可解。儒者难犯,外睦而内含怒,今不许婚,衅未忘也。”

先时,吐蕃尚结赞请和,晟奏戎狄无信,不可许。滉亦请调军食峙边,无听和。帝疑将帅邀功生事,议未决。会滉卒,延赏揣帝意,遂罢晟兵,奏以给事中郑云达代之。帝曰:“晟有社稷功,俾自择代者。”乃用邢君牙,而拜晟太尉兼中书令,奉朝请。是夏,吐蕃背约,劫浑瑊,将校多没,如晟等策。故事,临轩册拜三公,中书令读册,侍中赞礼,或阙,则宰相摄事。晟当拜,而延赏薄其礼,用尚书崔汉衡、刘滋代摄。

时议遣刘玄佐复河、湟,延赏因建言:“今官繁费广,州县残困,宜并省其员,悉收禀料粮课输京师,赏战士。”帝许之。即诏:“上州留上佐、录事参军、司户、司兵、司士各一员,余参军留半;中州减司士;上县令、尉具;中县省尉;京兆、河南府司录、判官,赤县丞、簿、尉,各省半;余府准上州。”诏下,内外始怨。玄佐辞西讨,延赏更用李抱真。抱真怨延赏夺晟兵,不肯行。由是功臣解体。

是年,除吏千五百员,当省者千余。道路訾谤,浸淫闻于上。延赏惧,请诏州县:“或考先满、或摄掌遇停限而官见乏者,听在所择省员有干誉者权补,以才不以资。”而大臣马燧、白志贞、韦伦表言省官太甚,不可行。会延赏疾困,不能事,宰相李泌一切奏复。卒,年六十一,赠太保,谥曰成肃。

延赏更四镇,所至民颂其爱。及当国,饰情复怨,不称所望,亦早不幸,未及有所建明。然帝待遇厚,称其奏议有宰相体,专属以吏事,而以军食委李泌,刑法委柳浑,时以为任职。

子弘靖。

弘靖字元理,雅厚信直,以荫为河南参军。杜亚辟佐其府。亚疑牙将令狐运劫饷绢,弘靖直其枉,亚怒,斥出府。裴延龄为德阳公主治第,欲徙弘靖先庙,上疏自言,德宗异之,擢监察御史。累迁户部侍郎、陕州观察使,徙河中节度使。元和中,拜刑部尚书、同中书门下平章事。

吴少阳死,其子元济擅总留务,宪宗欲诛之。弘靖请先遣使者吊赠,待不恭,乃加兵,诏可。进中书侍郎,封高平县侯。

武元衡遇害,贼未得,王承宗邸厮卒张晏被告,诏付御史台劾验,有状。弘靖疑御史傅致晏罪,言之帝,不听,遂诛晏,并讨承宗。弘靖曰:“戎事并兴,鲜有济。不如悉力淮西,已平,乃治河朔。”议再进,乃归政,以检校吏部尚书、同平章事为河东节度使。未及镇,诏伐承宗。弘靖自以谏不听,思自效,乃大阅兵,请身讨贼。诏许出军,无亲往。既王师无功,帝忆曩言,下诏褒美。弘靖亦遣使间道喻承宗,承宗款附。召拜吏部尚书,徙节宣武。宣武承韩弘虐政,代以宽简,民便安之。

长庆初,刘总举所部内属,请弘靖为代,进检校司空,仍同中书门下平章事,充卢龙节度使。始入幽州,老幼夹道观。河朔旧将与士卒均寒暑,无障盖安舆,弘靖素贵,肩舆而行,人骇异。俗谓禄山、思明为“二圣”,弘靖惩始乱,欲变其俗,乃发墓毁棺,众滋不悦。旬一决事,宾客将吏罕闻其言。委成于参佐韦雍、张宗厚,又不通大体,朘刻军赐,专以法痕治之。官属轻佻酗肆,夜归,烛火满街,前后呵止,其诟责士皆曰“反虏”,尝曰:“天下无事,而辈挽两石弓,不如识一丁字。”军中以气自任,衔之。总之朝,诏以钱百万缗赉将士,弘靖取二十万市府杂费,有怨言。会雍欲鞭小将,蓟人未尝更笞辱,不伏,弘靖系之。是夕军乱,囚弘靖蓟门馆,掠其家赀婢妾,执雍等杀之。判官张澈始就职，得不杀，与弘靖同被囚。会诏使至，澈谓弘靖曰："公无负此土人，今天子使至，可因见众辨，幸得脱归。"即推门求出。众畏其谋，欲迁别馆。澈大骂曰："汝何敢反！前日吴元济斩东市，李师道斩军中，同恶者，父母妻子肉饱狗鼠鸱鸦。"众怒，击杀之。数日，吏卒稍自悔，诣馆谢弘靖，愿革心事之。三请，不对。众曰："公不赦我矣，军中可一日无帅乎？"遂取朱克融主留后。诏贬弘靖太子宾客，分司东都。再贬吉州刺史。明年，出幽州，改抚州刺史，稍迁太子少师。卒，年六十五，赠太子太保。

弘靖少有令问，杜鸿渐、杜佑皆器许。历台阁显级，人以为有辅相才。及居位，简默自处，无所规拂。幽蓟初效顺，不能因俗制变，故范阳复乱。家聚书画，侔秘府。先第在东都思顺里，盛丽甲当时，历五世无所增葺，时号"三相张家"云。子：文规、次宗。

裴度秉政，引文规为右补阙。度出襄阳，贬温令，度奏置幕府。累转吏部员外郎。右丞韦温劾文规父昔被囚，逗留不赴难，不宜任省署。出为安州刺史，终桂管观察使。子彦远，博学有文辞，乾符中至大理卿。

次宗，开成初为起居舍人。文宗始诏左右史立螭头下记宰相奏对，既退，帝召见审正是非。故开成时事为最详。以称职，兼集贤院直学士。文规左迁，改国子博士、史馆修撰。李德裕再当国，引为考功员外郎，知制诰。出澧、明二州刺史，卒。

孙茂枢，字休府，及进士第。天祐中，累迁祠部郎中，知制诰。坐柳璨事，贬博昌尉。

嘉祐，嘉贞弟，有干略。方嘉贞为相时，任右金吾卫将军，昆弟每上朝，轩盖驺导盈闾巷，时号所居坊曰"鸣珂里"。后贬浦阳府折冲。开元末，为相州刺史。旧刺史多死官，众疑畏，嘉祐以周总管尉迟迥死国难，忠臣也，立祠房解被众心。三岁，入为左金吾将军。后吴兢为刺史，又加神冕服，遂无患。

源乾曜,相州临漳人。祖师民,隋刑部侍郎。父直心,高宗时太常伯,流死岭南。

乾曜第进士。神龙中以殿中侍御史黜陟江东,奏课最,频迁谏议大夫。景云后,公卿百官上巳、九日废射礼,乾曜以为:"圣王教天下,必制礼以正人情。君子三年不为礼,礼必坏;三年不为乐,乐必崩。古之择士,先观射礼,非取一时乐也。夫射者,别邪正,观德行,中祭祀,辟寇戎,古先哲王莫不递袭。比年以来,射礼不讲,所司吝费,而旧典为亏。臣愚谓所计者财,所亏者礼,故孔子不爱羊而存礼也。大射谓春秋不可废。"

开元初,邠王府吏犯法,玄宗敕左右为王求才长史,太常卿姜皎荐乾曜,自梁州都督召见,神气爽流澈,占对有序,帝悦之,擢少府少监,兼邠王府长史。累进尚书左丞。四年,拜黄门侍郎、同紫微黄门平章事。逾月,与姚崇俱罢。

会帝东幸,以京兆尹留守京师。治尚宽简,人安之。居三年,政如始至。仗内白鹰因纵失之,诏京兆督捕,获于野,绁榛死。吏惧得罪,乾曜曰:"上仁明,不以畜玩置罪,苟其获戾,尹专之。"遂入自劾失旨。帝一不问,众伏其知体而善引咎。

八年,复为黄门侍郎、同中书门下三品,进位侍中。建言:"大臣子并求京职,俊乂率任久官,非平施之道。臣三息俱任京师,请出二息补外,以示自近始。"诏可。乃以子河南参军弼为绛州司功,太祝絜为郑尉。诏曰:"乾曜身率庶寮以让,既请外其子,又复下迁。《传》不云乎:'范宣子让,其下皆让。''晋国之人,于是大和。'道之或行,仁岂远哉。其令文武官父子昆第三人在京司者,分任于外。"繇是公卿子弟皆出补。

帝尝自较其考,与张说偕赐。时议者言:"国执政所以同休戚,不崇异无以责功。"帝乃诏中书、门下共食实户三百,堂封自此始。

东封还,为尚书左丞相,兼侍中。久之,罢侍中,迁太子少师。避祖名,更授少傅,安阳郡公。帝幸东都,以老疾不任陪扈。卒,赠幽州大都督。

乾曜性谨重，其始仕已四十余，历官皆以清慎恪敏得名。为相十年，与张嘉贞、张说、李元纮、杜暹同秉政，居中未尝廷议可否事，晚节唯唯联署，务为宽平惇大，故鲜咎悔。姜皎为嘉贞所排，虽得罪，讫不申救，君子讥焉。

族孙光裕，亦有名，居官号清愿，抚诸弟友义。为中书舍人，与杨滔、刘令植同删著《开元新格》。历尚书左丞，会选诸司长官为刺史，光裕任郑州，为世良吏。卒官。

子洧，以雍睦保家，士友推之。天宝中，为给事中、襄州刺史。安禄山犯河、洛，为江陵大都督长史以御贼，卒，赠礼部尚书，谥曰懿。

裴耀卿，字焕之，宁州刺史守真次子也。数岁能属文，擢童子举，稍迁秘书省正字、相王府典签，与掾丘悦、文学韦利器更直，备顾问，府中号“学直”。王即帝位，授国子主簿，累迁长安令。旧有配户和市法，人厌苦，耀卿一切责豪门坐贾，豫给以直，绝僦欺之敝。及去，人思之。

为济州刺史，济当走集，地广而户寡。会天子东巡，耀卿置三梁十驿，科敛均省，为东州知顿最。封禅还，次宋州，宴从官，帝欢甚，谓张说曰：“前日出使巡天下，观风俗，察吏善恶，不得实。今朕有事岱宗，而怀州刺史王丘饩牵外无它献，我知其不市恩也；魏州刺史崔沔遣使供帐，不施锦绣，示我以俭，此可以观政也；济州刺史裴耀卿上书数百言，至曰‘人或重扰，则不足以告成’，朕置书座右以自戒，此其爱人也。”

俄徙宣州。前此大水，河防坏，诸州不敢擅兴役。耀卿曰：“非至公也。”乃躬护作役，未讫，有诏徙官。耀卿惧功不在，弗即宣，而抚巡饬厉愈急。堤成，发诏而去。济人为立碑颂德。历冀州，入拜户部侍郎。

开元二十年，副信安王祎讨契丹，又持帛二十万赐立功奚官，耀卿曰：“币涉寇境，不可以不备。”乃令先与期，而分道赐之，一日毕。突厥、室韦果邀险来袭，耀卿已还。

迁京兆尹。明年秋，雨害稼，京师饥。帝将幸东都，召问所以救人者。耀卿曰：“陛下既东巡，百司毕从，则太仓、三辅可遣重臣分道赈给，自东都益广漕运，以实关辅，关辅既实，则乘舆西还，事蔑不济。且国家大本在京师，但秦地狭，水旱易匮。往贞观、永徽时，禄禀者少，岁漕粟二十万略足；今用度寖广，运数倍且不支，故数东幸，以就敦粟。为国大计，臣愿广陕运道，使京师常有三年食，虽水旱不足忧。今天下输丁约四百万，使丁出百钱为陕、洛运费，又益半为营窖用，分纳司农、河南、陕州。又令租米悉输东都。从都至陕，河益湍沮，若广漕路，变陆为水，所支尚赢万计。且河南租船候水始进，吴工不便河漕，处处停留，易生隐盗。请置仓河口，以纳东租，然后官自顾载，分入河、洛。度三门东西各筑敖仓，自东至者，东仓受之；三门迫险，则旁河凿山，以开车道，运十数里，西仓受之。度宜徐运抵太原仓，趋河入渭，更无留阻，可减费钜万。”天子然其计，拜黄门侍郎、同中书门下平章事，充转运使。

于是置河阴、集津、三门仓，引天下租緤盟津溯河而西。三年积七百万石，省运费三十万缗。或曰：“以此缗纳于上，足以明功。”答曰：“是谓以国财求宠，其可乎？”敕吏为和市费。迁侍中。

二十四年，以尚书左丞相罢，封赵城侯。夷州刺史杨浚以赃抵死，有诏杖六十，流古州。耀卿上言：“刺史、县令异诸吏，为人父母，风化所瞻。今使裸躬受笞，事太逼辱。法至死，则天下共之。然一朝下吏，屈挫牵顿，民且哀怜，是忘免死之恩，而有伤心之痛，恐非崇守长、劝风俗意。又杂犯抵死无杖刑，必三覆后决，今非时不覆，或夭其命，非所以宽宥之也。凡大暑决囚多死，秋冬乃有全者。请今贷死决杖，会盛夏生长时并停，则有再生之实。”

是时，特进盖嘉运破突骑施还，诏为河西、陇右节度使，因令经略吐蕃。嘉运以新立功，日酣邀，未赴屯。耀卿言于帝曰：“嘉运精劲勇烈诚有余，然臣见其夸言骄色，窃忧之，恐不足与立事。今盛秋防边，日月已薄，当与军中士卒相见。若不素讲，虽决在一时，恐非制胜万全之义。且兵未及训，不能知法；士未怀惠，不可共心。使幸而有功，非师出以律之善。又万人之命倚于将，示不得已，故凿凶门而出。今酣呶朝夕，胖肆自安，非爱人忧国者，不可不察。苟不易帅，宜严诏申约，以督其行。"帝乃促嘉运诣部，卒无功还。

天宝初，进尚书左仆射，俄改右仆射，而李林甫代之。上日，林甫至本省，具朝服剑佩，博士导，郎官唱案。礼毕，就耀卿听事，乃常服，以赞者主事导唱。林甫惊曰："班爵与公同，而礼数异，何也？"耀卿曰："比苦眩，不堪重衣。又郎、博士纷泊，非病士所宜。"林甫默然惭。居一岁，卒，年六十三，赠太子太傅，谥曰文献。子综，吏部郎中。综子佶。

佶字弘正，幼能文。第进士，补校书郎，判等高，授蓝田尉。德宗诏发畿县民城奉天，严郢为京兆，政刻急，本曹尉韦重规妻乳且疾，不敢免。佶请代役，要如程，当时称其义。

帝幸梁，佶奔见行在，授补阙。李怀光以河中叛，佶建议请讨，帝深器之。诏用卢杞为饶州刺史，与谏官执不可。历迁谏议大夫。黔中观察使韦士文为夷獠所逐，诏佶代之，部夷安服。

历同州刺史、中书舍人，迁尚书右丞。时李巽以兵部尚书领盐铁，将迁使局就本曹，经构已半，会佶至，以为不可。巽虽怙恩而强，犹撤之，时重其有守。改吏部侍郎，以疾为国子祭酒、工部尚书。卒，赠吏部尚书，谥曰贞。

佶清劲明锐，所与友皆第一流，郑余庆尤厚善。既殁，余庆为行服，士林美之。

赞曰：开元之盛所置辅佐，皆得贤才，不者若张、源等，犹惓惓事职，其建明有足称道。朝多君子，信太平基欤！张氏三世宰相，然器有所穷，嘉贞穷于俗，延赏穷于伎，弘靖穷于权，惜哉！

唐书卷一二八
列传第五三

苏珦 晋　　尹思贞　　毕构
栩　　李杰　　郑惟忠　　王志愔
许景先　　潘好礼　　倪若水
席豫　　齐浣 抗

苏珦,雍州蓝田人。中明经第,调鄠尉。时李义琰为雍州长史,鄠多讼,日至长史府,珦裁决明办,自是无诉者。义琰异之,顾听事曰:"此公坐也,恨吾齿晚,不及见。"

垂拱初,为监察御史。武后杀韩、鲁诸王,付珦密牒按讯,珦推之无状。或言珦助韩、鲁者,后诘之,挺议无所桡,后不悦曰:"卿,大雅士,此狱不足逮卿。"即诏监军河西。五迁右司郎中。御史王弘义附来俊臣为酷,世畏疾,莫敢触其锋。会督伐材于虢,笞督过程,人多死,珦按奏,弘义坐免。迁给事中,进左肃政台御史大夫。后营大像白司马坂,糜用亿计,珦上疏切谏,见纳。

中宗将斩韦月将,珦执据时令不可以大戮,忤三思意,改右台,俄出为岐州刺史。复为右台大夫。会节愍太子败,诏株索支党。时睿宗居藩,为狱辞牵逮,珦密启保辩,亦会宰相开陈,帝感悟,多所含贷。擢户部尚书,封河内郡公。以检校太子詹事致仕。卒,年八十一,赠兖州都督,谥曰文。

子晋，数岁知为文，作《八卦论》，吏部侍郎颍叔、秘书少监王绍宗叹曰："后来之王粲也。"举进士及大礼科，皆上第。先天中，为中书舍人。玄宗监国，所下制命，多晋及贾曾稿定。屡献谠言，天子嘉允。出为泗州刺史，以珦老，请解职奉养。珦卒，历户部侍郎，袭爵，迁吏部。时宋璟兼尚书事，晋与齐浣更典二都选，既糊名校判，而晋独事赏拔，当时誉之。

及裴光廷知尚书，有过官被却者，就籍以朱点头而已。晋因榜选院曰"门下点头者更拟"，光廷以为侮己，出晋汝州刺史。迁魏州，终太子左庶子。

始，晋与洛人张循之、仲之兄弟善。而二人以学显。循之上书忤武后，见杀。仲之神龙中谋去武三思，为宋之愻等所发，死，晋厚抚其子渐，为营婚宦。晋卒，渐丧之若诸父云。

尹思贞，京兆长安人。弱冠以明经第，调隆州参军事。属邑豪蒲氏骜肆不法，州檄思贞按之，擿其奸赃万计，卒论死，部人称庆，刻石叹颂。迁明堂令，以善政闻。擢殿中少监，检校洛州刺史。会契丹孙万荣乱，朔方震惊，思贞循抚境内，独无扰。武后玺书褒尉。

长安中，迁秋官侍郎，忤张昌宗意，出为定州刺史。召授司府少卿。时卿侯知一亦厉威严，吏为语曰："不畏侯卿杖，只畏尹卿笔。"加银青光禄大夫。其家坎地，获古戟十二，俄而门树戟，时人异焉。

神龙初，擢大理卿。雍人韦月将告武三思大逆，中宗命斩之，思贞以方发生月，固奏不可，乃决杖，流岭南。三思讽所司加法杀之，复固争，御史大夫李承嘉助三思，而以他事劾思贞，不得谒。思贞谓承嘉曰："公为天子执法，乃擅威福，慢宪度，谀附奸臣图不轨，今将除忠良以自恣邪？"承嘉惭怒，劾思贞，为青州刺史。或问曰："公敏行，何与承嘉辩？"答曰："石非能言者，而或有言。承嘉恃权而侮吾，义不辱，亦不知言何从而至。"治州有绩，蚕至岁四熟，黜陟使路敬潜至部，叹曰："是非善政祥致乎！"表言之。

睿宗立，召授将作大匠，封天水郡公。仆射窦怀贞护作金仙、玉真观，广调夫匠，思贞数有损节。怀贞让之，答曰："公，辅臣也，不能宣赞王化，而土木是兴，以媚上害下，又听小人潜以廷辱士，今不可事公矣。"乃拂衣去，阖门待罪。帝知之，特诏令视事。怀贞诛，拜御史大夫，累迁工部尚书。请致仕，许之。开元四年卒，年七十七，赠黄门监，谥曰简。思贞前后为刺史十三郡，其政皆以清最闻。

　　毕构，字隆择，河南堰师人。六岁能为文。及冠，擢进士第，补金水尉，迁九陇主簿。居亲丧，毁瘠甚，已除，犹屏处丘园。武后召为左拾遗。神龙初，迁中书舍人。敬晖等表诸武不宜为王，构当读表，抗声析句，左右皆晓知。三思疾之，出为润州刺史，政有惠爱。徙卫、同、陕三州，迁益州府长史。

　　景龙末，召为左御史大夫。会平诸书，治其党，衣冠多坐，构详比重轻，皆得其情。时李杰为河南尹，与构皆一时选，世谓"毕李"。封魏县男。复为益州长史，按察剑南，振弊枙私，号为清严。睿宗嘉构修絜独行，有古人风，其治术又为诸使最，乃赐玺书、袍带。再迁吏部尚书，并遥领益州长史，徙广州都督。

　　玄宗立，授河南尹，进户部尚书。久之，移疾，帝手疏医方赐之。当时以户部为凶官，遽改太子詹事，冀其愈。会卒，赠黄门监，谥曰景。

　　始，构丧继母，而二妹襁褓，身鞠养至成人。妹为构服三年。弟栩，以太府主簿留司东都，闻疾驰归，哀毁如大丧，虽变服未尝笑，天下称其友悌。终荆州司马。

　　构子炕，天宝末为广平太守，拒安禄山，城陷，覆其家。赠户部尚书。炕生坰，始四岁，与弟增以细弱得不杀，为赏口。河北平，宗人宏以财赎出之。后举明经，为临涣尉。徐州节度使张建封高炕节，闻坰笃行，表署幕府，摄符离令。后调王屋尉，以谨廉闻。喜宾客，家未尝以有无计。及殁，无赀以治丧云。

　　李杰，本名务光，相州滏阳人。后魏并州刺史宝之裔孙。少以

孝友著。擢明经第,解褐齐州参军事,迁累天官员外郎。为吏详敏,
有治誉。以采访使行山南,时户口逋荡,细弱下户为豪力所兼,杰为
设科条区处,检防亡匿,复业者十七八。神龙中,为河东巡察黜陟
使,课最诸道。先天中,进陕州刺史、水陆发运使,置使自杰始。改
河南尹。

　　杰既精听断,虽行来食饮,省治不少废,繇是府无淹事,人吏爱
之。寡妇有告有子不孝者,杰物色非是,谓妇曰:“子法当死,无悔
乎?”答曰:“子无状,宁其悔!”乃命市棺还敛之,使人迹妇出,与一
道士语,顷持棺至,杰令捕道士按问,乃与妇私不得逞。杰杀道士,
内于棺。河、汴之交旧有梁公堰,废不治,南方漕弗通,杰调汴、郑丁
男复作之,不费而利。

　　入代宋璟为御史大夫。尚衣奉御长孙昕素恶杰,遇于道,内恃
玄宗娅婿,与所亲杨仙玉共殴辱之。杰诉曰:“败发肤,痛在身;辱衣
冠,耻在国。”帝怒,诏斩昕等朝堂。左散骑常侍马怀素建言:“阳和
月,不可以殊死。”乃敕杖杀之,谢百官,降书慰杰。

　　以护作桥陵,封武威县子。初,杰引侍御史王旭为护陵判官,旭
贪赃,杰将绳之,未及发,反为所构,出衢州刺史。迁扬州大都督府
长史,复为御史劾免。开元六年卒,帝悼之,特赠户部尚书。

　　郑惟忠,宋州宋城人。第进士,补井陉尉。天授中,以制举召见
廷中,武后问举者,何所事为忠,对皆不合旨。惟忠曰:“外扬君之
美,内正君之恶。”后曰:“善。”擢左司御胄曹参军事,迁水部员外
郎。后还长安,复以待制召。后曰:“非尝于东都对忠臣者乎?朕今
不忘。”迁凤阁舍人。

　　中宗立,擢黄门侍郎。时议禁岭南酋户不得畜兵,惟忠曰:“善
为政者因其俗。且吴人所谓家鹤膝、户犀渠,此民风也,禁之得无扰
乎?”遂止。进大理卿。节愍太子败,守卫迕误皆流,已决,诸韦党请
悉诛之,帝欲改推。惟忠奏:“大狱始判,复改讯,恐反侧者不自安,
且失信天下。”有诏百司参议,卒论如前,所全贷为多。俄授御史大

夫,持节赈给河北道,且许黜陟守宰。还奏称旨,封荥阳县男,迁太
子宾客。卒,赠太子少保。

王志愔,博州聊城人。擢进士第。中宗神龙中,为左台侍御史,
以刚鸷为治,所居人吏畏慑,呼为“皂雕”。迁大理正,尝奏言:“法令
者,人之堤防,不立则无所制。今大理多不奉法,以纵罪为仁,持文
为苛,臣执刑典,恐且得谤。”遂上所著《应正论》以见志,因规帝失。
大抵以“《易》萃之六二曰‘引吉无咎’,谓处萃之时,己独居正,异操
而聚,独正者危,未能以远害。惟九五应之,乃履正迎吉,由己居下
位而中正是托,期于上应之,不括囊以守禄也。”又言:“刑赏二柄,
惟人主操之。故曰‘以力役法者,百姓也;以死守法者,有司也;以道
变法者,君上也。’魏游肇为廷尉,帝私敕肇有所降恕,肇执不从,
曰:‘陛下自能恕之,岂可令臣曲笔也?’”又言:“为国当以严致平,
非以宽致平。严者,非凝纲重罚,在人不易犯而防难越也。故舍衔
策于奔踶,则王良不能御骍;停药石于肤腠,则俞附不能攻疾。”又
言:“汉武帝甥昭平君杀人,以公主子,廷尉上请,帝垂涕曰:‘法令
者,先帝之所造也,用亲故诬先帝法,吾何面目入高庙乎?’卒可其
奏。隋文帝子秦王俊为并州总管,以奢纵免官。杨素曰:‘王,陛下
爱子,请赦之。’帝曰:‘法不可违,若如公意,我乃五儿之父,非兆人
之父,何不别制天子子律乎?’故天子操法有不变之义。”凡数千言,
帝嘉之。

景云初,以左御史中丞迁大理少卿。时诏用汉故事,设刺史监
郡,于天下剧州置都督,选素威重者授之。遂拜志愔齐州都督,事中
格,复授齐州刺史、河南道按察使。徙汴州,封北海县男。太极元年,
兼御史中丞内供奉,实封百户。出为魏州刺史,改扬州长史。所至
破碎奸猾,令行禁信,境内肃然。

开元九年,帝幸东都,诏留守京师。京兆人权梁山妄称襄王子,
与左右屯营官谋反,自称光帝,夜犯长乐门,入宫城,将杀志愔,志
愔逾垣走,而屯营兵悔,更斩梁山等自归,志愔惭悸卒。

许景先，常州义兴人。曾祖绪，武德时以佐命功，历左散骑常侍，封真定公，遂家洛阳。

景先由进士第释褐夏阳尉。神龙初，东都造服慈阁，景先献赋，李迥秀见其文，畏叹曰："是宜付太史！"擢左拾遗。以论事切直，外补滑州司士参军。举手笔俊拔、茂才异等连中，进扬州兵曹参军。还为左补阙。宋璟、苏颋择殿中侍御史，久不补，以授景先，时议金惬。抨按不避近强。与齐浣、王丘、韩休、张九龄更知制诰，以雅厚称。张说曰："许舍人之文，虽乏峻峰激流，然词旨丰美，得中和之气。"

开元十年，伊、汝溢，坏庐舍甚众，景先见侍中源乾曜曰："灾眚所降，王者宜修德应之，因遣大臣存问失职，罪己引咎，以答天谴。公在元弼，庸可默乎？"乾曜悟，遂白玄宗，遣陆象先持节振赡。

十三年，帝自择刺史，景先由吏部侍郎为刺史治虢州，大理卿源光裕郑州，兵部侍郎寇泚宋州，礼部侍郎郑温琦邠州，大理少卿袁仁敬杭州，鸿胪少卿崔志廉襄州，卫尉少卿李升期邢州，太仆少卿郑放定州，国子司业蒋挺湖州，左卫将军裴观沧州，卫率崔诚遂州，凡十一人。治行，诏宰相、诸王、御史以上祖道洛滨，盛具，奏太常乐，帛舫水嬉，命高力士赐诗，帝亲书，且给笔纸令自赋，赍绢三千遣之。后徙岐州，入为吏部侍郎，卒。

潘好礼，贝州宗城人。第明经，累迁上蔡令，治在最，擢监察御史。坐小累，下除芮城令，拜侍御史，徙岐王府司马。居后母丧，诏夺服，固辞不出。

开元初，为邠王府长史。王为滑州刺史，好礼兼府司马、知州事。王御下不能肃，有诏好礼检督王家，至过失皆上闻。王每游观，好礼必谏谕禁切。农日，王出猎，家奴罗迥，好礼遮道谏，王初不许，乃卧马下呼曰："今农在田，王何得非时暴禾稼，以损下人？要先践杀司马，然后听所为！"王惭，为还。

迁豫州刺史。勤力于治，清廉无所私，然喜察细事，下厌其苛。

子请举明经,好礼曰:"经不明,不可妄进。"乃自试之,不能通,怒笞之,械而徇于门。复以公累,徙温州别驾,卒。

好礼博学,能论议,节行修整,一意无所倾附。未尝自列阶勋,居室服用粗苟至终身,世谓近名。

倪若水,字子泉,恒州藁城人。擢进士第,累迁右台监察御史。黜陟剑南道,绳举严允,课第一。开元初,为中书舍人、尚书右丞,出为汴州刺史,政清净。增修孔子庙,兴州县学庐,劝生徒,身为教诲,风化兴行。

玄宗遣中人捕鸧鸹、溪鶒南方,若水上言:"农方田,妇方蚕,以此时捕奇禽怪羽为园篽之玩,自江、岭而南,达京师,水舟陆贲,所饲鱼虫、稻梁,道路之言,不以贱人贵鸟望陛下邪?"帝手诏褒答,悉放所玩,谪使人过取罪,而赐若水帛四十段。

时天下久平,朝廷尊荣,人皆重内任,虽自冗官擢方面,皆自谓下迁。班景倩自扬州采访使入为大理少卿,过州,若水饯于郊,顾左右曰:"班公是行若登仙,吾恨不得为驺仆。"未几,入为户部侍郎,复拜右丞,卒。

席豫,字建侯,襄州襄阳人。后周昌州刺史固七世孙,后徙河南。长安中,举学兼流略、词擅文场科,擢上第,时年十六,以父丧罢。复举手笔俊拔科,中之。补襄邑尉,奏事阙下,会节愍太子难,安乐公主请为皇太女,豫曰:"昔梅福上书讥后族,彼何人哉!"乃上疏请立皇太子,语深切,人为寒惧。太平公主闻其名,将表为谏官,豫耻污诐谒,遁去。俄举贤良方正异等,为阳翟尉。

开元初,观察使荐豫贤,迁监察御史,出为乐寿令。前令以亲丧解,而豫母病,诉诸朝,改怀州司仓参军。复举超拔群类科。会母丧去。服除,授大理丞,迁考功员外郎,进绌清明。为中书舍人,与韩休、许景先、徐安贞、孙逖名相甲乙。出郑州刺史。韩休辅政,举代己,入拜吏部侍郎。玄宗曰:"卿前日考功职详事允,故有今授。"豫典选六年,拔寒远士多至台阁,当时推知人,号席公云。天宝六载,进礼部尚书,累封襄阳县子。凡四以使者按行江南、江东、淮南、河北。南方俗死不葬,暴骨中野,豫教以埋敛,明列科防,俗为之改。

豫清直亡欲,当官不为势权所撼。性谨畏,与子弟、属吏书,不作草字。或曰:"此细事耳,何留虑?"答曰:"细不谨,况大事邪?"及疾笃,遗令:"三日敛,敛已即葬,勿久留以黩公私;赙不足,可卖居宅以终事。"卒,年六十九,赠江陵大都督,谥曰文。

帝尝登朝元阁赋诗,群臣属和,帝以豫诗最工,诏曰:"诗人之冠冕也。"

弟晋,亦以文名当时。

齐浣,字洗心,定州义丰人。少开敏,年十四,见特进李峤,峤称有王佐才。

中宗在庐陵,浣上言请抑诸武,迎太子东宫,不报。及太子还,武后召浣宴同明殿,谕曰:"朕母子如初,卿豫有力焉,方不次待尔。"浣辞母老不忍远离,赏而罢。圣历初,及进士第,以拔萃调蒲州司法参军。有父子连坐论死者,浣曰:"条落则本枯,奈何俱死?"议贷其父,太守不听,固争,卒原。景云初,姚崇取为监察御史。凡劾奏,常先风教,号善职。睿宗将祠太庙,刑部尚书裴谈摄太尉,先告。浣奏:"孝享摄事,稽首而拜,恭明神也,而谈慢媟不恭。"并劾谈"神昏形滓,挟邪以罔上。神龙时,事武三思,陷敬晖,没其家以获进。妻外淫,男女不得姓氏。夫告神慢,事主不忠,家不治,有是三罪,不可不置之法。"谈由是下除汾州刺史。

开元初,姚崇复相,用为给事中、中书舍人。论驳及诰诏皆援准古谊,朝廷大政必咨之,时号"解事舍人"。数讽崇年老宜避位。时宋璟在广州,因劝崇举自代,崇用其谋。璟为相,它日问曰:"吾不敢冀房、杜,比尔日诸公云何?"浣曰:"不如。"璟请故,答曰:"前时近郊户三百以为困,今不百户,是以知之。"马怀素等绪次四库书,表浣为副,改秘书少监。

出为汴州刺史,地当舟车凑集,事浩繁,前刺史数不称职,唯倪若水与浣以清毅闻,吏民颂美。玄宗封太山,历汴、宋、许,车骑数万,王公妃主四夷君长马、橐驼亦数万,所顿弥数十里。浣列长棚,帝幕联亘,上食凡千舆,纳管钥,身进膳,帝以为知礼,喜甚,为留三日,赐帛二千匹。浣以淮至徐城险急,凿渠十八里,入青水,人便其漕。

中书令张说择丞辖,以王丘为左,浣为右。李元纮、杜暹当国,表宋璟为吏部尚书,浣及苏晋为侍郎,世谓台选。尝奏事,帝指政事堂曰:“非卿尚谁居者。”

是时,开府王毛仲宠甚,与龙武将军葛福顺相婚嫁,毛仲奏请无不从。浣乘间曰:“福顺典兵马,与毛仲为婚家,小人宠极则奸生,不预图,且有后患。高力士小心谨畏,加宦人可备禁中驱使,腹心所委,何必毛仲哉?”又言:“君不密失臣,臣不密失身,惟陛下密此言。”帝嘉纳,且劳曰:“卿第出,我徐计其宜。”会大理丞麻察坐事,出为兴州别驾,浣往饯,因道谏语。察素奸佻,遽言状。帝怒,召浣入殿中曰:“卿向疑朕不密,而反告察,谓何?且察轻躁无行,常游太平门者,讵不知邪?”浣免冠顿首谢,贬高州良德丞,察再贬皇化尉,其党齐敷、郭禀皆流放。

久之,浣徙索庐丞、郴州长史、濠常二州刺史。迁润州,州北距爪步沙尾,纡汇六十里,舟多败溺。浣徙漕路繇京口埭,治伊娄渠以达扬子,岁无覆舟,减运钱数十万。又立伊娄埭,官征其入;招还流人五百户,置明州以安辑之。复徙汴州。

浣中失势,益怅恨,素操寖衰。更倚力士助,得为两道采访使,兴利以中天子意,衰货财遗谢贵幸。纳刘戒女为妾,不答其妻。李林甫恶其行,欲挤而废之。会其幕府坐赃,事连浣,诏矜浣老,放归田里。天宝初,召为太子少詹事,留司东都。严挺之亦为林甫所废,与浣家居,杖屦经过不缺日,林甫畏之,乃用浣为平阳太守,离其谋。更以黄老清静为治,卒,年七十二。肃宗时,录林甫所陷者,皆褒洗,故浣赠礼部尚书。

浣尝称陈希烈、宋遥、苗晋卿、韦述之才，后皆大显。

察者，河东人，由明经第五迁殿中侍御史。魏元忠子升死节愍太子难，而元忠系大理，升妻郑父远，尝纳钱五百万，以女易官。武后重元忠旧臣，欲荣其姻对，授远河内令，子洛州参军。元忠下狱，遣人绝婚，许之。明日，嫁其女。察劾远败风教，请锢终身，远遂废。当时谓察为公，而终以憸险斥云。

浣孙抗。

抗字遐举，少值天宝乱，奉母夫人隐会稽。寿州刺史张镒辟署幕府。抗吏事闲敏，有文雅，从镒镇江西。及以宰相领凤翔，奏署监察御史。李楚琳乱，奔奉天，授侍御史，迁户部员外郎。萧复引为江淮宣慰判官。德宗自梁、洋还，财用大屈，盐铁使元琇荐抗材，改仓部郎中，斡盐利。俄为水陆运副使，护漕江淮，给京师。历谏议大夫，坐小累，为处州刺史。历苏州，徙潭州观察使，召为给事中，迁河南尹，进太常卿，以中书侍郎同中书门下平章事。

抗无远谋大略，虽用心至精，末乃滋彰苛刻。以病乞身，罢为太子宾客。卒，年六十五，赠户部尚书，谥曰成。

初，吏部岁考书言，以它官第上下，中书、门下遣官覆实，以为常。抗以尚书、侍郎皆大臣选，今更覆核，非任人勿疑之道。礼部侍郎试贡士，其姻旧悉试考功，谓之"别头"，皆奏罢之。又省州别驾、田曹司田官、判司双曹者，减中书吏员。此其稍近治者云。

唐书卷一二九
列传第五四

裴守真 子余 行立　崔沔
卢从愿　李朝隐　王丘
严挺之 武 绶 澈

　　裴守真,绛州稷山人,后魏冀州刺史叔业六世孙。父慎,隋大业中为淮安司户参军。郡人杨琳、田瓒等乱,劫吏多死,唯慎以仁爱故,贼约其属无敢害,护送还乡。

　　守真早孤,母丧,哀毁癯尽。举进士,六科连中,累调乾封尉。养寡姊谨甚,士推其礼法。永淳初,关中旱,悉禀禄奉姊及诸甥,与妻息恶食不赡也。

　　授太常博士。守真善容典,时谓才称其官。高宗将封嵩山,诏诸儒议射牲事。守真奏:“古者郊祀天地,天子自射牲。汉武帝封太山,令侍中儒者射之,帝不亲也。今按礼,前明十五刻,宰人鸾刀割牲,质明行事,毛血已具,天子至,奠玉酳献而已。今若前祀一日射牲,则早于事;及日,则晚不逮事。汉又天子不亲,古今异宜,恐不可行。”是时,《破阵》、《庆善》二乐舞入,帝常立以视,须乐阕乃坐。守真并言:“二舞诚祖宗盛德,然古无天子立观者。化育诒庇,孰非厥功,不应鼓舞别申严奉。”诏可,未及行。会帝崩,大行旧礼无在者,守真与博士韦叔夏、辅抱素等讨按故事,称情为文,咸适所宜,时人服其得礼。

天授中，为司府丞，推核诏狱，多裁恕，全免数十姓。不合武后旨，出为汴州司马。迁累成州刺史，政不务威严，吏民两怀之。徙宁州，送者千数，出境尚不止。长安中卒，赠户部尚书。

子子余、耀卿、巨卿。曾孙行立。耀卿、巨卿别有传。

子余事继母为闻孝，中明经，补鄠尉。时同舍李朝隐、程行谌以文法称，而子余以儒显，或问优劣于长史陈崇业，答曰："兰菊异芬，胡有废者？"

景龙中，为左台监察御史。泾、岐有隋世番户子孙数千家，司农卿赵履温奏籍为奴婢，充赐口。子余曰："官户以恩原为番户，且今又子孙，可抑为贱乎？"履温倚宗楚客执，辩于廷，子余执对不挠，遂诎其议。

开元初，累迁冀州刺史，为政惠裕，人称有恩。入为岐王府长史。卒，谥曰孝。时程行谌谥贞。中书令张说叹曰："二谥可无愧矣！"子余居官清，家闺友爱，兄弟六人，皆有志行云。

行立重然诺，学兵有法。母亡，泣血几毁。以军劳累授沁州刺史，迁卫尉少卿。口陈愿治民，试一县自效，除河东令，宽猛时当。

繇蕲州刺史迁安南经略使。环王国叛人李乐山谋废其君，来乞兵，行立不受，命将杜英策讨斩之，归其孥，蛮人悦服。英策及范廷芝者，皆溪洞豪也，隶于军，它经略使多假借，暴恣干治。行立阴把其罪，贷之，许自效，故能得英策死力。廷芝尝休沐，久不还。行立召之，约曰："军法，逾日者斩，异时复然，尔且死！"后廷芝逾期，行立笞杀之，以尸还范氏，更为择良子弟以代，于是威声风行。徙桂管观察使。黄家洞贼叛，行立讨平之。俄代桂仲武为安南都护。锐于立功，为时所訾。召还，道卒，年四十七，赠右散骑常侍。

崔沔，字善冲，京兆长安人。后周陇州刺史士约四世孙，自博陵徙焉。纯谨无二言，事亲笃孝，有才章。擢进士。举贤良方正高第，

不中者诵訾之，武后敕有司覆试，对益工，遂为第一。再补陆浑主
簿，入调吏部，侍郎岑羲叹曰："君今郤诜也！"荐为左补阙。性舒迟，
进止雍如也，当官则正言，不可得而诎。

睿宗召授中书舍人，以母病东都不忍去，固辞求侍，更表陆浑
尉郭邻、太乐丞封希颜、处士李喜以代己处。诏改虞部郎中，俄检校
御史中丞。请发太仓粟及减苑囿鸟兽所给以赈贫乏，人赖其利。监
察御史宋宣远与卢怀慎姻家，恃以弄法；姚崇子彝留司东都，通宾
客，招贿赂。沔将按劾，崇、怀慎方执政，共荐沔有史才，转著作郎，
去其权，盖惮之也。久之，为太子左庶子。母亡，受吊庐前，宾客未
尝至枢室。语人曰："平生非至亲不升堂入谒，岂以存亡变礼邪？"中
书令张说数称之。服除，迁中书侍郎。

玄宗以仙州数丧刺史，欲废之，沔请治舞阳，舞阳，故樊哙国
也，更为樊州，帝不纳，州卒废。沔既喜论得失，或曰："今中书宰相
承制，虽侍郎贰之，取充位而已。"沔曰："百官分职，上下相维，以成
至治，岂可俯首怀禄邪？"凡诏敕曹事，多所异同，说不悦，出为魏州
刺史。雨潦败稼，沔弛禁便人。召还，分掌吏部十铨，以左散骑常侍
为集贤修撰，历秘书监、太子宾客。

是时，太常议加宗庙笾豆，又欲增丧服，于是卿韦绦请坐增笾
豆至十二；外祖服大功，舅小功，堂姨若舅、舅母袒免。沔曰："祭祀
上矣，古者饮食必先严献。未有火化，故有毛血之荐；未有曲蘖，故
有玄酒之奠。后王作为酒醴、牺牲以致馨香，故有三牲、八簋、五齐、
九献。神道主敬，可备而不敢废也，虽曰备物，而节制存焉。钘俎、
笾豆、簠簋、尊罍之实，皆周时馔，其用通宴飨宾客，而周公与毛血、
玄酒同荐于先祖。晋卢谌家祭礼，所荐皆晋时常食，不纯用古。此
圣贤变文而通其情也。然当时饮食不可阙于祭，明矣。国家清庙时
享，礼馔具设，周制也，古物存焉。园寝上食，时膳备列，汉法也，它
珍极焉。职贡来祭，致远物也。有新必荐，顺时令也。苑囿躬稼所
收，搜狩亲中，莫不荐而后食，尽诚敬也。若此至矣，无以加矣。诸
珍羞鲜物，弟敕有司悉使著于令，因宜而荐，不必加笾豆以为嗛也。

大羹，古食也，盛于古器。和羹，常馔也，盛于时器。毛血盛于盘，玄酒盛于尊。未有荐时馔而用古器者，繇古质而今文，便事也。故加笾豆未足尽天下美物，而措诸庙，徒近侈耳。鲁丹桓宫之楹，刻其桷，《春秋》非之。班固称：‘墨家出于清庙，是以贵俭。’然清庙不奢，旧矣。太常所请，臣所未安。”

又太常言：“爵小不及合，执持至难。”沔曰：“礼有以小为贵者，献以爵是也。然今不及制，则非礼，自有司之陋也。随失制宜，不待议而革云。”又言：“礼本于家正，家正而天下定。家不可以贰，故父以尊崇，母以厌降。是以内服齐斩，外服缌，尊名所加，不过一等，今古不易之道也。昔辛有适伊川，见被发而祭，知其将戎，礼先亡也。比制《唐礼》，推广舅恩，故弘道以来，国命再移于外姓，本礼验亡，可不戒哉！”时职方郎中韦述、户部郎中阳伯成、礼部员外郎杨仲昌、监门兵曹参军刘秩等议与沔合，又诏中书门下参裁，于是宗庙笾豆坐各六，姨若舅小功，舅母缌麻，堂姨袒免，余仍旧制。

每朝廷有疑议，皆咨逮取衷。卒，年六十七，赠礼部尚书，谥曰孝。沔俭约自持，禄禀随散宗族，不治居宅，尝作《陋室铭》以见志。子祐甫至宰相，别传。

卢从愿，字子龚。六世祖昶，仕后魏为度支尚书，自范阳徙临漳，故从愿为临漳人。擢明经，为夏尉。又举制科高第，拜右拾遗，迁监察御史，为山南黜陟巡抚使，还奏称旨，进累中书舍人。

睿宗立，拜吏部侍郎。吏选自中宗后纲纪耗荡，从愿精力于官，伪牒诡功，擿检无所遗，铨总六年，以平允闻。帝异之，特官其一子。从愿请赠其父敬一为郑州长史，制可。初，高宗时，吏部号称职者裴行俭、马载，及是，从愿与李朝隐为有名，故号“前有裴、马，后有卢、李”。

开元四年，玄宗悉召县令策于廷，考下第者罢之。从愿坐拟选失实，下迁豫州刺史。政严简，奏课为天下第一，玺书劳问，赐绢百匹。召为工部侍郎，迁尚书左丞、中书侍郎，以工部尚书留守东都，代韦抗为刑部尚书。数充校考使，升退详确。

御史中丞宇文融方用事，将以括田户功为上下考，从愿不许，融恨之，乃密白"从愿盛殖产，占良田数百顷"，帝自此薄之，目为多田翁。后欲用为相屡矣，卒以是止。十八年，复为东都留守，坐子起居郎论输籴于官取利多，贬绛州刺史，迁太子宾客。二十年，河北饥，诏为宣抚处置使，发仓廥赈饥民。使还，乞骸骨，授吏部尚书致仕，给全禄终身。卒，赠益州大都督，谥曰文。

李朝隐，字光国，京兆三原人。明法中第，调临汾尉，擢至大理丞。武三思构五王，而侍御史郑愔请诛之，朝隐独以"不经鞫实，不宜轻用法"，忤旨，贬岭南丑地。宰相韦巨源、李峤言于中宗曰："朝隐素清正，一日远逐，恐骇天下。"帝更以为闻喜令。

迁侍御史、吏部员外郎。时政出权幸，不关两省而内授官，但斜封其状付中书，即宣所司。朝隐执罢千四百员，怨诽欢腾，朝隐胖然无避屈。迁长安令，宦官闾兴贵有所干请，曳去之。睿宗嘉叹，后御承天门，对百官及朝集使褒谕其能，使遍闻之。进太中大夫一阶，赐中上考、绢百匹，以旌刚烈。成安公主夺民园，不酬直，朝隐取主奴杖之，由是权豪敛伏。为执政所挤，出通州都督，徙绛州刺史。开元初，迁吏部侍郎，铨叙明审，与卢从愿并授一子官。久之，以策县令有下第，降滑州刺史，徙同州。玄宗东幸，召见尉劳，赐以衣、帛。擢河南尹，政严清，奸人不容息。太子舅赵常奴怙势横闾里，朝隐曰："此不绳，不可为政。"执而搒辱之，帝赐书慰勉。

入为大理卿。武强令裴景仙丐赃五千匹，亡命，帝怒，诏杀之。朝隐曰："景仙，其先寂有国功，载初时，家为酷吏所破，诛夷略尽，而景仙独存，且承嫡，于法当请。又丐乞赃无死比，藉当死坐，犹将宥之，使私庙之祀无馁魂可也。"帝不许，固请曰："生杀之柄，人主专之；条别轻重，有司当守。且赃惟枉法抵死，今丐赃即斩，后有枉法，亦又何加？且近发德音，杖者听减，流者给程，岂一景仙独过常法？"有诏决杖百，流岭南。

　　朝隐更授岐州刺史,母丧解。召为扬州大都督府长史,固辞,见听。时年已衰,而笃于孝,自致毁瘠,士人以为难。明年,诏书敦遣扬州就职。还为大理卿,封金城伯,代崔隐甫为御史大夫。天下以其有素望,每大夫缺,冀朝隐得之。及居职,不争引大体,惟先细务,由是名少衰。进太常卿,出为岭南采访处置使,兼判广州。卒于官,赠吏部尚书,官给车槽北还,谥曰贞。

　　王丘,字仲山,同晈从子也。父同晊,终太子左庶子。丘十一擢童子科,它童皆专经,而独属文,繇是知名。及冠,举制科中第,授奉礼郎。气象清古,行修絜,于词赋尤高。族人方庆及魏无忠更荐之,自偃师主簿擢监察御史。

　　开元初,迁考功员外郎。考功异时多请托,进者滥冒,岁数百人。丘务核实材,登科才满百,议者谓自武后至是数十年,采录精明无丘比。其后席豫、严挺之亦有称,然出丘下。迁紫微舍人、吏部侍郎,典选,复号平允。其奖用如山阴尉孙逖、桃林尉张镜微、湖城尉张晋明、进士王泠然,皆一时茂秀。久之,为黄门侍郎。

　　会山东旱饥,议以中朝臣为刺史,制诏:“皋陶称:‘在知人,在安民。’皆念存邦本,乾乾夕惕,无忘一日。今长吏或未称,苍生谓何?深思循良,以革颓敝,宜重刺史之选,自朝廷始。”乃以丘与中书侍郎崔沔等并为山东刺史。而丘守怀州,尤清严,为下畏慕。入知吏部选,改尚书左丞,以父丧解。服除,为右散骑常侍,仍知制诰。裴光廷卒,萧嵩与丘善,将引与当国,丘固辞,盛推韩休行能。及休秉政,荐为御史大夫。丘讷于言,所白奏帝多不喜,改太子宾客,袭父封。以疾徙礼部尚书,致仕。

　　丘更履华剧,而所守清约,未尝通馈遗,室宅童骑敝陋,既老,药饵不自给。帝叹之,以谓有古人节,下制给全禄以旌絜吏。天宝二载卒,赠荆州大都督,谥曰文。

　　严挺之,名浚,以字行,华州华阴人。少好学,姿质轩秀。举进士，并擢制科，调义兴尉，号材吏。姚崇为州刺史，异之。崇执政，引为右拾遗。

睿宗好音律，每听忘倦。先天二年正月望夜，胡人婆陁请然百千灯，因弛门禁，又追赐元年酺，帝御延喜、安福门纵观，昼夜不息，阅月未止。挺之上疏谏，以为："酺者因人所利，合醵为欢也，不使靡敝。今暴衣冠，罗伎乐，杂郑、卫之音，纵倡优之玩，不深戒慎，使有司跛倚，下人罢剧，府县里阎课赋苛严，呼嗟道路，贸坏家产，营百戏，扰方春之业，欲同其乐而反遗之患。"乃陈"五不可"，诚意忠到，帝纳焉。

侍御史任正名恃风宪，至廷中责詈衣冠，挺之让其不敬，反为所劾，贬万州员外参军事。开元中，为考功员外郎，累进给事中，典贡举，时号平允。会杜暹、李元纮为相，不相中。暹善挺之，而元纮善宋遥，用为中书舍人。遥校吏部判，取舍与挺之异，言于元纮，元纮屡诘谯，挺之厉言曰："公位相国，而爱憎反任小人乎？"元纮曰："小人为谁？"曰："宋遥也。"繇是出为登州刺史，改太原少尹。

初，殿中监王毛仲持节抵太原、朔方籍兵马，后累年，仍移太原取兵仗，挺之不肯应，且以毛仲宠幸，久恐有变，密启于帝。俄改濮、汴二州刺史，所治皆严威，吏至重足胁息。会毛仲败死，帝以挺之言忠，召为刑部侍郎，迁太府卿。

宰相张九龄雅知之，用为尚书左丞，知吏部选。李林甫与九龄同辅政，以九龄方得君，谄事之，内实不善也。户部侍郎萧炅，林甫所引，不知书，尝与挺之言，称"蒸尝伏腊"乃为"伏猎"。挺之白九龄："省中而有伏猎侍郎乎！"乃出炅岐州刺史，林甫恨之。九龄欲引以辅政，使往谒林甫，挺之负正，陋其为人，凡三年，非公事不造也，林甫益怨。会挺之有所诿于蔚州刺史王元琰，林甫使人暴其语禁中，下除洺州刺史，徙绛州。

天宝初，帝顾林甫曰："严挺之安在？此其材可用。"林甫退召其弟损之与道旧，谆谆款曲，且许美官，因曰："天子视绛州厚，要当以事自解归，得见上，且大用。"因绐挺之使称疾，愿就医京师。林甫已得奏,即言挺之春秋高,有疾,幸闲官得自养。帝恨吒久之,乃以为员外詹事,诏归东都。挺之郁郁成疾,乃自为文志墓,遗令薄葬,敛以时服。

挺之重交游,许与生死不易,嫁故人孤女数十人,当时重之。然溺志于佛,与浮屠惠义善,义卒,衰服送其丧,已乃自葬于其塔左,君子以为偏。子武。

武字季鹰。幼豪爽。母裴不为挺之所答,独厚其妾英。武始八岁,怪问其母,母语之故。武奋然以铁锤就英寝,碎其首。左右惊白挺之曰:"郎戏杀英。"武辞曰:"安有大臣厚妾而薄妻者,儿故杀之,非戏也。"父奇之,曰:"真严挺之子!"然数禁救。武读书不甚究其义,以荫调太原府参军事,累迁殿中侍御史。

从玄宗入蜀,擢谏议大夫。至德初,赴肃宗行在,房琯以其名臣子,荐为给事中。已收长安,拜京兆少尹。坐琯事贬巴州刺史。久之,迁东川节度使。上皇合剑南为一道,擢武成都尹、剑南节度使。还,拜京兆尹,为二圣山陵桥道使,封郑国公。迁黄门侍郎,与元载厚相结,求宰相不遂,复节度剑南。破吐蕃七万众于当狗城,遂收盐川。加检校吏部尚书。

武在蜀颇放肆,用度无艺,或一言之悦,赏至百万。蜀中号富饶,而峻掊亟敛,闾里为空,然房亦不敢近境。梓州刺史章彝始为武判官,因小忿杀之。琯以故宰相为巡内刺史,武慢倨不为礼。最厚杜甫,然欲杀甫数矣。李白为《蜀道难》者,乃为房与杜危之也。永泰初卒,母哭,且曰:"而今而后,吾知免为官婢矣。"年四十,赠尚书左仆射。

挺之从孙绶。绶父丹,尝为剑南盐铁、青苗、租庸使,以武在蜀,辞不拜。绶擢进士第,以侍御史副刘赞为宣歙团练使。赞卒,绶总留事,悉库物以献,召为刑部员外郎。宾佐进奉由绶始。

河东节度使李说病,军司马郑儋总其政,说卒,代为节度。时德宗务姑息，方镇若帅死，不它命，即用军司马代之，以和猒众情。至是，帝颇忆绶所献，故擢为河东司马。明年，儋卒，即检校工部尚书，代其使。宪宗立，杨惠琳反夏州，刘辟反蜀，绶建言："天子始即位，不可失威，请必诛。"选锐兵，遣大将李光颜助讨贼。二贼平，检校尚书左仆射，封扶风郡公，进司空。在镇九年，尚宽惠，治称流闻，士马蕃息。尝大阅，旗帜周七十里，回鹘梅录将军在会，闻金鼓震伏。入为尚书右仆射。

绶既名胄，于吏事有方略，然锐进趣，素议薄之。始就廊下食，在百官上，帝使中人赐含桃，绶见拜之，为御史劾奏，绶惭惧待罪，诏释绶而贬中人。出为荆南节度使，封郑国公。

溆州蛮张伯靖杀吏，据辰、锦州，连九洞自固，诏绶进讨。绶勒兵出次，遣将赍檄开晓，群蛮悉降。吴元济反，金以绶明恕可大事，乃徙山南东道节度使，加淮西招抚使。绶引师压贼境，多出金帛赏士，以厚赂谢中人，招声授，既未有以制贼，闭屯弥年不战。宰相裴度谓绶非将才，以太子少保召还，检校司徒，判光禄卿事，进少傅。卒，年七十七，赠太保。

绶才不逾中人，然历三镇，所奏辟及绶时位将相者九人。初，绶未显，过于阌乡尉李达，达不礼，方饭它客，不召绶。后达罢彭城令，过并州，晨入谒，不知绶也。绶方大宴宾客，召达至，戒客勿起，让曰："吾昔羁于阌乡，君方召客食而不顾我，今吾召客亦不敢留君。"达惭不得去，左右引出，悸而喑，卧馆数月，其佐令狐楚为请，乃免。

河东李进贤者，善畜牧，家高赀，得幸于绶，署牙门将。元和中，进贤累为振武节度使，辟绶子澈为判官。澈年少，治苛刻，军中苦之。回鹘入辟鸊泉，进贤发兵讨之，吏廪粮不实，次鸣砂，焚杀其将杨遵宪而还。进贤大怒，众惧，因燔城门，攻进贤，左右拒战不胜，缒而去，奔靖边军。乃杀澈而屠进贤家。诏以夏绥银节度使张煦代之，诛乱首数百人乃定。

唐书卷一三○
列传第五五

裴漼 宽 谞 胄 阳峤 宋庆礼
杨玚 崔隐甫 李尚隐

裴漼,绛州闻喜著姓。父琰之,永徽中为同州司户参军,年甚少,不主曹务。刺史李崇义内轻之,镌谕曰:"同,三辅,吏事繁,子盍求便官?毋留此!"琰之唯唯。吏白积案数百,崇义让使趣断,琰之曰:"何至逼人?"乃命吏连纸进笔为省决,一日毕,既与夺当理,而笔词劲妙。崇义惊曰:"子何自晦,成吾过耶?"由是名动一州,号"霹雳手"。后为永年令,有惠政,吏刻石颂美。以仓部郎中病废。漼侍疾十余年,不肯仕。琰之没,始擢明经,调陈留主簿,迁监察御史。

时崔湜、郑愔典吏部,坐奸赃,为李尚隐所劾,诏漼按讯,而安乐公主、上官昭容为阿右,漼执正其罪,天下称之。累进中书舍人。睿宗造金仙、玉真二观,时旱甚,役不止,漼上言:"春夏毋聚大众,起大役,不可兴土功,妨农事。若役使乖度,则有疾疫水旱之灾,此天人常应也。今自冬徂春,雨不时降,人心懆然,莫知所出,而土木方兴,时暵之孽,职为此发。今东作云始,丁壮就功,妨多益少,饥寒有渐。《春秋》庄公三十一年冬,不雨,是时岁三筑台;僖公二十一年夏,大旱,是时作南门。陛下以四方为念,宜下明制,令二京营作、和市木石,一切停止。有如农桑失时,户口流散,虽寺观营立,能救饥寒敝哉!"不报。迁兵部侍郎。以铨总劳,特授一子官。开元五年,为吏部侍郎,甄拔士为多。拜御史大夫。

灌雅与张说善，说方宰相，数荐之，灌长于敷奏，天子亦自重焉，擢吏部尚书。世俭素，而晚节稍畜伎妾，为奢侈事，议者以为缺。改太子宾客。卒，赠礼部尚书，谥曰懿。从祖弟宽。

宽性通敏，工骑射、弹棋、投壶，略通书记。景云中，为润州参军事。刺史韦诜有女，择所宜归，会休日登楼，见人于后圃有所瘞藏者，访诸吏，曰："参军裴宽居也。"与偕来，诜问状，答曰："宽义不以苞苴污家，适有人以鹿为饷，致而去，不敢自欺，故瘞之。"诜嗟异，乃引为按察判官，许妻以女。归语妻曰："常求佳婿，今行矣。"明日，帏其族使观之。宽时衣碧，瘠而长，既入，族人皆笑，呼为"碧鹳雀"。诜曰："爱其女，必以为贤公侯妻也，何可以貌求人？"卒妻宽。

举拔萃，为河南丞，迁长安尉。宇文融为侍御史，括天下田，奏为江东覆田判官。改太常博士。礼部建言忌日享庙应用乐，宽自以情立议曰："庙尊忌卑则作乐，庙卑忌尊则备而不奏。"中书令张说善之，请如宽议。迁刑部员外郎。万骑将军马崇白日杀人，而王毛仲方以贵幸，将鬻其狱，宽固执不肯从。河西节度使萧嵩表为判官，历兵部侍郎。宰相裴耀卿领江淮运，列仓河阴，奏宽为户部侍郎自副。迁吏部。出为蒲州刺史，州久旱，宽入境辄雨。徙河南尹，不屈附权贵，河南大治。繇金吾大将军授太原尹，玄宗赋诗褒饯。天宝初，由陈留太守拜范阳节度使。时北平军使乌承恩，虏酋也，与中人通，数冒贿，宽以法绳治。檀州刺史何僧献生口数十，宽悉归之，故夷夏感附。

三载，用安禄山守范阳，召宽为户部尚书，兼御史大夫。裴敦复平海贼还，广张功簿，宽密白其妄。会河北部将入朝，盛誉宽政，且言华虏犹思之，帝嗟赏，眷倚加厚。李林甫恐其遂相，又恶宽善李适之，乃漏宽语以激敦复，敦复任气而疏，以林甫为诚。先是，宽以所善请于敦复，即欲白发其言，林甫趣之。敦复未及闻，扈幸温泉宫。而其下裨将程藏曜、曹鉴自以他事系台，宽捕按之，敦复谓宽求其罪，遽以金五百两赂贵妃姊，因得事闻于帝，由是贬宽睢阳太守。

及韦坚狱起,宽复坐亲,贬安陆别驾。林甫任罗希奭杀李适之也,亦使过安陆,将怖杀宽,宽叩头祈哀,希奭乃去。宽惧终见杀,丐为浮屠,不许。稍迁东海太守,徙冯翊,入为礼部尚书。卒,年七十五,赠太子太傅。

宽兄弟八人,皆擢明经,任台、省、州刺史。雅性友爱,于东都治第,八院相对,甥侄亦有名称,常击鼓会饭。其为政务清简,所莅人爱之,世皆冀其得宰相。天宝间称旧德,以宽为首。然惑于佛,喜与桑门游,习诵其书,老弥笃云。子谞。

谞字士明,擢明经,调河南参军事。性通绰,举止不烦。累迁京兆仓曹参军。虢王巨表署襄、邓营田判官。母丧,居东都。会史思明乱,逃山谷间。思明故为宽将,德宽旧恩,且闻谞名,遣捕骑迹获之,喜甚,呼为"郎君",伪授御史中丞。贼残杀宗室,谞阴缓之,全活者数百人。又尝疏贼虚实于朝,事泄,思明恨骂,危死而免。贼平,除太子中允,迁考功郎中,数燕见奏事。

代宗幸陕,谞徒步挟考功南曹印赴行在,帝曰:"疾风知劲草,果可信。"将用为御史中丞,为元载沮却,故拜河东租庸、盐铁使。时关辅旱,谞入计,帝召至便殿,问榷酤利岁出内几何,谞久不对。帝复问,曰:"臣有所思。"帝曰:"何邪?"谞曰:"臣自河东来,涉三百里,而农人愁叹,谷菽未种。诚谓陛下轸念元元,先访疾苦,而乃责臣以利。孟子曰:'治国者,仁义而已,何以利为?'故未敢即对。"帝曰:"微公言,朕不闻此。"拜左司郎中,数访政事。载忌之,出为虔州刺史,历饶、庐、亳三州,除右金吾将军。

德宗新即位,以刑名治天下,百吏震服。时大行将葳陵事,禁屠杀,尚父郭子仪家奴宰羊,谞列奏,帝谓不畏强御,善之。或曰:"尚父有社稷功,岂不为庇之"谞笑曰:"非君所知,尚父方贵盛,上新即位,必谓党溪者众。今发其细过,以明不恃权耳。吾上以尽事君之道,下以安大臣,不亦可乎?"

时朝堂别置三司决庶狱,辨争者辄击登闻鼓。谞上疏曰:"谏鼓、谤木之设,所以达幽枉,延直言。今诡猾之人,轻动天听,争纤微,若然者,安用吏治乎?"帝然之,于是悉归有司。谓恶法吏舞文,或挟宿怨为重轻,因献《狱官箴》以讽。坐所善诛,贬阆州司马。俄召为太子右庶子,进兵部侍郎,至河南尹、东都副留守。凡五世为河南,谓视事未尝敢当正处。以宽厚和易为治,不鞫人以赃。卒,年七十五,赠礼部尚书。

　　宽弟子胄,字胤叔,擢明经,佐李抱玉凤翔幕府。不得意,谢归,更从宣歙观察使陈少游,抱玉怒,劾贬桐庐尉。时李栖筠观察浙西,幕府皆一时高选。判官许鸣谦名知人,见崔造及胄,器之,白栖筠取胄为支使。

　　代宗恶宰相元载怙权,召栖筠为御史大夫,欲以相,栖筠引胄殿中侍御史,尤为载所恶。会栖筠卒,胄护丧归洛阳,人为危之,胄屹然不沮慑。少游复表为淮南观察判官。载诛,始拜刑部员外郎,迁宣州刺史。杨炎当国,为载复仇,穷摭所恶。会胄部人积胄杂奉为赃,炎遣员寓蔓劾峭诋,贬汀州司马。稍迁京兆少尹,以父名不拜,换国子司业。迁江西观察使。初,李兼尝罢南昌卒千余人,收赀禀为月进,胄白罢之。樊泽徙襄州,宰相议所代,德宗雅记胄才,遂拜荆南节度使。

　　是时,方镇争剥下希恩,制重锦异绫,名贡奉,有中使者,即悉公帑市欢。胄待之有节,献饷直不数金,宴劳止三爵。是时武臣多粗暴庸人,待宾介不以礼,少失意,则以罪中伤之。胄亦劲斥其管记,世恨胄之流于俗。卒,年七十五,赠尚书右仆射,谥曰成。

　　阳峤,其先北平人,世徙洛阳,北齐尚书右仆射休之四世孙。举八科皆中,调将陵尉,累迁詹事司直。长安中,左右御史中丞桓彦范、袁恕己争取为御史。杨再思素与峤善,知其意不乐弹抨事,为语彦范,彦范曰:"为官择人,岂待情乐乎?唯不乐者固与之,以伸难进、抑躁求也。"遂为右台侍御史。久乃迁国子司业。峤资谨饬好学,喜诱劝后生、修讲舍，人以为善职。

睿宗立，进尚书右丞。时议建都督府，择最吏，故峤为泾州都督。议罢，历魏州刺史、荆州长史、本道按察使，率以清白闻。魏州人劖耳阙下，请峤为刺史，故再治魏。入为国子祭酒，封北平县伯。

引尹知章、范行恭、赵玄默为学官，皆名儒冠云。生徒游惰者至督以鞭楚，人怨之，乘夜殴峤道中，事闻，诏捕殴者杀之。峤抚侄与子均，常语人曰：“吾备位方伯，而心亦昔时一尉耳。”以老致仕。卒，谥曰敬。

宋庆礼，洺州永平人。擢明经，补卫尉。武后诏侍御史桓彦范行河北，鄣断居庸、五回等路，以支突厥，召庆礼与议，见其方略，器之。俄迁大理评事，为岭南采访使。时崖、振五州首领更相掠，民苦于兵，使者至，辄苦瘴疠，莫敢往。庆礼身到其境，谕首领大谊，皆释仇相亲，州土以安，罢戍卒五千。历监察、殿中侍御史。以习识边事，拜河东、河北营田使。善骑，日能驰数百里。性甘于劳苦，然好兴作，滨塞掘阱植兵，以邀虏径，议者訾其不切事。稍迁贝州刺史，复为河北支度营田使。

初，营州都督府治柳城，扼制奚、契丹。武后时，赵文翙失两蕃情，攻残其府，更治东渔阳城。玄宗时，奚、契丹款附，帝欲复治故城，宋璟固争不可，独庆礼执处其利，用诏与太子詹事姜师度、左骁卫将军邵宏等为使，筑裁三旬毕。俄兼营州都督，开屯田八十余，所追拔渔阳、淄青没户还旧田宅，又集商胡立邸肆。不数年，仓廥充，居人蕃辑。卒，赠工部尚书。

庆礼为政严，少私，吏畏威不敢犯。太常博士张星以好巧自是，谥曰“专”。礼部员外郎张九龄申驳曰：“庆礼国劳臣，在边垂三十年。往城营州，士才数千，无甲兵强卫，指期而往，不失所虑，遂罢海运，收岁储，边亭晏然。其功可推，不当丑谥。”庆礼兄子辞玉亦自诣阙诉。改谥曰敬。

杨玚字瑶光,华州华阴人。五世祖缙为陈中书舍人,名属文,终交、爱九州都督、武康郡公。子林甫代领都督,隋灭陈,逾三年乃降,徙长安。林甫字卫卿,为柳城太守,高祖军兴,遣其子琼招之,挈郡以来,授检校总管,足疾不能造朝。帝以绛州寒凉,拜刺史,累封宜春郡公。琼字孝璋,为上津令。会天下乱,去官,与秦王同里居。武德初,为王府参军,兼库直。隐太子事平,诏亲王、宰相一人入宴,而琼独预,太宗赐《怀昔赋》,申以恩意。历沔、绥二州刺史。姆馈孺子以饼,妻伪受而弃之垣外,人咨其廉。

玚始为麟游令,时窦怀贞大营金仙、玉直二观,橄取畿内尝负逆人赀者,暴敛之以佐费,玚拒不应。怀贞怒曰:"县令而拒大夫命乎?"玚曰:"所论者民冤抑也,位高下乎何取?"怀贞壮其对,为止。

初,韦后表民二十二为丁限,及败,有司追趣其课,玚执不可,曰:"韦氏当国,擅擢士大夫,赦罪人,皆不改,奚独取已宽之人重敛其租?非所以保下之宜。"遂止不课,由是名显当世。

擢累侍御史。京兆尹崔日知贪沓不法,玚与大夫李杰谋劾举之,反为日知先构。玚廷奏曰:"肃绳之司,一为恐胁所屈,开奸人谋,则御史府可废。"玄宗直之,令杰还视事,而逐日知。

玚进历御史中丞、户部侍郎。帝尝召宰相大臣议天下户版延英殿,玚言利病尤详,帝咨赏。于是宇文融建检脱户余口,玚执不便。融方贵,公卿唯默唯唯,独玚抗议,故出为华州刺史。帝封太山,集乐工山下,居丧者亦在行。玚谓起苴绖使和钟律,非人情所堪,帝许,乃免。

入为国子祭酒,表大儒王迵质、尹子路、白履忠等三人教授国子。有诏迵质谏议大夫、皇太子侍读;履忠老不任职,拜朝散大夫罢归;子路直弘文馆。皆有名。玚奏:"有司帖试明经,不质大义,乃取年头、月尾、孤经、绝句,且今习《春秋》三家、《仪礼》者才十二,恐诸家废无日,请帖平文以存学家,其能通者稍加优宦,奖孤学。"从之,因诏以三家《传》、《仪礼》出身者不任散官,遂著令。生徒为玚立颂太学门。

又言："古者卿大夫子弟及诸侯岁贡小学之异者入太学,渐渍礼乐,知朝廷君臣之序,班以品类,分以师长,三德四教,学成然后爵之。唐兴,二监举者千百数,当选者十之二,考功覆校以第,谓经明行修,故无多少之限。今考功限天下明经、进士岁百人,二监之得无几,然则学徒费官禀,而博士滥天禄者也。且以流外及诸色仕者岁二千,过明经、进士十倍,胥史浮虚之徒,眊先王礼义,非得与服勤道业者挈长短、绝轻重也。国家启庠序,广化导,将有以用而劝进之。有司为限约以黜退之,欲望俊乂在朝,难矣。"帝然其言。再迁大理卿,以疾辞,改左散骑常侍。卒,年六十八,赠户部尚书,谥曰贞。

玚常叹士大夫不能用古礼,因其家冠、婚、丧、祭,乃据旧典为之节文,揖让威仪,哭踊衰杀,无有违者。在官清白,吏请立石纪德,玚曰："事益于人,书名史氏足矣。若碑颂者,自徒遗后人作碇石耳。"

玚伯父志操,颇刚简,未遇时,著《闲居赋》自托,常曰："得田十顷、僮婢十人,下有兄弟布粟之资,上可供先公伏腊,足矣。"位终司属卿、安平县男。玚从父兄晏,精《孝经》学,常手写数十篇,可教者辄遗之。

崔隐甫,贝州武城人。隋散骑侍郎儦曾孙。解褐左玉钤卫兵曹参军,迁殿中侍御史内供奉。浮屠惠范倚太平公主胁人子女,隐甫劾状,反为所挤,贬邛州司马。

玄宗立,擢汾州长史,兼河东道支度营田使,迁洛阳令。梨园弟子胡雏善笛,有宠,尝负罪匿禁中。帝以他事召隐甫,从容指曰："就卿丐此人。"对曰："陛下轻臣而重乐工,请解官。"再拜出,帝遽谢,与胡雏,隐甫杀之,有诏贳死,不及矣。赐隐甫百缣。

孙佺败绩于奚,擢隐甫并州司马护边,会兄逸甫疾甚,未及行,诏责逗留,下除河南令。累拜华州刺史、太原尹,入为河南尹。居三岁,进拜御史大夫。

初，台无狱，凡有囚则系大理。贞观时，李乾祐为大夫，始置狱，由是中丞、侍御史皆得系人。隐甫执故事，废掘诸狱。其后患囚往来或漏泄，复系之厨院云。台自监察御史而下，旧皆得颛事，无所承咨。隐甫始一切令归禀乃得行，有忤意辄劾正，多贬绌者，台吏侧目，威名赫然。帝尝诏校外官岁考。异时必委曲参审，竟春未定。隐甫一日会朝集使，询逮检实，其暮皆讫，议者服其敏。帝尝谓曰："卿为大夫，天下以为称职。"

张说当国，隐甫素恶之，乃与中丞宇文融、李林甫暴其过，不宜处位，说赐罢；然帝嫉朋党，免其官，使侍母。岁余，复为大夫。迁刑部尚书，兼河南尹。帝还京师，即拜东都留守，累封清河郡公。卒，赠益州大都督，谥曰忠。

始，帝欲相隐甫也，谓曰："牛仙客可与语，卿常见否？"对曰："未也。"帝曰："可见之。"隐甫终不诣。他日又问，对如初。帝乃不用。子弟或问故，答曰："吾不以其人微易之也，其材不逮中人，可与之对耶？"隐甫所至絜介自守，明吏治，在职以强正称云。

赞曰：严挺之拒宰相不肯见李林甫，崔隐甫违诏不屈牛仙客，信刚者乎！二人坐是皆不得相，彼亦各申其志也。管夷吾以编栈谕之，信曲与直不相函哉！

李尚隐，其先出赵郡，徙贯万年。年二十，举明经，再调下邽主簿，州刺史姚珽说其能，器之。

神龙中，左台中丞侯令德为关内黜陟使，尚隐佐之，以最擢左台监察御史。于是，崔湜、郑愔典吏部选，附势幸，铨拟不平，至逆用三年员阙，材廉者轧不进，俄而相踵知政事，尚隐与御史李怀让显劾其罪，湜等皆斥去。睦州刺史冯昭泰性鸷刻，人惮其强，尝诬系桐庐令李师旦二百余家为妖蛊，有诏御史覆验，皆称病不肯往。尚隐曰："善良方蒙枉，不为申明，可乎？"因请行，果推雪其冤。湜、愔复当路，乃出尚隐为伊阙令，怀让魏令。湜等伏诛，玄宗知尚隐方严，繇定州司马擢吏部员外郎,怀让自河阳令拜兵部员外郎。怀让,蓚人,后历给事中。

尚隐以将作少监营桥陵,封高邑县男。未几,进御史中丞。御史王旭招权,稍不制,仇家告其罪,尚隐穷治,具得奸赃,无假借,遂抵罪。进兵部侍郎。俄出为蒲州刺史。浮屠怀照者,自言母梦日入怀生己,镂石著验,闻人冯待徵等助实其言。尚隐劾处妖妄,诏流怀照播州。再迁河南尹。

尚隐性刚亮,论议皆披心示诚,处事分明,御下不苛密。尤详练故实,前后制令,诵记略无遗。妖贼刘定高夜犯通洛门,尚隐坐不素觉,左迁桂州都督。帝遣使劳曰:“知卿忠公,然国法须尔。”因赐杂彩百匹遣之。迁广州都督、五府经略使。及还,人或袖金以赠,尚隐曰:“吾自性分不可易,非畏人知也。”代王丘为御史大夫。时司农卿陈思问引属史多小人,干隐钱谷,尚隐按其违,赃累巨万,思问流死岭南。改尚隐太子詹事。不阅旬,进户部尚书。前后更扬、益二州长史、东都留守,爵高邑伯。开元二十八年,以太子宾客卒,年七十五,谥曰贞。

尚隐三入御史府,辄绳恶吏,不以残挚失名,所发当也,素议归重。仕官未尝以过谪,惟劾诋幸臣及坐小法左迁,复见用,以循吏终始云。

自开元二十二年置京畿采访处置等使,用中丞卢奂为之,尚隐以大夫不充使。永泰以后,大夫王翊、崔涣、李涵、崔宁、卢杞乃为之。

解琬,魏州元城人。举幽素科,中之,调新政尉。后自成都丞奏事称旨,骤除监察御史,以丧免。武后顾琬习边事,迫遣西抚羌夷,琬因乞终丧,后嘉许之,诏服除赴屯。迁侍御史,安抚乌质勒及十姓部落,以功擢御史中丞,兼北庭都护、西域安抚使。琬与郭元振善,宗楚客恶之,左授沧州刺史。为政引大体,部人顺附。

景龙中,迁御史大夫,兼朔方行军大总管。前后乘边积二十年,

大抵务农习战，多为长利，华虏安之。景云二年，复为朔方军大总
管，分遣随军要籍官河阳丞张冠宗、肥乡令韦景骏、普安令于处忠
料三城兵，省戍十万人。改右武卫大将军，兼检校晋州刺史、济南县
男。

　　以老丐骸骨，不待报辄去，优诏以金紫光禄大夫听致仕，准品
给全禄，玺书劳问。会吐蕃骚边，得召授左散骑常侍，诏与虏定经
界，因谐辑十姓降户。琬建言吐蕃不可以信约，请调兵十万屯秦、渭
间，防遏其奸。是冬，吐蕃果入寇，为秦、渭兵击走之。俄复请老，不
许，迁太子宾客。年八十余，开元五年，终同州刺史。

唐书卷一三一
列传第五六

宗室宰相

李适之　李岘　李勉　李夷简
李程 廓　李石 福　李回

　　李适之,恒山愍王孙也,始名昌。神龙初,擢左卫郎将。开元中,迁累通州刺史,以办治闻。按察使韩朝宗言诸朝,擢秦州都督。徙陕州刺史、河南尹。其政不苛细,为下所便。玄宗患谷、洛岁暴耗徭力,诏适之以禁钱作三大防,曰上阳、积翠、月陂,自是水不能患。刻石著功,诏永王璘书,皇太子瑛署额。进御史大夫。二十七年,兼幽州长史,知节度事。适之以祖被废,而父象见逐武后时,葬有阙,至是丐陪瘗昭陵阙中,诏可。褒册典物,焜照都邑,行道为咨叹。迁刑部尚书。适之喜宾客,饮酒至斗余不乱。夜宴娱,昼决事,案无留辞。
　　天宝元年,代牛仙客为左相,累封清和县公。尝与李林甫争权不协,林甫阴贼,即好谓适之曰:"华山生金,采之可以富国,顾上未之知。"适之性疏,信其言,他日从容为帝道之,帝喜以问林甫,对曰:"臣知之旧矣。顾华山陛下本命,王气之舍,不可以穿治,故不敢闻。"帝以林甫为爱己,而薄适之不亲。于是,皇甫惟明、韦坚、裴宽、韩朝宗皆适之厚善,悉为林甫所构得罪。适之惧不自安,乃上宰政求散职,以太子少保罢,欣然自以为免祸。俄坐韦坚累,贬宜春太守。会御史罗希奭阴被诏杀坚等贬所,州县震恐,及过宜春,适之惧，仰药自杀。

　　李岘，吴王恪孙也。折节下士，长吏治。天宝时，累迁京兆尹。玄宗岁幸温汤，甸内巧供亿以媚上，岘独无所献，帝异之。杨国忠使客骞昂、何盈摘安禄山阴事，讽京兆捕其第，得安岱、李方来等与禄山反状，缢杀之。禄山怒，上书自言，帝惧变，出岘为零陵太守。岘为政得人心，时京师米翔贵，百姓乃相与谣曰："欲粟贱，追李岘。"寻徙长沙。永王为江陵大都督，假岘为长史。至德初，肃宗召之，拜扶风太守，兼御史大夫。明年，擢京兆尹，封梁国公。

　　乾元二年，以中书侍郎同中书门下平章事。于是吕諲、李揆、第五琦同辅政，而岘位望最旧，事多独决，諲等不平。李辅国用权，制诏或不出中书，百司莫敢覆。岘顿首帝前，极言其恶，帝悟，稍加检制，辅国由是让行军司马，然深衔岘。凤翔七马坊押官盗掠人，天兴令谢夷甫杀之。辅国讽其妻使诉枉，诏监察御史孙蓥鞫之，直夷甫。其妻又诉，诏御史中丞崔伯阳、刑部侍郎李晔、大理卿权献为三司讯之，无异辞。妻不臣，辅国助之，乃令侍御史毛若虚覆按。若虚委罪夷甫，言御史用法不端，伯阳怒，欲质让，若虚驰入自归帝，帝留若虚帘中。顷，伯阳等至，劾若虚傅中人失有罪。帝怒叱之，贬伯阳高要尉、权献杜阳尉，逐李晔岭南，流蓥播州。岘谓责太重，入言于帝曰："若虚希旨用刑，乱国法。陛下信为重轻，示无御史台。"帝怒，李揆不敢争，乃出岘为蜀州刺史。时右散骑常侍韩择木入对，帝曰："岘欲专权耶？乃云任毛若虚示无御史台。朕今出之，尚恨法太宽。"择木曰："岘言直，不敢专权。陛下宽之，只益盛德耳。"

　　代宗立，改荆南节度，知江淮选补使。入为礼部尚书兼宗正卿。乘舆在陕，由商山走帝所。还京，拜门下侍郎、同中书门下平章事。故事，政事堂不接客。自元载为相，中人传诏者引升堂，置榻待之。岘至，即敕吏撤榻。又奏常参官举才任谏官、宪官者，无限员。不逾月，为要近谮短，遂失恩，罢为太子詹事。迁吏部尚书，复知江淮选，改检校兵部尚书兼衢州刺史。卒年五十八。

初，东京平，陈希烈等数百人待罪，议者将悉抵死，帝意亦欲惩天下，故崔器等附致深文。岘时为三司，独曰："法有首有从，情有重有轻，若一切论死，非陛下与天下惟新意。且羯胡乱常，谁不凌污，衣冠奔亡，各顾其生，可尽责邪？陛下之亲戚勋旧子若孙，一日皆血铁砧，尚为仁恕哉？《书》称'歼厥渠魁，胁从罔治'。况河北残孽劫服官吏，其人尚多，今不开自新之路而尽诛之，是坚叛者心，使为贼致死。困兽犹斗，况数万人乎？"于是，器与吕𬤇皆龊龊文吏，操常议，不及大体，尚腾颊固争，数日乃见听。衣冠蒙更生，贼亦不能使人归怨天子，岘力也。

岘兄峘、峄。峘从上皇，岘翊戴肃宗，以勋力相高，同时为御史大夫，俱判台事，又合制封公，而峄为户部侍郎、银青光禄大夫，同居长兴里第，门列三戟。

李勉，字玄卿，郑惠王元懿曾孙。父择言，累为州刺史，封安德郡公，以吏治称。张嘉贞为益州都督，性简贵，接部刺史倨甚，择言守汉州，独引同榻坐，讲绎政事，名重当时。

勉少喜学，内沈雅，外清整。始调开封尉，汴州水陆一都会，俗庞错，号难治，勉摧奸决隐为有名。从肃宗于灵武，擢监察御史。时武臣崛兴，无法度，大将管崇嗣背阙坐，笑语哗纵，勉劾不恭，帝叹曰："吾有勉，乃知朝廷之尊。"迁司膳员外郎。关东献俘百，将即死，有叹者，勉过问，曰："被胁而官，非敢反。"勉入见帝曰："寇乱之污半天下，其欲澡心自归无繇。如尽杀之，是驱以助贼也。"帝驰骑完宥，后归者日至。

累为河东王思礼、朔方河东都统李国贞行军司马，进梁州刺史。勉假王晬南郑令，晬为权幸所诬，诏诛之。勉曰："方藉牧宰为人父母，岂以谗杀良吏乎？"即拘晬，为请得免。晬后以推择为龙门令，果有名。

羌、浑、奴剌寇州，勉不能守，召为大理少卿。然天子素重其正，擢太常少卿，欲遂柄用。而李辅国讽使下己，勉不肯，乃出为汾州刺史。历河南尹,徙江西观察使。厉兵睦邻,平贼屯。部人父病,为蛊求厌者,以木偶署勉名埋之,掘治验服,勉曰:"是为其父,则孝也。"纵不诛。入为京兆尹兼御史大夫。鱼朝恩领国子监,威宠震赫,前尹黎干谄事之,须其入,敕吏治数百人具以饷。至是吏请,勉不从,曰:"吾候太学,彼当见享,军容幸过府,则修具。"朝恩衔之,亦不复至太学。

寻拜岭南节度使。番禺贼冯崇道、桂叛将朱济时等负险为乱,残十余州,勉遣将李观率容州刺史王翃讨斩之,五岭平。西南夷舶岁至才四五,讥视苛谨。勉既廉洁,又不暴征,明年至者乃四十余柂。居官久,未尝扲饰器用车服。后召归,至石门,尽搜家人所蓄犀珍投江中。时人谓可继宋璟、卢奂、李朝隐,部人叩阙请立碑颂德,代宗许之。进工部尚书封汧国公。

滑亳节度使令狐彰且死,表勉为代,从之。勉居镇且八年,以旧德方重,不威而治,东诸帅暴桀者皆尊惮之。田神玉死,诏勉节度汴宋,未行,汴将李灵耀反,魏将田悦以兵来,叩汴而屯。勉与李忠臣、马燧合讨之。淮西军据汴北,河阳军壁其东,大将杜如江、尹伯良与悦战匡城,不胜。徙垒与灵耀合,忠臣将军李重倩夜攻其营,与河阳军合噪,贼不阵溃,悦走河北。灵耀奔韦城,为如江所禽,勉缚以献,斩阙下。既而忠臣专汴,故勉还滑台。明年,忠臣为麾下所逐,复诏勉移治汴。德宗立,就加同中书门下平章事。俄为汴宋、滑亳、河阳等道都统。

建中四年,李希烈围襄城,诏勉出兵救之,帝又遣神策将刘德信以兵三千援接。勉奏言:"贼以精兵攻襄城,而许必虚,令兵直捣许,则襄围解。"不待报,使其将唐汉臣与德信袭许。未至数十里,有诏诘让,二将惧而还,次扈涧,不设备,为贼所乘,杀伤什五,辎械尽亡。汉臣走汴,德信走汝。勉惧东都危,复遣兵四千往戍,贼断其后不得归。于是希烈自将攻勉,勉气索,婴守累月,援莫至,哀兵万人溃围出,东保睢阳。

兴元元年,勉固让都统,以检校司徒平章事召。既见帝,素服待罪，诏不许，勉内愧，取充位而已。不敢有所与。贞元初，帝起卢杞为刺史，袁高还诏不得下。帝问勉曰："众谓卢杞奸邪，朕顾不知，谓何？"勉曰："天下皆知，而陛下独不知，此所以为奸邪也。"时韪其对，然自是益见疏。居相二岁，辞位，以太子太师罢。卒年七十二，赠太傅，谥曰贞简。

勉少贫狭，客梁、宋，与诸生共逆旅，诸生疾且死，出白金曰："左右无知者，幸君以此为我葬，余则君自取之。"勉许诺，既葬，密置余金棺下。后其家谒勉，共启墓出金付之。位将相，所得奉赐，悉遗亲党，身没，无赢藏。其在朝廷，鲠亮廉介，为宗臣表。礼贤下士有终始，尝引李巡、张参在幕府，后二人卒，至宴饮，仍设虚位沃馈之。遣戍兵，常视其资粮，春秋存问家室，故能得人死力。善鼓琴，有所自制，天下宝之，乐家传"响泉"、"韵磬"，勉所爱者。

李夷简，字易之，郑惠王元懿四世孙。以宗室子始补郑丞。德宗幸奉天，朱泚外示迎天子，遣使东出关至华，候吏李翼不敢问。夷简谓曰："泚必反。向发幽、陇兵五千救襄城，乃贼旧部，是将追还耳。上越在外，召天下兵未至，若凶狡还西，助泚送死，危祸也。请验之。"翼驰及潼关，果得召符，自于关大将骆元光，乃斩贼使，收伪符，献行在。诏即拜元光华州刺史。元光掠功，故无知者。

夷简弃官去，擢进士第，中拔萃科，调蓝田尉。迁监察御史。坐小累，下迁虔州司户参军。九岁，复为殿中侍御史。元和时，至御史中丞。京兆尹杨凭性骜悦，始为江南观察使，冒没于财。夷简为属刺史，不为凭所礼。至是发其贪，凭贬临贺尉，夷简赐金紫，以户部侍郎判度支。

俄检校礼部尚书、山南东道节度使。初，贞元时，取江西兵五百戍襄阳，制蔡右胁，仰给度支，后亡死略尽，而岁取赀不置。夷简曰："迹空文，苟军兴，可乎？"奏罢之。阅三岁，徙帅剑南西川。嶲州刺史王颙积奸赃，属蛮怒，畔去。夷简逐颙，占檄谕祸福，蛮落复平。始，韦皋作《奉圣乐》，于頔作《顺圣乐》，常奏之军中，夷简辄废去，谓礼乐非诸侯可擅制,语其属曰:"我欲盖前人非,以诒戒后来。"

十三年,召为御史大夫,进门下侍郎、同中书门下平章事,李师道方叛,裴度当国,帝倚以平贼。夷简自谓才不能有以过度,乃求外迁,以检校尚书左仆射平章事为淮南节度使。

穆宗立,有司方议庙号,夷简建言:"王者祖有功,宗有德。大行皇帝有武功,庙宜称祖。"诏公卿礼官议,不合,止。久之,请老,朝廷谓夷简齿力可任,不听,以右仆射召,辞不拜;复以检校左仆射兼太子少师,分司东都。明年卒,年六十七,赠太子太保。

夷简致位显处,以直自闲,未尝苟辞气悦人。历三镇,家无产赀。病不迎医,将终,戒毋厚葬,毋事浮屠,无碑神道,惟识墓则已。世谓行己能有终始者。

李程,字表臣,襄邑恭王神符五世孙也。擢进士宏辞,赋《日五色》,造语警拔,士流推之。调蓝田尉,县有滞狱十年,程单言辄判。京兆状最,迁监察御史。召为翰林学士,再迁司勋员外郎,爵渭源县男。德宗季秋出畋,有寒色,顾左右曰:"九月犹衫,二月而袍,不为顺时。朕欲改月,谓何?"左右称善,程独曰:"玄宗著《月令》,十月始裘,不可改。"帝矍然止。学士入署,常视日影为候,程性懒,日过八砖乃至,时号"八砖学士"。

元和三年,出为随州刺史,以能政赐金紫服。李夷简镇西川,辟成都少尹。以兵部郎中入知制诰。韩弘为都统,命程宣慰汴州。历御史中丞、鄂岳观察使,还为吏部侍郎。

敬宗初,以本官同中书门下平章事。帝冲逸,好宫室畋猎,功用奢广。程谏曰:"先王以俭德化天下,陛下方谅阴,未宜兴作,愿回所费奉园陵。"帝嘉纳。又请置侍讲学士,选名臣备访问。加中书侍郎,进彭原郡公。宝历二年,检校吏部尚书、同平章事,为河东节度使。徙河中。召拜尚书左仆射。俄检校司空,领宣武、山南东道节度。再为仆射。先是,元和、长庆时,仆射视事,百官皆贺,四品以下官答拜。大和四年,诏不答拜。王涯、窦易直行之自如,程循其故,不自安，言诸朝。御史中丞李汉谓不答拜于礼太重，文宗不许，听用大和诏书。议者不善也。

程为人辩给多智，然简侻无仪检，虽在华密，而无重望。最为帝所遇，尝曰："高飞之翮，长者在前。卿朝廷羽翮也。"武宗立，为东都留守。卒年七十七，赠太保，谥曰缪。

子廓，第进士，累迁刑部侍郎。大中中，拜武宁节度使，不能治军。补阙郑鲁奏言："新麦未登，徐必乱。"既而果逐廓，乃擢鲁起居舍人。

李石，字中玉，襄邑恭王神符五世孙。元和中，擢进士第，辟李听幕府，从历四镇，有材略，为吏精明。听每征伐，必留石主后务。大和中，为行军司马。听以兵北渡河，令石入奏，占对华敏，文宗异之。府罢，擢工部郎中，判盐铁案。令狐楚节度河东，引为副使。入迁给事中，累进户部侍郎，判度支。

帝恶李宗闵等以党相排，背公害政，凡旧臣皆疑不用，取后出孤立者，欲惩刈之，故李训等至宰相。训诛死，乃擢石以本官同中书门下平章事，仍领度支。石器雄远，当轴秉权亡所挠。

方是时，宦寺气盛，陵暴朝廷，每对延英，而仇士良等往往斥训以折大臣，石徐谓曰："乱京师者训、注也，然其进，孰为之先？"士良等恶缩不得对，气益夺，搢绅赖以为强。它日紫宸殿，宰相进及陛，帝喟而叹，石进曰："陛下之叹，臣固未谕，敢问所从。"帝曰："朕叹治之难也。且朕即位十年，不能得治本。故前岁有疾，今兹震扰，皆自取之。夫托亿兆之上，不能以美利及百姓，焉得久无事乎？"石曰："陛下罪己当然，然责治太早，虽十年孜孜养德，适成尔。天下治不治，要自今观之。且人之气志，虽贤圣犹有优劣，故仲尼称：'三十而立，四十不惑。'陛下春秋少，非起人间也，而知人情伪。今自视何如即位时？"帝曰："有间矣。"石曰："古之圣贤，必观书以考察往行，然后成治功。陛下积十年，盛德日新，然向所以疾疢震惊者，天其固陛下之志乎！诚务修将来之政，视太宗致升平之期，犹不为晚。"帝曰：

"行之得至乎?"石曰:"今四海夷一,唯登拔才良,使小大各任其职,爱人节用,国有余力,下不加赋,太平之术也。"

于时大臣新族死,岁苦寒,外情不安。帝曰:"人心未舒何也?"石曰:"刑杀太甚,则致阴沴。比郑注多募凤翔兵,至今诛索不已,臣恐缘以生变,请下诏尉安之。"帝曰:"善。"又问:"奈何致太平之难?"郑覃曰:"欲天下治,莫若恤人。"石即赞曰:"恤之得术,尚何太平之难?陛下节用度,去冗食,簿最不得措其奸,则百司治。百司治,天下安矣。"帝戚然曰:"我思贞观、开元时以视今日,即气拂吾膺。"石曰:"治道本于上,而下罔敢不率。"帝曰:"不然。张元昌为左街副使,而用金唾壶,比坐事诛之。吾闻禁中有金鸟锦袍二,昔玄宗幸温泉,与杨贵妃衣之,今富人时时有之。"石曰:"毛玠以清德为魏尚书,而人不敢鲜衣美食,况天子独不可为法乎?"

是时,宰相吏卒因内变多死,诏江西、湖南索募直助召士力。石建言:"宰相左右天子教化,若徇正忘私,宗庙神灵,犹当祐之,虽有盗,无害也。有如挟奸自欺,植权党,害正直,虽加之防,鬼得以诛。无所事于召募,请直以金吾为卫。"帝尝顾郑覃曰:"覃老矣,当无妄,试谕我犹汉何等主?"覃曰:"陛下文、宣主也。"帝曰:"渠敢望是!"石欲强帝志使不息,因曰:"陛下之问而覃之对,臣皆以为非。颜回匹夫耳,自比于舜。陛下有四海,春秋富,当观得失于前,日引月长,以齐尧、舜,奈何比文、宣而又自以为不及。惟陛下开肆厥志,不以文、宣自安,则大业济矣。"

中人自边还,走马入金光门,道路妄言兵且至,京师欢走尘起,百官或袜而骑,台省吏稍稍遁去。郑覃将出,石曰:"事未可知,宜坐须其定。宰相走则乱矣。若变出不虞,逃将安适? 人之所瞻,不可忽也。"益治簿书,沛然如平时。里间群无赖望南阙,阴持兵俟变。金吾大将军陈君赏率众立望仙门,内使趣阖门,君赏不从,日入乃止。当是时,非石镇静、君赏有谋,几乱。

开成赦令:赐京畿一岁租;停方镇正、至、端午三岁献,以其直代百姓配缯;天下非药物茗果,它贡悉禁;又罢宣索、营造。帝曰:

"朕务其实,不欲事空文。"石以异时诏令,天子多自逾之,因请"内置赦令一通,以时省览。临遣十道黜陟使,敕以政治根本,使与长吏奉行之,乃尽病利"。

俄进中书侍郎。帝尝曰:"朕观晋君臣以夷旷致倾覆,当时卿大夫过邪?"石曰:"然。古诗有之:'人生不满百,常怀千岁忧',畏不逢也;'昼短苦夜长',暗时多也;'何不秉烛游',劝之照也。臣愿捐躯命济国家,惟陛下鉴照不惑,则安人强国其庶乎"。又言:"致治之道在得人。德宗多猜贰,仕进之途塞,奏请辄报罢,东省闭阒累月,南台惟一御史。故两河诸侯竞引豪英,士之喜利者多趋之,用为谋主,故藩镇日横,天子为旰食。元和间进用日广,陛下嗣位,惟贤是咨,士皆在朝廷。彼疆宇甲兵如故,而低摧顺屈者,士不之助也。"帝曰:"天下之势犹持衡然,此首重则彼尾轻矣。其为我博选士,朕且用之。"石奏:"咸阳令韩辽治兴成渠,渠当咸阳右十八里,左直永丰仓,秦、汉故漕。渠成,起咸阳,抵潼关,三百里无车挽劳,则辕下牛尽可耕,永利秦中矣。"李固言曰:"然恐役非其时,奈何?"帝曰:"以阴阳拘畏乎?苟利于人,朕奚虑哉?"石用韩益判度支案,以赃败。石曰:"臣本以益知财利,不保其贪。"帝曰:"宰相任人,知则用,过则弃,谓之至公。它宰相所用,强蔽其过,此其私也。"

三年正月,将朝,骑至亲仁里,狙盗发,射石伤,马逸,盗邀斫之坊门,绝马尾,乃得脱。天子骇愕,遣使者慰抚,赐良药。始命六军卫士二十人从宰相。是日京师震恐,百官造朝才十一。石因卧家固辞位,有诏以中书侍郎平章事为荆南节度使。始,训、注乱,权归阉竖,天子畏逼,几不立。石起为相,以身徇国,不恤近幸,张权纲,欲强王室,收威柄。而仇士良疾之,将加害,帝知其然,而未为之,遂罢去。遭日,飨赉都阙,士人恨愤。石让中书侍郎,换检校兵部尚书,它不听。

会昌三年,检校司空,徙节河东。会伐潞,诏以太原兵助王逢军榆社。石起横水戍千五百人,令别将杨弁领之。常曰军兴,人赐二缣治装,会财匮而给以半,士怨;又促其行,弁乘隙激众以乱,还兵逐石出之。诏以太子少傅分司东都，俄检校吏部尚书，即拜留守。卒，年六十二，赠尚书右仆射。

弟福，字能之。大和中，第进士。杨嗣复领剑南，辟幕府。崔郸辅政，兼集贤殿大学士，引为校理。调蓝田尉。后石当国，荐福可任治人，繇监察御史至户部郎中，累历州刺史，进谏议大夫。大中时，党项羌震扰，议者以将臣贪牟产虏怨，议择儒臣治边。乃授福夏绥银节度使，宣宗临轩谕遣。福以善政闻，徙镇郑滑，再迁兵部侍郎，判度支，出为宣武节度使，入迁户部尚书。会蛮侵蜀，诏福持节宣抚，即拜剑南西川节度使，同中书门下平章事。与蛮战败绩，贬蕲王傅，分司东都。

僖宗初，以检校尚书左仆射就拜留守，改山南东道节度使。王仙芝寇山南，福团训乡兵，邀险须之，贼不敢入，转略岳、鄂，以逼江陵。节度使杨知温求援于福，乃自将州兵，率沙陀壮骑五百赴之。贼已残江陵郛而闻福至，乃走。以劳检校司空、同中书门下平章事。还朝，以太子太傅卒。

李回，字昭度，新兴王德良六世孙，本名躔，字昭回，避武宗讳改焉。长庆中，擢进士第，又策贤良方正异等，辟义成、淮南幕府，稍迁监察御史，累进起居郎。李德裕雅知之。为人强干，所莅无不办。繇职方员外郎判户部案。四迁中书舍人。

会昌中，以刑部侍郎兼御史中丞。时方伐刘稹，武宗虑河朔列镇阴相缔以桡兵事，德裕荐回持节往谕何弘敬、王元逵，以“泽潞迩京、洛，非若河北三镇，国家许世以壤地传子孙者。且稹父子无功，悖谊理。上以邢、洺、磁三州与河北比境，用军莫便魏、镇。且王师不欲轻出山东，请公等取三州报天子”。二将听命。又张仲武以幽州兵攻回鹘，而与刘沔不协。回至，谕以大义，仲武释然，即合太原军攻潞。复以回为使，督战至蒲东，王宰、石雄橐鞬谒道左，回不弪行，顾左右呼直史责破贼限牒，宰等震恐，期六旬取潞，否则死之。未及期二日，贼平。以户部侍郎判户部事。俄进中书侍郎，同中书门下平章事。

武宗崩，为山陵使，迁门下侍郎，兼户部尚书。出为剑南西川节度使。以与德裕善，决吴湘狱，时回为中丞，坐不纠擿，贬湖南观察使。俄以太子宾客分司东都。给事中还制，谓责回薄，遂贬贺州刺史。徙抚州长史，卒。大中九年，诏复湖南观察使，赠刑部尚书。

赞曰：周之卿士，周、召、毛、原，皆同姓国也。唐宰相以宗室进者九人。林甫奸谀，几亡天下。李程知柔，在位无所发明。其余以材称职，号贤宰相。秦、隋弃亲侮贤，皆二世而灭。周、唐任人不疑，得亲亲用贤之道，飨国长久。呜呼盛欤！

唐书卷一三二
列传第五七

刘子玄 贶 滋 敦 儒 悚 赞 迥 秩 迅
蒋乂 系 曙 伸 偕　柳芳 登 璟
冕　沈既济 传师 询

　　刘子玄,名知几,以玄宗讳嫌,故以字行。年十二,父藏器为授
《古文尚书》,业不进,父怒,楚督之。及闻为诸兄讲《春秋左氏》,冒
往听,退辄辨析所疑,叹曰:"书如是,儿何怠!"父奇其意,许授《左
氏》。逾年,遂通览群史。与兄知柔俱以善文词知名。擢进士第,调
获嘉主簿。

　　武后证圣初,诏九品以上陈得失。子玄上书,讥"每岁一赦,或
一岁再赦,小人之幸,君子之不幸"。又言:"君不虚授,臣不虚受。妄
受不为忠,妄施不为惠。今群臣无功,遭遇辄迁,至都下有'车载斗
量,杷椎碗脱'之谚。"又谓:"刺史非三载以上不可徙,宜课功殿,明
赏罚。"后嘉其直,不能用也。

　　时吏横酷,淫及善人,公卿被诛死者踵相及。子玄悼士无良而
甘于祸,作《思慎赋》以刺时。苏味道、李峤见而叹曰:"陆机《豪士》
之流乎,周身之道尽矣!"子玄与徐坚、元行冲、吴兢等善,尝曰:"海
内知我者数子耳。"

　　累迁凤阁舍人,兼修国史。中宗时,擢太子率更令,介直自守,
累岁不迁。会天子西还,子玄自乞留东都,三年,或言子玄身史臣而

私著述,驿召至京,领史事。迁秘书少监。时宰相韦巨源、纪处讷、杨再思、宗楚客、萧至忠皆领监修,子玄病长官多,意尚不一,而至忠数责论次无功,又仕偃蹇,乃奏记求罢去。因为至忠言"五不可",曰:"古之国史,皆出一家,未闻藉功于众。唯汉东观集群儒,纂述无主,条章不建。今史司取士滋多,人自为荀、袁,家自为政、骏。每记一事,载一言,阁笔相视,含毫不断,头白可期,汗青无日。一不可。汉郡国计书上太史,副上丞相,后汉公卿所撰,先集公府,乃上兰台,故史官载事为广。今史臣唯自询采,二史不注起居,百家弗通行状。二不可。史扃深籍禁门,所以杜颜面,防请谒也。今作者如林,觊示褒贬,曾未绝口,而朝野咸知。孙盛取嫉权门,王劭见仇贵族,常人之情,不能无畏。三不可。古者史氏各有指归,故司马迁退处士,进奸雄;班固抑忠臣,饰主阙。今史官注记,类禀监修,或须直辞,或当隐恶,十羊九牧,其令难行。四不可。今监者,不肯指授,修者又不遵奉,务相推避,以延岁月。五不可。"又言:"朝廷厚用其才而薄其礼。"至忠得书,怅惜不许。楚客等恶其言诋切,谓诸史官曰:"是子作书,欲致吾何地?"

始,子玄修《武后实录》,有所改正,而武三思等不听。自以为见用于时而志不遂,乃著《史通》内外四十九篇,讥评今古。徐坚读之,叹曰:"为史氏者宜置此坐右也。"又尝自比杨雄者四:"雄好雕虫小伎,老而为悔;吾幼喜诗赋而壮不为,期以述者自名。雄准《易》作经,当时笑之;吾作《史通》,俗以为愚。雄著书见尤于人,作《解嘲》;吾亦作《释蒙》。雄少为范逡、刘歆所器,及闻作经,以为必覆酱瓿;吾始以文章得誉,晚谈史传,由是减价。"其自感概如此。

子玄内负有所未尽,乃委国史于吴兢,别撰《刘氏家史》及《谱考》。上推汉为陆终苗裔,非尧后;彭城丛亭里诸刘,出楚孝王嚣曾孙居巢侯般,不承元王。按据明审,议者高其博。尝曰:"吾若得封,必以居巢绍司徒旧邑。"后果封居巢县子。乡人以其兄弟六人俱有名,号其乡曰高阳,里曰居巢。

累迁太子左庶子、兼崇文馆学士。皇太子将释奠国学,有司具仪：从臣著衣冠，乘马。子玄议：“古大夫以上皆乘车，以马为骈服。魏、晋后以牛驾车。江左尚书郎辄轻乘马，则御史劾治。颜延年罢官，乘马出入闾里，世称放诞。此则乘马宜从亵服之明验。今陵庙巡谒、王公册命、士庶亲迎，则盛服冠履，乘辂车。他事无车，故贵贱通乘马。比法驾所幸，侍臣皆马上朝服。且冠履惟可配车，故博带褒衣、革履高冠，是车中服。袜而镫，跣而鞍，非唯不师于古，亦自取惊流俗。马逸人颠，受嗤行路。”太子从之，因著为定令。

开元初，迁左散骑常侍。尝议《孝经》郑氏学非康成注，举十二条左证其谬，当以古文为正；《易》无子夏传，《老子》书无河上公注，请存王弼学。宰相宋璟等不然其论，奏与诸儒质辩。博士司马贞等阿意，共黜其言，请二家兼行，惟子夏《易传》请罢。诏可。会子贶为太乐令，抵罪，子玄请于执政，玄宗怒，贬安州别驾。卒，年六十一。

子玄领国史且三十年，官虽徙，职常如旧。礼部尚书郑惟忠尝问：“自古文士多，史才少，何耶？”对曰：“史有三长：才、学、识，世罕兼之，故史者少。夫有学无才，犹愚贾操金不能殖货；有才无学，犹巧匠无楩柟斧斤，弗能成室。善恶必书，使骄君贼臣知惧，此为无可加者。”时以为笃论。子玄善持论，辩据明锐，视诸儒皆出其下，朝有论著辄豫。殁后，帝诏河南就家写《史通》，读之称善。追赠工部尚书，谥曰文。

六子：贶、𫗧、汇、秩、迅、迥。

贶字惠卿。好学，多所通解。子玄卒，有诏访其后，擢起居郎。历右拾遗内供奉。献《续说苑》十篇，以广汉刘向所遗，而刊落怪妄。贶尝以《竹书纪年》序诸侯列会皆谥，后人追修，非当时正史。如齐人歼于遂，郑弃其师，皆孔子新意，《师春》一篇录卜筮事，与左氏合，知按《春秋》经传而为也，因著《外传》云。子滋、浃。

滋字公茂。通经术，喜持论。以荫历涟水令。杨绾荐材堪谏官，累授左补阙。久之，去，养亲东都。河南尹李廙奏补功曹，母丧解。

服除，以司勋员外郎判南曹。勤职奉法，进至给事中。兴元元年，以吏部侍郎知南选。时大盗后，旱蝗相仍，吏不能诣京师，故命滋至洪州调补，以振职闻。贞元二年，擢左散骑常侍、同中书门下平章事。为相无所设施，廉抑畏慎而已，明年罢。又明年，复为吏部侍郎，迁尚书。会御史中丞韦贞伯劾奏："吏选不实，澄覆疏舛，吏因得为奸。"诏与侍郎杜黄裳夺阶。卒，赠陕州大都督，谥曰贞。

　　浃亦有学称。生子敦儒，家东都。母病狂易，非笞掠人不能安，左右皆亡去。敦儒日侍疾，体常流血，母乃能下食，敦儒怡然不为痛隐。留守韦夏卿表其行，诏标阙于闾。元和中，权德舆复荐之，乃授左龙武军兵曹参军，分司东都。在母丧，毁瘠几死，时谓刘孝子，后为起居郎，达礼好古，有祖风云。

　　𬀩字鼎卿。天宝初，历集贤院学士，兼知史官。终右补阙。父子三人更莅史官，著《史例》，颇有法。

　　汇，左散骑常侍，终荆南节度使。子赞，以荫仕为鄂丞。杜鸿渐自剑南还，过鄂，厨驿丰给。杨炎荐汇名儒子，擢浙西观察判官。炎入相，进歙州刺史，政干强济。野妪将为虎噬，幼女呼号搏虎，俱免。观察使韩滉表赞治有异行，加金紫，徙常州。滉辅政，分所统为三道，以赞为宣州刺史、都团练观察使，治宣十年。赞本无学，弟以刚猛立威，官吏重足一迹。宣既富饶，即厚敛，广贡奉以结恩。又不能训子，皆骄愒不度，素业衰矣。卒，赠吏部尚书，谥曰敬。

　　迥以刚直称，第进士，历殿中侍御史，佐江淮转运使。时新更安史乱，迥馈运财赋，力于职。大历初，为吉州刺史，治行尤异。累迁给事中。

　　秩字祚卿。开元末，历左监门卫录事参军事，稍迁宪部员外郎。坐小累，下除陇西司马。安禄山反，哥舒翰守潼关，杨国忠欲夺其兵，秩上言："翰兵天下成败所系，不可忽。"房琯见其书，以比刘更生。至德初，迁给事中。久之，出为阆州刺史。贬抚州长史，卒。所著《政典》、《止戈记》、《至德新议》等凡数十篇。

迅字捷卿。历京兆功曹参军事。常寝疾，房琯闻，忧不寐，曰："捷卿有不讳，天理欺矣！"陈郡殷寅名知人，见迅叹曰："今黄叔度也！"刘晏每闻其论，曰："皇王之道尽矣！"上元中，避地安康，卒。迅续《诗》、《书》、《春秋》、《礼》、《乐》五说。书成，语人曰："天下滔滔，知我者希。"终不以示人云。

吴兢，汴州浚仪人。少厉志，贯知经史，方直寡谐比，惟与魏元忠、朱敬则游。二人者当路，荐兢才堪论撰，诏直史馆，修国史。迁右拾遗内供奉。

神龙中，改右补阙。节闵太子难，奸臣诬构安国相王与谋，朝廷大恐。兢上言："文明后，皇运不殊如带。陛下龙兴，恩被骨肉，相王与陛下同气，亲莫加焉。今贼臣日夜阴谋，必欲置之极法。相王仁孝，遭荼苦哀毁，以陛下为命，而自托于手足。若信邪佞，委之于法，伤陛下之恩，失天下望。芟刈股肱，独任胸臆，可为寒心。自昔翦伐宗支，委任异姓，未有不亡者。秦任赵高，汉任王莽，晋家自相鱼肉，隋室猜忌子弟，海内麋沸，验之覆车，安可重迹？且根朽者叶枯，源涸者游竭。子弟，国之根源，可使枯竭哉！皇家枝干，夷芟略尽。陛下即位四年，一子弄兵被诛，一子以罪谪去，惟相王朝夕左右。'斗粟'之刺，《苍蝇》之诗，不可不察。伏愿陛下全常棣之恩，慰罔极之心，天下幸甚！"

累迁起居郎，与刘子玄、徐坚等并职。玄宗初立，收还权纲，锐于决事，群臣畏伏。兢虑帝果而不及精，乃上疏曰：

自古人臣不谏则国危，谏则身危。臣愚食陛下禄，不敢避身危之祸。比见上封事者，言有可采，但赐束帛而已，未尝蒙召见，被拔擢。其忤旨，则朝堂决杖，传送本州，或死于流贬。由是臣下不敢进谏。古者设诽谤木，欲闻己过。今封事，谤木比也。使所言是，有益于国；使所言非，无累于朝。陛下何遽加斥逐，以杜塞直言？道路流传，相视怪愕。夫汉高帝赦周昌桀、纣之对，晋武帝受刘毅桓、灵之讥，况陛下豁达大度，不能容此狂直耶？夫人主居尊极之位，颛生杀之权，其为威严峻矣。开情抱，纳谏诤，下犹惧不敢尽，奈何以为罪？且上有所失，下必知之。故郑人欲毁乡校，而子产不听也。陛下初即位，犹有褚无量、张廷珪、韩思复、辛替否、柳泽、袁楚客等数上疏争时政得失。自顷上封事，往往得罪，谏者顿少。是鹊巢覆而凤不至，理之然也。臣诚恐天下骨鲠士以谠言为戒，桡直就曲，斫方为刓，偷合苟容，不复能尽节忘身，纳君于道矣。

夫帝王之德，莫盛于纳谏。故曰："木从绳则正，后从谏则圣。"又曰："朝有讽谏，犹发之有梳。猛虎在山林，藜藿为之不采。"忠谏之有益如此。自古上圣之君，恐不闻己过，故尧设谏鼓，禹拜昌言。不肖之主，自谓圣智，拒谏害忠，桀杀关龙逢而灭于汤，纣杀王子比干而灭于周，此其验也。夫与治同道罔不兴，与乱同道罔不亡。人将疾，必先不甘鱼肉之味；国将亡，必先不甘忠谏之说。呜呼，惟陛下深监于兹哉！隋炀帝骄矜自负，以为尧、舜莫己若，而讳亡憎谏，乃曰："有谏我者，当时不杀，后必杀之。"大臣苏威欲开一言，不敢发，因五月五日献《古文尚书》，帝以为讪己，即除名。萧瑀谏无伐辽，出为河西郡守。董纯谏无幸江都，就狱赐死。自是謇谔之士，去而不顾，外虽有变，朝臣钳口，帝不知也。身死人手，子孙剿绝，为天下笑。太宗皇帝好悦至言，时有魏徵、王珪、虞世南、李大亮、岑文本、刘洎、马周、褚遂良、杜正伦、高季辅，咸以切谏，引居要职。尝谓宰相曰："自知者为难。如文人巧工，自谓己长，若使达者大匠诋诃商略，则芜辞拙迹见矣。天下万机，一人听断，虽甚忧劳，不能尽善。今魏徵随事谏正，多中朕失，如明鉴照形，美恶毕见。"当是时，有上书益于政者，皆黏寝殿之壁，坐望卧观，虽狂瞽逆意，终不以为忤。故外事必闻，刑戮几措，礼义大行。陛下何不遵此道，与圣祖继美乎？夫以一人之意，综万方之政，明有所不烛,智有所不周,上心未谕于下,下情未达于上。伏惟以虚受人,博览兼听,使深者不隐,远者不塞,所谓"辟四门、明四目"也。其能直言正谏不避死亡之诛者,特加宠荣,待以不次,则失之东隅,冀得之桑榆矣。

寻以母丧去官。服除,自陈修史有绪,家贫不能具纸笔,愿得少禄以终余功。有诏拜谏议大夫,复修史。睿宗崩,实录留东都,诏兢驰驿取进梓官。以父丧解,宰相张说用赵冬曦代之。终丧,为太子左庶子。

开元十三年,帝东封太山,道中数驰射为乐。兢谏曰:"方登岱告成,不当逐狡兽,使有垂堂之危、朽株之殆。"帝纳之。明年六月,大风,诏群臣陈得失。兢上疏曰:"自春以来,亢阳不雨,乃六月戊午,大风拔树,坏居人庐舍。传曰:'敬德不用,厥灾旱。上下蔽隔,庶位逾节,阴侵于阳,则旱灾应。'又曰:'政悖德隐,厥风发屋坏木。'风,阴类,大臣之象。恐陛下左右有奸臣擅权,怀谋上之心。臣闻百王之失,皆由权移于下,故曰:'人主与人权,犹倒持太阿,授之以柄。'夫天降灾异,欲人主感悟,愿深察天变,杜绝其萌。且陛下承天后、和帝之乱,府库未充,冗员尚繁,户口流散,法出多门,赇谒大行,趋竞弥广。此弊未革,实陛下庶政之阙也,臣不胜惓惓。愿斥屏群小,不为慢游,出不御之女,减不急之马,明选举,慎刑罚,杜侥幸,存至公,虽有旱风之变,不足累圣德矣。"

始,兢在长安、景龙间任史事,时武三思、张易之等监领,阿贵朋佞,酿泽浮辞,事多不实。兢不得志,私撰《唐书》、《唐春秋》,未就。至是,丐官笔札,冀得成书。诏兢就集贤院论次。时张说罢宰相,在家修史。大臣奏国史不容在外,诏兢等赴馆撰录。进封长垣县男。久之,坐书事不当,贬荆州司马,以史草自随。萧嵩领国史,奏遣使者就兢取书,得六十余篇。

累迁洪州刺史,坐累下除舒州。天宝初,入为恒王傅。虽年老衰偻甚,意犹愿还史职。李林甫嫌其衰,不用。卒,年八十。

兢叙事简核,号良史。晚节稍疏牾,时人病其太简。初与刘子玄撰定《武后实录》，叙张昌宗诱张说诬证魏元忠事，颇言"说已然可，赖宋璟等邀励苦切，故转祸为忠，不然，皇嗣且殆"。后说为相，读之，心不善，知兢所为，即从容谬谓曰："刘生书魏齐公事，不少假借，奈何？"兢曰："子玄已亡，不可受诬地下。兢实书之，其草故在。"闻者叹其直。说屡以情蕲改，辞曰："徇公之情，何名实录？"卒不改。世谓今董狐云。

　　书述，弘机曾孙。家厨书二千卷，述为儿时，诵忆略遍。父景骏，景龙中为肥乡令，述从到官。元行冲，景骏姑子也，为时儒宗，常载书数车自随。述入其室观书，不知寝食，行冲异之，试与语前世事，纤复详谛，如指掌然。使属文，受纸辄就。行冲曰："外家之宝也。"举进士，时述方少，仪质陋俛，考功员外郎宋之问曰："童子何业？"述曰："性嗜书，所撰《唐春秋》三十篇，恨未毕，它唯命。"之问曰："本求茂才，乃得迁、固。"遂上第。

　　开元初，为栎阳尉。秘书监马怀素奏述与诸儒即秘书续《七志》，五年而成。述好谱学，见柳冲所撰《姓族系录》，每私写怀之，还舍则又缮录，故于百氏源派为详，乃更撰《开元谱》二十篇。累除右补阙。张说既领集贤院，荐述为直学士，迁起居舍人。从封太山，奏《东封记》，有诏褒美。先是，诏修《六典》，徐坚构意岁余，叹曰："吾更修七书，而《六典》历年未有所适。"及萧嵩引述撰定，述始摹周六官领其属，事归于职，规制遂定。初，令狐德棻、吴兢等撰武德以来国史，皆不能成。述因二家参以后事，遂分纪、传，又为例一篇。嵩欲蚤就，复奏起居舍人贾登、著作佐郎李锐助述缉缀。逮成，文约事详，萧颖士以为谯周、陈寿之流。改国子司业，充集贤学士，累迁工部侍郎，封方城县侯。

　　述典掌图书，余四十年，任史官二十年，澹荣利，为人纯厚长者，当世宗之。接士无贵贱与均。蓄书二万卷，皆手校定，黄墨精谨，内秘书不逮也。古草隶帖、秘书、古器图谱无不备。安禄山乱，剽失皆尽，述独抱国史藏南山。身陷贼，污伪官。贼平，流渝州，为刺史薛舒所困,不食死。广德初。甥萧直为李光弼判官,诣阙奏事称旨。因理述"苍卒奔逼,能存国史,贼平,尽送史官于休烈,以功补过,宜蒙恩宥。"有诏赠右散骑常侍。

韦氏之显者,孝友、词学则承庆、嗣立,邃音乐有万石,达礼仪则叔夏,史才博识有述。所著书二百余篇行于时。弟迢、迪,学业亦亚述。与迢对为学士,与迪并礼官,搢绅高之。时赵冬曦兄弟亦各有名。张说尝曰"韦、赵兄弟,人之杞梓"云。

蒋乂,字德源,常州义兴人,徙家河南。祖瓘,开元中弘文馆学士。父将明,天宝末,辟河中使府。安禄山反,以计佐其帅,全并、潞等州。两京陷,被拘,乃阳狂以免。虢王巨引致幕府,历侍御史,擢左司郎中、国子司业、集贤殿学士。

乂性锐敏,七岁时,见庾信《哀江南赋》,再读辄诵。外祖吴兢位史官,乂幼从外家学,得其书,博览强记。逮冠,该综群籍,有史才,司徒杨绾尤称之。将明在集贤,值兵兴,图籍淆舛,白宰相请引乂入院,助力整比。宰相张镒亦奇之,署集贤小职。乂料次逾年,各以部分,得善书二万卷。再迁王屋尉,充太常礼院修撰。贞元九年,擢右拾遗、史馆修撰。德宗重其职,先召见延英,乃命之。

张孝忠子茂宗尚义章公主,母亡,遗占丐成礼。帝念孝忠功,即日召为左卫将军,许主下降。乂上疏,以为:"墨缞礼本缘金革,未有夺丧尚主者。缪蠡典礼,违人情,不可为法。"帝令中使者谕茂宗之母之请,乂意殊坚。帝曰:"卿所言,古礼也。今俗借吉而婚不为少。"对曰:"偲室穷人子,旁无至亲,乃有借吉以嫁,不闻男冒凶而娶。陛下建中诏书,郡、县主当婚,皆使有司循典故,毋用俗仪。公主春秋少,待年不为晚,请茂宗如礼便。"帝曰:"更思之。"会太常博士韦彤、裴堪谏曰:"婚礼,主人几筵听命,称事立文,谓之嘉,所以承宗庙,继后嗣也。丧礼,创巨者日久,痛甚者愈迟,二十五月而毕,谓之凶,所以送死报终,示有节也。故夫义妇听,父慈子孝。昔鲁侯改服,晋襄墨缞,缘金革事则有权变。安有释缞服,衣冕裳,去垩室,行亲迎,以凶渎嘉,为朝廷爽法?"疏入,帝迁其言,促行前诏,然心嘉乂有守。

十八年,迁起居舍人,转司勋员外,皆兼史任。帝尝登凌烟阁,视左壁颓剥,题文漫缺,行才数字,命录以问宰相,无能知者。遂召乂至,答曰:"此圣历中侍臣图赞。"帝前口以诵补,不失一字。帝叹曰:"虽虞世南默写《列女传》,不是过。"会诏问神策军建置本末,中书讨求不获,时集贤学士甚众,悉亡以对。乃访乂,乂条据甚详。宰相高郢、郑珣瑜叹曰:"集贤有人哉!"明日,诏兼判集贤院事。父子为学士,儒者荣之。

顺宗既葬,议祧庙,有司以中宗中兴之君,当百代不迁。宰相问乂,乂曰:"中宗即位,春秋已壮,而母后篡夺以移神器,赖张柬之等国祚再复,盖曰反正,不得为中兴。凡非我失之,自我复之,为中兴,汉光武、晋元是也。自我失之,因人复之,晋孝惠、孝安是也。今中宗与惠、安二帝同,不可不迁主。"有司疑曰:"五王有安社稷功,若迁中宗,则配飨永绝。"乂:"禘祫功臣,乃合食太庙。中宗庙虽毁,而禘祫并陈太庙,此则五王配食与初一也。"由是迁庙遂定。迁兵部郎中。与许孟容、韦贯之删正制敕三十篇,为《开元格后敕》。李锜诛,诏宗正削一房属籍。宰相召乂问:"一房自大功可乎?"答曰:"大功,锜之从父昆弟。其祖神通有功,配飨于庙,虽裔孙之恶,而忘其勋,不可。""自期可乎?"曰:"期者昆弟。其父若幽死社稷,今以锜连坐,不可。"执政然之。故罪止锜及子息,无旁坐者。

未几,改秘书少监,复兼史馆修撰,与独孤郁、韦处厚修《德宗实录》。以劳迁右谏议大夫。裴垍罢宰相,而李吉甫恶垍,以尝监修,故授乂太常少卿。久之,迁秘书监,累封义兴县公。卒,年七十五,赠礼部尚书,谥曰懿。

乂在朝廷久居史职二十年。每有大政事议论,宰相未能决,必咨访之,乂据经义或旧章以参时事,其对允切该详。初以是被遇,终亦忤贵近,介介不至显官。然资质朴直,遇权臣秉政,辄数岁不迁。尝疏裴延龄罪恶及拒王叔文,当世高之。结发志学,老而不厌,虽甚寒暑，卷不释于前，故能通百家学，尤明前世沿革。家藏书至万五千卷。初名武，宪宗时因进见，请曰："陛下今日偃武修文，群臣当顺承上意，请改名义。"帝悦。时讨王承宗兵方罢，又恐天子锐于武，亦因以讽。它日，帝见侍御史唐武曰："命名固多，何必曰武？义既改之矣。"更曰庆。群臣乃知帝且猒兵云。义论撰百余篇。

五子：系、伸、偘知名，仙、估皆位刺史。

系善属文，得父典实。大和初，授昭应尉，直史馆。明年，拜右拾遗、史馆修撰，与沈传师、郑浣、陈夷行、李汉参撰《宪宗实录》。转右补阙。宋申锡被诬，文宗怒甚，系与左常侍崔玄亮涕泣苦诤，申锡得不死。历膳部员外、工礼兵三部郎中，皆兼史职。开成末，转谏议大夫。宰相李德裕恶李汉，以系友婿，出为桂管观察使，人安其治。复坐汉贬唐州刺史。宣宗立，召为给事中、集贤殿学士判院事。转吏部侍郎，历兴元、凤翔节度使。懿宗初，拜兵部尚书，以弟伸位丞相，恳辞，乃检校尚书右仆射，节度山南东道，封淮阳郡公。徙东都留守，卒。

子曙，字耀之。咸通末，由进士第署鄂岳团练判官，除虞、工二部员外，改起居郎。黄巢之难，曙阖门无噍类，以是绝意仕进，隐居沈痛。中和二年，表请为道士，许之。

伸字大直，第进士。大中二年，以右补阙为史馆修撰，转驾部郎中，知制诰。白敏中领邠宁节度，表伸自副，加右庶子。入知户部侍郎。九年，为翰林学士，进承旨。十年，改兵部侍郎，判户部。

宣宗雅信爱伸，每见必咨天下得失。伸言："比爵赏稍易，人且偷。"帝愕然曰："偷则乱矣。"伸曰："否，非遽乱，但人有觊心，乱由是生。"帝嗟叹，伸三起三留，曰："它日不复独对卿矣。"伸不谕。未几，以本官同中书门下平章事。逾四月，解户部，加中书侍郎。

懿宗即位，兼刑部尚书，监修国史。咸通二年，出为河中节度使、同中书门下平章事，徙宣武。俄以太子少保分司东都。七年，用为华州刺史。再迁太子太傅，表乞骸骨，以本官致仕。卒，赠太尉。

偕以父任，历右拾遗、史馆修撰，转补阙、主客郎中。初，柳芳作《唐历》，大历以后阙而不录，宣宗诏崔龟从、韦澳、李荀、张彦远及偕等分年撰次，尽元和以续云。累迁太常少卿。大中八年，与卢耽、牛丛、王沨、卢告撰次《文宗实录》。蒋氏世禅儒，唯伸及系子兆能以辞章取进士第，然不为文士所多。三世踵修国史，世称良笔，咸云"蒋氏日历"，天下多藏焉。

柳芳，字仲敷，蒲州河东人。开元末，擢进士第，由永宁尉直史馆。肃宗诏芳与韦述缀辑吴兢所次国史，会述死，芳绪成之，兴高祖，讫乾元，凡百三十篇。叙天宝后事，弃取不伦，史官病之。

上元中，坐事徙黔中。后历左金吾卫骑曹参军、史馆修撰。然芳笃志论著，不少选忘厌。承寇乱，史籍沦缺。芳始谪时，高力士亦贬巫州，因从力士质开元、天宝及禁中事，具识本末。时国史已送官，不可追刊，乃推衍义类，仿编年法，为《唐历》四十篇，颇有异闻。然不立褒贬义例，为诸儒讥讪。改右司郎中、集贤殿学士，卒。

子登、冕。

登字成伯。淹贯群书，年六十余，始仕宦。元和初，为大理少卿，与许孟容等刊正敕格。以病改右散骑常侍，致仕。卒，年九十余，赠工部尚书。

子璟，字德辉。宝历初，第进士、宏词，三迁监察御史。时郊庙告祭，吏部以杂品摄上公。璟据开元、元和诏书，太尉以宰相摄事，司空、司徒以仆射、尚书、师、傅摄，余司不及差限，请如旧制，从之。累迁吏部员外郎。文宗开成初，为翰林学士。初，芳永泰中按宗正谍，断自武德，以昭穆系承撰《永泰新谱》二十篇。璟因召对，帝叹《新谱》详悉，诏璟撍摭永泰后事缀成之。复为十篇，户部供笔札禀料。迁中书舍人。武宗立，转礼部侍郎。璟为人宽信，好接士，称人之长，游其门者它日皆显于世。会昌二年，再主贡部，坐其子招贿，贬信州司马，终郴州刺史。

冕字敬叔。博学富文辞，且世史官，父子并居集贤院。历右补阙、史馆修撰。坐善刘晏，贬巴州司户参军。还为太常博士。昭德王皇后崩，冕与张荐议皇太子宜依晋魏卒哭除服，左补阙穆质请依礼期而除，冕议见用。德宗既亲郊，重慎祠事，动稽典礼。冕以吏部郎中摄太常博士，与荐及司封郎中徐岱、仓部郎中陆质修饬仪矩。帝疑郊庙每升辄去剑履及象剑尺寸、祝语轻重，冕据礼以对，本末详明，天子嘉异。

久之，以论议劲切，执政不善，出为婺州刺史。十三年，兼御史中丞、福建观察使。自以久疏斥，又性躁狷，不能无恨，乃上表乞代，且推明朝觐之意，曰："臣窃感《江汉》朝宗之谊，《鹿鸣》君臣之宴，颂声之作，王道本始。国家自兵兴，不遑议礼，方牧未朝，宴乐久缺。臣限一切之制，例无不朝集，目不睹朝廷之礼，耳不闻宗庙之乐，足不践轩墀之地，十有二年于兹矣。夫朝会，礼之本也。唐、虞之制，群后四朝，以明黜陟。商、周之盛，五岁一见，以考制度。汉法，三载上计，以会课最。圣唐稽古，天下朝集，三考一见，皆以十月上计京师，十一月礼见，会尚书省应考绩事，元日陈贡棐，集于考堂，唱其考第，进贤以兴善，简不肖以黜恶。自安史乱常，始有专地；四方多故，始有不朝；戎臣恃险，或不悔过。臣忝牧圉之寄，愤不朝之臣，思一入觐，率先天下，使君臣之义，亲而不疏；朝觐之礼，废而复举。诚恐负薪，溘先朝露，觐礼不展，臣之忧也。比闻诸将帅亡殁者众，臣自惮何德以堪久长。乡国，人情之不忘也；阙庭，臣子所恋也；朝觐，国家大礼也。三者，臣之大愿。"表累上，其辞哀切，德宗许还。会冕奏闽中本南朝畜牧地，可息羊马，置牧区于东越，名万安监，又置五区于泉州，悉索部内马驴牛羊合万余游畜之。不经时，死耗略尽，复调充之。民间怨苦。坐政无状，代还。卒，赠工部尚书。

沈既济,苏州吴人。经学该明。吏部侍郎杨炎雅善之,既执政,荐既济有良史才,召拜左拾遗、史馆修撰。

初,吴兢撰国史,为《则天本纪》,次高宗下。既济奏议,以为:"则天皇后进以强有,退非德让,史臣追书,当称为太后,不宜曰上。中宗虽降居藩邸,而体元继代,本吾君也,宜称皇帝,不宜曰庐陵王。睿宗在景龙前,天命未集,假临大宝,于谊无名,宜曰相王,未容曰帝。且则天改周正朔,立七庙,天命革矣。今以周厕唐,列为帝纪,考于《礼经》,是谓乱名。中宗嗣位在太后前,而叙年制纪反居其下,方之跻僖公,是谓不智。昔汉高后称制,独有王诸吕为负汉约,无迁鼎革命事,时孝惠已殁,子非刘氏,不纪吕后,尚谁与哉?议者犹谓不可。况中宗以始年即位,季年复祚,虽尊名中夺,而天命未改,足以首事表年,何所拘阂而列为二纪?鲁昭公之出,《春秋》岁书其居曰:'公在乾侯。'君在,虽失位,不敢废也。请省《天后纪》合《中宗纪》,每岁首,必书孝和在所以统之,曰:'皇帝在房陵,太后行其事,改某制。'纪称中宗而事述太后,名不失正,礼不违常矣。夫正名所以尊王室,书法所以观后嗣。且太后遗制,自去帝号,及孝和上谥,开元册命,而后之名不易。今祔陵配庙,皆以后礼,而独承统于帝,是有司不时正,失先旨。若后姓氏名讳、才艺智略、崩葬日月,宜入皇后传,题其篇曰《则天顺圣武皇后》云。"议不行。

德宗立,锐于治。建中二年,诏中书、门下两省,分置待诏官三十,以见官、故官若同正、试、摄九品以上者,视品给俸,至禀饩、干力、什器、馆宇悉有差;权公钱收子,赡用度。既济谏曰:"今日之治,患在官烦,不患员少;患不问,不患无人。两省官自常侍、谏议、补阙、拾遗四十员,日止两人待对,缺员二十一员未补。若谓见官不足与议,则当更选其人。若广聪明以收淹滞,先补其缺,何事官外置官?夫置钱取息,有司之权制,非经治法。今置员三十,大抵费月不减百万,以息准本,须二千万得息百万,配户二百,又当复除其家,且得入流,所损尤甚。今关辅大病,皆言百司息钱毁室破产,积府县,未有以革。臣计天下财赋耗敤大者唯二事:一兵资,二官俸。自它费十不当二者一。所以黎人重困，杼轴空虚。何则？四方形势，兵未可去，资费虽广，不获已为之。又益以闲官冗食，其弊奈何？藉旧而置犹可，若之何加焉？"事遂寝。

炎得罪，既济坐贬处州司户参军。后入朝，位礼部员外郎，卒。撰《建中实录》，时称其能。

子传师。

传师字子言。材行有余，能治《春秋》，工书，有楷法。少为杜佑所器。贞元末，举进士。时给事中许孟容、礼部侍郎权德舆乐挽毂士，号"权、许"。德舆称之于孟容，孟容曰："我故人子，盍不过我？"传师往见，谢曰："闻之丈人，脱中第，则累公举矣，故不敢进。"孟容曰："如子，可使我急贤诣子，不可使子因旧见我。"遂擢第。德舆门生七十人，推为颜子。

复登制科，授太子校书郎，以鄠尉直史馆，转左拾遗、左补阙、史馆修撰，迁司门员外郎，知制诰。召入翰林为学士，改中书舍人。翰林缺承旨，次当传师，穆宗欲面命，辞曰："学士、院长参天子密议，次为宰相，臣自知必不能，愿治人一方，为陛下长养之。"因称疾出。帝遣中使敦召。李德裕素与善，开晓谆切，终不出。遂以本官兼史职。俄出为湖南观察使。

方传师与修《宪宗实录》，未成，监修杜元颖因建言："张说、令狐峘在外官论次国书，今蒇史残课，请付传师即官下成之。"诏可。

宝历二年，入拜尚书右丞。复出江西观察使，徙宣州。传师于吏治明，吏不敢罔。慎重刑法，每断狱，召幕府平处，轻重尽合乃论决。尝择邸吏尹伦，迟鲁不及事，官属屡白易之，传师曰："始吾出长安，诫伦曰：'可阙事，不可多事'。伦如是足矣。"故其莅所以廉靖闻。入为吏部侍郎，卒，年五十九，赠尚书。

传师性夷粹无竞，更二镇十年，无书贿入权家。初拜官，宰相欲以姻私托幕府者，传师固拒曰："诚尔，愿罢所授。"故其僚佐如李景让、萧置、杜牧，极当时选云。治家不威严，闺门自化。兄弟子姓，属无亲疏，衣服饮食如一。问饷姻家故人，帑无储钱，鬻宅以葬。

子询，字诚之，亦能文辞，会昌初第进士，补渭南尉。累迁中书舍人，出为浙东观察使，除户部侍郎，判度支。咸通四年，为昭义节度使，治尚简易，人皆便安。奴私侍儿，询将戮之，奴惧，结牙将为乱，夜攻询，灭其家。赠兵部尚书、左散骑常侍。刘潼代为节度，驰至，刳奴心，祭其灵坐。

赞曰：唐兴，史官秉笔众矣。然垂三百年，业巨事丛，简策挐繁，其间巨盗再兴，图典焚逸，大中以后，史录不存。虽论著之人，随世裒掇，而疏舛残余，本末颠倒。故圣主贤臣，叛人佞子，善恶汨汨，有所未尽，可为永怅者矣。又旧史之文，猥酿不纲，浅则入俚，简则及漏。宁当时儒者有所讳而不得骋耶？或因浅仍俗不足于文也？亦有待于后取当而行远耶？何知几以来，工诃古人而拙于用己欤！自韩愈为《顺宗实录》，议者哄然不息，卒窜定无完篇，乃知为史者亦难言之。游、夏不能措辞于《春秋》，果可信已！

唐书卷一三三
列传第五八

郭虔瓘　郭知运　英杰　英乂
王君㚟　张守珪　献诚　献恭
煦　献甫　王忠嗣　牛仙客

郭虔瓘,齐州历城人。开元初,录军阀,迁累右骁卫将军,兼北廷都护、金山道副大总管。明年,突厥默啜子同俄特勒围北廷,虔瓘饬垒自守。同俄单骑驰城下,勇士狙道左突斩之。虏亡酋长,相率亏降,请悉军中所资赎同俄死,闻已斩,举军恸哭去。虔瓘以功授冠军大将军、安西副大都护,封潞国公。建募关中兵万人击余寇,遂前功,有诏募士给公乘,在所续食。将作大匠韦凑上言:“汉徙豪族以实关中,今畿辅户口逋耗,异时戎虏入盗,丁壮悉行,不宜更募骁勇,以空京甸,资荒服。万人所过,递驮熟饔,亘六千里,州县安所供亿?秦、陇以西,多沙碛,少居人,若何而济?纵有克获,其补几何?傥稽天诛,则诬大事。”不省。既而虔瓘果不见虏,还,迁凉州刺史、河西节度大使,进右威卫大将军。四年,奏家奴八人有战功,求为游击将军,宰相劾其恃功乱纲纪,不可听,罢之。

陕王为安西都护,诏虔瓘为副。虔瓘与安抚招慰十姓可汗使阿史那献数持异,交诉诸朝。玄宗遣左卫中郎将王惠赍诏书谕解曰:“朕闻师克在和,不在众,以虔瓘、献宿将,当舍嫌窒隙,戮力国家。自开西镇,列诸军,戍有定区,军有常额,卿等所统,蕃汉杂之,在乎善用,何必加募? 或云突骑施围石城,献所致也;葛逻禄称兵,虔瓘所沮也。大将不协,小人以逞,何功可图? 昔相如能诎廉颇,寇恂不吝贾复,宜各旷然,终承朕命。今赐帛二千段及佗珍器,俾谅朕意。"虔瓘奉诏。久之,卒军中。以张孝嵩为安西副都护。

孝嵩,伟姿貌,及进士第,而慷慨好兵。在安西劝田训士,府库盈饶。徙太原尹,卒。以黄门侍郎杜暹代。

郭知运,字逢时,瓜州晋昌人。长七尺,猿臂虎口,以格斗功累补秦州三度府果毅。从郭虔瓘破突厥有功,加右骁卫将军,封介休县公。

吐蕃将坌达延、乞力徐寇渭源,盗牧马,诏知运与薛讷、王晙等相掎角,败之。进阶冠军大将军,兼临洮军使,封太原郡公,赐赉万计。徙陇右诸军节度大使、鄯州都督。突厥降户阿悉烂、跌跌思泰率众叛,执单于都护张知运,诏以朔方兵追击,至黑山呼延谷败之,虏弃仗走,取副都护还。诏知运兼陇右经略使,营柳城。开元五年,大破吐蕃,献俘京师。明年,复出,将轻兵丙夜至九曲,获精甲、名马、犛牛甚众。既献获,诏分赐文武五品以上清官及朝集使三品者。进兼鸿胪卿,摄御史中丞。六州胡康待宾反,率王晙讨平之。拜左武卫大将军,授一子官,赐金帛。九年,卒于军,年五十五,赠凉州都督。

知运屯西方,戎夷畏惮,与王君㚟功名略等,时号"王郭"。帝诏中书令张说纪其功于墓碑。上元中,配飨太公庙。永泰初,谥曰威。
子英杰、英义。

英杰字孟武,为左卫将军、幽州副总管。开元二十三年,长史薛楚玉遣英杰与裨将吴克勤、乌知义、罗守忠帅万骑及奚众讨契丹,屯榆关。契丹酋长可突于拒战都山下,奚众贰,官军不利,知义、守忠引麾下遁去,英杰、克勤力战死。其下尚六千人,殊死战,虏示以英杰首,终不屈,师遂歼。

英乂字元武，以武勇有名河、陇间，累迁诸卫员外将军。哥舒翰见之曰：“是当代吾节制者。”禄山乱，拜秦州都督、陇右采访使。贼将高嵩拥兵入汧、陇，英乂伪劳之，且具飨，既而伏兵发，尽虏其众。至德二年，加陇右节度使。召还，改羽林军大将军，掌卫兵。以丧去职。

史思明陷洛阳，谋掠陈、蔡，诏英乂统淮南节度兵。贼叩陕、虢，又改陕西节度、潼关防御使。进御史大夫，兼神策军节度使。代宗即位，以检校户部尚书兼大夫。雍王率诸将讨贼洛阳，留英乂殿于陕。东都平，权知留守，无检御才，其麾下与朔方、回纥遂大掠都城及郑、汝，环千里无居人。以功实封三百户，召拜尚书右仆射，封定襄郡王。日骄蹇，为侈汏。阴事宰相元载以久其权。未几，严武死成都，乃拜剑南节度使。自以有内主，故肆志无所惮。初，玄宗在蜀时旧宫为道士祠，冶金作帝象，尽绘乘舆侍卫，每尹至，先拜祠，后视事。英乂爱其地胜选，辄坏绘像自居之，众始不平。又教女伎乘驴击球，钿鞍宝勒及它服用，日无虑数万费，以资倡乐。未尝问民间事，为政苛暴，人以目相谓。怨崔宁不己同也，出兵袭宁，不克。宁因人之怨，率麾下五千直捣成都。英乂拒战，众皆反戈内攻，乃奔简州，次灵池，普州刺史韩澄斩首送宁，遂屠其家。

王君㚟，字威明，瓜州常乐人。初事郭知运为别奏，累功至右卫副率。知运卒，代为河西陇右节度使、右羽林军将军，判凉州都督事。

开元十四年，吐蕃酋悉诺逻寇大斗拔谷，君㚟间其怠，率秦州都督张景顺乘冰度青海袭破之。以功迁大将军，封晋昌县伯；拜其父寿为少府监，听不事。君㚟凯旋，玄宗宴君㚟及妻夏于广达楼，赐金帛，夏亦自以战功封武威郡夫人。俄而吐蕃陷瓜州，执刺史田元献及寿，杀居人，取资粮，进攻玉门军，使人靳君㚟曰：“将军常自以忠勇，今不一进战，奈何？”君㚟登陴西向哭，兵不敢出。

初，凉州有回纥，契苾，思结，浑四部，世为酋长，君㚟微时数往来，为所轻。及节度河西，回纥等颇鞅鞅，耻为下。君㚟怒，数督过之。既怨望，潜遣人至东都言状。君㚟间驿奏四部有叛谋，帝使中人即讯，回纥不能自直。于是瀚海大都督回纥承宗流瀼州，浑大得流吉州，贺兰都督契苾承明流藤州，卢山都督思结归国流琼州，而承宗党瀚海州司马护输等益不平，思有以复怨。会吐蕃使间道走突厥，君㚟率骑到肃州掩取之，还至甘州，护输狙兵发，夺君㚟节，杀左右亲吏，剖其心，曰："是始谋者。"君㚟引帐下力战，兵尽乃死。输欲以尸奔吐蕃，追兵至，乃弃尸去。帝痛惜之，赠特进、荆州大都督。以丧还京师，官护其葬。诏张说刻文墓碑，帝自书以宠之。

始，吐番寇瓜州，分遣莽布支攻常乐，令贾师顺乘城守。俄而瓜州陷，悉诺逻并兵攻之。数日，虏众有姻家在城中，使夜见师顺曰："州已失守，虏悉众来，孤城渠可久，不早降以全噍类乎？"师顺曰："吾受天子命守此，义不可下贼。"数日，又说师顺曰："明府不降，吾众且还，宜有以赠我。"师顺请脱士卒衣襦。悉诺逻知无有，乃夜彻营去，毁瓜州城。师顺开门收器械，复完守备。吐蕃果使精骑还袭，见有备，乃去。以功迁鄯州都督、陇右节度使。师顺，岐州人，终左领军将军。

张守珪，陕州河北人。姿干瓌壮，慷慨尚节义，善骑射。以平乐府别驾从郭虔瓘守北庭。突厥侵轮台，遣守珪往援，中道逢贼，苦战，斩首千余级，禽颉斤一人。开元初，虏复攻北庭。守珪从儳道奏事京师，因上书言利害，请引兵出蒲昌、轮台夹击贼。再迁幽州良杜府果毅。时卢齐卿为刺史，器之，引与共榻坐，谓曰："不十年，子当节度是州，为国重将，愿以子孙托，可僚属相期邪？"稍迁建康军使。

王君㚟死，河西震惧，诏以守珪为瓜州刺史、墨离军使，督余众完故城。版筑方立，虏奄至，众失色。守珪曰："创痍之余，讵可矢石相确，须权以胜之。"遂置酒城上，会诸将作乐。虏疑有备，不敢攻，引去，守珪纵兵击败之。于是修复位署，招流冗使复业。有诏以瓜州为都督府，即诏守珪为都督。州地沙堉不可蓺，常潴雪水溉田。是时,渠堨为虏毁,材木无所出。守珪密祷于神,一昔水暴至,大木数千章塞流下,因取之,修复堰防,耕者如旧,州人神之,刻石纪事。迁鄯州刺史、陇右节度使。徙幽州长史、河北节度副大使。俄加采访处置等使。

契丹、奚连年梗边,牙官可突于,胡有谋者,前长史赵含章、薛楚玉等不能制。守珪至,每战辄胜,虏遂大败。帝喜,诏有司告九庙。契丹酋屈刺及突于恐惧,乃遣使诈降。守珪得其情,遣右卫骑曹王悔诣部计事,屈刺无降意,徙帐稍西北,密引突厥众将杀悔以叛。契丹别帅李过折与突于争权不叶,悔因间诱之,夜斩屈刺及突于,尽灭其党,以众降。守珪次紫蒙川,大阅军实,赏将士,传屈刺、突于首于东都。

二十三年,入见天子,会藉田毕,即酺燕为守珪饮至,帝赋诗宠之。加拜辅国大将军、右羽林大将军,赐金彩,授二子官,诏立碑纪功。

久之,复讨契丹余党于捺禄山,卤获不訾。会禆将赵堪、白真陀罗等强使平卢军使乌知义度湟水邀叛奚,且蹂其稼,知义辞不往,真陀罗矫诏胁之。知义与虏斗,不胜,还,守珪匿其败,但上克获状。事颇泄,帝遣谒者牛仙童按实,守珪逼真陀罗自杀,厚赂使者,还奏如状。后仙童以赃败,事逮守珪,以功贬括州刺史,疽发背死。

子献诚。

献诚,天宝末,陷安禄山,授伪署。后事史思明,将兵数万守汴州。东都平,史朝义走还汴,献诚不内,籍所统兵以州降,诏即拜汴州刺史。封南阳郡公。改宝应军左厢兵马使,更封邓国公。既来朝,代宗礼赐尤渥。擢山南西道节度使,讨南山剧贼高玉,禽之。俄兼剑南东川节度。时崔旰杀郭英乂,献诚率众战梓州,大败。大历三年,以疾归京师,举其弟献恭自代。以检校户部尚书知省事,病甚,固乞辞位,卒。

始,献诚喜功名,为政宽裕,有机略,随方制变,而简廉不逮于父。

从弟献恭，数有军功，以右羽林军代为节度使。大历末，破吐蕃于岷州。久之，拜东都留守，累迁检校吏部尚书。德宗欲徙卢杞为饶州刺史，给事中袁高上还诏书，苦争。献恭见帝曰："高所奏宜听。"帝不答。复前曰："高乃陛下良臣，当优异之。"上遂不徙杞。世咨其不桡。

子煦，积阀亦至夏州节度使。元和八年，振武军逐节度使李进贤，屠其家及判官严澈。宪宗怒，诏煦以本军进讨，许以便宜，赐缣三万为军资，河东王锷遣兵五千为授。煦入，捕乱卒苏国珍等数百人，诛之。卒，赠太子太保。

献诚从弟献甫，以军功试光禄卿、殿中监，从河中节度使贾耽讨梁崇义有劳。德宗西幸，又从浑瑊讨朱泚，战多，累迁至金吾将军、检校工部尚书。李怀光叛，吐蕃盗边，献甫领禁兵戍咸阳累年，兵农悦安。

贞元四年，代韩游瓌领邠宁节度使。邠宁军素骄，惮献甫严，因游瓌去，遂纵掠，邀范希朝为帅。都将杨朝晟诛首乱者，献甫乃得入。于是断山浚堑，选岩要地筑烽堡。请复盐州及洪门、洛原镇屯兵，诏可。献甫遣兵马使魏莬逐吐蕃，筑盐、夏二城，虏众畏，不敢入寇。十二年，加检校尚书左仆射。卒，赠司空。

王忠嗣，华州郑人。父海宾，太子右卫率、丰安军使。开元二年，吐蕃寇陇右，诏陇右防御使薛讷率杜宾客、郭知运、王晙、安思顺御之。以海宾为先锋，战武阶，追北至壕口，杀其众。进战长城堡，诸将媚其功，按兵顾望，海宾战死，大军乘之，斩贼万七千级，获马七万、牛羊四十万。玄宗怜其忠，赠左金吾大将军。

忠嗣时年九岁，始名训，授尚辇奉御。入见帝，伏地号泣，帝抚之曰："此去病孤也，须壮而将之。"更赐今名，养禁中。肃宗为忠王，帝使与游。及长，雄毅寡言，有武略，上与论兵，应对蜂起，帝器之，曰："后日尔为良将。"试守代州别驾，大猎闭门自敛，不敢干法。数以轻骑出塞，忠王言于帝曰："忠嗣敢斗，恐亡之。"由是召还。

信安王祎在河东，萧嵩出河西，数引为麾下。帝以其年少，有复仇志，诏不得特将。嵩入朝，忠嗣曰："从公三年，无以归报天子。"乃请精锐数百袭虏。会赞普大酋阅武郁标川，其下欲还，忠嗣不从，提刀略阵，斩数千人，获羊马万计。嵩上其功，帝大悦。累迁左威卫将军、代北都督，封清源县男。与皇甫惟明轻重不得，构忠嗣罪，贬东阳府左果毅。

河西节度使杜希望欲取吐蕃新罗城，有言嗣才者，希望以闻，诏追赴河西，进拔其城。忠嗣录多，授左威卫郎将，专知兵马。俄吐蕃大出，欲取当新城，晨压官军阵，众不敌，举军皆恐。忠嗣单马进，左右驰突，独杀数百人，贼众嚣相蹂，军廖翼掩之，虏大败，拜左金吾卫将军，领河东节度副使、大同军使，寻为节度使。二十九年，节度朔方，兼灵州都督。

天宝元年，北讨奚怒皆，战桑干河，三遇三克，耀武漠北，高会而还。时突厥新有难，忠嗣进军碛口经略之。乌苏米施可汗请降，忠嗣以其方强，特文降耳，乃营木剌、兰山，谍虚实，因上平戎十八策，纵反间于拔悉密与葛逻禄、回纥三部，攻多罗斯城，涉昆水，斩米施可汗；筑大同、静边二城，徙清塞、横野军实之，并受降、振武为一城，自是虏不敢盗塞。徙河东节度使，进封县公。

忠嗣本负勇敢，及为将，乃能持重安边，不生事，尝曰："平世为将，抚众而已。吾不欲竭中国力以幸功名。"故训练士马，随缺缮补。有漆弓百五十斤，每弢之，示无所用。军中士气盛，日夜思战，忠嗣纵诡间，伺虏隙，时时出奇兵袭敌，所向无不克，故士亦乐为用。军每出，召属长付以兵，使授士率，虽弓矢亦志姓名其上。军还，遗弦亡镞，皆按名第罪。以是部下人自劝，器甲充牣。自朔方至云中袤数千里，据要险筑城堡，斥地甚远。自张仁亶后四十余年，忠嗣继其功。

俄为河西、陇右节度使，权朔方、河东节度，佩四将印，劲兵重地，控制万里，近世未有也。又授一子五品官。后数出战青海、积石，虏辄奔破。又讨吐谷浑于墨离，平其国。乃固让朔方、河东二节度，许之。

帝方事石堡城，诏问攻取计，忠嗣奏言：“吐蕃举国守之，若顿兵坚城下，费士数万，然后可图，恐所得不雠所失。请厉兵马，待衅取之。”帝意不快。而李林甫尤忌其功，日钩摭过咎。会董延光建言请下石堡，诏忠嗣分兵应接，忠嗣不得已为出军，而士无赏格，延光不悦。河西兵马使李光弼入说曰：“大夫爱惜士卒，有拒延光心，虽名受诏，实夺其谋。然大夫已付万众，而不立重赏，何以贾士勇？且大夫惜数万段赐，以启谗口，有如不捷，归罪大夫，大夫先受祸矣。”忠嗣曰：“吾固审得一城不足制敌，失之未害于国。吾忍以数万人命易一官哉！明日见责，不失一金吾、羽林将军，归宿卫；不者，黔中上佐耳。”光弼谢曰：“大夫乃行古人事，光弼又何言！”趋而出。延光过期不克，果诉忠嗣沮兵。又安禄山城雄武，扼飞狐塞，谋乱，请忠嗣助役，因欲留其兵；忠嗣先期至，不见禄山而还。数上言禄山且乱，林甫益恶之，阴使人诬告“忠嗣尝养宫中，云吾欲奉太子”。帝怒，召入付三司讯验，罪应死。哥舒翰方有宠，白上，请以官爵赎忠嗣罪，帝意解，贬汉阳太守。久之，徙汉东郡，卒，年四十五。后翰引兵攻石堡，拔之，死亡略尽，如忠嗣言，故当世号为名将。

初，在朔方，至互市，辄高偿马直，诸蕃争来市，故蕃马寖少，唐军精。及镇河、陇，又请徙朔方、河东九千骑以实军。迄天宝末，益滋息。宝应元年，追赠兵部尚书。

赞曰：以忠嗣之才，战必破，攻必克，策石堡之得不当所亡，高马直以空虏资，论禄山乱有萌，可谓深谋矣。然不能自免于谗，卒死放地。自古忠贤，工谋于国则拙于身，多矣，可胜吒哉！

牛仙客，泾州鹑觚人。初为县小史，令傅文静器之，会为陇右营田使,引与计事,积功迁洮州司马。河西节度使王君㚟召为判官。君㚟死,仙客独得免。萧嵩代节度,复委以军政。仙客清勤不懈,接士大夫以信。及嵩还执政,因荐之。稍迁太仆少卿,判凉州别驾,知节度留后事,俄为节度使。开元二十四年,代信安王祎为朔方行军大总管。

　　始在河西,啬事省用,仓库积巨万,器械犀锐。崔希逸代之,即以闻。帝令刑部员外郎张利驰传覆视,如状。帝悦,将用为尚书,宰相张九龄持不可,乃封陇西郡公,实封户二百。李林甫探知帝旨,称其材。会九龄罢,故以工部尚书、同中书门下三品,知门下事,遥领河东节度副大使。

　　为相谨身无它,与时沈浮,唯唯恭愿。前后锡与,缄庋不敢用。百司咨决,无所处可,辄曰:"如令式。"帝既用仙客,知时议不归,乘间以问高力士,力士曰:"仙客本胥史,非宰相器。"帝忿然曰:"朕且用康㕙!"盖恚言也。有为㕙言者,㕙以为实,喜甚。久之,封豳国公,加左相。卒,赠尚书右丞相,谥曰贞简。

唐书卷一三四
列传第五九

宇文融　韦坚　杨慎矜
王铁　卢铉

宇文融，京兆万年人，隋平昌公弼裔孙。祖节，明法令，贞观中，为尚书右丞，谨干自将，江夏王道宗以事请节，节以闻，太宗喜，赉绢二百，劳之曰："朕比不置左右仆射，正以公在省耳。"永徽初，迁黄门侍郎、同中书门下三品，代于志宁为侍中。坐房遗爱友善，贬桂州，卒。

融明辩，长于吏治。开元初，调富平主簿。源乾曜、孟温继为京兆，贤其人，厚为礼。时天下户版刓隐，人多去本籍，浮食闾里，诡脱繇赋，豪弱相并，州县莫能制。融由监察御史陈便宜，请校天下籍，收匿户羡田佐用度。玄宗以融为覆田劝农使，钩检帐符，得伪勋亡丁甚众。擢兵部员外郎，兼侍御史。融乃奏慕容琦、韦洽、裴宽、班景倩、库狄履温、贾晋等二十九人为劝农判官，假御史，分按州县，括正丘亩，招徕户口而分业之。又兼租地安辑户口使。于是诸道收没户八十万，田亦称是。岁终，羡钱数百万缗。帝悦，引拜御史中丞。然吏下希望融旨，不能无扰，张空最，务多其获，而流客颇脱不止。初，议者以生事，沮诘百端，而帝意向之，宰相源乾曜等佐其举。又集群臣大议，公卿雷同不敢异，唯户部侍郎杨玚以为籍外取税，百姓困弊，得不酬失。玚坐左迁。融乃自请驰传行天下，事无巨细，先上劝农使，而后上台省，台省须其意，乃行下。融所过，见高年，宣天子恩旨，百姓至有感涕者。使还言状，帝乃下诏："以客赋所在，并建常平仓，益贮九谷，权发敛；官司劝作农社，使贫富相恤。凡农月，州县常务一切罢省，使趋刈获。流亡新归，十道各分官属存抚，使遂厥功。复业已定，州县季一申牒，不须挟名。"

中书令张说素恶融，融每建白，说辄引大体廷争。融揣说不善，欲先事中伤之。张九龄谓说曰："融新用事，辩给多诈，公不可以忽。"说曰："狗鼠何能为！"会帝封太山还，融以选限薄冬，请分吏部为十铨。有诏融与礼部尚书苏颋、刑部尚书韦抗、工部尚书卢从愿、右散骑常侍徐坚、蒲州刺史崔琳、魏州刺史崔沔、荆州长史韦虚心、郑州刺史贾曾、怀州刺史王丘分总，而不得参事，一决于上。融奏选事，说屡欲之，融怒，乃与御史大夫崔隐甫等廷劾说引术士解祷及受赇，说由是罢宰相。融畏说且复用，訾诋不已。帝疾其党，诏说致仕，放隐甫于家，出融为魏州刺史。

方河北大水，即诏领宣抚使，俄兼检校汴州刺史、河南北沟渠堤堰决九河使。又建请垦九河故地为稻田，权陆运本钱，收其子入官。兴役纷然，而卒无成功。入为鸿胪卿，兼户部侍郎。明年，进黄门侍郎、同中书门下平章事。融曰："使吾执政得数月久，天下定矣。"乃荐宋璟为右丞相，裴耀卿为户部侍郎，许景先为工部侍郎，当时长其知人。而性卞急，少所推下。既居位，日引宾客故人与醑饮。然而神用警敏，应对如响，虽天子不能屈。信安王祎节度朔方，融畏其权，讽侍御史李宙劾奏之。祎密知，因玉真公主、高力士自归。翌日，宙通奏，帝怒，罢融为汝州刺史。居宰相九百日去，而钱谷亦自此不治。帝思之，让宰相曰："公等暴融恶，朕既罪之矣，国用不足，将奈何？"裴光庭等不能对，即使有司劾融交不逞，作威福，其息受赃馈狼藉，乃贬融平乐尉。岁余，司农发融在汴州给隐官息钱巨万，给事中冯绍烈深文推证，诏流于岩州。道广州，迁延不行，为都督耿仁忠所让，惶恐上道，卒。

初，融广置使额以侈上心，百姓愁恐。有司铣失职，自融始。帝犹思其旧功，赠台州刺史，其后言利得幸者踵相蹑，皆本于融云。

子审,字审。融之贬也,审与兄弟侍母京师。及闻融再贬,不告其家,徒步号泣省父,使者怜之,以车共载达于岩州。后擢进士第,累迁大理评事。以夏楚大小无制,始创杖架,以高庳度杖长短,又铸铜为规,齐其巨细。杨国忠颛政,杀岭南流人,以中使传口敕行刑,畏议者嫉其酷,乃以审为岭南监决处置使,活者甚众。后终永、和二州刺史。

韦坚,字子全,京兆万年人。姊为惠宣太子妃,妹为皇太子妃,中表贵盛,故仕最早。繇秘书丞历奉先、长安令,有干名,见宇文融、杨慎矜父子以聚敛进,乃运江、淮租赋,所在置吏督察,以佐国禀,岁终增巨万。玄宗咨其才,擢为陕郡太守、水陆运使。

汉有运渠,起阙门,西抵长安,引山东租赋,汔隋常治之。坚为使,乃占咸阳,壅渭为堰,绝灞、浐而东,注永丰仓下,复与渭合,初,浐水衔苑左,有望春楼,坚于下凿为潭以通漕,二年而成。帝为升楼,诏群臣临观。坚豫取洛、汴、宋山东小斛舟三百首贮之潭,篙工柂师皆大笠、侈袖、芒屦,为吴、楚服。每舟署某郡,以所产暴陈其上。若广陵则锦、铜器、官端绫绣;会稽则罗、吴绫、绛纱;南海瑇瑁、象齿、珠玑、沈香;豫章力士瓷饮器、茗铛、釜;宣城空青、石绿;始安蕉葛、蚺胆、翠羽;吴郡方文绫。船皆尾相衔进,数十里不绝。关中不识连樯挟橹,观者骇异。先是,人间唱《得体纥那歌》,有"扬州铜器"语。开元末,得宝符于桃林,而陕尉崔成甫以坚大输南方物与歌语叶,更变为《得宝歌》,自造曲十余解,召吏唱习。至是,衣缺胯衫、锦半臂、绛冒额,立舻前,倡人数百,皆巾帜鲜冶,齐声应和,鼓吹合作。船次楼下,坚跪取诸郡轻货上于帝,以给贵戚、近臣。上百牙盘食,府县教坊音乐迭进,惠宣妃亦出宝物供具。帝大悦,擢坚左散骑常侍,官属赏有差,蠲役人一年赋,舟工赐钱二百万,名潭曰广运。坚进兼江淮南租庸、转运、处置等使,又兼御史中丞,封韦城县男。

坚妻,姜皎女,李林甫舅子也。初甚昵比,既见其宠,恶之。坚亦自以得天子意,锐于进,又与左相李适之善,故林甫授坚刑部尚书,夺诸使,以杨慎矜代之。坚失职,稍怨望。河西、陇右节度使皇甫惟明数于帝前短林甫,称坚才,林甫知之。惟明故为忠王友,王时为皇太子矣。正月望夜,惟明与坚宴集,林甫奏坚外戚与边将私,且谋立太子。有诏讯鞫,林甫使杨慎矜、杨国忠、王铁、吉温等文致其狱,帝惑之,贬坚缙云太守,惟明播川太守,籍其家。坚诸弟诉枉,帝大怒。太子惧,表与妃绝。复贬坚江夏别驾。未几,长流临封郡。弟兰为将作少匠,冰鄠令,芝兵部员外郎,子谅河南府户曹,皆谪去。岁中,遣监察御史罗希奭就杀之,杀惟明于黔中,惟坚妻得原。从坐十余人,仓部员外郎郑章、右补阙内供奉郑钦说、监察御史豆卢友、杨惠嗣、薛王瑝皆免官被窜。

坚始凿潭,多坏民家墓,起江、淮,至长安,公私骚然。及得罪,林甫遣使江、淮,钩索坚罪,捕治舟夫漕史,所在狱皆满。郡县剥敛偿输,责及邻伍,多裸死牢户。林甫死,乃止。

杨慎矜,隋齐王暕曾孙。祖正道,从萧后入突厥,及破颉利可汗,乃得归,为尚衣奉御。父隆礼,历州刺史,善检督吏,以严辩自名。开元初,为太府卿,封弘农郡公。时御府财物羡积如丘山,隆礼性详密,出纳虽寻尺皆自按省。凡物经杨卿者,号无不精丽,岁常爱省数百万。任职二十年,年九十余,以户部尚书致仕,卒。

慎矜沈毅任气,健而才。初为汝阳令,有治称。隆礼罢太府,玄宗访其子可代父任者,宰相以慎余、慎矜、慎名皆得父清白。帝喜,擢慎矜监察御史,知太府出纳;慎余太子舍人,主长安仓;慎名大理评事,为含嘉仓出纳使,被眷尤渥。

慎矜迁侍御史,知杂事,高置风格。始议输物有污伤,责州县偿所直,转轻赍入京师,自是天下调发始烦。天宝二年,权判御史中丞、京畿采访使,太府出纳如故。于时李林甫用事,慎矜进非其意,固让不敢拜,乃授谏议大夫、兼侍御史,更以萧谅为中丞。谅争轻重不平,罢为陕郡太守。林甫知慎矜为己屈,卒授御史中丞,兼诸道铸钱使。

韦坚之狱，王铁等方文致，而慎矜依违不甚力，铁恨之，虽林甫亦不悦。铁父与慎矜外兄弟也，故与铁狎。及为侍御史，铫慎矜所引，后迁中丞，同列，慎矜犹以子姓畜之，铁负林甫势，滋不平。会慎矜擢户部侍郎，仍兼中丞，林甫疾其得君，且逼己，乃与铁谋陷之。

明年，慎矜父冢草木皆流血，惧，以问所善胡人史敬忠。敬忠使身桎梏，裸而坐林中厌之；又言天下且乱，劝慎矜居临汝，置田为后计。会婢春草有罪，将杀之，敬忠曰："勿杀，卖之可市十牛，岁耕田十顷。"慎矜从之。婢入贵妃姊家，因得见帝。帝爱其辩惠，留宫中，寝侍左右。帝常问所从来，婢奏为慎矜家所卖。帝曰："彼乏钱邪？"对曰："固将死，赖史敬忠以免。"帝素闻敬忠挟术，间质其然。婢具言敬忠夜过慎矜，坐廷中，步星变，夜分乃去，又白猒胜事。帝怒。而婢漏言于杨国忠、国忠，铁方睦，阴相语。始，慎矜夺铁职田，辱诟其母，又尝私语谶书，铁衔之，未有发也。至闻国忠语，乃喜，且欲尝帝以取验。异时奏事，数称引慎矜，帝悖然曰："尔亲邪，毋相往来！"铁知帝恶甚，后见慎矜，辄慢侮不为礼，慎矜怒。铁乃与林甫作飞牒，告慎矜本隋后，蓄谶纬妖言，与妄人交，规复隋室。帝方在华清宫，闻之震怒，收慎矜尚书省，诏刑部尚书萧炅，大理卿李道邃、殿中侍御史卢铉、杨国忠杂讯。驰遣京兆士曹参军吉温系慎余、慎名于洛阳狱考治。捕太府少卿张瑄致会昌传舍，劾瑄与慎矜共解图谶，搒掠不服。铉遣御史崔器索谶书，于慎矜下妻卧内得之，诟曰："逆贼所置固密，今得矣！"以示慎矜，慎矜曰："它日无是，今得之，吾死，命矣夫！"温又诱敬忠首服语言，慎矜不能对。有诏杖敬忠，赐慎矜、瑄死，籍其家，子女悉置岭南。姻党通事舍人辛景凑、天马副监万俟承晖、闲厩使殿中监韦衢等坐窜徙者十余族，所在部送，近亲不得仕京师。

遣御史颜真卿驰洛阳决狱。慎余、慎名闻兄死，皆哭，既读诏，辍哭。慎名曰："奉诏不敢稽死，但寡姊垂白，作数行书与别。"真卿许之。索笔，曰："拙于谋己，兄弟并命，姊老孤茕，何以堪此！"遂缢，手指天而绝。慎矜兄弟友爱，事姊如母，仪干皆秀伟，爱宾客，标置不凡,著称于时。慎名尝视鉴叹曰:"兄弟皆六尺余,此貌此才,欲见容当世,难矣!胡不使我少体弱邪?"世哀其言。宝应初,慎矜、王琚、韦坚皆复官爵。

王铁,中书舍人瑨侧出子也。初为鄠尉,迁监察御史,擢累户部郎中。数按狱深文,玄宗以为才,进兼和市和籴、长春宫、户口色役使,拜御史中丞、京畿关内采访黜陟使。

林甫方兴大狱,撼东宫,诛不附己者,以铁险刻,可动以利,故倚之,使鸷击狼噬。铁所摧陷,多抵不道。又厚诛敛,向天子意,人虽被蠲贷,铁更奏取脚直,转异货,百姓间关输送,乃倍所赋。又取诸郡高户为租庸脚士,大抵赀业皆破,督责连年,人不赖生。帝在位久,妃御服玩脂泽之费日侈,而横与别赐不绝于时,重取于左右藏。故铁迎帝旨,岁进钱巨亿万,储禁中,以为岁租外物,供天子私帑。帝以铁有富国术,宠遇益厚,以户部侍郎仍御史中丞,加检察内作、闲厩使,苑内、营田、五坊、宫苑等使,陇右群牧、支度营田使。

天宝八载,方士李浑上言见太白老人告玉版秘记事,帝诏铁按其地求得之,因是群臣奉上帝号。明年,铁为御史大夫,兼京兆尹,加知总监、栽接使。于是领二十余使,中外畏其权。铁于第左建大院,文书丛委,吏争入求署一字,累数日不得者。天子使者赐遗相望,声焰薰灼。帝宠任铁亚林甫,而杨国忠不如也。然铁畏林甫,谨事之。安禄山怙宠,见林甫白事,稍自怠,林甫欲示之威,托以事召王大夫,俄而铁至,趋进俯伏,禄山不觉自失,铁语久,禄山益恭。故林甫虽忌其盛,亦以附己亲之。

子准,为卫尉少卿,以斗鸡供奉禁中,林甫子岫,亦亲近。准骄甚,凌岫出其上。过驸马都尉王繇,以弹弹其巾,折玉簪为乐,既置酒,永穆公主亲视供具。万年尉韦黄裳、长安尉贾李邻等候准经过,馔具倡乐必素辨,无敢迕意。

铁事嫡母孝,而与弟镐友爱。镐疾铁宦达,常忿慢不弟,铁终不异情。镐历户部郎中。铁与镐召术士语不轨,术士惊,引去。铁畏事泄,托它事捕杀之以绝口。王府司马安定公主子韦会窃语于家,左右往白铣,铣遣季邻收会长安狱,夜缢死,以尸还家。会姻属权近,而慑息不敢言。

铣封太原县公,兼殿中监。为中丞也,与杨国忠同列,用林甫荐为大夫,故国忠不悦。铧与邢𬘓善,𬘓鸿胪少卿琦子也,以功名相期,铣因铧亦交𬘓。十一载四月,𬘓与铧谋引右龙武军万骑烧都门、诛执政作难。先二日事觉,帝召铣付告牒。铣意铧与𬘓连,故缓其事,但督两县尉捕贼。贾季邻逢铧于路,铧谓曰:“我与𬘓有旧,今反,恐妄相引,君勿受。”既至,𬘓与其党持弓刃突出格斗,铣与国忠继至,𬘓党相语曰:“勿斗大夫。”或白国忠曰:“贼语阴相谓不可战。”会高力士以飞龙小儿甲骑四百至,斩𬘓,尽禽其党。国忠奏铣与谋,帝不信,林甫亦为铣言,故帝原铧不问。然欲铣请铧罪,使国忠讽之,铣良久曰:“弟为先人所爱,义不欲舍而谋存。”帝闻颇怒,而陈希烈固争当以大逆。铣未知,方上表自解,有诏希烈讯铣矣,有司不肯通奏。铣见林甫,林甫曰:“事后矣。”俄而铧至,国忠问曰:“大夫与否?”未及应,侍御史裴冕叱铧曰:“上以大夫故官君五品,君为臣不忠,为弟不谊。大夫岂与反事乎?”国忠愕然曰:“与,固不可隐;不与,不可妄。”铧乃曰:“兄不与。”狱具,诏铧杖死,铣赐死三卫厨。冕请国忠,以其尸归敛葬之。诸子悉诛,家属徙远方。有司籍率第舍,数日不能遍,至以宝钿为井干,引泉激霤,号“自雨亭”,其奢侈类如此。铣兄锡,见诸弟贵盛,不肯仕,铣强之,为太子仆。至是,贬东区尉,死于道,时人伤焉。

初,铣附杨慎矜以贵,已而佐林甫陷慎矜,覆其家。凡五年,而铣亦族矣。

卢铉者,本以御史事韦坚为判官,坚被劾,铉发其私以结林甫。又善张瑄,及按慎矜,则诬瑄死。至铣得罪,方为闲厩判官,妄曰:“大夫以牒索马五百,我不与。”众疾其反覆,贬庐江长史。它日,见瑄如平生,乃曰:“公何得来此?愿假须臾。”卒死。

　　赞曰：开元中，宇文融始以言利得幸。于时天子见海内完治，偃然有攘却四夷之心，融度帝方调兵食，故议取隐户剩田，以中主欲。利说一开，天子恨得之晚，不十年而取宰相。虽后得罪，而追恨融才有所未尽也。孟子所谓"上下征利而国危"者，可不信哉！

　　天宝以来，外奉军兴，内盅艳妃，所费愈不赀计。于是韦坚、杨慎矜、王𫓧、杨国忠各以衰刻进，剥下益上，岁进羡缗百亿万为天子私藏，以济横赐，而天下经费自如，帝以为能，故重官累使，尊显烜赫。然天下流亡日多于前，有司备员不复事。而坚等所欲既充，还用权媚以相屠胁，四族皆覆，为天下笑。夫民可安而不可扰，利可通而不可竭。观数子乃欲扰而竭之，敛怨基亡，则向所谓利者，顾不反哉！𫓧、国忠后出，横虐最甚，当方毒，天下复思融云。

唐书卷一三五
列传第六〇

哥舒翰 曜　高仙芝　封常清

哥舒翰,其先盖突骑施酋长哥舒部之裔。父道元,为安西都护将军、赤水军使,故仍世居安西。翰少补效毅府果毅,家富于财,任侠重然诺,纵蒲酒长安市。年四十余,遭父丧,不归。不为长安尉所礼,慨然发愤,游河西,事节度使王倕。倕攻新城,使翰经略,稍知名。又事王忠嗣,署衙将。翰能读《左氏春秋》、《汉书》,通大义。疏财,多施予,故士归心。为大斗军副使,佐安思顺,不相下。忠嗣更使讨吐蕃,副将倨见,翰怒,立杀之,麾下为股栗。迁左卫郎将。

吐蕃盗边,与翰遇苦拔海。吐蕃枝其军为三行,从山差池下,翰持半段枪迎击,所向辄披靡,名盖军中。擢授右武卫将军,副陇右节度,为河源军使。先是,吐蕃候积石军麦熟,岁来取,莫能禁。翰乃使王难得、杨景晖设伏东南谷。吐蕃以五千骑入塞,放马褫甲,将就田,翰自城中驰至,麾斗,虏骇走,追北,伏起,悉杀之,只马无还者。翰尝逐虏,马惊,陷于河,吐蕃三将欲刺翰,翰大呼,皆拥矛不敢动,救兵至,追杀之。翰有奴曰左车,年十六,以旅力闻。翰工用枪,追及贼,拟枪于肩,叱之,贼反顾,翰刺其喉,剽而腾之,高五尺许,乃堕,左车即下马斩其首,以为常。

会忠嗣被罪,帝召翰入朝,部将请赍金帛以救忠嗣,翰但赍襆装,曰:“使吾计从,奚取于是?不行,用此足矣。”翰至,帝虚心待,与语,异之,拜鸿胪卿,为陇右节度副大使。翰已谢,即极言忠嗣之枉。

帝起入禁中，翰叩头从帝，且泣。帝瘵，为末贷其罪，忠嗣不及诛。朝廷称其义。

逾年，筑神威军青海上，吐蕃攻破之。更筑于龙驹岛，有白龙见，因号应龙城。翰相其川原宜畜牧，谪罪人二千戍之，由是吐蕃不敢近青海。天宝八载，诏翰以朔方、河东群牧兵十万攻吐蕃石堡城。数日未克，翰怒，捽其将高秀岩、张中瑜，将斩之。秀岩请三日期，如期而下。遂以赤岭为西塞，开屯田，备军实。加特进，赐赉弥渥。十一载，加开府仪同三司。

翰素与安禄山、安思顺不平，帝每欲和解之。会三人俱来朝，帝使骠骑大将军高力士宴城东，翰等皆集。诏尚食生击鹿，取血瀹肠为热洛何以赐之。翰母，于阗王女也。禄山谓翰曰："我父胡，母突厥；公父突厥，母胡，族类本同，安得不亲爱？"翰曰："谚言'狐向窟嗥，不祥'，以忘本也。兄既见爱，敢不尽心。"禄山以翰讥其胡，怒骂曰："突厥敢尔！"翰欲应之。力士目翰，翰托醉去。

久之，进封凉国公，兼河西节度使。攻破吐蕃洪济、大莫门等城，收黄河九曲，以其地置洮阳郡，筑神策、宛秀二军。进封西平郡王，赐音乐、田园，又赐一子五品官，裨将赏拜有差。宰相杨国忠恶禄山，白发其反状，故厚结翰。俄进太子少保。翰耆酒，极声色，因风痹，体不仁。既疾废，遂还京师，阖门不朝请。

十四载，禄山反，封常清以王师败。帝乃召见翰，拜太子先锋兵马元帅，以田良丘为军司马，萧昕为判官，王思礼、钳耳大福、李承光、高元荡、苏法鼎、管崇嗣为属将，火拔归仁、李武定、浑萼、契苾宁以本部隶麾下，凡河、陇、朔方、奴剌等十二部兵二十万守潼关。师始东，先驱牙旗触门，堕注旆，干折，众恶之。天子御勤政楼临送，诏翰以军行，过门毋下，百官郊饯，旌旗亘二百里。翰惶恐，数以疾自言，帝不听。然病痼不能事，以军政委良丘，使王思礼主骑，李承光主步。三人争长，政令无所统一，众携弛，无斗意。明年，进拜尚书左仆射、同中书门下平章事。禄山遣子庆绪攻关，翰击走之。

始，安思顺度禄山必反，尝为帝言，得不坐。翰既恶禄山，又怨思顺。及是，知重兵在己，有所论请，天子重违，因伪为贼书遗思顺者，使关逻禽以献。翰因疏七罪，请诛之。有诏思顺及弟元贞皆赐死，徙放其家。国忠始惧，或说喻曰："禄山本以诛国忠故称兵，今若留卒三万守关，悉精锐度水诛君侧，此汉挫七国计也。"思礼亦劝翰。翰犹豫未发，谋颇露。国忠大骇，入见帝曰："兵法，安不忘危。大兵在潼关而无后殿，万有一不利，京师危矣。"即募牧儿三千人，日夜训练，以剑南列将分统之。又募万人屯灞上，使腹心杜乾运为帅。翰疑图己，表请乾运兵隶节下，因诡召乾运计事者，至军，即斩首枭牙门，并其军。国忠愈恐，谓其子曰："吾无死所矣！"然翰亦不自安，又谋久不决。数奏言："禄山虽窃据河朔，不得人心，请持重以敝之，待其离隙，可不血刃而离。"贼将崔乾祐守陕郡，仆旗鼓，羸师以诱战。占者曰："贼无备，可图也。"帝信之，诏翰进讨。翰报曰："禄山习用兵，今始为逆，不能无备，是阴计诱我。贼远来，利在速战。王师坚守，毋轻出关，计之上也。且四方兵未集，宜观事势，不必速。"

当是时，禄山虽盗河、洛，所过残杀，人人怨之，淹时月不能进尺寸地。又郭子仪、李光弼兵益进，取常山十数郡。禄山始悔反矣，将还幽州以自固。而国忠计迫，谬说帝趣翰出潼关复陕、洛。时子仪、光弼遥计曰："翰病且耄，贼素知之，诸军乌合不足战。今贼悉锐兵南破宛、洛，而以余众守幽州，吾直捣之，覆其巢窟，质叛族以招逆徒，禄山之首可致。若师出潼关，变生京师，天下怠矣。"乃极言请翰固关，无出军。而帝入国忠之言，使使者趣战，项背相望也。翰窘不知所出。六月，引而东，恸哭出关，次灵宝西原，与乾祐战。由关门七十里，道险隘，其南薄山，北阴河，贼以数千人先伏险。翰浮舟中流以观军，谓乾祐兵寡，易之，促士卒进，道岨无行列。贼乘高颓石下击，杀士甚众。翰与良丘登北阜，以军三万夹河鸣鼓，思礼等以精卒居前，余军十万次之。乾祐为阵，十十五五，或却或进，而陌刀五千列阵后。王师视其阵无法，指观嗤笑，曰："禽贼乃会食。"

及战，乾祐旗少偃，如欲遁者，王师懈，不为备。伏忽起薄战，皆奋死斗。翰以毡蒙马车，画龙虎，饰金银爪目，将骇贼，掎戈矢逐北。贼负薪塞路，顺风火其车，燀炎炽突，腾烟如夜，士不复相辨，自相斗杀，尸血狼籍。久乃悟，又弃甲奔山谷及陷河，死者十一二。有粮艘百余，军争济，艘辄沈，至缚矛盾乘以度，喧叫振天地。贼乘之，奔溃略尽。始，关门有三堑，广二丈，深一丈，士马奔蹙相压迮，少选堑平，后至者践之以入。

既败，翰引数百骑绝河还营，羸兵裁八千，至潼津，收散卒复守关。乾祐进攻，于是火拔归仁等绐翰出关，翰曰："何邪?"曰："公以二十万众，一日覆没，持是安归? 公不见高仙芝等事乎?"翰曰："吾宁效仙芝死，汝舍我。"归仁不从，执以降贼，械送洛阳，京师震动，由是天子西幸。禄山见翰责曰："汝常易我，今何如?"翰俯伏谢罪曰："陛下拨乱主。今天下未平，李光弼在土门，来瑱在河南，鲁炅在南阳，臣为陛下以尺书招之，三面可平。"禄山悦，即署司空、同中书门下平章事。执火拔归仁，曰："背主忘义，吾不尔容。"斩之。翰以书招诸将，诸将皆让翰不死节。禄山知事不可就，囚之。东京平，安庆绪以翰度河。及败，乃杀之。

翰为人严，少恩。军行未尝恤士饥寒，有啖民椹者，痛笞辱之。监军李大宜在军中，不治事，与将士樗蒲、饮酒、弹箜篌琵琶为乐，而士米籺不餍。帝令中人袁思艺劳师，士皆诉衣服穿空，帝即斥御服余者，制袍十万以赐其军，翰藏库中，及败，封镝如故。

先是，有客梁慎初遗翰书，请壁勿战以屈贼，翰善之，奏为左武卫胄曹参军，留幕府。及翰与国忠贰，慎初曰："难将作矣。"乃遁去。翰失守，华阴、冯翊、上洛郡官吏皆溃。帝遣剑南将刘光庭等将新募兵万余人往助翰，未至而翰被缚云。其后赠太尉，谥曰武愍。

子曜，字子明。八岁，玄宗召见华清宫，擢尚辇奉御。累迁光禄卿。以翰陷贼，哀愤号恸，故吏裴冕、杜鸿渐等见之叹息。

李光弼讨河北，曜请行，拜鸿胪卿，为光弼副。降安太清、救宋州有功，改殿中监，袭封，为东都镇守兵马使。德宗立，召为左龙武大将军。李希烈陷汝州，以周晃为伪刺史。诏拜曜东都、汝州行营节度使,将凤翔、邠宁、泾原、奉天、好畤兵万人讨希烈。帝召见,问曰:"卿治兵孰与父贤?"对曰:"先臣,安敢比。但斩长蛇,殪封豕,然后待罪私室,臣之愿也。"帝曰:"尔父在开元时,朝廷无西忧;今朕得卿,亦不东虑。"及行,帝祖通化门。是日,牙干折。时以翰出师已如此,而斩持旗者,卒以败,今曜复尔,人忧之。

曜击贼,收汝州,禽晃以献,斩其将二人。希烈退保许州。诏城襄城,曜以疲人版筑不如按甲持重以挫之,帝不许。有诏督战。曜进次颍桥,雷震军中七马毙,曜惧,还屯襄城。希烈遣众万人纵火攻栅,殪人于堑以薄垒,曜苦战破之。居数月,希烈自率兵三万围曜,筑甬道属城,矢集如雨。帝遣神策将刘德信以兵三千援之,又诏河南都统李勉出兵相掎角。勉以"希烈在外,许守兵少,乘虚袭之,希烈自解",乃遣部将与德信趋许,未至,有诏切让,使班师。德信等惶惑还,军无斥候,至扈涧,为贼设伏诡击,死者殆半,器械辎重皆亡。德信走汝州。勉恐东都危,使将李坚华以兵四千往守,贼梗道,不得入。汴兵沮,襄城围益急。帝乃诏普王以荆、襄、江西、鄂、沔之师讨蔡州,诏泾原节度使姚令言救襄城。未行,京师乱,帝幸奉天。襄城陷,曜走洛阳。会母丧,夺为东都畿、汝节度使。迁河南尹。

曜拙于统御,而锐杀戮,士畏而不怀。贞元元年,部将叛,夜焚河南门,曜挺身免。帝以汴州刺史薛珏代之,召入为鸿胪卿。终右骁卫上将军,赠幽州大都督。子七人,俱以儒闻。垣,茂才高第,有节概。崿、嵫、屺皆明经擢第。

高仙芝,高丽人。父舍鸡,初以将军隶河西军,为四镇校将。仙芝年二十余,从至安西,以父功补游击将军。数年,父子并班。仙芝美姿质,善骑射,父犹以其儒缓忧之。初事节度使田仁琬、盖嘉运等,不甚知名。后事夫蒙灵詧,乃善遇之。开元末,表为安西副都护、四镇都知兵马使。

小勃律,其王为吐蕃所诱,妻以女,故西北二十余国皆羁属吐蕃。自仁琬以来三讨之,皆无功。天宝六载,诏仙芝以步骑一万出讨。是时步兵皆有私马自随，仙芝乃自安西过拨换城，入握瑟德，经疏勒，登葱岭，涉播密川，遂顿特勒满川，行凡百日。特勒满川，即五识匿国也。仙芝乃分军为三，使疏勒赵崇玼自北谷道、拨换贾崇瓘自赤佛道、仙芝与监军边令诚自护密俱入，约会连云堡。堡有兵千余。城南因山为栅，兵九千守之。城下据婆勒川。会川涨，不得度，仙芝杀牲祭川，命士人赍三日精集水涯，士不甚信。既涉，旗不沾，鞾不濡。兵已成列，仙芝喜，告令诚曰：“向吾方涉，贼击我，我无类矣。今既济而阵，天以贼赐我也。”遂登山挑战，日未中，破之。拔其城，斩五千级，生禽千人，马千余匹，衣资器甲数万计。仙芝欲遂深入，令诚惧，不肯行。仙芝留羸弱三千使守，遂引师行。三日，过坦驹岭，岭峻绝，下四十里。仙芝恐士惮险不敢进，乃潜遣二十骑，衣阿弩越胡服来迎，先语部校曰：“阿弩越胡来迎，我无虑矣。”既至，士不肯下，曰：“公驱我何去？”会二十人至曰：“阿弩越胡来迎，已断娑夷桥矣。”仙芝即阳喜，令士尽下。娑夷河，弱水也。既行三日，越胡来迎。明日，至阿弩越城。遣将军席元庆以精骑一千先往，谓小勃律王曰：“不窥若城，吾假道趋大勃律耳。”城中大酋领皆吐蕃腹心。仙芝密令元庆曰：“若酋领逃者，弟出诏书呼之，赐以缯彩，至，皆缚以待我。”元庆如言。仙芝至，悉斩之。王及妻逃山穴，不可得，仙芝招喻，乃出降，因平其国。急遣元庆断娑夷桥，其暮，吐蕃至，不克度。桥长度一箭所及者，功一岁乃成。八月，仙芝以小勃律王及妻自赤佛道还连云堡，与令诚俱班师。于是拂菻、大食诸胡七十二国皆震慑降附。

仙芝遣判官王庭芬奏捷京师。军至河西，灵察怒，不迎劳。既见，骂曰：“高丽奴，于阗使尔何从得之？”仙芝惧，且谢曰：“中丞力也。”又曰：“焉耆镇守使、安西副都护、都知兵马使，皆何从得之？”答曰：“亦中丞力也。”灵察曰：“审若此，捷书不待我而敢即奏，何邪？奴当斩，顾新立功，故贷尔。”仙芝不知所为。令诚密言状于朝，且曰：“仙芝立功而以忧死，后孰为朝廷用者？”帝乃擢仙芝鸿胪卿、假御史中丞，代灵察为四镇节度使，而诏灵察还，灵察惧。仙芝朝夕见，辄趋走，灵察益惭。副都护程千里、衙将毕思琛、行官王滔、康怀顺、陈奉忠等皆尝谮仙芝于灵察者。既视事，呼千里嫚骂曰："公面虽男儿，而心似妇女，何邪？"谓琛曰："尔夺吾城东千石种田，忆之乎？"对曰："公见赐者。"仙芝曰："尔时吾畏汝威，岂怜汝而赐邪？"又召滔，欲捽辱。良久，皆释，曰："吾不恨矣。"由是举军安之。俄加左金吾卫大将军，与一子五品官。

九载，讨石国，其王车鼻施约降，仙芝为俘献阙下，斩之，由是西域不服。其王子走大食，乞兵攻仙芝于怛逻斯城，以直其冤。仙芝为人贪，破石，获瑟瑟千余斛、黄金五六橐驼、良马宝玉甚众，家赀累巨万。然亦不甚爱惜，人有求辄与，不问几何。

寻除武威太守，代安思顺为河西节度使，群胡固留思顺。更拜右羽林军大将军，封密云郡公。禄山反，荣王为元帅，仙芝副之，领飞骑、彍骑及朔方等兵，出禁财募关辅士五万，继封常清东讨。帝御勤政楼，引荣王受命，宴仙芝以下。帝又幸望春亭劳遣，诏监门将军边令诚监军。次陕郡，而常清败还。仙芝急，乃开太原仓，悉以所有赐士卒，焚其余，引兵趋潼关。会贼至，甲仗资粮委于道，弥数百里。既至关，勒兵缮守具，士气稍稍复振。贼攻关不得入，乃引还。

初，令诚数私于仙芝，仙芝不应，因言其逗桡状以激帝，且云："常清以贼摇众，而仙芝弃陕地数百里，朘盗禀赐。"帝大怒，使令诚即军中斩之。令诚已斩常清，陈尸于蘧蒢。仙芝自外至，令诚以陌刀百人自从，曰："大夫亦有命。"仙芝遽下，曰："我退，罪也，死不敢辞。然以我为盗颊资粮，诬也。"谓令诚曰："上天下地，三军皆在，君岂不知！"又顾麾下曰："我募若辈，本欲破贼取重赏，而贼势方锐，故迁延至此，亦以固关也。我有罪，若辈可言。不尔，当呼枉。"军中咸呼曰："枉！"其声殷地。仙芝视常清尸曰："公，我所引拔，又代吾为节度，今与公同死，岂命欤！"遂就死。

封常清，蒲州猗氏人。外祖教之读书，多所该究。然孤贫，年过三十，未有名。夫蒙灵察为四镇节度使，以高仙芝为都知兵马使。尝出军，奏傔从三十余人，衣襦鲜明，常清慨然投牒请豫。常清素瘠，又脚跛，仙芝陋其貌，不纳。明日复至，仙芝谢曰："傔已足，何庸复来？"常清怒曰："我慕公义，愿事鞭靮，故无媒自前，公何见拒深乎？以貌取士，恐失之子羽。公其念之。"仙芝犹未纳，乃日候门下，仙芝不得已，窜名傔中。

会达奚诸部叛，自黑山西趣碎叶，有诏邀击。灵察使仙芝以二千骑追蹑。达奚行远，人马疲，禽馘略尽。常清于幕下潜作捷布，具记井泉次舍、克贼形势谋略，条最明审。仙芝取读之，皆意所欲出，乃大骇，即用之。军还，灵察迎劳，仙芝已去奴袜带刀，而判官刘眺、独孤峻争问："向捷布谁作者？公幕下安得此人？"答曰："吾傔封常清也。"眺等惊，进揖常清坐，与语，异之，遂知名。以功授叠州戍主，仍为判官。

仙芝破小勃律，代灵察为安西节度使，常清以从战有劳，擢庆王府录事参军事，为节度判官。仙芝征讨，常知后务。常清才而果，胸无疑事。仙芝委家事于郎将郑德诠，其乳母子也，威动军中。常清尝自外还，诸将前谒。德诠见常清始贵，易之，走马突常清驺士去。常清命左右引德诠至廷中，门辄闭，因离席曰："吾起细微，中丞公过听，以主留事，郎将安得无礼？"因叱曰："须暂假郎将死，以肃吾军。"因杖死，以面仆地曳出之。仙芝妻及乳母哭门外救请，不能得，遽以状白仙芝，仙芝惊，及见常清，惮其公，不敢让。常清亦不谢。会大将有罪，又杀二人，军中莫不股栗。仙芝节度河西，复请为判官。久之，擢安西副大都护、安西四镇节度副大使，知节度事。未几，改北庭都护，持节伊西节度使。常清性勤俭，耐劳苦，出军乘骡，私厩裁二马，赏罚分明。

天宝末入朝，而安禄山反，帝引见，问何策以讨贼。常清见帝忧，因大言曰："天下太平久，人不知战。然事有逆顺，势有奇变，臣请驰至东京，悉府库募骁勇，挑马箠度河，计日取逆胡首以献阙下。"天子壮之。明日，以常清为范阳节度副大使，乘驲赴东京。常请募得六万人，然皆市井庸保，乃部分旗帜，断河阳桥以守。贼移书平原，令太守颜真卿以兵七千防河。真卿驰使司兵参军事李平入奏。常清取平表发视，即倚帐作书遗真卿，劝坚守，且传购禄山檄数十函与之，真卿得，以分晓诸郡。

　　禄山度河，陷荥阳，入罂子谷，先驱至葵园。常清使骁骑拒之，杀拓羯数十百人。贼大军至，常清不能御，退入上东门，战不利。贼鼓而进，劫官吏。再战于都亭驿，又不胜。引兵守宣仁门，复败。乃自提象门出，伐大木塞道以殿，至谷水，西奔陕。请高仙芝曰："贼锐甚，难与争锋。潼关无兵，一夫奔突则京师危，不如急守潼关。"仙芝从之。

　　败书闻，帝削常清官，使白衣隶仙芝军效力。仙芝使衣黑衣监左右部军。及边令诚以诏书至，示之，常清曰："吾所以不死者，恐污国家节，受戮贼手。今死乃甘心。"始，常清败，径入关，欲见上陈讨贼事。至渭南，有诏赴潼关。常清忧惧，为表以谢，且言："自东京陷，三遣使表论成败，不得对。"又言："臣死后，望陛下无轻此贼，则社稷安。"至是临刑，以表授令诚而死。人多哀之。

　　赞曰：禄山衰百斗骁虏，乘天下忘战，主德耄勤，故提戈内噪，人情崩溃。常清乃驱市人数万以婴贼锋，一战不胜，即夺爵土。欲入关见天子论成败事，使者三辈上书，皆不报，回斩于军。仙芝弃陕守关，遏贼西势，以丧地被诛。玄宗虽为左右蒙蔽，然荒夺其明亦甚矣。卒使叛将得藉口，执翰以降贼。鸣呼，非天熟其恶，使乱四海，举黔首而残之邪！彼二将奚诛焉？

唐书卷一三六
列传第六一

李光弼 汇　光进　荔非元礼　郝廷玉　李国臣
白孝德　张伯仪　白元光　陈利贞　侯仲庄　柏良器
乌承玼

　　李光弼，营州柳城人。父楷洛，本契丹酋长，武后时入朝，累官左羽林大将军，封蓟郡公。吐蕃寇河源，楷洛率精兵击走之。初行，谓人曰："贼平，吾不归矣。"师还，卒于道，赠营州都督，谥曰忠烈。

　　光弼严毅沈果，有大略，幼不嬉弄，善骑射。起家左卫亲府左郎将，累迁左清道率，兼安北都护，补河西王忠嗣府兵马使，充赤水军使。忠嗣遇之厚，虽宿将莫能比。尝曰："它日得我兵者，光弼也。"俄袭父封。以破吐蕃、吐谷浑功，进云麾将军。朔方节度使安思顺表为副，知留后事，爱其材，欲以子妻之，光弼引疾去。陇右节度使哥舒翰异其操，表还长安。安禄山反，郭子仪荐其能，诏摄御史大夫，持节河东节度副大使，知节度事，兼云中太守，寻加魏郡太守、河北采访使。光弼以朔方兵五千出土门，东救常山，次真定，常山团结子弟执贼将安思义降。自颜杲卿死，郡为战区，露胔蔽野，光弼酹而哭之，出为贼幽闭者，厚恤其家。

　　时贼将史思明、李立节、蔡希德攻饶阳，光弼得思义，不杀，问其计，答曰："今军行疲劳，逢敌不可支，不如按军入守，料胜而出。虏兵焱锐，弗能持重，图之万全。"光弼曰："善。"据城待。明日，思明兵二万傅堞，光弼兵不得出，乃以劲弩五百射之，贼退，徙阵稍北。

光弼出其南,夹滹沱而军。思明虽数困,然恃近救,解鞍休士。是日,饶阳贼五千至九门,光弼谍知之,提轻兵,敛旗鼓,伺贼方饭,袭杀之且尽。思明惧,引去,以奇兵断饷道。马食荐藉,光弼命将取刍行唐,贼钞击之,兵负户战,贼不能夺。会郭子仪收云中,诏悉众出井陉,与光弼合,击贼九门西,思明大败,挺身走赵郡,立节中流矢死,希德走巨鹿。收槀城等十县,遂攻赵。诏加光弼范阳大都督府长史、范阳节度使。思明繇鼓城入博陵,杀官吏。景城、河间、信都、清河、平原、博平六郡结营自守,以附光弼。光弼急攻赵,一日拔之。士多卤掠,光弼坐谯门,收所获悉归之民,城中大悦。进围博陵,未下。与子仪合击思明于嘉山,大破之。光弼以范阳本贼巢窟,当先取之,扼贼根本。会潼关失守,乃拔军入井陉。

肃宗即位,诏以兵赴灵武,更授户部尚书、同中书门下平章事,节度如故。光弼以景城、河间兵五千入太原。前此,节度使王承业政弛谬,侍御史崔众主兵太原,每侮狎承业,光弼素不平。及是,诏众以兵付光弼。众素狂易,见光弼长揖,不即付兵。光弼怒,收系之。会使者至,拜众御史中丞。光弼曰:“众有罪,已前系,今但斩侍御史。若使者宣诏,亦斩中丞。”使者内诏不敢出,乃斩众以徇,威震三军。

至德二载,思明、希德率高秀岩、牛廷玠将兵十万攻光弼。时锐兵悉赴朔方,而麾下卒不满万,众议培城以守,光弼曰:“城环四十里,贼至治之,徒疲吾人。”乃彻民屋为攂石车,车二百人挽之,石所及辄数十人死,贼伤十二。思明为飞楼,障以木幔,筑土山临城,光弼遣穴地颓之。思明宴城下,倡优居台上靳指天子,光弼遣人隧地禽取之。思明大骇,徙牙帐远去,军中皆视地后行。又潜沟营地,将沈其军,乃阳约降。至期,以甲士守陴,遣裨校出,若送款者,思明大悦。俄而贼数千没于堑,城上鼓噪,突骑出乘之,俘斩万计。思明畏败,乃去,留希德攻太原。光弼出敢死士搏贼,斩首七万级,希德委资粮遁走。

初,贼至,光弼设公幄城隅以止息,经府门不顾。围解,阅三昔

乃归私寝。收清夷、横野等军。贼别将攻好畤，破大横关，光弼追败
之。加检校司徒，寻迁司空，封郑国公，食实户八百。

乾元元年，入朝，诏朝官四品以上郊谒，进兼侍中。与九节度围
安庆绪于相州，大战邺西，败之。光弼与诸将议："思明勒兵魏州，欲
以怠我，不如起军逼之。彼惩嘉山之败，不敢轻出，则庆绪可禽。"观
军容使鱼朝恩固谓不可。既而思明来援，光弼拒贼战尤力，杀略大
当。会诸将惊溃，各引归，所在剽掠，独光弼整众还太原。帝贷诸将
罪，以光弼兼幽州大都督府长史，知诸道节度行营事。又代子仪为
朔方节度使，未几，为天下兵马副元帅。

光弼以河东骑五百驰东都，夜入其军，且谓贼方窥洛，当扼虎
牢，帅师东出河上。檄召兵马使张用济，用济惮光弼严，教诸将逗留
其兵。用济单骑入谒，光弼斩之，以辛京杲代。复追都将仆固怀恩，
怀恩惧，先期至。会滑汴节度使许叔冀战不利，降贼，思明乘胜西
向。光弼敦阵徐行，趋东京，谓留守韦陟曰："贼新胜，难与争锋，欲
诎之以计。然洛无见粮，危逼难守，公计安出？"陟曰："益陕兵，公保
潼关，可以持久。"光弼曰："两军相敌，尺寸地必争。今委五百里而
守关，贼得地，势益张。不如移军河阳，北阻泽、潞，胜则出，败则守，
表里相应，贼不得西，此猿臂势也。夫辨朝廷之礼，我不如公；论军
旅胜负，公不如我。"陟不能答。判官韦损曰："东都乃帝宅，公当守
之。"光弼曰："汜水、崿岭尽为贼磎，子能尽守乎？"遂檄河南纵官吏
避贼，阓无留人，督军取战守备。

思明至偃师，光弼悉军趋河阳，身以五百骑殿。贼游骑至石桥，
诸将曰："并城而北乎？当石桥进乎？"光弼曰："当石桥进。"甲夜，士
持炬徐引，部曲重坚，贼不敢逼。已入三城，众二万，军才十日粮，与
卒伍均少弃甘。贼惮光弼，未敢犯宫阙，顿白马祠，治堑沟，筑月城
以守。贼攻光弼，与战中潬西，破逆党，斩千级，溺死者甚众，生执五
千人。初，光弼谓李抱玉曰："将军能为我守南城二日乎？"抱玉曰：
"过期何若？"曰："弃之。"抱玉许诺。即绐贼曰："吾粮尽，明日当
降。"贼喜，敛兵待期。抱玉已缮完，即请战。贼忿欺，急攻之。抱玉

出奇兵夹击，俘获过当，贼帅周挚引却。光弼自将治中潬，树壁掘堑。挚舍南城攻中潬，光弼遣荔非元礼战羊马，贼大溃。挚收兵复振，与安太清合众三万攻北城。光弼敛军入，登陴望曰："彼军虽锐，然方阵而器，不足虞也，日中当破。"乃出战，及期未决，召诸将曰："彼强而可破者，乱也。今以乱击乱，宜无功。"因问："贼阵何所最坚？"曰："西北隅。"召郝廷玉曰："为我以麾下破之。"曰："廷玉所将步卒，请骑五百。"与之三百。复问其次，曰："东南隅。"召论惟贞，辞曰："蕃将也，不知步战，请铁骑三百。"与之二百。乃出赐马四十，分给廷玉等。光弼执大旗曰："望吾旗，麾若缓，可观便宜。若三麾至地，诸军毕入，生死以之，退者斩！"既而冯堞望廷玉军不能前，趣左右取其首来。廷玉曰："马中矢，非欲也。"乃命易佗马。有裨将援矛刺贼，洞马腹，中数人；又有迎贼不战而却者，光弼召援矛者赐绢五百匹，不战者斩。光弼麾旗三，诸军争奋，贼众奔败，斩首万余级，俘八千余人，马二千，军资器械以亿计，禽周挚、徐璜玉、李秦授，惟太清挺身走。思明未知，犹攻南城，光弼驱所俘示之，思明大惧，筑垒以拒官军。始，光弼将战，内刀于靴，曰："战，危事。吾位三公，不可辱于贼。万有一不捷，当自刭以谢天子。"及是，西向拜舞，三军感动。太清袭怀州，守之。

上元元年，加太尉、中书令。进围怀州，思明来救，光弼再逐北。思明见兵河清，声度河绝饷路。光弼壁野水度，既夕，还军，留牙将雍希颢守，曰："贼将高晖、李日越，万人敌也，贼必使劫我。尔留此，贼至勿与战，若降，与偕来。"左右窃怪语无伦。是日，思明果召日越曰："光弼野次，尔以铁骑五百夜取之，不然，无归！"日越至垒，使人问曰："太尉在乎？"曰："去矣。""兵几何？"曰："千人。""将为谁？"曰："雍希颢。"日越谓其下曰："我受命云何，今顾获希颢，归不免死。"遂请降。希颢与俱至，光弼厚侍之，表授特进兼右金吾大将军。高晖闻，亦降。或问："公降二将何易也？"光弼曰："思明再败，恨不得野战，闻我野次，彼固易之，命将来袭，必许以死。希颢无名，不足以为功。日越惧死，不降何待？高晖材出日越之右，降者见遇，贰者得不思奋乎?"诸军决丹水灌怀州,未下。光弼令廷玉由地道入,得其军号,登陴大呼,王师乘城,禽太清、杨希仲,送之京师,献俘太庙。进食实户一千五百。

思明使谍宣言贼将士皆北人,讴吟思归。朝恩信然,屡上贼可灭状。诏谕光弼,光弼固言贼方锐,未可轻动。仆固怀恩媚光弼功,阴佐朝恩陈扫除计。使者来督战,光弼不得已,令李抱玉守河阳,出师次北邙。光弼使傅山阵,怀恩曰:"我用骑,今近险,非便地,请阵诸原。"光弼曰:"有险,可以胜,可以败。阵于原,败斯歼矣。且贼致死于我,不如阻险。"怀恩不从。贼据高原,以长戟七百,壮士执刀随之,委物伪遁。怀恩军争剽获,伏兵发,官军大溃。怀州复陷,光弼度河保闻喜,抱玉以兵寡,弃河阳。光弼请罪,帝以怀恩违令覆军,优诏召光弼入朝。恳让太尉,更拜开府仪同三司、中书令、河中尹、晋绛等州节度使。未几,复拜太尉,兼侍中、河南副元帅,知河南、淮南东西、山南东、荆南五道节度行营事,镇泗州。帝为赋诗以饯。

朝义乘邙山之捷,进略申、光等十三州,光弼舆疾就道,监军使以兵少,请保扬州。光弼曰:"朝廷以安危寄我,贼安知吾众寡?若出不意,当自溃。"遂疾驰入徐州。时朝义围李岑于宋州,使田神功击走之。初,神功平刘展,逗留淮南,尚衡、殷仲卿相攻兖、郓间,来瑱擅襄阳。及光弼至屯,朝义走,神功还河南,瑱、衡、仲卿踵入朝,其为诸将惮服类此。宝应元年,进封临淮郡王。光弼收许州,斩贼赢千级,缚伪将二十二人。朝义分兵攻宋州,光弼破走之。

浙东贼袁晁反台州,建元宝胜,以建丑为正月,残剽州县。光弼遣麾下破其众于衢州。广德元年,遂禽晁,浙东平。诏增实封户二千,与一子三品阶,赐铁券,名藏太庙,图形凌烟阁。

相州、北邙之败,朝恩羞其策缪,故深忌光弼切骨,而程元振尤疾之。二人用事,日谋有以中伤者。及来瑱为元振谮死,光弼愈恐。吐蕃寇京师,代宗诏入援,光弼畏祸,迁延不敢行。及帝幸陕,犹倚以为重,数存问其母,以解嫌疑。帝还长安,因拜东都留守,察其去就。光弼以久须诏书不至,归徐州收租赋为解。帝令郭子仪自河中辇其母还京。二年,光弼疾笃,奉表上前后所赐实封,诏不许。将吏问后事,答曰:"吾淹军中,不得就养,为不孝子,尚何言哉!"取所余绢布分遗部将。薨,年五十七。部将即以其布遂为光弼行丧,号哭相问。帝遣使吊恤其母,赠太保,谥曰武穆,诏百官送葬延平门外。

光弼用兵,谋定而后战,能以少覆众。治师训整,天下服其威名,军中指顾,诸将不敢仰视。初,与郭子仪齐名,世称"李郭",而战功推为中兴第一。其代子仪朔方也,营垒、士卒、麾帜无所更,而光弼一号令之,气色乃益精明云。

子汇,有志操,廉介自将。从贾耽为裨将,奏兼御史大夫。元和初,分徐州苻离为宿州,光弼有遗爱,擢汇为刺史。后迁泾原节度使,罢军中杂徭,出奉钱赎将士质卖子,还其家。卒,赠工部尚书。

光弼弟光进,字太应,初为房琯裨将,将北军战陈涛斜,兵败,奔行在,肃宗宥之。代宗即位,拜检校太子太保,封凉国公。吐蕃入寇,至便桥,郭子仪为副元帅,光进及郭英乂佐之。自至德后与李辅国并掌禁兵,委以心膂。光弼被谮,出为渭北、邠宁节度使。永泰初,封武威郡王。累迁太子太保,卒。

母李,有须数十,长五寸许,封韩国太夫人,二子节制皆一品。死葬长安南原,将相奠祭凡四十四幄,时以为荣。

光弼所部将李怀光、仆固怀恩、田神功、李抱玉、董秦、哥舒曜、韩游瑰、浑释之、辛京杲自有传。若荔非元礼、郝廷玉、李国臣、白孝德、张伯仪、白元光、陈利贞、侯仲庄、柏良器,皆章章可称列者,附次左方。

荔非元礼,起裨将,累兼御史中丞。光弼守河阳,周挚攻北城。光弼方壁中潬,挚闻,并兵从光弼。光弼使元礼守羊马城,植小旗城东北隅,望挚军。挚恃众,直逼城,以车千乘载木鹅橦车,麾兵填堑,八道并进。光弼谕元礼曰:"中丞视贼过兵不顾,何也?"报曰:"公欲守邪?战欤?"光弼曰:"战。"曰:"方战,贼为我实堑,复何怪?"光弼曰:"吾虑不及此,公勉之。"元礼遂出战,挚军小却。元礼以敌坚,未可以驰，还军示弱，怠其意。光弼怒，使召元礼，欲按军法，答曰："方战，不及往，请破贼以见。"因休栅中，良久，顾麾下曰："向公来召，殆欲斩我。斗死有名，无庸受戮。"乃下马持刀，瞋目直前，锐士堵而进，左右奋击，一当数人，斩贼数百首，挚遁去。以功累迁骠骑大将军、怀州刺史，知镇西、北庭行营节度使。上元二年，光弼进收洛阳，军败，元礼徙军翼成，为麾下所害。

　郝廷玉，骁勇善格斗，为光弼爱将，及保河阳，禽徐璜玉，功为多。累封安边郡王，授神策将军。吐蕃犯京畿，与马璘屯中渭桥。它日，鱼朝恩闻其善布阵，请观之。廷玉申号令，鸣鼓角，部伍坐作进退若一。朝恩叹曰："吾处兵间久，今始识训练法。"廷玉恻然曰："此临淮王遗法也。王善御军，赏当功，罚适过，每校旗，不如令者辄斩。由是人皆自效而赴蹈驰突，心破胆裂。自临淮殁，无复校旗事，此安足赏哉？"累为秦州刺史。卒，赠工部尚书。

　李国臣，河西人，本姓安。力能抉关，以折冲从收鱼海五城，迁中郎将。后为朔方将，积劳擢云麾大将军，赐姓李。从光弼守河阳，累封临川郡王。大历八年，为盐州刺史。吐蕃败浑瑊于黄菩原，将略汧、陇，国臣谓人曰："虏乘胜必扰京师，我趋秦原，彼当反顾。"乃引兵登安乐山，鸣鼓而西，日行三十里。吐蕃闻之，自百里城回军，逾险，瑊因击败之。卒，赠扬州大都督。

　白孝德，安西人，事光弼为偏裨。史思明攻河阳，使骁将刘龙仙以骑五十挑战，加右足马鬣上，嫚骂光弼。光弼登城顾诸将曰："孰能取是贼？"仆固怀恩请行，光弼曰："是非大将所宜。"左右以孝德对，召问所须几兵，对曰："愿出五十骑，见可而进，大军鼓噪以张吾气，足矣。"光弼抚其背遣之。孝德拥二矛，策马绝河，半济，怀恩贺曰："事克矣。其揽辔便辟，可万全者。"龙仙见，易之，不为动。将至，若引避然，孝德振手止之曰："侍中使致辞，无它。"与语须之，瞋目曰:"贼识我乎? 我,白孝德也。"龙仙骂之,乃跃马前搏,城上因大噪,五十骑继进,龙仙环堤走,追斩其首以还。

后累功至北庭行营节度使,徙邠宁。仆固怀恩引吐蕃兵入寇,孝德击败之。永泰初,吐蕃、回纥围泾阳,郭子仪说回纥约盟,吐蕃退走,子仪使浑瑊以兵五千出奉天,命孝德应之,大战赤沙烽,斩获甚众。累封昌化郡王,历太子少傅,建中元年卒,赠太保。

张伯仪,魏州人,以战功隶光弼军。浙贼袁晁反,使伯仪讨平之,功第一,擢睦州刺史。后为江陵节度使。朴厚不知书,然推诚遇人,军中畏肃,民亦便之。李希烈反,诏与贾耽、张献甫收安州。战不利,伯仪中流矢,师却,失所持节。贼追及,奋刀以御之,两刃相向不得下,会救至,免。至汉水,挈野人船以达沔州。溃兵至江陵,哭于廷,伯仪妻劳勉,出其家帛给之,乃定。伯仪收散卒还。久之,除右龙武统军。卒,赠扬州大都督。既请谥,博士李吉甫议以"中兴三十年而兵未戢者,将帅养寇藩身也。若以亡败为戒,则总干戈者必图万全,而有决战。若伯仪虽败,而其忠可录",遂谥曰恭。

白元光,字元光,其先突厥人。父道生,历宁朔州刺史。元光初隶本军,补节度先锋。安禄山反,诏徙朔方兵东讨,元光领所部结义营,长驱从光弼出土门。累迁太子詹事,封南阳郡王,为两都游弈使。长安平,率兵清宫,进击余寇,身被数创,肃宗躬为傅药。转卫尉卿,兼朔方先锋。史思明攻河阳,光弼召主骑军。其后历灵武留后、定远城使。贞元三年卒,赠越州都督。

陈利贞,幽州范阳人。初为平卢将,安禄山乱,从光弼军河南。张巡被围睢阳也,光弼遣郝廷玉及利贞救之,轻骑出入,廷玉称为胜己,以子妻之。及归,荐于光弼,自行间累迁检校太子宾客,封静戎郡王。

李希烈叛,诏哥舒曜东讨,利贞为前锋,次剺城。贼众大集,利贞出奇兵五百,横捣其右,贼锋诎,数月不敢前。及希烈攻曜襄城,利贞登陴捍守,七十日未尝栉沐,非议事不下城。

朱泚反,利贞及张廷芝所统士皆幽、蓟、河、陇人,故与廷芝合谋应泚,而利贞麾下亦从为乱。夜半,难作,利贞拔剑当军门,大呼曰:“欲过门者,先杀我!”众畏其勇,乃止。廷芝出奔。德宗嘉之,擢汝州防御使。贞元五年,疽发首,卒。遗观察使崔纵书,自陈受国恩,恨不得死所云。

侯仲庄,字仲庄,蔚州人。为光弼先锋,授忠武将军。禽安太清有功,累加冠军将军。仆固怀恩以朔方反,仲庄为都将,训兵自守,号为“平射”,人畏其锋。怀恩败,郭子仪代之,引为腹心。封上谷郡王,为神策京西将。德宗幸奉天,迁左卫将军,为防城使。修垒堞,昼夜执戈徼循。从幸兴元,殿军骆谷,授防御招收使。帝还都,复镇奉天,几二十年。卒,赠洪州都督。

柏良器,字公亮,魏州人。父造,以获嘉令死安禄山难。乃学击剑,欲报贼。父友王奂为光弼从事,见之曰:“尔额文似临淮王,面黑子似颜平原,殆能立功。”乃荐之光弼。授兵平山越,迁左武卫中郎将。以部兵隶浙西,豫平袁晁、方清。其后潘犷虎、胡参分据小伤、蒸里,又击破之。是时年二十四,更战陈六十二。

李希烈围宁陵,遏水灌之,亲令军中明日拔城。良器以救兵至,择弩手善游者,沿汴渠夜入,及旦,伏弩发,贼乘城者皆死。录功封平原郡王,入为左神策军大将军、知军事,图形凌烟阁。募材勇以代士卒市贩者,中尉窦文场恶之,坐友人阑入,换右领军卫。自是军政皆中官专之。终左领军卫大将军,赠陕州大都督。

子耆,别传。

乌承玼,字德润,张掖人。开元中,与族兄承恩皆为平卢先锋,沈勇而决,号“辕门二龙。”

契丹可突于杀其王邵固降突厥,而奚亦乱,其王鲁苏挈族属及邵固妻子自归。是岁,奚、契丹入寇,诏承玼击之,破于捺禄山。二十二年,诏信安王祎率幽州长史赵含章进讨,承玼请含章曰:"二虏固剧贼,前日战而北,非畏我,乃诱我也。公宜畜锐以折其谋。"含章不信,战白城,果大败。承玼独按队出其右,斩首万计,可突于奔北奚。

渤海大武艺与弟门艺战国中,门艺来,诏与太仆卿金思兰发范阳、新罗兵十万讨之,无功。武艺遣客刺门艺于东都,引兵至马都山,屠城邑。承玼窒要路,堑以大石,亘四百里,虏不得入。于是流民得还,士少休,脱铠而耕,岁省度支运钱。

安庆绪使史思明守范阳,思明恃兵强,为自固计。庆绪密遣阿史那承庆、安守忠就督事,且图之。承玼劝思明曰:"唐家中兴,与天下更始,庆绪偷肆晷刻,公殆与俱亡。有如束身本朝,湔洗前污,此反掌功耳。"思明善之,斩承庆等,奉表听命。

始,承恩为冀州刺史,失守,思明护送东都。故肃宗使自云中趋幽州开说思明,与承玼谋投衅杀之,不克,死。承玼奔李光弼,表为冠军将军,封昌化郡王,为石岭军使。王思礼为节度使,军政倚办焉。久之,移疾还京师,卒,年九十六。子重胤,别传。

赞曰:李光弼生戎虏之绪,沈鸷有守。遭禄山变,拔任兵柄,其策敌制胜不世出,赏信罚明,士卒争奋,毅然有古良将风。本夫终父丧不入妻室,位王公事继母至孝,好读班固《汉书》,异夫庸人武夫者。及困于口舌,不能以忠自明,奄侍内构,遂陷嫌隙,谋就全安,而身益危,所谓工于料人而拙于谋己邪。方攘袂徇国,天下风靡。一为迁延,而田神功等皆不受约束,卒以忧死。功臣去就,可不慎邪?呜呼,光弼虽有不释位之诛,然谗人为害,亦可畏矣,将时之不幸欤!

唐书卷一三七

列传第六二

郭子仪 曜 晞 承嘏 暧 钊 鏦 铦 曙 幼明 昕

郭子仪，字子仪，华州郑人。长七尺二寸。以武举异等补左卫长史，累迁单于副都护、振远军使。天宝八载，木剌山始筑横塞军及安北都护府，诏即军为使。俄苦地偏不可耕，徙筑永清，号天德军，又以使兼九原太守。

十四载，安禄山反，诏子仪为卫尉卿、灵武郡太守，充朔方节度使，率本军东讨。子仪收静边军，斩贼将周万顷，击高秀岩河曲，败之，遂收云中、马邑，开东陉。加御史大夫。贼陷常山，河北郡县皆没。会李光弼攻贼常山，拔之，子仪引军下井陉，与光弼合，破贼史思明众数万，平藁城。南攻赵郡，禽贼四千，纵之，斩伪守郭献璆，还常山。思明以众数万尾军，及行唐，子仪选骑五百更出挑之。三日，贼引去，乘之，又破于沙河，遂趋常阳以守。禄山益出精兵佐思明。子仪曰："彼恃加兵，必易我。易我，心不固，战则克矣。"与战未决，戮一步将以徇，士殊死斗，遂破之，斩首二千级，俘五百人，获马如之。于是昼扬兵，夜捣垒，贼不得息，气益老。乃与光弼、仆固怀恩、浑释之、陈回光等击贼嘉山，斩首四万级，获人马万计。思明跳奔博陵。于是河北诸郡往往斩贼守，迎王师。方北图范阳，会哥舒翰败，天子入蜀，太子即位灵武，诏班师。子仪与光弼率步骑五万赴行在。时朝廷草昧，众单寡，军容缺然。及是国威大振。拜子仪兵部尚书、同中书门下平章事,仍总节度。肃宗大阅六军,鼓而南,至彭原。宰相房琯自请讨贼,次陈涛,师败,众略尽,故帝唯倚朔方军为根本。

贼将阿史那从礼以同罗、仆骨骑五千,诱河曲九府、六胡州部落数万迫行在。子仪以回纥首领葛逻支击之,执获数万,牛羊不可胜计,河曲平。

至德二载,攻贼崔乾祐于潼关,乾祐败,退保蒲津。会永乐尉赵复、河东司户参军韩旻、司士徐景及宗室子锋在城中,谋为内应,子仪攻蒲,复等斩陴者,披阖内军。乾祐走安邑,安邑伪纳之,兵半入,县门发,乾祐得脱身走。贼安守忠壁永丰仓,子仪遣子旰与战,多杀至万级,旰死于阵。进收仓,于是关、陕始通。诏还凤翔,进司空,充关内、河东副元帅。率师趋长安,次沣水上。贼守忠等军清渠左。大战,王师不利,委仗奔。子仪收溃卒保武功,待罪于朝,乃授尚书左仆射。俄从元帅广平王率蕃、汉兵十五万收长安。李嗣业为前军,元帅为中军,子仪副之,王思礼为后军,阵香积寺之北,距沣水,临大川,弥亘一舍。贼李归仁领劲骑薄战,官军嚣,嗣业以长刀突出,斩贼数十骑,乃定。回纥以奇兵缭贼背夹攻之,斩首六万级,生禽二万。贼帅张通儒夜亡陕郡。翌日,王入京师,老幼夹道呼曰:“不图今日复见官军!”王休士三日,遂东。

安庆绪闻王师至,遣严庄悉众十万屯陕助通儒,旌帜钲鼓径百余里。师至新店,贼已阵,出轻骑,子仪遣二队逐之,又至,倍以往,皆不及贼营辄反。最后,贼以二百骑掩军,未战走,子仪悉军追,横贯其营。贼张两翼包之,官军却。嗣业率回纥从后击,尘且坌,飞矢射贼,贼惊曰:“回纥至矣!”遂大败,僵尸相属于道。严庄等走洛阳,挟庆绪度河保相州,遂收东都。于是河东、河西、河南州县悉平。以功加司徒,封代国公,食邑千户。入朝,帝遣具军容迎灞上,劳之曰:“国家再造,卿力也。”子仪顿首陈谢。有诏还东都,经略北讨。

乾元元年,破贼河上,执安守忠以献,遂朝京师。诏百官迎于长乐驿,帝御望春楼待之。进中书令。帝即诏大举九节度师讨庆绪,以子仪、光弼皆元功,难相临摄,弟用鱼朝恩为观军容宣慰使,而不立帅。

　　子仪自杏园济河,围卫州。庆绪分其众为三军。将战,子仪选善射三千士伏壁内,诫曰:"须吾却,贼必乘垒,若等噪而射。"既战,伪遁,贼薄营,伏发,注射如雨。贼震骇,王师整而奋,斩首四万级,获铠胄数十万,执安庆和,收卫州。又战愁思冈,破之。连营进围相州,引漳水灌城,漫二时,不能破。城中粮尽,人相食。庆绪求救于史思明,思明自魏来,李光弼、王思礼、许叔冀、鲁炅前军遇之,战邺南,夷负相当,炅中流矢。子仪督后军,未及战。会大风拔木,遂晦,跬步不能相物色,于是王师南溃,贼亦走,辎械满野。诸节度引还。子仪以朔方军保河阳,断航桥。时王师众而无统,进退相顾望,责功不专,是以及于败。有诏留守东都,俄改东畿、山南东道、河南诸道行营元帅。

　　鱼朝恩素疾其功,因是媒谮之,故帝召子仪还,更以赵王为天下兵马元帅,李光弼副之,代子仪领朔方兵。子仪虽失军,无少望,乃心朝廷。思明再陷河、洛,西戎逼扰京辅,天子旰食,乃授邠宁、鄜坊两节度使,仍留京师。议者谓子仪有社稷功,而孽寇首鼠,乃置散地,非所宜。帝亦悟。

　　上元初,诏为诸道兵马都统,以管崇嗣副之,率英武、威远兵及河西、河东镇兵,繇邠宁、朔方、大同、横野军以趋范阳。诏下,为朝恩沮解。明年,光弼败邙山,失河阳。又明年,河中乱,杀李国贞,太原戕邓景山。朝廷忧二军与贼合,而少年新将望轻不可用,遂以子仪为朔方、河中、北廷、潞仪泽沁等州节度行营,兼兴平、定国副元帅,进封汾阳郡王,屯绛州。时帝已不豫,群臣莫有见者,子仪请曰:"老臣受命,将死于外,不见陛下,目不瞑。"帝引至卧内,谓曰:"河东事一以委卿。"子仪鸣咽流涕。赐御马、银器、杂彩,别赐绢布九万。子仪至屯,诛首恶王元振等数十人,太原辛云京亦治害景山者,诸镇皆惕息。

　　代宗立,程元振自谓于帝有功,忌宿将难制,离构百计。因罢子仪副元帅,加实户七百,为肃宗山陵使。子仪惧谗且成,尽裒肃宗所赐诏敕千余篇上之,因自明。诏曰:"朕不德,诒大臣忧,朕甚自愧,自今公毋有疑。"初,帝与子仪平两京,同天下忧患,至是悔悟,眷礼弥重。

时史朝义尚盗洛,帝欲使副雍王,率师东讨,为朝恩、元振交訾之,乃止。会梁崇义据襄州叛,仆固怀恩屯汾州,阴召回纥、吐蕃寇河西,残泾州,犯奉天、武功。遽拜子仪为关内副元帅,镇咸阳。初,子仪自相州罢归京师,部曲离散,逮承诏,麾下才数十骑,驱民马补行队。至咸阳,虏已过渭水,并南山而东,天子跳幸陕。子仪闻,流涕,董行营还京师。遇射生将王献忠以毂骑叛,劫诸王欲奔虏,子仪让之,取诸王送行在。乃率骑南收兵,得武关防卒及亡士数千,军寖完。会六军将张知节迎子仪洛南,大阅兵,屯商州,威震关中。乃遣知节率乌崇福、羽林将长孙全绪为前锋,营韩公堆,击鼓欢山,张旗帜,夜丛万炬,以疑贼。初,光禄卿殷仲卿募兵蓝田,以劲骑先官军游弈,直度浐,民绐虏曰:"郭令公来。"虏惧。会故将军王甫结侠少,夜鼓朱雀街,呼曰:"王师至!"吐蕃夜溃。于是遣大将李忠义屯苑中,渭北节度使王仲升守朝堂,子仪以中军继之。射生将王抚自署京兆尹,乱京城,子仪斩以徇。破贼书闻,帝以子仪为京城留守。

自变生仓卒,赖子仪复安,故天下皆咎程元振,群臣数论奏。元振惧,乃说帝都洛阳,帝可其计。子仪奏曰:

雍州古称天府,右陇、蜀,左崤、函,襟冯终南、太华之险,背负清渭、浊河之固,地方数千里,带甲十余万,兵强士勇,真用武之国,秦、汉所以成帝业也。后或处而泰、去而亡者不一姓,故高祖先入关定天下,太宗以来居洛阳者亦鲜。先帝兴朔方,诛庆绪;陛下席西土,戮朝义。虽天道助顺,亦地势则然。比吐蕃冯陵而不能抗者,臣能言其略。夫六军皆市井人,窜虚名,逃实赋,一日驱以就战,有百奔无一前。又宦竖掩迷,庶政荒夺,遂令陛下彷徨暴露,越在陕服。斯委任失人,岂秦地非良哉!今道路流言,不识信否,咸谓且都洛阳。洛阳自大盗以来,焚埃略尽,百曹榛荒,寰服不满千户,井邑如墟,豺狼群嗥;东薄郑、汴，南界徐，北绵怀、卫及相，千里萧条，亭舍不烟，何以奉万乘牲饩、供百官次舍哉？且地狭阨，裁数百里，险不足防，适为斗场。陛下意者不以京畿新罹剽躁，国用不足乎？昔卫为狄灭，文公庐于曹，衣大布之衣，冠大帛之冠，卒复旧邦。况赫赫天子，躬俭节用，宁为一诸侯下哉？臣愿陛下斥素餐，去冗食，抑阉寺，任直臣，薄征驰役，恤隐抚鳏，委宰相以简贤任能，付臣以训兵御侮，则中兴之功，日月可冀。惟时迈亟还，见宗庙，谒园陵，再造王家，以幸天下。

帝得奏，泣谓左右曰："子仪固社稷臣也，朕西决矣。"乘舆还，子仪顿首请罪，帝劳曰："用卿晚，故至此。"乃赐铁券，图形凌烟阁。

仆固怀恩纵兵掠并、汾属县，帝患之，以子仪兼河东副元帅、河中节度使，镇河中。怀恩子瑒屯榆次，为帐下张惟岳所杀，传首京师，持其众归子仪。怀恩惧，委其母走灵州。广德二年，进太尉，兼领北道邠宁泾原河西、通和吐蕃及朔方招抚观察使。辞太尉不拜。怀恩诱吐蕃、回纥、党项数十万入寇，朝廷大恐，诏子仪屯奉天。帝问计所出，对曰："无能为也。怀恩本臣偏将，虽剽果，然素失士心。今能为乱者，诖思归之人，劫与俱来，且皆臣故部曲，素以恩信结之，彼忍以刃相向乎？"帝曰："善。"虏寇邠州，先驱至奉天，诸将请击之。子仪曰："客深入，利速战。彼下素德我，吾缓之，当自携贰。"因下令："敢言战者，斩！"坚壁待之，贼果遁。

子仪至自泾阳，恩赉崇缛，进拜尚书令，恳辞，不听。诏趣诣省视事，百官往庆，敕射生五百骑执戟宠卫。子仪确让，且言："太宗尝践此官，故累圣旷不置员。皇太子为雍王，定关东，乃得授。渠可猥私老臣，隳大典？且用兵以来，僭赏者多，至身兼数官，冒进亡耻。今凶丑略平，乃作法审官之时，宜从老臣始。"帝不获已，许之，具所以让付史官。因赐美人六人，从者自副，车服帷帟咸具。

永泰元年，诏都统河南道节度行营，复镇河中。怀恩尽说吐蕃、回纥、党项、羌、浑、奴剌等三十万，掠泾、邠，蹈凤翔，入醴泉、奉天，京师大震。于是帝命李忠臣屯渭桥，李光进屯云阳，马璘、郝廷玉屯便桥,骆奉先、李日越屯盩厔,李抱玉屯凤翔,周智光屯同州,杜冕屯坊州,天子自将屯苑中。急召子仪屯泾阳,军才万人。比到,虏骑围已合,乃使李国臣、高升、魏楚玉、陈回光、朱元琮各当一面,身自率铠骑二千出入阵中。回纥怪问:“是谓谁?”报曰:“郭令公。”惊曰:“令公存乎?怀恩言天可汗弃天下,令公即世,中国无主,故我从以来。公今存,天可汗存乎?”报曰:“天子万寿。”回纥悟曰:“彼欺我乎!”子仪使谕虏曰:“昔回纥涉万里,戮大憝,助复二京,我与若等休戚同之。今乃弃旧好,助叛臣,一何愚!彼背主弃亲,于回纥何有?”回纥曰:“本谓公云亡,不然何以至此。今诚存,我得见乎?”子仪将出,左右谏:“戎狄野心不可信。”子仪曰:“虏众数十倍,今力不敌,吾将示以至诚。”左右请以骑五百从,又不听。即传呼曰:“令公来!”虏皆持满待。子仪以数十骑出,免胄见其大酋曰:“诸君同艰难久矣,何忽亡忠谊而至是邪?”回纥舍兵下马拜曰:“果吾父也。”子仪即召与饮,遗锦彩结欢,誓好如初。因曰:“吐蕃本吾舅甥国,无负而来,弃亲也。马牛被数百里,公等若倒戈乘之,若俯取一芥,是谓天赐,不可失。且逐戎得利,与我继好,不两善乎?”会怀恩暴死,群虏无所统一,遂许诺。吐蕃疑之,夜引去。子仪遣将白元光合回纥众追蹑,大军继之,破吐蕃十万于灵台西原,斩级五万,俘万人,尽得所掠士女牛羊马橐它不胜计。遂自泾阳来朝,加实封二百户,还河中。

大历元年,华州节度使周智光谋叛,帝间道以蜡书赐子仪,令悉军讨之。同、华将吏闻军起,杀智光,传首阙下。二年,吐蕃寇泾州,诏移屯泾阳。邀战于灵州,败之,斩首二万级。明年,还河中。吐蕃复寇灵武,诏率师五万屯奉天,白元光破虏于灵武。议者以吐蕃数为盗,马璘孤军在邠不能支,乃以子仪兼邠宁庆节度使,屯邠州,徙璘为泾原节度使。回纥赤心请市马万匹,有司以财乏,止市千匹。子仪曰:“回纥有大功,宜答其意,中原须马,臣请内一岁奉,佐马直。”诏不听,人许其忠。

九年,入朝,对延英,帝与语吐蕃方强,慷慨至流涕。退,上书曰：

> 朔方，国北门，西御犬戎，北虞猃狁，五城相去三千里。开
> 元、天宝中，战士十万，马三万匹，仅支一隅。自先帝受命灵武，
> 战士从陛下征讨无宁岁。顷以怀恩乱，痍伤雕耗，亡三分之二，
> 比天宝中止十之一。今吐蕃兼吞河、陇，杂羌、浑之众，岁深入
> 畿郊，势逾十倍，与之角胜，岂易得邪？属者房来，称四节度，将
> 别万人，人兼数马。臣所统士不当贼四之一，马不当贼百之二，
> 外畏内惧，将何以安？臣惟陛下制胜，力非不足，但简练不至，
> 进退未一，时淹师老，地广势分。愿于诸道料精卒满五万者，列
> 屯北边，则制胜可必。窃惟河南、河北、江淮大镇数万，小者数
> 千，殚屈禀给，未始搜择。臣请追赴关中，勒步队，示金鼓，则攻
> 必破，守必全，长久之策也。

又自陈衰老，乞骸骨。诏曰："朕终始倚赖，未可以去位。"不许。

德宗嗣位，诏还朝，摄冢宰，充山陵使，赐号"尚父"，进位太尉、
中书令，增实封通前二千户，给粮千五百人，刍马二百匹，尽罢所领
使及帅。建中二年，疾病。帝遣舒王到第传诏省问，子仪不能兴，叩
头谢恩。薨，年八十五。帝悼痛，废朝五日。诏群臣往吊，随丧所须，
皆取于官。赠太师，陪葬建陵。及葬，帝御安福门，哭过其丧，百官
陪位流涕。赐谥曰忠武，配飨代宗庙廷。著令，一品坟崇丈八尺，诏
特增丈，以表元功。

子仪事上诚，御下恕，赏罚必信。遭幸臣程元振、鱼朝恩短毁，
方时多虞，握兵处外，然诏至，即日就道，无纤介顾望，故谗间不行。
破吐蕃灵州，而朝恩使人发其父墓，盗未得。子仪自泾阳来朝，中外
惧有变，及入见，帝唁之，即号泣曰："臣久主兵，不能禁士残人之
墓，人今发先臣墓，此天谴，非人患也。"朝恩又尝约子仪修具，元载
使人告以军容将不利公。其下衷甲愿从，子仪不听，但以家僮十数
往。朝恩曰："何车骑之寡？"告以所闻。朝恩泣曰："非公长者，得无
致疑乎？"田承嗣傲很不轨，子仪尝遣使至魏，承嗣西望拜，指其膝
谓使者曰："兹膝不屈于人久矣，今为公拜。"李灵耀据汴州，公私财

赋一皆遏绝，子仪封币道其境，莫敢留，令持兵卫送。麾下宿将数十，皆王侯贵重，子仪颐指进退，若部曲然。幕府六十余人，后皆为将相显官，其取士得才类如此。与李光弼齐名，而宽厚得人过之。子仪岁入官俸无虑二十四万缗。宅居亲仁里四分之一，中通永巷，家人三千相出入，不知其居。前后赐良田、美器、名园、甲馆不胜纪。代宗不名，呼为大臣。以身为天下安危者二十年，校中书令考二十四。八子七婿，皆贵显朝廷。诸孙数十，不能尽识，至问安，但颔之而已。富贵寿考，哀荣终始，人臣之道无缺焉。

子曜、旰、晞、昢、晤、暖、曙、映，而四子以才显。

曜性沈静，资貌瑰杰。累从节度府辟署，破虏有功，为开阳府果毅都尉。至德初，推子仪功，授卫尉卿，累进太子詹事、太原郡公。子仪专征伐，曜留治家事，少长无闲言。诸弟或饰池馆，盛车服，曜独以朴简自处。子仪罢兵，迁太子少保，昆弟六人，共制拜官。子仪薨，以遗命簿上四朝所赐名马珍物，德宗复赐之，乃悉散诸弟。居丧以礼，疾甚，或劝茹葱薤，终不属口。后卢杞秉政，忌勋族，子仪婿太仆卿赵纵、少府少监李洞清、光禄卿王宰皆以次得罪。奸人幸其危，多论夺田宅奴婢，曜大恐，独宰相张镒力保护。德宗稍闻之，诏有司曰："尚父子仪有大勋力，保乂王家，尝誓山河，琢金石，许宥十世。前日其家市田宅奴婢，而无赖者以尚父殁，妄论夺之，自今有司毋得受。"建中三年，卒，赠太子太傅，谥曰孝。

初，曜袭代国公，食二千户。贞元初，诏减半以封晞、暖、映、曙，人二百五十户。未几，复诏四人各减五十户，封曜子锋、晤子镨各百户云。

晞善骑射，从征伐有功。复两京，战最力。出奇兵破贼，累进鸿胪卿。河中军乱，子仪召首恶诛之，其支党犹反仄，晞选亲兵昼夜警，以备非常，奸人不得发。以功拜殿中监。吐蕃、回纥入寇，加御史中丞，领朔方军援邠州，与马璘合军击虏，破之。虏复来，阵泾水

北,子仪遣晞率徒兵五千、骑五百袭虏。晞以兵寡不进,须暮,贼半
济,乃击,斩首五千级。加御史大夫,子仪固让,乃止。居父丧,值朱
泚乱,南走山谷,贼舁致之,欲污以官,佯喑不答。贼露兵胁之,不
动。数以城中事贻书李晟。既而奔奉天。天子还,改太子宾客。子
钢,从朔方杜希全幕府。希全檄为丰州刺史,晞怜其弱不任事,丐
罢。德宗遣使者召钢,钢疑得罪,挺身走吐蕃,不纳。希全执送京师,
赐死。晞坐免,寻复太子宾客。累封赵国公。卒,赠兵部尚书。孙
承嘏。

　　承嘏字复卿,幼秀异,通《五经》。元和中及进士第,累迁起居舍
人。居母丧,以孝闻。大和六年,为谏议大夫,言政事得失。文宗以
郑注为太仆卿,承嘏极论其非,注颇惧。进给事中。俄出为华州刺
史,给事中卢载还诏书,且言:"承嘏数封驳称职,宜在禁闼。"帝曰:
"朕谓久次,欲优其稍入耳。"乃复留给事中。时江淮旱,用度不支,
诏宰相分领度支、户部。承嘏言:"宰相调和阴阳,安黎庶。若使阅
视簿书,校缗帛,非所宜。"帝顺纳。迁刑部侍郎。帝尝称其儒素,无
贵骄气,不类勋家。每进对,恩接备厚。方大任用,会卒。家无余赀,
亲友为办丧祭。赠吏部尚书。

　　暖字暖,以太常主簿尚升平公主。暖年与公主侔,十余岁许昏。
拜驸马都尉,试殿中监,封清源县侯,宠冠戚里。大历末,检校左散
骑常侍。建中时,主坐事,留禁中。朱泚乱,逼署暖官,辞以居丧被
疾。既而与公主奔奉天。德宗嘉之,释主罪,进暖金紫光禄大夫,赐
实封五十户。寻迁太常卿。贞元三年,袭代国公。卒,年四十八,赠
尚书左仆射。初,暖女为广陵郡王妃。王即位,是为宪宗。妃生穆
宗。穆宗立,尊妃为皇太后,赠暖太傅。四子:铸、钊、钣、铦。铸袭
封。

　　钊长七尺,方口丰下。代宗朝,以外孙为奉礼郎。累官至左金

吾大将军,改检校工部尚书,为邠宁节度使,入为司农卿。宪宗寝疾,宦竖或妄议废立者。穆宗问计于钊,答曰:"殿下为太子,当旦夕视膳,何外虑乎?"时称得元舅体。穆宗即位,检校户部尚书兼司农卿。俄为河阳三城节度使。徙河中尹,领晋绛慈隰节度。敬宗立,召拜兵部尚书,又帅剑南东川。大和中,南蛮寇蜀,取成都外郛,杜元颖不能御,诏钊兼领西川节度。未行,蛮众已略梓州。州兵寡,不可用。钊贻书谯蛮首篹巅以侵叛意。篹巅曰:"元颖不自守,数侵吾圉,我以是报。"乃与钊修好,约无相犯。天子嘉之,即拜西川节度使。以疾请代,为太常卿,卒,赠司徒。子仲文、仲恭、仲词。

开成二年,诏仲文袭太原郡公。给事中卢弘宣奏:"钊妻沈,公主女,代宗皇帝外孙,其子仲词尚饶阳公主。仲文冒嫡不应袭。使仲文承嫡,则沈当黜,且仲词亦不得尚主。"乃诏仲词检校殿中少监、驸马都尉,袭封。而仲文以太皇太后故,置不问。仲恭历詹事府丞,亦尚金堂公主。

钚字利用,尚德阳郡主。诏裴延龄为主营第长兴里。顺宗立,主进封汉阳公主,擢钚检校国子祭酒、驸马都尉。自景龙后,外戚多为检校官,不治事。宰相荐其才不当以外戚废,乃拜右金吾将军,封太原郡公。恭逊折节,不以富贵加人。性周畏,不立赫赫名。有谏于上,退必毁稿,家人子弟无知者。别墅在都南,尤胜垲,穆宗尝幸之,置酒极欢。改太子詹事,充闲厩宫苑使。卒,赠尚书左仆射。

铦性和易,累为殿中监,尚西河公主。钚卒,代为太子詹事、宫苑闲厩使。长庆三年,暴卒。太后遣使按问发疾状,久乃解。初,西河主降沈氏,生一子,铦无嗣,以沈氏子嗣。

曙,代宗朝累官司农卿。德宗幸奉天,曙方领家兵猎苑北,闻跸至,伏谒道左,遂从乘舆入骆谷。霖雨涂潦,卫兵或异语。帝召谓曰:"朕不德而苦公等,宜执朕送朱泚,以谢天下。"诸将皆感泣曰:"愿死生从陛下。”时曙与功臣子李昇、韦清、令狐建、李彦辅被甲请见，言曰：“南行路险，且虞奸变。臣等世蒙恩，今相誓，愿更挟帝马。”许之。帝还，曙、清擢金吾大将军，余并为禁军将军。曙终祁国公。

子仪母弟幼明，性谨愿无过，拙于武，喜宾客。以子仪故，终少府监，赠太子太傅。

子昕，肃宗末为四镇留后。关、陇陷，不得归，朝廷但命官遥领其使。建中二年，昕始与伊、西、北廷节度使曹令忠遣使入朝。德宗诏曰：“四镇、二廷，统西夏五十七蕃十姓部落，国朝以来，相与率职。自关、陇失守，王命阻绝，忠义之徒，泣血固守，奉遵朝法，此皆侯伯、守将交修共治之效，朕甚嘉之。令忠可北廷大都护、四镇节度留后，赐氏李，更名元忠。昕可安西大都护、四镇节度使。诸将吏超七资叙官”云。

赞曰：天宝末，盗发幽陵，外阻内讧。子仪自朔方提孤军，转战逐北，谊不还顾。当是时，天子西走，唐祚若赘斿，而能辅太子，再造王室。及大难略平，遭谗慝，诡夺兵柄，然朝闻命，夕引道，无纤介自嫌。及被围泾阳，单骑见虏，壁以至诚，猜忍沮谋。虽唐命方永，亦由忠贯日月，神明扶持者哉。及光弼等畏逼不终，而子仪完名高节，烂然独著，福禄永终，虽齐桓、晋文比之为褊。唐史臣裴垍称：“权倾天下而朝不忌，功盖一世而上不疑，侈穷人欲而议者不之贬。”呜呼！垍诚知言。其子孙多以功名显，盖盛德后云。

唐书卷一三八
列传第六三

李嗣业　马璘　李抱玉 抱真

缄　路嗣恭 应 恕

李嗣业，字嗣业，京兆高陵人。长七尺，膂力绝众。开元中，从安西都护来曜讨十姓苏禄，先登捕虏，累功署昭武校尉。后应募安西，军中初用陌刀，而嗣业尤善，每战必为先锋，所向摧北。马灵察为节度，出战必与俱。

高仙芝讨勃律，署嗣业及中郎将田珍为左右陌刀将。时吐蕃兵十万屯娑勒城，据山濒水，联木作郛，以扼王师。仙芝潜军夜济信图河，令曰："及午破贼，不者皆死。"嗣业提步士升山，颓石四面以击贼，又树大旗先走险，诸将从之。虏不虞军至，因大溃，投崖谷死者十八。鼓而驱至勃律，禽其主，平之。授右威卫将军。从平石国及突骑施，以跳荡先锋加特进。虏号为"神通大将。"

初，仙芝特以计袭取石，其子出奔，因构诸胡共怨之，以告大食，连兵攻四镇。仙芝率兵二万深入，为大食所败，残卒数千。事急，嗣业谋曰："将军深履贼境，后援既绝，而大食乘胜，诸胡锐于斗，我与将军俱前死，尚谁报朝廷者？不如守白石岭以为后计。"仙芝曰："吾方收合余烬，明日复战。"嗣业曰："事去矣，不可坐须菹醢。"即驰守白石，路即既，步骑鱼贯而前。会拔汗那还兵，辎饷塞道不可骋，嗣业惧追及，手挺鏖击，人马毙仆者数十百，虏骇走，仙芝乃得还。表嗣业功，进右金吾大将军，留为疏勒镇使。城一隅陁，屡筑辄

坏,嗣业祝之,有白龙见,因其处葩祠以祭,城遂不坏。汉耿恭故井
久涸,祷已,泉复出。初讨勃律也,通道葱领,有大石塞隘,以足蹶
之,抵穿壑,识者以为至诚所感云。

　　天宝十二载,加骠骑大将军。入朝,赐酒玄宗前,醉起舞,帝宠
之,赐彩百、金皿五十物、钱十万,曰:"为解醒具。"

　　安禄山反,肃宗追之,诏至,即引道,与诸将割臂盟曰:"所过郡
县,秋毫不可犯。"至凤翔上谒,帝喜曰:"今日卿至,贤于数万众。事
之济否,固在卿辈。"乃诏与郭子仪、仆固怀恩掎角。常为先锋,以巨
棓笞斗,贼值,类崩溃。进四镇、伊西北庭行军兵马使。

　　广平王收长安,嗣业统前军阵于香积祠北。贼酋李归仁拥精骑
薄战,王师注矢逐之,走未及营,贼大出,掩追骑,还蹂王师,于是乱
不能阵。嗣业谓子仪曰:"今日不蹈万死取一生,则军无类矣。"即袒
持长刀,大呼出阵前,杀数十人,阵复整。步卒二千以陌刀、长柯斧
堵进,所向无前。归仁匿兵营左,觇军势,王分回纥锐兵击其伏,嗣
业出贼背合攻之,自日中至昃,斩首六万级,填涧壑死几半,贼东
走,遂平长安。进收东都,嗣业战多。乃与张镐、鲁炅、来瑱、嗣吴王
祗、李奂略定诸州。兼卫尉卿,封虢国公,实封户二百。兼怀州刺史、
北庭行营节度使。

　　与子仪等围相州,师耗,诸将无功,独嗣业被坚数奋,为诸军
冠。中流矢,卧帐中,方愈,忽闻金鼓声,知与贼战,大呼,创溃,血流
数升卒。谥曰忠勇,赠武威郡王,给灵舆护还在所。葬日,使中人临
吊,中朝臣祖泣,茔给扫除十户。嗣业忠毅忧国,不计居产,有宛马
十匹,前后赏赐,皆上于官以助军云。

　　子佐国,袭爵,历丹王府长史。卒,推嗣业功,赠宋州刺史。

　　马璘,岐州扶风人。少孤,流荡无业所。年二十,读汉《马援
传》,至"丈夫当死边野,以马革裹尸而归",慨然曰:"使吾祖勋业坠
于地乎?"开元末,挟策从安西节度府,以奇劳,累迁金吾卫将军。

　　至德初,王室多难,统精甲三千,自二庭赴凤翔。肃宗奇之,委

以东讨。初战卫南,以百骑破贼五千众。从李光弼攻洛阳,史朝义众十万阵北邙山,旗铠照日,诸将尤疑,未敢击。璘率部士五百,薄贼屯,出入三反,众披靡,乘之,贼遂溃。光弼曰:"吾用兵三十年,未见以少击众,雄捷如马将军者!"迁试太常卿。

明年,吐蕃寇边,诏璘移军援河西。怀恩之叛,璘引还,间关转斗至凤翔,虏围已合,节度使孙志直婴城守。璘令士持满外向,突入县门,不解甲出战,背城阵。虏溃,率轻骑追之,斩数千级,漂血丹渠。帝引见慰劳,擢兼御史大夫。

永泰初,拜四镇行营节度、南道和蕃使。俄检校工部尚书,北庭行营、邠宁节度使。元日,有卒犯盗,或曰宜赦,璘曰:"赦之,则人将伺其日为盗。"遂戮之。天大旱,里巷为土龙聚巫以祷,璘曰:"旱由政不修。"即命撤之。明日,雨,是岁大穰。未几,徙泾原,权知凤翔、陇右节度副使,四镇、北庭如旧,复以郑、颍二州隶之。

大历八年,吐蕃内寇,浑瑊战宜禄,不利。璘设伏潘原,与瑊合击破之,俘级数万。进检校尚书右仆射。明年,入朝,求宰相,以检校左仆射知省事,进扶风郡王。十一年,卒于军,年五十六。赠司徒,谥曰武。

璘少学术,而武干绝伦。遭时屯棘,以忠力奋。在泾八年,缮屯壁,为战守具,令肃不残,人乐为用,虏不敢犯,为中兴锐将。初,泾军乏财,帝讽李抱玉让郑、颍,璘因得衰积,且前后赐赍无算,家富不赀。治第京师,侈甚,其寝堂无虑费钱二十万缗。方璘在军,守者覆以油幔。及丧归,都人争入观,假称故吏入赴吊者日数百。德宗在东宫闻之,不喜。及即位,乃禁第舍不得逾制,诏毁璘中寝及宦人刘忠翼第。璘家惧,悉籍亭馆入之官。其后赐群臣宴,多在璘山池。而子弟无行,财亦寻尽。

李抱玉,本安兴贵曾孙,世居河西。善养马,始名重璋,闲骑射,少从军。其为人沈毅有谋,尤忠谨,李光弼引为裨校。天宝末,玄宗以其战河西有功,为改今名。禄山乱,守南阳,斩贼使。至德二载,上言："世占凉州,耻与逆臣共宗。"有诏赐之姓,因徙籍京兆,举族以李为氏。进至右羽林大将军,知军事,擢陈郑颍亳节度使。

史思明已破东都,凶焰勃然,鼓而行,自谓无前。光弼壁河阳拒之,使抱玉守南城。贼急攻,抱玉纵奇兵出,表里俘杀甚众。贼乃舍去,从光弼战,大败,因不能西。差功第一,封栾城县公。代宗立,兼泽潞节度使,统相、卫、仪、邢十一州兵。以功授司空,兼兵部尚书,武威郡王。恳辞王爵,徙凉国公,进司徒。

广德中,吐蕃入寇,帝次陕,群盗遍南山五谷间,东距虢,西抵岐,椎剽不胜计。诏太子宾客薛景仙为南山五溪谷防御使,引兵招捕,外不克。更诏抱玉讨贼。抱玉尽得贼株柢蹊隧,分兵守诸谷,使牙将李崇客精骑四百,自桃林、虢川袭之。贼帅高玉脱身走城固,山南西道张献诚禽以献,悉索支党斩之。不阅旬,五谷平。即诏抱玉权凤翔、陇右节度,抱玉恳让司徒,故以尚书左仆射同中书门下平章事,河西、陇右副元帅。又让仆射,故还为兵部尚书。

大历二年,来朝。久之,加山南西道副元帅兼节度使,屯盩厔。抱玉兼三节度、三副元帅,位望隆赫。乃上言："陇坻达扶、文,绵地二千里,虏孔道不一,梁、岷重则关辅轻。愿择能臣,帅西道当一面,臣得专事关、陇。"帝多其让,许之。抱玉在镇十余年,虽无破虏功,而禁暴安人,为将臣之良。卒,年七十四,赠太保,谥曰昭武。

从父弟抱真。

抱真字太玄,沈虑而断。抱玉属以军事,授汾州别驾。仆固怀恩反,陷焉,挺身归京师。代宗以怀恩倚回纥,所将朔方兵精,忧之。召抱真问状,答曰："郭子仪尝领朔方军,人多德之。怀恩欺其下,曰'子仪为朝恩所杀'。今起而用,是伐其谋,兵可不战解也。"既而怀恩败,如抱真策。迁殿中少监、陈郑泽潞节度留后。既谢,因言："百姓劳逸在牧守,愿得一州以自试。"更授泽州刺史,兼泽潞节度副使。徙怀州,仍为怀泽潞观察留后,凡八年。

抱真策山东有变,泽、潞兵所走集,乘战伐后,赋重人困,军伍雕刓，乃籍户三丁择一，蠲其徭租，给弓矢，令闲月得曹偶习射，岁终大校，亲按籍第能否赏责。比三年，皆为精兵，举所部得成卒二万，既不禀于官，而府库实，乃曰："军可用矣。"缮甲淬兵，遂雄山东，天下称昭义步兵为诸军冠。久之，为泽潞节度行军司马。会昭义节度李承昭病，诏抱真权磁邢兵马留后。德宗嗣位，检校工部尚书，领昭义节度使。

建中中，田悦反，围邢及临洺。诏抱真与河东马燧合神策兵救之，败悦于双冈，斩其将杨朝光，又破之临洺，遂解临洺、邢之围。以功检校兵部尚书。复与悦战洹水，走之。进围魏，悦战城下，大败。进检校尚书右仆射。会朱滔、王武俊反，救悦，抱真退保魏。帝苍卒狩奉天，闻问，诸将皆哭，各引麾下还屯。于时，李希烈陷汴，李纳反郓，李怀光相次反河中，抱真独以数州截然横绝溃叛中，离沮其奸，为群盗所惮。

兴元初，检校左仆射、同中书门下平章事，繇倪国公进义阳郡王。朱滔悉幽蓟兵与回纥围贝州，以应朱泚。而希烈既窃名号，则欲臣制诸叛，众稍离。天子下罪己诏，并赦群盗。抱真乃遣客贾林以大义说武俊，使合从击滔，武俊许诺，而内犹豫。抱真将自造其壁，诿军事于司马卢玄卿曰："吾此行系时安危，使遂不还，部勒以听天子命，惟子。励兵东向，雪吾之耻，亦唯子。"即以数骑驰入见武俊，曰："泚、希烈争窃帝号，滔攻贝州，此其志皆欲自肆于天下。足下既不能与竞长雄，舍九叶天子而臣反虏乎？且诏书罪己，禹、汤之心也。方上暴露播越，公能自安乎？"因持武俊，涕下交颐。武俊亦感泣，左右皆泣。退卧帐中，甘寝久之。武俊感其不疑，乃益恭，指心誓天曰："此身已许公死矣！"食讫，约为昆弟而别。旦日合战，大破滔经城。进检校司空，实封六百户。贞元初朝京师，诏还所镇。

抱真喜士，闻世贤者必欲与之游，虽小善皆卑辞厚币数千里邀致之，至无可录，徐徐以礼谢。会天下稍无事，乃饰台沼以自娱。好方士，谓不死可致。有孙季长者，为治丹，且曰："服此当仙去。"抱真表署幕府。尝语左右曰："秦、汉君不偶此，我乃得之，后升天，不复见公等矣。”夜梦驾鹤，寤而刻寓鹤，衣羽服，习乘之。后益惑厌胜，因疾，请降官，七让司空，还为左仆射。饵丹二万丸，不能食，且死，医以彘肪谷漆下之。疾少间，季长曰：“危得仙，何自弃也？”益服三千丸，卒，年六十二。

其子殿中侍御史缄匿丧，与其属卢会昌、元仲经谋会诸将，仲经诡抱真令曰：“吾疾不任事，令缄典军，勉佐之。”副使李说及诸校俯首，皆讹曰：“诺。”缄盛服出，众拜之，悉发府库劳军。会昌即为抱真表，翌日，令诸将署章，请以节付缄。天子已闻抱真丧，遣使者驰入军，诏以事属大将王延贵。缄谩若抱真疾，请诘朝见。凡三日，缄乃出见使者，陈兵甚严。使者曰：“朝廷已知公薨，诏以兵属延贵，君速归发丧。”缄愕然，谓诸将曰：“诏不许，若何？”众不对。乃遽以印钥上监军，始发丧。使者趣延贵视事，护缄赴东都，仲经逃诸外，捕杀之，会昌得不坐。始，缄遣将陈荣以书抵武俊，假其财。武俊怒曰：“吾与乃公善者，恭王命，非同恶也。今闻已亡，谁诈其子使不俟朝制邪？”囚荣而让缄焉。诏赠抱真太保。

路嗣恭，字懿范，京兆三原人。始名剑客，以世荫为郿尉。席豫黜陟河朔，表为萧关令，连徙神乌、姑臧二县，考绩为天下最。玄宗以为可嗣汉鲁恭，因赐名。转渭南令，主杜化、东阳二驿。时关畿用兵，使人系道，嗣恭储具有素，而民不扰。后为郭子仪朔方节度留后，大将孙守亮拥重兵，骄蹇不受制，嗣恭因称疾，守亮至，即杀之，一军皆震。永泰三年，检校刑部尚书，知省事。出为江西观察使，以善治财赋称。有贾明观者，素事鱼朝恩，朝恩诛，当坐死，宰相元载纳其赂，遣效力江西，将行，居民数万怀瓦石候击，载谕市吏禁止，乃得去。魏少游畏载，常回容之，及嗣恭代少游，即日杖死。

大历八年，岭南将哥舒晃杀节度使吕崇贲，五岭大扰。诏嗣恭兼岭南节度使，封冀国公。嗣恭募勇敢士八千人，以流人孟瑶、敬冕为才，擢任之。使瑶督大军当其冲，冕率轻兵由间道出不意，遂斩晃及支党万余，筑尸为京观。俚洞魁宿为恶者，皆族夷之。还为检校兵部尚书，复知省事。嗣恭起州县吏，以课治进至显官，及晃事株戮舶商，没其财数百万私有之，代宗恶焉，故赏不酬功。德宗立，阴赇宰相杨炎，炎录前效，更拜兵部尚书、东都留守。俄加怀郑汝陕河阳三城节度、东都畿观察使。卒，年七十一，赠左仆射。

子应、恕。

应字从众，以荫为著作郎。贞元初，出为虔州刺史，诏嗣父封。凿赣石梗嶮以通舟道。德宗时，李泌为相，号得君。帝尝曰："谁于卿有恩者，朕能报之。"泌乃言："曩为元载所疾，谪江西，路嗣恭与载厚，臣尝畏之。会与其子应并驱，马啮其胫，臣惶恐不自安，应闵不言，勉起见父。臣常愧其长者，思有以报。"帝曰："善。"即日加应检校屯田郎中，服金紫。累迁宣歙池观察使，封襄阳郡王。李锜反，应发乡兵救湖、常二州，以故锜不能拔。元和六年，以疾授左散骑常侍，卒，谥曰靖。

恕字体仁。从嗣恭讨哥舒晃，授检校工部员外郎，得从便宜，擢降将伊慎用之。贼平，恕功多。嗣恭节度河阳也，恕为怀州刺史。年才三十，杨炎用捍魏博，为时噬诋。累迁鄜坊、宣歙观察使。坐事贬吉州刺史。以右散骑常侍致仕，卒，赠洪州都督。

唐书卷一三九
列传第六四

| 房琯 | 孺复 启 式 | 张镐 |

李泌 繁

　　房琯,字次律,河南河南人。父融,武后时,以正谏大夫同凤阁鸾台平章事。神龙元年贬死高州。琯少好学,风度沈整,以荫补弘文生。与吕向偕隐陆浑山,十年不谐际人事。开元中,作《封禅书》,说宰相张说,说奇之,奏为校书郎。举任县令科,授卢氏令。拜监察御史,坐讯狱非是,贬睦州司户参军。复为县,所至上德化,兴长利,以治最显。

　　天宝五载,试给事中,封漳南县男。时玄宗有逸志,数巡幸,广温泉为华清宫,环宫所置百司区署。以琯资机算,诏总经度骊山,疏岩剔薮,为天子游观。未毕,坐善李适之、韦坚,斥为宜春太守。历琅邪、邶、扶风三郡,频迁宪部侍郎。十五载,帝狩蜀,琯驰至普安上谒,帝喜甚,即拜文部尚书、同中书门下平章事,从至成都,赐一子官。

　　俄与韦见素、崔涣奉册灵武,见肃宗,具言上皇所以传付意,因道当时利病,箱索房情,辞吐华畅,帝为改容。琯既有重名,帝倾意待之,机务一二与琯参决,诸将相莫敢望。于是,第五琦言财利幸,为江淮租庸使。琯谏曰:"往杨国忠聚敛,产怨天下。陛下即位,人未见德,今又宠琦,是一国忠死,一国忠生,无以示远方。"帝曰:"六军之命方急,无财则散。卿恶琦可也,何所取财?"琯不得对。

北海太守贺兰进明自河南至,诏摄御史大夫、岭南节度使,入谢,帝曰:"朕语琯除正大夫,何为摄邪?"进明衔之,因曰:"陛下知晋乱乎?惟以尚虚名,任王衍为宰相,基祖浮华,不事天下事,故至于败。方唐中兴,当用实才,而琯性疏阔,大言无当,非宰相器。陛下待之厚,然孰肯为陛下用乎?"帝曰:"何哉?"对曰:"陛下顷为皇太子,太子出曰抚军,入曰监国,而琯为圣皇建遣诸王为都统节度,乃谓陛下为元子而付以朔方、河东、河北空虚之地,永王、丰王乃统四节度。此于圣皇似忠,于陛下非忠也。琯意诸子一得天下,身不失恩,又多树私党,以副戎权,推此而言,岂肯尽诚于陛下乎?"帝入其语,始恶琯。以进明为御史大夫、河南节度使。

会琯请自将平贼,帝犹倚以成功,乃诏琯持节招讨西京、防御蒲潼两关兵马节度等使,得自择参佐。乃以兵部尚书王思礼、御史中丞邓景山为副,户部侍郎李揖为行军司马,中丞宋若思、起居郎知制诰贾至、右司郎中魏少游为判官,给事中刘秩为参谋。琯分三军趋京师,杨希文将南军自宜寿入,刘贶将中军自武功入,李光进将北军自奉天入。琯身中军先锋。十月庚子,次便桥。辛丑,中军、北军遇贼陈涛斜,战不利。琯欲持重有所伺,中人邢延恩促战,故败,士死麻苇。癸卯,率南军复战,遂大败,希文、贶皆降贼。初,琯用春秋时战法,以车二千乘缭营,骑步夹之。既战,贼乘风噪,牛悉骈栗,贼投刍而火之,人畜焚烧,杀卒四万,血丹野,残众才数千,不能军。琯还走行在,见帝,肉袒请罪,帝宥之,使衰夷散,复图进取。琯雅自负,以天下为己任,然用兵本非所长。其佐李揖、刘秩等皆儒生,未尝更军旅,琯每诧曰:"彼曳落河虽多,能当我刘秩乎?"帝虽恨琯丧师,而眷任未衰。

崔圆自蜀来,最后见帝,琯谓帝不见省,易之。圆以金吾李辅国,不淹日被宠,遂怨琯。琯数称疾不入。会御史大夫颜真卿劾奏谏议大夫李何忌不孝,琯素善何忌,不欲以恶名锢之,托被酒入朝,贬西平郡司马。琴工董廷兰出入琯所,琯昵之。廷兰藉琯势,数招赇谢,为有司劾治,琯诉于帝,帝因震怒,叱遣之,琯惶恐就第。罢为太子少师。从帝还都,封清河郡公。琯之废,朝臣多言琯谋包文武,可复用,虽琯亦自谓当柄任,为天子立功。善琯者暴其言于朝。琯方日引刘秩、严武与宴语,移病自如。帝以琯虚言浮诞,内鞅鞅,挟党背公,非大臣体。乾元元年,出琯为邠州刺史,逐秩、武等,因下诏陈其比周状,喻敕中外。始,邠以武将领刺史,故纲目废弛,即治府为营,吏攘民居相淆欢。琯至,一切革之,人以便安,政声流闻。召拜太子宾客,迁礼部尚书,为晋、汉二州刺史。宝应二年,召拜刑部尚书,道病卒,赠太尉。

琯有远器,好谈老子、浮屠法,喜宾客,高谈有余,而不切事。时天下多故,急于谋略攻取,帝以吏事绳下。而琯为相,遽欲从容镇静以辅治之;又知人不明,以取败桡,故功名隳损云。

赞曰:唐名儒多言琯德器,有王佐材,而史载行事亦少贬矣。一举丧师,讫不复振。原琯以忠谊自奋,片言悟主而取宰相,必有以过人者,用违所长,遂无成功。然盛名之下,为难居矣。夫名盛则责望备,实不副则訾咎深。使琯遭时承平,从容帷幄,不失为名宰。而仓卒济难,事败隙生,陷于浮虚比周之罪,名之为累也,戒哉!

子孺复,幼颇能属文,然狂纵不法。淮南节度使陈少游奏置幕府。多招术家言己三十当得宰相,以熏权近,希进取,后辟浙西韩滉府。兄宗偃丧自岭外还,孺复不出临吊。与妻郑不相中,慈姆为言,乃具棺召家人生敛之。郑方乳,促上道,郑死于行。又娶崔昭女,崔悍媚,杀二侍儿,私瘗之。观察使以闻,贬连州司马,听崔去。既又与崔通,请复合,诏许。未几复离。终容州刺史。

琯孙启,以荫补凤翔参军事,累调万年令,素赘附王叔文。贞元末,叔文用事,除容管经略使,阴许以荆南帅节,启至荆湖,宿留不肯进,会叔文与韦执谊内忿争,不果拜。俄而皇太子监国,启惶骇就镇。凡九年,改桂管观察使。州邸以赂请有司飞驿送诏,既而宪宗自遣宦人持诏赐启,启畏使者邀重饷,即曰:"先五日已得诏。"使者给请视,因驰归以闻,贬太仆少卿。启自陈献使者南口十五,帝怒,杀宦人,贬启虔州长史,死。始诏五管、福建、黔中道不得以口馈遗、博易,罢腊口等使。

琯族孙式,擢进士第,累迁忠州刺史。韦皋表为云南安抚副使、蜀州刺史。皋卒,刘辟反,式留不得行。贼平,高崇文保贷之,言诸朝,除吏部郎中。时河朔诸将刘济、张茂昭等更相劾奏,帝欲和之,拜式给事中,使河北,还奏如旨。迁陕虢观察使,改河南尹。会讨王承宗镇州,索饷车四千乘,民不能具。式建言:“岁凶人劳,不任调发。”又御史元稹亦言:“贼未禽,而河南民先困。”诏可,都鄙安之。改宣歙观察使。卒,赠左散骑常侍,谥曰倾。吏部郎中韦乾度曰:“始,式刺蜀州,刘辟构难,即谓辟曰:‘向梦公为上相,仪卫甚盛,幸无相忘。’辟喜,以为祥。后辟发兵署牒,首曰辟,副曰式,参谋曰符载。大节已亏,不宜得谥。”博士李虞仲曰:“始辟反,为其用者皆救死其颈,可尽被恶名乎?如式,不能去,又不能死,可谓求生害仁者也。辟走西山召所疑畏者尽杀之,式在其间,会救得免。而曰大节已亏,近于溢言。”谥乃定。

张镐,字从周,博州人。仪状瓌伟,有大志,视经史犹渔猎,然好王霸大略。少事吴兢,兢器之。游京师,未知名,率嗜酒鼓琴自娱。人或邀之,杖策往,醉即返,不及世务。

天宝末,杨国忠执政,求天下士为己重,闻镐才,荐之。释褐衣拜左拾遗,历侍御史。玄宗西狩,镐徒步扈从。俄遣诣肃宗所,数论事,擢谏议大夫,寻拜中书侍郎、同中书门下平章事。时引内浮屠数百居禁中,号“内道场”,讽呗外闻。镐谏曰:“天子之福,要在养人,以一函寓、美风化。未闻区区佛法而致太平。愿陛下以无为为心,不以小乘桡圣虑。”帝然之。寻诏兼河南节度使,都统淮南诸军事。贼围宋州,张巡告急,镐倍道进,檄濠州刺史闾丘晓趣救。晓愎挠,逗留不肯进,比镐至淮口,而巡已陷。镐怒,杖杀晓。帝还京师,封南阳郡公,诏以本军镇汴州,捕平残寇。

　　史思明提范阳献顺款,镐揣其伪,密奏曰:"思明黠穷而服,包藏不测,可以计取,难以义招,不宜以威权假之。"又言:"滑州防御使许叔冀狡猾,临难必变,宜追还宿卫。"书入不省,时宦官络绎出镐境,未尝降情结纳,自范阳、滑州使还者,皆盛言思明、叔冀忠,而毁镐无经略才。帝以镐不切事机,遂罢宰相,授荆州大都督府长史。思明、叔冀后果叛如镐言。召拜太子宾客、左散骑常侍。坐市嗣岐王珍第,贬辰州司户参军。代宗初,起为抚州刺史,迁洪州观察使,更封平原郡公。袁晁寇东境,江介震骚,镐遣兵屯上饶,斩首二千级。又袭舒城贼杨昭,枭之。沈千载者,新安大豪,连结椎剽,州县不能禽,镐遣别将尽殄其众。改江南西道观察使,卒。

　　镐起布衣,二期至宰相。居身廉,不殖赀产。善待士,性简重,论议有体。在位虽浅,而天下之人推为旧德云。

　　李泌,字长源,魏八柱国弼六世孙,徙居京兆。七岁知为文。玄宗开元十六年,悉召能言佛、道、孔子者,相答难禁中。有员俶者,九岁升坐,词辩注射,坐人皆屈。帝异之,曰:"半千孙,固当然。"因问:"童子,岂有类若者?"俶跪奏:"臣舅子李泌。"帝即驰召之。泌既至,帝方与燕国公张说观弈,因使说试其能。说请赋"方圆动静",泌逡巡曰:"愿闻其略。"说因曰:"方若棋局,圆若棋子,动若棋生,静若棋死。"泌即答曰:"方若行义,圆若用智,动若骋材,静若得意。"说因贺帝得奇童。帝大悦曰:"是子精神,要大于身。"赐束帛,敕其家曰:"善视养之。"张九龄尤所奖爱,常引至卧内。九龄与严挺之、萧诚善,挺之恶诚佞,劝九龄谢绝之。九龄忽独念曰:"严太苦劲,然萧软美可喜。"方命左右召萧,泌在旁,帅尔曰:"公起布衣,以直道至宰相,而喜软美者乎?"九龄惊,改容谢之,因呼"小友"。

　　及长,博学,善治《易》,常游嵩、华、终南间,慕神仙不死术。天宝中,诣阙献《复明堂九鼎议》。帝忆其早惠,召讲《老子》,有法,得待诏翰林,仍供奉东宫,皇太子遇之厚。尝赋诗讥诮杨国忠、安禄山等,国忠疾之,诏斥置蕲春郡。

肃宗即位灵武,物色求访,会泌亦自至。已谒见,陈天下所以成败事,帝悦,欲授以官,固辞,愿以客从。入议国事,出陪舆辇,众指曰:"著黄者圣人,著白者山人。"帝闻,因赐金紫,拜元帅广平王行军司马。帝尝曰:"卿侍上皇,中为朕师,今下判广平行军,朕父子资卿道义"云。始,军中谋帅,皆属建宁王,泌密白帝曰:"建宁王诚贤,然广平冢嗣,有君人量,岂使为吴太伯乎?"帝曰:"广平为太子,何假元帅?"泌曰:"使元帅有功,陛下不以为储副,得耶?太子从曰抚军,守曰监国,今元帅乃抚军也。"帝从之。

初,帝在东宫,李林甫数构谮,势危甚,及即位,怨之,欲掘冢焚骨。泌以天子而念宿嫌,示天下不广,使胁从之徒得释言于贼。帝不悦,曰:"往事卿忘之乎?"对曰:"臣念不在此。上皇有天下五十年,一旦失意,南方气候恶,且春秋高,闻陛下录故怨,将内惭不怿,万有一感疾,是陛下以天下之广不能安亲也。"帝感悟,抱泌颈以泣曰:"朕不及此。"因从容问破贼期,对曰:"贼掠金帛子女,悉送范阳,有苟得心,渠能定中国邪?华人为之用者,独周挚、高尚等数人,余皆胁制偷合,至天下大计,非所知也。不出二年,无寇矣。陛下无欲速。夫王者之师,当务万全,图久安,使无后害。今诏李光弼守太原,出井陉,郭子仪取冯翊,入河东,则史思明、张忠志不敢离范阳、常山,安守忠、田乾真不敢离长安,是以三地禁其四将也。随禄山者,独阿史那承庆耳。使子仪毋取华,令贼得通关中,则北守范阳,西救长安,奔命数千里,其精卒劲骑,不逾年而弊。我常以逸待劳,来避其锋,去蹑其疲,以所征之兵会扶风,与太原、朔方军互击之。徐命建宁王为范阳节度大使,北并塞与光弼相掎角,以取范阳。贼失巢窟,当死河南诸将手。"帝然之。会西方兵大集,帝欲速得长安,曰:"今战必胜,攻必取,何暇千里先事范阳乎?"泌曰:"必得两京,则贼再强,我再困。且我所恃者,碛西突骑、西北诸戎耳。若先取京师,期必在春,关东早热,马且病,士皆思归,不可以战。贼得休士养徒,必复来南。此危道也。"帝不听。

二京平,帝奉迎上皇,自请归东宫以遂子道。泌曰:"上皇不来矣。人臣尚七十而传,况欲劳上皇以天下事乎?"帝曰:"奈何?"泌乃为群臣通奏,具言天子思恋晨昏,请促还以就孝养。上皇得初奏,答曰:"当与我剑南一道自奉,不复东矣。"帝甚忧。及再奏至,喜曰:"吾方得为天子父!"遂下诏戒行。

崔圆、李辅国以泌亲信,疾之。泌畏祸,愿隐衡山。有诏给三品禄,赐隐士服,为治室庐。泌尝取松樛枝以隐背,名曰"养和",后得如龙形者,因以献帝,四方争效之。代宗立,召至,舍蓬莱殿书阁。初,泌无妻,不食肉,帝乃赐光福里弟,强诏食肉,为娶朔方故留后李昈甥,昏日,敕北军供帐。

元载恶不附己,因江西观察使魏少游请僚佐,载称泌才,以试秘书少监充判官。载诛,帝召还。复为常衮所忌,出为楚州刺史,辞不行,帝亦留之。会澧州缺,衮盛言南方凋瘵,请辍泌治之,乃授澧朗峡团练使,徙杭州刺史,皆有风绩。

德宗在奉天,召赴行在,授左散骑常侍。时李怀光叛,岁又蝗旱,议者欲赦怀光。帝博问群臣,泌破一桐叶附使以进,曰:"陛下与怀光君臣之分,不可复合如此叶矣。"由是不赦。始,朱泚乱,帝约吐蕃赴援,赂以安西、北庭。既而浑瑊与贼战咸阳,泚大败,吐蕃以师追北不甚力,因大掠武功而归。京师平,来请如约。帝业许,欲遂与之。泌曰:"安西、北庭,控制西域五十七国及十姓突厥,皆悍兵,处以分吐蕃势,使不得并兵东侵。今与其地,则关中危矣。且吐蕃向持两端不战,又掠我武功,乃贼也,奈何与之?"遂止。

贞元元年,拜陕虢观察使。泌始凿山开车道至三门,以便饷漕。以劳,进检校礼部尚书。淮西兵防秋屯郿州,已而四千人亡归,或曰吴少诚密招之。既入境,泌邀险悉击杀之。三年,拜中书侍郎、同中书门下平章事,累封邺县侯。初,张延赏减天下吏员,人情愁怨,至流离死道路者。泌请复之,帝未从,因问:"今记口减承平时几何?"曰:"三之二。"帝曰:"人既雕耗,员何可复?"泌曰:"不然。户口虽耗,而事多承平十倍。陛下欲省州县则可,而吏员不可减。今州或参军署券，县佐史判案。所谓省官者，去其冗员，非常员也。"帝曰："若何为冗员？"对曰："州参军无职事及兼、试额内官者。兼、试，自至德以来有之，比正员三之一，可悉罢。"帝乃许复吏员，而罢冗官。泌又条奏："中朝官常侍、宾客十员，其六员可罢。左右赞善三十员，其二十员可罢。如旧制，诸王未出阁，官属皆不除。而所收料奉，乃多于减员矣。"帝悦。

是时，州刺史月奉至千缗，方镇所取无艺，而京官禄寡薄，自方镇入八座，至谓罢权。薛邕由左丞贬歙州刺史，家人恨降之晚。崔祐甫任吏部员外，求为洪州别驾。使府宾佐有所忤者，荐为郎官。其当迁台阁者，皆不赴取罪去。泌以为外太重，内太轻，乃请随官闲剧，普增其奉，时以为宜。而窦参多沮乱其事，不能悉如所请。泌又白罢拾遗、补阙，帝虽不从，然因是不除谏官，唯用韩皋、归登。泌因收其公廨钱，令二人寓食中书舍人署。凡三年，始以韦绥、梁肃为左右补阙。

太子妃萧，母郜国公主也，坐蛊媚，幽禁中，帝怒，责太子，太子不知所对。泌入，帝数称舒王贤，泌揣帝有废立意，因曰："陛下有一子，而疑之，乃欲立弟之子，臣不敢以古事争。且十宅诸叔，陛下奉之若何？"帝赫然曰："卿何知舒王非朕子？"对曰："陛下昔为臣言之。陛下有嫡子以为疑，弟之子敢自信于陛下乎？"帝曰："卿违朕意，不顾家族邪？"对曰："臣衰老，位宰相，以谏而诛，分也。使太子废，佗日陛下悔曰'我惟一子，杀之，泌不吾谏，吾亦杀尔子'，则臣绝祀矣。虽有兄弟子，非所歆也。"即噫呜流涕。因称："昔太宗诏：'太子不道，藩王窥伺者，两废之。'陛下疑东宫而称舒王贤，得无窥伺乎？若太子得罪，请亦废之而立皇孙，千秋万岁后，天下犹陛下子孙有也。且郜国为其女妒忌，而蛊惑东宫，岂可以妻母累太子乎？"执争数十，意益坚，帝寤，太子乃得安。

初，兴元后国用大屈，封物皆三损二。旧制，堂封岁三千六百缣，后才千二百。至是，帝使还旧封。于是李晟、马燧、浑瑊各食实封，悉让送泌，泌不纳。时方镇私献于帝，岁凡五十万缗，其后稍损至三十万,帝以用度乏问泌,泌请:"天下供钱,岁百万给宫中,劝不受私献。凡诏旨须索,即代两税,则方镇可以行法,天下纾矣。"

帝尝从容言:"卢杞清介敢言,然少学,不能广朕以古道,人皆指其奸而朕不觉也。"对曰:"陛下能觉杞之恶,安致建中祸邪?李揆和蕃,颜真卿使希烈,其害旧德多矣。又杨炎罪不至死,杞挤陷之而相关播。怀光立功,逼使其叛。此欺天也。"帝曰:"卿言诚有之。然杨炎视朕如三尺童子,有所论奏,可则退,不许则辞官,非特杞恶之也。且建中乱,卿亦知桑道茂语乎?乃命当然。"对曰:"夫命者,已然之言。主相造命,不当言命。言命则不复赏善罚恶矣。桀曰:'我生不有命自天?'武王数纣曰:'谓己有天命。'君而言命,则桀、纣矣。"帝曰:"朕请不复言命。"俄加集贤殿、崇文馆大学士,修国史。泌建言:学士加大,始中宗时,及张说为之,固辞,乃以学士知院事。至崔圆复为大学士,亦引泌,为让而止。

帝以"前世上巳、九日,皆大宴集,而寒食多与上巳同时,欲以二月名节,自我为古,若何而可?"泌谓:"废正月晦,以二月朔为中和节,因赐大臣戚里尺,谓之裁度。民间以青囊盛百谷瓜果种相问遗,号为献生子。里闾酿宜春酒,以祭勾芒神,祈丰年。百官进农书,以示务本。"帝悦,乃著令,与上巳、九日为三令节,中外皆赐缗钱燕会。

四年八月,月蚀东壁,泌曰:"东壁,图书府,大臣当有忧者。吾以宰相学士,当之矣。昔燕国公张说由是以亡,又可免乎?"明年果卒,年六十八,赠太子太傅。

泌出入中禁,事四君,数为权幸所疾,常以智免。好纵横大言,时时说议,能寤移人主。然常持黄老鬼神说,故为人所讥切。初,肃宗重阴阳巫祝,擢王玙执政,大抵兴造工役,辄牵禁忌俗说。而黎干以左道位京兆尹,尝使禁工骈珠刺绣为乘舆服,举焚之以为禳袯。德宗素不为然,及嗣位,罢内道场,除巫祝。代宗将葬,帝号送承天门,而辒车行不中道,问其故,有司曰:"陛下本命在午,故避之。"帝泣曰:"安有枉灵驾以谋身利?"命直午而行。又宣政廊坏,太卜言:

"孟冬魁冈,不可营缮。"帝曰:"《春秋》'启塞从时',何魁冈为?"亟诏葺之。及桑道茂城奉天事验,始尚时日拘忌,因进用泌,泌亦自有所建明。独柳玭称,两京复,泌谋居多,其功乃大于鲁连、范蠡云。

子繁。

繁少才警,无行。泌始起阳城官诸朝,故城重德泌而亲厚于繁。及疏裴延龄,既具藁,以繁可信,夜使繁书。已封,尽能诵忆,乃录以示延龄。明日,延龄白帝曰:"城以疏示于朝。"即摘其条以自诉解。城奏入,帝怒,遂不省。泌与梁肃善,故繁师事肃。及卒,烝其室,士议欢丑,由是摈弃积年。后为太常博士,权德舆为卿,奏斥之,改河南府士曹参军。累迁随州刺史,罢归,不得调。敬宗诞日,诏与兵部侍郎丁公著、太常少卿陆亘入殿中,抗老、佛诵论。改大理少卿、弘文馆学士。谏官御史交章弹治,乃出为亳州刺史。州有剧贼,剽室庐略财赀为患,它刺史不能禽。繁有机略,悉知贼巢薮所在,一旦出兵捕斩之。议者责繁不先启观察府,为擅兴。诏御史舒元舆按之,元舆与繁素隙,尽翻其狱,以为滥杀不辜,有诏赐死,京兆人皆冤之。繁下狱,知且死,恐先人功业泯灭,从吏求废纸掘笔,著家传十篇,传于世。

赞曰:泌之为人也,异哉!其谋事近忠,其轻去近高,其自全近智,卒而建上宰,近立功立名者。观肃宗披榛莽,立朝廷,单言暂谋有所瘳合,皆付以政。当此时,泌于献纳为不少。又佐代宗收两京,独不见录,宁二主不以宰相器之邪?德宗晚好鬼神事,乃获用,盖以怪自置而为之助也。繁为家传,言泌本居鬼谷,而史臣谬言好鬼道,以自解释。既又著泌数与灵仙接,言举不经,则知当时议者切而不与,有为而然。繁言多浮侈,不可信,掇其近实者著于传。至劝帝先事范阳,明太子无罪,亦不可诬也。

唐书卷一四〇
列传第六五

崔圆　苗晋卿　裴冕
裴遵庆　向　枢　吕諲

崔圆,字有裕,贝州武城人,后魏尚书左仆射亮八世孙。少孤贫,志向卓迈,喜学兵家。开元中,诏举遗逸,以钤谋对策甲科,历京兆府参军,尹萧炅荐之,迁会昌丞。杨国忠遥领剑南节度,引圆为左司马,知留后。

玄宗西出,次扶风,迁御史中丞、剑南节度副大使。圆锐功名,初闻难,刺国忠意,乃治城浚隍,列馆宇,储什具。帝次河池,圆疏具陈“蜀土腴谷羡,储供易办”。帝省书泣下曰:“世乱识忠臣。”即日拜中书侍郎、同中书门下平章事,仍兼剑南节度使。天子至,朝廷百司殿宇帷幔皆具,益嗟赏之。肃宗立,命与房琯、韦见素赴行在所,帝为制遗爱碑于蜀以宠之。

至德二载,迁中书令,封赵国公,实封户五百。乾元元年,罢为太子少师,留守东都。于是上皇所置宰相无在者。王师之败相州也,军所过,皆纵剽,圆惧,委东都,奔襄阳,诏削阶、封。寻召拜济王傅。李光弼表为怀州刺史,改汾州,以治行称。徙淮南节度使,在镇六年,请朝京师,吏民乞留,诏检校尚书右仆射,还之。久乃检校左仆射,入知省事。大历中卒,年六十四,赠太子太师,谥曰昭襄。

苗晋卿,字元辅,潞州壶关人,世以儒素称。擢进士第,调为修武尉,累进吏部郎中、中书舍人,知吏部选事。选人诉索好官,厉言倨色纷于前,晋卿与相对,终日无愠颜。久之,进侍郎,积宽纵,而吏下因缘作奸。方时承平,选常万人,李林甫为尚书,专国政,以铨事委晋卿及宋遥,然岁命它官同较书判,核才实。天宝二载,判入等者凡六十四人,分甲、乙、丙三科,以张奭为第一。奭,御史中丞倚之子,倚新得幸于帝,晋卿欲附之。奭本无学,故议者嚣然不平。安禄山因间言之,帝为御花萼楼覆实,中裁十一二,奭持纸终日,笔不下,人谓之“曳白”。帝大怒,贬倚淮阳太守,遥武当太守,晋卿安康太守。

明年,徙魏郡,即充河北采访使。居三年,政化大行。尝入计,谒归壶关,望县门辄步,吏谏止,晋卿以“公门当下,况父母邦乎”?郡太守迎犒,使所属令行酒,酒至,必立饮白酹;侍老有献,降西阶拜而饮,时美其恭。改河东郡,兼河东采访使。徙扶风郡,封高平县男。迁工部尚书、东都留守,召为宪部,兼左丞。安禄山反,窦廷芝弃陕郡不守,杨国忠本忌其有望,即奏“东道贼冲,非大臣不可镇遏”,授陕郡太守、陕虢防御使。晋卿见帝,以老辞,忤旨,听致仕于家。车驾入蜀,搢绅多陷贼,晋卿间道走金州。

肃宗至扶风,召赴行在,拜左相。平京师,封韩国公,食五百户,改侍中。既而乞骸骨,罢为太子太傅。未几,复拜侍中。玄宗崩,肃宗疾甚,诏晋卿摄冢宰,固让曰:“大行遗诏,皇帝三日听政,稽祖宗故事,则无冢宰之文,奉遗诏则宜听朝。惟陛下顺变以幸万国。”帝不听。后数日,代宗立,复诏摄冢宰,固辞乃免。时年老蹇甚,乞间日入政事堂,帝优之,听入阁不趋,为御小延英召对。宰相对小延英,自晋卿始。吐蕃犯京师,晋卿以病卧家,贼舆致胁之,噤不肯语,贼不敢害。帝还,拜太保,罢政事。

永泰初薨,年八十一,赠太师,京兆少尹护丧,谥曰懿献。元载未显时为晋卿所遇,载方相,故讽有司改谥文贞。

晋卿宽厚,所至以惠化称。魏人为营生祠,立石颂美。再秉政,出入七年,小心谨畏,不甚斥是非得失,故能安保宠名。然练达事

体，百官簿最，一省无遗，议者比汉胡广。肃宗欲以李辅国为常侍，
奏曰："常侍近密，非贤不可居，岂宜任等辈？"罢之。朝廷欲论陈希
烈等死，晋卿曰："陛下得张通儒、安守忠、孙孝哲等，何以加罪？"帝
不从。俄而史思明乱，持是以诱众。尝自为父碑文，有鹊巢碑上，贼
入上党，焚荡略尽，而苗氏松槚独无伤。大历七年，配享肃宗庙廷。

十子：发、丕、坚、粲、垂、向、吕、稷、望、咸。

粲，德宗时官至郎中。陆贽欲进粲官，帝不许，曰："晋卿往摄
政，有不臣之言。又名其子，皆与帝王同，粲等宜与外官。"贽奏："王
者爵人必于朝，刑人必于市，言与众共之。奖而不言其善，斯谓曲
贷；罚而不书其恶，斯谓中伤。曲贷，则授受不明，而私幸之门启；中
伤则枉直无辨，而谗间之道行。可不慎哉！若陛下以晋卿奸邪，粲
等应坐，则当公议其罪。若知见诬，亦宜擢粲等以示天下。且晋卿
起文儒，致位台辅，谦柔敦厚，为三朝所推，安肯为族灭计？虽甚狂
险犹不为之，况老臣乎？"帝然之，而粲官终不显。

裴冕，字章甫，河中河东人。本冠族仕家，以荫再调渭南尉。王
铁为京畿采访使，表署判官，历殿中侍御史。冕少学术，然明锐果于
事，众号称职，铁雅任之。及铁得罪，有诏廷辨，冕位甚下，而抗言其
诬。铁死，李林甫方用事，僚属惧，皆引去，独冕为敛葬，由是寖知
名。河西节度使哥舒翰辟行军司马。

玄宗入蜀，诏皇太子为天下兵马元帅，拜冕御史中丞兼左庶子
副之。初，冕在河西，方召还而道遇太子平凉，遂从至灵武，与杜鸿
渐、崔漪同辞进曰："主上厌于勤，且南狩蜀，宗社神器，要须有归。
今天意人事属在殿下，宜正位号。有如逡巡，失亿兆心，则大事去
矣。"太子曰："我平寇逆，奉迎乘舆还京师，退居凉贰，以侍膳左右，
岂不乐哉！公等何言之过！"对曰："殿下居东宫二十年，今多难启
圣，以安社稷，而所从将士皆关辅人，日夜思归，大众一骚，不可复
集，不如因而抚之，以就大功。臣等昧死请。"太子固让，凡五请，卒
见听。太子即位，进冕中书侍郎、同中书门下平章事。乃建言卖官、

度僧道士,收赀济军兴。时取偿既贱,众不为宜。

肃宗至凤翔,罢冕政事,拜尚书右仆射。两京平,封冀国公,实封五百户,出为剑南西川节度使。复为右仆射,待制集贤院。俄充山陵使。于是,中书舍人刘烜为李辅国所昵,冕表为判官。烜抵法,坐降施州刺史,徙澧州。

大历中,郭子仪言于代宗曰:"冕首佐先帝,驰驱灵武,有社稷勋,程元振忌其贤,遂加诬构,海内冤之。陛下宜还冕于朝,复俾辅相,必能致治成化。"时元载秉政,冕早所甄引,载德之,又贪其衰瘵,且下己,遂拜左仆射、同中书门下平章事。入见,拜不能兴,载自扶之,代为赞谢。俄兼河南江淮副元帅、东都留守。不逾月,卒,有诏赠太尉。

冕以忠勤自将,然不知宰相大体。性豪侈,既素贵,舆服食饮皆光丽珍丰,枥马直数百金者常十数,每广会宾客,不能名其馔,自制巾子工甚,人争效之,号"仆射巾"。领使既众,吏白俸簿月二千缗,冕顾视,喜见颜间,世訾其嗜利云。

始,肃宗庙惟苗晋卿配享。冕卒后二十余年,有苏正元者奏言:"肃宗为元帅时,师才一旅,冕于草创中,甄大义以劝进,收募骁勇几十余万。既逾月,房琯来。又一年,而晋卿至。今晋卿从祀,而冕乃不与。"有诏冕配享肃宗庙。

裴遵庆,字少良,绛州闻喜人。幼强学,该综图传,外晦内明,不干当世。年既长,始以仕家推荫为兴宁陵丞,调大理丞。边将萧克济督役苛暴,役者有丑言,有司以大逆论,遵庆曰:"财不足聚人,力不足加众,焉能反?"由是全救数十族。频擢吏部员外郎,判南曹。天宝时,选者岁万计,遵庆性强敏,视簿牒详而不苛,世称吏事第一。

肃宗时,为吏部侍郎。萧华辅政,屡荐之,拜黄门侍郎、同中书门下平章事。

代宗初,仆固怀恩反,帝以遵庆忠厚大臣,故奉诏宣慰,怀恩听命将入朝,既而为其将范志诚沮止。时帝在陕,遵庆脱身赴行在。帝还,迁太子少傅。罢为集贤院待制,改吏部尚书,以尚书右仆射复知选事,朝廷优其老,听就第注官,时以为荣。

尝有族子病狂易,告以谋反,帝识其谬,置不问。性惇正,才而弥谨。每荐贤,有来谢者,以为耻。谏而见从,即内益畏。虽亲近,但记其削稿疏数,而莫知所言。大历十年薨,年九十余。初为郎时,著《王政记》,述今古治体,识者知其公辅器云。

子向。

向字俛仁,以荫得调。建中初,李纾为同州刺史,奏署判官。李怀光叛河中,使其将赵贵先筑垒于同州,纾奔奉天,而向领州务。贵先胁吏督役,不及期,将斩以徇,民皆骇散,向独诣贵先垒开谕之,贵先乃降。同州不陷,向力也。累为栎阳、渭南令,奏课皆第一,擢户部员外郎。德宗末,方镇之副,多自选于朝,以待有变,次授之,故向以选为太原少尹、行军司马,历陕虢观察使,以吏部尚书致仕。向能以学行持门户,内外亲属百余口,禄俸必均,世称其孝睦。卒年八十,赠太子少保。

子寅,官累御史大夫。寅子枢。

枢字纪圣,咸通中,第进士。杜审权镇河中,奏署幕府,再迁蓝田尉。宰相王铎知之,遂直弘文馆。铎罢,枢久不调。从僖宗入蜀,擢殿中侍御史。中和初,铎为都统,表署郑滑掌书记。龙纪初,进给事中,改京兆尹。与孔纬厚善,纬以罪贬,故枢改右庶子,出为歙州刺史。迁右散骑常侍,为汴州宣谕使。

枢素与朱全忠相结纳,故全忠听命,修贡献不绝。昭宗悦,迁兵部侍郎。时崔胤亦倚全忠专朝柄,因与枢善。俄以户部侍郎同中书门下平章事。帝在凤翔,贬胤官,枢亦罢为工部尚书。已还宫,拜检校尚书右仆射、同平章事。出为清海节度使。全忠言枢有经世才,不宜弃外,复拜门下侍郎、平章事,监修国史。累进右仆射、诸道盐铁转运使。哀帝嗣位,柳璨方用事,全忠以牙将张廷范为太常卿,枢以为廷范勋臣,自宜任方镇,何用为卿,恐非王意,持不下。全忠怒,谓宾佐曰:"吾常器枢不浮薄,今乃尔。"璨闻,即罢枢政事,拜左仆射。俄贬登州刺史,又贬泷州司户参军。至滑州,全忠遣人杀之白马驿,投尸于河,年六十五。初,全忠佐吏李振曰:"此等自谓清流,宜投诸河,永为浊流。"全忠笑而许之。

吕谓,河中河东人。少力于学,志行整饬。孤贫不自业,里人程氏财雄于乡,以女妻谓,亦以谓才不久困,厚分赀赡济所欲,故称誉日广。开元末,入京师,第进士,调宁陵尉,采访使韦陟署为支使。哥舒翰节度河西,表支度判官。历太子通事舍人。性静慎,勤总吏职,诸僚或出游,谓独颓然据案,钩视簿最,翰益亲之。累兼殿中侍御史。翰败潼关,谓西趋灵武,由中人尉荐,肃宗才之,拜御史中丞,所陈事无不顺纳。从至凤翔,迁武部侍郎。

帝复两京,诏尽系群臣之污贼者,以御史中丞崔器、宪部侍郎韩择木、大理卿严向为三司使处其罪,又诏御史大夫李岘及谓领使。谓于权宜知大体不及岘,而援律傅经过之,当时惮其持法,然以岘故,多所平反。

乾元二年,九节度兵败,帝忧之。擢谓同中书门下平章事,知门下省,翌日,复以李岘、李揆、第五琦为宰相,而苗晋卿、王屿罢。会母丧解,三月复召知门下省事,兼判度支,还执政。累封须昌县伯,迁黄门侍郎。上元初,加同中书门下三品,当赐门戟,或劝谓以凶服受吉赐不宜,谓释缞拜赐,人讥其失礼。

谓引妻之父楚宾为卫少卿,楚宾子震为郎官。中人马尚言者,素昵于谓,为人求官,谓奏为蓝田尉。事觉,帝怒,命敬羽穷治,杀尚言,以其肉赐从官,罢谓为太子宾客。数月,拜荆州长史、澧朗峡忠等五州节度使。谓始建请荆州置南都,诏可。于是更号江陵府,以谓为尹,置永平军万人,遏吴、蜀之冲,以湖南之岳、潭、郴、道、邵、连,黔中之涪,凡七州隶其道。初,荆州长史张惟一以衡州蛮酋陈希昂为司马,督家兵千人自防,惟一亲将牟遂金与相忤,希昂率兵至惟一所捕之,惟一惧,斩其首以谢,悉以遂金兵属之,乃退。自是,政一出希昂。后入朝，迁常州刺史，过江陵入谒，谔伏甲击杀之，诛党偶数十人，积尸府门，内外震服。

妖人申泰芝用左道事李辅国，擢谏议大夫，置军邵、道二州间，以泰芝总之，纳群蛮金，赏以绯紫，出褚中诏书赐衣示之。群蛮怵于赏，而财不足，更为剽掠，吏不敢制。潭州刺史庞承鼎疾其奸，因泰芝过潭，缚付吏，劾赃巨万，得左道谶记，并奏之。辅国矫追泰芝还京，既召见，反谮承鼎陷不辜，诏谔按罪。使判官严郢具狱，暴泰芝之恶。帝不省，赐承鼎死，流郢建州，后泰芝终以赃徙死，承鼎追原其诬。

谔为治，不急细务，决大事刚果不桡。始在河西，悉知诸将能否，及为尹，奏取材者数十人总牙兵，故威惠两行。谔之相，与李揆不平，既斥，乃用善治闻。揆恐帝复用，即妄奏置军湖南非便，又阴遣人刺谔过失。谔上疏讼其事，帝怒，逐揆出之，显条其罪。谔苦羸疾，卒，年五十一，赠吏部尚书。

谔在朝不称任职相，及为荆州，号令明，赋敛均一。其治尚威信，故军士用命，阖境无盗贼，民歌咏之。自至德以来，处方面数十人，谔最有名。荆人生构房祠，及殁，吏裒钱十万徙祠府西。始，谔知杜鸿渐、元载才，荐于朝，后皆为宰相。

永泰中，严郢以故吏请谥有司，博士独孤及谥曰"肃"，郢以"故事，宰相谥皆二名"，请益曰"忠肃"。及执奏，谓："谥在义美恶，不在多名。文王伐崇，周公杀三监、淮夷，重耳一战而霸，而谥曰文。冀缺之恪，宁俞之忠，随会不忘其君，而谥曰武。故知称其大略其细也。且二名谥，非古也。汉兴，萧何、张良、霍去病、霍光以文武大略，佐汉致太平，一名不尽其善，乃有文终、文成、景桓、宣成之谥。唐兴，参用汉制，魏徵以王道佐时近'文'，爱君忘身近'贞'，二者并优，废一莫可，故曰文贞。萧瑀端直近'贞'，性多猜近'褊'，言'褊'则失'贞'，称'贞'则遗'褊'，故曰贞褊。盖有为为之也。若迹无异称，则易以一字。故杜如晦曰成，封德彝曰明，王珪曰懿，陈叔达曰忠，温彦博曰恭，岑文本曰宪，韦巨源曰昭，皆当时赫赫居宰相位者,谥不过一名。而言故事宰相必以二名,固所未闻。宜如前谥。"
遂不改。

赞曰:孔子称才难。然人之才有限,不得皆善。观圆之锐,而失
守出奔;晋卿雅厚,而少风彩臧否;冕明强,嗜利不知大体;谭辅政,
功名不及治郡。然各以所长显于时。故圣人使人也器之,不穷所不
能而后为治也。遵庆寡疵,中人之贤与。

唐书卷一四一
列传第六六

崔光远　邓景山 崔瓘　魏少游
卫伯玉　李澄 克宁　韩全义
卢从史　高霞寓

　　崔光远,系出博陵,后徙灵昌。祖敬嗣,嗜酒挢博。中宗在房州,吏多肆慢不为礼,敬嗣为刺史,独尽诚推奉,储给丰衍,帝德之。及反正,有与敬嗣同姓名者,每拟官,帝辄超拜,后召见,愕非是。访真敬嗣已死,即授其子汪五品官。

　　汪生光远,勇决任气,长六尺,瞳子白黑分明。开元末,为唐安令,与杨国忠善,累迁京兆少尹,为吐蕃吊祭使,还,会玄宗西狩,诏留光远为京兆尹、西京留守、采访使。乘舆已出,都人乱,火左藏大盈库,争辇财珍,至乘驴入宫殿者。光远乃募官摄府、县,谁何宫阙,斩十数人,乃定。因伪使其子东见禄山,而禄山先署张休为京兆尹,由是追休,授光远故官。俄而同罗背贼,以厩马二千出奔,贼将孙孝哲、安神威招之不得,神威忧死,官吏惊走,狱囚皆逸。光远以为贼且走,命人守神威、孝哲等第,斩曳落河二人。孝哲驰白禄山,光远惧,与长安令苏震出开远门,使人奔呼曰:"尹巡门!"门兵具器仗迎谒,至,皆斩之,募得百余人,遂趋灵武。肃宗嘉之,擢拜御史大夫,复为京兆尹,遣到渭北募侨民。会贼党剽泾阳,休祠房,椎牛呼饮。光远刺知之,率兵夜趋其所,使百骑毂满狙其前,命骁士合噪。贼醉，不能师，斩其徒二千，得马千噭，俘一酋长以献。自是，贼常避其锋。扈帝还，改礼部尚书、邺国公，封实户三百。

乾元元年，繇汴州刺史代萧华为魏州节度使。初，郭子仪与贼战汲郡，光远裁率汴师千人援之，不甚力。及守魏，使将军李处崟拒贼，子仪不救，战不胜，奔还，贼因傅城下诡呼曰："处崟召我而不出，何也？"光远信之，斩处崟。处崟善战，众倚以为重，及死，人益危。魏城经衰知泰、能元皓等完筑，牢甚，光远不能守，夜溃围出，奔京师。帝赦其罪，拜太子少保。

会襄州将康楚元、张嘉延反，陷荆、襄诸州，因拜持节荆、襄招讨，充山南东道兵马都使。又徙凤翔尹。先是，岐、陇贼郭愔等掠州县，峙五堡，光远至，遣官喻降之。既而沈饮不亲事。愔等阴约党项及奴剌、突厥，败韦伦于秦、陇，杀监军使。帝怒光远无状，召还。复使节度剑南。会段子璋反东川，李奂败走成都，光远进讨平之。然不能禁士卒剽掠士女，至断腕取金者，夷杀数千人。帝诏监军按其罪，以忧卒。

邓景山，曹州人。本以文吏进，累至监察御史。至德初，擢拜青齐节度使，徙淮南。为政简肃。有鼋集城门，邓珽语景山曰："鼋，介物也。失所次，金不从革之象。其有兵乎？"未几，宋州刺史刘展反。初，展有异志，淮西节度使王仲升表其状，诏迁扬州长史兼江淮都统，密诏景山执送京师。展知之，拥兵二万度淮。景山逆击不胜，奔寿州，因引平卢节度副使田神功讨展。神功兵至扬州，大掠居人，发冢墓，大食、波斯贾胡死者数千人。展叛凡三月平，追景山入朝，拜尚书左丞，以崔圆代之。

王思礼在太原，储峙赢衍，请输半以实京师。会卒，菅崇嗣代之，政弛不治，数月，为下盗费略尽。帝闻，即以景山为太原尹，封南阳郡公。至则振核纪纲，检覆干隐，众大惧。而景山清约，子弟馔不过草具，用器止乌漆，待上宾惟豚、鱼而已。取仓粟红腐者食之，兼给麾下，麾下怨讪。左右白景山，景山曰："此不食，留将安用邪？"因慢骂，士皆羞忿。有裨校抵死，诸将请赎，不许；其弟请代，不许；请纳一马赎，景山乃许减死。众怒曰："吾属命才一马直乎？"景山护失，叱遣之。少将黄抱节因众怒作乱，景山遇害，时宝应元年也。肃宗以其统驭失方，不复究验，遣使喻抚其军，军中请辛云京为节度，诏可。

景山与刘晏善，其后家寒婆，晏屡经纪之，嫁其孤女。谥曰敬。

崔瓘，博陵人，以士行修谨闻。累官至澧州刺史，不为烦苛，人便安之，流亡还归，居二年，增户数万。诏特进五阶，以宠异政。

大历中，迁湖南观察使。时将吏习宽弛，不奉法，瓘稍以礼法绳裁之，下多怨。别将臧玠、判官达奚觏忿争，觏曰："今幸无事。"玠曰："欲有事邪？"拂衣去，是夜，以兵杀觏。瓘闻难，惶惧走，遇害。帝悼惜之。

魏少游，字少游，邢州巨鹿人，以吏干称。天宝末，累迁朔方水陆转运副使。肃宗幸灵武，杜鸿渐等奉迎，而留少游缮治宫室。少游大为殿宇幄帟，皆象宫阙，诸王、公主悉有次舍，供拟穷水陆。又有千余骑，铠帜光鲜，振旅以入。帝见宫殿，不悦，曰："我至此欲就大事，安用是为？"稍命去之。除左司郎中。

两京平，封巨鹿县侯，迁陕州刺史。王师溃于邺，河、洛震骇，少游镇守自若。擢京兆尹。李辅国以其不附己，改卫尉卿。会率群臣马助军，少游与汉中王瑀持异，帝怒，贬渠州长史。复为京兆尹，始请："中书门下省五品、尚书省四品、诸司正员三品、诸王、驸马期以上亲及婿若甥，不得任京兆官。"诏可。大历二年，为江西观察使，进刑部尚书，改封赵国公。六年卒，赠太子太师。

少游四为京兆，虽无赫赫名，然善任人，缘饰规捡，有足称者。

卫伯玉，史失其何所人。少习武技，为有力。天宝中，从安西府，积劳至员外诸卫将军。肃宗即位，慨然愿立功，乃归长安，领神策兵马使,出镇陕州行营。乾元二年,贼将李归仁以骑五千入寇,伯玉与战强子坂,破之,获马六百匹。迁羽林大将军,徙四镇、北廷行营节度使,俄为神策军节度。史思明遣子朝义夜袭陕,将动京师,伯玉迎击,破之于永宁。加特进,封河东郡公。

广德元年,代宗幸陕,以伯玉有干略,可方面大事,乃拜荆南节度使,进封城阳郡王。大历初,以母忧当代,讽将吏留己,复诏节度荆南,议者丑其留。十一年,归京师,卒。

李澄,辽东襄平人,隋蒲山公宽之远胄。以勇票隶江淮都统李勉府为偏将。又从永平节度李勉军,勉帅汴,表澄滑州刺史。李希烈陷汴,勉走,澄以城降贼,希烈以为尚书令,节度永平军。兴元元年,澄遣卢融间道奉表诣行在。德宗嘉之,署帛诏内蜜丸,授澄刑部尚书、汴滑节度使。澄未即宣,乃先勒训士马。希烈疑,以养子六百戍之。贼急攻宁陵,邀澄至石柱,澄密令焚营为惊遁者,养子辈果乘以剽掠,澄尽斩之,以告希烈,不能诘。贼遣将翟崇晖率精兵寇陈州,未还,汴军寡,澄度不能制己,又中官薛盈珍持节至,封澄武威郡王,赐实封,乃燔贼旗节自归。希烈既失澄,而崇晖复败,繇是奔汝南。

澄引兵将取汴,屯其北门不敢进,及刘洽师屯东门,贼将田怀珍纳之。比澄入,洽已保子城矣。澄乃舍浚仪,两军士日争忿,未能安。会郑州贼将孙液送款于澄,澄遣子清驰赴。先此,河阳李芃使偏将雍希颢攻郑,数残剽,液拒之。及纳清,希颢大怒,急攻郑。清助守,杀河阳兵数千,希颢焚阳武去,澄遂如郑。诏授清检校太子宾客,易名克宁。

贞元初,迁澄检校尚书左仆射、义成军节度使。二年卒,年五十四,赠司空。澄始封陇西公,后乃进王爵,每上章,必叠署二封,士大夫笑其野。

澄之丧,克宁閟不发,阅旬日,欲自领事,其行军司马马铉不许,克宁杀之,墨绖,加卒婴城,将为乱。刘洽以兵屯境上,遣使谕

止,遂自戕,然道闭者半月。诏以贾耽代镇,克宁乃护丧归,悉索府
中财夜出,军士从剽之殆尽。澄枢至京,犹赐克宁庄一区、钱千缗、
粟麦数千石云。

　　韩全义,家素寒,史失其先世。兴卒伍,以巧佞事宦者窦文场,
擢累长武城使,进拜夏绥银宥节度使,诏以长武兵赴屯。全义素懦
贪,无纪律,为下靳狎。诏未下,军中遍知之,谋曰:“夏州沙碛,无树
蓺生业,不可往。”是夜,噪而乱,全义缒以逸,杀其亲将王栖岩、赵
虔曜等。军虞候高崇文诛乱首,众乃定,全义得赴屯。

　　吴少诚以蔡拒命,诏合十七镇兵讨之。时军无帅统,惟以奄竖
监之,遂败于小溵。德宗以文场素为全义地,因用为淮西行营招讨
使,以陈许节度使上官涚副之,诸镇兵皆属。全义无它方略,号令悉
禀监军,每议攻战,宦竖十数纷争帐中,小人好自异,互诋訾不能
决。贼知之,数请战。遇贼广利城,方暑,地沮洳,士皆病疠,全义未
尝存之。既战,师皆溃,退保五楼,贼移屯逼之,乃与监军贾英秀等
保溵水,不能固,又入屯陈州。是时,唯陈许将孟元阳、神策将苏光
荣守溵水,全义诱潞、滑州数大将杀之,然卒不振。宦人共掩其败,
帝不知。少诚度无能为,即谩书谢监军,求洗前咎。帝下其议,宰相
贾耽以为五楼之败,贼不追者,以冀恩耳,请纳其诚。帝然之。

　　全义班师,过阙下,托疾不入谒。司马崔放见帝,谢无功。帝曰:
“全义诱少诚归国,功大矣!何必杀敌乃为功邪?”还屯夏州,中人即
第宴赉,然卒不见天子去。时恨帝失政,使奸狯人得肆云。宪宗在
藩,疾之,既嗣位,全义大惧,愿入觐,不复用,以太子少保致仕卒。
其子献女乐八人。帝不纳,曰:“我方以俭治天下,恶用是为。”

　　卢从史,其先在元魏时为盛族,后徙籍不常。父虔,好学,由进
士第历御史、秘书监。

　　从史少好骑射,游泽、潞间,节度使李长荣署为督将。贞元后,
藩臣缺,德宗必取本军所喜戴者授之。从史在潞,奸狯得士心,又善

附迎中人，会长荣卒，即擢拜昭义节度副大使。既得志，寖恣不道，至夺部将妻，而能辩给粉泽其非。府属孔戡等屡以直语争刺，初唯唯，后益不从，皆引去。元和中，丁父丧未官，从史即献计诛王承宗，阴向帝旨，繇是夺服，复领泽、潞。因诏讨贼，而勒兵逗留，阴与承宗交，得其密号授军中，又高刍粟直以售度支。即上书求兼宰相，且诬诸军与贼通，兵未可进。宪宗患之。

初，神策中尉吐突承璀与对垒，从史时过其营饮博，承璀多出宝带、奇玩夸之。从史资沓猥，所玩悦必遗焉。从史喜，益狎不疑。帝用裴垍谋，敕承璀图之。承璀伏壮士幕下，伺其来与语，士突起捽持出帐后，缚内车中。从者惊乱，斩数十人，谕以密诏，而大将乌重胤素忠果，部勒其众，乃定。会夜，疾驱，未明出境，道路无知者。于是，五年夏四月，有诏慰其军，疏从史罪恶，贬欢州司马，赐死。子继宗等并徙岭南。

高霞寓，幽州范阳人。其先五代不异居，孝闻里闾。德宗初，采访使洪经纶言之，诏表阙于门。

霞寓能读《春秋》及兵法，颇以感概自尚，狡谲多变。往见长武城使高崇文，崇文异其才，檄任军职。从击刘辟，战辄克，下鹿头城，降李文悦、仇良辅等，追战七盘城有功，禽辟于羊灌。擢拜彭州刺史。俄代崇文为长武城使，封感义郡王。

元和中，以左威卫将军随吐突承璀讨王承宗，诸将多覆军，独霞寓有功，诏藏所获铠仗于神策库以旌之。承璀已执卢从史，其军相惊，乃遣霞寓谕之，麾而大呼曰："元恶缚矣，公等宜自安！"即脱铠掸而前，众遂定，欲留为帅，霞寓间道去。拜丰州刺史、三城都团练防御使。

讨吴元济也，析山南东道为两镇，以霞寓宿将，拜唐邓隋节度使，遏贼南冲。霞寓虽悍，而寡谋，统制尤非所善，始引兵趋萧陂，战小胜，进至文城栅，贼伪北，逐之，为伏所掩，遂大败，才以身免。诏贬归州刺史。乃厚赂权宦，召为右卫大将军，拜振武节度使。会吐蕃攻盐、丰二州,霞寓以兵五千屯拂云堆,虏引去。浚金河,溉卤地数千顷。改左武卫大将军,又节度邠宁,位检校司徒。宝历中,疽发首,不能事,以右金吾卫大将军召。卒于道,赠太保。

霞寓位既高,言多不逊,帝欲罢其兵,益自忧,乃上私第为佛祠,请署曰"怀恩",以塞帝疑。俄又诟侮僚属,作慢语斥讪大臣,其反覆自任类此。

唐书卷一四二
列传第六七

李麟　杨绾　崔祐甫 植 侹
柳浑 识　韦处厚　路隋

　　李麟,裔出懿祖,于属最疏。父浚,历润、虢、潞三州刺史,以诚信号良吏。开元中,终剑南节度按察使,赠户部尚书,谥曰诚。

　　麟好学,善文辞。以父荫补京兆府户曹参军,举宗室异能,转殿中侍御史。累擢兵部侍郎,与杨国忠同列。国忠怙权,疾之,改权礼部贡举。国忠迁,麟复本官。改国子祭酒。出为河东太守,有清政。安禄山反,朝廷以麟儒者,非御侮才,还为祭酒,封渭源县男。

　　玄宗入蜀,麟走见帝,再迁宪部尚书、同中书门下平章事。时宰相韦见素、房琯、崔涣、崔圆踵赴肃宗行在,独麟以宗室子留总百司。上皇还京,进同中书门下三品,封褒国公。张皇后挟李辅国寝桡政,苗晋卿、崔圆等畏其权,皆附离取安,独麟守正不阿顺,辅国忌恚。乾元初,罢为太子少傅。明年卒,年六十六,赠太子太傅,谥曰德。

　　杨绾,字公权,华州华阴人。祖温玉,在武后时为显官。世以儒闻。绾少孤,家素贫,事母谨甚。性沈靖,独处一室,左右图史,凝尘满席,澹如也。不好立名,有所论著,未始示人。第进士,补太子正字。举词藻宏丽科,玄宗已试,又加诗、赋各一篇,绾为冠,由是擢右拾遗。制举加诗、赋,繇绾始。

天宝乱,肃宗即位,绾脱身见行朝,拜起居舍人,知制诰。累迁中书舍人,兼修国史。故事,舍人年久者为阁老,其公廨杂料独取五之四。至绾,悉均给之。历礼部侍郎,建复古孝廉、力田等科,天下高其议。俄迁吏部,品裁清允,人服其公。是时,元载秉政,忌绾望高,疏薄之。宦者鱼朝恩判国子监,既诛,因是建言太学当得天下名儒汰其选,即拜绾国子祭酒,外示尊重,而实以散地处之。载日贪冒,天下士议益归绾,帝亦知之,自擢为太常卿,充礼仪使。载得罪,拜中书侍郎、同中书门下平章事,修国史。制下,士相贺于朝,绾固让,帝不许。

时诸州悉带团练使,绾奏:"刺史自有持节诸军事以掌军旅。司马,古司武,所以副军,即今副使。司兵参军,今团练判官。官号重复,可罢天下团练、守捉使。"诏可。又减诸道观察判官员之半。复言:"旧制,刺史被代若别追,皆降鱼书,乃得去。开元时,置诸道采访使,得专停刺史,威柄外移,渐不可久。其刺史不称职若赃负,本道使具条以闻,不得擅追及停,而刺史亦不得辄去州诣使所。如其故阙,使司无署摄,听上佐代领。"帝善其谋,于是高选州上佐,定上、中、下州,差置兵员,诏郎官、御史分道巡覆。又定府、州官月禀,使优狭相均。始,天下兵兴,从权宜,官品同而禄例差。及四方粗定,元载、王缙当国,偷以为利,因不改,故江淮大州至月千缗,而山剑贫险,虽上州刺史止数十缗。及此始复太平旧制。

绾素痼疾,居旬日寝剧,有诏就中书疗治,每对延英殿,许挟扶。于时厘补穿敝,唯绾是恃。未几薨,帝惊悼,诏群臣曰:"天不使朕致太平,何夺绾之速邪?"即日诏赠司徒,遣使者册授,欲及其未敛也。诏百官如第吊,遣使会吊,赙绢千匹、布三百匹。太常谥曰文贞。比部郎中苏端,憸人也,持异议,宰相常衮阴助之,帝以其言丑险不实,贬端巴州员外司马,犹赐谥曰文简。

绾俭约,未尝问生事,禄禀分姻旧,随多寡辄尽。造之者,清谈终暑,而不及荣利,欲干以私,闻其言,必内愧止。经诰微趣,学家疑晦者,一见即诣其极。始辅政,御史中丞崔宽本豪侈,城南别墅池观堂皇，为当时第一，即日遣人毁之；京兆尹黎干，出入从驺驭百数，省损才留十余骑；中书令郭子仪在邠州行营，方大会，除书至，音乐散五之四；它闻风靡然自化者，不可胜纪。世以比杨震、山涛、谢安云。

崔祐甫，字贻孙，太子宾客孝公沔之子也。世以礼法为闻家。第进士，调寿安尉。安禄山陷洛阳，祐甫冒矢石入私庙，负木主以逃。自起居舍人累迁中书舍人。

性刚直，遇事不回。时侍郎阙，祐甫摄省事，数与宰相常衮争议不平。衮怒，使知吏部选，每拟官，衮辄驳异，祐甫不为下。会朱泚军中猫鼠同乳，表其瑞，诏示衮，衮率群臣贺，祐甫独曰："可吊不可贺。"诏使问状，对曰："臣闻《礼》：'迎猫，为其食田鼠。'以其为人去害，虽细必录。今猫受畜于人，不能食鼠而反乳之，无乃失其性邪？猫职不修，其应若曰法吏有不触邪，疆吏有不捍敌。臣愚以为当命有司察贪吏，诫边候，勤徼巡，则猫能致功，鼠不为害。"代宗异其言，衮益不喜。

帝崩，衮与礼官议："礼，为君斩衰三年。汉文帝权制三十六日。我太宗文皇帝崩，遗诏亦三十六日，群臣不忍，既葬而除，略尽四月。高宗如汉故事。玄宗以来，始变天子丧为二十七日。乃者，遗诏虽曰'天下吏民，三日释服'，群臣宜如皇帝服二十七日乃除。"祐甫曰："遗诏无臣、庶人之别，是皇帝宜二十七日，而群臣三日也。"衮曰："贺循称，吏者，官长所署，非公卿百官也。"祐甫对："《传》曰'委之三吏'，乃三公也。史称循吏、良吏，岂胥史欤？"衮曰："礼非天降地出，人情而已。且公卿大臣膺受宠禄，今与黔首同，信宿而除，于公安乎？"祐甫曰："若遗诏何？诏而可改，孰不可改？"意象殊厉。衮方入临，遣从吏扶立殿墀上，祐甫指之谓众曰："臣哭君前，有扶礼乎？"衮不胜怒，乃劾祐甫率情变礼，桡国典，请贬潮州刺史。德宗以为重，改河南少尹。始肃宗时，天下务剧，宰相更直掌事，若休沐还第，非大诏命，不待遍晓，则听直者代署以闻。是时郭子仪、朱泚

俱以平章事当署敕尾,而不行宰相事。帝新即位,衮如故事代署。子
仪、泚入,言祐甫不宜贬,帝曰:"卿向何所言?今云非邪?"二人对初
不知。帝怒,以衮为罔上。是日,群臣且经立月华门外,即两换职,
以衮河南少尹,而拜祐甫门下侍郎、同中书门下平章事。俄改中书
侍郎。

自至德、乾元以来,天下战讨,启丐填委,故官赏缪紊。永泰后,
稍稍平定,而元载用事,非贿谢不与官,划塞公路,纲纪大坏。载诛,
杨绾相,未几卒。衮当国,惩其敝,凡奏请一杜绝之,惟文辞入第乃
得进,然无所甄异,贤愚同滞焉。及祐甫,则荐举惟其人,不自疑畏,
推至公以行,未逾年,除吏几八百员,莫不谐允。帝尝谓曰:"人言卿
拟官多亲旧,何邪?"对曰:"陛下令臣进拟庶官,夫进拟者必悉其才
行,如不与闻知,何由得其实?"帝以为然。神策军使王驾鹤者,典卫
兵久,权震中外,帝将代之,惧其变,以问祐甫,祐甫曰:"是无足
虑。"即召驾鹤留语移时,而代者已入军中矣。淄青李正己畏帝威
断,表献钱三十万缗,以观朝廷。帝意其诈,未能答。祐甫曰:"正己
诚诈,陛下不如因遣使劳其军,以所献就赐将士。若正己奉承诏书,
是陛下恩洽士心;若不用,彼自敛怨,军且乱。又使诸藩不以朝廷为
重贿。"帝曰:"善。"正己惭服。时议者歱其谟谋,谓可复贞观、开元
之治。

是岁被疾,诏肩舆至中书,卧而承旨,若还第,即遣使咨决。薨,
年六十,赠太傅,谥曰文贞。故事,门下侍郎未有赠三师者,帝以其
有大臣节,特宠异之。

朱泚乱,祐甫妻王陷贼中,泚尝与祐甫同列,遗以缯帛菽粟,受
而缄镝之,帝还京,具封以献,士君子益重其家法云。

子植嗣。

植字公修,祐甫弟庐江令婴甫子也。祐甫病,谓妻曰:"吾殁,当
以庐江次子主吾祀。"及卒,护丧者以闻,帝恻然,召植,使即丧次终
服。补弘文生。博通经史,于《易》尤邃。与郑覃同时为补阙,皆贤

宰相后，每朝廷有得失，两人者更疏论执，誉望蔚然。

元和中，为给事中。时皇甫镈判度支，建言减百官奉禀，植封还诏书。镈又请天下所纳盐酒利增估者，以新准旧，一切追偿。植奏言：“用兵久，百姓凋瘵，往虽估逾其实，今不可复收。”于是议者咸罪镈，镈惧而止。

长庆初，拜中书侍郎、同中书门下平章事。穆宗问：“贞观、开元中治道最盛，何致而然？”植曰：“太宗资上圣，兴民间，知百姓疾苦，故厉精思治，又以房玄龄、杜如晦、魏徵、王珪为之佐，君明臣忠，圣贤相维，治致升平，固其宜也。玄宗在天后时，身践忧患，既即位，得姚崇、宋璟，此二人夙夜孜孜，纳君于道。璟尝手写《尚书》、《无逸》，为图以献，劝帝出入观省以自戒。其后朽暗，乃代以山水图，稍怠于勤，左右不复箴规，奸臣日用事，以至于败。昔德宗尝问先臣祐甫开元、天宝事，先臣具道治乱所以然，臣在童丱，记其说。今愿陛下以《无逸》为元龟，则天下幸甚。”佗日又问：“司马迁言汉文帝惜十家产而罢露台，身衣弋绨，履革舄，集上书囊为殿帷，信乎？何太俭邪？”植曰：“良史非儿言。汉承秦侈纵之余，海内凋窭，文帝从代来，知稼穑艰难，是以躬履俭约，为天下守财。景帝遵而不改，故家给户足。至武帝时，钱朽贯，谷红腐，乃能出师征伐，威动四方。然侈靡不节，末年户口减半，税及舟车，人不聊，乃下哀痛诏，封丞相为富人侯。然则帝王不可以不示俭而天下足。”帝曰：“卿言善，患行之为难耳！”

时朝廷悉收河朔三镇，而刘总又以幽、蓟七州献诸朝，且惧部将构乱，乃先籍豪锐不检者送京师，而朱克融在籍中。植与杜元颖不知兵，谓藩镇且平，不复料天下安危事，而克融等羁旅寒踬，愿得官自效，日诉于前，皆抑不与。及遣张弘靖赴镇，纵克融等北还，不数月，克融乱，复失河朔矣。天下尤之，植内惭。罢为刑部尚书，旋授岳鄂观察使。未几，迁岭南节度使，还拜户部尚书。终华州刺史，赠尚书左仆射。

俟字德长,祐甫从子也。性介洁,矜己之清,视赃负者若仇。以苏州刺史奏课第一,迁湖南观察使。湖南旧法。虽丰年,贸易不出境,邻部灾荒不恤也。俟至,谓属吏曰:"此岂人情乎?无闭籴以重困民。"削其禁,自是商贾流通,货物益饶。入为户部侍郎,判度支。时田弘正徙镇州,以魏兵二千行。既主,留自卫,请度支给岁粮。穆宗下其议,俟固执不与,弘正不得已,遣魏卒。俄而镇兵乱,弘正遇害,俟之为也。时天子失德,俟党与盛,有司不敢名其罪。出为凤翔节度使。逾年,徙河南尹。以户部尚书致仕,卒,赠太子少保,谥曰肃。

赞曰:植辅政,当有为之时,无经国才,履危防浅,机不知其溃而发也,手弛槛缧,纵虎狼焉,一日而亡地数千里,为天下笑。俟吝财资贼。又皆幸不诛。天以河北乱唐,故君臣不肖,勃缪其谋,惜哉!

柳浑,字夷旷,一字惟深,本名载,梁仆射惔六世孙,后籍襄州。早孤,方十余岁,有巫告曰:"儿相夭且贱,为浮屠道可缓死。"诸父欲从其言,浑曰:"去圣教,为异术,不若速死。"学愈笃,与游者皆有名士。天宝初,擢进士第,调单父尉,累除衢州司马。弃官隐武宁山。召拜监察御史,台僚以仪矩相绳,而浑放旷不乐检局,乃求外职。宰相惜其才,留为左补阙。

大历初,江西魏少游表为判官。州僧有夜饮火其庐者,归罪暗奴,军候受财不诘,狱具,浑与其僚崔祐甫白奴冤,少游趣讯僧,僧首伏,因厚谢二人。路嗣恭代少游,浑迁团练副使。俄为袁州刺史。祐甫辅政,荐为谏议大夫、浙江东西黜陟使。入为尚书右丞。

朱泚乱,浑匿终南山。贼素闻其名,以宰相召,执其子榜笞之,搜索所在。浑羸服步至奉天,改右散骑常侍。贼平,奏言:"臣名向为贼污,且'载'于文从戈,非偃武所宜。"乃更今名。

贞元元年,迁兵部侍郎,封宜城县伯。李希烈据淮、蔡,关播用李元平守汝州,浑曰:"是夫衒玉而贾石者也。往必见禽,何贼之攘?"既而果为贼缚。三年,以本官同中书门下平章事,仍判门下省。帝尝亲择吏宰畿邑,而政有状,召宰相语,皆贺帝得人,浑独不贺,曰:"此特京兆尹职耳。陛下当择臣辈以辅圣德,臣当选京兆尹承大化,尹当求令长亲细事。代尹择令,非陛下所宜。"帝然之。玉工为帝作带,误毁一銙,工不敢闻,私市它玉足之。及献,帝识不类,擿之,工人伏罪。帝怒其欺,诏京兆府论死,浑曰:"陛下遽杀之则已,若委有司,须详谳乃可。于法,误伤乘舆器服,罪当杖,请论如律。"由是工不死。左丞田季羔从子伯强请卖私第募兵助讨吐蕃,浑曰:"季羔,先朝号名臣,由祖以来世孝谨,表阙于门。隋时旧第,惟田一族耳。讨贼自有国计,岂容不肖子毁门构,徼一时幸,损风教哉!请薄责以示惩沮!"帝嘉纳。

韩滉自浙西入朝,帝虚己待之,奏事或日晏,他相取充位,滉遂省中榜吏自若。浑虽为滉所引,恶其专,质让曰:"省闼非刑人地,而榜吏至死。公家先相国以狷察,不满岁辄罢。今公奈何蹈前非,颛立威福?岂尊主卑臣义邪?"滉悔悟,稍褫其威。白志贞除浙西观察使,浑奏:"志贞兴小史,纵嘉其才,不当超剧职。臣以死守,不敢奉诏。"会浑移疾出,即日诏付外施行。疾间,因乞骸骨,不许。门下吏白过官,浑愀然曰:"既委有司,而复桡之,岂贤者用心邪?士或千里辞家以干禄,小邑主办,岂虑不能?"是岁拟官,无退异者。

浑瑊与吐蕃会平凉,是日,帝语大臣以和戎息师之便。马燧贺曰:"今日已盟,可百年无虏患。"浑跪曰:"五帝无诰誓,三王无盟诅,盖盟诅之兴皆在季末。今盛明之朝,反以季末事行于夷狄。夫夷狄人面兽心,易以兵制,难以信结,臣窃忧之。"李晟继言曰:"蕃戎多不情,诚如浑言。"帝变色曰:"浑,儒生,未达边事,而大臣亦当尔邪?"皆顿首谢。夜半,邠宁节度使韩游瓌飞奏吐蕃劫盟,将校皆覆没。帝大惊,即以其表示浑。明日,慰之曰:"卿,儒士,乃知军戎万里情乎?"益礼异之。

宰相张延赏怙权,嫉浑守正,遣亲厚谓曰:"明公旧德,弟慎言于朝,则位可久。"浑曰:"为吾谢张公,浑头可断,而舌不可禁。"卒为所挤，以右散骑常侍罢政事。

浑警辩好谈谑，与人交，豁如也。情俭不营产利。免后数日，置酒召故人出游，酣肆乃还，旷然无黜免意。时李勉、卢翰皆以旧相阁门奉朝请，叹曰："吾等视柳宜城，真拘俗之人哉！"五年卒，年七十五，谥曰贞。

浑母兄识，字方明，知名士也。工文章，与萧颖士、元德秀、刘迅相上下，而识练理创端，往往诣极，虽趣尚非博，然当时作者伏其简拔。浑亦善属文，但沈思不逮于识云。

韦处厚，字德载，京兆万年人。事继母以孝闻，亲殁，庐墓终丧。中进士第，又擢才识兼茂科，授集贤校书郎。举贤良方正异等，宰相裴垍引直史馆。改咸阳尉。

宪宗初，擢左补阙。礼部尚书李绛请间言："古帝王以纳谏为圣，拒谏为昏。今不闻进规纳忠，何以知天下事？"帝曰："韦处厚、路隋数上疏，其言忠切，顾卿未知尔。"由是中外推其靖密。历考功员外郎，坐与宰相韦贯之善，出开州刺史。以户部郎中入知制诰。

穆宗立，为翰林侍讲学士。处厚以帝冲怠不向学，即与路隋合《易》、《书》、《诗》、《春秋》、《礼》、《孝经》、《论语》，掇其粹要，题为《六经法言》二十篇上之，冀助省览。帝称善，并赐金币。再迁中书舍人。张平叔以言利得幸于帝，建言官自鬻盐，笼天下之财。宰相不能诘，下群臣议，处厚发十难消其迂谬，平叔愧缩。遂寝。

敬宗初，李逢吉得柄，构李绅，逐为端州司马。其党刘栖楚等欲致绅必死，建言当徙丑地。处厚上言："逢吉党与，以绅之斥犹有余辜，人情危骇。《诗》云'萋兮斐兮，成是贝锦。彼谮人者，亦已太甚'，'谗言罔极，交乱四国'。此古人疾谗之深也。孔子曰：'三年无改于父之道，可谓孝矣。'按绅先朝旧臣，就令有过，尚当被瑕洗衅，成无改之美，况被谗乎！建中时，山东之乱兴，宰相朋党，杨炎为元载复仇，卢杞为刘晏偿怨，兵连祸结，天下骚然。此陛下亲所闻见，得不深念哉！"绅繇是免。逢吉怒，至宝历三月赦书，不言左降官未量移者,以沮绅内徙。处厚复奏:"逢吉缘绅一人而使近岁流斥皆不蒙泽,非所以广恩于天下。"

帝悟,追改其条。进翰林承旨学士、兵部侍郎。方天子荒暗,月视朝才三四,处厚入见,即自陈有罪,愿顾前死以谢。帝曰:"何哉?"对曰:"臣昔为谏官,不能死争,使先帝因畋与色而至不寿,于法应诛。然所以不死者,陛下在春宫,十有五矣。今皇子方襁褓,臣不敢避死亡之诛。"帝大感悟,赐锦彩以慰其意。王廷凑之乱,帝叹宰相不才,而使奸臣跋扈,处厚曰:"陛下有一裴度不能用,乃当馈而叹,恨无萧、曹,此冯唐所以谓汉文帝有颇、牧不能用也。"

后禁中急变,文宗绥内难,犹豫未即下诏,处厚入,昌言曰:"《春秋》大义灭亲,内恶必书,以明逆顺。正名讨罪,何所避讳哉?"遂奉教班谕。是夕,号令及它仪矩不暇责有司,一出处厚,无违旧章者。进拜中书侍郎、同中书门下平章事,封灵昌郡公。堂史汤铁数招权纳财赂,处厚笑曰:"此半滑涣也。"斥出之,相府肃然。初,贞元时宰相齐抗奏罢州别驾及当为别驾者引处之朝。元和后,两河用兵,裨将立功得补东宫王府官,朱紫溷并,授受不纲。处厚乃置六雄、十望、十紧等州,悉补别驾,由是流品澄别。帝虽自力机政,然骤信轻改,摇于浮论。处厚尝独对曰:"陛下不以臣不肖,使待罪宰相,凡所奏可,中辄变易。自上心出邪,乃示臣不信。得于横议邪,即臣何名执政?且裴度元勋旧德,辅四朝,窦易直长厚忠实,经事先帝,陛下所宜亲重委信之。臣乃陛下自擢,今言不见纳,宜先罢。"即趋下顿首,帝矍然曰:"何至是?卿之忠力,朕自知之,安可遽辞以重吾不德?"处厚趋出,帝复召问所欲言,对:"近君子,远小人,始可为治。"谆复数百言。又言:"裴度忠,可久任。"帝嘉纳之。自是无复横议者。时李同捷叛,诏诸军进讨。魏博史宪诚怀向背,裴度待以不疑。宪诚遣吏白事中书,处厚召语曰:"晋公以百口保尔帅于天子,我则不然,正须所为,以邦法从事耳。"宪诚惧,不敢贰,卒有功。李载义数破沧、镇兵,皆刳剔以献,处厚戒之,前后完活数百千人。大和二年，方奏事，暴疾，仆香桉前，帝命中人翼扶之，舆还第。一昔薨，年五十六，赠司空。

处厚姿状如甚懦者，居家亦循易，至廷争，嶷然不可回夺。刚于御史，百僚谒事，畏惕未尝敢及以私。推择官材，往往弃瑕录善，时亦讥其太广。性嗜学，家书雠正至万卷。为拾遗时，撰《德宗实录》。后又与路隋共次《宪宗实录》，诏分日入直，创具凡例，未及成而终。本名淳，避宪宗讳，改今名。

路隋，字南式，其先出阳平。父泌，字安期，通《五经》，端亮寡言，以孝悌闻。建中末，为长安尉。德宗出奉天，弃妻子奔行在，扈狩梁州，排乱军以出，再中流矢，裂裳濡血。以策说浑瑊，召置幕府。东讨李怀光，奏署副元帅判官。从瑊会盟平凉，为虏所执，死焉。

时隋婴孺，以恩授八品官。逮长，知父执虏中，日夜号泣，坐必西向，不食肉。母告以貌类泌者，终身不引镜。贞元末，吐蕃请和，隋三上疏宜许，不报。举明经，授润州参军事。李锜欲困辱之，使知市事，隋怡然坐肆，不为屈。韦夏卿高其节，辟置东都幕府。元和中，吐蕃款塞，隋五上疏请修好，冀得泌还。诏可。遣祠部郎中徐复报聘。而泌以丧至，帝愍恻，赠绛州刺史，官为治丧。服除，擢隋左补阙、史馆补撰，以鲠亮称。

穆宗立，与韦处厚并擢侍讲学士，再迁中书舍人、翰林学士。每除制出，以金币来谢者，隋却之曰：“公事而当私觌邪？”进承旨学士，迁兵部侍郎。

文宗嗣位，以中书侍郎同中书门下平章事，监修国史。初，韩愈撰《顺宗实录》，书禁中事为切直，宦竖不喜，訾其非实，帝诏隋刊正。隋建言：“卫尉卿周居巢、谏议大夫王彦威、给事中李固言、史官苏景胤皆上言改修非是。夫史册者，褒劝所在，匹夫美恶尚不可诬，况人君乎？议者至引隽不疑、第五伦为比，以蔽聪明。臣宗闵、臣僧孺谓史官李汉、蒋系皆愈之婿，不可参撰，俾臣得下笔。臣谓不然。且愈所书已非自出，元和以来，相循逮今。虽汉等以嫌，无害公谊。

请条示甚谬误者,付史官刊定。"有诏擿贞元、永贞间数事为失实,余不复改,汉等亦不罢。进门下侍郎、弘文馆大学士。久之,辞疾,不听,册拜太子太师。明年李德裕贬袁州长史,不署奏,为郑注所忌,乃检校尚书右仆射、同中书门下平章事、镇海节度使。道病卒,年六十,赠太保,谥曰贞。

赞曰:绾以德服人,而人自化,可谓贤矣。其论议浑大,虽古王佐无以加。祐甫发正己隐情,浑策吐蕃必叛,伐谋知几,君子哉!处厚事穆、敬、文三宗,主皆弗类,而一纳以忠,宁不谓以尧事君者邪?隋辅政十年,历牛、李、训、注用事,无所迎将,善保位哉!

唐书卷一四三
列传第六八

高适　元结　李承　韦伦
薛珏 存庆　崔汉衡　戴叔伦
王翃 正雅 翊 凝　徐申
郗士美　辛秘

高适，字达夫，沧州渤海人。少落魄，不治生事。客梁、宋间，宋州刺史张九皋奇之，举有道科中第，调封丘尉，不得志，去。客河西，河西节度使哥舒翰表为左骁卫兵曹参军，掌书记。

禄山乱，召翰讨贼，即拜适左拾遗，转监察御史，佐翰守潼关。翰败，帝问群臣策安出，适请竭禁藏募死士抗贼，未为晚，不省。天子西幸，适走间道及帝于河池，因言：“翰忠义有素，而病夺其明，乃至荒蹐。监军诸将不恤军务，以倡优蒲簺相娱乐，浑、陇武士饭粝米日不厌，而责死战，其败固宜。又鲁炅、何履光、赵国珍屯南阳，而一二中人监军更用事，是能取胜哉？臣数为杨国忠言之，不肯听。故陛下有今日行，未足深耻。”帝颔之。

俄迁侍御史，擢谏议大夫，负气敢言，权近侧目。帝以诸王分镇，适盛言不可，俄而永王叛。肃宗雅闻之，召与计事，因判言王且败，不足忧。帝奇之，除扬州大都督府长史、淮南节度使。诏与江东韦陟、淮西来瑱率师会安陆，方济师而王败。李辅国恶其才，数短毁之,下除太子少詹事。

未几蜀乱,出为蜀、彭二州刺史。始,上皇东还,分剑南为两节度,百姓弊于调度,而西山三城列戍。适上疏曰:"剑南虽名东、西川,其实一道。自邛关、黎、雅以抵南蛮,由茂而西,经羌中、平戎等城,界吐蕃。濒边诸城,皆仰给剑南。异时以全蜀之饶,而山南佐之,犹不能举。今裂梓、遂等八州专为一节度,岁月之计,西川不得参也。嘉陵比困夷獠,日虽小定,而痍痏未平,耕纺亡业,衣□贸易皆资成都,是不可得役亦明矣。可税赋者,独成都、彭、蜀、汉□州而已。以四州耗残当十州之役,其弊可见。而言利者,柄凿万端,穷朝抵夕,千桡百牍,皆取之民,官吏惧谴,责及邻保,威以罚挟,而逋逃益滋。又关中比饥,士人流入蜀者道路相系,地入有讫,而科敛无涯,为蜀计者,不亦难哉!又平戎以西数城,皆穷山之颠,蹊隧险绝,运粮束马之路,坐甲无人之乡。为戎狄言,不足利戎狄。为国家言,不足广土宇。奈何以弹丸地而困全蜀太平之人哉?若谓已戍之城不可废,已屯之兵不可收,愿罢东川,以一剑南并力从事。不尔,非陛下洗荡关东清逆乱之急也。蜀人又扰,则贻朝廷忧。"帝不纳。

梓屯将段子璋反,适从崔光远讨斩之。而光远兵不戢,遂大略,天子怒,罢光远,以适代为西川节度使。广德元年,吐蕃取陇右,适率兵出南鄙,欲牵制其力,既无功,遂亡松、维二州及云山城。召还,为刑部侍郎、左散骑常侍,封渤海县侯。永泰元年卒,赠礼部尚书,谥曰忠。

适尚节义,语王霸衮衮不猒。遭时多难,以功名自许,而言浮其术,不为搢绅所推。然政宽简,所莅,人便之。年五十始为诗,即工,以气质自高。每一篇已,好事者辄传布。其诒书贺兰进明,使救梁、宋以亲诸军;与许叔冀书,令释憾;未度淮,移檄将校绝永王,俾各自白。君子以为义而知变。

元结,后魏常山王遵十五代孙。曾祖仁基,字惟固,从太宗征辽东,以功赐宜君田二十顷,辽口并马牝、牡各五十,拜宁塞令,袭常山公。祖亨，字利贞，美姿仪。尝曰："我承王公余烈，鹰犬声乐是习，吾当以儒学易之。"霍王元轨闻其名，辟参军事。父延祖，三岁而孤，仁基敕其母曰："此儿且祀我。"因名而字之。逮长，不仕，年过四十，亲娅强劝之，再调春陵丞，辄弃官去，曰："人生衣食，可适饥饱，不宜复有所须。"每灌畦掇薪，以为"有生之役，过此吾不思也"。安禄山反，召结戒曰："而曹逢世多故，不□□□山林，勉树名节，无近羞辱"云。卒年七十六，门人私谥曰太先生。

结少不羁，十七乃折节向学，事元德秀。天宝十二载举进士，礼部侍郎阳浚见其文曰："一第恩子耳，有司得子是赖！"果擢上第。复举制科。会天下乱，沉浮人间。国子司业苏源明见肃宗，问天下士，荐结可用。时史思明攻河阳，帝将幸河东，召结诣京师，问所欲言，结自以始见轩陛，拘忌讳，恐言不悉情，乃上《时议》三篇。其一曰：

议者问："往年逆贼，东穷海，南淮、汉、西抵函、秦，北彻幽都，丑徒狼扈在四方者几百万，当时之祸可谓剧，而人心危矣。天子独以匹马至灵武，合弱旅，锄强寇，师及渭西，曾不逾时，摧锐攘凶，复两京，收河南州县，何其易邪？乃今河北奸逆不尽，山林江湖亡命尚多，盗贼数犯州县，百姓转徙，踵系不绝，将士临敌而奔，贤人君子遁逃不出。陛下往在灵武、凤翔，无今日胜兵而能杀敌，无今日检禁而无亡命，无今日威令而盗贼不作，无今日财用而百姓不流，无今日爵赏而士不散，无今日朝廷而贤者思仕，何哉？将天子能以危为安，而忍以未安忘危邪？"对曰："此非难言之。前日天子恨愧陵庙为羯逆伤污，愤怅上皇南幸巴、蜀，隐悼宗戚见诛，侧身勤劳，不惮亲抚士卒，与人权位，信而不疑，渴闻忠直，过弗讳改。此经弱制强，以危取安之繇出。今天子重城深宫，燕和而居；凝冕大昕，缨佩而朝；太官具味，视时而献；太常备乐，和声以荐；国机军务，参筹乃敢进；百姓疾苦，时有不闻；厩刍良马、宫籍美女、舆服礼物、休符瑞谍，日月充备；朝廷歌颂盛德大业，听而不斁；四方贡赋，争上尤异；谐臣颖官，怡愉天颜；文武大臣至于庶官，皆权赏逾望。此所以不能以强制弱,以未安忘危。若陛下视今日之安,能如灵武时,何寇盗强弱可言哉!"

其二曰:

议者曰:"吾闻士人共自谋:'昔我奉天子拒凶逆,胜则家国两全,不胜则两亡,故生死决于战,是非极于谏。今吾名位重,财货足,爵赏厚,勤劳已极,外无仇雠害我,内无穷贱迫我,何苦当锋刃以近死,忤人主以近祸乎?'又闻曰:'吾州里有病父老母,孤兄寡妇,皆力役乞丐,冻馁不足,况于死者,人谁哀之?'又闻曰:'天下残破,苍生危窘,受赋与役者,皆寡弱贫独,流亡死徙,悲忧道路,盖亦极矣。天下安,我等岂无畎亩自处?若不安,我不复以忠义仁信方直死矣!'人且如此,奈何?"对曰:"国家非欲其然,盖失于太明太信耳。夫太明则见其内情,将藏内情则罔惑生下。能令必信,信可必矣,而太信之中,至奸尤恶之。如此遂使朝廷亡公直,天下失忠信,苍生益冤结。将欲治□,能无端由?吾等议于野,又何所及?"

其三曰:

议者曰:"陛下思安苍□,灭奸逆,图太平,劳心悉精,于今四年,说者异之,何哉?"对曰:"如天子所思,说者所异,非不知之。凡有诏令丁宁,事皆不行,空言一再颇类诙戏。今有仁恤之令,忧勤之诰,人皆族立党语,指而议之。天子不知其然,以为言虽不行,犹足以劝。彼沮劝,在乎明审均当而必行也。天子能行已言之令,必将来之法,杂徭弊制,拘忌烦令,一切蠲荡。任天下贤士,屏斥小人,然后推仁信威令,谨行不惑。此帝王常道,何为不及?"

帝悦曰:"卿能破朕忧。"擢右金吾兵曹参军,摄监察御史,为山南西道节度参谋。募义士于唐、邓、汝、蔡,降剧贼五千,瘗战死露胔于泌南,名曰哀丘。

史思明乱,帝将亲征,结建言:"贼锐不可与争,宜折以谋。"帝善之,因命发宛、叶军挫贼南锋,结屯泌阳守险,全十五城。以讨贼功迁监察御史里行。荆南节度使吕諲请益兵拒贼，帝进结水部员外郎，佐諲府。又参山南东道来瑱府，时有父母随子在军者，结说瑱曰："孝而仁者，可与言忠。信而勇者，可以全义。渠有责其忠信义勇而不劝之孝慈邪？将士父母，宜给以衣食，则义有所存矣。"瑱纳之。瑱诛，结摄领府事。会代宗立，固辞，丐侍亲归樊上。授著作郎。益著书，作《自释》，曰：

河南，元氏望也。结，元子名也。次山，结字也。世业载国史，世系在家谍。少居商余山，著《元子》十篇，故以元子为称。天下兵兴，逃乱入猗玗洞，始称猗玗子。后家瀼滨，乃自称浪士。及有官，人以为浪者亦漫为官乎，呼为漫郎。既客樊上，漫遂显。樊左右皆渔者，少长相戏，更曰聱叟。彼诮以聱者，为其不相从听，不相钩加，带笭箵而尽船，独聱齖而挥车。酒徒得此，又曰："公之漫其犹聱乎？公守著作，不带笭箵乎？又漫浪于人间，得非聱牙乎？公漫久矣，可以漫为叟。"于戏！吾不从听于时俗，不钩加于当世，谁是聱者，吾欲从之！彼聱叟不惭带乎笭箵，吾又安能薄乎著作？彼聱叟不羞聱齖于邻里，吾又安能惭漫浪于人间？取而醉人议，当以漫叟为称。直荒浪其情性，诞漫其所为，使人知无所存有，无所将待。乃为语曰："能带笭箵，全独而保生；能学聱齖，保宗而全家。聱也如此，漫乎非邪！"

久之，拜道州刺史。初，西原蛮掠居人数万去，遗户裁四千，诸使调发符牒二百函，结以人困甚，不忍加赋，即上言："臣州为贼焚破，粮储、屋宅、男女、牛马几尽。今百姓十不一在，耄孺骚离，未有所安。岭南诸州，寇盗不尽，得守捉候望四十余屯，一有不靖，湖南且乱。请免百姓所负租税及租庸使和市杂物十三万缗。"帝许之。明年，租庸使索上供十万缗，结又奏："岁正租庸外，所率宜以时增减。"诏可。结为民营舍给田，免徭役，流亡归者万余。进授容管经略使，身谕蛮豪，绥定八州。会母丧，人皆诣节度府请留，加左金吾卫将军。民乐其教，至立石颂德。罢还京师，卒，年五十，赠礼部侍郎。

李承，赵州高邑人。幼孤，其兄晔养之。既长，以悌闻。擢明经，迁累大理评事，为河南采访使判官。尹子奇陷汴州，拘承送洛阳，觇得贼谋，皆密启诸朝。两京平，例贬临川尉。不三月，除德清令。寻擢监察御史，累迁吏部郎中，淮南西道黜陟使。奏置常丰堰于楚州，以御海潮，溉屯田堵卤，收常十倍它岁。德宗将讨梁崇义，李希烈揣知之，乃表崇义过恶，请先诛讨，帝悦，数对左右称其忠。会承使回，言希烈能立功，然恐后不可制，帝初谓不然，及崇义平，希烈果叛，始思其言，擢拜河中尹、晋绛观察使。

承廉正有雅望，以才显于时。未几，改山南东道节度使。时希烈犹据襄州，帝虑不受命，欲以禁兵卫送承，承辞，请以单骑入。既至，希烈舍承外馆，迫胁日万端，承晏然誓以死守。希烈不能屈，遂大掠去，襄、汉荡然。承辑绥抚安之，居一年，阖境完复。初，希烈虽去，留部校守觇，往来踵舍，承因得使所厚藏叔雅结希烈腹心周曾、王玢、姚憺。及曾等谋杀希烈，承首谋也。密诏褒美。寻检校工部尚书、湖南观察使。建中四年卒，年六十二，赠吏部尚书。

韦伦，系本京兆。父光乘，在开元、天宝间为朔方节度使。伦以荫调蓝田尉，干力勤济，杨国忠署为铸钱内作使判官。国忠多发州县齐人令鼓铸，督非所习，虽棰挟苛严，愈无功。伦请准直募匠，代无聊之人，繇是役用减，鼓铸多矣。玄宗晚节盛营宫室，吏介以为欺，伦阅实工员，省费倍。

从帝入蜀，以监察御史为剑南节度行军司马、置顿判官。时中人卫卒多侵暴，尤难治，伦以清俭自将，西人赖济。中宦疾之，以谗贬衡州司户参军。度支使第五琦荐伦才，擢商州刺史、荆襄道租庸使。襄州裨将康楚元乱，自称东楚义王，刺史王政弃城遁。贼南袭江陵，绝汉、沔饷道。伦调兵屯邓州，厚抚降贼。寇益急，乃击禽楚元以献，收租庸二百万缗。召为卫尉卿，俄兼宁、陇二州刺史。

乾元中，襄州乱，诏伦为山南东道节度使，而李辅国方恣横，伦不肯谒，憾之，中罢为秦州刺史。吐蕃、党项岁入边，伦兵寡，数格虏，败，贬巴州长史，徙务川尉。代宗立，连拜忠、台、饶三州刺史。宦者吕太一反岭南，诏拜伦韶州刺史、韶连郴都团练使。为太一反间，贬信州司马，斥弃十年，客豫章。

德宗嗣位，选使绝域者，擢伦太常少卿，充和吐蕃使。伦至，谕天子威德，赞普顺悦，乃入献。还进太常卿，兼御史大夫。再使，如旨。伦处朝，数论政得失，宰相卢杞恶之，改太子少保。从狩奉天。及杞败，关播罢为刑部尚书，伦在朝堂流涕曰：“宰相无状，使天下至此，不失为尚书，何所劝？”闻者惮其公。帝后欲复用杞为刺史，伦苦谏，言恳至到，帝纳之。进太子少师、郿国公，致仕。

时李楚琳以仆射兼卫尉卿，李忠诚以尚书兼少府监，伦言：“楚琳逆节，忠诚戎丑，不当宠以官。”又请为义仓，以捍无年；择贤者，任帝左右。谓吐蕃豺虎野心，不可事信约，宜谨备边。帝善其言，厚礼之。居家以孝慈称。卒，年八十三，赠扬州都督，谥曰肃。

薛珏，字温如，河中宝鼎人。以荫为懿德太子庙令，累迁乾陵台令。岁中以清白闻，课第一，改昭应令，人请立石纪德，珏固让。迁楚州刺史。初，州有营田，宰相遥领使，而刺史得专达，俸及它给百余万，田官数百，岁以优得迁，别户三千，备刺史厮役。珏至，悉条去之，租入赢异时。观察使恶其洁，诬以罪，左授峡州刺史。建中初，德宗命使者分诸道察官吏升黜焉，而李承状珏之简，赵赞言其廉，卢翰称其肃，书参闻，于是拜中散大夫，赐金紫。刘玄佐表兼汴宋行军司马。李希烈弃汴州走，即拜珏刺史，迁河南尹。入为司农卿。是时，诏举堪刺史、县令者且百人，延问人间疾苦、吏得失，取尤通达者什二。宰相欲校以文词，珏曰：“求良吏不可责文学，宜以上爱人之本为心也。”宰相多其计，所用皆称职。

为京兆尹，司农供三宫畜茹三十车，不足，请市京兆。是时，韦彤为万年令，珏使彤禁鬻卖，民苦之。德宗怒，夺珏、彤俸。帝疑下情不达,因诏延英坐日许百司长官二员言阙失,谓之巡对。珏刚严,晓法治,勤身以劝下,然苛察,无经术大体。坐善窦参,改太子宾客,出为岭南观察使。卒,年七十四,赠工部尚书。

子存庆,字嗣德,貌伟岸。及进士第,历御史、尚书郎。五迁给事中,与韦弘景封驳诏书,时称其直。刘总以幽州归,穆宗谓宰相曰:"必用薛存庆,可以宣朕意。"对延英一刻,遣之。至镇州,疽发于背卒,赠吏部侍郎。

崔汉衡,博州博平人。沈懿博厚,善与人交。始为费令,滑州节度使令狐彰表掌书记。

大历六年,以检校礼部员外郎为和蕃副使。还,迁右司郎中。建中二年,吐蕃请盟,擢殿中少监,为和蕃使,与其使区颊赞俱来约盟。改鸿胪卿,持节送区颊赞归,遂定盟清水。德宗幸奉天,吐蕃以兵佐浑瑊,败贼武功。转秘书监。俄拜上都留守、兵部尚书、东都淄青魏博赈给宣慰使。又使幽州,还命称指。贞元三年,豫吐蕃盟平凉,被执,虏将杀之,因夷言谓之曰:"我善结赞,无杀我!"而汉衡诚信素著,虏亦尊重,故至河州得还。明年,出为晋慈隰观察使,卒,赠尚书左仆射。

戴叔伦,字幼公,润州金坛人。师事萧颖士,为门人冠。刘晏管盐铁,表主运湖南,至云安,杨惠琳反,驰客劫之曰:"归我金币,可缓死。"叔伦曰:"身可杀,财不可夺。"乃舍之。嗣曹王皋领湖南、江西,表在幕府。皋讨李希烈,留叔伦领府事,试守抚州刺史。民岁争溉灌,为作均水法,俗便利之。耕饷岁广,狱无系囚。俄即真。期年,诏书褒美,封谯县男,加金紫服。

齐映、刘滋执政,叔伦劝以"屯难未靖,安之者莫先于兵,兵所藉者食,故金谷之司不轻易人。天下州县有上、中、下、紧、望、雄、辅者,有司铨拟,皆便所私,此非为官择人、为人求治之术。其尤切者,县令、录事参军事,此二者宜出中书、门下,无计资序限,远近高卑,

一以殿最升降,则人知劝。”映等重其言。迁容管经略使,绥徕夷落,
威名流闻。其治清明仁恕,多方略,故所至称最。德宗尝赋《中和节
诗》,遣使者宠赐。代还,卒于道,年五十八。

王翃,字宏肱,并州晋阳人。少治兵家。天宝中,授翃卫尉、羽
林军宿卫。擢才兼文武科,出为辰州刺史。与讨襄州康楚元有功,
加兼秘书少监,迁朗州刺史。

大历中,擢容管经略使。初,安禄山乱,诏岭南兵隶南阳鲁炅。
炅败绩,众奔溃。溪洞夷獠相挺为乱,夷酋梁崇牵号“平南都统”,与
别帅覃问合,又与西原贼张侯、夏永更诱啸,因陷城邑,遂据容州。
前经略使陈仁琇、元结、长孙全绪等皆侨治藤、梧。翃至,言于众曰:
“我,容州刺史,安可客治它所? 必得容乃止。”即出私财募士,有功
者许署吏,于是人自奋。不数月,斩贼帅欧阳珪。因至广州,请节度
使李勉出兵并力,勉不许,曰:“容陷贼久,獠方强,今速攻,只自败
耳。”翃曰:“大夫即不出师,愿下书州县,阳言以兵为助,冀藉此声,
成万一功。”勉许诺。翃乃移书义、藤二州刺史,约皆进讨,引兵三千
与贼鏖战,日数遇。勉檄止之,辄匿不发,战愈力,卒破贼,禽崇牵,
悉复容州故地。捷书闻,诏更置顺州,以定余乱。翃凡百余战,禽首
领七十,覃问遁去。复遣将李实等分讨西原,平郁林等诸州。累兼
御史中丞、招讨处置使。会哥舒晃反,翃命实悉师援广州,问因合众
乘间来袭,翃设伏击之,生禽问,岭表平。代宗遣使慰劳,加金紫光
禄大夫,赐第京师。

时吐蕃入寇,郭子仪悉河中兵乘边,召翃为河中少尹,领节度
后务。悍将凌正数干法不逞,约其徒夜斩关逐翃。翃觉之,阴乱漏
刻,以差其期,众惊,不敢发。俄禽正诛之,一军慑息。历汾州刺史,
为振武军使,绥、银等州留后。入拜京兆尹。会起泾原兵讨李希烈,
次浐水,京兆主供拟,饔败肉腐,众怒曰:“食是而讨贼乎?”遂叛。翃
挺身走奉天,拜太子詹事。德宗还都,再迁大理卿,出为福建观察
使。徙东都留守,既至,开田二十余屯,修器械,皆良金寿革。练士

卒,号令精明。俄而吴少诚叛,独东畿为有备,关东赖之。贞元十八年,卒赠尚书右仆射,谥曰肃。

翃雅善卢杞,杞之杀崔宁,沮李怀光不得朝,皆与其谋,议者以为訾。

子正雅,字光谦,行谨饬,为崔邠所器。元和初,擢进士,迁累监察御史。穆宗时,京邑多盗贼,正雅以万年令威震豪强。尹柳公绰言其能,就赐绯鱼,擢累汝州刺史。属监军怙权,乃谢病去。入为大理卿,会争宋申锡狱,坚甚,申锡得不死。大和中卒,赠左散骑常侍。

翃兄翊,性谦柔,历山南东道节度使。代宗目为纯臣,世称谨廉。卒,赠户部尚书,谥曰忠惠。

翊曾孙凝,字成庶。少孤,依其舅宰相郑肃。举明经、进士,皆中。历台省,寖知名,擢累礼部侍郎。不阿权近,出为商州刺史。驿道所出,吏破产不能给,而州有冶赋羡银,常撮直以优吏奉。凝不取则,以市马,故无横扰,人皆尉悦。徙湖南观察使。

僖宗立,召为兵部侍郎,领盐铁转运使。坐举非其人,以秘书监分司东都,即拜河南尹。迁宣歙池观察使,时乾符四年也。王仙芝之党屠至德,势益张,凝遣牙将孟琢助池守。贼益兵来攻,实欲袭南陵,凝遣樊俦以舟师扼青阳。俦违令,轻与贼战,不胜,凝斩以徇,诸将闻皆股栗,以死缀贼,贼不能进。时江南环境为盗区,凝以强弩据采石,张疑帜,遣别将马颖解和州之围。明年,贼大至,都将王涓自永阳赴敌,凝大宴,谓涓曰:"贼席胜而骄,可持重待之,慎毋战。"涓意锐,日趋四舍,至南陵,未食即阵,死焉。监军收余卒数千,还走城,沮桡无去意,卒又恣横不能禁,凝让曰:"吏捕蝗者,不胜而仰食于民,则率暴以济灾也。今兵不能捍敌,又恣之犯民生业,何以称朝廷待将军意?"监军词屈,趣亲吏入民舍夺马,凝乘门望见,麾左右捕取杀之,由是不敢留,然益储畜缮完以备贼,贼至不能加。会大星直寝庭坠,术家言宜上疾不视事以猒胜,凝曰:"东南,国用所出,而宣为大府,吾规脱祸可矣,顾一方何赖哉?誓与城相存亡,勿复言!"既而贼去。未几,卒,年五十八,赠吏部尚书,谥曰贞。

　　徐申,字维降,京兆人。擢进士第,累迁洪州长史。嗣曹王皋讨
李希烈,檄申以长史行刺史事,任职办,皋表其能,迁韶州刺史。韶
自兵兴四十年,刺史以县为治署,而令丞杂处民阎。申按公田之废
者,募人假牛犁垦发,以所收半畀之,田久不治,故肥美,岁入凡三
万斛。诸工计所庸,受粟有差,乃徙治故州。未几,邑闾如初。创驿
候,作大市,器用皆具。州民诣观察使,以其有功于人,请为生祠,申
固让,观察使以状闻,迁合州刺史。始来韶,户止七千,比六年,倍而
半之。

　　会初置景州,授刺史,赐钱五十万,加节度副使。迁邕管经略
使。黄洞纳质供赋,不敢桀。逾年,进岭南节度使。前使死,吏盗印,
署府职百余员,畏事泄,谋作乱。申觉,杀之,讵误一不问。远俗以
攻劫相矜,申禁切,无复犯。外蕃岁以珠、玳瑁、香、文犀浮海至,申
于常贡外,未尝剩索,商贾饶盈。刘辟反,表请发卒五千,循马援故
道,繇爨蛮抵蜀,捣辟不备。诏可,加检校礼部尚书,封东海郡公。诏
未至,卒,年七十,赠太子少保,谥曰平。

　　郗士美,字和夫,兖州金乡人。父纯,字高卿,举进士、拔萃、制
策皆高第,张九龄、李邕数称之。自拾遗七迁至中书舍人。处事不
回,为宰相元载所忌。时鱼朝恩以牙将李琮署两街功德使,琮恃势
桀横,众辱京兆尹崔昭于禁中,纯曰:“此国耻也。”即诣载请速处其
罪,载不纳,遂辞疾还东都,号“伊川田父”,十年不出。德宗立,崔祐
甫辅政,召为太子左庶子、集贤殿学士,不拜,以老乞身。改詹事,听
致仕。帝召见,褒叹良久,赐金紫,公卿以下咸祖都门,世高其节。

　　士美年十二,通《五经》,《史记》、《汉书》皆能成诵。父友萧颖
士、颜真卿、柳芳与相论绎,尝曰:“吾曹异日当交二郗之间矣。”未
冠,为阳翟丞,佐李抱真潞州幕府。以才,历王虔休、李元,皆留不
徙。久乃进房州刺史、黔中经略观察使。溪州贼向子琪以众八千岨
山剽劫,士美讨平之,加检校右散骑常侍,封高平郡公。迁京兆尹,

天子多所咨逮。

出为鄂岳观察使。时安黄节度使伊慎入朝，其子宥主后务，偃蹇，母死京师不发丧，欲固其权。士美知之，使府属过其境，宥出迎，因以母讣告之，即为办装，宥惶遽上道。

改河南尹，检校工部尚书，充昭义节度使。昭义自李抱真以来皆武臣，私厨月费米六千石、羊千首、酒数十斛，潞人困甚。士美至，悉去之，出禀钱市物自给。又卢从史时，日具三百人膳以饷牙兵，士美曰："卒卫于牙，固职也，安得广费为私恩？"亦罢之。讨王承宗也，遣大将王献督万人为前锋，献恣横逗桡，士美即斩以徇，下令曰："敢后者斩！"亲鼓之，大破贼，下三营环柏乡。时诸镇兵合十余万绕贼，多玩寇犯法，独士美兵锐整，最先有功。宪宗喜曰："固知士美能办吾事。"承宗大震惧。亡几，会诏班师，然威震两河。以疾召拜工部尚书。后检校刑部尚书，为忠武节度使。卒，年六十四，赠尚书左仆射，谥曰景。生平与人交，已然诺，以是名重于世。

辛秘，系出陇西。贞元中，擢明经第，授华原主簿。以判入等，调长安尉。其学于礼家尤洽，高郢为太常卿，奏为博士。再迁兵部员外郎，常兼博士。再辟礼仪使府。

宪宗初，拜湖州刺史。李锜反，遣大将先取支州。苏、常、杭、睦四刺史，或战败，或拘胁，独秘以儒者，贼易之。未及至，秘召牙将丘知二夜开城收壮士，得数百，逆贼大战，斩其将，进焚营保。锜平，赐金紫。金谓秘材任将帅，会河东范希朝出讨王承宗，召秘为希朝司马，主留务，累迁汝、常州刺史，河南尹，进拜昭义军节度使。是时，承讨恒、赵之后，潞人雕耗。秘至，则约出入，啬用度，比四年，储钱十七万缗、粮七十万斛，器械坚良，隐然复为完镇。召还，道病卒，年六十四，赠尚书左仆射，谥曰肃，后更谥懿。

秘为大官，居不易第，服不改初，其奉禄悉与里表亲属。病，自铭其墓，作书一通缄之。卒后发视，则送终制也，俭而不违于礼云。

唐书卷一四四
列传第六九

来瑱 裴茙　田神功 神玉
侯希逸　崔宁 鑫 荛 黯　严砺

来瑱，邠州永寿人。父曜，奋行间，开元末，持节碛西副大使、四镇节度使，著名西边，终右领军大将军。

瑱略知书，尚名节，崖然有大志。天宝初，从四镇任剧职，累迁殿中侍御史、伊西北廷行军司马。诏举智谋果决、才堪统众者，拾遗张镐荐瑱能断大事，有御侮才，擢颍川太守，充招讨使。会母丧免，以孝闻。

安禄山反，张垍荐之，兴块次，拜汝南太守。未行，改颍川。贼攻颍川，方积粟多，瑱完埤自如，手射贼，皆应弦仆。贼使降将毕思琛招之，父故将也，拜城下，泣且吊，瑱不应，前后俘杀甚众。贼惧，目为"来嚼铁"。以功就加防御使、河南淮南游弈逐要招讨使。徙山南东道节度使代鲁炅，会嗣虢王巨表炅方固守，乃还瑱故官。贼围南阳急，瑱与魏仲犀合兵救之，不胜，人情恟惧，瑱能抚训士，举动安重，贼不得侵。改淮南西道节度。两京平，封颍国公，食二百户。

乾元二年，徙河西。未行，王师败于相州，诏拜陕虢节度，兼潼关防御团练镇守使。明年，襄州部将张维瑾等杀其使史翙，徙瑱山南东道襄、邓、均、房、金、商、隋、郢、复十州节度使。既至，维瑾降。上元二年春，破史思明余党于鲁山，俘贼渠，又战汝州，获马、牛、橐驼，凡两战。斩首万级。

明年,诏瑱还,瑱安襄、汉,士亦宜其政,因讽众留己,而外示行。至邓,复诏归镇。肃宗闻其谋,恶之,吕諲、王仲升等皆言"瑱得士心,不可以留",乃改山南东道襄、邓、唐、复、隋、郢六州节度。俄而仲升与贼战申州,为贼禽。初,仲升被围,而江陵吕諲病,瑱顾望不即救,及师出,仲升已没。行军司马裴茙表其状,且言:"瑱善谋而勇,恐后难制,即除之,可一战禽也。"帝颇谓然,遂改瑱淮西申、安、蕲、黄、光、沔兼河南陈、豫、许、郑、汴、曹、宋、颍、泗十五州节度以宠之,阴夺其权,加茙襄、邓等七州防御使代諲。諲惧,释言"淮西无粮,须麦收可上道",又讽众固留。

代宗立,复授襄州节度、奉义军渭北兵马使,密诏茙图之。茙自均州率众浮汉下。会日入,候者白瑱,瑱与帐下谋,其副薛南阳曰:"公奉诏留镇,而茙以兵胁代,是无名也。茙智勇非公敌,而众心不附。彼若乘我不虞,纵火夜攻,诚可忧也。若须明,则破之必矣。"明日,茙督军五千阵谷水北,瑱以兵迎之,呼其军,告曰:"尔何事来?"曰:"公不受命,故中丞伐罪。"瑱曰:"诏还瑱此州。"乃以诏书示之。皆曰:"伪也。吾千里讨贼,岂空归邪?"争射之,瑱走旗下。薛南阳曰:"请公勒兵勿战。"乃以三百骑为奇兵,旁万山,出其背夹击之,其众几尽,茙脱身走,至申口,禽之,送京师。瑱因入朝谢罪,帝待之无疑,拜兵部尚书、同中书门下平章事,充山陵使。

是时,程元振居中用事,疾瑱,乃告与巫祝言不顺。会王仲升归,又言由瑱与贼合,故陷贼。帝积怒,遂下诏削除官爵,贬播川尉,员外置。及鄂,赐死,籍其家。瑱之死,门下客散去,掩尸于坎,校书郎殷亮独后至,哭尸侧,为备棺衾以葬。帝徐悟元振诬,以它罪流溱州。

先是,瑱行军司马庞充以兵二千戍河南,至汝,闻瑱死,乃还袭襄州,别将李昭御之,走房陵。昭与薛南阳、梁崇义不相臣,崇义杀昭,帝以崇义为节度使代瑱。既而为瑱立祠,四时致飨,避瑱听事不处,哀祈礼葬,诏可。广德元年,追复官爵。

裴茙者,始以荫为京兆司录参军。瑱镇陕州,引为判官,移襄州,又为行军司马,遇之厚。及瑱私汉上,茷欲得其处,故背瑱言状,帝倚以图瑱。而性轻褊少谋,师兴,给用无节。及败,有诏流费州,至蓝田,赐死。

田神功,冀州南宫人。天宝末,为县史。会天下兵兴,贼署为平卢兵马使,率众归朝,从李忠臣收沧、德,攻相州,拒杏园。后守陈留,战不胜,与许叔冀降于史思明。思明使与南德信、刘从谏南略江淮,神功袭德信,斩之,从谏脱身走,乃并将其兵。诏拜鸿胪卿。袭敬钉郓州,不克。刘展反,郑景山引神功助讨,自淄青济淮,众不整,入扬州,遂大掠居人赀产,发屋剔窨,杀商胡、波斯数千人。俄而禽展送京师,迁淄青节度使。会侯希逸入青州,更徙兖郓。时贼围宋州急,李光弼奏神功往救,贼解去。又破法子营,复攻敬钉,降之。朝义闻,乃奔下博。进封信都郡王,徙河南节度、汴宋八州观察使。

大历二年来朝,加检校尚书右仆射,诏宰相百官送至省。又判左仆射,知省事,加太子太师,还军。神功事母孝。始,尝倨骄自如,见光弼待官属钧礼,乃折节谦损。既寝疾,宋之将吏为禳祈报恩。

八年,自力入朝,卒,代宗为彻乐,赠司徒,诏其弟曹州刺史神玉知汴州留事。赙绢千匹、布五百端,百官吊丧,赐屏风茵褥,饭千桑门追福。至德后,节度不兼宰相者,惟神功恩礼最笃。神玉终汴宋节度留后。

侯希逸,营州人。长七尺,丰下锐上。天宝末为州裨将,守保定城,安禄山反,使中人韩朝扬传命,希逸斩以徇。禄山又以亲将徐归道为节度使,希逸率兵与安东都护王玄志斩之,遣使上闻,诏拜玄志平卢节度使。

玄志卒,副将李正己杀其子,共推希逸,有诏就拜节度使,兼御史大夫。与贼确,数有功。然孤军无援,又为奚侵掠,乃拔其军二万,浮海入青州据之,平卢遂陷。肃宗因以希逸为平卢、淄青节度使。自是缁青常以平卢冠使。宝应初,与诸军讨平史朝义,加检校工部尚书,赐实户,图形凌烟阁。

希逸始得青,治军务农有状。后稍怠肆,好畋猎,佞佛,兴广祠庐,人苦之。夜与巫家野次,李正己因众怨闭阖不内,遂奔滑州。召还,检校尚书右仆射,知省事。大历末,封淮阳郡王。建中二年,迁司空,未及拜,卒,年六十二,遗敕其子上还前后实封,赠太保。

崔宁,本贝州安平人,后徙卫州。世儒家,而独喜纵横事,因落魄,客剑南,以步卒事鲜于仲通。又从李宓云南,无功,还成都,行军司马崔论悦之,荐为牙将。历事崔圆、裴冕。冕被谤,朝廷疑之,遣使者问状,宁部兵劓耳自白其冤,使者以闻。宁亦还京师,留为折冲郎将。

宝应初,蜀乱,山贼乘险,道不通。严武白宁为利州刺史,既至,贼遁去,由是知名。及武为剑南节度使,过州,心欲与俱西,而利非所属,使宁自为计。宁曰:"节度使张献诚见疑,难辄去。然献诚嗜利,若厚赂之,宁可以从大夫矣。"武然之,以奇锦珍贝遗献诚,且求宁,献诚果喜,令自移疾去。武遂奏为汉州刺史。

吐蕃引杂羌寇西山,破柘、静等州,有诏收复。于是武遣宁将而西,既薄贼城,城皆累石,不得攻,惟东南不合者丈许,谍知之,乃为地道,再宿而拔,拓地数百里。虏众惊相谓曰:"宁,神兵也!"及还,武大悦,装七宝舆迎入成都,以夸于军。

永泰元年,武卒。行军司马杜济,别将郭英干、郭嘉琳皆请英干之兄英义为节度使,宁与其军亦丐大将王崇俊。奏俱至,而朝廷既用英义矣。英义恨之,始署事即诬杀崇俊,又遣使召宁。宁恐,托拒吐蕃,不敢还。英义怒,因出兵,声言助宁,实欲袭取之,即徙宁家于成都,而淫其妾媵。宁惧,益负阻。英义乃自将讨之,会天大雪,马多冻死,士心离,遂败归。宁闻英义损裁将卒禀赐,下皆恨怒,又毁玄宗冶金像,乃令军中曰:"英义反,辄居先帝旧宫。"乃进薄成都。英义阵城西,使柏茂琳为前军,英干为左军,嘉琳为后军,与宁战。茂琳等败,军多降宁。宁即署降将,使率兵还攻,英义不胜,走灵池,为韩澄所杀。

于是剑南大扰，杨子琳起泸州，与邛州柏贞节连和讨宁。明年，代宗诏宰相杜鸿渐为山西剑南邛南等道副元帅、剑南西川节度使，往平其乱。鸿渐出骆谷，或进计曰："公不如驻阆中，数腾书陈英义罪，嘉宁方略，因以宁所署刺史即授之，使不疑。而后与东川张献诚及诸帅合兵扰宁，不一年，宁势且穷，必束身归命。"鸿渐疑未决。会宁遣使至，献缯锦数万。辞卑约甚，鸿渐贪其利，遂入成都，政事一委宁，日与僚属杜亚、杨炎纵酒高会。乃表贞节为邛州刺史，子琳为泸州刺史，以和解之。又数荐宁于朝。先是，宁与张献诚战，夺其旌节，不肯与，故朝廷因授宁成都尹、西山防御使、西川节度行军司马。鸿渐既还朝，遂为节度使。

大历三年来朝。宁本名旰，至是赐名。杨子琳袭取成都，帝乃还宁于蜀。未几，子琳败。宁见蜀地险，饶于财，而朝廷不甚有纪，乃痛诛敛。使弟宽居京师，以赂厚谢权贵，深结元载父子，故宽骤擢御史中丞，宽兄审至给事中。宁在蜀久，兵寝强，而肆侈穷欲，将吏妻妾多为污逼，朝廷隐忍，不能诘。累加尚书左仆射。

十四年，入朝，进检校司空、同中书门下平章事，兼山陵使。俄以平章事为御史大夫，即建白择御史当出大夫，不宜谋及宰相。因奏李衡、于结等任御史，宰相杨炎怒，寝不行。炎方诋刘晏，宁申救于帝，又素事元载，而炎亦出载门，故衔之，未忍发。

是岁十月，南蛮与吐蕃合兵入文川、方维、邛郏，覆没州县，民逃匿山谷中。宁方在朝，军无帅，德宗促宁还镇。炎业与有嫌，恐已入蜀不可制，即说帝曰："蜀，天下之奥壤，自宁擅制，朝廷失外府十四年矣。今宁虽来，以全师守蜀，赋税入天子者与无地同。宁本与诸将等夷，独因叛乱得位，不敢自有，以恩柔煦育，故威令不行。今虽归之，必无功，是徙遣也。若其有功，谊不容夺。则西蜀之奥，败固失之，胜亦非国家所有。惟陛下孰察。"帝曰："卿策云何？"炎曰："请无归宁。今朱泚所部范阳劲卒戍近甸，趋与禁兵杂往，举无不克，因是役得以亲兵内其腹中，则蜀将破胆不敢动，然后换授他帅，以收其权，得千里肥饶之地，是谓因小祸受大福也。”帝曰：“善。”遂罢宁西川节度，改兼京畿观察使、灵州大都督、单于镇北大都护、朔方节度、鄜坊丹延州都团练观察等使，托言重臣绥静北陲，而每道置留后，使得自奏事，杜希全灵州，王翃振武，李建徽鄜州，及戴休颜、杜从政、吕希倩皆炎署置，使伺宁过失。宁至夏州，与希倩招党项，降者甚众。炎恶之，即奏希倩无绥边才，而以神武将军时常春代之，更拜宁尚书右仆射、知省事，司空如故。

朱泚乱，帝出居奉天，宁后数日至，帝喜甚。宁谓所亲曰：“上聪明，从善如转规，但为卢杞所惑至此尔。”因潸然涕下。杞闻之，思有以构宁于帝。会王翃赴难时，与宁俱出延平门而西，宁数下马趋厕，辄迁久。翃惧贼追，即呼曰：“既至此，而欲顾望乎？”杞微闻，即讽翃以闻。会泚行反间，而除柳浑为宰相，署宁中书令。时朔方掌书记康湛为盩厔尉，翃逼湛诈作宁遗泚书献之，杞遂奏：“宁初无效顺心，向闻与贼盟署中书令，今果后至，复得所与贼书，反状明甚。若凶渠外逼，奸臣内谋，则大事去矣。”因俯伏歔欷曰：“臣备位宰相，危不能持，颠不能扶，罪当死。”帝命左右扶起之，乃召宁至朝堂，云使宣慰江淮。俄而中人引宁幕后，使二力士缢杀之，年六十一。

初，命陆贽草制，贽索宁与泚书，将坐其事。杞复云：“书已亡。”宁死，籍其家，中外冤之。帝乃赦宁亲属，而归其资云。贞元十二年，宁故将夏绥银节度使韩潭请以所加礼部尚书雪宁罪，有诏听其家收葬。

始，宁入朝，留其弟宽守成都，杨子琳乘间起泸州，以精骑数千袭据其城。宽战力屈，宁妾任素骁果，即出家财十万募勇士，得千人，设部队，自将以进。子琳大惧，会粮尽，且大雨，引舟至延，乘而去。

子琳者，本泸南贼帅，既降，诏隶剑南节度，屯泸州，杜鸿渐表为刺史。既败，收余兵沿江而下，诸刺史震栗，备饩牢以飨士。过黄草峡，守捉使王守仙伏兵五百，子琳前驱至，悉禽之，遂入夔州，杀别驾张忠，城守以请罪。朝廷以其本谋近忠，故授峡州刺史，移澧州镇遏使。后归朝,赐名猷。

宁季弟密,密子绘,俱以文辞称。

绘四子:蠲、黯、确、颜,皆擢进士第。

蠲字越卿,开成中为户部侍郎,白罢忌日百官行香,有诏褒可。历平卢、天平军节度使,终尚书左丞。

子莪,字野夫,乾符中为吏部侍郎,美文辞,谈辩华给,以铨管非所长,出为陕虢观察使。是时王仙芝乱汉上,河南群盗兴,莪简侻不晓事,但以器韵自高,委政厮竖,不恤人疾苦。或诉旱者,指廷树示之曰:"柯叶尚尔,何旱为?"即榜笞之,上下离心。俄为军吏所执,髡其髯鬓。莪再拜祈免,乃得去。渴甚,求饮于民,民饮以溺。坐失守,贬端州司马,终左散骑常侍。

黯字直卿,开成初为监察御史,奏郊庙祭事不虔。文宗语宰相曰:"宗庙之礼,朕当亲之。但千乘万骑,国用不给,故使有司侍祠,然是日朕正衣冠坐以俟旦。今闻主者不虔,祭器敝恶,岂朕事神蠲絜意邪?公宜敕有司道朕斯意。"黯乃具条以闻。擢员外郎,累迁谏议大夫。

确、颜,位皆郎中。

严砺,字元明,震从祖弟也。少为浮屠法,太守见之,伟其材,表为玄武尉。震在山南,署牙将。德宗之幸,主馈饷有功。然轻躁多奸谋,以便佞自将。累为兴州刺史。震卒,以砺权主留府事,遗言荐之,即拜本道节度使。诏下谏议大夫、给事中、补阙、拾遗合议,皆以为"砺资浅,士望轻,不宜授节制",帝不从。

砺在位,贪沓苟得,士民不胜其苦。素恶凤州刺史马勋,即诬奏,贬贺州司户参军。刘辟反,以储备有素,检校尚书左仆射,节度东川。擅没吏民田宅百余所,税外加敛钱及刍粟数十万。元和四年,卒,赠司空。后监察御史元稹奉使东川,劾发其赃,请加恶谥。朝廷以其死,故但追田宅奴婢还其主,税外所敛悉蠲除云。

唐书卷一四五
列传第七〇

元载 卓英璘 李少良　王缙　黎干
杨炎 庾准 严郢　窦参 申
吴通玄

元载，字公辅，凤翔岐山人。父升，本景氏。曹王明妃元氏赐田
在扶风，升主其租入，有劳，请于妃，冒为元氏。

载少孤，既长，嗜学，工属文。天宝初，下诏举明庄、老、列、文四
子学者，载策入高第，补新平尉。韦镒监选黔中，苗晋卿东都留守，
皆署判官，寖以名闻。至德初，江东采访使李希言表载自副，擢祠部
员外郎、洪州刺史。入为度支郎中，占奏敏给，肃宗异之。累迁户部
侍郎，充度支、江淮转运等使。

帝不豫，李辅国用事。辅国妻，载宗女也，因相缔昵。会京兆尹
缺，辅国白用载，载意属国柄，固辞。辅国晓之，翌日，拜同中书门下
平章事，领使如故。代宗立，辅国势愈重，数称其才，进拜中书侍郎、
许昌县子。载以度支繁浩，有吏事督责，损威宠，乃悉天下钱谷委刘
晏。未几，判天下元帅行军司马。

盗杀李辅国，载阴与其谋。乃复结中人董秀，厚啗以金，使刺取
密旨，帝有所属，必先知之，探微揣端，无不谐契，故帝任不疑。华原
令顾繇上封白发其私，帝方倚以当国，乃斥繇，除名为民。鱼朝恩骄
横震天下，与载不叶，惮之，虽帝亦衔恚，乃乘间奏诛朝恩，帝畏有
变，载结其爱将为助。朝恩已诛，载得意甚，益矜肆。

时拟奏文武官功状多谬舛，载虞有司驳正，乃请别敕授六品以下官，吏部、兵部即附甲团奏，不须检勘，欲示权出于己。又与王缙请以河中为中都，哀关辅河东十州税奉京师，选兵五万屯中都，镇御四方，杪秋行幸，上春还，可以避羌戎患。载以议入即从，前敕所由吏于河中经图宫殿，筑私第。帝闻，恶之，置其议。

初，四镇、北廷行营节度使寄治泾州，大历八年，吐蕃寇邠宁，议者谓三辅以西无襟带之固，而泾州散地不足守。载尝在西州，具知河西、陇右要领，乃言于帝曰：“国家西境极于潘原，吐蕃防戍乃在摧沙堡，而原州界其间，草荐水甘，旧全存焉。比吐蕃毁夷垣堑，弃不居，其右则监牧故地，巨堑长壕，重复深固。原州虽早霜不可蓺，而平凉在其东，独耕一县，可以足食。请徙京西军戍原州，乘间筑作，二旬可讫，贮粟一岁。戎人夏牧青海上，羽书比至，则我功集矣。徙子仪大军在泾，以为根本，分兵守石门、木峡，陇山之关北抵于河，皆连山峻险，寇不可越。稍置鸣沙县、丰安军为之羽翼，北带灵武五城，为之形势，然后举陇右之地，以至安西，是谓断西戎胫，朝廷高枕矣。”因图上地形，使吏间入原州度水泉，计徒庸，车乘畚锸之器悉具。而田神功沮短其议，乃曰：“兴师料敌，老将所难，陛下信一书生言，举国从之，误矣。”帝由是疑不决。

载智略开果，久得君，以为文武才略莫己若。外委主书卓英倩、李待荣，内劫妇言，纵诸子关通货贿。京师要司及方面，皆挤遣忠良，进贪猥。凡仕进干请，不结子弟，则谒主书。城中开南北二第，室宇奢广，当时为冠。近郊作观榭，帐帟什器不徙而供。膏腴别墅，疆畛相望，且数十区。名姝异技，虽禁中不逮。帝尽得其状。载尝独见，帝深戒之，謷然不悛。客有赋《都卢寻橦篇》讽其危，载泣下而不知悟。会李少良上书诋其丑状，载怒，奏杀少良，道路目语，不敢复议。载由是非党与不复接，生平道义交皆谢绝。

帝积怒，大历十二年三月庚辰，仗下，帝御延英殿，遣左金吾大将军吴凑收载及王缙，系政事堂，分捕亲吏、诸子下狱。诏吏部尚书刘晏、御史大夫李涵、散骑常侍萧昕、兵部侍郎袁傪、礼部侍郎常衮、谏议大夫杜亚讯状,而责辨端目皆出禁中。遣中使临诘阴事,皆服。乃下诏赐载自尽,妻王及子扬州兵曹参军伯和、祠部员外郎仲武、校书郎季能并赐死,发其祖、父冢,斫棺弃尸,毁私庙主及大宁、安仁里二第,以赐百官署舍,披东都第助治禁苑。

王氏,河西节度使忠嗣女,悍骄戾沓,载巨禁。而诸子牟贼,聚敛无涯艺,轻浮者奔走;争蓄妓妾,为倡优亵戏,亲族环观不愧也。及死,行路无嗟隐者。籍其家,钟乳五百两,诏分赐中书、门下台省官,胡椒至八百石,它物称是。女真一,少为尼,没入掖庭。德宗时,始告以载死,号踊投地,左右呵止,帝曰:"安有闻亲丧责其哀殒乎?"命扶出。

帝为太子也,实用载议。兴元元年,诏复其官,听改葬。故吏许初、杨晈、纪惜等合赀以葬,谥曰荒,后改曰成纵。

载败,董秀、卓英倩、李待荣、术者李季连悉论死。其它与载厚善坐贬者,若杨炎、王昂、宋晦、韩洄、王定、包佶、徐缙、裴冀、王纪、韩会等凡数十百人。

英倩弟英璘,家金州,州人缘以授官者亦百余,豪制乡曲,聚无赖少年以伺变,恃载权,牧宰莫敢问。载诛,英璘盗库兵据险以叛。诏发禁兵及山南西道兵二千讨捕,刺史孙道平禽杀之。诏给复其州二年。

李少良者,以吏治由诸帅府迁累殿中侍御史。罢,游京师,不见调,愤载不法,疏论其恶,帝留少良客省,欲究其事。其友韦颂者候之,漏言于陆珽。载召珽问知之,乃奏下少良御史台,劾其漏禁中语,并与颂、珽论杀之。珽,善经子,与颂及少良善,又狎载子弟亲党,故载廉得其谋。

初,载盛时,人皆疾猷之。大历八年,有晋州男子郇谟以麻总发,持竹筥、苇席,行哭长安东市,人问之,曰:"我有字三十,欲以献上,字言一事,即不中,以筥贮尸,席里而弃之。"京兆以闻,帝召见,赐以衣,馆内客省,问状,多讥切载。其言"团"者,愿罢诸州团练使,

其言"监"者,请罢诸道监军,大抵类此。先是,天下兵兴,凡要州权
署团练、刺史。载用事,授刺史者悉带团练以悦人心,故谟指而刺
云。

　　王缙,字夏卿,本太原祁人,后客河中。少好学,与兄维俱以名
闻。举草泽、文辞清丽科上第,历侍御史、武部员外郎。禄山乱,擢
太原少尹,佐李光弼,以功加宪部侍郎,迁兵部。史朝义平,诏宣慰
河北,使还有指,俄拜黄门侍郎、同中书门下平章事。进侍中,持节
都统河南、淮西、山南东道诸节度行营事。辞侍中,加东都留守。岁
余,拜河南副元帅,损军资钱四十万缗,营完宫室。朱希彩杀李怀仙
也,诏拜卢龙节度使,至幽州,委军于希彩乃还。会辛云京卒,兼领
河东节度,让还河南副元帅、东都留守。太原将王无纵、张奉璋恃
功,以缙儒者易之,不如律令,缙斩以徇,诸将股栗。再岁还,以本官
复知政事。

　　时元载专朝,天子拱手,缙曲意附离,无敢忤。又恃才多所狎
侮,虽载亦疾其凌靳也。京兆尹黎干数论执,载恶之,缙折干曰:
"尹,南方孤生,安晓朝廷事?"

　　缙素奉佛,不茹荤食肉,晚节尤谨。妻死,以道政里第为佛祠,
诸道节度、观察使来朝,必邀至其所,讽令出财佐营作。初,代宗喜
祠祀,而未重浮屠法,每从容问所以然,缙与元载盛陈福业报应,帝
意向之。繇是禁中祀佛,讽呗斋薰,号"内道场",引内沙门日百余,
馔供珍滋,出入乘厩马,度支具禀给。或夷狄入寇,必合众沙门诵
《护国仁王经》为禳獻,幸其去,则横加锡与,不知纪极。胡人官至卿
监、封国公者,著籍禁省,势倾公王,群居赖宠,更相凌夺,凡京畿上
田美产,多归浮屠。虽藏奸宿乱踵相逮,而帝终不悟,诏天下官司不
得棰辱僧尼。初,五台山祠铸铜为瓦,金涂之,费亿万计。缙给中书
符,遣浮屠数十辈行州县,敛丐赀货。缙为上言:"国家庆祚灵长,福
报所冯,虽时多难,无足道者。禄山、思明毒乱方煽,而皆有子祸,仆
固怀恩临乱而踣,西戎内寇,未及击辄去,非人事也。"故帝信愈笃。

七月望日,宫中造盂兰盆,缀饰镠琲,设高祖以下七圣位,幡节、衣冠皆具,各以帝号识其幡,自禁内分诣道佛祠,铙吹鼓舞,奔走相属。是日立仗,百官班光顺门奉迎导从,岁以为常。群臣承风,皆言生死报应,故人事置而不修。大历政刑,日以埋陵,由缙与元载、杜鸿渐倡之也。

性贪冒,纵亲戚尼妪招纳财贿,猥屑相稽,若市贾然。及败,刘晏等鞫其罪,同载论死,晏曰:"重刑再覆,有国常典,况大臣乎!法有首从,不容俱死。"于是以闻,上悯其耄,不加刑,乃贬括州刺史。久之,迁太子宾客,分司东都。建中二年死,年八十二。

黎干,戎州人。善星纬术,得待诏翰林,擢累谏议大夫,封寿春公。自负其辩,沾沾喜议论。

初,唐家郊祭天地,以高祖神尧皇帝配。宝应元年,杜鸿渐为太常卿、礼仪使,于是礼仪判官薛颀、集贤校理归崇敬等共建:"神尧独受命之主,非始封君,不得冒太祖配天地。景皇帝受封于唐,即商之契、周之后稷,请奉景皇帝配天地,于礼宜甚。"干非之,乃上十诘、十难,傅经谊,抵郑玄,以折颀、崇敬等,曰:"颀等引禘者至日祭天于圆丘,周人以远祖配,今宜以景皇帝为始祖,配昊天圆丘。臣干一诘:《国语》称有虞氏、夏后氏并禘黄帝,商禘舜,周禘喾。二诘:《商颂》'《长发》,大禘也'。三诘:《周颂》'《雍》,禘太祖也'。四诘:《祭法》,虞、夏并禘黄帝,商、周俱禘喾。五诘:《大传》'不王不禘,王者禘其祖之所自出,以其祖配之'。六诘:《尔雅》'禘,大祭也'。七诘:《家语》'凡四代帝王所郊,皆以配天;所谓禘,五年大祭也'。八诘:卢损以'禘,祭名。禘谛也,事取明谛,故云'。九诘:王肃言'禘,五年大祭'。十诘:郭璞亦云。此经传先儒皆不言祭昊天于圆丘,根证章章,故臣谓禘止五年宗庙大祭,了无疑晦。"其十难:

一曰,《周颂》、《雍》之序曰:"禘,祭太祖也。"郑玄说"禘,大祭也。太祖,谓文王也"。《商颂》"《长发》,大禘也"。玄曰:"大禘,祭天也。"商、周两《颂》,同文异解,索玄之意,以禘加"大",因曰"祭天"。臣谓《春秋》"大事于太庙",虽曰"大",得祭天乎？虞、夏、商、周禘黄帝与喾,《礼》"不王不禘",皆不言"大",玄安得称祭天乎？《长发》所叹,不及喾与感生帝,故知不为祭天侑喾明矣。商周五帝大祭见于经者甚详,而禘主庙,不主天。今背孔子之训言,取玄之偏谊,诬缪祀典,不见其可。

二曰,"不王不禘,王者禘其祖之所自出,以其祖配之"。此言惟天子当禘。如虞、夏出黄帝,商、周出喾,以近祖配之。自出之祖无庙,乃自外至。自外至者,同之天地,得主而止。又自出者在母亦然。《春秋传》"陈,则我周之自出"。讵可谓出太微五帝乎？玄以一"禘"为三谊,在《祭法》则曰"祭昊天于圆丘"。在《春秋传》则"郊以后稷配灵威仰"。在《商颂》曰"祭天"。在《周颂》则禘曰"大于四时祭,而小于祫"。本末驳舛,臆判自私,不足以训。

三曰,商、周之前,禘所自出。自汉、魏以来,旷千余岁,其礼不讲。盖玄所说不当于经,不质于圣,先儒置之不用,是为弃言。

四曰,今礼家行于世者,皆本玄学。臣请取玄之隙,还破顾等所建。顾等曰:"景皇帝为始祖,以配天。"按《王制》《天子七庙》。玄曰:"周礼也。太祖与文、武之祧,合亲庙四而七。商氏六庙,契与汤合二昭二穆而六。"据玄,则夏不以鲧、颛顼、昌意为始祖,是又与玄乖背。自古未有以人臣为始祖者,唯商以契,周以稷。夫稷、契皆天子元妃子。简狄吞玄鸟卵而生契,契佐禹有大功,舜封之商,其《诗》曰:"天命玄鸟,降而生商,宅殷土芒芒。"后稷母曰姜嫄,出野履巨迹而生稷,稷勤稼穑,尧举为农师,舜封之邰号曰后稷。其诗曰:"履帝武敏歆,攸介攸止。""即有邰家室。"舜、禹有天下,契、稷在焉。《传》曰:"功施于人则祀之,以死勤事则祀之。"契为司徒,而人辑睦,稷勤百谷而山死,皆在祀典。及子孙而有天下,故尊而祖之。

五曰,既用玄说,小德配寡,而后稷止配一帝,不得全配五帝。今以景帝配昊天,于玄为可为不可乎？

六曰,众诘臣曰:"上帝一帝,《周官》:礼天旅上帝,祀地旅四望。旅,众也。则上帝是五帝。"臣曰:"否。旅有众义,出于《尔雅》。

又为祭名，亦曰陈也。如前所诘，旅上帝为五帝，则季氏旅于泰山可得为四镇邪?"

七曰，援玄之言，则景帝亲尽，主应在祧，反配天地，礼不相值。夫所谓始祖者，经纶草昧，功普体大，以比元气含覆广大者也。故曰万物之始，天也;人之始，祖也;日之始，至也。扫地而祭，则质;器用陶匏，则性;牲用犊，则诚;兆于南郊，则就阳。至尊至质，不敢同于先祖也。《白虎通义》曰"祭天岁一者何? 事之不敢黩也。"故因岁之阳气始达而祭之。今一岁四祭，黩莫大焉。上帝五帝，祀阙不举，怠孰甚焉?黩与怠，皆失也。臣闻亲有限，祖有常，圣人制礼不以情变。唐家累圣，历祀百年，非不知景帝为始封。当时通儒巨工尊高祖以配天，宗太宗以配上帝，人神克歆，为日既久。乃今以神尧降侑含枢纽，而太宗仍配上帝，则枢纽上帝佐也。以子先父，非天地祖宗之意。

八曰，景皇帝非造我区夏，不得与夏之禹、商之契、周之稷、汉高帝、魏武帝、晋宣帝、唐神尧皇帝并功，而陟配圜丘，上与天匹，曾谓圜丘不如林放乎?

九曰，魏以武帝、晋以宣帝为始祖者，夫操与懿皆人杰也。拥天下强兵，挟弱主，制海内之命，名虽为臣，势实为君，后世因之以成帝业，尊而祖之，不亦可乎?

十曰，神尧拯隋室之乱，振臂大呼，济人涂炭，汎扫荡攘，群凶无余，出入不数年而成王业，汉祖之功不能加焉。夏以禹，汉以高帝，我以神尧为始祖，订夏法汉，于义何嫌?今顾、崇敬革天对，易祖庙，事之大者，不稽于古，难以疑文僻说定之。臣官以谏为名，不敢不尽愚。

议闻，代宗不黜其言。其后名儒大议，而景帝配天卒著于礼。

俄迁京兆尹，颇以治称。京师苦樵薪乏，干度开漕渠，兴南山谷口，尾入于苑，以便运载。帝为御安福门观之。干密具胴船作倡优水嬉，冀以媚帝。久之，渠不就。俄改刑部侍郎，鱼朝恩败，坐交通，出为桂管观察使。大历八年，复召为京兆尹。时大旱，干造土龙，自与巫觋对舞,弥月不应。又祷孔子庙,帝笑曰:"丘之祷久矣。"使毁土龙,帝减膳节用,既而霪雨。十三年,泾水拥隔,请开郑、白支渠,复秦、汉故道以溉民田,废碾硙八十余所。

干性贪暴,既复用,不暇念治,专徇财色,附会嬖近,挟左道希主恩,帝甚惑之。德宗在东宫,干与宦者特进刘忠翼阴谋,几危宗嗣。及即位,又诡道希进,密乘车谒忠翼。事觉,除名长流,既行,市人数百群噪投砾从之,俄赐死蓝田驿。

忠翼本名清潭,与左卫将军董秀皆有宠于代宗。当盛时,爵赏在其口吻,掊冒财贿,赀产累皆巨万,至是积前罪,并及诛。

杨炎,字公南,凤翔天兴人。曾祖大宝,武德初为龙门令,刘武周攻之,死于守,赠全节侯。祖哲,以孝行称。父播,举进士,退居求志,玄宗召拜谏议大夫,弃官归养。肃宗时,即家拜散骑常侍,号玄靖先生。

炎美须眉,峻风宇,文藻雄蔚,然豪爽尚气。河西节度使吕崇贲辟掌书记。神乌令李太简尝醉辱之,炎令左右反接,榜二百余,几死。崇贲爱其才,不问。李光弼表为判官,不应。召拜起居舍人,固辞。父丧,庐墓侧,号慕不废声,有紫芝白雀之祥,诏表其闾。炎三世以孝行闻,至门树六阙,古所未有。终丧,为司勋员外郎,迁中书舍人,与常衮同时知制诰。衮长于除书,而炎善德音,自开元后言制诰者,称"常杨"云。

宰相元载与炎同郡,炎又元出也,故擢炎吏部侍郎、史馆修撰。载当国,阴择才可代己者,引以自近,初得礼部侍郎刘单,会卒,复取吏部侍郎薛邕,邕坐事贬,后得炎,亲重无比。会载败,坐贬道州司马。

德宗在东宫,雅知其名,又尝得炎所为《李楷洛碑》,置于壁,日讽玩之。及即位,崔祐甫荐炎可器任,即拜门下侍郎、同中书门下平章事。

旧制,天下财赋皆入左藏库,而太府四时以数闻,尚书比部覆出纳,举无干欺。及第五琦为度支盐铁使,京师豪将求取无节,琦不能禁,乃悉租赋进大盈内库。天子以给取为便,故不复出。自是天下公赋为人君私藏,有司不得计赢少。而宦官以冗名持簿者三百人,奉给其间,根柢连结不可动。及炎为相,言于帝曰:"财赋者,邦国大本,而生人之喉命,天下治乱重轻系焉。先朝权制,以中人领其职,五尺宦竖操邦之柄,丰俭盈虚,虽大臣不得知,则无以计天下利害。陛下至德,惟人是恤,参计敛蠹,莫与斯甚。臣请出之,以归有司。度宫中经费一岁几何,量数奉入,不敢以阙。如此,然后可以议政,惟陛下审察。"帝从之。乃诏岁中裁取以入大盈,度支具数先闻。

初,定令有租赋庸调法,自开元承平久,不为版籍,法度抏敝。而丁口转死,田亩换易,贫富升降,悉非向时,而户部岁以空文上之。又戍边者,蠲其租、庸,六岁免归。玄宗事夷狄,戍者多死,边将讳不以闻,故贯籍不除。天宝中,王铁为户口使,方务聚敛,以其籍存而丁不在,是隐课不出,乃按旧籍;除当免者积三十年,责其租、庸,人苦无告,故法遂大敝。至德后,天下兵起,因以饥疠,百役并作,人户凋耗,版图空虚。军国之用,仰给于度支、转运使。四方征镇,又自给于节度、都团练使。赋敛之司数四,莫相统摄,纲目大坏。朝廷不能覆诸使,诸使不能覆诸州。四方贡献悉入内库,权臣巧吏因得旁缘,公托进献,私为赃盗者,动万万计。河南、山东、荆襄、剑南重兵处,皆厚自奉养,王赋所入无几。科敛凡数百名,废者不削,重者不去,新旧仍积,不知其涯。百姓竭膏血,鬻亲爱,旬输月送,无有休息。吏因其苛,蚕食于人。富人多丁者,以宦、学、释、老得免,贫人无所入则丁存。故课免于上,而赋增于下。是以天下残瘁,荡为浮人,乡居地著者百不四五。

炎疾其敝,乃请为"两税法"以一其制。凡百役之费,一钱之敛,先度其数而赋于人,量出制入。户无主客,以见居为簿。人无丁中,以贫富为差。不居处而行商者,在所州县税三十之一,度所取与居者均,使无侥利。居人之税,秋夏两入之,俗有不便者三之。其租、庸、杂徭悉省,而丁额不废。其田亩之税,率以大历十四年垦田之数为准,而均收之。夏税尽六月,秋税尽十一月,岁终以户赋增失进退长吏,而尚书度支总焉。帝善之,使谕中外。议者沮诘,以为租庸令行数百年,不可轻改。帝不听。天下果利之。自是人不土断而地著,赋不加敛而增入,版籍不造而得其虚实,吏不诚而奸无所取,轻重之权始归朝廷矣。

炎兴岭表,以单议悟天子,中外翕然属望为贤相。居数月,崔祐甫疾不能事,乔琳免,炎独当国,遂多变祐甫之政,减薄护元陵功优,人始不悦。又请开丰州陵阳渠,发畿县民役作,闾里骚然,渠卒不就。

素德元载,思有以报之。于是复议城原州,节度使段秀实谓“安边却敌,宜以缓计,方农事,不可遽兴功”。炎怒,追秀实为司农卿,以邠宁李怀光督作,遣朱泚、崔宁统兵各万人翼之。诏书下,泾军恚曰:“吾军为国西屏十余年。始自邠土农桑地著之安,徙此榛莽中,手披足践,既立城垒,则又投之塞外,且安置此乎?”又怀光持法严,举军畏之。裨将刘文喜因人之怨,乃上疏求秀实、朱泚为使。诏以泚代怀光,文喜不奉诏,闭城拒守,质其子吐蕃以求援。时方炀旱,人情骚携,群臣皆请赦文喜,帝不听。诏减服御给军,且趣师泾州,士当受春服者皆即赐。命泚、怀光率军攻之,垒环其州。别将刘海宾斩文喜,献其首,泾州平,而原卒不能城。

又以刘晏劾载,已坐贬,乃出晏忠州,用庾准为荆南节度使,诬晏杀之,朝野侧目。李正己表请晏罪,炎惧,乃遣腹心分走诸道:裴冀使东都、河阳、魏博,孙成使泽潞、磁、邢、幽州,卢东美使河南、淄青,李舟使山南、湖南,王定使淮西。声言宣慰,而实自辩解,言“晏往尝傅会奸邪,谋立独孤妃为后,帝自恶之,非它过也”。帝闻,使中人复其言于正己,还报信然,于是帝意衔之,未发也。

会卢杞以门下侍郎同中书门下平章事,进炎中书侍郎,同秉政。杞无术学,貌么陋,炎薄之,托疾不与会食,杞阴为憾。旧制,中书舍人分押尚书六曹,以平奏报。开元初,废其职。杞请复之,炎固以为不可,杞益怒。又密启主书过咎,逐之,炎曰:“主书,吾局吏也,吾当自治之，奈何相侵邪？"始，炎还朝，道襄、汉，因劝梁崇义入朝，后又使李舟邀说之，崇义益反侧。及其叛，议者归咎炎，以为趣成之。帝欲以淮西李希烈统诸军致讨，炎曰："希烈始与李忠臣为子，逐忠臣取其位，此可以任乎？居无尺寸功，犹倔强不奉法，设使平贼，陛下将何以制之？"帝不能平，恚曰："朕业许之，不能食吾言。"遂用希烈。又尝访群臣可大任者，杞荐张镒、严郢，而炎举崔昭、赵惠伯。帝以炎论议疏阔，遂罢为尚书左仆射。既谢，对延英讫，不至中书，杞怒，益欲中之。

先是，严郢为京兆尹，不附炎，炎讽御史张著劾之，罢兼御史中丞。源休与郢不善，自流人擢休为京兆少尹，令伺郢过。休反与郢善，炎怒。会张光晟谋杀回纥酋帅，乃使休使回纥。郢坐度田不实，下除大理卿。至是炎罢，其子弘业赇赂狼藉，故杞引郢为御史大夫按之，并得它过。惠伯为河南尹时，尝市炎第为官廨。御史劾炎宰相抑吏市私第，贵取其直。杞召大理正田晋评罪，晋曰："宰相于庶官比监临，计羡利，罪夺官。"杞怒，谪晋衡州司马。于是当监主自盗，罪绞。开元时，萧嵩尝度曲江南，欲立私庙，以为天子临幸处乃止，后炎复取以立庙。飞语云："地有王气，故炎取之。"帝闻，震怒。会狱具，诏三司同覆，贬崖州司马同正。未至百里，赐死，年五十五。贬惠伯多田尉，亦杀之。

初，炎矫饬志节，颇得名，既傅会元载抵罪，俄而得政，然忮害根中，不能自止。眦睚必仇，果于用私，终以此及祸。自道州还也，家人以绿袍木简弃之，炎止曰："吾岭上一逐吏，超登上台，可常哉？且有非常之福，必有非常之祸，安可弃是乎？"及贬，还所服。久之，诏复其官，谥肃愍，左丞孔戣驳之，更曰平厉。

庾准者，常州人。无学术，以柔媚自进，得幸于王缙，骤至中书舍人，时流蚩薄之。再迁尚书右丞。缙得罪，出为汝州刺史。复入为司农卿。又善炎，故炎使节度荆南，晏已诬死，引为尚书左丞。建中三年卒，赠工部尚书。

严郢，字叔敖，华州华阴人。父正海，以才吏更七郡，终江南西道采访使。

郢及进士第，补太常协律郎，守东都太庙。禄山乱，郢取神主秘于家，至德初，定洛阳，有司得以奉迎还庙，擢大理司直。

吕𬤊镇江陵，表为判官。方士申泰芝以术得幸肃宗，遨游湖、衡间，以妖幻诡众，奸赃巨万，潭州刺史庞承鼎按治。帝不信，召还泰芝，下承鼎江陵狱。郢具言泰芝左道，帝遣中人与𬤊杂讯有状，帝不为然。御史中丞敬羽白贷泰芝，郢方入朝，亟辩之。帝怒，叱郢去。郢复曰："承鼎劾泰芝诡谲有实，泰芝言承鼎验左不存。今缓有罪，急无罪，臣死不敢如诏。"帝卒杀承鼎，流郢建州。泰芝后坐妖妄不道诛。代宗初，追还承鼎官，召郢为监察御史，连署帅府司马。

郭子仪表为关内、河东副元帅府判官，迁行军司马。子仪镇邠州，檄郢主留务。河中士卒不乐戍邠，多逃还。郢取渠首尸之，乃定。

岁余，召至京师，元载荐之帝，时载得罪，不见用。御史大夫李栖筠亦荐郢，帝曰："是元载所厚，可乎？"答曰："如郢材力，陛下不自取，而留为奸人用邪？"即日拜河南尹、水陆运使。大历末，进拜京兆尹，严明持法令，疾恶抚穷，敢诛杀，盗贼一衰，减隶官匠丁数千人，号称职尹。

宰相杨炎请屯田丰州，发关辅民凿陵阳渠，郢习朔边病利，即奏："旧屯肥饶地，今十不垦一，水田甚广，力不及而废。若发二京关辅民浚丰渠营田，扰而无利。请以内苑莳稻验之，秦地膏腴，田上上，耕者皆畿人，月一代，功甚易，又人给钱月八千，粮不在，然有司常募不能足。合府县共之，计一农岁钱九万六千，米月七斛二斗，大抵岁傜丁三百，钱二千八百八十万、米二千一百六十斛，臣恐终岁获不酬费。况二千里发人出塞，而岁一代乎？又自太原转粮以哺，私出资费倍之，是虚畿甸，事空徭也。"郢又言："五城旧屯地至广，请以凿渠粮俾诸城，夏贷冬输，取渠工布帛给田者，令据直转谷，则关辅免调发，而诸城辟田。"炎不许，渠卒不成，弃之。

御史台请天下断狱一切待报,唯杀人许偿死,论徒者得悉徙边。郢言:"罪人徙边,即流也。流有三,而一用之,诚难。且杀人外犹有十恶、伪造用符印、强光火诸盗,今一徙之,法太轻,不足禁恶。又罪抵徒,科别差殊,或殴伤、夫妇离非义绝、养男别姓、立嫡不如式、私度关、冒户等不可悉,而与十恶同徙,即轻重不伦。又按,京师天下聚,论徒者至广,例不覆谳,今若悉待报,有司断决有程,月不啻五千狱,正恐牒桉填委,章程紊挠。且边及近边犯死徒流者,若何为差?请下有司更议。"炎恶异己,阴讽御史张著劾郢匿发民浚渠,使怨归上,系金吾。长安中日数千人遮建福门讼郢冤,帝微知之,削兼御史中丞。人知郢得原,皆迎拜。会秋旱,郢请蠲租税,炎令度支御史按覆,以不实,罢为大理卿。

炎之罢,卢杞引郢为御史大夫,共谋炎罪。即逮捕河中观察使赵惠伯下狱,楚掠惨棘,锻成其罪,卒逐炎崖州,惠伯费州。天下以郢挟宰相报仇为不直,然杞用郢败炎,内忌郢才,因按蔡廷玉事,杀御史郑詹,出郢为费州刺史。道逢枢殡,问之,或曰:"赵惠伯之殡。"郢内惭,忽忽岁余卒。

窦参,字时中,刑部尚书诞四世孙。学律令,为人矜严悻直,果于断。以荫累为万年尉。同舍当夕直者,闻亲疾惶遽,参为代之。会失囚,京兆按直簿劾其人,参曰:"彼以不及谒而往,参当坐。"乃贬江夏尉,人皆义之。迁奉先尉。男子曹芬兄弟隶北军,醉暴其妹,父救不止,恚赴井死。参当兄弟重辟,众请俟免丧,参曰:"父缢子死,若以丧延,是杀父不坐。"皆榜杀之,一县畏伏。

进大理司直,按江淮狱扬州,节度使陈少游偃蹇不郊迎,遣军吏致问,参厉辞谯让,少游惭,往谒参,参不顾即去。婺州刺史邓琰盗赃八千缗,宰相右琰,欲免输其财,诏百官集尚书省议,多希意为助,参独持法,卒输入之。迁监察御史。湖南判官马彝发部令赃千万,令之子因权幸诬奏彝,参往按,直其侵蔑。彝后佐曹王皋,以干直闻者也。

入为御史中丞，举劾无所回忌。德宗数召见，语天下事，或决大议，帝器之。然多与宰相驳异，数为排却，卒无以伤。参由是无所惮，或率情制事矣。时定百官班禀，参尝为大理司直，故多其入，使在丞上。恶詹事李昪，抑其班在诸府少尹下。中外稍恶其专。

进兼户部侍郎。民家生豕二首四足，有司欲以闻，参曰："此乃豕祸。"屏不奏。陈少游死，子请袭封，参大署省门曰："少游位将相，以艰危易节，上含垢不忍发，其息容得传袭邪？"神策将军孟华战有功，或诬以反；龙武将军李建玉陷吐蕃自拔归，部曲告与虏通：皆论死，参悉治出之。人始属望。俄以中书侍郎同中书门下平章事，领度支、盐铁使。每延英对，它相罢，参必留，以度支为言，实专政也。然参无学术，不能稽古立事，惟树亲党，多所诇察，四方畏之。于是淄青李纳厚馈参，外示严畏，实赂帝亲近为间，故左右争毁短之。

申，其族子也，为给事中，参亲爱，每除吏多访申，申因得招赂，漏禁密语，故申所至，人目为"喜鹊"。帝闻，以戒参，且曰："是必为累，不如斥之。"参以情诉曰："臣无强子姓，申虽疏属，无它恶。"帝曰："而虽自保，如外言何？"参固陈丐。

初，陆贽与参不平，吴通玄兄弟皆在翰林，与贽轩轾不得，申舅嗣虢王则之与通微等善，遂共谮贽。帝得其奸，逐申为道州司马。不浃日，贬参郴州别驾。宣武刘士宁饷参绢五千，湖南观察使李巽故与参隙，以状闻，又中人为之验左，帝大怒，以为外交戎臣，欲杀参。贽虽怨，然亦以杀之太重，乃贬欢州司马，逐其息景伯于泉州，女尼于郴州，没入赀产奴婢。帝又欲杀申、则之及属人荣，贽固争："法有首从，首原则从减。荣与参虽善，然初无邪僻，数激愤有直言，晚颇疏忌，请贬荣远官，申、则之除名流岭南。"诏可。时宦侍谤沮不已，参竟赐死于邕州，年六十。而杖杀申，免荣死，诸窦并逐云。

吴通玄者，海州人，与弟通微皆博学善文章。父道瓘，以道士诏授太子诸王经，故通玄等皆得侍太子游，太子待之甚善。始，通玄举神童，补秘书正字。又擢文辞清丽科，调同州司户参军。德宗立，弟兄踵召为翰林学士。顷之,通微迁职方郎中,通玄起居舍人,并知制诰。凡帝有撰述,非通玄笔未尝慊。

与陆贽、吉中孚、韦执谊并位。贽文高有谋,特为帝器遇,且更险难,有功。通玄等特以东宫恩旧进,昵而不礼,见贽骤擢,颇媢恨。贽自恃劲正,屡短通玄于帝前,欲斥远之,即建言:“承平时,工艺书画之冗,皆待诏翰林而无学士,至德以来,命集贤学士入禁中草书诏,待进止于翰林院,因以名官。今四方无事,制书职分宜归中书舍人,请罢学士。”帝不许。通玄怨日结,谋夺其内职。会贽权知兵部侍郎,主贡举,乃命为真。贞元十年,通玄拜谏议大夫,自以久次,当得中书舍人,大怨望。贽与窦参交恶,参从子申从舅嗣虢王则之方为金吾将军,故申介之使结通玄兄弟,共危贽。而通玄以宗室女为外妇,帝知,未及责。则之飞谤云:“贽试进士,受贿谢。”帝恶诬构,大怒,罢参宰相,逐则之昭州司马,通玄泉州司马。又衔淫污近属事,自诘之,不敢答,赐死长城驿。贽遂相矣。

通玄死,通微白衣待罪于门,帝宥之,内惧祸,不敢行丧服。

赞曰:元载、杨炎各以才资奋,适主暗庸,故致位辅相。若其翦阉尹,城原州以谋西夏,还左藏有司,一租赋以检制有亡,诚有取焉。然载本与辅国以利合,险刻著诸心,溪壑之欲发乎无厌。炎牵连载势,兴丑裔,秉国维纲,返为载复仇,释言于君,卒与妻子并诛,暴先骨,殒命于道,盖自取之也。夫奸人多才,未始不为患,故丰舒以俊死,而邓析以辩亡。若两人者,所谓多才者邪!缙言福业报应,参得君自私,无可论者。《易》称“鼎折足,其刑剧”,谅哉!

唐书卷一四六
列传第七一

李栖筠 吉甫 德修　李鄘 磎

李栖筠，字贞一，世为赵人。幼孤。有远度，庄重寡言，体貌轩特。喜书，多所通晓，为文章劲迅有体要。不妄交游。族子华每称有王佐才，士多慕向。始，居汲共城山下，华固请举进士，俄擢高第。调冠氏主簿，太守李岘视若布衣交。

迁安西封常清节度府判官。常清被召，表摄监察御史，为行军司马。肃宗驻灵武，发安西兵，栖筠料精卒七千赴难，擢殿中侍御史。

李岘为大夫，以三司按群臣陷贼者，表栖筠为详理判官。推源其人所以胁污者，轻重以情，悉心助岘，故岘爱恕之，誉一旦出吕諲、崔器上。三迁吏部员外郎，判南曹。时大盗后，选簿亡舛，多伪冒，栖筠判折有条，吏气夺，号神明。迁山南防御观察使。会岘去相，栖筠坐所善，除太子中允，众不直，改河南令。

李光弼守河阳，高其才，引为行军司马，兼粮料使。改绛州刺史，擢累给事中。是时，杨绾以进士不乡举，但试辞赋浮文，非取士之实，请置五经、秀才科。诏群臣议，栖筠与贾至、李廙以绾所言为是。进工部侍郎。关中旧仰郑、白二渠溉田，而豪戚壅上游取硙利且百所，夺农用十七。栖筠请皆彻毁，岁得租二百万，民赖其入，魁然有宰相望。元载忌之，出为常州刺史。岁仍旱，编人死徙踵路。栖筠为浚渠，斯江流灌田，遂大稔。宿贼张度保阳羡西山，累年吏讨不克，至是发卒捕斩，支党皆尽，里无吠狗。乃大起学校，堂上画《孝友传》示诸生，为乡饮酒礼，登歌降饮，人人知劝。以治行进银青光禄大夫，封赞皇县子，赐一子官。人为刻石颂德。

苏州豪士方清因岁凶诱流殍为盗，积数万，依黟、歙间，阻山自防，东南獠苦，诏李光弼分兵讨平之。会平卢行军司马许杲恃功，擅留上元，有窥江、吴意，朝廷以创残重起兵，即拜栖筠浙西都团练观察使图之。栖筠至，张设武备，遣辩士厚赍金币抵杲军赏劳，使士歆爱，夺其谋。杲惧，悉众度江，掠楚、泗而溃。以功进兼御史大夫。则又增学庐，表宿儒河南褚冲、吴何员等，超拜学官为之师，身执经问义，远迩趋慕，至徒数百人。又奏部豪姓多徙贯京兆、河南，规脱徭科，请量产出赋，以杜奸谋，诏可。

元载当国久，益恣横，代宗不能堪，阴引刚鲠大臣自助，欲收纲权以黜载。会御史大夫敬括卒，即召栖筠与河南尹张延赏，择可为大夫者。延赏先至，遂代括。会李少良、陆珽等上书劾载阴事，诏御史问状，延赏称疾，不敢鞫，少良、珽复得罪死。帝殊失望，出延赏为淮南节度使，引拜栖筠为大夫。始，栖筠见帝，敷奏明辩，不阿附，帝心善之，故制麻自中以授，朝廷莫知也，中外竦眙。栖筠素方挺，无所屈。于是华原尉侯莫陈怤以优补长安尉，当参台，栖筠物色其劳，怤色动，不能对，乃自言为徐浩、杜济、薛邕所引，非真优也。始，浩罢岭南节度使，以璆货数十万饷载，而济方为京兆，邕吏部侍郎，三人者，皆载所厚，栖筠并劾之。帝未决。会月蚀，帝问其故，栖筠曰："月蚀修刑，今罔上行私者未得，天若以儆陛下邪？"繇是怤等皆坐贬。故事，赐百官宴曲江，教坊倡顿杂侍，栖筠以任国风宪，独不往，台遂以为法。

帝比比欲召相，惮载辄止。然有进用，皆密访焉，多所补助。栖筠见帝猗违不断，亦内忧愤，卒，年五十八，自为墓志。赠吏部尚书，谥曰文献。

栖筠喜奖善，而乐人攻己短，为天下士归重，不敢有所斥，称赞皇公云。

子吉甫。

吉甫字弘宪，以荫补左司御率府仓曹参军。贞元初，为太常博士，年尚少，明练典故。昭德皇后崩，自天宝后中宫虚，恤礼废缺。吉甫草具其仪，德宗称善。李泌、窦参器其才，厚遇之。陆贽疑有党，出为明州长史。贽之贬忠州，宰相欲害之，起吉甫为忠州刺史，使甘心焉。既至，置怨，与结欢，人益重其量，坐是不徙者六岁。改郴、饶二州。会前刺史继死，咸言牙城有物怪，不敢居。吉甫命葺除其署以视事，吏由是安。诛破奸盗窟穴，治称流闻。

宪宗立，以考功郎中召，知制诰，俄入翰林为学士，迁中书舍人。刘辟拒命，帝意讨之，未决。吉甫独请无置，宜绝朝贡以折奸谋。时李锜在浙西，厚赂贵幸，请用韩滉故事领盐铁，又求宣、歙。问吉甫，对曰："昔韦皋蓄财多，故刘辟因以构乱。李锜不臣有萌，若益以盐铁之饶、采石之险，是趣其反也。"帝寤，乃以李巽为盐铁使。高崇文围鹿头未下，严砺请出并州兵，与崇文趋果、阆，以攻渝、合，吉甫以为非是，因言："汉伐公孙述，晋伐李势，宋伐谯纵，梁伐刘季连、萧纪，凡五攻蜀，繇江道者四。且宣、洪、蕲、鄂强弩，号天下精兵，争险地兵家所长，请起其兵捣三峡之虚，则贼势必分，首尾不救，崇文惧舟师成功，人有斗志矣。"帝从之。砺复请大臣为节度，吉甫谏曰："崇文功且成，而又命帅，不复尽力矣。"因请以西川授崇文，而属砺东川，益资、简六州，使两川得以相制。则是崇文悉力。刘辟平，吉甫谋居多。

吐蕃遣使请寻盟，吉甫议："德宗初，未得南诏，故与吐蕃盟。自异牟寻归国，吐蕃不敢犯塞，诚许盟，则南诏怨望，边隙日生。"帝辞其使。复请献滨塞亭障南北数千里求盟，吉甫谋曰："边境荒岨，犬牙相吞，边吏按图覆视，且不能知。今吐蕃绵山跨谷，以数番纸而图千里，起灵武，著剑门，要险之地所亡二三百所，有得地之名，而实丧之，陛下将安用此？"帝乃诏谢赞普，不纳。

张愔既得徐州，帝又欲以濠、泗二州还其军，吉甫曰："泗负淮，饷道所会，濠有涡口之险，前日授建封，几失形势。今愔乃两廊壮士所立，虽有善意，未能制其众。又使得淮、涡厄东南走集，忧未艾也。"乃止。

中书史滑涣素厚中人刘光琦，凡宰相议为光琦持异者，使涣请，常得如素。宦人传诏，或不至中书，召涣于延英承旨，迎附群意，即为文书，宰相至有不及知者。则是通四方赂谢，弟泳官至刺史。郑余庆当国，尝一责怒，数日即罢去。吉甫请间，劾其奸，帝使簿涣家，得赀数千万，贬死雷州。又建言："州刺史不得擅见本道使，罢诸道岁终巡句以绝苛敛，命有司举材堪县令者，军国大事以宝书易墨诏。"由是帝愈倚信。

元和二年，杜黄裳罢宰相，乃擢吉甫中书侍郎、同中书门下平章事。吉甫连塞外迁十余年，究知闾里疾苦，常病方镇强恣，至是为帝从容言："使属郡刺史得自为政，则风化可成。"帝然之，出郎吏十余人为刺史。自王叔文时选任猥冒，吉甫始簿其员，人得叙进，官无留才。又度李锜必反，劝帝召之，使者三往，以病解，而多持金啖权贵，至为锜游说者。吉甫曰："锜，庸材，而所蓄乃亡命群盗，非有斗志，讨之必克。"帝意决。复言："昔徐州乱，尝败吴兵，江南畏之。若起其众为先锋，可以绝徐后患。韩弘在汴州，多惮其威，诚诏弘子弟率兵为掎角，则贼不战而溃。"从之。诏下，锜众闻徐、梁兵兴，果斩锜降。以功封赞皇县侯，徙赵国公。德宗以来，姑息藩镇，有终身不易地者。吉甫为相岁余，凡易三十六镇，殿最分明。

裴均以尚书右仆射判度支，结党倾执政。会皇甫湜等对策，指摘权强，用事者皆怒，帝亦不悦。均党因宣言："殆执政使然。"右拾遗独孤郁、李正辞等陈述本末，帝乃解。吉甫本善窦群、羊士谔、吕温，荐群为御史中丞。群即奏士谔侍御史，温知杂事。吉甫恨不先白，持之久不决，群等衔之。俄而吉甫病，医者夜宿其第，群捕医者，劾吉甫交通术士。帝大骇，讯之无状，群等皆贬。而吉甫亦固乞免，因荐裴垍自代，乃以检校兵部尚书、兼中书侍郎、同中书门下平章事，为淮南节度使。帝为御通化门祖道，赐御饵禁方。居三岁，奏蠲

逋租数百万,筑富人、固本二塘,溉田且万顷。漕渠庳下不能居水,
乃筑堤阏以防不足、泄有余,名曰平津堰。江淮旱,浙东、西尤甚,有
司不为请,吉甫白以时救恤,帝惊,驰遣使分道赈贷。吉甫虽居外,
每朝廷得失辄以闻。

六年,裴垍病免,复以前官召吉甫还秉政。入对延英,凡五刻
罢。帝尊任之,官而不名。吉甫疾吏员广,繇汉至隋,未有多于今者,
乃奏曰:“方今置吏不精,流品庞杂,存无事之官,食至重之税,故生
人日困,冗食日滋。又国家自天宝以来,宿兵常八十余万,其去为商
贩、度为佛老、杂入科役者,率十五以上。天下常以劳苦之人三,奉
坐待衣食之人七。而内外官仰奉禀者,无虑万员,有职局重出,名异
事离者甚众,故财日寡而受禄多,官有限而调无数。九流安得不杂?
万务安得不烦?汉初,置郡不过六十,而文、景化几三王,则郡少不
必政紊,郡多不必事治。今列州三百,县千四百,以邑设州,以乡分
县,费广制轻,非致化之本。愿诏有司博议,州县有可并并之,岁时
入仕有可停停之,则吏寡易求,官少易治。国家之制,官一品,奉三
千,职田禄米大抵不过千石。大历时,权臣月奉至九千缗者,州刺史
无大小皆千缗,宰相常衮始为裁限,至李泌量闲剧稍增之,使相通
济。然有名在职废,奉存额去,闲剧之间,厚薄顿异,亦请一切商
定。”乃诏给事中段平仲、中书舍人韦贯之、兵部侍郎许孟容、户部
侍郎李绛参阅蠲减,凡省冗官八百员,吏千四百员。又奏收都畿佛
祠田、碾租入,以宽贫民。

德宗时,义阳、义章二公主薨,诏起祠堂于墓百二十楹,费数万
计。会永昌公主薨,有司以请,帝命减义阳之半。吉甫曰:“德宗一
切之恩,不可为法。昔汉章帝欲起邑屋于亲陵,东平王苍以为不可。
故非礼之举,人君所慎。请裁置墓户,以充守奉。”帝曰:“吾固疑其
冗,减之,今果然。然不欲取编民,以官户奉坟而已。”吉甫再拜谢。
帝曰:“事不安者弟言之,无谓朕不能行也。”十宅诸王既不出阁,诸
女嫁不时,而选尚皆繇中人,厚为财谢乃得遣。吉甫奏:“自古尚主
必慎择其人。江左悉取名士,独近世不然。”帝乃下诏皆封县主,令

有司取门阀者配焉。

田季安疾甚，吉甫请任薛平为义成节度使，以重兵控邢、洺，因图上河北险要所在，帝张于浴堂门壁，每议河北事，必指吉甫曰："朕日按图，信如卿料矣。"刘澭旧军屯普润，数暴掠近县，吉甫奏还泾原，畿民赖之。

八年，回鹘引兵自西城、柳谷侵吐蕃，塞下传言且入寇。吉甫曰："回鹘能为我寇，当先绝和而后犯边，今不足虞也。"因请起夏州至天德复驿候十一区，以通缓急；发夏州精骑五百屯经略故城，以护党项而已。既而果边吏妄言。六胡州在灵武部中，开元时废之，置宥州以处降户，寓治经略军，居中以制戎虏，北援天德，南接夏州。至德、宝应间，废宥州，以军遥隶灵武，道里旷远，故党项孤弱，虏数扰之。吉甫始奏复宥州，乃治经略军，以隶绥银道，取鄜城神策屯兵九千实之。以江淮甲三十万给太原、泽潞军，增太原马千匹。由是戎备完辑。

自蜀平，帝锐意欲取淮西。方吉甫在淮南，闻吴少阳立，上下携泮，自请徙寿州，以天子命招怀之，反间以挠其党，会讨王承宗，未及用。后田弘正以魏归，吉甫知魏人谓田进诚才，而唐州乃蔡喉衿，请拔进诚为刺史，以临贼境，且慰魏心。乌重胤守河阳，吉甫以"汝州捍蔽东都，联唐、许，当蔡西面，兵寡不足惮寇，而河阳乃魏博之津，弘正归国，则为内镇，不宜戍重兵示不信，请徙屯汝州"。帝皆从之。后弘正拜检校尚书右仆射，赐其军钱二千万，弘正曰："吾未喜于移河阳军也。"及元济擅立，吉甫以内地无唇齿援，因时可取，不当用河朔故事，与帝意合。又请自往招元济，苟逆志不悛，得指授群帅俘贼以献天子。不许，固请至流涕，帝慰勉之。会暴疾卒，年五十七。帝震悼，赙外别赐缣五百恤其家，自大敛至卒哭，皆中人临吊。吉甫图淮西地，未及上，帝敕其子献之。及葬，祭以少牢，赠司空。有司谥曰敬宪，度支郎中张仲方非之，帝怒，贬仲方，更赐谥曰忠懿。

始，吉甫当国，经综政事，众职咸治。引荐贤士大夫，爱善无遗，褒忠臣后，以起义烈。与武元衡连位，未几节度剑南，屡言元衡材，

宜还为相。及再辅政，天下想望风采，而稍修怨，罢李藩宰相，而裴
垍左迁，皆其谋也。李正辞晚相失，及与萧俛同召为翰林学士，独用
俛而罢正辞，人莫不疑惮。帝亦知其专，乃进李绛，遂与有隙，数辩
争殿上，帝多直绛。然畏慎奉法，不忮害，顾大体。左拾遗杨归厚尝
请对，日已旰，帝令它日见，固请不肯退。既见，极论中人许遂振之
奸，又历诋辅相，求自试，又表假邮置院具婚礼。帝怒其轻肆，欲远
斥之，李绛为言，不能得。吉甫见帝，谢引用之非，帝意释，得以国子
主簿分司东都。初，政事堂会食，有巨床，相传徙者宰相辄罢，不敢
迁，吉甫笑曰："世俗禁忌，何足疑邪？"彻而新之。吉甫居安邑里，时
号"安邑李丞相"。所论著甚多，皆行于世。前卒一岁，荧惑掩太微
上相，吉甫曰："天且杀我。"再逊位，不许。

子德修，亦有志操，宝历中为膳部员外郎。张仲方入为谏议大
夫，德修不欲同朝，出为舒、湖、楚三州刺史，卒。

次子德裕，自有传。

李鄘，字建侯，北海太守邕之从孙。第进士，又以书判高等补秘
书省正字。李怀光辟致幕府，擢累监察御史，怀光反河中，鄘与母、
妻陷焉，因绐怀光以兄病卧洛且革，母欲往视。怀光许可，戒妻子无
偕行。鄘私遣之，怀光怒欲加罪，谢曰："鄘籍在军，不得为母驾，奈
何不使妇往？"怀光止不问。后与高郢刺贼虚实及所以攻取者，白诸
朝，德宗手诏褒答。怀光觉，严兵召二人问之，鄘词气不挠，三军为
感动，怀光不杀，囚之。河中平，马燧破械致礼，表佐其府，以言不
用，罢归洛中。召为吏部员外郎。

徐州张建封卒，兵乱，囚监军，迫建封子愔主军务。帝以鄘刚
敢，拜宣慰使，持节直入其军，大会士，喻以祸福，出监军狱中，脱桎
梏，使复位，众不敢动。愔即上表谢罪，称兵马留后，鄘曰："非诏命，
安得辄称之？"削去乃受。既还，称旨，迁郎中。

顺宗时，进御史中丞。宪宗立，为京兆尹，进尚书右丞。元和初，
京师多盗贼，复拜京兆。以检校礼部尚书为凤翔、陇右节度使。是

镇常兼神策行营,前此用武将,始受诏,即诣军修谒。鄘以为不可,诏为去神策行营号。俄徙河东,入为刑部尚书、诸道盐铁转运使。

拜淮南节度使。王师讨蔡方急,李师道谋挠沮之,鄘以兵二万分壁郓境,赍饷不仰有司。是时兵兴,天子忧财乏,使程异驰驲江淮,讽诸道输货助军。鄘素富强,即籍府库留一岁储,余尽纳于朝,诸道由是悉索以献,繄鄘倡之。

先是,吐突承璀为监军,贵宠甚,鄘以刚严治,相礼惮,稍厚善。承璀归,数称荐之,召拜门下侍郎、同中书门下平章事。鄘不喜由宦幸进,及出祖,乐作泣下,谓诸将曰:“吾老安外镇,宰相岂吾任乎?”至京师,不肯视事,引疾固辞,改户部尚书。俄检校尚书左仆射、兼太子宾客,分司东都。以太子少傅致仕,卒,赠太子太保,谥曰肃。

鄘强直无私,与杨凭、穆质、许孟容、王仲舒友善,皆以气自任。而鄘当官,以峭法操下,所至称治。猛决少恩,在淮南七年,其生杀禽擿,多委军吏,而参佐束手不得与,人往往陷非法,议者亦以此少之。

子拭,仕历宗正卿、京兆尹、河东凤翔节度使,以秘书监卒。

拭子磎,字景望。大中末,擢进士,累迁户部郎中,分司东都。劾奏内园使郝景全不法事,景全反摘磎奏犯顺宗嫌名,坐夺俸。磎上言:“‘因事告事,旁讼他人’者,咸通诏语也。礼,不讳嫌名。律,庙讳嫌名不坐。岂臣所引诏书而有司辄论奏?臣恐自今用格令者,委曲回避,旁缘为奸也。”诏不夺俸。

黄巢陷洛,磎挟尚书八印走河阳。时留守刘允章为贼胁,遣人就磎索印,拒不与。允章悟,亦不臣贼。嗣襄王之乱,转侧淮南,高骈受伪命,磎苦谏,不纳。入为中书舍人、翰林学士。辞职归华阴,复以学士召。

乾宁元年,进礼部尚书、同中书门下平章事。崔昭纬素疾磎,讽刘崇鲁掠其麻哭之,言:“磎怀奸,与中人杨复恭昵款,其弟为时溥所杀,不可相天子。”翌日,下迁太子少傅。磎乃自言为崇鲁诬污,书十一上不止。初,崇鲁父坐受赇,仰药死,故磎以丑语及之,议者讥其非大臣体。昭宗素所器遇。决意复用之,而李茂贞等上言深诋其非,帝不获已,又罢为太子少师。于是茂贞及王行瑜、韩建拥兵阙下,列磎罪,杀之于都亭驿。行瑜诛,有诏复官爵,赠司徒,谥曰文。

磎好学,家有书至万卷,世号"李书楼"。所著文章及注解诸书传甚多。

子沇,字东济,有俊才,亦遇害,赠礼部员外郎。

赞曰:刚者天德,故孔子称"刚近仁"。骨强四支,故君有忠臣,谓之骨鲠。若栖筠、鄘二子,其刚者欤!栖筠抗权邪,不及相;鄘得相,不愿拜。非刚,畴克胜之?吉甫践天宰,谋谟是矣,而鲠正有愧于父云。

唐书卷一四七
列传第七二

王思礼　鲁炅　王难得 用
辛云京 京杲 旻　冯河清
姚况　李芃　李叔明 异
曲环　王虔休　卢群
李元素　卢士玫

王思礼，高丽人，入居营州。父为朔方军将。思礼习战斗，从王
忠嗣至河西，与哥舒翰同籍麾下。翰为陇右节度使，思礼与中郎将
周泌事翰，以功授右卫将军、关西兵马使。从讨九曲，后期当斩，临
刑，翰释之，思礼徐曰：“死固分也，何复贷为？”诸将壮之。天宝十三
载，吐谷浑、苏毗王款附，诏翰至磨环川应接，思礼坠马，蹇甚。翰谓
监军李大宜曰：“思礼跛足，尚欲何之？”俄加金城郡太守。

安禄山反，翰为元帅，奏思礼赴军，玄宗曰：“河、陇精锐，悉在
潼关，吐蕃有衅，唯倚思礼耳。”翰固请，乃兼太常卿，充元帅府马军
都将，翰委以军事。密劝翰表诛杨国忠，翰不应，复请以三十骑劫至
潼关杀之，翰曰：“此乃吾反，何与禄山事？”

潼关失守，思礼与吕崇贲、李承光同走行在，肃宗责不坚守，引
至纛下将斩之。宰相房琯谏，以为可收后效，遂独斩承光，赦思礼
等。寻副房琯战便桥，不利，更为关内行营节度、河西陇右伊西行营

兵马使，守武功。贼安守忠来战，思礼退保扶风。贼分兵略大和关，去凤翔五十里。李光进战未利，行在戒严，从官潜出其孥，帝使左右巡御史虞候识其姓名，众稍稍止。命郭子仪以朔方兵击之。会崔光远行军司马王伯伦、判官李椿以兵二千屯扶风。闻贼已西，欲乘虚袭京师，径至高陵。贼引军还击椿等，椿已至中渭桥，杀守者千人，进攻苑门。伯伦战死，椿被执。先是，贼余众留武功，既传官军入京师，乃烧营遁，自是贼不敢西。

长安平，思礼先入清宫。收东京，战数有功。迁兵部尚书，封霍国公，食实户五百。寻兼潞、泌等州节度。乾元元年，总关中、潞州行营兵三万、骑八千，与子仪围贼相州，军溃，惟李光弼、思礼完军还。寻破史思明别将万余众于直千岭。光弼徙河阳，代为河东节度副大使。上元元年，加司空。自武德以来，三公不居宰辅，唯思礼而已。二年，薨，赠太尉，谥曰武烈。

思礼善守计，短攻战。然持法严整，士不敢犯。在太原，器甲完精，储粟至百万斛云。

鲁炅，幽州蓟人。长七尺余，略通书史。以荫补左羽林长上。陇右节度使哥舒翰引为别奏。颜真卿尝使陇右，谓翰曰："君兴郎将，总节制，亦尝得人乎？"炅时立阶下，翰指曰："是当为节度使。"从破石堡城，收河曲，迁左武卫将军。后复以破吐蕃跳荡功，除右领军大将军。

安禄山反，拜上洛太守，将行，于帝前画攻守势，迁南阳太守，兼守捉防御使，封金乡公，寻为山南节度使，以岭南、黔中、山南东道子弟五万屯滍水南。贼将武令珣、毕思琛等击之，众欲战，炅不可。贼右趋，乘风纵火，郁气奔营，士不可止，负扉走，贼矢如雨，炅与中人薛道挺身走，举众没贼。时岭南节度使何履光、黔中节度使赵国珍、襄阳节度使徐浩未至，其子弟半在军，挟金为资粮，至是与械偕弃与山等，贼资以富。

炅揫散兵保南阳。潼关失守，贼使哥舒翰招下，不从，使武令珣攻之。令珣死，田承嗣继往。颍川来瑱、襄阳魏仲犀合兵援炅。仲犀弟孟驯兵至明府桥，望贼走。炅城中食尽，米斗五十千，一鼠四百，饿者相枕藉。朝廷遣使者曹日升宣慰，加炅特进、太仆卿，不得入。日升请单骑致命，仲犀不可。会颜真卿自河北至，谓曰："使者不顾死，致天子命，设为贼获，是亡一使者；脱能入城，则万心固矣。"中官冯廷璟亦曰："将军必入，我请以两骑助。"仲犀益骑凡十辈。贼望见，知皆锐兵，不敢击，遂入致命，人心益固。日升复以骑趋襄阳，领兵千，由音声道运粮饷炅，故炅得与贼相持逾三月。炅被围凡一年，昼夜战，人至相食，卒无救。

至德二载五月，乃率众突围走襄阳。承嗣尾击，炅殊死战二日，斩获甚众，贼引去。俄拜御史大夫、襄邓十州节度使。亦会二京平，贼走河北。时襄、汉数百里，乡聚荡然，举无樵烟。初，贼欲剽乱江、湖，赖炅适扼其冲，故南夏以完。策勋封岐国公，实封二百户。

乾元元年，又加淮西节度、邓州刺史。与九节度围安庆绪于相州，炅领淮西、襄阳两镇步卒万人、骑三百。明年，与史思明战安阳，王师不利，炅中流矢，辄奔，诸节度溃去，所过剽夺，而炅军尤甚。有诏来瑱节度淮西，徙炅郑陈亳节度使。至新郑，闻郭子仪整军屯谷水，李光弼还太原，炅羞愦，仰药死，年五十七。

王难得，沂州临沂人。父思敬，少隶军，试太子宾客。难得健于武，工骑射。

天宝初，为河源军使。吐蕃赞普子郎支都者，恃趫敏，乘名马，宝钿鞍，略阵挑战，甚闲暇，无敢校者。难得怒，挟矛骇马驰，支都不暇斗，直斩其首。玄宗壮其果，召见，令殿前乘马挟矛作刺贼壮，大悦，赐锦袍、金带。累授金吾将军。从哥舒翰击吐蕃，至积石，虏吐谷浑王子悉弄参及悉颊藏而还。复收五桥，拔树惇城，进白水军使。收九曲，加特进。

肃宗在灵武，军赏乏，难得上家赀助军，试卫尉卿。俄领兴平军及凤翔兵马使，收京师。方战，麾下士失马，难得驰救，矢著眉，披肤郛目,乃拔箭断肤,殊死前斗,血蔑面不已,帝嘉之。从郭子仪攻相州。累封琅邪郡公,为英武军使。宝应二年,卒,赠潞州大都督。

子子颜,少从父征讨,检校卫尉卿,生庄宪太后。元和元年,宪宗朝太后南宫,乃褒赠思敬为司徒,难得太尉,子颜太师。唯子颜子用及封。

用字师柔。拜太子詹事才三月,封太原郡公,掌厩苑。累迁检校左散骑常侍,兼右金吾大将军。谦畏无过。卒,赠工部尚书。

辛云京,兰州金城人,客籍京兆,世为将家。云京有胆决,以禽生斩馘常冠军,积功迁特进、太常卿。

史思明屯相州,云京以锐兵四千袭滏阳,追破其众,至浪井。录多,授开府仪同三司,加代州都督、镇北兵马使。

太原军乱,帝恶邓景山绳下无渐,以云京性沉毅,故授太原尹,进封金城郡王。云京治谨于法,下有犯,虽丝毫比不肯贷,及赏功亦如之,故军中畏而信。回纥恃旧勋,每入朝,所在暴钞,至太原,云京以戎狄待之,虏畏不敢惕息。数年,太原大治。加检校尚书右仆射、同中书门下平章事。

大历三年,检校左仆射。卒,年五十五,代宗为发哀流涕,赠太尉,谥曰忠献。它日,郭子仪、元载见上,语及云京,帝必泫然。及葬,命中使吊祠,时将相祭者至七十余幄,丧车移晷乃得去。德宗时,第至德以来将相,云京为次。

从弟京杲,字京杲。信安王祎节度朔方,京杲与弟旻以策干说,祎评咨加异。后从李光弼出井陉,督趫荡先驱,战嘉山尤力,肃宗异之,召见,曰:"黥、彭、关、张之流乎!"累迁鸿胪卿,召为英武军使。代宗立,封肃国公,迁左金吾卫大将军,进晋昌郡王,历湖南观察使,后为工部尚书致仕。朱泚盗京师,以老病不能从,西向恸而卒,赠太子少保。

旻亦从光弼定恒、赵,后署太原三城使。史思明屯相,军及滏阳,旻逆击走之。东都陷,退守河阳,卒于屯。

云京曾孙说,别传。

冯河清,京兆人。始隶郭子仪军,以战多拜左卫大将军。后从泾原节度使马璘,充兵马使,数以偏师与吐蕃遇,多效级,名闻军中。

建中时,节度使姚令言率兵讨关东,以河清知留后幕府,殿中侍御史姚况领州。而行师过阙,有急变,德宗走奉天。河清、况闻问,召诸将计事,东向哭,相励以忠,意象轩毅,众义其为,无敢异言,即发储铠完仗百余乘献行在。初,帝之出,六军苍卒无良兵,士气沮。及河清输械至,被坚勒兵,军声大振。即拜河清泾原节度使、安定郡王,况行军司马。朱泚数遣谍人讽之,河清辄斩以徇。

兴元元年,浑瑊以吐蕃兵败贼韩旻等,泾人妄传吐蕃有功,将以叛卒孥与赀归之,众大恐,且言:"不杀冯公,吾等无类矣。"田希鉴遂害河清,况挺身还乡里。

京师平,赠河清尚书左仆射,拜况太子中舍人。况性简退,未尝言功,属岁凶,奉稍不自给,以饥死。河清再赠太子少傅。

李芃,字茂初,赵州人。解褐上邽主簿。严武为京兆尹,荐补长安尉。李勉观察江西,表署判官。

永泰初,宣饶剧贼方清、陈庄西绝江,劫商旅为乱,支党蔓结。芃请以秋浦置州,扼衿要,使不得合从。勉是其计,奏以宣之秋浦青阳、饶之至德置池州。即诏芃行州事。后魏少游代勉,表署都团练副使,摄江州刺史。以母丧解。勉之节度永平,复辟幕府。会李灵耀反。署芃兼亳州防御使,护陈、颍饷道,便军兴。

德宗立,授河阳三城镇遏使。粮赀善者,必先以给士,士悦之。达练事宜,严备常若有敌。未几,拜节度使,以东畿汜水等五县隶属。与马燧等破田悦洹水上,以功检校兵部尚书,实封百户。进围悦,悦将符璘以骑五百降,芃大开壁门纳之。

兴元初,检校尚书右仆射。以疾将请老,谓所亲曰:"岁方旱蝗,

上猷征伐，天下城垒坚，戈铤利，然务以力胜，其可尽乎？救敝者莫
若德，方镇之臣宜先退让，死权锢禄，吾敢哉！言而不践，非吾志
也。"固求罢，归东都。卒，年六十四，赠太子太保。

李叔明，字晋，阆州新政人。本鲜于氏，世为右族。兄仲通，字
向，天宝末为京兆尹、剑南节度使。兄弟皆涉学，轻财乐施。

叔明擢明经，为杨国忠剑南判官。乾元中，除司勋员外郎，副汉
中王瑀使回纥，回纥遇瑀慢，叔明让曰："大国通好，使贤王持节。可
汗，唐之婿，恃功而倨，可乎？"可汗为加礼。复命，迁司门郎中。

东都平，拜洛阳令，招徕遗民，号能吏。擢商州刺史、上津转运
使。迁京兆尹，长安歌曰："前尹赫赫，具瞻允若。后尹熙熙，具瞻允
斯。"久之，以疾辞，除太子右庶子。崔旰扰成都，出为邛州刺史。旰
入朝，即拜东川节度使、遂州刺史，徙治梓州。

大历末，或言叔明本严氏，少孤，养外家，冒鲜于姓，请还宗，诏
可。叔明初不知，意丑之，表乞宗姓，列属籍，代宗从之。

建中初，吐蕃袭火井，掠龙州，陷扶、文、远三州。叔明分五将邀
击走之，以功加检校户部尚书。梁崇义阻命，诏引兵下峡，战荆门，
败其众。襄州平，迁检校尚书左仆射。德宗幸兴元，出家赀助军，悉
衣币献官掖，加太子太傅，封蓟国公。初，东川承兵盗，乡邑雕破，叔
明治之二十年，抚接有方，华裔遂安。后朝京师，以病足，赐锦鞯，令
宦士肩舁以见，拜尚书右仆射。乞骸骨，改太子太傅致仕。贞元三
年，卒，谥曰襄。始，叔明与仲通俱尹京兆，及兼秩御史中丞，并节制
剑南，又与子升俱兼大夫，蜀人推为盛门。

叔明素恶道、佛之弊，上言曰："佛，空寂无为者也。道，清虚寡
欲者也。今迷其内而饰其外，使农夫工女堕业以避役，故农桑不劝，
兵赋日屈，国用军储为致耗。臣请本道定寺为三等，观为二等，上寺
留僧二十一，上观道士十四，每等降杀以七，皆择有行者，余还为
民。"德宗善之，以为不止本道，可为天下法，乃下尚书省杂议。于是
都官员外郎彭偃曰："王者之政，变人心为上，因人心次之，不变不

因为下。今道士有名亡实，俗鲜归重，于乱政轻。僧尼帠秽，皆天下不逞，苟避征役，于乱人甚。今叔明之请虽善，然未能变人心，亦非因人心者。夫天生蒸人，必将有职；游闲浮食，王制所禁。故贤者受爵禄，不肖者出租税，古常道也。今僧、道士不耕而食，不织而衣，一僧衣食，岁无虑三万，五夫所不能致。举一僧以计天下，其费不赀。臣谓僧、道士年未满五十，可令岁输绢四，尼及女官输绢二，杂役与民同之；过五十者免。凡人年五十，嗜欲已衰，况有戒法以检其性情哉！”刑部员外郎裴伯言曰：“衣者，蚕桑也；食者，耕农也；男女者，继祖之重也。而二教悉禁，国家著令，又从而助之，是以夷狄不经法反制中夏礼义之俗也。传曰：‘女子十四有为人母之道，四十九绝生育之理；男子十六有为人父之道，六十四绝阳化之理。’臣请僧、道士一切限年六十四以上，尼、女官四十九以上，许终身在道，余悉还为编人，官为计口授地，收废寺观以为庐舍。”议虽上，罢之。

子升，以少卿从德宗梁州。叔明严敕以死报，故升有功，擢禁军将军。贞元初，迁太子詹事。坐部国公主，贬罗州别驾。

叔明素豪侈，在蜀殖财，广第舍田产。殁数年，子孙骄纵，赀产皆尽。世言多藏者以叔明为鉴云。

曲环，陕州安邑人，客陇右。少喜兵法，资勇敢，善骑射。天宝中，从哥舒翰讨吐蕃，拔石堡，取黄河九曲洪济等城，授果毅别将。

安禄山反，从鲁灵守邓州，与贼武令珣战尤力，加左清道率。从李抱玉屯河阳。又自将兵守泽州，破贼锐将安晓，拜羽林将军。与诸将讨史朝义，平河北，累转金吾大将军。

大历中，戍陇州，数破吐蕃，以功兼太常卿。德宗初，房寇剑南，诏环以邠、陇兵五千驰救，收七盘城、威武军、维茂等州，房破走，威名大振，加太子宾客，赐名马。豫讨泾州刘文喜，迁开府仪同三司，封晋昌郡王，邠陇兵马使。时李纳逼徐州，环与刘玄佐救之，败其众，功最。建中三年，擢邠陇行营节度使。

李希烈陷汴州，环守宁陵，战陈州，斩贼三万五千级，禽其将翟崇晖,进检校工部尚书,兼陈州刺史。希烈平,改陈许节度,赐封三百户。二州比为寇冲,民苦剽卤,客他县。环勤身节用,宽赋敛,简条教,不三岁,归者缫系。训农治兵,谷食丰衍。转检校尚书左仆射。贞元十五年,卒,年七十四,赠司空。

王虔休,字君佐,汝州梁人。少涉学,有材武,以信义为乡党畏慕。大历中,刺史李深署为裨将。

泽潞李抱真闻其名,厚以币招之,授兵马使。抱真讨河北,战双冈、临洺,虔休以多擢步军都虞候,封同昌郡王,实封五十户。抱真卒,元仲经等谋树其子缄,一军思乱,虔休正色语众曰:“军,王军;州,王土也。帅亡当禀天子,何云云有妄谋?”众服其言,得不乱。德宗嘉之,以邕王为昭义节度大使,擢虔休潞州左司马,领留后。本名延贵,至是赐名。号令抚循,军中大治。

初,抱真之丧,军司马元谊据洺州叛,虔休遣将李廷芝讨之,战长桥,斩级数百,次鸡泽,又破之。守戍皆奔魏博,即决水灌城,将坏,遣掌书记卢顼入见谊,陈利害。谊请朝,即以顼为洺州别驾,使守洺。谊出,亦奔魏。

治潞二岁,迁昭义节度使,检校工部尚书。始,属城州县守宰多署它职,不亲政,故治苟简。虔休悉增俸禀,遣就部,人以妥安。卒,年六十三,赠尚书左仆射,谥曰敬。

虔休性属敏,节用度,既没,所部帑廪皆可支数岁。尝得太常乐家刘玠撰《继天诞圣乐》,因帝诞日以献。其乐,以宫为均,示五声有君也;以土为德,本五运在中也;奏二十五叠,取二十四气而成一岁;奏十六节,象元、凯登庸于朝云。后《中和乐》本于此。

子丽成等十人,并补太学生。

卢群,字载初,系出范阳。少学于垂山,淮南陈少游闻其名,奏署幕府,已而荐诸朝。

李希烈反,以监察御史为江西行营粮料使。嗣曹王皋节度江西,奏为判官。皋徙荆襄,皆从其府,以劲正闻。入为侍御史。郭子仪家与嬖人张昆弟讼财不平,又言嬖人宅匿珍宝。德宗促按之。群奏言:"子仪有大勋德,今所讼皆其家事,且嬖人宅,子仪昔畀之,非子弟所宜言,请赦勿问。"从之。人谓群识大体。

累迁兵部郎中。淮西吴少诚擅决司洧水溉田,使者止之,不奉诏。命群临诘,少诚曰:"是于人有利。"群曰:"臣道贵顺,恭恪所以为顺也。专命废顺,虽利何有?且急于事上者,固不能责其下矣。"少诚听命。群又为陈古今成败事,逆顺祸福皆有效,所以感动之,少诚悚然。既置酒,与赋诗,又歌以慰之。少诚感悦,不敢桀。以奉使称旨,迁检校秘书监、郑滑节度行军司马。姚南仲入朝,即以群代节度。群尝客于郑,质良田以耕。至是则出券贷直,以田归其人。卒,年五十九,赠工部尚书。

李元素,字大朴,邢国公密裔孙,仕为御史。东都留守杜亚恶大将令狐运,会盗劫输绢于洛北,运适与其下畋近郊,亚疑而讯之。幕府穆员、张弘靖按鞫无状,亚怒,更以爱将武金掠服之,死者甚众。亚请斥运丑土,诏监察御史杨宁覆验,事皆不雠。亚怒,劾宁罔上,宁抵罪。又自以不失盗为功,因必其怒,傅致而周内之,若不可翻者。德宗信不疑,宰相难之。诏元素与刑部员外郎崔从质、大理司直卢士瞻驰按,亚迎,以狱告。元素徐察其冤,悉纵所囚以还。亚大惊,复劾元素失有罪。比元素还,帝已怒,奏狱未毕,帝曰:"出。"元素曰:"臣言有所未尽。"帝曰:"弟去。"元素曰:"臣以御史按狱,知冤不得尽辞,是无容复见陛下。"帝意解,即道运冤状。帝感寤曰:"非卿,孰能辨之?"然运犹以擅捕人得罪,流归州,死于贬。武金流建州。后岁余,齐抗得真盗,繇是天下重之。

迁给事中。后美官缺,咸冀元素得其处。会郑滑节度使卢群卒,拜元素检校工部尚书节度其军,治有异绩。元和初,召为御史大夫。大夫,自贞元后难其人不补,而元素以凤望召拜,中外企听风采。既而一不建为,容容持禄,内望作宰相。久之不见用,则谢宾客曰:"无以官散外我。"见属吏辄先拜,人人失望。李锜反,拜浙西节度使。数月还,为国子祭酒,进户部尚书、判度支。

元素少孤,奉长姊谨悌,及没,悲鲠成疾,因辞职屏居。其妻,石泉公王方庆之孙。前妻子皆不肖,而元素溺姬侍,王不见答。元素久疾,益昏惑,遂出之。王诉诸朝,诏免元素官,且令畀王赀五百万。卒,赠陕州大都督。

卢士玫者,山东人。以文儒进,端厚无竞。为吏部员外郎,善于职。再迁知京兆尹。刘总入朝,与士玫故内姻,乃请析瀛、鄚两州,用士玫为观察使。诏可。

俄而幽州乱,朱克融袭之,朝廷欲重其任,就加节度使。士玫空家赏助军,然部卒多家幽州,阴导克融入,故士玫阖府皆见囚幽州。天子赦克融,得还。以太子宾客分司东都,徐虢州刺史,复为宾客。卒,赠工部尚书。

唐书卷一四八
列传第七三

令狐彰 建 运 通　　　张孝忠 茂宗

茂昭 裴夷直 陈楚　　康日知 志睦 承训

李洧　刘涾　田弘正 布 牟

王承元　牛元翼 傅良弼 李寰

史孝章 宪忠

　　令狐彰，字伯阳，京兆富平人，其先自敦煌内徙。父濞，为世善吏。始，尉范阳，通民家女，生彰。罢归，留彰母所。既长，志胆沈果，知书传大义，射命中。从安禄山，署左卫郎将。与张通儒入长安，又署左街使。二京平，走河朔。史思明署博、滑二州刺史，屯滑台。时中人杨万定监滑州军，彰欲以节自显，募没人夜度河，悉籍士马州县献款，因万定以闻。肃宗大悦，下书慰劳。彰欲壁杏园渡，思明疑之，遣薛岌以兵劫彰。彰谕众以大谊，皆感附死力，遂破岌兵，溃围出，以麾下数百入朝，赐甲第、帷帐、什器，拜滑亳、魏博节度使。河朔平，加兼御史大夫，封霍国公，检校尚书右仆射。始，滑当寇冲，城邑墟榛，彰躬训吏下，检军力农，法令严，无敢犯者。田畴大辟，库委丰余，岁时贡赋如期。时吐蕃盗边，召防秋兵，彰遣士三千，自赍粮，所过无秋毫犯，供拟让不受，时韪其能。然猜阻忮忍，忤者辄死。怒颍州刺史李岵，遣姚奭代之，戒曰："不时代，杀之。"岵知其谋，因杀爽,死者百余人,奔汴州,上书自言,彰亦劾之。河南尹张延赏畏彰,留岵使,故彰书先闻,斥岵夷州,杀之。与鱼朝恩有隙,及用事,彰不敢入朝。

会母丧,失明,卒。方疾甚,敕子建、通、运归东都私第,悉上军府兵仗财用簿最,表吏部尚书刘晏、工部尚书李勉堪大事,请以自代。代宗得表咨悼,下诏褒美其门闾,赠太傅。

建累官右龙武军使。德宗幸奉天,建方肄士射,遂以四百人从且殿。擢行在中军鼓角使、左神武军大将军。其妻,成德节度使李宝臣女也,建将弃之,诬与门下客郭士伦通,榜杀士伦而逐其妻,士伦母痛愤卒。宝臣请劾按,无状。建会赦免。帝取常膳钱五十万葬士伦母子,并恤其家。俄起建为右领军大将军。复坐专杀,以勋被贷,坐妄自陈,贬施州别驾,卒,赠右领军大将军,又加赠扬州大都督。

宪宗时,宰相李吉甫奏言:“彰将死,籍上土地兵甲,遣诸子还第,彰同时河朔诸镇,传子孙,熏灼数代,唯彰忠义奋发。而长子建坐事,幼子运无辜,皆窜死,今通幸存,惟陛下用之。”因授赞善大夫。时讨蔡,故连徙寿州团练使。闻吉甫卒,不自安。每战,虚张首级,败则掩不奏。露布上,宰相武元衡却之。后为贼攻,焚庢聚,破屯栅,通大惧,重堑不敢出。诏金吾大将军李文通宣慰,将至,遂代之。贬昭州司户参军事。久乃召为右卫将军,给事中崔植还其制,帝使喻植,以彰有功,不忍弃其嗣,制乃下。终左卫大将军。

运为东都留守将,为杜亚所陷,流死归州。

张孝忠,字孝忠,本奚种,世为乙失活酋长。父谧,开元中提众纳款,授鸿胪卿。孝忠始名阿劳,以勇闻,燕赵间共推张阿劳、王没诺干,二人齐名。没诺干,王武俊也。孝忠魁伟,长六尺,性宽裕,事亲孝。天宝末,以善射供奉仗内。安禄山奏为偏将,破九姓突厥,以功擢漳源府折冲。禄山、史思明陷河、洛,常为贼前锋。

朝义败,乃自归,授左领军将军,兵属李宝臣。累加左金吾卫将军,赐今名。宝臣以其沈毅谨详,遂为姻家,易州诸屯委以统制,十余年,威惠流闻。田承嗣寇冀州,宝臣付兵四千,使出上谷,屯贝丘。承嗣见其军整严,叹曰:"阿劳在焉,冀未可图也。"即焚营去。宝臣与朱滔战瓦桥,奏孝忠为易州刺史,分精骑七千,当幽州。擢太子宾客,封符阳郡王。

宝臣晚节稍忌刻,杀大将军李献诚等而召孝忠,孝忠不往,复使其弟孝节召之。孝忠复命曰:"诸将无状,连颈受戮。吾惧祸,不敢往,亦不敢叛,犹公不觐天子也。"孝节泣曰:"即归,且僇死。"孝忠曰:"偕往则并命,吾留,无患也。"果不敢杀。

然宝臣素善孝忠,及病不能语,以手指北而死。子惟岳擅立,诏朱滔以幽州兵讨之。滔忌孝忠善战,虑师出为己患,使判官蔡雄往说曰:"惟岳孺子,弄兵拒命,吾奉诏伐罪,公乃宿将,安用助逆而不自求福也?今昭义、河东军已破田悦,而淮西军下襄阳,梁崇义尸出井中,斩汉江上者五千人,河南军计日北首,赵、魏灭亡可见。公诚去逆蹈顺,倡先归国,可以建不世功。"孝忠然之,遣将程华报滔连和,遣易州录事参军事董稹入朝。德宗嘉之,擢孝忠检校工部尚书、成德军节度使,令与滔并力。孝忠子弟在恒州者皆死。孝忠重德滔,为子茂和聘其女,缔约益坚。

败惟岳于束鹿,滔欲乘胜袭恒州,孝忠乃引军西北,壁义丰。滔疑之,孝忠将佐谏曰:"尚书推赤心于朱司徒,可谓至矣。今逆贼已溃,元功不终,后且悔之。"孝忠曰:"本求破贼,贼已破矣。而恒州多宿将,迫之则死斗,缓之则改图。且滔言大而识浅,可以虑始,难与守成。故吾坚壁于此,以待贼之灭耳。"滔亦止屯束鹿。月余,王武俊果斩惟岳以献。已而定州刺史杨政义以州降孝忠,遂有易、定。时三分成德地,诏定州置军,名义武,以孝忠为节度、易定沧等州观察使。

后滔与武俊叛,复遣蔡雄说之,答曰:"吾既为唐臣,而天性朴强,业已效忠,不复助恶矣。吾与武俊少相狎,然其心喜反覆,不可信。幸谢司徒,志鄙言。"滔复啖以金帛,皆不受。易、定介二镇间,乃浚沟垒，修器械，感厉将士，乘城固守。滔悉兵攻之，帝诏李晟、窦文场率师援孝忠，滔解去，遂全其军。孝忠因与晟结婚。天子出奉天，孝忠遣将杨荣国以锐卒六百佐晟赴难，收京师。兴元初，诏同中书门下平章事。

贞元二年，河北蝗，民饿死如积，孝忠与其下同粗淡，日膳裁豆䜺而已，人服其俭，推为贤将。明年，检校司空。诏其子茂宗尚义章公主，孝忠遣妻入朝，执亲迎礼，赏赍甚厚。五年，为将佐所惑，以兵袭蔚州，入之，奉诏还镇。有司劾擅兴，削司空。六年，还其官。卒，年六十二，追封上谷郡王，赠太师，谥曰贞武。

子茂昭、茂宗、茂和。

茂宗擢累光禄少卿、左卫将军。元和中，历闲厩使。初，至德时，西戎陷陇右，故陇右监及七厩皆废，而闲厩私其地入。宝应初，始以其地给贫民。茂宗恃恩，奏悉收其赋，又奏取麟游、岐阳牧地三百余顷，民诉诸朝，诏监察御史孙革按行，还奏不可。茂宗负左右助，诬革所奏不实，复遣侍御史范传式覆实，乃悉夺其田。长庆初，岐人列诉，下御史，尽以其地还民。宝历初，迁兖海节度使。终左龙武统军。

茂和历左武卫将军。裴度讨蔡，奏为都押衙。茂和数以胆勇求自试，谓度无功，辞不行。度请斩之以令军，宪宗曰："予以其家忠且孝，为卿远斥。"后终诸卫将军。

茂昭本名升云，德宗时赐今名，字丰明。少沈毅，颇通书传。孝忠时，累擢检校工部尚书。孝忠卒，帝拜邕王谅为义武军节度大使，以茂昭为留后，封延德郡王。后二年，为节度使。弟升璘薄王武俊为人，座上嫚骂，武俊怒，袭义丰、安喜、无极，掠万余人，茂昭婴城，遣人厚谢，乃止。久之，入朝，为帝从容言河朔事，帝竦听，曰："恨见卿晚！"召宴麟德殿，赐良马、甲第、器币优具，诏其子克礼尚晋康郡主。帝方倚之经置北方，会崩，故茂昭每入临，辄哀不自胜。

顺宗立,进同中书门下平章事,复遣之镇,赐女乐二人,固辞。车至第门,茂昭引诏使辞曰:"天子女乐,非臣下所宜见。昔汾阳、咸宁、西平、北平皆有大功,故当是赐。今下臣述职以朝,奈何滥赏?后日有立功之臣,陛下何以加之?"复赐安仁里第,亦让不受。宪宗元和二年,请朝,五奏乃听。愿留,不许,加兼太子太保。

既还,王承宗叛,诏河东、河中、振武、义武合军为恒州北道招讨,茂昭治廪厩,列亭候,平易道路,以待西军。承宗以骑二万逾木刀沟与王师薄战,茂昭躬擐甲为前锋,令其子克让、从子克俭与诸军分左右翼绕贼,大败之,承宗几危。会有诏班师,加检校太尉,兼太子太傅。

乃请举宗还朝,表数上,帝乃许。北镇遣客间说,皆不纳。诏左庶子任迪简为行军司马,乘驲往代。茂昭奉两州符节、管钥、图籍归之。先敕妻子上道,戒曰:"吾使而曹出易,庶后世不为污俗所染。"未半道,迎拜兼中书令,充河中晋绛慈隰节度使。至京师,双日开延英,对五刻罢。又表迁坟墓于京兆,许之。明年,疽发于首卒,年五十,册赠太师,谥曰献武。帝思其忠,擢诸子皆要职,岁给绢二千匹。

少子克勤,开成中历左武卫大将军。有诏赐一子五品官,克勤以息幼,推与其甥,吏部员外郎裴夷直劾曰:"克勤骳有司法,引庇它族,开后日卖爵之端,不可许。"诏听,遂著于令。

夷直字礼卿,亦婞亮,第进士,历右拾遗,累进中书舍人。武宗立,夷直视册牒,不肯署,乃出为杭州刺史,斥欢州司户参军。宣宗初内徙,复拜江、华等州刺史。终散骑常侍。

陈楚者,茂昭甥也,字材卿,定州人。有武干,事茂昭,历牙将,常统精卒从征伐。茂昭入朝,擢诸卫大将军,封普宁郡王。元和末,义武节度使浑镐丧师,定州乱,拜楚为节度使,驰传赴军。及郊,无迎者,左右劝无入,楚曰:"定军不来迎以试我。今不入,正堕计中。"乃冒雪行四十里,夜入其州,然军校部伍,皆楚旧也,由是众心乃定。徙河阳三城,入为左羽林统军,检校司空。卒,年六十一,赠司空。

子君奕，亦至凤翔节度使。

康日知，灵州人。祖植，当开元时，缚康待宾，平六胡州，玄宗召见，擢左武卫大将军，封天山县男。

日知少事李惟岳，擢累赵州刺史。惟岳叛，日知与别驾李濯及部将百人啐牲血共盟，固州自归。惟岳怒，遣先锋兵马使王武俊攻之，日知使客谢武俊曰："贼孱甚，安足共安危哉？吾城固士和，虽引岁未可下，且贼所恃者田悦耳，悦兵血蔑邢，壕可浮，不能残半堞，况吾城之完乎？"又给为台检示曰："使者赍诏喻中丞，中丞奈何负天子，从小儿跳梁哉？"武俊悟，引兵还，斩惟岳以献。德宗美其谋，擢为深赵观察使，赐实封户二百。

会武俊拒命，遣将张钟葵攻赵州，日知破之，上俘京师。兴元元年，以深赵益成德，徙日知奉诚军节度使，又徙晋绛，加累检校尚书左仆射，封会稽郡王。贞元初卒，赠太子太师。

子志睦，字得众。资趫伟，工驰射。隶右神策军，迁累大将军。讨张韶，以多兼御史大夫，进平卢军节度使。李同捷反，放兵略千乘，志睦挫其锐，不得逞，遂下蒲台，尽夺其械。加检校尚书左仆射。徙泾原，封会稽郡公。卒，年五十七，赠司空。

子承训，字敬辞。推门功进累左神武军将军。宣宗擢为天德军防御使，军中马乏，虏来战，数负。承训罢冗费，市马益军，军乃奋张。始，党项破射雕军洛源镇，悉俘其人，闻承训威政，皆还俘不敢誓。诏检校工部尚书，封会稽县男，擢义武节度。

会南诏破安南，诏徙岭南西道，城邕州，合容管经略使隶之，遂统诸军行营兵马。南诏深入，承训分兵六道出以掩蛮，战不利，士死十八，唯天平卒二千还屯，阖军震。于是节度副使李行素完城不出，南诏围之四日，或请夜出兵袭蛮，承训意索，不听。天平裨将阴募勇儿三百，夜缒烧蛮屯，斩首五百，南诏恐，明日解而去。承训谬言大破贼，告于朝，群臣皆贺，加检校尚书右仆射，籍子弟姻昵冒赏，而士不及，怨言嚾流。岭南东道节度使韦宙白状宰相，承训惭，移疾，授右武卫大将军，分司东都。

咸通中，南诏复盗边。武宁兵七百戍桂州，六岁不得代，列校许佶、赵可立因众怒杀都将，诣监军使丐粮铠北还，不许，即擅斧库，劫战械，推粮料判官庞勋为长，勒众上道。懿宗遣中人张敬思部送，诏本道观察使崔彦曾慰安之。次潭州，监军诡夺其兵，勋畏必诛，篡舟循江下，益裒兵，招亡命，收银刀亡卒艚匿之。及徐城，谋曰："吾等叩城大呼，众必应，前日赏缗五十万可得也。"众喜。牙健赵武等欲亡，勋斩首送彦曾曰："此摇乱者。"彦曾不能诘。勋怨都押衙尹戡、教练使杜璋、兵马使徐行俭，又使白彦曾曰："士负罪，不敢释甲，请为二屯。"且白退戡等。府属温廷皓谓彦曾曰："勋擅委戍，一可杀。专戕大将，二可杀。私置兵，三可杀。士不子弟即父兄，振袂而唱，内外必应，银刀亡命在其中，四可杀。请分两营，胁去三将，五可杀。"彦曾谓然。乃祃纛黄堂前，选兵三千授都虞候元密屯任山，须勋至劫取之，遣逻子羸服觇贼。比暮，勋至，捕觇者，知其谋，即葅偶人，剚虚帜，而诡路袭苻离。密久乃寤，回屯城南。勋与宿将乔翔战睢河，翔大败，摄太守焦璐遁去。勋入据州，自称兵马留后。

初，璐决汴水，绝勋北道，水未至，勋度，比密兵攻宿，水大至，涉而傅城，不克攻。勋劫百艘运粮趋泗州，留妇弱持陬。翌日，密觉，追之，士未食。贼伏兵于舟而阵汴上，军见密皆走。密追蹑，伏发，夹攻之，密败，众歼。遂入徐州，囚彦曾及官属，杀尹戡等。又徇下邳、涟水、宿迁、临淮、蕲、虹诸县，皆下。遣伪将屯柳子，屯丰，屯滕，屯沛，屯萧，以张其军，乃露章求节度使。

有周重者，隐濠、泗间，号有谋，勋迎为上客，问策所出，因教勋："赦囚徒，据扬州，北收兖、郓，西举汴、宋，东掠青、齐，拓境大河，食敖仓，可以持久。"勋无雄才，不纳。伪将刘行及攻濠州，执刺史卢望回，自称刺史。帝遣中人康道隐宣慰徐州，勋郊迎，旗铠矛戟亘三十里，使骑鸣鼙角，声动山谷。置酒球场，引道隐阅其众，绐为贼来降六十人，妄戮平民，上首级夸胜。道隐还，固求节度。即残鱼台、金乡、砀山、单父十余县，斩官吏，出金帛募兵，游民多从之。

帝乃拜承训检校尚书右仆射、义成军节度使、徐泗行营都招讨使，以神武大将军王晏权为武宁军节度使、北面行营招讨使，羽林将军戴可师为南面行营招讨使，率魏博、鄜延、义武、凤翔、沙陀、吐浑兵二十万讨之。

勋好鬼道，有言汉高祖庙夜阅兵，人马流汗，勋日往请命。巫言球场有隐龙，得之可战胜，勋大役徒凿地，不能得。贼将李圆、刘佶攻泗，欧宗、丁从实分徇舒、庐、寿、沂、海。诸道兵屯海州，度贼至，作机桥，维以长絙，贼半度，絙绝，士溺死，度者不得战，歼之。贼别取和州，破沐阳、下蔡、乌江、巢诸县，扬州大恐，民悉度江。

淮南节度使令狐绹移书陈祸福，许助求节度，勋按甲听命。淮南合宣、润兵戍都梁山。勋夜度淮，邌薄垒，贼将刘行立、王弘立与勋合，败淮南将李湘，屯淮口，劫盱眙。帝又诏将军宋威与淮南并力。

承训屯新兴，贼挑战，时诸道兵未集，承训帐下才万人，退壁宋州。勋益骄。光、蔡巨贼陷滁州，杀刺史高锡望应勋。戴可师引兵三万夺淮口，围勋都梁山下，降其众。可师恃胜不戒，弘立以兵袭之，可师不克阵而溃，士溺淮死，逸者数百人，贼取可师首传徐州。诏以马士举为淮南节度使、南面行营诸军都统，驰传入扬州。士举曰："城坚士多，贼何能为？"众稍安。始，帝以晏权故智兴子，节度武宁，欲以怖贼。及是，返为贼困，不敢战，乃更以陇州刺史曹翔为兖海节度、北面都统招讨使，屯滕、沛，魏博将薛尤屯萧、丰。

贼首孟敬文欲绝勋自立，阴刻鉴为文曰"天口云云，锡尔将军"，夜瘗之野，耕者得之以献，众骇异，乃斋三日授之。勋知其谋，使人袭杀之。

于是承训屯柳子右，夹汴筑垒，连属一舍。勋籍城中兵，止三千，劫民授甲，皆穿窟穴遁去。王弘立度睢，围新兴、鹿塘。承训纵

沙陀骑躏之,弘立走,士赴水死,自鹿塘属襄城,伏尸五十里,数首
二万,获器铠不赀。承训攻柳子,姚周度水战,又败,乘风火贼,周提
余卒去,沙陀蹴之,及芳亭,死者枕藉,斩刘丰,而周以十骑走宿州,
守将斩之。勋惧,乃害崔彦曾等,谓其下曰:"上不许我节度,与诸君
真反矣。"大索兵,得三万。许佶、赵可立劝勋称"天册将军",勋谒汉
高祖庙受命,以其父举直为大司马,守徐州。或曰:"方大事,不可私
于父,失上下序。"举直乃拜于廷,勋坐受之。引兵救丰,刻木作妇
人,衣绛被发,军过,斫而火之,乃行。勋夜入城,外不知。勋出锐军
击援屯,魏博军知勋自将,惊而溃。贼以所得送徐州以夸下。曹翔
退保兖州。勋欲乘胜攻承训,或曰:"今北兵败,西军摇,不足虞也。
方蚕月,宜息众力农,至秋士马强,决可以取胜。"举直曰:"时不重
得,愿将军无纵敌。"勋曰:"然。"时承训方攻临涣,闻勋计,追还兵
仗以待。勋军皆市人,嚣而狂,未阵即奔,相蹈藉死者四万。勋释甲
服垢襦脱,收夷痕士三千以归,遣张行实屯第城。

　　马士举救泗州,贼解去,进攻贼濠州。是时,又诏黔中观察使秦
匡谋讨贼,下招义、钟离、定远。勋遣吴迥屯北津援濠,士举锐兵度
淮,尽碎其营。初,勋之遁,惧众不军,妄言有神呼野中曰:"天符下,
国兵休。"勋使下相语,符未降,故败北津。

　　帝恨魏博军不胜,以宋威为西北面招讨使,率兵三万屯萧、丰,
约勋:"降者当赦之。"始,宿酂人刘洪者,被黄袍,白马,使人封檄叩
观察府曰:"我当王徐。"崔彦曾斩之,遗党匿山谷,欲附勋,承训喻
降之。王师破临涣,斩万级,收襄城、留武、小睢诸壁。曹翔下滕,贼
将以蕲、沛降,贼李直奔入徐州。翔又破丰、徐城、下邳,贼益蹙。

　　勋以张玄稔守宿州,张儒、刘景助之,自称统军,列壁相望。承
训拔第城,张行实奔宿州,承训遂围宿州。行实教勋:"官军尽锐于
此,西酂虚单,将军直捣宋、亳,出不意,宿围自解。"勋喜,引而西,
使举直、许佶守徐。承训攻败,十遇皆胜。遣辩士以威动玄稔。玄
稔,贼重将也,以帛书射城外,约诛勋自归,使张皋献期。俄与二将
会柳溪,伏士于旁,玄稔驰骑呼曰:"庞勋首已枭仆射塞矣!"伏兴,

斩刘景、张儒。玄稔率诸将肉袒见承训，自陈陷贼不早奋，久暴王师，愿禽贼赎死。承训许之。复请诈为溃军劫苻离。苻离不知，内之，已入，即斩守将，得兵万人，北攻徐州。许佶等不敢出。玄稔环城，彦曾故吏路审中启白门内玄稔兵，许佶等启北门走，玄稔身追之，士大崩，皆赴水死，斩举直、许佶、李直等，收叛卒亲族悉夷之。

勋闻徐已拔，气丧，无顾赖，众尚二万，自石山而西，所在焚掠。承训悉兵八万逐北，沙陀将朱耶赤衷急追至宋州，勋焚南城，为刺史郑处冲所破，将南趋亳，承训兵循涣而东，贼走蕲县，官兵断桥，不及济，承训乃纵击之，斩首万级，余皆溺死。阅三日，得勋尸。斩其子于京师。吴迥守濠州，粮尽食人，驱女孺运薪塞隍，并填之，整旅而行，马士举斩以献。勋之始得徐州，赀储荡然，乃四出剽取，男子十五以上皆执兵，舒钼钩为兵，号"霍锥"，破十余州，凡二岁灭。

诏擢张玄稔右骁卫大将军，承训迁检校左仆射、同中书门下平章事，徙节河东。于是宰相路岩、韦保衡劾承训讨贼逗挠，贪房获，不时上功。贬蜀王傅，分司东都。再贬恩州司马。僖宗立，授左千牛卫大将军。卒，年六十六。

子传业，尝从父征伐，终鄜坊节度使。

李洧者，淄青节度使正己从父兄也。始，署徐州刺史。建中初，正己卒，子纳叛，攻宋州，洧挈州自归，加兼御史大夫，封潮阳郡王，实封户二百，充招谕使。初，洧遣巡官崔程入朝，且白宰相："徐州不足独抗贼，得海、沂为节度，可与成功。洧素与二州刺史有约，且不肯为贼守。"程先咨张镒，而卢杞怒不先白，故洧请中格。及纳攻徐，刘玄佐与诸将击退之。既贼方张，乃加洧徐海沂密观察使。时海、密为贼守，不受使，洧未有以取之。迁检校户部尚书。会疽发背，少间，肩舆过市，市人叫欢，洧惊，疽溃卒，赠尚书左仆射。以洧将高承宗代之。

其弟淡，险人也，耻居下，阴约纳攻徐为内应，并说滕将翟济，济执以闻。擢济沂州刺史。召淡入京师，以洧赦不罪。

　　刘澭，卢龙节度使怦之次子，济母弟也。涉书史，有材武，好施爱士，能得人死力。始事朱滔，常陈君臣大分，裁抑其凶。及怦得幽州，不三月病且死，澭侍汤液未尝离，辄以父命召济于莫州，济嗣总军事，故德澭之让，以为瀛州刺史，有如不讳，许代已。

　　久之，济自用其子为副大使，澭不能无恨，因请以所部为天子戍陇，悉发其兵千五百驰归京师，无一卒敢违令者。德宗甚宠之，拜秦州刺史，屯普润。军中不设音乐。士卒病，亲存问所欲，不幸死，哭之。

　　宪宗立，方士罗令则诣澭营，妄言废立以动澭，命系之，辞曰："吾之党甚众，公无囚我，约大行梓宫发兵，无不济。"澭械送阙下，杀之。录功，号其军曰保义。蕃戎畏慑，不敢入寇。常怃然有复河湟志，屡为朝廷言之，未见省。封累彭城郡公。及病，籍士马求代。既还，卒于道，年四十九，赠尚书右仆射，谥曰景。

　　田弘正，字安道。父廷玠，尚儒学，不乐军旅，与承嗣为从昆弟，仕为平舒丞，迁乐寿、清池、束城、河间四县令，以治称。迁沧州刺史。李宝臣、朱滔与承嗣不协，合兵围沧州，廷玠固守连年，食虽尽无叛者。朝廷嘉其节，徙相州。承嗣盗磁、相，廷玠无所回染。及悦代立，忌廷玠之正，召为节度副使。廷玠至，让悦曰："而承伯父绪业，当守朝廷法度以保富贵，何苦与恒、郓为叛臣？自兵兴来，叛天子能完宗族者谁邪？而志不悛，盍杀我，无令我见田氏血污人刀也！"遂称疾不出。悦过谢之，杜门不纳，愤而卒。

　　弘正幼通兵法，善骑射，承嗣爱之，以为必兴吾宗，名之曰兴。季安时，为衙内兵马使、同节度副使，封沂国公。季安侈汰，锐杀罚，弘正从容规切，军中赖之，翕然归重。季安内忌，出为临清镇将，欲因罪诛之。弘正阳痹痼，卧家不出，乃免。季安死，子怀谏袭节度，召还旧职。

　　怀谏委政于家奴蒋士则，措置不平，众怒，咸曰："兵马使吾帅也。"牙兵即诣其家迎之，弘正拒不纳，众哗于门，弘正出，众拜之，胁还府，弘正顿于地，度不免，即令于军曰："尔属不以吾不肖，使主军，今与公等约，能听命否？"皆曰："惟公命。"因曰："吾欲守天子法，举六州版籍请吏于朝，苟天子未命，敢有请吾旗节者死，杀人及掠人者死。"皆曰："诺。"遂到府，杀士则及支党十余人。于是图魏、博、相、卫、贝、澶之地，籍其人以献，不敢署僚属，而待王官。

先时，诸将出屯，质妻子，里民不得相往来。弘正悉除其禁，听民通馈谢庆吊。服玩僭侈者，即日彻毁之。承嗣时，正寝华显，弘正避不敢居，更就采访使堂皇听事。幽、恒、郓、蔡大惧，遣客镌说钩染，弘正皆拒遣之。宪宗美其诚，诏检校工部尚书，充魏博节度使。又遣司封郎中知制诰裴度宣慰，赍其军钱百五十万缗，六州民给复一年，赦见囚，存问高年、茕独、废疾不能自存者。度明辩，具陈朝廷厚意，弘正不觉自失，乃深相结纳，奉上益谨。复请度遍行其部，宣示天子恩诏。因令节度金谋布衣崔欢奉表陈谢，且言："天宝以来，山东奥坏化为戎墟，官封世袭，刑赏自出，国家含垢垂六十年。臣若假天之龄，奉陛下宸算，冀道扬太和，洗濯伪风，然后退归丘园，避贤者路，死不恨。"制诏褒答，且赐今名，锡与踵途。

天子讨蔡，弘正遣子布以兵三千进战，数有功。李师道疑其袭己，不敢显助蔡，故元济失援，王师得致诛焉。王承宗叛，诏弘正以全师压境，破其众南宫，承宗惧，归穷于弘正，弘正表诸朝，遂献德、棣二州以谢，纳二子为质。

俄而李师道拒命，诏弘正与宣武等五节度兵进讨。弘正自杨刘度河，距郓四十里坚壁。师道大将刘悟率精兵屯河东。战阳谷，再遇再北，斩万余级，贼势蹙。悟乃反兵，斩师道首，诣弘正降，取十有二州以献。初，悟既平贼，大张饮军中，凡三日，设角抵戏，引魏博使至廷以为欢，悟盱衡攘臂助其决，坐中皆惮悟勇。客有白弘正者，弘正曰："郓士疲于战，疮者未起，悟当恤亡吊乏，尉士大夫心，奈何取快目前邪？吾奉诏按军，伺悟去就，今知其无能为也。"既而诏悟为义成军节度使，狼狈上道，时称知悟之明。

以功加弘正检校司徒、同中书门下平章事。是岁来朝，对麟德殿，眷劳殊等；引见僚佐将校二百余人，皆有班赐；进兼侍中，实封户三百；擢其兄融为太子宾客、东都留司。弘正数上表固请留阙下，帝劳曰："昨韩弘以疾辞不就军，朕既从之矣，今卿复尔，我不应违。但魏人乐卿之政，四邻畏卿之威，为朕长城，又安用辞？"弘正遂还。常欲变山东承袭旧风，故悉遣子姓仕朝廷，帝皆擢任之，朱紫满门，荣冠当时。

穆宗立，王承元以成德军请帅，帝诏弘正兼中书令，为节度使。弘正以新与镇人战，有父兄怨，取魏兵二千自卫，入其军。时天子赐钱一百万缗，不时至，军有怨言，弘正亲加抚喻乃安。仍请留魏兵为纪纲，以持众心，度支崔倰吝其禀，沮却之。长庆元年七月，归卫卒于魏，是月军乱，并家属将吏三百余人皆遇害，年五十八。帝闻震悼，册赠太尉，谥曰忠愍。

弘正幼孤，事融甚谨，军中尝分曹习射，弘正注矢联中，融退，挟怒之，故当季安猜暴时能自全。及为军中推迫，融不悦曰："尔竟不自晦，取祸之道也。"朝廷知其友爱，诏拜相州刺史，赐金紫，不欲其相远也。

弘正性忠孝，好功名，起楼聚书万余卷，通《春秋左氏》，与宾属讲论终日，客为著《沂公史例》行于世。

弘正之祸也，其判官刘茂复独免，士相戒曰："是人议事尽忠，遇吾等信，敢干其家者共杀之。"

弘正子布、群、牟。

布字敦礼，幼机悟。弘正戍临清，布知季安且危，密白父，请以众归朝，弘正奇之。及得魏，使布总亲兵。王师诛蔡，以军隶严绥，屯唐州。帝以布大臣子，或有罪，且桡法，弘正请以董晬代，而士卒爱布愿留，帝乃止。凡十八战，破凌云栅，下郾城，以功授御史中丞。裴度轻出观兵洄口，贼将董重质以奇兵掩击，布伏骑数百突出薄之，诸军继至，贼惊引还。蔡平，入为左金吾卫将军。谏官尝论事帝前,同列将麾却之,布止曰:"使天子容直臣,毋轻进。"弘正徙成德,以布为河阳节度使,父子同日受命。时韩弘与子公武亦皆领节度,而天下以忠义多田氏。布所至,必省冗将,募战卒,宽赋劝穑,人皆安之。长庆初,徙泾原。

弘正遇害,魏博节度使李愬病不能军,公卿议以魏强而镇弱,且魏人素德弘正,以布之贤而世其官,可以成功。穆宗遽召布,解缚拜检校工部尚书、魏博节度使,乘传以行。布号泣固辞,不听,乃出伎乐,与妻子宾客决曰:"吾不还矣!"未至魏三十里,跣行被发,号哭而入,居垩室,屏节旄。凡将士老者,兄事之。禄奉月百万,一不入私门,又发家钱十余万缗颁士卒。以牙将史宪诚出麾下可任,乃委以精锐。时中人屡趣战,而度支馈饷不继,布辄以六州租赋给军。引兵三万进屯南宫,破贼二垒。

于是朱克融据幽州,与王廷凑唇齿。河朔三镇旧连衡,桀骜自私,而宪诚蓄异志,阴欲乘衅,又魏军骄,惮格战,会大雪,师寒粮乏,军中谤曰:"它日用兵,团粒米尽仰朝廷。今六州刮肉与镇、冀角死生,虽尚书瘠己肥国,魏人何罪?"宪诚得间,可以摇乱。会有诏分布军合李光颜救深州,兵怒,不肯东,众遂溃,皆归宪诚,唯中军不动。布以中军还魏。

明日,会诸将议事,众哗曰:"公能行河朔旧事,则生死从公,不然,不可以战。"布度众且乱,叹曰:"功无成矣!"即为书谢帝曰:"臣观众意,终且负国。臣无功,不敢忘死。愿速救元翼,毋使忠臣义士涂炭于河朔。"哭授其从事李石讫,乃入,至几筵,引刀刺心曰:"上以谢君父,下以示三军。"言讫而绝,年三十八,赠尚书右仆射,谥曰孝。

子锷,宣宗时历银州刺史,坐以私铠易边马论死,宰相崔铉奏布死节于国,可贷锷以劝忠烈,故贬为州司马。

群,会昌中历蔡州刺史,坐赃且抵死,兄肇闻之,不食卒。宰相李德裕奏:"汉河间人尹次、颍川人史玉坐杀人当死,次兄初、玉母浑诣官请代,因缢物故,于时皆赦其死。"于是武宗诏减死一等。

牟,宽厚明吏治,为神策大将军。开成初,盐州刺史王宰失羌人之和,诏牟代之。累迁鄜坊节度使,再徙天平,三为武宁,一为灵武军,官至检校尚书左仆射,卒。诸子皆有方面功,以忠义为当世所高。

王承元者,承宗弟也。有沈谋。年十六,劝承宗亟引兵共讨李师道,承宗少之,不用,然军中往往指目之。承宗死,未发丧,大将谋取帅它姓。参谋崔燧与诸校计,以祖母凉国夫人李命承元嗣。承元泣且拜,不受,诸将牢请,承元曰:"上使中贵人监军,盍先请?"监军至,又如命,乃谢曰:"诸君不忘王氏以及孺子,苟有令,其从我乎?"众曰:"惟所命。"乃视事牙阃之偏,约左右不得称留后,事一关参佐,密表请帅于朝。穆宗诏起居舍人柏耆宣慰,授承元检校工部尚书、义成军节度使。北镇以两河故事胁诱,承元不纳,诸将皆悔。耆至,士哭于军,承元令曰:"诸军不欲我去,意固善。虽然,格天子诏,我获罪奈何?前李师道有诏赦死,欲举族西,诸将止弗遣,他日乃共杀之。今君等幸置我,无与师道比。"乃遍拜诸将,诸将语塞。承元即出家赀尽赐之,斩不从命者十辈,军乃定。于是谏议大夫郑覃宣慰,赐其军钱百万缗,赦囚徒,问孤独、废疾不能自存者粟帛有差。

承元去镇,左右哀器币自随,承元使空褚毋留。入朝,昆弟拜刺史者四人,位于朝者四十人。祖母入见,帝命中宫礼赉异等。徙承元鄜坊丹延节度。俄徙凤翔。凤翔右袤泾、原,地平少岩险,吐蕃数入盗。承元据胜地为郭,置守兵千,诏号临汧城。府郛左百贾州聚,异时为虏剿夺,至燎烽相警,承元版堞缭之,人乃告安。以劳封岐国公。大和初,祖母丧,诏曰:"武俊当横流时,拯定奔溃,功在史官。今李不幸,赠恤宜加厚。"且给仪仗以葬。

五年,徙节平卢、淄青。始,盐禁未尝行两河,承元请归有司,由是兖、郓诸镇皆奉法。承元资仁裕,所至爱利。卒,年三十三,赠司徒。

牛元翼，赵州人。材果而谋。王承宗时倚其计为强雄，与傅良
弼二人冠诸将。王廷凑叛，穆宗以元翼在成德，名出廷凑远甚，自深
州刺史擢为深冀节度使，以携其军。廷凑怒，遣部将王位以锐兵攻
元翼，不胜，乃合朱克融共围之。诏进元翼成德军节度使，以宣武兵
五百进援，元翼固守。长庆二年，诏赦廷凑罪，徙元翼山南东道，以
深州赐廷凑，使中人促元翼南。廷凑恨之，已受诏，兵不解。招讨使
裴度诒书诮让，克融解而归，廷凑退舍。诏并加检校工部尚书，两悦
之。

淹月，元翼率十余骑冒围跳德、棣，朝京师。廷凑入，尽杀元翼
亲将臧平等百八十人。元翼见延英，赉问优缛，命中人杨再昌取其
家，并迎田弘正丧。廷凑辞以弘正殡亡在所，元翼家须秋遣。魏博
节度使史宪诚遣其弟入赵，四返，说廷凑曰：“田公非得罪于赵，尸
尚何惜？元翼去深州，乃一孤将，何利其家？”廷凑乃归弘正丧于京
师。元翼闻平等死，愤恚卒，悉还所赐于朝，廷凑遂夷其家。

良弼，字安道，清河人。以射冠军中。初，瀛之博野、乐寿。介
范阳、成德间，每兵交，先薄二城，故常为剧屯。德宗以王武俊破朱
滔功，皆隶成德，故以良弼守乐寿，李寰守博野。廷凑之叛，两贼交
诱之，而坚壁为国固守。有诏以乐寿为左神策行营，拜良弼为都知
兵马使；寰所领士隶右神策，号忻州营，亦以寰为都知兵马使。赐第
京师。俄以良弼为沂州刺史。良弼率众出，战力，乃得去。寰引兵
三千趋忻州，廷凑邀之，寰斩三百级，追者不敢前。天子以良弼、寰
忠有状，乃更赐奴婢服马。召良弼为左神策军将军。宝历初，擢夏
绥银节度使。异时蕃帐亡命来者，必偿马乃与，良弼至，皆执付其
部，酋种欢怀。终横海节度使。寰擢累保义军节度使。

王智兴讨李同捷未克，而乌重胤卒，谓寰可共立功，请诸朝，乃
授横海节度使。师所过暴钞，至屯，按军不进，遂身入朝，盛陈贼势，
请济师，欲大调发。群臣议寰兵太重，且盗沧、景，未决而棣州平。寰

内愧不自安，愿留京师，遂罢保义军、忻州营，更授夏绥宥节度使，卒。

寰再易镇，治无可言者。然廷凑之乱，联军十五万无成功，贼锋不可婴，而乐寿、博野截然峙中者累岁，梗其吞暴，议者以为难。敬宗世，寰图其事上之。

史孝章，字得仁，资修谨。父宪诚，以战力奋，宾客用挽强击剑相矜，孝章独退让如诸生，称道皆《诗》、《书》。魏博节度使李愬阅大将子弟籍于军，孝章愿以文署职，愬奇之，檄试都督府参军。

宪诚得魏，迁士曹参军。孝章见父数奸命，内非之，承间谏曰："大河之北号富强，然而挺乱取地，天下指河朔若夷狄然。今大人身封侯，家富不赀，非痛洗溉，竭节事上，恐吾踵不旋祸且至。"因涕下沾衿。父粗武，不尽听。文宗贤之，擢孝章节度副使，累迁检校左散骑常侍。父欲助李同捷，孝章切争，宪诚稍惮其义。又劝出师讨同捷自明，帝益嘉之，进检校工部尚书。及兵出，父敕孝章统之。入朝，劳予蕃厚。宪诚亦上书求觐，帝知非宪诚意，特缘孝章悟发，故分相、卫、澶而授孝章节度使。未至，魏人乱，父卒死于军。帝念史氏祸而恤孝章，故夺丧拜右金吾卫将军。徙节鄜坊，进检校户部尚书。久之，自邠宁以病丐还，卒于行，年三十九，赠尚书右仆射。孝章本名唐，后改今名。

宪诚弟宪忠，字元贞，少为魏牙门将。田弘正讨齐、蔡，常为先锋，阅三十战，中流矢，酣斗不解，由是著名。宪诚表为贝州刺史。魏乱，奔京师，加累检校右散骑常侍、陇州刺史。增亭鄣，徙客馆于外，戎谍无所伺。

会昌中，筑三原城，吐蕃因之数犯边。拜宪忠泾原节度使以怖其侵，吐蕃遣使来请堕城，且愿以尝杀使者之人置塞上。宪忠使谢曰："前吾未城，尔犯我地，安得禁吾城？尔知杀吾使为负，宜先取罪人谢我，将无所不得。今与尔约，前节度使事一置之。"吐蕃情得而服。宪忠疏泾于隍,积缗钱十万、粟百万斛,戍人宜之。会党项羌内寇,又徙朔方,有诏驰驿赴屯,宪忠辞曰:"羌不得其心,故不自安。今亟往,知吾为备,斗益健,请徐行。"许之。乃移书与羌人,示要约,羌人乃皆喜,奉酒湩迎道。

大中初,突厥扰河东,钞漕米行贾,徙节振武军。于是故帅荒沓,使游弈兵觇戎有良马牛,强取之,归直十一,戎人怒,因兴盗掠。宪忠廉俭,少所欲,尝曰:"吾居河朔,去此三千里,乃乘五健马。今守边,发吾余奉,不患无马,何忍豪市哉?"故所至莫不怀德。累封北海县子,检校尚书左仆射,兼金吾大将军。以病自丐,改左龙武统军。卒,年七十一,赠司空。

唐书卷一四九
列传第七四

刘晏 濛 遏 潼 元琇 包佶 卢徵 李若初
于颀 第五琦 班宏 王绍
李巽

　　刘晏,字士安,曹州南华人。玄宗封泰山,晏始八岁,献颂行在,帝奇其幼,命宰相张说试之,说曰:"国瑞也。"即授太子正字。公卿邀请旁午,号神童,名震一时。天宝中,累调夏令,未尝督赋,而输无逾期。举贤良方正,补温令,所至有惠利可纪,民皆刻石以传。再迁侍御史。

　　禄山乱,避地襄阳。永王璘署晏右职,固辞,移书房琯,论封建与古异,"今诸王出深宫,一旦望桓、文功,不可致"。诏拜度支郎中,兼侍御史,领江淮租庸事。晏至吴郡而璘反,乃与采访使李希言谋拒之。希言假晏守余杭,会战不利,走依晏。晏为陈可守计,因发义兵坚壁。会王败,欲转略州县,闻晏有备,遂自晋陵西走。终不言功。召拜彭原太守,徙陇、华二州刺史,迁河南尹。时史朝义盗东都,乃治长水。进户部侍郎,兼御史中丞、度支铸钱盐铁等使。京兆尹郑叔清、李齐物坐残挚罢,诏晏兼京兆尹。总大体不苛,号称职。会司农卿严庄下狱,已而释,诬劾晏漏禁中语,宰相萧华亦忌之,贬通州刺史。

　　代宗立,复为京兆尹、户部侍郎,领度支、盐铁、转运、铸钱、租庸使。晏以户部让颜真卿，改国子祭酒。又以京兆让严武，即拜吏部尚书、同中书门下平章事，使如故。坐与程元振善，罢为太子宾客。俄进御史大夫，领东都、河南、江淮转运、租庸、盐铁、常平使。时大兵后，京师米斗千钱，禁膳不兼时，甸农授穗以输。晏乃自桉行，浮淮、泗，达于汴，入于河。右循厎柱、碛石，观三门遗迹；至河阴、巩、洛，见宇文恺梁公堰，斸河为通济渠，视李杰新堤，尽得其病利。然畏为人牵制，乃移书于宰相元载，以为："大抵运之利与害各有四：京师三辅，苦税入之重，淮、湖粟至，可减徭赋半，为一利；东都雕破，百户无一存，若漕路流通，则聚落邑廛渐可还定，为二利；诸将有不廷，戎虏有侵盗，闻我贡输错入，军食丰衍，可以震耀夷夏，为三利；若舟车既通，百货杂集，航海梯峤，可追贞观、永徽之盛，为四利。起宜阳、熊耳，虎牢、成皋五百里，见户才千余，居无尺椽，爨无盛烟，兽游鬼哭，而使转车挽漕，功且难就，为一病；河、汴自寇难以来，不复穿治，崩岸灭木，所在庱淤，涉泗千里，如罔水行舟，为二病；东垣、厎柱，渑池、北河之间六百里，戍逻久绝，夺攘奸宄，夹河为薮，为三病；淮阴去蒲坂，亘三千里，屯壁相望，中军皆鼎司元侯，每言衣无纩，食半菽，挽漕所至，辄留以馈军，非单车使者折简书所能制，为四病。"载方内擅朝权，既得书，即尽以漕事委晏，故晏得尽其才。岁输始至，天子大悦，遣卫士以鼓吹迓东渭桥，驰使劳曰："卿，朕酇侯也。"凡岁致四十万斛，自是关中虽水旱，物不翔贵矣。

　　再迁吏部尚书，又兼益湖南、荆南、山南东道转运、常平、铸钱使，与第五琦分领天下金谷。又知吏部三铨事，推处最殿分明，下皆慑伏。元载得罪，诏晏鞫之。晏畏载党盛，不敢独讯，更敕李涵等五人与晏杂治。王缙得免死，晏请之也。

　　常衮执政，忌晏有公望，乃言晏旧德，当师长百僚，用为左仆射，实欲夺其权。帝以计务方治，诏以仆射领使如旧。初，晏分置诸道租庸使，慎简台阁士专之。时经费不充，停天下摄官，独租庸得补署，积数百人，皆新进锐敏，尽当时之选，趣督倚办，故能成功。虽权贵干请，欲假职仕者，晏厚以禀入奉之，然未尝使亲事，是以人人劝职。尝言："士有爵禄，则名重于利；吏无荣进，则利重于名。"故检劾出纳，一委士人，吏惟奉行文书而已。所任者，虽数千里外，奉教令如目前，频伸诸戏不敢隐。惟晏能行之，它人不能也。代宗尝命考所部官吏善恶，刺史有罪者，五品以上辄系劾，六品以下杖然后奏。

李灵耀反，河南节帅或不奉法，擅征赋，州县益削。晏常以羡补乏，人不加调，而所入自如。第五琦始，榷盐佐军兴，晏代之，法益密，利无遗入。初，岁收缗钱六十万，末乃什之，计岁入千二百万，而榷居太半，民不告勤。京师盐暴贵，诏取三万斛以赡关中，自扬州四旬至都，人以为神。至湖峤荒险处，所出货皆贱弱，不偿所转，晏悉储淮、楚间，贸铜易薪，岁铸缗钱十余万。其措置织悉如此。诸道巡院，皆募驶足，置驿相望，四方货殖低仰及它利害，虽甚远，不数日即知，是能权万货重轻，使天下无甚贵贱而物常平，自言如见钱流地上。每朝谒，马上以鞭算。质明视事，至夜分止，虽休浣不废。事无闲剧，即日剖决无留。所居修行里，粗朴庳陋，饮食俭狭，室无媵婢。然任职久，势轧宰相，要官华使多出其门。自江淮茗橘珍甘，常与本道分贡，竞欲先至，虽封山断道，以禁前发，晏厚赏致之，常冠诸府，由是媢怨益多。馈谢四方，有名士无不至，其有口舌者，率以利啖之，使不得有所訾短。故议者颇言晏任数固恩。大历时政因循，军国皆仰晏，未尝检质。德宗立，言者屡请罢转运使，晏亦固辞，不许。又加关内河东三川转运、盐铁及诸道青苗使。

始，杨炎为吏部侍郎，晏为尚书，盛气不相下。晏治元载罪，而炎坐贬。及炎执政，衔宿怒，将为载报仇。先是，帝居东宫，代宗宠独孤妃，而爱其子韩王。宦人刘清潭与嬖幸请立妃为后，且言王数有符异，以摇东宫。时妄言晏与谋。至是，炎见帝流涕曰："赖祖宗神灵，先帝与陛下不为贼臣所间，不然，刘晏、黎干摇动社稷，凶谋果矣。今干伏辜而晏在，臣位宰相，不能正其罪，法当死。"崔祐甫曰："陛下已廓然大赦，不当究飞语，致人于罪。"朱泚、崔宁力相解释，宁尤切至。炎怒，斥宁于外，遂罢晏使。坐新故所交簿物抗谬，贬忠州刺史，中官护送。炎必欲傅其罪，知庾准与晏素憾，乃擢为荆南节度使。准即奏晏与朱泚书，语言怨望，又搜卒，擅取官物，胁诏使，谋作乱。炎证成之。

建中元年七月，诏中人赐晏死，年六十五。后十九日，赐死诏书乃下，且暴其罪。家属徙岭表，坐累者数十人，天下以为冤。时炎兼删定使，议籍没，众论不可，乃止。然已命簿录其家，唯杂书两乘，米麦数斛，人服其廉。淄青节度使李正己表诛晏太暴，不加验实，先诛后诏，天下骇惋，请还其妻子。不报。兴元初，帝寝寤，乃许归葬。贞元五年，遂擢晏子执经为太常博士，宗经秘书郎。执经还官，求追命，有诏赠郑州刺史，又加司徒。

晏殁二十年，而韩洄、元琇、裴腆、李衡、包佶、卢徵、李若初继掌财利，皆晏所辟用，有名于时。

晏既被诬，而旧吏推明其功。陈谏以为管、萧之亚，著论纪其详，大略以“开元、天宝间天下户千万，至德后残于大兵，饥疫相仍，十耗其九，至晏充使，户不二百万。晏通计天下经费，谨察州县灾害，蠲除振救，不使流离死亡。初，州县取富人督漕挽，谓之‘船头’；主邮递，谓之‘捉驿’；税外横取，谓之‘白著’。人不堪命，皆去为盗贼。上元、宝应间，如袁晁、陈庄、方清、许钦等乱江淮，十余年乃定。晏始以官船漕，而吏主驿事，罢无名之敛，正盐官法，以裨用度。起广德二年，尽建中元年，黜陟使实天下户，收三百余万。王者爱人，不在赐与，当使之耕耘织纴，常岁平敛之，荒年蠲救之，大率岁增十之一。而晏尤能时其缓急而先后之。每州县荒歉有端，则计官所赢，先令曰：‘蠲某物，贷某户。’民未及困，而奏报已行矣。议者或讥晏不直赈救，而多贱出以济民者，则又不然。善治病者，不使至危急；善救灾者，勿使至赈给。故赈给少则不足活人，活人多则阙国用，国用阙则复重敛矣。又赈给近侥幸，吏下为奸，强得之多，弱得之少，虽刀锯在前不可禁。以为二害。灾沴之乡，所乏粮耳，它产尚在，贱以出之，易其杂货，因人之力，转于丰处，或官自用，则国计不乏。多出菽粟，恣之粜运，散入村间，下户力农，不能诣市，转相沾逮，自免阻饥，不待令驱。以为二胜。晏又以常平法，丰则贵取，饥则贱与，率诸州米尝储三百万斛。岂所谓有功于国者邪！”

琇后以尚书右丞判度支，国无横敛而军旅济。为韩滉所恶，贬雷州司户参军。坐私入广州，赐死。

腴以兵部侍郎判度支，封闻喜县公。衡，历户部侍郎。

佶字幼正，润州延陵人。父融，集贤院学士，与贺知章、张旭、张若虚有名当时，号“吴中四士”。佶擢进士第，累官谏议大夫。坐善元载，贬岭南。晏奏起为汴东两税使。晏罢，以佶充诸道盐铁轻货钱物使，迁刑部侍郎，改秘书监，封丹阳郡公。

徵，幽州人。晏荐为殿中侍御史。晏得罪，贬珍州司户参军。元琇判度支，荐为员外郎。琇得罪，贬秀州长史，三迁给事中。户部侍郎窦参善之，方倚以代己，会同州刺史缺，参请用尚书左丞赵憬，德宗恶参，欲间其腹心，更用徵为之。久乃徙华州，厚结权近，冀进用。同、华地迫而贫，所献尝觳陋，至徵厚赋敛，有所奉入，辄加常数，人不堪其求。

若初者，事晏为冗职，包佶称之。历太康令，劝刺史李芃敛羡钱，交权幸，芃厚遇之。累迁浙东观察使。代王纬为浙西观察、诸道盐铁使。时天下钱少货轻，州县禁钱不出境，商贾不通。若初始奏纵钱以起万货，诏可。而持刚检下，吏民畏服。卒，赠礼部尚书。

宗经终给事中、华州刺史。子濛，字仁泽。举进士，累官度支郎中。会昌初，擢给事中。以材为宰相李德裕所知。时回鹘衰，朝廷经略河、湟，建遣濛按边，调兵械粮饷，为宣慰灵夏以北党项使。始议造木牛运。宣宗立，德裕得罪，濛贬朗州刺史，终大理卿。

晏兄暹，为汾州刺史。天资疾恶，所至以方直为观察使所畏。建中末，召为御史大夫。宰相卢杞惮其严，更荐前河南尹于顿代之。暹终潮州刺史。

顿字休明，河南人。初为京兆士曹参军，尹史翔器之。翔镇山南东道，表为判官。翔死乱兵手，顿挺出收葬之，时称其谊。累迁京兆尹，任机谲，为政烦碎无大体，元载昵厚之。载得罪，出郑州刺史，

徙河南尹，以佞柔，故得为大夫。三迁工部尚书，入朝，仆金吾仗下，
御史劾之，以太子少师致仕，卒。

　　暹孙潼，字子固。擢进士第，杜悰判度支，表为巡官，累迁祠部
郎中。大中初，讨党项羌，军食乏，宰相欲以潼为使，难其遣。潼见
宰相曰："上念边馈，议遣使，潼畏不称耳，安敢惮行？"遂命为供军
使。会复河、湟，调师屯守，以潼判度支河、湟洪军案。
　　历京兆少尹。山南有剧贼，依山为剽，宣宗怒欲讨之，宰相崔铉
曰："此陛下赤子，迫于饥寒，弄兵山谷间，不足讨。请遣使喻释之。"
诏潼驰往。潼挺身直叩其垒曰："有诏赦尔罪。"盗皆列拜，约潼就馆
而降。会山南节度使封敖遣兵击贼，潼罢归。
　　数陈边事，擢右谏议大夫。出为朔方、灵武节度使。坐累贬郑
州刺史，改湖南观察使。召为左散骑常侍。拜昭义节度使，徙河东，
又徙西川。时李福讨南诏，兵不利，潼至，填以恩信，蛮皆如约。六
姓蛮持两端，为南诏间候。有卑笼部落者请讨之，潼因出兵袭击，俘
五千人。南诏大惧，自是不敢犯边。以功加检校尚书右仆射。卒，
赠司空。

　　第五琦，字禹珪，京兆长安人。少以吏干进，颇能言强国富民
术。天宝中，事韦坚。坚败，不得调。久之，为须江丞，太守贺兰进
明才之。安禄山反，进明徙北海，奏琦为录事参军事。时贼已陷河
间、信都，进明未战，玄宗怒，遣使封刀趣之，曰："不亟进兵，即斩
首。"进明惧，不知所出。琦劝厚以财募勇士，出贼不意。如其计，复
收所陷郡。
　　肃宗驻彭原，进明遣琦奏事，既谒见，即陈："今之急在兵，兵强
弱在赋，赋所出以江淮为渊。若假臣一职，请悉东南宝货，飞饷函、
洛，惟陛下命。"帝悦，拜监察御史、句当江淮租庸使。迁司虞员外
郎、河南等五道支度使。迁司金郎中，兼侍御史、诸道盐铁铸钱使。
盐铁名使，自琦始。进度支郎中，兼御史中丞。当军兴，随事趣办，

人不益赋而用以饶，于是迁户部侍郎、判度支、河南等道支度、转运、租庸、盐铁、铸钱、司农、太府出纳、山南东西、江西、淮南馆驿等使。乾元二年，进同中书门下平章事。

初，琦请铸乾元重宝钱，以一代十。既当国，又铸重规，一代五十。会物痛腾踊，饿馑相望，议者以为非是，诏贬忠州长史。会有告琦纳金者，遣御史驰桉，琦辞曰："位宰相，可自持金邪？若付受有状，请归罪有司。"御史不晓，以为具服，狱上之，遂长流夷州。

宝应初，起为朗州刺史，有异政，拜太子宾客。吐蕃盗京师，郭子仪表为粮料使，兼御史大夫、关内元帅副使。改京兆尹。俄加判度支、铸钱、盐铁、转运、常平等使。累封扶风郡公。复以户部侍郎兼京兆尹。坐与鱼朝恩善，贬括州刺史。徙饶、湖二州。复为太子宾客、东都留守。德宗素闻其才，将复用，召之。会卒，年七十一，赠太子少保。子峰、妇郑，皆以考著，表阙于门。

班宏，卫州汲人。父景倩，国子祭酒，以儒名家。宏，天宝中擢进士第，调右司御胄曹参军。高适镇剑南，表为观察判官。青城人以左道惑众，谋作乱。事觉，诬引屯将规缓死，众凶惧，宏验治，即杀之，人心大安。郭英乂代适，表雒令，以病解。

大历中，擢起居舍人，四迁给事中。李宝臣死，子惟岳匿丧求节度，帝遣宏使成德喻其军，惟岳厚献遗，宏不纳，还报称旨，擢刑部侍郎、京官考使。右仆射崔宁署兵部侍郎刘迺为上下考，宏不从，曰："今军在节度，虽有尺籍伍符，省署不校也。夫上多虚美，则下趋竞；上阿容，则下朋党。"因削之。迺闻，谢曰："敢掠一美以邀二罪乎？"进吏部侍郎。

贞元初，仍旱蝗，赋调益急，以户部侍郎副度支使韩滉。俄而窦参当国，代滉使。而参任大理司直时，宏已为刑部侍郎。德宗以宏熟天下计，故进宏尚书副参，且曰："朕藉宰相重，而众务一委卿，无庸辞。"参亦以宏素贵，私谓曰："阅岁当归使于公。"宏喜。后参胖自安，不念前语。宏刚愎，以参欺己，议事稍不合。扬子院，盐铁转运之委藏也，宏任御史中丞徐粲主之，粲以贿闻，参议所代，宏固不可。参选诸院吏，未始访宏，宏数条参所用吏过恶以闻，辄留中。无何，参以使劳，加吏部尚书，而封宏萧国公。恨参以虚宠加己，衔之。每制旨有所营建，必极瓌丽，亲程役，媚结权嬖以倾参。

张滂先善于宏，荐为司农少卿。及参欲滂分掌江、淮盐铁，宏以滂疾恶，且以法绳粲，因谬曰："滂强戾不可用。"滂闻，不喜。久之，参知帝遇己薄，乃让使，然不欲宏专，问策于京兆尹薛珏，珏曰："滂与宏交恶，而滂刚决。若分盐铁转运，必能制宏。"参遂荐滂为户部侍郎、盐铁转运使，而以宏判度支，分滂关内、河东、剑南、山南西道盐铁转运隶宏，以悦其意。又还江淮两税，置巡院官，令宏、滂共差择。滂欲得簿最，宏不与。及署院官，更持可否不能定，处处官乏不补。滂奏言："臣职不修，无逃死，如国家大计何？"由是有诏分掌。宏见宰相辞曰："宏主漕，岁得江、淮米五十万斛，前年至七十万。今职移于人，敢请罪。"滂在侧傥曰："公所言非也。朝廷不夺公职，乃公丧官缗，纵奸吏，自取咎尔。凡为度支使，不一岁家辄巨亿，僮马产第侈王公，非盗县官何以然？上既知之，故令滂分掌。今公无乃归怨上乎？"宏不答，于是移病归第。宰相白其状，诏许如刘晏、韩滉故事，以东都、河南、淮南、江南、山南东道两税，滂主之，东渭桥以东巡院隶焉；关内、河东、剑南、山南西道宏主之。滂至扬州，乃穷劾粲，悉发其赃至巨万，徙死岭表。

宏清洁勤力，晨入官署夕而出，吏不堪其劳，而己益恭。参得罪，宏为有力。卒，年七十三，赠尚书右仆射，谥曰敬。后二年，滂亦罢为卫尉卿。

王绍，本名纯，避宪宗讳改焉。自太原徙京兆之万年。父端，第进士，有名天宝间，与柳芳、陆据、殷寅友善。据尝言："端之庄，芳之辩，寅之介，可以名世。"终工部员外郎。

绍少为颜真卿所器，字之曰德素，奏为武康尉。再佐萧复府。包佶领租庸、盐铁使，署判官。时李希烈阻兵江淮，输物留梗，乃徙饷道自颍入汴。绍及关，德宗已西狩，乃督轻货趣间道走洋州。绍先见行在，帝劳之曰："吾军乏春服，朕且衣裘，奈何？"绍流涕曰："佶遣臣贡奉，无虑五十万，当即至。"帝曰："道回远，经费方急，何可望邪？"后五日继至，由是纾难。迁仓部员外郎。

是时，兵旱无年，诏户部收阙官俸、税茶及无名钱，以修荒政。绍由员外郎判务，迁户部、兵部郎中，皆专领。进户部侍郎，判度支，顷之迁尚书。德宗临御久，益不假借宰相，自窦参、陆贽斥罢，中书取充位，惟绍谨密，眷待殊厚。主计凡八年，每政事多所关访，绍亦未尝一言漏于人。

顺宗立，王叔文夺其权，拜兵部尚书，出为东都留守。元和初，检校尚书右仆射，为武宁军节度使，复以濠、泗二州隶其军。自张愔后，兵骄难治，绍搜辑军政，推诚示人，裨将安进达、唐重靖谋乱，绍以计取之，出家赀赏士，举军安赖。复拜兵部尚书，判户部。卒，年七十二，赠右仆射，谥曰敬。

李巽，字令叔，赵州赞皇人。以明经补华州参军事，举拔萃，授鄠尉。进累左司郎中、常州刺史，召拜给事中，出为湖南观察使。贞元五年，徙江西。巽锐于为治，持下以法，察无遗私，吏不敢少给。顺宗立，擢兵部侍郎。杜佑表为盐铁、转运副使，俄代佑。使任自刘晏后，职废不振，赋入朘耗。巽莅职一年，较所入如晏最多之年，明年过之，又明年，增百八十万缗。再迁吏部尚书。

天资长于吏事，至治家，亦句检案牍簿书如公府。吏有过，秋毫无所纵，股栗胁息，常如与巽对。程异坐王叔文废，巽特荐引之。异之计较精于巽，故巽能善职，盖有助云。元和四年疾革，郎官省候，巽言不及病，但与商校程课功利。是夕卒，年六十三，赠尚书右仆射。

巽为人忌刻校怨，在江西，有所憎恨辄杀之。始，窦参为相，出巽常州，促其行。及参贬郴州，巽时观察湖南，宣武节度使刘士宁致绢数千匹于参，巽即劾参交通藩镇，以怒德宗，遂杀参云。

赞曰：生人之本，食与货而已。知所以取，人不怨；知所以予，人不乏。道御之而王，权用之而霸，古今一也。刘晏因平准法，斡山海，排商贾，制万物低昂，常操天下赢赀，以佐军兴。虽挈兵数十年，敛不及民而用度足。唐中偾而振，晏有劳焉，可谓知取予矣。其经晏辟署者，皆用材显，循其法，亦能富国云。

唐书卷一五〇
列传第七五

李揆　常衮　赵憬　崔造
齐映　卢迈

　　李揆,字端卿,系出陇西,为冠族,去客荥阳。祖玄道,为文学馆学士。父成裕,秘书监。

　　揆性警敏,善文章。开元末,擢进士第,补陈留尉。献书阙下,试中书,迁右拾遗,再转起居郎,知宗子表疏,以考功郎中知制诰。扈狩剑南,拜中书舍人。

　　乾元二年,宗室请上皇后号曰"翊圣"。肃宗问揆,对曰:"前代后妃,终则有谥,景龙不君,韦氏专恣,乃称翊圣。今陛下动遵典礼,奈何蹈其乱哉?"帝惊曰:"几误我家事。"遂止。后即张氏,有子数岁,欲立为太子,而帝意未决。时代宗以封成王,帝从容语揆曰:"成王长,有功,将定太子,卿意谓何?"揆曰:"陛下此言,社稷福也。"因再拜贺。帝曰:"朕计决矣。"

　　俄兼礼部侍郎。揆病取士不考实,徒露搜索禁所挟,而迂学陋生,薰枕图史,且不能自措于词。乃大陈书廷中,进诸儒约曰:"上选士,弟务得才,可尽所欲言。"由是人人称美。未卒事,拜中书侍郎、同中书门下平章事,修国史,封姑臧县伯。揆美风仪,善奏对,帝叹曰:"卿门地、人物、文学皆当世第一,信朝廷羽仪乎!"故时称三绝。于是京师多盗,至骖衢杀人,尸沟中,吏褫气。李辅国方横,请选羽林骑五百,备徼捕。揆曰:"汉以南、北军相统摄,故周勃因南军入北军以安刘氏。本朝置南、北衙,文武区别,更相检伺。今以羽林代金吾,忽有非常,何以制之!"辅国议格。

揆决事明当,然锐于进,且近名。兄楷,有时称,滞冗官不得迁。吕𬤵政事出揆远甚,以故宰相镇荆南,治声尤高。揆惧复用,遣吏至𬤵所,构抉过失,𬤵密诉诸朝。帝怒,贬揆袁州长史。不三日,以楷为司门员外郎。揆累年乃徙歙州刺史。

初,苗晋卿数荐元载,揆轻载地寒,谓晋卿曰:"龙章凤姿士不见用,獐头鼠目子乃求官邪?"载闻,衔之。及秉政,奏揆试秘书监,江淮养疾。家百口,贫无禄,亏食取给,牧守稍猒恩,则去之,流落凡十六年。载诛,始拜睦州刺史。入为国子祭酒、礼部尚书。

德宗幸山南,揆素为卢杞所恶,用为入蕃会盟使,拜尚书左仆射。揆辞老,恐死道路,不能达命,帝恻然。杞曰:"和戎者,当练朝廷事,非揆不可。异时年少揆者不敢辞。"揆至蕃,酋长曰:"闻唐有第一人李揆,公是否?"揆畏留,因绐之曰:"彼李揆,安肯来邪?"还卒凤州,年七十四,赠司空,谥曰恭。

常衮,京兆人,天宝末,及进士第。性狷洁,不妄交游。由太子正字累为中书舍人。文采赡蔚,长于应用,誉重一时。鱼朝恩赖宠,兼判国子监。衮奏:"成均之任,当用名儒,不宜以宦臣领职。"始,回纥有战功者,得留京师,虏性易骄,后乃创邸第、佛祠,或伏甲其间,数出中渭桥,与军人格斗,夺含光门鱼契走城外。衮建言:"今西蕃盘桓境上,数入寇,若相连结,以乘无备,其变不细,请早图之。"又天子诞日,诸道争以侈丽奉献,不则为老子、浮屠解祷事。衮以为:"汉文帝还千里马不用,晋武帝焚雉头裘,宋高祖碎琥珀枕,是三主者,非有聪明大圣以致治安,谨身率下而已。今诸道馈献,皆淫侈不急,而节度使、刺史非能男耕而女织者,类出于民,是敛怨以媚上也,请皆还之。今军旅未宁,王畿户口十不一在,而诸祠寺写经造像,焚币埋玉,所以赏赉若比丘、道士、巫祝之流,岁巨万计。陛下若以易刍粟,减贫民之赋,天下之福岂有量哉!"代宗嘉纳。迁礼部侍郎。时宦者刘忠翼权震中外，泾原节度使马璘为帝宠任，有所干请，衮皆拒却。

元载死，拜门下侍郎、同中书门下平章事，弘文、崇文馆大学士，与杨绾同执政。绾长厚通可，而衮苛细，以清俭自贤。帝内重绾而颛任之，礼遇信爱，衮弗及也，每所恨忌。会绾卒，衮始当国。

先是，百官俸寡狭，议增给之。时韩滉使度支，与衮皆任情轻重。滉恶国子司业张参，衮恶太子少詹事赵甡，皆少给之。太子文学为洗马副，衮姻家任文学者，其给乃在洗马上。其骋私崇怨类此。故事，日出内厨食赐宰相家，可十人具，衮奏罢之。又将让堂封，它宰相不从，乃止。政事堂北门，异时宰相过舍人院咨逮政事，至衮乃塞之，以示尊大。惩元载败，窒卖官之路，然一切以公议格之，非文词者皆摈不用，故世谓之"䶅伯"，以其䶅䶅无贤不肖之辨云。

衮为相，散官才朝议，而无封爵，郭子仪言于帝，遂加银青光禄大夫，封河内郡公。德宗即位，衮奏贬崔祐甫为河南少尹。帝怒，使与祐甫换秩，再贬潮州刺史。

建中初，杨炎辅政，起为福建观察使。始，闽人未知学，衮至，为设乡校，使作为文章，亲加讲导，与为客主钧礼，观游燕飨与焉，由是俗一变，岁贡士与内州等。卒于官，年五十五，赠尚书左仆射。其后闽人春秋配享衮于学官云。

赵憬，字退翁，渭州陇西人。曾祖仁本，仕为吏部侍郎、同东西台三品。

憬志行峻洁，不自炫贾。宝应中，方营泰、建二陵，用度广，又吐蕃盗边，天下荐饥，憬褐衣上疏，请杀礼从俭，士林叹美。试江夏尉，佐诸使府，进太子舍人。母丧免，有芝生壤树。建中初，擢水部员外郎，湖南观察使李承表憬自副。承卒，遂代之。召还，阖门不与人交。李泌荐之，对殿中，占奏明辩，通古今，德宗钦悦，拜给事中。

贞元中，咸安公主降回纥，诏关播为使，而憬以御史中丞副之。异时使者多私赍，以市马规利人，独憬不然。使未还，尚书左丞缺，帝曰："赵憬堪此。"遂以命之。考功岁终，请如至德故事课殿最，憬自言荐果州刺史韦证，以贪败，请降考。校考使刘滋谓憬知过，更以考升。

窦参当国，欲抑为刺史，帝不许。参罢，进中书侍郎、同中书门下平章事，与陆贽同辅政。贽于裁决少所让，又徙憬门下侍郎，繇是不平。自以不任职，数称疾。时杜黄裳遭奄人谗诋，穆赞、韦武、李宣、卢云等为裴延龄构捼，势危甚，憬救护申解，皆得免。初，贽约共执退延龄，既对，贽极言其奸，帝色变，憬不为助，遂罢贽，乃始当国。

憬精治道，常以国本在选贤、节用、薄赋敛、宽刑罚，恳恳为天子言之。又陈前世损益、当时之变，献《审官六议》。一议相臣，曰："中外知其贤者用之，能者任之，责材之备，为不可得。"二议庶官，曰："臣尝谓拔十得五，贤愚犹半。陛下曰：'何必五也，十二可矣。'故广任用，明殿最，举大节，略小瑕，随能试事，用人之大要也。"三议京司阙官，曰："今要官阙多，闲官员多。要官以材行，闲官以恩泽，是选拔少，优容众也。宜补缺员，以育人材。"四议考课，曰："今内庶僚，外刺史，课最尤者，擢以不次，善矣。臣谓黜陟宜责岁限，若任要重未当迁者，加爵或秩。其余进退，宜示迟速之常。若课在中、考如限者，平转而历试之，即无苟且之心、滞淹之虑。"五议遗滞，曰："陛下委宰辅举才，不遍知也，则访之庶僚；又不遍知也，访之众人。众声嚣然，十誉之未信，一毁之可疑。臣谓宜采士论，以誉多者先用，非大故者勿弃。"六议藩府官属，曰："诸使辟署，务得才以重府望，能否已试，则引而置之朝，无俾久滞。"帝皆然之，下诏褒答。辅政五年卒，年六十一。其息上卒时藁奏，帝悼惜之。赠太子太傅，谥曰贞宪。

憬性清约，位台宰，而第室童获犹儒先生家也。得禀入，先建家庙，而竟不营产。其镇湖南也，令孤峘、崔儆并为部刺史，不守法，憬以正弹治之，皆遣客暴憬失于朝。及为相，乃擢儆自大理卿为尚书右丞，峘方贬衢州别驾，引为吉州刺史，人以为贤。

　　崔造，字玄宰，深州安平人。永泰中，与韩会、卢东美、张正则三人友善，居上元，好言当世事，皆自谓王佐才，故号"四夔"。

　　浙西观察使李栖筠辟为判官，累迁左司员外郎。与刘晏善，晏得罪，贬信州长史。徙建州刺史。朱泚乱，造辄驰檄比州，发所部兵二千以待命，德宗嘉之。京师平，召还，至蓝田，自以舅源休与贼同逆，上疏请罪。帝以为有礼，下诏慰勉，擢给事中。

　　贞元二年，以给事中同中书门下平章事。帝谓造敢言，为能立事，故不次用之。造久在江左，疾钱谷诸使罔上，或干没自私，乃建言："天下两税，请委本道观察使、刺史选官部送京师。诸道水陆转运使、度支巡院、江淮转运使，请悉停，以度支盐铁务还尚书省，六曹皆宰相分领。"于是齐映判兵部，李勉刑部，刘滋吏、礼二部，造户、工二部；又以户部侍郎元琇判诸道盐铁、榷酒事，吉中孚度支诸道两税事。而浙江东、西岁入米七十五万石，方岁饥，更以两税准米百万，豪、寿、洪、潭二十万，责韩滉、杜亚漕送东渭桥。诸道有盐铁处，仍置巡院。岁尽，宰相计最殿以闻。造厚元琇，故首命之。时滉方领转运，有宠于帝，朝廷仰其须。滉持不可改，帝重违之，复以滉为江淮转运使，余如造请。是秋，江淮米大集，帝美滉功，以滉专领度支诸道盐铁、转运等使。造惧，始托疾辞位，乃罢为太子右庶子，贬琇雷州司户参军。于是造所请悉罢，以忧愧卒，年五十一。

　　议者谓造举不适时，方用之乏，不能权济大事，虽据旧典，奚能抗一切之制云。

　　齐映，瀛州高阳人。举进士、博学宏词，中之，补河南府参军事。滑亳节度使令狐彰署掌书记，彰疾甚，引映托后事。映因说彰纳节，归诸子京师。彰从之，即以女妻映。彰卒，军乱，映间归东都。

　　三城使马燧辟为判官。卢杞荐授刑部员外郎。又为凤翔张镒判官。映练军事，论奏数称旨，进行军司马。会德宗出奉天，镒儒缓不知兵，部将李楚琳者，素剽悍，欲介贼为乱。映与齐抗请先事诛之，镒不用，更示宽大，徐谓楚琳曰：“欲以君使外，若何？”楚琳恐，夜杀镒以应贼，映雅为军中慕赖，故得免。奔奉天，授御史中丞。

徙幸梁，道险涩，常为帝御。会马骇突，帝恐伤映，诏舍辔，固不去，曰：“马奔踶，不过伤臣；舍之，或犯清跸，臣虽死不足偿责。”帝嘉叹，擢给事中。映为人白皙长大，言音鸿爽，故帝常令侍左右，或前马胪传诏旨。进中书舍人。贞元二年，以舍人同中书门下平章事，俄改中书侍郎，封河间县男，与崔造、刘滋并辅政。滋端重寡言，映谦不肯事，否可一颛于造。会造疾，映乃当国。

吐蕃数入寇，关辅震骚，咸言帝欲避狄。映入谏曰：“戎狄不惩，臣之罪也。然内外恟恟，谓陛下具糗粮，欲治行。夫大幸不再，奈何不与臣等计乎？”因俯伏流涕，天子为感寤。

后给事中袁高忤帝旨，而映以为尚书左丞、御史大夫。始，映微时，张延赏遇之善。及映相，而延赏为左仆射，数为映画事，又为所亲求官，映不答，延赏恚。既复用，即劾映非宰相器。明年，贬夔州刺史，徙衡州。久之，为桂管、江西两观察使。始，映罢不以罪，冀复进，乃掊敛献贡，以中帝欲。初，诸藩银大瓶止五尺，李兼为江西，始献六尺瓶，至映乃八尺云。卒，年四十八，赠礼部尚书，谥曰忠。

卢迈，字子玄，河南河南人。性孝友。举明经入第，补太子正字。以拔萃调河南主簿、集贤校理。公卿交荐之，擢右补阙。三迁吏部员外郎。以族属客江介，出为滁州刺史。召还，再迁谏议大夫。数条当世病利，进给事中。俄会考课，迈以不满岁，固辞上考，荐绅高其让。改尚书右丞。

将作监元亘摄祠，以私忌不听誓，御史劾之。帝疑其罚，下尚书省议。迈曰：“按大夫士将祭于公，既视濯而父母死，犹奉祭。礼，散齐有大功丧，致齐有期丧，齐有疾病，听还舍，不奉祭。无忌日不受誓者，虽令忌日与告，且《春秋》不以家事辞王事，今摄祭特命也，亘以常令拒特命，执非所宜。”遂抵罪。

以本官同中书门下平章事。进中书侍郎。时陆贽、赵憬专大政，迈居中,治身循法无它过。久之,暴眩省中,舆还第。诏大臣即问,固乞骸骨,罢为太子宾客。卒,年六十,赠太子太傅。

迈每有功、缌丧,必容称其服,而情有加焉。叔下邽令休沐过家,迈终日与群子姓均指使,无位貌之异。再娶无子,或劝畜姬媵,对曰:“兄弟之子,犹子也,可以主后。”所得禀赐,皆赈姻旧之乏。其从父弟起丧还洛阳,过都,迈奏请往哭之,尽哀。时执政自以宰相尊,五服皆不过从问吊,而迈独不徇时,议者重其仁而亮云。

赞曰:杨绾之德,陆贽之贤,而衮、憬以为憎,何哉?士固蔽于媚前,然主听不一,故乘以为奸。昔齐桓、秦坚任管仲、王猛,兴区区,霸天下,盖不以不肖者参之。君臣相谅,果难哉!

唐书卷一五一
列传第七六

关播 _{李元平}　董晋 _{溪 陆长源}
_{刘全谅} 袁滋　赵宗儒　窦易直

　　关播,字务元,卫州汲人。及进士第。邓景山节度青齐、淮南,再署幕府。迁右补阙。与神策军使王驾鹤为姻家,元载恶之,出为河南兵曹参军事,数试属县,政异等。陈少游镇浙东、淮南,表为判官,摄滁州刺史。李灵耀叛,少游屯淮上,所在盗贼猬奋,播储赀力,给军兴,人无愁苦。杨绾、常衮皆善播,引为都官员外郎。

　　德宗初,湖南峒贼王国良惊剽州县,不可制,诏播宣辑,因得请事,对殿中。帝问政治之要,播曰:“为政之本,要得有道贤人乃治。”帝曰:“朕比下诏求贤才,又遣使黜陟,搜逮所遗,须能者用之,若何?”播曰:“陛下虽求贤,又使举荐,然止得求名文辞士,焉有有道贤人肯奉牒丐举选邪?”帝悦,曰:“卿姑去,还当更议。”播且言:“奉诏平贼,有如不受命,臣请发州兵剪定之。”帝曰:“善。”及还,再迁给事中。故事,诸司甲库,以令史直曹,刓脱为奸。播悉易以士人,时韪其法。

　　历吏部侍郎。帝求宰相,卢杞雅知播柔可制,因从容言播材任宰相,其儒厚可镇浮动。乃拜中书侍郎、同中书门下平章事,政一决于杞。尝论事帝前,播意不可,避坐欲有所言,杞目禁辄上,退,让播曰:“以君寡言,故至此,奈何欲开口争事邪!”播即暗畏毋敢与。

　　时李元平、陶公达、张愻、刘承诚率轻薄子,游播门下,能侈言诞计,以功名自喜。播谓皆将相材,数请帝用之。元平本宗室疏裔,好论兵,鄙天下士大夫无可者,人人怨疾之。李希烈叛,帝以汝州据贼冲,刺史疲软不胜任,播盛称元平,帝召见,拜左补阙。不数日,检校吏部郎中,兼汝州别驾,知州事。元平始至,募工筑郛浚隍,希烈阴使亡命应募,凡内数百人,元平不寤。贼遣将李克诚以精骑薄城,募者内应,缚元平驰见希烈,遗矢于地。希烈以其眇小,无髯,戏克诚曰:"使尔取元平,乃以其子来邪?"因嫚骂曰:"盲宰相使汝当我,何待我浅邪!"伪署御史中丞。播闻诧曰:"元平事济矣!"谓必覆贼而建功也,左右笑之。无何,伪署为宰相,有告其贰者,元平断一指自誓。公达等以元平屈贼,皆废不用。

播从幸奉天。卢杞、白志贞已贬而播犹执政,议者不平,遂罢为刑部尚书。韦伦等曰:"宰相不善谋,使天子播越,尚可尚书邪?"相与泣诸朝。未几,知删定使。

初,上元中,诏择古名将十人配享武成庙,如十哲侑孔子。播奏:"太公,古贤臣,今其下称亚圣。孔子十哲,皆当时弟子,今所配年世不同,请罢之。"诏可。

贞元初,检校尚书右仆射,持节送咸安公主降回鹘,房人重其清。还,迁兵部尚书。以太子少师致仕,斥卖车骑,阖门不婴外事。卒,年七十九,赠太子太保。

始,希烈死,或言元平虽屈贼,然有谋不克发,乃贷死流珍州。会赦还,住剡中,观察使皇甫政表其至以发帝怒,遂流死贺州。

董晋,字混成,河中虞乡人。擢明经。肃宗幸彭原,上书行在,拜秘书省校书郎,待制翰林。出从淮南崔圆府为判官。还朝,累迁祠部郎中。

大历中,李涵持节送崇徽公主于回纥,署晋判官。回纥恃有功,见使者倨,因问:"岁市马而唐归我赂不足,何也?"涵惧,未及对,数目晋,晋曰:"我非无马而与尔为市,为尔赐者不已多乎?尔之马岁五至,而边有司数皮偿赀。天子忘尔劳,敕吏无得问,尔反用是望我邪？诸戎以我之尔与也，莫敢确。尔父子宁，畜马蕃，非我则谁使！"
众皆南面拜，不敢有言。还，迁秘书少监。

德宗立，授太府卿。不旬日，为左散骑常侍，兼御史中丞，知台
事。出为华州刺史。朱泚反，遣兵攻之，晋弃华走行在。改国子祭
酒，宣慰恒州。还至河中而李怀光反，晋说之曰："朱泚为臣而背其
君，苟得志，于公何有？且公位太尉，泚虽宠公，亦无以加。彼不能
事君，能以臣事公乎？公能事彼，而有不能事君乎？公敌贼有余力，
若袭取之，清宫以迎天子，虽有大恶犹将掩焉，如公则谁敢议？"怀
光喜且泣，晋亦泣，又语其将卒，皆拜。故怀光虽偃蹇，亦不助泚。

帝还京师，迁左金吾卫大将军，改尚书左丞。是时，右丞元琇为
韩滉排笮得罪，滉势振朝廷。晋见宰相，诵元琇非罪，士大夫壮其
节。贞元五年，以门下侍郎同中书门下平章事。方窦参得君，裁可
大事不关咨晋，晋循谨无所驳异。参欲以其弟申为吏部侍郎，讽晋
以闻。帝怒，曰："无乃参迫卿为之邪？"晋谢，具道所以然。帝即问
参过失，晋无敢隐，由是参罢宰相。晋惶恐，上疏固辞位。九年，罢
为礼部尚书，以兵部尚书为东都留守。

会宣武李万荣病且死，诏晋检校尚书左仆射、同中书门下平章
事，为宣武节度副大使，知节度事。万荣死，邓惟恭总其军，晋受命，
不召兵，惟幕府骑傔从之，即日上道。至郑，逆者不至，人劝止以观
便宜，晋不听，直造汴，及郊，惟恭始出迎谒。既入，即委以军政，无
所改更，众服晋有体，莫测其谋。始，惟恭谋代万荣，故不遣吏以疑
晋，令不敢入。及晋至情得，则鞅鞅不能平。汴士素骄怙乱，尝介勇
士伏幕下，早暮番休，晋一罢之。惟恭乃结大将相里重晏等谋乱，晋
觉之，杀其党，械送惟恭京师。帝录其絷李洒劳，贷死流汀州。帝恐
晋儒愞，诏拜汝州刺史陆长源为司马，以佐晋。晋谦愿俭简，事多循
仍，故军粗安。长源持法峭刻，数欲更张旧事，晋初许之，已而悉罢
不用。以财赋委孟叔度，叔度为人佻悦，军中恶之。晋在军凡五年，
卒，年七十六，赠太傅，谥曰恭惠。

晋为相也，五月朔，天子会朝，公卿在廷，侍中赞群臣贺。窦参

摄中书令,当传诏,疾作,公卿相顾,未有诏,晋从容进曰:"摄中书令臣参病不能事,臣请代参事。"南面宣致诏词,进退甚详。金吾将军沈房有期丧,公除,常服入阁,帝疑以问晋,对曰:"故事,朝官期以下丧,服缞缦,不复衣浅色,南班亦如之。"又问晋冠冕之制,对曰:"古者服冠冕,以佩玉节步。堂上接武,堂下布武,君前趋进而已。今或奔走以致颠仆。在式,朝臣皆绫袍,五品而上金玉带,所以尽饰以奉上。故汉尚书郎含香,老莱彩服,君父一也。若然,服缞缦,亦非礼也。"帝然其言。诏入阁官毋趋走,期以下丧不得以缞服会,令群臣衣本品绫袍、金玉带,自晋而复。

子溪,字惟深,亦擢明经,三迁万年令。讨王承宗也,擢度支郎中,为东道行营粮料使。坐盗军赀流封州,至长沙,赐死。

子居中,善诗,为张籍所称。

陆长源者,吴人,字泳。祖余庆,天宝中为太子詹事,有清誉。

长源赡于学。始,辟昭义薛嵩幕府,嵩侈汰,常从容规切。嵩曰:"非君安能为此。"历建、信二州刺史。韩滉兼领江淮转运使,辟署兼御史中丞以为副。入迁都官郎中,复出汝州刺史。遂徙宣武,政皆出司马。初,欲峻法绳骄兵,为晋所持,不克行。而判官杨凝、孟叔度等又苛细,叔度淫纵,数入倡家调笑嬉亵。晋有所偷弛,长源辄裁正之。晋卒,长源总留后事,大言曰:"将士久慢,吾且以法治之!"众始惧。军中请出帑帛为晋制服,不许。固请,止给其直。叔度希望又偿直以盐,乃高盐直,贱帛估,人得盐二斤,举军大怒。或劝长源曰:"故事,有大变则厚赐于军,军乃安。"长源曰:"异时河北贼以钱买戍卒,取旄节,吾不忍为。"众怒益甚。长源性刚不适变,又不为备。才八日,军乱,杀长源及叔度等,食其肉,放兵大掠。死之日,有诏拜节度使,远近嗟怅,赠尚书左仆射。

长源好谐易,无威仪,而清白自将。去汝州,送车二乘,曰:"吾祖罢魏州,有车一乘,而图书半之,吾愧不及先人"云。

长源死,监军俱文珍密召宋州刺史刘全谅使总后务。全谅至,其夜军复乱，杀大将及部曲五百人乃定。帝即诏全谅检校工部尚书、宣武节度使。

全谅始名逸淮，至是赐名，本怀州武涉人也。

父客奴，以行成留籍幽州，事平卢军，以材力显。开元中，室韦首领段普洛数苦边，节度使薛楚玉使客奴单骑袭之，斩首以归。兴卒伍，拜左骁卫将军，为游奕使。性谨朴，数战有功。安禄山反，诏以平卢节度副使吕知诲为使。贼遣韩朝旸诱之，知诲即降，贼害安东副都护马灵察。客奴不平，与诸将共杀知诲，遣使与安东将王玄志相闻。天宝十五载，以客奴为柳城郡太守，摄御史大夫、平卢节度使，赐名正臣，以玄志为安东副大都护。正臣遣使道海至平原，与太守颜真卿相结。真卿喜，以子为质而归赀粮焉，且请出师。未至，而真卿弃平原，乃还。因袭范阳，为史思明所败，奔还，玄志鸩杀之。

全谅事刘玄佐为牙将，以勇果善骑射为玄佐厚礼。累兼御史中丞。及玄佐子士宁代立，疑宋州刺史翟良佐不附己，扬言行部，至则以全谅代之，故汴将士多归心焉。视事凡八月卒，赠尚书右仆射。军中立韩弘代节度云。

袁滋，字德深，蔡州朗山人，陈侍中宪之后。强学博记。少依道州刺史元结，读书自解其义，结重之。后客荆、郢间，起学庐讲授。建中初，黜陟使赵赞荐于朝，起处士，授试校书郎。累辟张伯仪、何士干幕府，进詹事府司直。部官以盗金下狱，滋直其冤，御史中丞韦贞伯闻之，表为侍御史。刑部、大理覆罪人，失其平，惮滋守法，因权势以请，滋终不署奏。迁工部员外郎。

韦皋始招来西南夷，南诏异牟寻内属。德宗选郎吏可抚循者，皆惮行，至滋不辞，帝嘉之。擢祠部郎中，兼御史中丞，赐金紫，持节往。逾年还，使有指，进谏议大夫。迁尚书右丞，知吏部选。求外迁，为华州刺史。政清简，流民至者，给地居之，名其里曰义合。然专以慈惠为本，未尝设条教，民爱向之。有犯令，时时法外纵舍。得盗贼，或哀其穷,出财为偿所亡。召为左金吾卫大将军,以杨于陵代之。滋行,耆老遮道不得去,于陵使谕曰:"吾不敢易袁公政。"人皆罗拜,乃得去,莫不流涕。

　　宪宗监国,进拜中书侍郎、同中书门下平章事。刘辟反,诏滋为剑南两川、山南西道安抚大使,半道,以检校吏部尚书、平章事为剑南东、西川节度使。是时,贼方炽,又滋兄峰在蜀为辟所劫,滋畏不得全,久不进,贬吉州刺史。未几,徙义成节度使。滑,用武地,东有淄青,北魏博,滋严备而推诚信,务在怀来。李师道、田季安畏服之。居七年,百姓立祠祝祭。以户部尚书召,改检校兵部,拜山南东道节度使,徙荆南。

　　吴元济之反,滋言蔡兵劲,与下同欲,非朝夕计可下,宜广方略,离溃其心。及宿兵三年,调发益屈,诏出禁钱继之。滋揣天子且厌兵,自表入朝,欲议罢淮西事,道闻萧俛、钱徽坐沮议黜去,滋翻其谋,更言必胜,顺可天子意,乃得还。俄而高霞寓败,帝思以恩信倾贼,且滋尝云云,乃授彰义节度使,侨治唐州。又以滋儒者,拜阳旻为唐州刺史,将其兵。滋先世坟墓在蔡,吴少阳时为修墓,禁刍牧,诸袁多署右职,禀给之。滋至治,去斥候,与元济通好。贼围新兴,滋卑辞讲解,贼因是易滋,不为备。时帝责战急,而滋至六月,以无功贬抚州刺史。未几,迁湖南观察使。累封淮阳郡公。卒,年七十,赠太子少保。

　　滋既病,作遗令处后事,讫三年,皆有条次。性宽易,与之接者,皆自谓可见肺肝,至家人不得见喜愠。薄居处衣食。能为《春秋》,尝以刘恽《悲甘陵赋》褒善斥恶戾《春秋》指,然其文不可废,乃著后序。工篆隶,有古法。

　　子均,右拾遗;郊,翰林学士。

　　赵宗儒,字秉文,邓州穰人。八代祖彤,后魏征南将军。

　　父骅,字云卿,少嗜学,履尚清鲠。开元中,擢进士第,补太子正字,调雷泽、河东丞。采访使韦陟器之,表置其府。又为陈留采访使郭纳支使。安禄山陷陈留，骅没于贼。时江西观察使韦儇族妹坐其夫为畿官不供贼，没为婢。骅哀之，以钱赎韦，厚为资给。贼平，访近属归之，时人高其义。骅以尝陷贼，贬晋江尉。久之，召拜左补阙，迁累尚书比部员外郎。建中初，迁秘书少监。敦交友行义，不以夷险易操。少与殷寅、颜真卿、柳芳、陆据、萧颖士、李华、邵轸善，时为语曰"殷颜柳陆，李萧邵赵"，谓能全其交也。骅位省郎，衣食窭乏，俸单寡，诸子至徒步，人为咨美。泾原兵反，骅窜山谷，病死，赠华州刺史。

宗儒第进士，授校书郎，判入等，补陆浑主簿。数月，拜右拾遗、翰林学士。时，父骅迁秘书少监，德宗欲宠其门，使一日并命。再迁司勋员外郎。贞元六年，领考功事。自至德后考绩失实，内外悉考中上，殿最混淆，至宗儒，黜陟详当，无所回惮。右司郎中独孤良器、殿中侍御史杜伦以过黜考，左丞裴郁、御史中丞卢佋降考中中，凡入中上者，才五十人。帝闻善之，进考功郎中。累迁给事中。十二年，以本官同中书门下平章事，赐服金紫。居二岁，罢为太子右庶子，屏居慎静，奉朝请而已。迁吏部侍郎，召见，劳曰："知卿杜门六年，故有此拜，曩与先臣并命，尚念之邪？"宗儒俯伏流涕。元和初，检校礼部尚书，充东都留守。三迁至检校吏部、荆南节度使，散冗食戍二千人。历山南西道、河中二镇，拜御史大夫，改吏部尚书。

穆宗立，诏先朝所召贤良方正，委有司试。宗儒建言："应制而来者，当天子临问。试有司，非国旧典，请罢之。"诏可。俄检校右仆射，守太常卿。太常有《五方师子乐》，非大朝会不作。帝嗜声色，宦官领教坊者，乃移书取之。宗儒不敢违，以诉宰相。宰相以事专有司，不应关白。以懦不职，罢为太子少师。太和初，进太子太傅。文宗召访政理，对曰："尧、舜之化，慈俭而已，愿陛下守之。"帝纳其言。六年，授司空，致仕。卒，年八十七，册赠司徒，谥曰昭。

宗儒以文学历将相，位任崇剧，然无仪矩，以治生琐碎失名。

窦易直，字宗玄，京兆始平人。擢明经，补校书郎。十年不应辟，

以判入等,为蓝田尉。累迁吏部郎中。元和六年,进御史中丞。虢
陕虢观察使入为京兆尹,万年尉韩晤坐赇,易直令官属按之,得赃
三十万,宪宗疑未尽,诏穷治,至三百万,贬易直为金州刺史。久之,
起为宣歙、浙西观察使。

长庆二年,李齐以汴州叛,易直欲出库财赏军,或谓给与无名,
必且生患,乃止。时江、淮旱,漕物淹积不能前,军士闻易直向言,其
部将王国清指漕货激众谋乱。易直知之,械国清送狱,其党数千群
欢入狱,篡取之,欲大剽。易直登楼令曰:“能诛乱者,一级赏千万!”
众喜,反缚为乱者三百余人,易直悉斩之。入为户部侍郎,判度支。
四年,同中书门下平章事,转门下侍郎,封晋阳郡公。即让度支,置
其俸三月,有诏停判。文宗立,检校尚书右仆射、同平章事,为山南
东道节度使。入为左仆射、判太常卿事。顷之,检校司空,为凤翔节
度。以疾还京师。卒,赠司徒,谥曰恭惠。

易直以公洁自喜,方执政,未尝引用亲党。初,元和中,郑余庆
议,仆射上仪,不与隔品官亢礼,易直为中丞,奏驳之。及为仆射,乃
自用隔品致恭,为时鄙笑。

子纩,仕至渭南尉、集贤校理。妻父王涯被祸,宦官知易直子,
得不死,贬循州司户参军。

赞曰:关播举李元平守汝州,贼缚而臣之。宰相不知人,果可败
国,德宗不以是责宰相,几丧天下。晋懦弛苟安,滋欲以恩信倾贼,
迂暗之人,乌可语功名会哉!

唐书卷一五二
列传第七七

张镒　姜公辅　武元衡 儒衡
李绛 璋　宋申锡

　　张镒，字季权，一字公度，国子祭酒后胤五世孙也。父齐丘，朔方节度使、东都留守。镒以荫授左卫兵曹参军，郭子仪表为元帅府判官，迁累殿中侍御史。乾元初，华原令卢栿以公事谯责邑人齐令诜。令诜，宦人也，衔之，构栿罪。镒按验当免官，有司承风以死论。镒不直之，乃白其母曰："今理栿，栿免死而镒坐贬。嘿则负官，贬则为太夫人忧，敢问所安？"母曰："儿无累于道，吾所安也。"遂执正其罪，栿得流，镒贬抚州司户参军。徙晋陵令。江西观察使张镐表为判官，迁屯田、右司二员外郎。居母丧，以孝闻。不妄交游，特与杨绾、崔祐甫善。

　　大历初，出为濠州刺史，政条清简，延经术士讲教生徒。比去，州升明经者四十人。李灵耀反于汴，镒团阅乡兵严守御，有诏褒美，擢侍御史，兼缘淮镇守使。以最迁寿州刺史。历江西、河中观察使。不阅旬，改汴滑节度使，以病固辞，诏留私第。

　　建中二年，拜中书侍郎、同中书门下平章事。明年，以两河用兵，诏省薄御膳及皇太子食物，镒因奏减堂餐钱及百官禀奉三分一，以助用度。时黜陟使裴伯言荐潞州处士田佐时，诏除右拾遗、集贤院直学士。镒以为礼轻，恐士不劝，复诏州县吏以绢百匹、粟百石就家致聘，佐时卒不至。

郭子仪婿太仆卿赵纵为奴告，下御史劾治，而奴留内侍省。镒奏言："贞观时有奴告其主谋反者，太宗曰：'谋反理不独成，尚当有佗人论之，岂藉奴告耶？'乃著令：奴告主者斩。由是贱不得干贵，下不得凌上，教本既修，悖乱不萌。顷者，长安令李济以奴得罪，万年令霍晏因婢坐谴。舆台下类，主反畏之，悖慢成风，渐不可长。建中元年五月辛卯诏书：奴婢告主，非谋叛者，同自首法，并准律论。由是狱诉衰息。今纵事非叛逆，而奴留禁中，独下纵狱，情所不厌。且将帅功孰大于子仪，冢土仅干，两婿前已得罪，纵复继之，不数月斥其三婿。假令纵实犯法，事不缘奴，尚宜录勋念亡，以从荡宥，况为奴所诉耶？陛下方贵武臣以讨贼，彼虽见宠一时，不能忘怀于异日也。"帝纳之，贬纵循州司马，杖奴死。镒召子仪家僮数百，暴示奴尸。

卢杞忌镒刚直，欲去之。时朱泚以卢龙卒戍凤翔，帝择人以代，杞即谬曰："凤翔将校，班秩素高，非宰相信臣，不可镇抚，臣宜行。"帝不许。杞复曰："陛下必以臣□□□陋，不为三军所信，恐后生变，臣不敢自谋，惟陛下择之。"帝乃顾镒曰："文武兼资，望重内外，无易卿者，其为朕抚卢龙士。"乃以中书侍郎为凤翔、陇右节度使。镒知为杞阴中，然辞穷，因再拜受诏。顷之，与吐蕃相尚结赞盟清水，约牛马为牲。镒耻与盟，将末杀其礼，乃绐语吐蕃，以羊豕犬代之。

帝幸奉天，镒罄家赀将自献行在。而营将李楚琳者，尝事朱泚，得其心。军司马齐映等谋曰："楚琳必为乱。"乃遣屯陇州。楚琳知之，稽故未行。镒以帝在外，心忧惑，谓已亟去，不为备。楚琳夜率其党王汾、李卓、牛僧伽等作乱，齐映自窦出，齐抗托佣，皆免。镒逾城走，不及远，与二子为候骑所执，楚琳杀之，属官王沼、张元度、柳遇、李淑皆死。诏赠镒太子太傅。

姜公辅，爱州日南人。第进士，补校书郎，以制策异等授右拾遗，为翰林学士。岁满当迁，上书以母老赖禄而养，求兼京兆户曹参军事。公辅有高材，每进见，敷奏详亮，德宗器之。

朱滔助田悦也，以蜜裹书间道邀泚，太原马燧获之，泚不知也，召还京师。公辅谏曰："陛下若不能坦怀待泚，不如诛之，养虎无自诒害。"不从。俄而泾师乱，帝自苑门出，公辅叩马谏曰："泚尝帅泾原，得士心，向以滔叛夺之兵，居常怫郁不自聊，请驰骑捕取以从，无为群凶得之。"帝仓卒不及听。既行，欲驻凤翔倚张镒。公辅曰："镒虽信臣，然文吏也，所领皆朱泚部曲，渔阳突骑，泚若立，泾军且有变，非万全策也。"帝亦记桑道茂言，遂之奉天。不数日，凤翔果乱，杀镒。帝在奉天，有言泚反者，请为守备。卢杞曰："泚忠正笃实，奈何言其叛，伤大臣心！请百口保之。"帝知群臣多劝泚奉迎乘舆者，乃诏诸道兵距城一舍止。公辅曰："王者不严羽卫，无以重威灵。今禁旅单寡而士马处外，为陛下危之。"帝曰："善。"悉内诸军。泚兵果至，如所言，乃擢公辅谏议大夫、同中书门下平章事。

帝徙梁，唐安公主道薨。主性仁孝，许下嫁韦宥，以播迁未克也。帝悼之甚，诏厚其葬。公辅谏曰："即平贼，主必归葬，今行道宜从俭，以济军兴"。帝怒，谓翰林学士陆贽曰："唐安之葬，不欲事茔垅，令累甓为浮图，费甚寡约，不容宰相关预，苟欲指朕过尔！"贽曰："公辅官谏议，职宰相，献替固其分。本立辅臣，朝夕纳诲，微而弼之，乃其所也。"帝曰："不然。朕以公辅才不足以相，而又自求解，朕既许之，内知且罢，故卖直售名尔。"遂下迁太子左庶子，以母丧解。复为右庶子。

久不迁，陆贽为相，公辅数求官，贽密谓曰："窦丞相尝言，为公拟官屡矣，上辄不悦。"公辅惧，请为道士，未报。它日又言之，帝问故，公辅隐贽言，以参语对。帝怒，黜公辅泉州别驾，遣使赍诏让参。顺宗立，拜吉州刺史，未就官卒。宪宗时，赠礼部尚书。

武元衡，字伯苍。曾祖载德，则天皇后之族弟。祖平一，有名。元衡举进士，累为华原令。畿辅镇军督将，皆骄横桡政，元衡移疾去。德宗钦其才，召拜比部员外郎，岁内三迁至右司郎中，以详整任职。擢为御史中丞。尝对延英，帝目送之，曰："是真宰相器！"

顺宗立,王叔文使人诱以为党,拒不纳。俄为山陵仪仗使,监察御史刘禹锡求为判官,元衡不与,叔文滋不悦。数日,改太子右庶子。会册皇太子,元衡赞相,太子识之。及即位,是为宪宗,复拜中丞,进户部侍郎。元和二年,拜门下侍郎、同中书门下平章事,兼判户部事。帝素知元衡坚正有守,故眷礼信任异它相。浙西李锜求入觐,既又称疾,欲赊其期。帝问宰相郑绚,绚请听之,元衡曰:"不可。锜自请入朝,诏既许之,而复不至,是可否在锜。陛下新即位,天下属耳目,若奸臣得遂其私,则威令去矣。"帝然之,遂追锜。而锜计穷,果反。

是时,蜀新定,高崇文为节度,不知吏治,帝难其代。诏元衡检校吏部尚书,兼门下侍郎、同平章事,为剑南西川节度使,繇萧县伯封临淮郡公,帝御安福门慰遣之。崇文去成都,尽以金帛、帝幕、伎乐、工巧行,蜀几为空。元衡至,绥靖约束,俭己宽民,比三年,上下完实,蛮夷怀归。雅性庄重,虽淡于接物,而开府极一时选。

八年,召还秉政。李吉甫、李绛数争事帝前,不叶,元衡独持正无所违附,帝称其长者。吉甫卒,淮、蔡用兵,帝悉以机政委之。王承宗上疏请赦吴元济,使人白事中书,悖慢不恭,元衡叱去。承宗怨,数上章诬诋。未几入朝,出靖安里第,夜漏未尽,贼乘暗呼曰:"灭烛!"射元衡中肩,复击其左股,徒御格斗不胜,皆骇走,遂害元衡,批颅骨持去。逻司传噪盗杀宰相,连十余里,达朝堂,百官恟惧,未知主名。少选,马逸还第,中外乃审知。是日,仗入紫宸门,有司以闻,帝震惊,罢朝,坐延英见宰相,哀恸,为再不食。赠司徒,谥曰忠愍。诏金吾、府、县大索,或传言曰:"无搜贼,贼穷必乱。"又投书于道曰:"毋急我,我先杀汝。"故吏卒不穷捕。兵部侍郎许孟容言于帝曰:"国相横尸路隅而盗不获,为朝廷辱。"帝乃下诏:"能得贼者赏钱千万,授五品官。与贼谋及舍贼能自言者亦赏。有不如诏,族之。"积钱东西市以募告者。于是左神策将军王士则、左威卫将军王士平以贼闻,捕得张晏等十八人,言为承宗所遣,皆斩之。逾月,东都防御使吕元膺执淄青留邸贼门察、訾嘉珍,自言始谋元衡者,会晏先发，故藉之以告师道而窃其赏，帝密诛之。

初，京师大恐，城门加兵谁何，其伟状异服、燕赵言者，皆验讯乃遣。公卿朝，以家奴持兵呵卫，宰相则金吾毂骑导翼，每过里门，搜索喧哗。因诏寅漏上二刻乃传点云。

从父弟儒衡。

儒衡字廷硕，姿状秀伟，不妄言，与人交终始一节。宰相郑余庆不事华絜，门下客多垢衣败服，独儒衡上谒，未尝有所易，以庄词正色见重于余庆。元衡殁，帝待之益厚，累迁户部郎中，知谏议大夫事，俄兼知制诰。皇甫镈以宰相领度支，剥下以媚天子，儒衡疏其状。镈自诉于帝，帝曰："乃欲报怨邪？"镈不敢对。

儒衡论议劲正，有风节，且将大用。宰相令狐楚忌之，会以狄兼谟为拾遗，楚自草制，引武后革命事，盛推仁杰功，以指切儒衡，且沮止之。儒衡泣见上曰："臣祖平一，当天后时，避仕终老，不涉于累。"帝慰勉之，自是薄楚为人也。迁中书舍人。时元稹倚宦官，知制诰，儒衡鄙猒之。会食瓜，蝇集其上，儒衡挥以扇，曰："适从何处来，遽集于此？"一坐皆失色。然以疾恶太分明，终不至大任，以兵部侍郎卒，年五十六，赠工部尚书。

李绛，字深之，系本赞皇。擢进士、宏辞，补渭南尉，拜监察御史。元和二年，授翰林学士，俄知制诰。会李锜诛，宪宗将辇取其赀，绛与裴垍谏曰："锜僭侈诛求，六州之人怨入骨髓。今元恶传首，若因取其财，恐非遏乱略惠绥困穷者。愿赐本道，代贫民租赋。"制可。枢密使刘光琦议遣中人持赦令赐诸道，以哀馈饷，绛请付度支盐铁急递以遣，息取求之弊。光琦引故事以对，帝曰："故事是耶，当守之；不然，当改。可循旧哉！"

帝尝称太宗、玄宗之盛："朕不佞，欲庶几二祖之道德风烈，无愧谥号，不为宗庙羞，何行而至此乎？"绛曰："陛下诚能正身励己，尊道德，远邪佞，进忠直。与大臣言，敬而信，无使小人参焉。与贤者游，亲而礼，无使不肖与焉。去官无益于治者，则材能出。斥宫女之希御者，则怨旷销。将帅择，士卒勇矣。官师公，吏治辑矣。法令行而下不违，教化笃而俗必迁。如是，可与祖宗合德，号称中兴，夫何远之有？言之不行，无益也。行之不至，无益也。"帝曰："美哉斯言，朕将书诸绅。"即诏绛与崔群、钱徽、韦弘景、白居易等搜次君臣成败五十种，为连屏，张便坐。帝每阅视，顾左右曰："而等宜作意，勿为如此事。"

是时，盛兴安国佛祠，幸臣吐突承璀请立石纪圣德焉，营构华广，欲使绛为之颂，将遗钱千万。绛上言："陛下荡积习之弊，四海延颈望德音，忽自立碑，示人以不广。《易》称：'大人与天地合德。'谓非文字所能尽，若令可述，是陛下美有分限。尧、舜至文、武，皆不传其事，惟秦始刻峄山，扬暴诛伐巡幸之劳，失道之君，不足为法。今安国有碑，若叙游观，即非治要；述崇饰，又非政宜。请罢之。"帝怒，绛伏奏愈切，帝悟曰："微绛，我不自知。"命百牛倒石，令使者劳谕绛。襄阳裴均违诏书，献银壶瓮数百具，绛请归之度支，示天下以信。帝可奏，仍赦均罪。时议还卢从史昭义，已而将复召之，从史以军无见储为解。李吉甫谓郑细漏其谋，帝召绛议，欲逐细，绛为开白，乃免。

绛见浴堂殿，帝曰："比谏官多朋党，论奏不实，皆陷谤讪，欲黜其尤者，若何？"绛曰："此非陛下意，必憸人以此营误上心。自古纳谏昌，拒谏亡。夫人臣进言于上，岂易哉？君尊如天，臣卑如地，加有雷霆之威，彼昼度夜思，始欲陈十事，俄而去五六，及将以闻，则又惮而削其半，故上达者财十二。何哉？干不测之祸，顾身无利耳。虽开纳奖励，尚恐不至，今乃欲谴诃之，使直士杜口，非社稷利也。"帝曰："非卿言，我不知谏之益。"

初，承璀讨王承宗，议者皆言古无以宦人统师者，绛当制书，固争，帝不能夺，止诏宰相授敕。承璀果无功还，加开府仪同三司。绛奏："承璀丧师，当抵罪，今宠以崇秩，后有奔军之将，蹈利干赏，陛下何以处之？"又数论宦官横肆，方镇进献等事。自知言切，且斥去，悉取内署所上疏稿焚之,以俟命。帝果怒,绛谢曰:"陛下怜臣愚,处之腹心之地,而惜身不言,乃臣负陛下;若上犯圣颜,旁忤贵幸,因而获罪,乃陛下负臣。"于是帝动容曰:"卿告朕以人所难言者,疾风知劲草,卿当之矣。"遂縣司勋郎中进中书舍人。翌日,赐金紫,亲择良笏与之,且曰:"异时厝顾托南面,当如此。"绛顿首。

乌重胤缚卢从史,而承璀牒署昭义留后,绛曰:"泽潞据山东要害,磁、邢、洺跨两河间,可制其合从。今孽竖就禽,方收威柄,遽以偏将莅本军,纲纪大紊矣。河南、北诸镇,谓陛下啖以官爵,使逐其帅,其肯默然哉?宜以孟元阳为泽潞,而以重胤节度三城,两河诸侯闻之,必欣然。"帝从之。

张茂昭举族入觐,绛上言:"任迪简既往代,则士之从茂昭,皆为定人,宜亟授以官,且遣使者诏其麾下皆听茂昭节度。"有诏拜河中节度使。会迪简以帑廥匮竭,稍简罢士之疲老者,人情不安,迪简亦危,绛请斥禁帑绢十万以济事机。吴少诚病甚,绛建言:"淮西地不与贼接,若朝廷命帅,今乃其时,有如阻命,则决可讨矣。然镇、蔡不可并取,愿赦承宗,趣立蔡功。"时江淮大旱,帝下赦令有所蠲弛,绛言:"江淮流亡,所贷未广,而宫人猥积,有怨旷之思,当大出之,以省经费。岭南之俗,鬻子为业,可听;非券剂取直者,如掠卖法,敕有司一切苛止。"帝皆顺纳。

后阅月不赐对,绛谓:"大臣持禄不敢谏,小臣畏罪不敢言,管仲以为害霸最甚。今臣等饱食不言,无履危之患,自为计得矣,顾圣治如何?"有诏明日对三殿。帝尝畋苑中,至蓬莱池,谓左右曰:"绛尝以谏我,今可返也。"其见礼惮如此。

帝怪:"前世任贤以致治,今无贤可任,何耶?"对曰:"圣王选当代之人,极其才分,自可致治。岂借贤异代,治今日之人哉?天子不以己能盖人,痛折节下士,则天下贤者乃出。"帝曰:"何知其必贤而任之?"对曰:"知人诚难,尧、舜以为病。然循其名,验以事,所得十七。夫任官而辨廉,措事不阿容,无希望依违之辞,无邪媚愉悦之容,此近于贤矣。贤则当任,任则当久。贤者中立而寡助,举其类则不肖者怨，杜邪径则怀奸者疾，一制度则贵戚毁伤，正过失则人君疏忌。夫然，用贤岂容易哉？"帝曰："卿言得之矣。"

六年，罢学士，迁户部侍郎，判本司。帝以："户部故有献，而绛独无有，何哉？"答曰："凡方镇有地则有赋，或啬用度易羡余以为献。臣乃为陛下谨出纳，乌有羡赢哉？若以为献，是徙东库物实西库，进官物结私恩。"帝瞿然悟。帝每有询访，随事补益，所言无不听，欲遂以相。而承璀宠方盛，忌其进，阴有毁短，帝乃出承璀淮南监军。翌日，拜绛中书侍郎、同中书门下平章事，封高邑男。方江淮岁俭，民荐饥，有御史使还，奏不为灾，帝以语绛，答曰："方隅皆陛下大臣，奏孰不实？而御史苟悦陛下耳。凡君人者当任大臣，无使小臣得以间，愿出其名显责之。"李吉甫尝盛赞天子威德，帝欣然，绛独曰："陛下自视今日何如汉文帝时？"帝曰："朕安敢望文帝？"对曰："是时贾谊以为措火积薪下，火未及然，因以为安，其忧如此。今法令所不及者五十余州，西戎内讧，近以泾、陇为鄙，去京师远不千里，烽燧相接也；加比水旱无年，仓廪空虚。诚陛下焦心销志求济时之略，渠便高枕而卧哉！"帝入谓左右曰："绛言骨鲠，真宰相也。"遣使者赐酴醿酒。

魏博田季安死，子怀谏弱，军中请袭节度，吉甫议讨之，绛曰："不然，两河所惧者，部将以兵图己也，故委诸将总兵，皆使力敌任均，以相维制，不得为变。若主帅强，则足以制其命。今怀谏乳方臭，不能事，必假权于人，权重则怨生，向之权力均者，将起事生患矣。众所归必在宽厚简易、军中素所爱者，彼得立，不倚朝廷亦不能安。惟陛下蓄威以俟之。"俄而田兴果立，以魏博听命，帝大悦。吉甫复请命中人宣尉，因刺其变，徐议所宜。绛独谓："不如推诚抚纳，即假旄节。它日使者持三军表来，请与兴，则制在彼，不在此，可奏与特授，安得同哉？"然帝重违吉甫，故诏张忠顺持节往，而授兴留后。绛固请曰："如兴万有一不受命，即姑息，复如向时矣。"由是即拜兴节度使。绛复曰："王化不及魏博久矣，一日挈六州来归，不大犒赏，人心不激。请斥禁钱百五十万缗赐其军。"有言太过者，绛曰："假令举十五万众,期岁而得六州,计所转给三倍于费。今兴天挺忠义,首变污俗,破两河之胆,可嗇小费隳机事哉?"从之。

帝患朋党,以问绛,答曰:"自古人君最恶者朋党,小人揣知,故常藉口以激怒上心。朋党者,寻之则无迹,言之则可疑。小人常以利动,不顾忠义;君子者,遇主知则进,疑则退,安其位不为它计,故常为奸人所乘。夫圣人同迹,贤者求类,是同道也,非党也。陛下奉遵尧、舜、禹、汤之德,岂谓上与数千年君为党耶?道德同耳。汉时名节骨鲠士,同心爱国,而宦官小人疾之,起党锢之狱,讫亡天下。趋利之人,常为朋比,同其私也;守正之人,常遭构毁,违其私也。小人多,谮言常胜;正人少,直道常不胜。可不戒哉!"绛居中介特,尤为左右所不悦,遂因以自明。

王播为盐铁使,而事月进。绛曰:"比禁天下正赋外不得有它献,而播妄名羡余,不出禄禀家赀,愿悉付有司。"帝曰:"善。"讫绛在位,献不入禁中。

吐蕃犯泾州,掠人畜,绛因言:"滨塞虚籍多,实兵少。今京西、北神策镇军,本防盛秋,坐仰衣食,不使战。事至之日,乃先禀中尉。夫兵不内御,要须应变,失毫牦,差千里。请分隶本道,则号令齐一,前战不还踵矣。"然士卒乐两军姑息,宦者以为言,议遂寝。

尝盛夏对延英,帝汗浃衣,绛欲趋出,帝曰:"朕宫中所对,惟宦官、女子,欲与卿讲天下事,乃其乐也。"绛或无所论诤,帝辄诘所以然。又言:"公等得无有姻故冗食者,当为惜官。"吉甫、权德舆皆称无有。绛曰:"崔祐甫为宰相,不半岁除吏八百人。德宗曰:'多公姻故,何耶?'祐甫曰:'所问当与不当耳,非臣亲旧,孰知其才?其不知者,安敢与官?'时以为名言。武后命官猥多,而开元中有名者皆出其选。古人言拔十得五,犹得其半。若情故自嫌,非圣主责成意。"帝曰:"诚然,在至当而已。"

帝又问:"玄宗开元时致治,天宝则乱,何一君而相反耶?"绛曰:"治生于忧危,乱生于放肆。玄宗尝历试官守,知人之艰难,临御初,任用姚崇、宋璟,励精听纳,故左右前后皆正人也。洎林甫、国忠得君,专引倾邪之人,分总要剧。于是上不闻直言,嗜欲日滋,内则盗臣劝以兴利,外则武夫诱以开边,天下骚动,故禄山乘隙而奋。此皆小人启导,从逸而骄。系时主所行,无常治,亦无常乱。"帝曰:"凡人举事,病不通于理,追咎其失,古人处此有道耶?"绛曰:"事或过差,圣哲所不免。天子有谏臣,所以救过。上下同体,犹手足之于心膂,交相为用。但矜能护失,常情所蔽,圣人改过不吝,愿陛下以此处之。"

教坊使称密诏阅良家子及别宅妇人内禁中,京师嚣然。绛将入言于帝,吉甫曰:"此谏官所论列。"绛曰:"公尝病谏官论事,此难言者,欲移之耶?"吉甫乃欲讽诏使止之,绛以吉甫畏不敢谏,遂独上疏。帝曰:"朕以丹王等无侍者,比命访闾里,以赀致之,彼不谕朕意,故至哗扰。"乃悉归所取。

以足疾求免,罢为礼部尚书。帝乃召承璀于淮南。绛虽去位,犹怀不能已,因上言:"北虏方强,其忧有五。彼蔑信重利,岁入马求直,今则置不取,当贮佗谋,一也。屯士不足,斥候不明,城无完堞,非可应卒,二也。今之营筑,不询众谋,远规塞外,城非要地,虏一入寇,应援艰阻,三也。比年通好,往来窥觇,河山兵甲,悉知之矣,若寇掠驱胁,援兵非十日不至,既至虏去,兵罢复来,四也。北狄、西戎久为仇敌,今回鹘思叛,脱相连约,数道并进,何以遏之?五也。"

十年,出为华州刺史。承璀田多在部中,主奴扰民,绛捕系之。会遣五坊使,帝戒曰:"至华宜自戢。绛,大臣,有奏即行法矣。"州有捕鹞户,岁责贡限,绛以为言,并劝止畋猎,有诏泽潞、太原、天威府并罢之。入为兵部尚书,母丧免。还授河中观察使。河中故节制,而皇甫镈恶绛,故薄其恩,议者不直。镈得罪,复以兵部召。迁御史大夫。穆宗数游畋,绛率其属叩延英切谏,不纳。以疾辞,还兵部尚书,历东都留守,徙东川节度使,复为留守。宝历初,拜尚书左仆射。绛伟仪质,以直道进退,望冠一时,贤不肖太分,屡为谗邪所中。御史中丞王璠遇绛于道,不之避。绛引故事论列,宰相李逢吉右璠,下迁绛太子少师,分司东都。

文宗立，召为太常卿，以检校司空为山南西道节度使，累封赵郡公。四年，南蛮寇蜀道，诏绛募兵千人往赴，不半道，蛮已去，兵还。监军使杨叔元者，素疾绛，遣人迎说军曰：“将收募直而还为民。”士皆怒，乃噪而入，劫库兵。绛方宴，不设备，遂握节登陴。或言缒城可以免，绛不从。牙将王景延力战殁，绛遂遇害，年六十七。幕府赵存约、薛齐皆死。事闻，谏官崔戎等列绛冤，册赠司徒，谥曰贞，赗礼甚厚。景延亦赠官，禄一子。大中初，诏史官差第元和将相，图形凌烟阁，绛在焉，独留中。

绛所论事万余言，其甥夏侯孜以授蒋偕，次为七篇。

子璋，字重礼。大中初擢进士第，辟卢钧太原幕府。迁监察御史，奏太庙祫享复用宰相摄事。进起居郎。旧制，设次郊丘，太仆盘车载乐，召群臣临观，璋奏罢之。咸通中，累官尚书右丞、湖南宣歙观察使。

宋申锡，字庆臣，史失其何所人。少而孤，擢进士第，累辟节度府，后频迁起居舍人，以礼部员外郎为翰林学士。敬宗时，拜侍讲学士。长庆、宝历间，风俗嚣薄，驱煽朋党，申锡素孤直少与，及进用，议者谓可以激浮竞。

文宗即位，再转中书舍人，复为翰林学士。帝恶宦官权宠震主，再致宫禁之变，而王守澄典禁兵，偃蹇放肆，欲刬除本根，思可与决大议者。察申锡忠厚，因召对，俾与朝臣谋去守澄等，且倚以执政，申锡顿首谢。未几拜尚书右丞，逾月进同中书门下平章事。乃除王璠京兆尹，密谕帝旨。璠漏言，而守澄党郑注得其谋。大和五年，遣军候豆卢著诬告申锡与漳王谋反，守澄持奏浴堂，将遣骑二百屠申锡家，宦官马存亮争曰：“谋反者独申锡耳，当召南司会议，不然，京师跂足乱矣。”守澄不能对。时二月晦，群司皆休，中人驰召宰相，马奔乏死于道，易所乘以复命。申锡与牛僧孺、路隋、李宗闵至中书，中人唱曰：“所召无宋申锡。”申锡始知得罪，望延英门，以笏叩额还第。僧孺等见上出著告牒，皆骇愕不知所对。守澄捕申锡亲吏张全真、家人买子缘信及十六宅典史，胁成其罪。帝乃罢申锡为太子右庶子，召三省官、御史中丞、大理卿、京兆尹会中书集贤院杂验申锡反状。京师哗言相惊，久乃定。

翌日，延英召宰相群官悉入，初议抵申锡死，仆射窦易直率然对曰："人臣无将，将而必诛。"闻者不然。于是左散骑常侍崔玄亮、给事中李固言、谏议大夫王质、补阙卢钧、舒元褒、罗泰、蒋系、裴休、窦宗直、韦温、拾遗李群、韦端符、丁居晦、袁都等伏殿陛，请以狱付外。帝震怒，叱曰："吾与公卿议矣，卿属弟出！"玄亮、固言执据愈切，涕泣恳到，繇是议贷申锡于岭表。京兆尹崔琯、大理卿王正雅苦请出著与申锡劾正情状，帝悟，乃贬申锡开州司马，从而流死者数十百人，天下以为冤。擢豆卢著兼殿中侍御史。

初，申锡既归，易素服俟命外舍，其妻责谓曰："公何负天子，乃反乎？"申锡曰："吾起孤生，位宰相，蒙国厚恩，不能钼奸乱，反为所陷，我岂反者乎？"初，申锡以清节进，疾要位者纳赇饷，败风俗，故自为近臣，凡四方贿谢一不受。既被罪，有司验劾，悉得所还问遗书，朝野为咨闵。然在宰府无它谋略。七年，感愤卒，有诏归葬。

开成元年，李石因延英召对，从容言曰："陛下之政，皆承天心，惟申锡之枉，久未原雪。"帝惭曰："我当时亦悟其失，而诈忠者迫我以社稷计故耳。使逢汉昭、宣时，当不坐此。"因追复右丞、同中书门下平章事，赠兵部尚书，录其子慎微为城固尉。会昌二年，赐谥曰贞。

赞曰：镒、元衡暴忠王室，绛巨德大臣，皆为贼奸所乘，不殁元身，盖福善祸淫之训有时而桡。虽然贤者于忠谊，宁以一不幸，遽使慊然于其心哉！要躬可殒，而名与岱、崧等矣。公辅隙开，而犹纳说焉。申锡谋小任大，颠沛从之，惜乎！

唐书卷一五三
列传第七八

段秀实 伯伦 巚 文楚 珂 刘海宾
颜真卿

　　段秀实，字成公，本姑臧人。曾祖师浚，仕为陇州刺史，留不归，
更为汧阳人。秀实六岁，母疾病，不勺饮至七日，病间乃肯食，时号
"孝童"。及长，沈厚能断，慨然有济世意。举明经，其友易之，秀实
曰："搜章摘句，不足以立功。"乃弃去。
　　天宝四载，从安西节度使马灵察讨护蜜有功，授安西府别将。
灵察罢，又事高仙芝。仙芝讨大食，围怛逻斯城。会虏救至，仙芝兵
却，士相失。秀实夜闻副将李嗣业声，识之，因责曰："惮敌而奔，非
勇也；免己陷众，非仁也。"嗣业惭，乃与秀实收散卒，复成军，还安
西，请秀实为判官。迁陇州大堆府果毅。后从封常清讨大勃律，次
贺萨劳城，与虏战，胜之，常清逐北，秀实曰："贼出羸师，饵我也，请
大索。"悉得其庹伏，虏师熸。改绥德府折冲都尉。
　　肃宗在灵武，诏嗣业以安西兵五千走行在，节度使梁宰欲逗留
观变，嗣业阴然可，秀实责谓曰："天子方急，臣下乃欲晏然，公常自
称大丈夫，今诚儿女耳。"嗣业因固请宰，遂东师，以秀实为副。嗣业
为节度使，而秀实方居父丧，表起为义王友，充节度判官。安庆绪奔
邺，嗣业与诸将围之，以辎重委河内，署秀实兼怀州长史，知州事，
兼留后。时师老财罄，秀实督馈系道，募士市马以助军。诸军战愁
思冈，嗣业中流矢卒，众推荔非元礼代将其军。秀实闻之，即遣白孝

德书,使发卒护丧送河内,亲与将吏迎诸境,倾私财葬之。元礼高其义,奏擢试光禄少卿。俄而元礼为麾下所杀,将佐多死,惟秀实以恩信为士卒所服,皆罗拜不敢害,更推白孝德为节度使。秀实凡佐三府,益知名。

　　时吐蕃袭京师,代宗幸陕,劝孝德即日鼓行入援。孝德徙邠宁,署支度营田副使。于是邠宁乏食,乃请屯奉天,仰给畿内。时公廪竭,县吏不知所出,皆逃去,军辄散剽,孝德不能制。秀实曰:“使我为军候,岂至是邪?”司马王稷言之,遂知奉天行营事。号令严壹,军中畏戢。兵还,孝德荐为泾州刺史,封张掖郡王。

　　时郭子仪以副元帅居蒲,子晞以检校尚书领行营节度使,屯邠州,士放纵不法。邠人之嗜恶者,纳赂晞名伍中,因肆志,吏不得问,白昼群行丐颔于市,有不嗛,辄击伤市人,椎釜鬲瓮盎盈道,至撞害孕妇。孝德不敢劾,秀实自州以状白府,愿计事,至则曰:“天子以生人付公治,公见人被暴害,恬然,且大乱,若何?”孝德曰:“愿奉教。”因请曰:“秀实不忍人无寇暴死,乱天子边事。公诚以为都虞候,能为公已乱。”孝德即檄署付军。俄而晞士十七人入市取酒,刺酒翁,坏酿器,秀实列卒取之,断首置槊上,植市门外。一营大噪,尽甲,孝德恐,召秀实曰:“奈何?”秀实曰:“请辞于军。”乃解佩刀,选老躄一人持马,至晞门下。甲者出,秀实笑且入,曰:“杀一老卒,何甲也!吾戴头来矣。”甲者愕眙。因晓之曰:“尚书固负若属邪?副元帅固负若属邪?奈何欲以乱败郭氏!”晞出,秀实曰:“副元帅功塞天地,当务始终。今尚书恣卒为暴,使乱天子边,欲谁归罪?罪且及副元帅。今邠恶子弟以货窜名军籍中,杀害人,藉藉如是,几日不大乱?乱由尚书出。人皆曰尚书以副元帅故不戢士,然则郭氏功名,其与存者有几!”晞再拜曰:“公幸教晞,愿奉军以从。”即叱左右皆解甲,令曰:“敢欢者死!”秀实曰:“吾未晡食,请设具。”已食,曰:“吾疾作,愿宿门下。”遂卧军中。晞大骇,戒候卒击柝卫之。且,与俱至孝德所,谢不能。邠由是安。

　　初,秀实为营田官,泾大将焦令谌取人田自占,给与农,约熟归其半。是岁大旱，农告无人，令谌曰："我知入，不知旱也。"责之急，农无以偿，往诉秀实。秀实署牒免之，因使人逊谕令谌。令谌怒，召农责曰："我畏段秀实邪?"以牒置背上，大杖击二十，舆致廷中。秀实泣曰："乃我困汝。"即自裂裳裹疮注药，卖己马以代偿。淮西将尹少荣颇刚鲠，入骂令谌曰："汝诚人乎!泾州野如赭，人饥死，而尔必得谷，击无罪者。段公，仁信大人，惟一马，卖而市谷入汝，汝取之不耻。凡为人傲天灾，犯大人，击无罪者，尚不愧奴隶邪!"令谌闻，大愧流汗，曰："吾终不可以见段公。"一夕，自恨死。

马璘代孝德，每所咨逮。璘处决不当，固争之，不从不止。始，璘城泾州，秀实为留后，以劳加御史中丞。大历三年，遂徙泾州。是军自四镇、北庭赴难，征伐数有功，既骤徙，相与出怨言。别将王童之谋作乱，约曰："闻警鼓而纵。"秀实知之，召鼓人，阳怒失节，戒曰："每筹尽当报。"因延数刻，尽四鼓而曙。明日，复有告者曰："夜焚稿积，约救火则乱。"秀实严警备。夜中果火发，令军中曰："敢救者斩!"童之居外，请入，不许。明日，捕之，并其党八人斩以徇，曰："后徙者族!"军遂迁泾州。于时，仓无久储，郛无居人，朝廷患之，诏璘领郑、颖二州以佐军，命秀实为留后。军不乏资，二州以治。璘嘉其绩，奏为行军司马，兼都知兵马使。

吐蕃寇边，战盐仓，师不利。璘为虏隔，未能还，都将引溃兵先入，秀实让曰："兵法，失将，麾下斩。公等忘死，而欲安其家邪!"乃悉城中士，使锐将统之，依东原列奇兵，示贼将战。虏望之，不敢逼。俄而璘得归。

久之，璘有疾，请秀实摄节度副使。秀实按甲备变，璘卒，命愿将马颐主丧，李汉惠主宾客，家人位于堂，宗族位于廷，宾将位于牙内，尉吏士卒位于营次，非其亲不得居丧侧。朝夕临，三日止。有族谈离立者，皆捕囚之。都虞候史廷干、裨将崔珍、张景华欲谋乱，秀实送廷干京师，徙珍、景华宇外，一军遂安。

即拜四镇北庭行军、泾原郑颖节度使。数年，吐蕃不敢犯塞。又按格令，官使二料取其一，非公会不举乐饮酒，室无妓媵，无赢财。

宾佐至，议军政，不及私。十三年来朝，对蓬莱殿，代宗问所以安边者，画地以对，件别条陈。帝悦，慰赉良渥，又赐第一区，实封百户。还之镇。德宗立，加检校礼部尚书。建中初，宰相杨炎追元载议，欲城原州，诏中使问状，秀实言："方春不可兴土功，请须农隙。"炎谓沮己，遂召为司农卿。

朱泚反，以秀实失兵必恨愤，且素有人望，使骑往迎。秀实与子弟诀而入，泚喜曰："公来，吾事成矣。"秀实曰："将士东征，宴赐不丰，有司过耳，人主何与知？公本以忠义闻天下，今变起苍卒，当谕众以祸福，扫清宫室，迎乘舆，公之职也。"泚默然。秀实知不可，乃阳与合，阴结将军刘海宾、姚令言、都虞候何明礼，欲图泚。三人者，皆秀实素所厚。会源休教泚伪迎天子，遣将韩旻领锐师三千疾驰奉天。秀实以为宗社之危不容喘，乃遣人谕大吏岐灵岳窃取令言印，不获，乃倒用司农印追其兵。旻至骆驿，得符还。秀实谓海宾曰："旻之来，吾等无遗类。我当直搏杀贼，不然则死。"乃约事急为继，而令明礼应于外。翌日，泚召秀实计事，源休、姚令言、李忠臣、李子平皆在坐，秀实戎服与休并。语至僭位，勃然起，执休腕，夺其象笏，奋而前，唾泚面大骂曰："狂贼！可磔万段，我岂从汝反邪！"遂击之。泚举臂捍笏，中颡，流血蔑面，匍匐走。贼众未敢动，而海宾等无至者。秀实大呼曰："我不同反，胡不杀我！"遂遇害，年六十五。海宾、明礼、灵岳等皆继为贼害。帝在奉天，恨用秀实不极才，垂涕悔怅。

初，秀实自泾州被召，戒其家曰："若过岐，朱泚必致赠遗，慎毋纳。"至岐，泚固致大绫三百，家人拒不遂。至都，秀实怒曰："吾终不以污吾第。"以置司农治堂之梁间。吏后以告泚，泚取视，其封帕完新。

秀实尝以禁兵寡弱，不足备非常，言于帝曰："古者天子曰万乘，诸侯曰千乘，大夫曰百乘，盖以大制小，以十制一。今外有不廷之虏，内有梗命之臣，而禁兵寡少，卒有患难，何以待之？且猛虎所以百兽畏者，为爪牙也，若去之，则犬彘马牛，皆能为敌。"帝不用。及泾卒乱，召神策六军，无一人至者，世多其谋。

兴元元年,诏赠太尉,谥曰忠烈。赐封户五百,庄、第各一区;长子三品,诸子五品,并正员官。帝还都,又诏致祭,旌其门闾,亲铭其碑云。大和中,子伯伦始立庙,有诏给卤簿,赐度支缣绢五百,以少牢致祭。

伯伦累官福建观察使,终太仆卿。时宰相李石请文宗加赗禭,郑覃曰:"自古杀身利社稷,未有如秀实者。"帝恻然,为罢朝,可其请。

孙巘、文楚、珂知名。

巘自郑滑节度使入为右金吾卫大将军,封西平郡公。甘露之变,巘当诛,裴度奏忠臣后,宜免死,贬循州司马。

文楚,咸通末为云州防御使。时李国昌镇振武,国昌子克用欲得云中,引兵攻之,杀于斗鸡台下,沙陀之乱自此始。

珂,僖宗时居颍州,黄巢围颍,刺史欲以城降,珂募少年拒战,众裹粮请从,贼遂溃,拜州司马。

刘海宾者,彭城人,以义侠闻。为泾原兵马将,与秀实友善。累战功,兼御史中丞。刘文喜据泾州叛,海宾与其子光国绐以奏请。及入对,因言奸慝可诛状。既还,光国手斩文喜献阙下,拜左骁卫大将军,封五原郡王;海宾乐平郡王,赠太子太保,实封百户。

颜真卿,字清臣,秘书监师古五世从孙。少孤,母殷躬加训导。既长,博学工辞章,事亲孝。

开元中举进士,又擢制科,调醴泉尉。再迁监察御史,使河、陇。时五原有冤狱久不决,天且旱,真卿辨狱而雨,郡人呼"御史雨"。复使河东,劾奏朔方令郑延祚母死不葬三十年,有诏终身不齿,闻者耸然。迁殿中侍御史。时御史吉温以私怨构中丞宋浑,谪贺州,真卿曰:"奈何以一时忿,欲危宋璟后乎?"宰相杨国忠恶之,讽中丞蒋洌奏为东都采访判官。再转武部员外郎。国忠终欲去之,乃出为平原太守。

安禄山逆状牙蘖,真卿度必反,阳托霖雨,增陴浚隍,料才壮,储峙廪。日与宾客泛舟饮酒,以纾禄山之疑。果以为书生,不虞也。禄山反,河朔尽陷,独平原城守具备,使司兵参军李平驰奏。玄宗始闻乱,叹曰:"河北二十四郡,无一忠臣邪?"及平至,帝大喜,谓左右曰:"朕不识真卿何如人,所为乃若此!"

时平原有静塞兵三千,乃益募士,得万人,遣录事参军李择交统之,以刁万岁、和琳、徐浩、马相如、高抗朗等为将,分总部伍。大飨士城西门,慷慨泣下,众感励。饶阳太守卢全诚、济南太守李随、清河长史王怀忠、景城司马李昕、邺郡太守王焘各以众归,有诏北海太守贺兰进明率精锐五千济河为助。贼破东都,遣段子光传李憕、卢奕、蒋清首徇河北,真卿畏众惧,绐诸将曰:"吾素识憕等,其首皆非是。"乃斩子光,藏三首。它日,结刍续体,敛而祭,为位哭之。

是时,从父兄杲卿为常山太守,斩贼将李钦凑等,清土门。十七郡同日自归,推真卿为盟主,兵二十万,绝燕、赵。诏即拜户部侍郎,佐李光弼讨贼。真卿以李晖自副,而用李铣、贾载、沈震为判官。俄加河北招讨采访使。

清河太守使郡人李萼来乞师,萼曰:"闻公首奋裾唱大顺,河朔恃公为金城。清河,西邻也,有江淮租布备北军,号'天下北库',计其积,足以三平原之有,士卒可以二平原之众。公因而抚有,以为腹心,它城运之如臂之指耳。"真卿为出兵六千,谓曰:"吾兵已出,子将何以教我?"萼曰:"朝家使程千里统众十万,自太行而东,将出崞口,限贼不得前。公若先伐魏郡,斩贼守袁知泰,以劲兵披崞口,出官师使讨邺、幽陵、平原、清河合十万众徇洛阳,分犀锐制其冲。公坚壁勿与战,不数十日,贼必溃,相图死。"真卿然之。乃檄清河等郡,遣大将李择交、副将范冬馥、和琳、徐浩与清河、博平士五千屯堂邑。袁知泰遣将白嗣深、乙舒蒙等兵二万拒战,贼败,斩首万级,知泰走汲郡。

史思明围饶阳,遣游弈兵绝平原救军,真卿惧不敌,以书招贺兰进明,以河北招讨使让之。进明败于信都。会平卢将刘正臣以渔阳归,真卿欲坚其意,遣贾载越海遗军资十余万,以子颇为质。颜甫十岁,军中固请留之,不从。

肃宗已即位灵武,真卿数遣使以蜡丸裹书陈事。拜工部尚书兼御史大夫,复为河北招讨使。时军费困竭,李峘劝真卿收景城盐,使诸郡相输,用度遂不乏。第五琦方参进明军,后得其法以行,军用饶雄。

禄山乘虚遣思明、尹子奇急攻河北,诸郡复陷,独平原、博平、清河固守。然人心危,不复振。真卿谋于众曰:“贼锐甚,不可抗。若委命辱国,非计也,不如径赴行在,朝廷若诛败军罪,吾死不恨。”至德元载十月,弃郡度河,间关至凤翔谒帝,诏授宪部尚书,迁御史大夫。

方朝廷草昧不暇给,而真卿绳治如平日。武部侍郎崔漪、谏议大夫李何忌皆被劾斥降。广平王总兵二十万平长安,辞日,当阙不敢乘,趋出楼桥乃乘。王府都虞候营崇嗣先王而骑,真卿劾之。帝还奏,慰答曰:“朕子每出,谆谆教戒,故不敢失。崇嗣老而躄,卿姑容之。”百官肃然。两京复,帝遣左司郎中李选告宗庙,祝署“嗣皇帝”,真卿谓礼仪使崔器曰:“上皇在蜀,可乎?”器遽奏改之,帝以为达识。又建言:“《春秋》,新宫灾,鲁成公三日哭。今太庙为贼毁,请筑坛于野,皇帝东向哭,然后遣使。”不从。宰相歉其言,出为冯翊太守。转蒲州刺史,封丹杨县子。为御史唐旻诬劾,贬饶州刺史。

乾元二年,拜浙西节度使。刘展将反,真卿豫饬战备,都统李峘以为生事,非短真卿,因召为刑部侍郎。展卒举兵度淮,而峘奔江西。

李辅国迁上皇西宫。真卿率百官问起居,辅国恶之,贬蓬州长史。代宗立,起为利州刺史,不拜,再迁吏部侍郎。除荆南节度使,未行,改尚书右丞。

帝自陕还,真卿请先谒陵庙而即宫,宰相元载以为迂,真卿怒曰:“用舍在公,言者何罪?然朝廷事岂堪公再破坏邪!”载衔之。俄以检校刑部尚书为朔方行营宣慰使,未行,留知省事,更封鲁郡公。时载多引私党,畏群臣论奏,乃绐帝曰:“群臣奏事,多挟谗毁。请每

论事,皆先白长官,长官以白宰相,宰相详可否以闻。"真卿上疏曰:

诸司长官者,达官也,皆得专达于天子。郎官、御史,陛下腹心耳目之臣也,故出使天下,事无细大得失,皆俾访察,还以闻。此古明四目、达四聪也。今陛下欲自屏耳目,使不聪明,则天下何望焉?《诗》曰:"营营青蝇,止于棘;谗言罔极,交乱四国。"以其能变白为黑,变黑为白也。诗人疾之,故曰:"取彼谗人,投畀豺虎,豺虎不食,投畀有北。"昔夏之伯明,楚之无极,汉之江充,皆谗人也。陛下恶之,宜矣。胡不回神省察?其言虚诬,则谗人也,宜诛殛之;其言不诬,则正人也,宜奖励之。舍此不为,使众人谓陛下不能省察而倦听览,以是为辞,臣窃惜之。

昔太宗勤劳庶政,其《司门式》曰:"无门籍者有急奏,令监司与仗家引对,不得关碍。"防拥蔽也。置立仗马二,须乘者听。此其平治天下也。天宝后,李林甫得君,群臣不先咨宰相辄奏事者,托以他故中伤之,犹不敢明约百司,使先关白。时阉人袁思艺日宣诏至中书,天子动静,必告林甫,林甫得以先意奏请,帝惊喜若神,故权宠日甚,道路以目。上意不下宣,下情不上达,此权臣蔽主,不遵太宗之法也。陵夷至于今,天下之敝皆萃陛下,其所从来渐矣。自艰难之初,百姓尚示雕竭,太平之治犹可致,而李辅国当权,宰相用事,递为姑息。开三司,诛反侧,使余贼溃将北走党项,哀啸不逞,更相惊恐,思明危惧,相挺而反,东都陷没,先帝由是忧勤损寿。臣每思之,痛贯心骨。

今天下疮痏未平,干戈日滋,陛下岂得不博闻谠言,以广视听,而塞绝忠谏乎?陛下在陕时,奏事者不限贵贱,群臣以为太宗之治可跂而待。且君子难进易退,朝廷开不讳之路,犹恐不言,况怀猷息,令宰相宣进止,御史台作条目,不得直进,从此人不奏事矣。陛下闻见,止于数人耳目,天下之士,方钳口结舌,陛下便谓无事可论,岂知惧而不敢进,即林甫、国忠复起矣。臣谓今日之事,旷古未有,虽林甫、国忠犹不敢公为之。陛下不早觉悟,渐成孤立,后悔无及矣。

于是中人等腾布中外。后摄事太庙,言祭器不饬,载以为诽谤,贬峡州别驾。改吉州司马,迁抚、湖二州刺史。

载诛,杨绾荐之,擢刑部尚书,进吏部。帝崩,以为礼仪使,因奏列圣谥繁,请从初议为定,袁傪固排之,罢不报。时丧乱后,典法湮放,真卿虽博识今古,屡建议厘正,为权臣沮抑,多中格云。

杨炎当国,以直不容,换太子少师,然犹领使。及卢杞,益不喜,改太子太师,并使罢之,数遣人问方镇所便,将出之。真卿往见杞,辞曰:“先中丞传首平原,面流血,吾不敢以衣拭,亲舌舐之,公忍不见容乎!”杞矍然下拜,而衔恨切骨。

李希烈陷汝州,杞乃建遣真卿:“四方所信,若往谕之,可不劳师而定。”诏可,公卿皆失色。李勉以为失一元老,贻朝廷羞,密表固留。至河南,河南尹郑叔则以希烈反状明,劝不行,答曰:“君命可避乎?”既见希烈,宣诏旨,希烈养子千余拔刃争进,诸将皆慢骂,将食之,真卿色不变。希烈以身捍,麾其众退,乃就馆。逼使上疏雪己,真卿不从。乃诈遣真卿兄子岘与从吏数辈继请,德宗不报。真卿每与诸子书,但戒严奉家庙,恤诸孤,讫无它语。希烈遣李元平说之,真卿叱曰:“尔受国委任,不能致命,顾吾无兵戮汝,尚说我邪?”希烈大会其党,召真卿,使倡优斥侮朝廷,真卿怒曰:“公,人臣,奈何如是?”拂衣去。希烈大惭。时朱滔、王武俊、田悦、李纳使者皆在坐,谓希烈曰:“闻太师名德久矣,公欲建大号而太师至,求宰相孰先太师者?”真卿叱曰:“若等闻颜常山否?吾兄也,禄山反,首举义师,后虽被执,诟贼不绝于口。吾年且八十,官太师,吾守吾节,死而后已,岂受若等胁邪!”诸贼失色。

希烈乃拘真卿,守以甲士,掘方丈坎于廷,传将坑之,真卿见希烈曰:“死生分矣,何多为!”张伯仪败,希烈令赍旌节首级示真卿,真卿恸哭投地。会其党周曾、康秀林等谋袭希烈,奉真卿为帅,事泄,曾死,乃拘送真卿蔡州。真卿度必死,乃作遗表、墓志、祭文,指寝室西壁下曰:“此吾殡所也。”希烈僭称帝,使问仪式,对曰:“老夫耄矣,曾掌国礼,所记诸侯朝觐耳!"

兴元后,王师复振,贼虑变,遣将辛景臻、安华至其所,积薪于廷曰:"不能屈节,当焚死。"真卿起赴火,景臻等遽止之。希烈弟希倩坐朱泚诛,希烈因发怒,使阉奴等害真卿,曰:"有诏。"真卿再拜。奴曰:"宜赐卿死。"曰:"老臣无状,罪当死,然使人何日长安来?"奴曰:"从大梁来。"骂曰:"乃逆贼耳,何诏云!"遂缢杀之,年七十六。嗣曹王皋闻之,泣下,三军皆恸,因表其大节。淮蔡平,子頵、硕护丧还,帝废朝五日,赠司徒,谥文忠,赙布帛米粟加等。

真卿立朝正色,刚而有礼,非公言直道,不萌于心。天下不以姓名称,而独曰鲁公。如李正己、田神功、董秦、侯希逸、王玄志等,皆真卿始招起之,后皆有功。善正、草书,笔力遒婉,世宝传之。贞元六年赦书,授頵五品正员官。开成初,又以曾孙弘式为同州参军。

赞曰:唐人柳宗元称:"世言段太尉,大抵以为武人,一时奋不虑死以取名,非也。太尉为人姁姁,常低首拱手行步,言气卑弱,未尝以色待物,人视之,儒者也。遇不可,必达其志,决非偶然者。"宗元不妄许人,谅其然邪,非孔子所谓仁者必有勇乎?当禄山反,哮噬无前,鲁公独以乌合婴其锋,功虽不成,其志有足称者。冕节偃蹇,为奸臣所挤,见殒贼手。毅然之气,折而不沮,可谓忠矣。详观二子行事,当时亦不能尽信于君,及临大节,蹈之无贰色,何耶?彼忠臣谊士,宁以未见信望于人,要返诸己得其正,而后慊于中而行之也。呜呼,虽千五百岁,其英烈言言,如严霜烈日,可畏而仰哉!

唐书卷一五四
列传第七九

李晟 愿 宪 愬 听 琢 王佖

　　李晟，字良器，洮州临潭人。世以武力仕，然位不过裨将。晟幼孤，奉母孝。身长六尺。年十八，往事河西王忠嗣，从击吐蕃。悍酋乘城，杀伤士甚众，忠嗣怒，募射者，晟挟一矢殪之，三军欢奋。忠嗣抚其背曰："万人敌也。"凤翔节度使高升召署列将。击叠州叛羌于高当川，又击连狂羌于罕山，破之。累迁左羽林大将军。广德初，击党项有功，授特进，试太常卿。

　　大历初，李抱玉署晟右军将。吐蕃寇灵州，抱玉授以兵五千击之，辞曰："以众则不足，以谋则有余。"乃请千人。繇大震关趋临洮，屠定秦堡，执其帅慕容谷钟，虏乃解灵州去。迁开府仪同三司，以右金吾卫大将军为泾原、四镇、北庭兵马使。马璘与吐蕃战盐仓，败绩，晟率游兵拔璘以归，封合川郡王。璘内忌晟威略，归之朝，为右神策都将。德宗始立，吐蕃寇剑南，方崔宁未还，蜀土大震，诏晟将神策兵救之。逾漏天，拔飞越等三城，绝大渡，斩虏千级，虏遁去。

　　建中二年，魏博田悦反，晟为神策先锋，与河东马燧、昭义李抱真合兵攻之。斩杨朝光，晟乘冰度洺水破悦；又战洹水，悦大败，遂进攻魏。加检校左散骑常侍，兼魏府左司马。

　　朱滔、王武俊围康日知于赵州也，抱真分兵二千戍邢，燧怒，欲班师，晟曰："奉诏东讨者，吾三帅也。邢、赵比壤，今贼以兵加赵，是邢有昼夜忧，李公分众守之，不为过，公奈何遽引去！"燧悟，释然，即造抱真垒,与交欢。晟建言:"以兵趋定州,与张孝忠合,以图范阳,则武俊等当舍赵。"帝壮之,授御史大夫,又俾神策三将军莫仁擢等隶之。晟自魏引而北,武俊果解去。晟留赵三日,与孝忠连兵,北略恒州。围朱滔将郑景济于清苑,决水灌之。悦、武俊引兵战白楼,孝忠兵笮,晟引步骑击破之,清苑益急。滔、武俊大惧,悉起兵来救,围晟军。晟内攻景济,而外抗滔等,自正月至五月不解。会晟疾甚,不能兴,军中共计引还定州,而贼犹不敢逼。

疾间,将复进,会帝出奉天,有诏召晟即日治严。而孝忠以军介二盗间,倚晟为重,数止晟无西。晟语众曰:"天子播越,人臣当百舍一息。义武欲止吾,吾当以子为质。"乃以凭约昏,并遗良马。孝忠有亲将谒晟,晟解玉带遗之,使喻孝忠。乃得逾飞狐,次代州。诏迎拜神策行营节度使。进临渭北,壁东渭桥,所过樵苏无犯。时刘德信自蒍涧败归,亦次渭南,军器无制。德信入谒晟,晟责所以败,斩之,以数骑入壁劳其军,无敢动。晟已并兵,则军益振。

于是朔方李怀光方军咸阳,不欲晟当一面,请与晟合。有诏徙屯,乃引趋陈涛斜,与怀光联垒。晟每与贼战,必锦裘绣帽自表,指顾阵前。怀光望见,恶之,戒曰:"将务持重,岂宜自表襮,为贼饵哉!"晟曰:"昔在泾原,士颇相畏伏,欲令见之,夺其心尔。"怀光不悦,迁延有异志。晟使间说怀光曰:"贼据京邑,天子暴露于外,公宜速进兵。虽晟不肖,愿为公先驱,死且不悔。"怀光不纳。

每兵至都城下,而怀光军多卤掠,晟军整戢。怀光使分所获遗之,又辞不敢受。怀光谋沮挠其军,即奏言:"神策兵给赐比方镇独厚,今桀逆未平,军不可以异。且众以为言,臣无以解。惟陛下裁处。"怀光欲晟自削其军,则士怨易桡。帝议诸军与神策等,力且不赡,遣翰林学士陆贽临诏怀光,令与晟计所宜者。怀光曰:"禀赐不均,军何以战!"贽数顾晟,晟曰:"公,元帅,军政得专之。晟将一军,唯所命,其增损费调,敢不听?"怀光默然计塞,顾刻削禀赐事出己,乃止。

怀光屯咸阳凡八旬,帝数促战,以伺贼隙为言,卒不出兵,阴通

朱泚,反迹寖露。晟惧为所并,上言:"当先变制备,请假裨佐赵光
铣、唐良臣、张彧为洋、利、剑三州刺史,各勒兵以通蜀、汉衿喉。"未
报。会吐蕃欲佐诛泚,帝议幸咸阳督战,怀光大骇,疑帝夺其军,图
反益急。晟与李建徽、阳惠元皆联屯,适有使者到晟军,晟乃令曰:
"有诏徙屯。"即结阵趋东渭桥。后数日,怀光并建徽、惠元兵,惠元
死之。

是日,帝进狩梁州。骆谷道隘,储供不豫,从官乏食,帝叹曰:
"早用晟言,三蜀之利,可坐有也。"顾浑瑊曰:"渭桥在贼腹中,兵孤
绝,晟能办胜邪?"瑊曰:"晟秉义挺忠,岸然不可夺。臣策之,必破
贼。"帝乃安。自行在遣晟将张少弘口诏进晟尚书左仆射、同中书门
下平章事。晟受命,拜且泣曰:"京师,天下本,若皆执羁鞚,谁将复
之!"乃缮甲兵,治陴隍,以图收复。

是时,晟提孤军横当寇锋,恐二盗合以轧之,则卑词厚币,伪致
诚于怀光者。时敖庾单褭,乃使张彧假京兆少尹,多署吏,调畿内
赋,不淹旬,刍米告具。乃陈兵下令曰:"国家多难,乘舆播迁,见危
死节,自吾之分。公等此时不诛元凶,取富贵,非豪英也。渭桥断贼
首尾,吾欲与公戮力一心,建不世之功,可乎?"士皆雪泣曰:"惟公
命。"于是骆元光以华州之众守潼关,尚可孤以神策兵保七盘,皆受
晟节度,戴休颜举奉天,韩游瓌悉邠宁军从晟,怀光始惧。晟乃移书
显让之,使破贼自赎。怀光不听,然其下益携落,畏为晟袭,乃奔河
中。其将孟涉、段威勇以兵数千自拔归,晟皆表以要官。

帝遣使者间道诏晟兼河中、晋绛慈隰节度使,又兼京畿、渭北、
鄜坊、丹延节度招讨使。帝欲益西幸,晟请驻梁、汉以系天下望。又
进京畿、渭北、鄜坊、商华兵马副元帅。时京兆司录参军李敬仲自贼
中来,乃署节度府判官,以谏议大夫郑云逵为行军司马,擢张彧自
副。

神策军及晟家皆为贼质,左右有言者,晟涕数行下,曰:"陛下
安在,而欲恤家乎?"泚使晟吏王无忌婿款壁门曰:"公等家无恙。"
晟怒曰:"尔乃与贼为间乎?"比斩之。时输缣不属,盛夏,士有衣裘

者,晟能与下同其苦,以忠谊感发士心,终无携怨。逻士得姚令言、崔宣谍者,晟命释缚,饭饮之,遣还,敕曰:"为我谢令言等,善为贼守,勿不忠于泚。"

乃引兵叩都门,贼不敢出,振旅而还。明日,会诸将图所向,众对先拔外城,然后清宫。晟曰:"外城有里闬之隘,若设伏格战,居人器溃,非计也。贼重兵精甲聚苑中,今直击之,是披其心腹,将图走不暇。"诸将曰:"善。"乃自东渭桥移壁光泰门,以薄都城,连沟栅。而贼将张庭芝、李希倩求战,晟顾曰:"贼不出,是吾忧也。今乃冒死来,天诱之矣。"勒吴诜等纵兵鏖击。贼攻华师急,晟以精骑驰救,中军噪而从,大破之,乘胜入光泰门。再战,败却,僵尸相藉,余众走白华,贼大哭,终夜不息。翌日,将复战。或请待西师,晟曰:"贼既败,当乘机扑殄。苟俟西军,是容其为计,岂吾利邪?"乃悉军军光泰门,使王佖、李演将骑,史万顷将步,抵苑北。晟先夜隳苑垣为道二百步,比兵至,贼已伐木塞以拒战。晟叱诸将曰:"安得纵贼?今先斩公矣!"万顷惧,先登,拔栅以入,佖督骑继之,贼崩溃,执其将段诚谏,大兵分道进,雷噪震地。令言、庭芝、希倩等殊死斗,晟令唐良臣等步骑奔突,贼阵成辄北,十余遇皆不胜,蹙入白华。贼伏千骑出官军背,晟以麾下百骑自驰之,左右呼曰:"相公来!"贼惊溃,禽馘略尽。泚率残卒万人西走,田子奇追之,余党悉降。

晟引军屯含元外廷,舍右金吾次,令军中曰:"五日内不得辄通家问,违者斩。"遣京兆尹李齐运部长安、万年令,分慰居人,秋毫无所扰。别将高明曜取贼妓一,司马伷取贼马二,即斩以徇。坊人之远者,宿昔乃知王师之入也。明日,孟涉屯白华,尚可孤屯望仙门,骆元光屯章敬寺,晟屯安国寺。斩贼用事者及臣贼宦竖于帝,表著节不屈者,择文武摄台省官,以俟乘舆。条胁污贼者,请以不死。

露布至梁,帝感泣,群臣上寿,且言:"晟荡夷凶慝,而市不易廛,宗庙不震,长安之人不识旗鼓,虽三代用师不能加之。"帝曰:"天生晟,为社稷万人,岂独朕哉!"拜晟司徒,兼中书令,实封千户。

晟遣大将吴诜以兵三千到宝鸡清道,自请迎扈,不许。帝至自梁,晟以戎服见三桥,帝驻马劳之。晟再拜顿首,贺克珍大盗,庙朝安复,已即跪陈:"备爪牙臣,不能指日破贼,致乘舆再狩,乃臣不任职之咎,敢请死。"伏道左,帝为掩涕,命给事中齐映起之,使就位。有诏赐第永崇里、泾阳上田、延平门之林园、女乐一列。晟入第,京兆供帐,教坊鼓吹迎导,诏将相送之。帝纪其功,自文于碑,敕皇太子书,立于东渭桥,以示后世云。又令太子录副以赐。

始,晟屯渭桥也,荧惑守岁,久乃退,府中皆贺曰:"荧惑退,国家之利,速用兵者昌。"晟曰:"天子暴露,人臣当力死勤难,安知天道邪?"至是乃曰:"前士大夫劝晟出兵,非敢拒也。且人可用而不可使之知也。夫惟五纬盈缩不常,晟惧复守岁,则我军不战自屈矣!"皆曰:"非所及也。"

泾州倚边,数戕其帅,晟请治不龚命者,因以训耕积粟实塞下,羁制西戎。帝乃拜晟凤翔、陇右、泾原节度使,兼行营副元帅,徙王西平郡,实封千五百户。晟请与李楚琳俱行,亦将治杀张镒罪,帝方务安反侧,不许。晟至凤翔,乱将王斌等十余人以次伏诛。

时宦者尹元贞持节到同、华,擅入河中谕慰李怀光,晟劾元贞矫使,欲洗宥元恶,请治罪。又言:"赦怀光有五不可:河中抵京师三百里,同州制其冲,兵多则示未信,少则力不足,忽惊东偏,何以待之? 一也。今赦怀光,则必以晋、绛、慈、隰还之,浑瑊、康日知又且迁徙,二也。兵力未穷,忽宥反逆,四夷闻之,谓陛下兵屈而自罢耳。今回纥拒北,吐蕃梗西,希烈僭淮、蔡,若弃强示弱,以招窥觎,三也。怀光既赦,则朔方将士悉复叙勋行赏,追还缣纊,今府库空殚,物不酬满,是激其叛,四也。既解河中,诸道还屯,当有赐赍,赏典不举,怨言必起,五也。今河中米斗五百,刍槁且罄,人饿死墙壁间,其大将杀戮几尽,围之旬时,力穷且溃,愿无养腹心疾为后忧。臣请选精兵五千,约十日粮,可以破贼。"帝方以贼委马燧、浑瑊,故不许。

晟至泾,而田希鉴迎谒,执之,并其党石奇等悉伏诛。表右龙武将军李观为泾原节度使。晟常曰:"河、陇之陷,非吐蕃能取之,皆将臣沓贪,暴其种落,不得耕稼,日益东徙,自弃之尔。且土无缯絮,人苦役扰,思唐之心岂有既乎?"因悉家赀怀辑降附,得大酋浪息曩,表以王号。每虏使至,必召息曩于坐,衣大锦袍,金带,夸异之,虏皆指目歆艳。

吐蕃君臣大惧,相与议。尚结赞者善计,乃曰:"唐名将特李晟与马燧、浑瑊尔,不去之,必为吾患。"即遣使委辞,因燧请和,且求盟,因盟谋执瑊以卖燧,于是结赞大兴兵逾陇、岐,无所掠,阳怒曰:"召吾来,乃不牛酒犒军。"徐引去,以是间晟。晟选兵三千,使王佖伏汧阳旁,击其中军,几获结赞。晟又遣野诗良辅等攻摧沙堡,拔之。结赞屡乞和,会晟朝京师,奏言:"戎狄无信,不可许。"宰相韩滉与晟合,因请调军食以给西师。然天子内猒兵,疑将臣生事,亦会滉卒,而张延赏当国,故与晟有隙,后虽诏讲解,而阴不与也,密言晟不可久持兵,更荐刘玄佐、李抱真经略西北,俾立功以间晟。帝惑其言。

贞元三年,帝坐宣政殿引见晟,备册礼,进拜太尉、中书令,罢其兵。诏晟乘辂谒太庙,视事尚书省,赐良马、锦采千计。是岁,瑊与吐蕃盟平凉,虏劫之,瑊挺身免,诏罢燧河东,皆如结赞计云。通王府长史丁琼者,尝为延赏挤抑,内怨望,乃见晟曰:"以公功,乃夺兵柄,夫惟位高者难全,盍蚤图之?"晟曰:"君安得不祥之言?"执以闻。

明年,诏为晟立五庙,追赀高祖芝以下祔其主,给牲器床幄,礼官相事。它日,与马燧见延英,帝嘉其勋,下诏曰:"昔我烈祖,乘乾坤荡涤,扫隋季荒芜,体元御极,作人父母,则有熊罴之士,不二心之臣,左右经纶,参翊缔构,昭文德,恢武功,威不若,康不乂,用端命于上帝,付界四方。王业既成,太阶既平,乃图厥容,列于凌烟阁,懋昭绩效,表式仪形,以弗忘朝夕,永垂乎来裔。君臣之义,厚莫重焉。岁在己巳秋九月,我行西宫,瞻望崇构,见老臣遗像,颙然肃然,和敬在色。想云龙之协期,感致业之艰难,睹往思今,取类非远。且功与时并,才与世生,苟蕴其才,遇其时,尊主庇人,何代蔑有?在中宗时,有如桓彦范等,著辅戴之绩;在玄宗时,有如刘幽求等,申弼翼之勋；在肃宗时，有如郭子仪，扫除氛祲。今顾晟等，保宁朕躬，咸宣力肆勤，光复宗祏，订之前烈，夫岂多谢。阙而未录，孰旌厥贤？况念功纪德，文祖所为也，在予其曷敢怠？有司宜叙先后，各图其象于旧臣之次。"命皇太子书其文以赐晟，晟刻石于门。

七年，以临洮未复，请附贯万年，诏可。九年，薨，年六十七。帝闻流涕，诏百官就第进吊。比大敛，帝手诏，誓以存保世嗣，申告枢前。册赠太师，谥曰忠武。及葬，又御望春门临送，遣谒者宣诏于枢车，百官拜哭于道。宪宗元和中，诏其家与属籍，以晟配飨德宗庙廷。僖宗狩蜀，仓部员外郎袁皓采晟功烈，为《兴元圣功录》，遍赐诸将，表励之。

晟性疾恶，临下明。每治军，必曰："某有劳，某长于是。"虽厮养小善，必记姓名，尤恶下为朋党者。笃分义，隆于故旧。岚州刺史谭元澄尝有德于晟，后贬死，晟既贵，直其枉，诏赠元澄宁州刺史，晟抚其二子，为成就之。在凤翔，尝曰："魏徵以直言致太宗于尧舜上，忠臣也。我诚慕焉。"行军司马李叔度曰："彼搢绅儒者事，公勋德何希是哉？"晟曰："君失辞。晟幸得备将相，苟容身不言，岂可谓有犯无隐邪？是非惟上所择尔。"叔度惭。故晟每进对，睿睿尽大臣节，未尝露于外。治家以严，子侄非晨昏不辄见，所与言未尝及公事。正岁，崔氏女归宁，让曰："尔有家，而姑在堂，妇当治酒食，且以待宾客。"即却之，不得进。达礼敦教类若此。

与马燧皆在朝，每宴乐恩赐，使者相衔于道。两家日出无钟鼓声，则金吾以闻，少选，使者至，必曰："今日何不举乐？"既薨，城盐州，复故池，以新盐赐宰相，帝思晟，乃致盐灵座。其眷遇终始，无与比者。

有十五子，其闻者愿、宪、愬、听云。

愿少谦谨。晟立功时，诸子未官，宰相以闻，即日召授太子宾客、上柱国。故事，柱国门列戟，遂父子皆赐。

元和初，领夏绥银宥节度使。政简而严。部有失马者，愿署牒于道,以金购之。三日,失马并良马一系署下,且曰:"逸而至,不告,罪当死,谨以良马赎。"愿归失马,而纵其良。境内肃然。徙节武宁军。会伐青、郓,数有功,以久疾,用愿代之。召为刑部尚书,俄检校尚书左仆射,节度凤翔,自是迩声色而政衰矣。

长庆中,徙宣武。始,张弘靖给其军颇厚,愿至,府库殚匮,赏赉不及弘靖时,而侈费过之。以威刑操下,用婚家窦缓典帐中兵,骄骜怠沓,牙将李臣则等因众不忍,夜斩缓首。愿闻变,不及巾,与左右数人縋而逸,夺野人乘,驰以免。其家死于兵,三子匿而免。兵既乱,因大掠,推李齐主后务,请诸朝。时责愿不职,贬隋州刺史。入为左金吾卫大将军,复拜河中、晋、绛等节度使。虽尝以荒侈败,不能自悛,军政愈弛,结纳权近,官赏随赂遗辄尽。蒲人怨,且乱。会卒,赠司徒。

宪与愿于诸子号最仁孝。长喜儒,以礼法自矜制。调太原府参军事、醴泉尉。于頔镇襄阳,辟署于府。时吴少诚张淮西,独惮頔威强,时谓宪为之助。又辟魏博田弘正幕府,迁卫州刺史,以治行称。

徙绛州。绛有幻人怵民以乱,宪执诛之。河中兵本仰食于绛,而汾可输河、渭,岁租与籴常数十万石,故敖保山为固,民之输者,十牛不胜一车。宪滨汾相地治新仓,当费二百万,请留垣县粟粜河南,以钱还籴绛粟,既免负载劳,又权其赢以完新仓,绛人赖利。入为宗正少卿,副金吾大将军胡证为送太和公主使。还,献《回鹘道里记》,迁太府卿。大和初,繇江西观察使迁岭南节度使。

宪,勋伐家子,所历皆以吏能显,政绩暴著。善治律令,性明恕,详正大狱,活无罪者数百人。卒官下。

愬字元直,有筹略,善骑射。以荫补协律郎,迁累卫尉少卿。早丧所生,为晋国王夫人所鞠。王卒,晟以非嫡,敕诸子服缌,愬独号恸不忍,晟乃许服缞。既练,晟薨,与宪庐墓侧,德宗敦遣归第,一夕复往,帝许之。服除,授太子右庶子。出为坊、晋二州刺史,以治异等，加金紫光禄大夫，进詹事。

宪宗讨吴元济，唐邓节度使高霞寓既败，以袁滋代将，复无功。愬求自试，宰相李逢吉亦以愬可用，遂检校左散骑常侍，为随唐邓节度使。愬以其军初伤夷，士气未完，乃不为斥候部伍。或有言者，愬曰："贼方安袁公之宽，吾不欲使震而备我。"乃令于军曰："天子知愬能忍耻，故委以抚养。战，非吾事也。"众信而安之。乃斥倡优，未尝嬉乐。士伤夷病疾，亲为营护。蔡人以尝败辱霞寓等，又愬名非夙所畏者，易之，不为备。愬沈鸷，务推诚待士，故能张其卑弱而用之。贼来降，辄听其便，或父母与孤未葬者，给粟帛遣还，劳之曰："而亦王人也，无弃亲戚。"众愿为愬死，故山川险易与贼情伪，一能晓之。

居半岁，知士可用，乃请济师，诏益河中、鄜坊二千骑。于是缮铠厉兵，攻马鞍山，下之，拔道口栅，战嵖岈山，以取炉冶城，入白狗、汶港栅，披楚城，袭朗山，再执守将。平青陵城，禽票将丁士良，异其才，不杀，署捉生将。士良谢曰："吴秀琳以数千兵不可破者，陈光洽为之谋也。我能为公取之。"乃禽以献。于是秀琳举文城栅降。遂以其众攻吴房，残外垣。始出攻，吏曰："往亡日，法当避。"愬曰："彼谓吾不来，此可击也。"既引还，贼以精骑尾击，愬下马据胡床，令军曰："退者斩。"众决死战，射杀其将，贼乃走。或劝遂取吴房，愬曰："不可。吴房拔，则贼力专，不若留之以分其力。"

初，秀琳降，愬单骑抵栅下与语，亲释缚，署以为将。秀琳为愬策曰："必破贼，非李祐无与成功者。"祐，贼健将也，守兴桥栅，其战尝易官军。愬候祐护获于野，遣史用诚以壮骑三百伏其旁，见羸卒若将燔聚者，祐果轻出，用诚禽而还。诸将素苦祐，请杀之，愬不听，以为客。待间，召祐及李忠义屏人语，至夜艾。忠义，亦贼将，所谓李宪者。军中多谏此二人不可近，愬待益厚。乃募死士三千人为突将，自教之。会雨，自五月至七月不止，军中以为不杀祐之罚，将吏杂然不解。愬力不能独完祐，乃持以泣曰："天不欲平贼乎？何见夺者众邪？"则械而送之朝，表言必杀祐，无与共诛蔡者。诏释以还愬。

愬乃令佩刀出入帐下，署六院兵马使。六院者，隋、唐兵也，凡三千人，皆山南奇材锐士，故委祐统之。祐捧橄呜咽，诸将乃不敢言，由是始定袭蔡之谋矣。旧令，敢舍谍者族。愬刊其令，一切抚之，故谍者反效以情，愬益悉贼虚实。

时李光颜战数胜，元济悉锐卒屯洄曲以抗光颜。愬知其隙可乘，乃遣从事郑澥见裴度告师期。于时元和十一年十月己卯。师夜起，祐以突将三千为前锋，李忠义副之，愬率中军三千，田进诚以下军殿。出文城栅，令曰："引而东。"六十里止，袭张柴，歼其戍。敕士少休，益治鞍铠，发刃鞥弓。会大雨雪，天晦，凛风偃旗裂肤，马皆缩栗，士抱戈冻死于道十一二。张柴之东，陂泽阻奥，众未尝蹈也，皆谓投不测。始发，吏请所向，愬曰："入蔡州取吴元济！"士失色，监军使者泣曰："果落祐计。"然业从愬，人人不敢自为计。愬道分轻兵断桥以绝洄曲道，又以兵绝朗山道。行七十里，夜半至悬瓠城，雪甚，城旁皆鹅鹜池，愬令击之，以乱军声。贼恃吴房、朗山戍，晏然无知者。祐等坎墉先登，众从之，杀门者，发关，留持柝传夜自如。黎明，雪止，愬入驻元济外宅，蔡吏惊曰："城陷矣！"元济尚不信，曰："是洄曲子弟来索褚衣尔。"及闻号令曰："常侍传语。"始惊曰："何常侍得至此！"率左右登牙城，田进诚兵薄之。愬计元济且望救于董重质，乃访其家尉安之，使无怖，以书召重质；重质以单骑白衣降，愬待以礼。进诚火南门，元济请罪，梯而下，槛送京师。

申、光诸屯尚二万众，皆降，愬不戮一人。其为贼执事帐内厨厩厮役，悉用其旧，使不疑。乃屯兵鞠场以俟裴度，至，愬以囊鞬见，度将避之，愬曰："此方废上下分久矣，请因示之。"度以宰相礼受愬谒，蔡人耸观。乃还屯文城栅。有诏进检校尚书左仆射、山南东道节度使，封凉国公，实封户五百，赐一子五品官。

帝方经略陇右，故徙愬节度凤翔。李师道反，诏愬代愿帅武宁军。旬日践父兄两镇，世以为荣。董重质得罪被斥，愬请赐军中自效，许之，乃署为牙将。愬与贼战金乡，破之。凡十一遇，禽其队帅五十，俘馘万计。淄青平，进同中书门下平章事，徙昭义节度，赐第兴宁里。

　　会田弘正守镇州，乃以愬帅魏博。长庆初，幽、镇乱，杀弘正，愬素服以令军曰："魏人富庶而通于天化者，田公力也。上以其爱人，使往治镇。且田公抚魏七年，今镇人不道而戕害之，是无魏也。父兄子弟食田公恩者，何以报之？"众皆哭。又以玉带、宝剑遗牛元翼，曰："此剑吾先人尝以揣大盗，吾又以平蔡奸，今镇人逆天，公宜用此夷之也。"元翼感动，谢曰："敢有不承而爱其死力！"乃下令军中，勒兵以俟。会愬疾甚，不能军，诏田布代之，以太子少保还东都，卒，年四十九，赠太尉，谥曰武。

　　愬行己俭约，其昆弟赖家勋贵，饰舆马，矜室庐，唯愬所处乃父时故院，无所增广。始，晟克京师，市不改肆，愬平蔡，亦如之。功名之奇，近世所未有。晚虽忽于取士，与郑注善，议者不以掩其贤。

　　赞曰：愬得李祐不杀，付以兵不疑，知可以破贼也。祐受任不辞，决策入死，以愬能用其谋也。祐之才，待愬乃显，故曰平蔡功，愬为多。

　　听字正思，七岁以荫为协律郎，父吏少之，不甚敬，听辄使鞭之，晟奇其才。长乃辟佐于颋府。吐突承璀讨王承宗，以听为神策行营兵马使。既战，斩贼骁将，宪宗壮之，诏图状以献。承璀数问听计，卒缚卢从史。迁左骁卫将军，出为蔚州刺史。州有铜冶，自天宝后废不治，民盗铸不禁。听乃开五炉，官铸钱日五万，人无犯者。徙安州。会观察使柳公绰方讨蔡，以听典军，一二咨之，声振贼中。召为羽林将军。

　　帝讨李师道，出听楚州刺史。淮南兵绵弱，郓人素易之。听日整勒，士皆奋，即掩贼不虞，趋涟水，破沭阳，绝龙沮堰，遂取海州，攻朐山，降之，怀仁、东海两城望风送款。以功兼御史大夫，夏绥银宥节度使。又徙灵盐。部有光禄渠，久廞废，听始复屯田以省转饷，即引渠溉塞下地千顷，后赖其饶。进检校工部尚书。穆宗初立，幽、镇反，择名臣节度太原者代裴度，使统兵北讨。始，听为羽林时，有骏马，帝在东宫，使左右讽取之，听自以身宿卫，不敢献。于是帝曰："李听往在军中，不与朕马，是必可任。"乃授检校兵部尚书，充河东节度使。敬宗嗣位，改义成军。大和初，讨李同捷，而魏博将丌志沼反，击其帅史宪诚，诏听出援，击杀志沼，以功封凉国公，拜一子五品官。

王廷凑之乱，诏听悉兵屯贝州，史宪诚惧听因取道袭之，衷甲候诸郊。听救士囊兵野次，魏人乃安。宪诚既请朝，魏人怨，诏听兼帅魏博。听迁延不即赴，魏遂乱，杀宪诚，共推大将何进滔乘城拒守。听不得入，乃屯馆陶。又不设备，魏人袭之，师惊溃，死失殆半，辎械尽弃之，听昼夜驰以免。于是御史中丞温造等劾奏魏州乱，宪诚死，职繇于听，请论如法。天子不罪也，罢为太子少师。

听素以赂遗得权幸心，故多为助力。未几，拜邠宁节度使。邠署相传不利治垣舍，前刺史视其坏，莫敢葺。听曰："将出凿凶门，何避治署邪?"亟使完新之，卒无异。改帅武宁军，有故奴为徐将，不喜听来，乃先杀亲吏之使徐者以沮听。听果惧，以疾解，授太子少保。逾岁，节度凤翔，又徙陈许。郑注掎其过，诏以太子太保分司东都。开成初，为河中晋绛慈隰节度使。文宗叹曰："付之兵不疑，退处散地不怨，惟听为可。"四年，以疾求还，复拜太子太保。卒，年六十一，赠司徒。

听治官苛细，急揪敛，颇极所欲，盛饰车马服玩。或诚之，听曰："家声在人，若示衰薄，恐不见忠功之效，吾欲夸而劝之也。"好方书，择其验者，题于帷帝墙屋皆满。

听子琢，以家伐擢累义昌、平卢、镇海三节度使，无显功，不为士大夫称道。数免复迁。广明时，沙陀数盗边，于是琢为宿将，拜检校尚书右仆射、蔚朔等州招讨、都统、行营节度使。徙河阳三城，坐逗挠，下迁刺史，卒。

王佖者，晟之甥，武敢，闲骑射。晟在师，佖无不从。攻朱泚于光泰门,贼方锐,佖与李演鏖战喋血,贼数北,诸军乘之,遂大振。以功擢神策将。击吐蕃有功。晟视佖与子姓等,其给与过之。晟兵罢,佖亦不见用,召为左卫上将军。元和中,拜朔方、灵盐节度使。吐蕃欲作乌兰桥以过师,积材河曲,朔方府常遣兵发其木,委于河,故莫能成。及佖至,虏知其寡谋,乃厚赂之,而亟遂功,筑月城以守,自是虏岁入为寇,朔方乘障不暇,人以咎佖。在镇检下亡术,猜忌多杀人。召还为右卫将军。故事,将相除徙,皆内出制,故号“白麻”,至佖,以责罢,遂中书进制。久之,卒。

　　赞曰:晟之屯东渭桥也,朱泚盗京师,李怀光反咸阳,河北三叛相王,李纳猘河南,李希烈讧郑、汴。晟无积赀输粮,捉孤军抗群贼,身佩安危而气不少衰者,徒以忠谊感人,故豪英乐为之死耳。至师入长安而人不知,虽三王之佐,无进其能,可谓仁义将矣! 呜呼,功能存社柘,不能见信于庸主,卒夺其兵,哀哉! 虽然,功盖天下者惟退,祸可以免。四子世似其劳,是宜有后哉。

唐书卷一五五
列传第八〇

马燧 畅 炫　浑瑊 镐 锣

　　马燧,字洵美,系出右扶风,徙为汝州郏城人。父季龙,举孙吴
倜傥善兵法科,仕至岚州刺史。

　　燧姿度魁杰,长六尺二寸。与诸兄学,辍策叹曰:"方天下有事,
丈夫当以功济四海,渠老一儒哉?"更学兵书战策,沈勇多筹。

　　安禄山反,使贾循守范阳,燧说循曰:"禄山首乱,今虽举洛阳,
犹将诛覆。公盍斩向润客、牛廷玠,倾其本根,使西不得入关,退亡
所据,则坐受禽矣,此不世功也。"循许之,不时决。会颜杲卿招循举
兵,禄山遣韩朝阳召循计事,因缢杀之。燧走西山,间道归平原。平
原不守,复走魏。

　　宝应中,泽潞节度使李抱玉署为赵城尉。时回纥还国,恃功恣
睢,所过皆剽伤,州县供饩不称,辄杀人。抱玉将馈劳,宾介无敢往,
燧自请典办具。乃先赂其酋,与约,得其旗章为信,犯令者得杀之。
燧又取死囚给役左右,小违令辄戮死,虏大骇,至出境,无敢暴者。
抱玉才之。因进说曰:"属与回纥接,且得其情。观仆固怀恩树党自
重,裂河北以授李怀仙、张忠志、薛嵩、田承嗣等,其子玚桃勇不义,
将必窥太原,公当备之。"既而怀恩与太原将谋举其城,辛云京觉
之,不克。嵩自相、卫归怀恩粮,以绝河津。抱玉令燧说嵩,嵩告绝
于怀恩。即署燧左武卫兵曹参军。

　　累进至郑州刺史。劝督农力,岁一税,人以为便。徙怀州。时

师旅后，岁大旱，田莱不及耕。燧务勤教化，止横调，将吏有亲者，必造之，厚为礼，瘗暴骴，止烦苛。是秋，稆生于境，人赖以济。抱玉守凤翔，表燧陇州刺史。西山直吐蕃，其上有通道，虏常所出入者。燧聚石种树障之，设二门为谯橹，八日而毕，虏不能暴。从抱玉入朝，代宗雅闻其才，召见，授商州刺史，兼水陆转运使。

大历中，河阳兵逐其将常休明，诏燧检校左散骑常侍，为三城使。汴将李灵耀反，帝务息人，即授以汴宋节度留后，灵耀不拜，引魏博田承嗣为援。诏燧与淮西李忠臣讨之。师次郑，灵耀多张旗帜以犯王师，忠臣之兵溃而西，燧军顿荥泽，郑人震骇。忠臣将遂归，燧止之，益治军，忠臣乃还收亡卒，复振。忠臣行汴南，燧行汴北，败贼于西梁固。灵耀以锐卒八千，号"饿狼军"，燧独战破之，进至浚仪。是时河阳兵冠诸军，田悦帅众二万助灵耀，破永平将杜如江等，乘胜距汴一舍而屯。忠臣合诸军战不利，燧为奇兵击之，悦单骑遁，汴州平。

燧知忠臣暴傲，让其功，出舍板桥。忠臣入汴，果因会击杀宋州刺史李僧惠。燧还河阳。秋大雨，河溢，军吏请具舟以避，燧曰："使城中尽鱼而独完其家，吾不忍。"既而水不为害。

迁河东节度留后，进节度使。太原承鲍防之败，兵力衰单，燧募厮役，得数千人，悉补骑士，教之战，数月成精卒。造铠必短长三制，称士所衣，以便进趋。为战车，冒以狻猊象，列戟于后，行以载兵，止则为阵，遇险则制冲冒。器用完锐。居一年，辟广场，罗兵三万以肄，威震北方。建中二年，朝京师，迁检校兵部尚书，封幽国公，还军。

初，田悦新有魏博，恐下未附，即输款朝廷，燧建言悦必反。既而悦果围邢州，身攻临洺，筑重城绝内外援。邢将李洪、临洺将张伾固守。诏燧以步骑二万与昭义李抱真、神策兵马使李晟合军救之。燧出嶂口，未过险，移书抵悦，示之好。悦以燧畏己，大喜。既次邯郸，悦使至，燧皆斩之，遣兵破其支军，射杀贼将成炫。悦闻，使大将杨朝光以兵万人据双冈，筑东西二栅以御燧。燧率军营二垒间。是夜，东垒遁，燧进营猗明山，取弃垒置辎重。悦计曰："朝光坚栅，且万人,虽燧能攻,未可以数日下,且杀伤必众,则吾已拔临洺,飨士以战,必胜术也。"即分恒州兵五千助朝光。燧令大将李自良等以骑兵守双冈,戒曰:"令悦得过者斩!"燧乃推火车焚朝光栅,自晨讫晡,急击,大破之,斩朝光,禽其将卢子昌,获首五千,执八百人。居五日,进军临洺。悦悉军战,燧自以锐士当之,凡百余返,士皆决死,悦大败,斩首万级,俘系千余,馆谷三十万斛,邢围亦解。以功迁尚书右仆射。初,将战,燧约众,胜则以家赀赏。至是,殚私财赐麾下。德宗嘉之,诏出度支钱五千万偿其财。进兼魏博招讨使。

李纳、李惟岳合兵万三千人救悦,悦哀散兵二万壁洹水,淄青军其左,恒冀军其右。燧进屯邯,请益兵。诏河阳李芃以兵会,次于漳。悦遣将王光进以兵守漳之长桥,筑月垒扼军路。燧于下流以铁镶维车数百绝河,载土囊遏水而后度。悦知燧食乏,深壁不战。燧令士赍十日粮,进营仓口,与悦夹洹而军,造三桥逾洹,日挑战。悦不出,阴伏万人。将以掩燧。燧令诸军夜半食,先鸡鸣时鸣鼓角,而潜师并洹趋魏州,令曰:"闻贼至,止为阵。"留百骑持火,待军毕发,匿其旁,须悦众度,即焚桥。燧行十余里,悦率李纳等兵逾桥。乘风纵火,噪而前。燧乃令士无动,命除榛莽广百步为场,募勇士五千人阵而待。比悦至,火止,气少衰,燧纵兵击之,悦败奏桥,桥已焚,众赴水死者不可计,斩首二万级,杀贼将孙晋卿、安墨啜,虏三千人,尸相骈藉三十里,淄青兵几歼。悦夜走魏州,其将拒不纳,比明,追不至,悦乃得入。

抱真、芃问曰:"粮少而深入,何也?"燧曰:"粮少战利速,兵善于致人。今悦与淄青、恒三军为首尾,欲不战以老我师,若分击左右,未可必破,悦且来助,是腹背支敌也。法有攻其必救,故趋魏以破之。"皆曰:"善。"

悦婴城自守。于是李再春以博州,悦兄昂以洺州,王光进以长桥,皆降。悦使符璘、李瑶卫还淄青残兵,璘等亦降。魏导御沟贯城,燧塞其上游,魏人恐,悦遣许士则、侯臧间行告穷于朱滔、王武俊。会二人者怨望,乃连和。悦恃燕、赵方至,即出兵背城阵。燧复与诸军破之。进同中书门下平章事、北平郡王、魏州大都督长史。

滔、武俊联兵五万傅魏。会帝遣李怀光以朔方军万五千助燧。怀光勇于斗，未休士，即与滔等战，不利。悦决水灌军，燧兵亦屈，退保魏县。滔等濒河为垒。会泾师乱，帝幸奉天，燧还军太原。

初，李抱真欲杀怀州刺史杨钚，钚奔燧，燧奏其非罪，乃免，抱真怒。及共解邢围，获军粮，燧自有之，以余给抱真军，抱真益怒。洹之捷，军进薄魏，悦以突骑犯燧营，李芄救之，抱真勒兵不出。燧将攻魏，取攻具于抱真营，并请杂两军平其功，抱真不听，请独当一面，繇是逗遛。帝数遣使讲解。武俊略赵地，抱真分麾下二千人戍邢，燧怒谓："抱真以兵还守其地，我能独战死邪？"将引还，李晟和之，乃复与抱真善。及田昂降，燧请以洺州隶抱真，而用昭义副使卢玄卿为刺史，兼魏博招讨副使。李晟兵前独隶抱真，抱真亦请兼隶于燧，以示协一。然议者咎燧私忿交恶，卒不成大功。

至太原，遣军司马王权以兵五千走奉天，又遣子汇与诸将子壁中渭桥，帝已幸梁，乃还。时天下方骚，北边数有警，燧念晋阳王业所基，宜固险以示敌。乃引晋水架汾而属之城，潴为东隍，省守陴万人。又甃汾环城，树以固堤。诏兼保宁军节度使。

帝还京，李怀光反河中，诏燧为河东保宁、奉诚军行营副元帅，与浑瑊、骆元光合兵讨之。时贼党要廷珍守晋，毛朝扬守隰，郑抗守慈，燧移檄镌谕，皆以州降，因拜燧晋绛慈隰节度使。

武俊之围赵也，康日知不支，将弃赵，燧请诏武俊击朱滔，授以深、赵，以日知为晋慈隰节度使。及三州降，燧固让日知，且言因降受节，恐后有功者踵以为利，帝嘉许。籍府库兵仗以授日知，日知大喜过望。燧乃率步骑三万次于绛，略定诸县，降其将冯万兴、任象玉，遂围绛，拔外郭，守将夜弃城去，降四千人。遣李自良定六县，降其将辛姚，收卒五千。神将谷秀违令掠士女，斩以徇。与贼战宝鼎，射杀贼将徐伯文，斩首万级，获马五百。

于时天下蝗，兵艰食，物货翔踊，中朝臣多请宥怀光者，帝未决。燧以"怀光逆计久，反覆不可信。河中近甸，舍之屈威灵，无以示天下"，乃舍军入朝，为天子自言之："且得三十日粮，足平河中。"许之。乃与珹、元光、韩游瓌之兵合。

贼将徐廷光守长春宫城。燧度长春不下，则怀光固守。久攻所伤必众，乃挺身至城下见廷光。廷光惮燧威，拜城上。燧顾其心已屈，徐曰："我自朝廷来，可西向受命。"廷光再拜。燧曰："公等朔方士，自禄山以来，功高天下，奈何弃之为族灭计？若从吾言，非止免祸，富贵可遂也。"未对。燧曰："尔以吾为欺邪？今不远数步，可射我。"披而示之心。廷光感泣，一军皆流涕，即率众降。燧以数骑入其城，众大呼曰："吾等更为王人矣。"浑瑊亦自以为不及也，叹曰："尝疑马公能窘田悦，今观其制敌，固有过人者，吾不逮远矣！"

进营笃篱堡，堡将降，余戍望风遁去。燧济河，兵八万阵城下。是日，贼将牛名俊斩怀光降，众犹万六千。诛其党阎晏、孟宝、张清、吴冏等，它胁附悉赦之。不阅月，河中平。迁光禄大夫，兼侍中，赐一子五品官。还太原，帝赐《宸扆》、《台衡》二铭，以言君臣相成之美。勒石起义堂，帝榜其颜以宠之。

贞元二年，吐蕃尚结赞破盐、夏二州，守之，自屯鸣沙；及春，畜产死，粮乏。诏燧为绥银麟胜招讨使，与骆元光、韩游瓌等会师击虏。燧次石州。结赞惧，乞盟，帝不许。乃遣将论颊热甘辞请于燧，且重币申勤勤。明年，燧还太原，与论颊热俱朝，盛言宜许以盟，天子然之。燧之朝，结赞遽引去。帝诏浑瑊与盟平凉，虏劫瑊，仅得免。吐蕃归燧之兄子弇，曰："河曲之屯，春草未生，吾马饥，公若度河，我无种矣。赖公许和，今释弇以报。"帝闻，悔怒，夺其兵，拜司徒，兼侍中，赐妓乐，奉朝请而已。与李晟皆图象凌烟阁。后病足，不任谒。九年十月，自力朝延英，诏毋拜。时晟已卒，帝顾燧曰："尚记与太尉晟俱来邪？今乃独见公。"因悲涕。燧亦疾而仆，帝亲掖之，诏左右扶去，送至陛，燧顿首泣谢。固乞骸，让侍中，不许。卒，年七十，赠太傅，谥曰庄武。

子汇、畅。

畅少以荫至鸿胪少卿。建中中，燧讨贼山东，畅留京师。于是大旱，朝廷议括商旅缗钱，多亡命入南山为盗。畅客单超俊、李云端等窃议，以为事且危。畅是其言，遣奴谏燧班师。燧怒，执奴以闻，使兄炫拘畅请罪。帝方倚燧，贷不问，但诛其客，敕炫赐畅仗三十，然亦罢括商人令。

燧没后，以赀甲天下，畅亦善殖财，家益丰。晚为豪幸牟侵，又汇妻讼析产。贞元末，神策中尉杨志廉讽使纳田产。至顺宗时，复赐之。中官往往逼取，畅畏不敢吝，以至困穷。终少府监，赠工部尚书。诸子无室庐自托。奉诚园亭观，即其安邑里旧第云，故当世视畅以厚畜为戒。有司谥曰纵。

子继祖，生四岁以门功为太子舍人，五迁至殿中少监。

燧兄炫，字弱翁。少以儒学闻，隐苏门山，不应辟召。至德中，李光弼镇太原，始署掌书记，常参军谋，光弼器焉。迁刑部郎中。田神功帅宣武，署节度判官，授连、润二州刺史，以清白显。燧为司徒，授刑部侍郎，辞疾，以兵部尚书致仕，卒。

浑瑊，本铁勒九姓之浑部也。世为皋兰都督。父释之，有才武，从朔方军，积战多，迁累开府仪同三司、试太常卿、宁朔郡王。广德中与吐蕃战没。

瑊年十一，善骑射，随释之防秋，朔方节度使张齐丘戏曰："与乳媪俱来邪？"是岁，立跳荡功。后二年，从破贺鲁部，拔石堡城、龙驹岛，其勇常冠军。署折冲果毅。节度使安思顺授瑊偏师，入葛禄部，略特罗斯山，破阿布思，与诸军城永清及天安军。迁中郎将。

禄山反，从李光弼定河北，射贼骁将李立节，贯其左肩，死之。肃宗即位，瑊以兵趋行在，至天德与虏军遇，败之。从郭子仪复两京，讨安庆绪，胜之新乡，擢武锋军使。从仆固怀恩平史朝义，大小数十战，功最，改太常卿，实封二百户。怀恩反，瑊以所部归子仪，会释之丧，起复朔方行营兵马使。从子仪击吐蕃邠州，留屯邠。虏复入，至奉天，瑊战漠谷，有功，迁太子宾客，屯奉天。周智光反，子仪令瑊以步骑万人下同州。智光平，以邠宁隶朔方军，瑊屯宜禄。

大历七年，吐蕃盗塞深入，瑊会泾原节度使马璘讨之。次黄菩原，瑊引众据险，设枪垒自营，遏贼奔突。旧将史抗等内轻瑊，顾左右去枪，叱骑驰贼。既还，虏蹑而入，遂大败，死者十八。子仪召诸将曰："朔方军高天下，今败于虏，奈何？"瑊曰："愿再战。"乃驰朝那，与盐州刺史李国臣趋秦原。吐蕃引去，瑊邀击破之，悉夺所掠而还。自是岁防长武城盛秋。领邠州刺史。吐蕃入方渠、怀安，瑊击走之。

子仪入朝，留知邠宁庆兵马后务。回纥侵太原，破鲍防军。拜瑊都知兵马使，自石岭关而南，督诸军掎角，虏引去。进兼单于副都护、振武军使。子仪为太尉，德宗析所部为三节度，以瑊兼单于大都护，振武、东受降城、镇北大都护府、绥银麟胜州节度副大使。未几，崔宁领朔方，故召为左金吾卫大将军。建中中，李希烈诈为瑊书，若同乱者，帝识其谋，用不疑，更赐良马、锦币。普王为荆襄元帅讨希烈也，以瑊为中军都虞候。

帝狩奉天，瑊率家人子弟以从，授行在都虞候、京畿渭北节度使。朱泚兵薄城，战谯门，晨至日中不解。或以刍车至，瑊曳车塞门，焚以战，贼乃解。泚治攻具，矢石四集如雨，昼夜不息，凡浃日，凿堑圜城。城中死者可藉，人心危愗，或夜缒出掇蔬本供御，帝与瑊相泣。泚方据乾陵下瞰城，翠翟红袍，左右宦人趋走，宴赐拜舞，又纵慢辞戏斥天子，以为胜在景刻。使骑环驰，责大臣不识天命。造云梁，广数十丈，施大轮，濡毡及革冒之，周布水囊为鄣，指城东北；构木庐，蒙革周置之，运薪土其下，将塞隍。帝召瑊，授以诏书千余，自御史大夫、实封五百户而下，募突将死士当贼；赐瑊笔，使量功署诏，不足则署衣以授。因曰："朕与公诀矣，令马承倩往，有急可奏。"瑊俯伏呜咽，帝抚而遣之。瑊前与防城使侯仲庄揣云梁所道，掘大隧，积马矢及薪然之。贼乘风推梁以进，载数千人。王师乘城者皆冻馁，甲弊兵盬，瑊但以忠义感率使当贼，人忧不支，群臣号天以祷。瑊中矢，自握去，被血而战愈厉。云梁及隧而陷，风返悉焚，贼皆死，举城欢噪。是日诏授瑊二子官，乃第赏将校。沘攻城益急，会李怀光奔难，贼乃去。进行在都知兵马使，实封户五百。

乘舆进狩山南，瑊以诸军卫入谷口，怀光追骑至，后军击却之。迁检校尚书左仆射、同中书门下平章事，兼灵盐丰夏定远西城天德军节度、朔方邠宁振武道永平军奉天行营副元帅。帝临轩授钺，用汉拜韩信故事。制曰："寇贼干纪，授尔节钺，以截多难，往钦哉！"瑊顿首曰："敢不毕力，以对扬天子休命。"乃率诸军趋京师。

贼韩旻拒武功，瑊率吐蕃论莽罗兵破之武亭川，斩首万级，遂屯奉天，以抗西面。李晟自东渭桥破贼，瑊与韩游瓌、戴休颜以西军收咸阳，进屯延秋门。沘平，论功，以瑊兼侍中，实封户八百。天子还宫，授河中绛慈隰节度使、河中同陕虢行营副元帅，繇楼烦郡王徙咸宁，赐大宁里甲第，女乐五人，将相送归第，与李晟钧礼。俄加朔方行营副元帅，与马燧同讨李怀光。怀光平，检校司空，任一子五品官。还屯河中。

吐蕃相尚结赞陷盐、夏，阴窥京师，而畏瑊与李晟、马燧，欲以计胜之。乃诡辞重礼，请燧讲好，燧苦赞，帝乃诏约盟平凉川，以瑊为会盟使。为结赞所劫，副使崔汉衡以下皆陷，惟瑊得免。自奉天入朝，嬴服待罪，诏释之。会吐蕃复入盗，使瑊镇奉天。房罢，还河中。贞元四年，房入泾、邠，授邠宁庆副元帅。进检校司徒，兼中书令。十五年卒，年六十四。群臣奉慰延英，赠太师，谥曰忠武。丧车至自镇，帝复废朝。

瑊好书，通《春秋》、《汉书》，尝慕《司马迁自叙》，著《行纪》一篇，其辞一不矜大。天性忠谨，功高而志益下，岁时贡奉，必躬阅视。每有赐予，下拜踧受，常若在帝前，世方之金日磾，故帝终始信待。贞元后，天子常恐藩侯生事，稍桀骜则姑息之，惟瑊有所奏论不尽从可，辄私喜曰："上不疑我。"故治蒲十六年，常持军，猜间不能入。君子贤之。本名日进，稍显改焉。五子，镐、锣为达官。

镐谦谨,喜交士大夫,历邓、唐二州刺史,有政誉。元和中,延州沙陀部苦边吏贪,震扰不安。李绛建言,宜选才职称者为刺史。乃任镐延州。会讨王承宗,而义武节度使任迪简病不能军,以镐将家可用,乃迁检校右散骑常侍、义武军节度副使。俄代迪简为使。治兵颇有法,然短于计略,不持重。镇、定二军间不百里,镐引兵压镇境而屯,距贼三十里,鼓角声相闻。贼始亦畏,见镐无斥候,乃潜师入定境,焚庐蓄,屠乡聚,镐军遂摇。亦会中人督战,乃出薄贼,大败而还。诏以陈楚代之。时师饥冻,闻镐方罢,遂乱,劫镐之家,至裸辱。楚闻,驰入城,乃定。令军中敛所剽归镐,以兵卫出之。贬韶州刺史。后代州刺史韩重华奏收镐供军金币十余万,乃复贬循州。卒,赠工部尚书。

锣以荫补诸卫参军,累擢至丰州刺史。坐赃七百万,文宗以勋臣子,贬袁州司马。还为袁王傅,至太子詹事。训、注乱,或言锣匿贾𫗧,为百骑所捕,苦辨乃免,然家为兵剽皆尽。文宗怜之,授少府监,迁殿中。宰相以瑊之裔,拟刺史,帝曰:"是岂可以牧民?念其父功,富之可也。"宰相言锣尝治郡有绩,从之,拜寿州刺史。终诸卫大将军。

赞曰:唐史臣称燧沈雄忠力,常先计后战。每战,亲令于众,无不感概用命,斗必决死,未尝折北,名盖一时。然力能得田悦而不取,虏不可信而决信之,故河北三盗卒不臣,平凉大臣奔辱,燧之罪也。虽然,燧贤者也,天下以为可责故责之,不以功掩罪,亦不可以罪废功。瑊亲与结赞盟,不能料虏诈,但以如诏为恭,殆有猛志而无英才乎?李晟谓虏不可与盟,则燧、瑊固出晟下远甚。功名大小,信其然乎!

唐书卷一五六
列传第八一

杨朝晟　戴休颜　阳惠元
旻　李元谅　李观　韩游瓌
杜希全　邢君牙

　　杨朝晟字叔明，夏州朔方人。兴行间，以先锋功授甘泉府果毅。建中初，从李怀光讨刘文喜泾州，斩获多，加骠骑大将军。李纳寇徐州，从唐朝臣往讨，常冠军。怀光赴难奉天，属朝晟兵千人下咸阳，赐实封百五十户。

　　怀光反，韩游瓌退保邠、宁，贼党张昕守邠州，大索军实，多募士，欲潜归之。朝晟父怀宾为游瓌将，夜以数十骑斩昕及同谋者。游瓌遣怀宾告行在，德宗劳问，授兼御史中丞。朝晟泣见怀光曰："父立功于国，子当诛，不可以主兵。"怀光縶之。及诸军围河中，游瓌营长春宫，而怀宾战甚力。怀光平，帝原朝晟，因为游瓌都虞候，父子皆开府、宾客、御史中丞，军中以为荣。

　　吐蕃犯边，游瓌自将守宁州，而御士宽，军骄。及张献甫来代，军遂乱，朝晟逃于郊。众胁监军，请以范希朝为节度使。希朝时已在京师。明日，朝晟出，给众曰："予来贺所请之当也。"众稍定。朝晟结诸将谋诛首恶者，居三日，给遣人自邠来，曰："前请报罢，张公已舍邠矣，反者皆当死，吾不愿尽诛也，弟取首恶者。"众所欢指，斩二百余人，献甫遂入于军。帝以希朝为节度副使，而朝晟加御史大夫。

贞元九年，城盐州，发卒护境，朝晟屯木波堡。会献甫卒，有诏代为邠宁节度使。朝晟请城方渠、合道、木波以遏吐蕃路。诏问"须兵几何?"报曰:"部兵可办。"帝问:"前日城五原，兴师七万，今何易邪?"报曰:"盐州之役，虏先知之。今薄戎而城，虏料王师不十万，势难轻入。若发部兵，十日至塞下，未三旬城毕，积刍聚粮，留卒守之，寇至不可拔，莱野薙夷，虏且走，此万全计也。若大发兵，阅月乃至，虏亦来，来必战，战则不暇城矣。"帝纳其策。师次方渠，水乏。有青蛇降险下走，视其迹，水从而流，朝晟使筑防环之，遂为淳渊，士饮仰足，图其事以闻。有诏置祠，命泉曰应圣。已城，吐蕃悉众至，度不能害，乃引去。复城马岭而归，开地三百里。十七年，卒于屯。

戴休颜，字休颜，夏州人。家世尚武，志胆不常。郭子仪引为大将，谕平党项羌，以安河曲。试太常卿，封济阴郡公，进封咸宁郡王，兼朔方节度副使。城邠州功最，迁盐州刺史。

朱泚反，率兵三千，昼夜驰，奔问行在，德宗嘉之，赐实户二百。与浑瑊、杜希全、韩游瓌等捍御有劳。帝进狩梁、洋，留守奉天。李怀光屯咸阳，使人诱之，休颜斩其使，勒兵自守。怀光眙骇，自泾阳夜走。迁检校工部尚书、奉天行营节度使。合浑瑊兵破泚偏师，斩首三千级，追至中渭桥。京师平，又与瑊率兵趋岐阳，邀泚残党。加检校尚书右仆射，进户四百。从乘与至京师，赐女乐、甲第，拜左龙武军统军。卒，赠扬州大都督。

弟休璇，历开府仪同三司，封东阳郡王;休晏，历辅国大将军，封彭城郡公:俱以将略称。

阳惠元，平州人。以趫勇奋，事平卢军。从田神功、李忠臣浮海入青州。诏以兵隶神策，为京西兵马使，镇奉天。

德宗初立，稍绳诸节度跋扈者。于是李正己屯曹州，田悦增河上兵，河南大扰。诏移兵万二千戍关东，帝御望春楼誓师，因劳遣诸将,酒至,神策将士不敢饮。帝问故,惠元曰:"初发奉天,臣之帅张巨济与众约:'是役也,不立功,毋饮酒。'臣不敢食其言。"既行,有馈于道,惟惠元军瓶罍不发。帝咨叹不已,玺书慰劳。俄以兵三千会诸将击田悦,战御河,夺三桥,惠元功多。以兵属李怀光。

及朱泚反,自河朔赴难,解奉天围,加检校工部尚书,摄贝州刺史。诏惠元与神策行营节度使李晟、鄜坊节度使李建徽及怀光联营便桥。晟知怀光且叛,移屯东渭桥。翰林学士陆贽谏帝曰:"四将接垒,晟等兵寡位下,为怀光所易,势不两完。晟既虑变,请与惠元东徙,则建徽孤立。宜因晟行,合两军皆往,以备贼为解,趣装进道,则怀光计无所施。"帝不从,使神策将李昇往伺,还奏:"怀光反明甚。"是夕,夺二军,惠元、建徽走奉天,怀光遣将冉宗驰骑追及于好畤。惠元被发呼天,血流出眦,袒裼战而死。二子晟、嵒匿井中,皆及害。建徽独免。诏赠惠元尚书左仆射,晟殿中监,嵒邠州刺史。

少子旻,字公素,惠元之死,被八创,堕别井,或救得免。历邢州刺史。卢从史既缚,潞军溃,有骁卒五千,从史尝以子视者,奔于旻,旻闭城不内。众皆哭曰:"奴失帅,今公有完城,又度支钱百万在府,少赐之,为表天子求旌节。"旻开谕祸福遣之,众感悟,遂还军。宪宗嘉之,迁易州刺史。

王师讨吴元济,以唐州刺史提兵深入二百里,薄申州,拔外郛,残其垣。以功加御史中丞。容州西原蛮反,授本州经略招讨使,击定之。进御史大夫,合邕、容两管为一道。卒,赠左散骑常侍。

李元谅,安息人,本安氏,少为宦官骆奉先养息,冒姓骆,名元光。美须髯,鸷敢有谋。以宿卫积劳,试太子詹事。李怀让节度镇国,署奏以自副。居军十年,士心惮服。

德宗出奉天,贼遣将何望之袭华州,于是刺史董晋弃城走,望之欲聚兵以绝东道,元谅自潼关引兵径薄其城,拔之。时兵兴仓卒,裹厨为铠,剡蒿为矢,募兵数日至万余,军气乃振。贼来攻,辄却。时尚可孤守蓝田,元谅屯昭应,王权壁中渭桥,贼兵不能逾渭南。未几，迁镇国军节度使，封武康郡王。先是，诏发幽、陇兵东讨李希烈，师方出关，泚使刘忠孝召还，至华阴，华阴尉李夷简说驿官捕之，追及关，元谅斩以徇，所召兵不得入，由是华州独完。俄诏元谅与李晟收京师，次浐西。元谅先奋麾贼，败之，进屯苑东，晟使坏苑垣入，泚连战皆北，遂大溃，京师平。让功于晟，退壁近郊。加检校尚书左仆射，实封户五百，赐甲第、女乐、一子六品官。

李怀光反，与马燧、浑瑊讨之。其将徐廷光素易元谅，数嫚骂，为优胡戏斥侮其祖。又使约降，曰："我降汉将耳。"及马燧至，降于燧。元谅见韩游瓌曰："彼诟吾祖，今日斩之，子助我乎？"许诺。既而遇诸道，即数其罪，叱左右斩之，诣燧谢。燧大怒，将杀元谅，游瓌见曰："杀一偏裨尚尔，即杀一节度，法宜如何？"燧默然。元谅请输钱百万劳军自赎，瑊亦为请，燧赦之。帝以专杀，恐有司劾治，前诏勿论。

贞元三年，吐蕃请盟，诏以军从瑊会平凉，元谅军潘原、游瓌军洛口以为援。元谅曰："潘原去平凉七十里，房诈不情，如有急，何以赴？请与公连屯。"瑊以违诏，不听。瑊壁盟所二十里，元谅密徙营次之。既会，元谅望云物曰："不祥，房必有变！"传令约部伍出阵。俄而房劫盟，瑊奔还，元谅兵成列出，而泾原节度使李观亦以精兵五千伏险，与元谅相表里，房骑乃解。元谅遣车重先，而与瑊振旅徐还，时以为有古良将风。是会也，微元谅、观二人，瑊且不免。帝嘉叹，赐善马金币良厚，因赐姓及名。

更节度陇右，治良原。良原隍堞湮圮，旁皆平林荐草，房入寇，常牧马休徒于此。元谅培高浚渊，身执苦与士卒均，樵薮榛莽，辟美田数十里，劝士垦艺，岁入粟菽数十万斛，什具毕给。又筑连弩台，远烽侦，为守备，进据势胜，列新壁。房至无所掠，战又辄北，由是泾、陇以安，西戎惮之。卒年六十二，赠司空，谥曰庄威。

李观，其先自赵郡徙洛阳，故为洛阳人。少沈厚寡言。以策干朔方节度使郭子仪，子仪遣佐坊州刺史吴仲为防遏使。以亲丧解。

吐蕃内寇，代宗幸陕，观隐盩厔，率乡里子姓千人守黑水，虏不敢侵。岭南节度使杨慎微奏为偏将，徐浩、李勉代节度，常倚以军政，数捕平剧贼。迁大将，试殿中监，召为右龙武将军。

泾师叛，观适番上，即领兵千余扈德宗奉天。诏尽察诸军，整饬谁逻，增募五千人，鼛薧欢竖，士气益振。赐封户二百，授二子八品官。从至梁州。帝还，诏总后军。擢四镇、北廷行军泾原节度使。在屯四年，训部伍，储藏饶衍。平凉之盟，吐蕃不得志。是年，观入朝，前一日就道，虏至期出精骑狙击，不及，去。以少府监检校工部尚书。卒，赠太子少傅。

　　韩游瓌，灵州灵武人，始为郭子仪裨将。安禄山反，使阿史那从礼将同罗、突厥五千骑伪降于朔方，出塞门，诱河曲九蕃府、六胡叛，部落凡五十万。子仪使游瓌率辛京杲击破之，九蕃府还附。累进邠宁节度留后。

　　奉天之狩，兵未集，游瓌与庆州刺史论惟明以兵三千来赴，自乾陵北趋醴泉，未至，有诏引军屯便桥。次泥泉，与泚兵值，游瓌欲还奉天，监军翟文秀曰："吾壁于此，贼敢逾我而西，可夹攻取之。今入奉天，贼亦随至，是引贼迫天子也。"游瓌曰："不然，我寡贼众，彼能分以亢我，余众犹能鼓而西也，不如先入卫天子。且奉天无强卒，安得夹攻？吾士乏且寒，贼以利诱之，众且溃。"遂还奉天。泚兵蹑攻之，战不利，泚兵夺门，游瓌殊死战，乃解。泚大治战棚、云桥，士皆惧，游瓌曰："贼取佛祠干木为攻具，可以火之。"既而贼大噪攻南雉，游瓌曰："是分吾力也。"趋北雉，遣将郭询、郭廷玉以锐士三百傅满直出，火其棚，投薪于中，风返，棚皆烬，贼气沮。故诸将推游瓌赴难功第一。帝以卫军无职局，军置统军一员，以游瓌、惟明、贾隐林处之。

　　李怀光叛，诱游瓌为变，游瓌白发其书，帝曰："卿可谓忠义矣！"对曰："臣安知忠义？但怀光误臣，使震惊乘舆，后持臣自解。"帝嘉其诚，从问："计欲安出？"对曰："怀光总诸府兵，怙以为乱。今邠有张昕,录武有宁景璇,河中有吕鸣岳,振武有杜从政,潼关有李朝臣,渭北有窦觎,皆守将也。陛下以其众与地授之,罢怀光权,而尊以元功,诸将仰首,各听其帅,彼安能以乱?"帝曰:"罢怀光权而泚益张,若何?"对曰:"陛下约士以不次之赏,今贡赋方至,发而酬之,其守自固。邠有万精甲,臣得将之,可以诛贼。四方杖义而起,贼不足虑。"帝美其言。

会怀光诱复至,浑瑊得书,稍严卒以警。游瓌不知,发怒,嫚骂瑊。帝疑有变,即日幸梁州,游瓌使子从帝。怀光檄假游瓌邠州刺史,欲因张昕杀之。游瓌既失兵,不知所图。有客刘南金说曰:"邠有留甲,可以立功,殆天假也!"游瓌悟,诱旧部兵八百驰入邠,说昕曰:"怀光自蹈祸机,公今可取富贵,无共污不义也。我愿以麾下为公先驱。"昕不听。游瓌移疾不出,阴结其将高固等。昕欲杀游瓌,戒左右衷甲入,昕小史李岌潜白游瓌,伏甲先起,高固等应之,斩昕首以闻。时怀光子玫在邠,游瓌卫出之,曰:"杀之只以怒敌,至必遽,不如舍之。"玫至泾阳,怀光遂走蒲州。

游瓌屯七盘,受李晟节度。诏拜邠宁节度使,遂会浑瑊于奉天,与瑊、戴休颜分扼京西要险。李晟入长安,游瓌破泚兵咸阳。泚走泾州,游瓌使谕泾将杨澄,澄拒不纳,泚遂败。京师平,迁检校尚书左仆射,实封户四百。帝至自兴元,游瓌及瑊、休颜从,而李晟、尚可孤、李元谅奉迎,论功与瑊等皆第一。游瓌还屯邠宁。怀光寇同州,瑊、元谅败于干坑。诏游瓌率兵并力,败贼众五千于屯。遂会瑊、马燧围蒲城。师次焦篱堡,守将尉珪降。怀光见势单蹙,乃缢死。

贞元二年,吐蕃入泾、陇、邠、宁,游瓌追至安化,虏营合水北。游瓌策曰:"贼行无人地必怠,可袭取之。"使将史履澄夜领兵五百入其营,斩数百级,取马五千。黎明,虏以兵尾击,游瓌罗帜自卫,鼙鼓四发,虏惊溃去。是岁,复围盐州,刺史杜彦光约与之城,吐蕃许之,又取银、夏、麟等州。游瓌请收盐州以断戎人走集:"虏入汉,食禾菽,方春而病,此天亡时也。"有诏李元谅、韩全义率师一万,会游瓌收盐州。吐蕃请修清水盟,以归侵地,马燧为之请。诏问游瓌,答曰：“西戎弱则请盟，强则入寇，今侵地益深而乞盟，诈我也。”帝不从。会盟平凉，诏游瑰以军屯洛口。盟之日，游瑰以劲骑五百待非常，令曰：“即有变，急趋柏泉以分虏势。”瑊被劫，驰以免，虏见兵出，即解去。后吐蕃寇大回原，游瑰方壁长武，即选骑八百迎击，自引兵继之。监军以为戎不可易，答曰：“贼攻丰义，今游骑先破，则彼大众不敢前，丰义全矣？”战南原，败之，吐蕃夜遁。

会子钦绪以射生将卫京师，与妖人李广弘谋反，谋泄，奔邠州，中人捕斩，以状示游瑰。游瑰惧，求归死京师，帝不许。又执钦绪二息送京师，帝亦原之。未几入朝，素服听命，有诏复位，劳遇如故。

游瑰盛言城丰义以遏虏侵。帝悦，趣还军。初，游瑰之朝，众谓且得罪，故赍送殊薄。既还，举军不自安。大将范希朝善兵，游瑰畏其逼，欲诛之，希朝奔凤翔，帝闻，召入宿卫。游瑰遣兵筑丰义，才二板而溃，宁卒数百大掠，游瑰不能禁。诏用张献甫代之。游瑰畏乱，委军轻出，还京师，拜右龙武统军。卒，谥曰襄。

广弘者，自言宗室子，始为浮屠，妄曰：“我尝见岳、渎神，当作天子，可复冠。”男子董昌舍广弘于资敬寺，召相工唐郹视之，教郹告人曰：“广弘且大贵。”乃诱钦绪、神策将魏循、李偆、越州参军事刘昉等作乱。昉家数具酒大会广弘所，阴相署置。又妄曰：“神戒我十月十日趣举。”约钦绪夜击鼓，噪凌霄门，焚飞龙厩，循等以神策兵迎广弘，事捷，大剽三日。循、偆上变，乃禽广弘及支党鞫仗内，付三司讯实，皆殊死。广弘临刑，色自如。由是禁人不得入观、祠。

杜希全，京兆醴泉人。以禆将隶郭子仪，积功劳至朔方节度使。军令整严，士畏其威。奉天之狩，希全与鄜坊节度使李建徽、盐州刺史戴休颜、夏州刺史时常春引兵赴难。次漠谷，为贼邀击，乘高纵石下之，强弩杂发。德宗使援之，不克，还保邠州。贼平，迁检校尚书左仆射、灵盐丰夏节度使，封余姚郡王。将即屯，献《体要》八章，砭切政病，帝嘉纳，赐《君臣箴》一篇。

寻兼夏绥银节度都统，建言：“盐州据要会，为塞保鄣，自平凉背盟，城陷于虏，于是灵武势县，鄜坊单逼，为边深患。请复城盐州。"乃诏希全及朔方、邠宁、银夏、鄜坊、振武及神策行营诸节度合选士三万五千屯盐州，又敕泾原、剑南、山南军深入吐蕃，牵桡其力，使不得犯塞。执筑凡六千人，阅二旬毕。由是虏惮，不轻入。

希全居河西久，颇越法横肆，帝数容掩其短。丰州刺史李景略名出希全上，疑逼己，遂排劾之，帝为斥以答其意。素苦风眩，稍剧，益忌忍，遂诬杀判官李起，吏下累息。卒，赠司空。

邢君牙，瀛州乐寿人。少从幽蓟、平卢军，以战功历果毅、折冲郎将。安禄山反，从侯希逸涉海入青州。田神功为兖郓节度使，使君牙将兵屯好畤防盛秋。吐蕃犯京师，代宗出陕，以扈从功，累封河间郡公。

建中初，李晟从马燧讨田悦，以君牙为都将，在武安、襄国间凡五战，斩馘功最。德宗出奉天，晟率君牙倍道赴难，徙屯渭桥，军中便宜，唯君牙得豫。晟在凤翔，数行边，常以君牙守。晟入朝，代为凤翔观察使。俄领节度，检校尚书右仆射。吐蕃岁犯边，君牙劝耕讲战以为备，戎不能侵。又城陇州平戎川，号永信城。卒官，赠司空。

初，布衣张汾者，无绍而干君牙，轩然坐客上。会吏摘簿书，以盗没宴钱五万，君牙怒其欺，汾不谢去，曰："吾在京师，闻邢君牙一时豪俊，今乃与设吏论钱，云何？"君牙惭，遽释吏，引为上客，留月余，以五百缣为谢。其屈己好士类此。

唐书卷一五七
列传第八二

陆　贽

陆贽字敬舆，苏州嘉兴人。十八第进士，中博学宏辞。调郑尉，罢归。寿州刺史张镒有重名，贽往见，语三日，奇之，请为忘年交。既行，饷钱百万，曰："请为母夫人一日费。"贽不纳，止受茶一串，曰："敢不承公之赐。"以书判拔萃补渭南尉。

德宗立，遣黜陟使庾何等十一人行天下。贽说使者，请以五术省风俗，八计听吏治，三科登儁乂，四赋经财实，六德保罢瘵，五要简官事。五术曰：听谣诵审其哀乐，纳市贾观其好恶，讯簿书考其争讼，览车服等其俭奢，省作业察其趣舍。八计曰：视户口丰耗以稽抚字，视垦田赢缩以稽本末，视赋役薄厚以稽廉冒，视案籍烦简以稽听断，视囚系盈虚以稽决滞，视奸盗有无以稽禁御，视选举众寡以稽风化，视学校兴废以稽教导。三科曰：茂异、贤良、干蛊。四赋曰：阅稼以莫税，度产以衰征，料丁壮以计庸，占商贾以均利。六德曰：敬老、慈幼、救疾、恤孤、赈贫穷、任失业。五要曰：废兵之冗食，蠲法之梗人，省官之不急，去物之无用，罢事之非要。时皆韪其言，迁监察御史。

帝在东宫已闻其名矣，召为翰林学士。会马燧讨贼河北久不决，请济师；李希烈寇襄城。诏问策安出，贽言：·

劳于服远，莫若修近；多方以救失，莫若改行。今幽、燕、恒、魏之势缓而祸轻，汝、洛、荥、汴之势急而祸重。田悦覆败之余，无复远略，王武俊有勇无谋，朱滔多疑少决，互相制劫，急则合力，退则背憎，不能有越轶之患，此谓缓也。希烈果于奔噬，忍于伤残，据蔡、许富全之地，而益以邓、襄虏获之实，东寇则饷道阻，北窥则都邑震，此谓急也。代、朔、邠、灵自昔之精骑，上党、盟津今之选师，举而委之山东，将多而势分，兵广而财屈，则屯戍失于太繁也。李勉，文吏也，而当汴必争地；哥舒曜之众，乌合也，捍襄城方锐之贼。本非素习，首鼠莫前，则守御失于不足也。今若还李芃河阳以援东都，李怀光解襄城之围，专以太原、泽潞兵抗山东，则梁、宋安。

又言：

　　立国之权，在审轻重，本大而末小，所以能固。故治天下者，若身使臂，臂使指，小大适称而不悖。王畿者，四方之本也；京邑者，王畿之本也。其势当京邑如身，王畿如臂，而四方如指，此天子大权也。是以前世转天下租税，徙郡县豪桀，以实京师。太宗列置府兵八百所，而关中五百，举天下不敌关中，则居重驭轻之意也。方世承平久，武备微，故禄山乘外重之势，一举而覆两京。然犹诸牧有马，州县有粮，肃宗得以中兴。乾元后，外虞踵发，悉师东讨，故吐蕃乘虚，而先帝莫与为御，是失驭轻之权也。既自陕还，惩义前事，稍益禁卫，故关中有朔方、泾原、陇右之兵以捍西戎，河东有太原之兵以制北虏。今朔方、太原众已屯山东，而神策六军悉戍关外，将不能尽敌，则请济师。陛下为之辍边军，缺环卫，竭内厩之马、武库之兵，占将家子以益师，赋私畜以增骑。又告乏财，则为算室庐，贷商人，设诸权之科，日日以甚。万有一如朱滔、李希烈负固边垒，窃发都甸者，何以备之？

　　夫关中，王业根本在焉。豪桀之在关中者，与籍于营卫不殊；车乘之在关中者，与列于厩牧不殊；财用之在关中者，与贮于帑藏不殊。一朝有急，可取也。陛下幸听臣计，使芃还军援洛，怀光救襄城，希烈必走。请神策军脱离将家子占而东者追还之，凡京师税间架、榷酒、抽贯、贷产、点召之令，一切停之，则端本整棼之术。

帝不纳。后泾师急变，贽言皆效。

从狩奉天，机务填总，远近调发，奏请报下，书诏日数百，贽初若不经思，逮成，皆周尽事情，衍绎夹复，人人可晓。旁吏承写不给，它学士笔阁不得下，而贽沛然有余。

始，帝苍卒变故，每自克责，贽曰：“陛下引咎，尧、舜意也，然致寇者乃群臣罪。”贽意指卢杞等，帝护杞，因曰：“卿不忍归过朕，有是言哉。然自古兴衰，其亦有天命乎？今之厄运，恐不在人也。”贽退而上书曰：

自安史之乱，朝廷因循函养，而诸方自擅壤地，未尝会朝。陛下将一区宇，乃命将兴师，以讨四方。一人征行，十室资奉，居者疲馈转，行者苦锋镝，去留骚然，而闾里不宁矣。聚兵日众，供费日博，常赋不给，乃议蹙限而加敛焉；加敛既殚，乃别配之；别配不足，于是榷算之科设，率贷之法兴。禁防滋章，吏不堪命，农桑废于追呼，膏血竭于笞捶，兆庶嗷然，而郡邑不宁矣。边陲之戍以保封疆，禁卫之旅以备巡警，邦之大防也。陛下悉而东征，边备空屈，又搜私牧、责将家以出兵籍马。夫私牧者，元勋贵戚之门也；将家者，统帅岳牧之后也。其复除征徭旧矣。今夺其畜牧，事其子孙，丐假以给资装，破产以营卒乘，元臣贵位，孰不解体？方且税侯王之庐，算裨贩之缗，贵不见优，近不见异，群情嚣然，而关畿不宁矣。

陛下又谓百度弛废，则持义以掩恩，任法以成治，断失于太速，察伤于太精。断速则寡恕于人，而疑似不容辨也；察精则多猜于物，而亿度未必然也。寡恕而下惧祸，故反侧之衅生；多猜而下防嫌，故苟且之患作。由是叛乱继产，忿鸷并兴，非常之虞，惟人主独不闻。凶卒鼓行，白昼犯阙，重门无结草之御，环卫无谁何之人。陛下虽有股肱之臣，耳目之佐，见危不能竭诚，临难不能效死，是则群臣之罪也。

陛下方以兴衰诿之天命，亦过矣。《书》曰："天视自我人视，天听自我人听。"则天所视听，皆因于人，非人事外自有天命也。纣之辞曰："我生不有命在天？"此舍人事，推天命，必不可之理也。《易》曰："自天祐之。"仲尼以谓："祐者助也，天之所助者顺也，人之所助者信也。履信思乎顺，是以祐之。"《易》论天人祐助之际，必先履行，而吉凶之报象焉。此天命在人，盖昭昭矣。人事治而天降乱，未之有也；人事乱而天降康，亦未之有也。尚恐有可疑者，请以近事信之。

自比兵兴，物力耗竭，人心惊疑如风涛然，汹汹靡定，族谋聚议，谓必有变。则京师之人，固非悉通占术、晓天命也。则致寇之由，岂运当然？夫治或生乱，乱或资治。有以无难而亡，多难而兴。治或生乱者，恃治而不修也。乱或资治者，遭乱而能治也。无难而失者，忽万几之重，而忘忧畏也。多难而兴者，涉庶事之艰，而知救慎也。今生乱失序之事不可追矣，其资治兴邦之业，在刻励而谨修之。当至危之机，得其道则兴，失则废，其间不容复有所悔也，惟勤思而执计之。舍己以从众，违欲以遵道，远恉佞，亲忠直，推至诚，去逆诈，斯道甚易知，甚易行，不耗神，不劬力，第约之于心耳。何忧乎乱人，何畏乎厄运，何患乎不宁哉？

帝又问赞事切于今者，赞劝帝："群臣参日，使极言得失。若以军务对者，见不以时，听纳无倦。兼天下之智，以为聪明。"帝曰："朕岂不推诚！然顾上封者，惟讦斥人短长，类非忠直。往谓君臣一体，故推信不疑，至恉人卖为威福。今兹之祸，推诚之敝也。又谏者不密，要须归曲于朕，以自取名。朕嗣位，见言事多矣，大抵雷同道听，加质则穷。故顷不诏次对，岂曰倦哉！"赞因是极谏曰：

昔人有因噎而废食者，又有惧溺而自沈者，其为防患，不亦过哉！愿陛下鉴之，毋以小虞而妨大道也。臣闻人之所助在信，信之所本在诚。一不诚，心莫之保；一不信，言莫之行。故圣人重焉。《传》曰："诚者物之终始，不诚无物。"物者，事也，言不诚即无所事矣。匹夫不诚，无复有事，况王者赖人之诚以自固，而可不诚于人乎？陛下所谓诚信以致害者，臣窃非之。孔子曰："可与言而不与之言，失人；不可与言而与之言，失言。智者不失人，亦不失言。"陛下可审其言而不可不信，可慎其所与而不可不诚。所谓民者，至愚而神。夫蚩蚩之伦，或昏或鄙，此似于愚也。然上之得失靡不辨，好恶靡不知，所秘靡不传，所为靡不效。驭以智则诈，示以疑则偷。接不以礼则其徇义轻，抚不以情则其效忠薄。上行则下从之，上施则下报之，若景附形，若响应声。故曰："惟天下至诚，为能尽其性。"不尽于己而责尽于人，不诚于前而望诚于后，必给而不信矣。今方镇有不诚于国，陛下兴师伐之；臣有不信于上，陛下下令诛之。有司奉命而不敢赦者，以陛下所有责彼所无也。故诚与信不可斯须去已。愿陛下慎守而力行之，恐非所以为悔也。

《传》曰："人谁无过？过而能改，善莫大焉。"仲虺歌成汤之德曰："改过不吝。"吉甫美宣王之功曰："衮职有阙，仲山甫补之。"夫成汤，圣君也，仲虺，圣辅也。以圣辅赞圣君，不称其无过，称其改过。周宣，中兴贤王也；吉甫，文武贤臣也。歌诵其主，不美其无阙，而美其补阙，则圣贤之意，贵于改过，较然甚明。盖过差者，上智下愚所不免，惟智者能改而之善，愚者耻而之非也。中古以降，其臣尚谀，其君亦自圣，掩盛德，行小道，乃有入则造膝，出则诡辞，奸由此滋，善由此沮，天子意由此惑，争臣罪由此生，媚道行而害斯甚矣。太宗有文武仁义之德、治致太平之功，可谓盛矣，然而人到于今以从谏改过为称首。是知谏而能从，过而能改，帝王之大烈也。陛下谓谏官论事，引善自予，归过于上者，信非其美，然于盛德，未有亏焉。纳而不违，传之适足增美；拒而违之，又安能禁之勿传？不宜以此梗进言之路也。

圣人不忽细微，不侮鳏寡。爹言无验不必用，质言当理不必违；逊于志不必然，逆于心不必否；异于人不必是，同则于众不必非；辞拙而效迂者不必愚，言甘而利重者不必智。考之以实，惟善所在，则可以尽天下之心矣。夫人情蔽于所信，阻于所疑；忽于所轻，溺于所欲。信偏则听言不尽其实，故有过当之言；疑甚则虽实不听其言，故有失实之听。轻其人则遗可重这事，欲其事则存可弃之人。苟纵所私，不考其实，则是失天下之心矣。故常情之所轻，圣人之所重，不必慕高而好异也。

陛下又以雷同道说，加质则穷。臣谓陛下虽穷其辞而未穷其理，能服其口而未服其心。且下之情莫不愿达于上，上之情莫不求知于下。然而下常苦上之难达，上常苦下之难知。若是者何？九弊不去也。所谓九弊者，上有六，下有三：好胜人，耻闻过，骋辩给，炫聪明，厉威严，恣强愎，上之弊也；谄谀、顾望、畏懦，下之弊也。好胜而耻过，必甘佞辞，忌直言，则谄谀者进，而忠实之语不闻矣。骋辩而炫明，必折人以言，虞人以诈，则顾望者自便，而切摩之益不尽矣。厉威而恣愎，必不能降情接物，引咎在己，则畏懦者至，而情理之说不申矣。人之难知，尧、舜所病，胡可以一酬一诘，而谓尽其能哉？失欲治天下，而不务得人心，则天下固不治矣；务得人心，而不勤接下，则心固不得矣；务接下而不辨君子小人，则下固不可接矣；务辨君子小人，而恶直嗜谀，则君子小人固不可辨矣。趋和求媚，人之甚利存焉；犯颜冒祸，人之甚害存焉。居上者易其言而以美利利之，犹惧忠告之不暨，况疏隔而猜忌者乎？

是时，贼示平，帝欲明年遂改元，而术家急言数钟百六，宜有所变，示天下复始。帝乃议更益大号。贽曰："今乘舆播越，大憝未去，此人情向背、天意去就之隙，陛下宜痛自贬励，不宜益美名以累谦德。"帝曰："卿言固善，然要当小有变革，为朕计之。"贽奏言："古之人君，德合于天曰'皇'，合于地曰'帝'，合于人曰'王'，父天母地以养人治物得其宜者曰'天子'，皆大名也。三代而上，所称象其德，不敢有加焉。至秦乃兼曰'皇帝'，流及后世昏僻之君，始有圣刘、天元之号，故人主重轻，不在称谓，视德何如耳。若以时屯当有变革，不若引咎降名，以祇天戒。且矫旧失，至明也；损虚饰，大知也。宁与加冗号以受实患哉？”帝从之。

会兴元赦令方具，帝以稿付贽，使商讨其详。贽知帝执德不固，困则思治，泰则易骄，欲激之使强其意，即建言：

> 履非常之危者，不可以常道安；解非常之纷者，不可以常令谕。陛下穷用兵甲，竭取财赋，变生京师，盗据宫闼。今假王者四凶，僭帝者二竖，其它顾瞻怀贰，不可悉数。而欲纾多难，收群心，惟在赦令而已。动人以言，所感已浅，言又不切，人谁肯怀？故诚不至者物不感，损不极者益不臻。夫悔过不得不深，引咎不得不尽，招延不可不广，润泽不可不弘。使天下闻之，廓然一变，人人得其所欲，安有不服哉？其须改革科条，已别封上。臣闻知过非难，改之难；言善非难，行之难。《易》曰：“圣人感人心而天下和平。”夫感者，诚发于心，而形于事，事或未谕，故宣之于言，言必顾心，心必副事，三者相合，乃可求感。惟陛下先断厥志，以施其辞。度可行者而宣之，不可者措之。无苟于言，以重取悔。

帝纳之。

始，帝播迁，府藏委弃，卫兵无褚衣。至是天下贡奉稍至，乃于行在夹庑署琼林、大盈二库，别藏贡物。贽谏，以为：“琼林、大盈于古无传。旧老皆言：开元时贵臣饰巧以求媚，建言郡邑赋税，当委有司以制经用，其贡献悉归天子私有之。荡心侈欲，亦终以饵寇。今师旅方殷，疮痛呻吟之声未息，遽以珍贡私别库，恐群下有所觖望，请悉出以赐有功。令后纳贡必归之有司，先给军赏，瓌怪纤丽无得以供。是乃散小储成大储，损小宝固大宝也。”帝悟，即撤其署。

李怀光有异志，欲怒其军使叛，即上言：“兵禀薄，与神策不等，难以战。”李晟密言其变，因请移屯。帝遣贽见怀光议事。贽还奏：“怀光寇奔不追，师老不用，群帅欲进，辄沮止其谋。此必反，宜有以制之。”因劝帝许晟移军。初，贽与怀光语及晟，怀光妄诧曰：“吾无所藉晟。”贽即美其强雄，使不得翻覆。至是，请下诏书如其意者，且无辞归短于朝。又建："遣李建徽、阳惠元与晟并屯东渭桥,托言晟兵寡不足支贼,俾为掎角。怀光虽不欲遣,且辞穷,无以沮解。"帝犹豫曰："晟移屯,怀光固怏怏,若又遣建徽等俱东,彼且为辞。少须之。"晟已徙营,不阅旬,怀光果夺两节度兵,建徽挺身免,惠元死之,行在震惊,遂徙幸梁。

道有献瓜果者,帝嘉其意,欲授以试官,贽曰："爵位,天下公器,不可轻也。"帝曰："试官虚名,且已与宰相议矣,卿其无嫌。"贽奏:

> 信赏必罚,霸王之资也。轻爵亵刑,衰乱之渐也。非功而获爵则轻,非罪而肆刑则亵。天宝之季,嬖幸倾国,爵以情授,赏以宠加,纲纪始坏矣。羯胡乘之,遂乱中夏。财赋不足以供赐,而职官之赏兴焉。职员不足以容功,而散、试之号行焉。今所病者爵轻也,设法贵之,犹恐不重,若又自弃,将何劝焉?陛下谓试官为虚名,岂思之未熟邪?夫立国惟义与权,诱人惟名与利。名近虚,于教为重;利近实,于德为轻。凡所以裁是非,立法制,则存乎其义;参虚实,揣轻重,则存乎其权。专实利而不济之以虚,则物有匮耗而不给矣;专虚名而不副之以实,则情有诞谩而不趋矣。故锡货财,列禀秩,以彰实也;差品列,异服章,以饰虚也。居上者达其变,相须以为表里,则为国之权得矣。桉甲令,有职事官,有散官,有勋官,有爵号。其赋事受奉者,惟职事一官,以叙才能,以位勋德,所谓有施实利而寓虚名也。勋、散、爵号,止于服色、资荫,以驭崇贵,以甄功劳,所谓假虚名佐实利者也。今员外、试官与勋、散、爵号同,然而突铦锋、排祸难者以是酬之可谓重矣。今献瓜一器、果一盛则受之,彼忘躯命者有以相谓矣,曰:"吾之躯命乃同瓜果。"瓜果,草木也。若草木然,人何劝哉?夫田父野人必欲得其欢心,厚赐之可也。

俄以劳迁谏议大夫,仍为学士。时凤翔节度使李楚琳杀张镒得位,虽数贡奉,议者颇言其挟两端,有所狙伺。然帝亦不能容,其使至，皆不得召，欲以浑瑊代之。贽谏曰："楚琳之罪旧矣，今议者乃始纷纭，不亦晚哉？且勤王之师在畿内者，急宣巫告，景刻不可差。商岭既回远，而骆谷又为贼所扼，通王命者唯褒斜尔。若复阴，则诸镇之向背者，我胜则来，贼胜遂往，此焉几会，不容差跌。使楚琳逞憾，敢为倡狂，南塞要冲，东与贼合，则我咽喉梗而心膂分矣，岂不病哉！今顾望两端，是乃天诱其衷，通归途，济大业也。"帝释然，尽召见其使，优诏劳安之。

帝欲以内外从官普号"定难元从功臣"。贽曰："宫官具寮，恪居奔走，劳则有之，何功之云？难则尝之，何定之云？今与奋命者齿，恐沮战士之心，结勋臣之愤。"帝乃止。

京师已平，帝欲诏浑瑊访奔亡内人，给装使赴行在，贽谏曰："大难始平，而百役疲瘵之氓、重伤残废之卒，皆忍死扶疾，想闻德音。盖事有先后，义有轻重，重者宜先，轻者宜后。昔武王克殷，有未下车而为之者，有下车而为之者。当今所务，谓宜以大臣驰传，迎复神主，修饬郊丘，展禋享之礼，申告谢之意，恤死义，犒有功，崇进忠直，优问耆耋，定反侧，宽胁从，官失职，复废业，是皆宜先不可后也。茸宫室，治服玩，耳目之娱、巾栉之侍，是皆宜后不可先也。且内人当离溃之后，或为将士所私。昔人掩绝缨、饮盗马者，岂忘其爱邪？知为君之体然也。天下固多褒人，何必独此？"帝不复下诏，犹遣使谕瑊资遣。

初，刘从一、姜公辅等材下，不逮贽远甚，徒以单言暂谋偶有合，由下位建台宰。而贽孤立一意，为左右权幸沮短，又言事无所回讳，阴失帝意，久之不得宰相。还京，但为中书舍人。母韦犹在江东，帝遣中人迎还京师。俄以丧解官，客东都。诸方赠遗一不取，惟韦皋以布衣交，先以闻，故所致辄称诏受之。又诏中人护父枢至自吴会，葬洛阳。服除，以权知兵部封郎复召为学士。入谢，伏地鲠泣，帝为兴，改容慰抚。眷遇弥渥，天下属以为相，而窦参素不平，忌之。贽亦数言参罪失。贞元七年，罢学士，以兵部侍郎知贡举。明年参黜，乃以中书侍郎同中书门下平章事。

帝始任杨炎、卢杞,引树私党,排忠良,天下怨疾。贞元后,惩艾其失,虽置宰相,至除用庶官,反复参诘乃得下。及贽秉政,始请台阁长官得自荐其属,有不职,坐举者。帝初许之,或言诸司所引皆亲党,招赂遗,无实才,帝复诏宰相自择。贽奏言:“齐桓公问管仲害霸,对曰:‘得贤不能任,害霸也。任贤不能固,害霸也。固始而不终,害霸也。与贤人谋事,而小人议之,害霸也。’所谓小人者,非悉怀险诐以覆邦家也,盖趋向狭促,以沮议为出众,自异为不群,趣小利,昧远图,效小信,伤大道尔。所谓台省长官,仆射、尚书、丞、郎、御史大夫、中丞是也。陛下择辅相多出其中,行实不能顿殊也。今乃谓不能进一二属吏,岂后位宰相则可择天下才乎?夫求才者贵广,考课者贵精。往武后收人心,务拔擢,非徒人得荐士,亦许自举其才,岂不易哉?然而课责严,进退速,故当世称知人之明,累朝赖多士之用。陛下赏鉴独任,难于公举,有登延之路,无练核之方。武后以易得人,陛下以精失士。今择宰相以重于庶品,选长官以愈于下流,及宰相献言,长吏荐士,则又纳横议,废始谋,是任以重者轻其言,待以轻者重其事也。”帝虽嘉之,然卒停荐士诏。

旧制,吏部选以岁集。乾元后,天下兵兴,率三年一调,吏员稽壅,则案牒丛淆,伪冒蒙真,吏缘以为奸,废置无纲,至十年不被调者,缺员或累岁不补。贽乃请以内外员三分之,每岁计阙集人,检柅吏奸,天下便之。当是时,贾耽、卢迈、赵憬同辅政,凡有司关白,三人者更相顾不肯判。贽又请如故事,旬一人秉笔,所咨辄判。

又以西北边岁调河南、江淮兵,谓之“防秋”。士不素练,战数败,将统制不一,亡以应敌。乃上陈其弊曰:

自禄山构乱,肃宗始撤边备,以靖中邦,借外威,宁内难,于是吐蕃乘衅,回纥矜功,中国不振,四十余年。率伤耗之民,竭力以事,西输贿缯,北偿马资,尚不足满其意。于是调敛四方,以屯疆陲,又不能遏其侵。故小入则驱略,深入则戒严。于时议安边者,皆务所难,忽所易,勉所短,略所长,行之而要不精,图之而功靡就。

　　夫势有难易,事有先后。力大而敌脆,则先所难,是谓夺人之心也;力寡而敌坚,则先所易,是谓观衅而动也。今财匮于中,人劳未瘳,而欲发师徒以犯猎寇境,复其侵疆,攻其坚城,前有胜负未必之虞,后有馈运不继之患,万一桡败,适所以启戎心,挫国威也。以此安边,可谓不量势而务所难矣。天之授有分,地之产有宜,是以五方之俗,长短各殊。勉所短而敌长者殆,用所长而乘短者强。且以水草为居,讨猎为生,便于驰突,不耻败亡,此戎狄所长,中国之短也。而欲益兵搜乘,争驱角力,交锋原野之上,决命寻常之间,以此御寇,可谓勉所短而校其长矣。务所难,勉所短,劳费百倍,终无成功,虽果成之,不挫则废。诚以越天授,违地产,亏时势,以反物宜者也。胡不守所易,用所长乎?

　　若乃择将吏,修纪律,训齐师徒;耀德以佐威,能迩以示远;禁侵暴以彰吾信,抑攻取以昭吾仁;彼求和则善之而勿与盟,彼为寇则备之而不报复。此当今所易也。贱力贵智,好生恶杀;轻利重人,忍小全大;安其居而动,俟其时行。修封疆,守要害,蹊堑隧,列屯营,谨禁防,明斥候,务农足食,非万全不谋,非百克不断;寇小至则遏其入,寇大至则邀其归,据险以乘之,多方以误之,使其勇无所加,众无所用,掠则靡获,攻则不能,进有腹背支敌之虞,退有首尾不相救之患。是谓乘其弊,不战而屈人兵。此中国之长也。我之所长,戎狄之短也;我之所易,戎狄之难也。以长制短,则用力寡而见功多;以易敌难,则财不匮而事速成。舍此不务而反为所乘,斯谓倒持戈矛,以镡授寇者也。今皆务之矣,尚且守封未固,寇戎未惩者何邪?病在谋无定用,众无适从;任者不必才,才者不必任;闻不必实,实不必闻;所信不必诚,所诚不必信;行不必当,当不必行。

　　又有六失焉。夫兵有攻讨,有镇守。权以纾难,暂以应机,事有便宜,谋有奇诡,不恤常制,不徇众情,死生进退,唯将所命,攻讨之兵也。人情者,利焉则劝,习焉则安,保亲戚而后乐

生,顾家业而后忘死,可以治术驭,不可以法制驱,镇守之兵
也。王者欲备封疆,御戎狄,则选镇守之兵以置之。古之善选
置者,必辨其土宜,察其技能,知其好恶。用其力,不违其性;齐
其俗,不易其宜;引其善,不责其所不能;禁其非,不处其所不
欲。类其部伍,安其家室,然后能使之乐其居,定其志。以惠则
感而不骄,以威则肃而不死。靡督课而自用,驰禁防而不携。故
守则固,战则强。其术无它,便于人而已。今远调屯士,以戍边
陲,邀所不能,强所不欲,广其数不考于用,责其力不察其情,
斯可为羽卫之仪,而无益备御之实也。何者?穷边之地,千里
萧条,寒风裂肤,豺狼为邻,昼则荷戈以耕,夜则倚烽以觇,有
剽害之虑,无休暇之娱,非生其域、习其风,幼而视焉,长而安
焉,则不能宁居而狎其敌也。关东百物阜殷,士忕温饱,比诸边
隅,不翅天地。闻绝寒荒陬,则辛酸动容;聆强蕃劲虏,则慴骇
褫情。又使去亲族,舍园庐,甘所辛酸,抗所慴骇,将冀为用,不
亦疏乎?又有休代之期,无统制之善,资奉姑息,譬如骄子,进
不邀以成功,退不处以严宪,屈指计归,张颐待饲,师一挫伤,
则乘其危桡,布路东溃。平居殚资储以奉浮冗,临难弃城镇以
摇疆场。其弊岂特无盗益哉?谪徙之人,本以增户实边,立功
自赎,既无良之人,而思乱幸灾又甚于戍卒,适有防卫之烦,而
无立功之益。虽前代行之,固非可遵者也。帅臣身不临边,而
以偏师戍守。大抵士之犀锐,悉选以自奉,委疲羸者以守要冲,
寇至而不支,则劫执芟蹂,恣所欲得,比都府闻之,虏已旋返。
治兵若此,斯可谓措置乖方。一失也。

　　赏以存劝,罚以示惩,以懋有庸,以威不恪。故赏罚之于驭
众,譬锐轫所以行车,衔勒所以服马也。今将之号令不能行之
军,国之典刑不能施之将,上下遵养,以苟岁时。欲褒一有功,
虑无功者怨,嫌疑而不赏;欲责一有罪,畏同恶者竦,隐忍而不
诛。故忘身效节者抵噪于众,偾军缓救者畜奸不畏。褒贬称毁,
纷然相乱。公者直己不求诸人,则罹困厄;奸者行私苟媚于众,

则取优崇。此义士勇夫所以痛心解体也。又如遇敌而守不固，陈谋而功不成，责将帅，将帅曰资粮不足，责有司，有司曰须给无乏，更相为解，而朝廷含糊，未尝究诘。故抱真者吞声，罔上者不惭。驭众若此，可谓课责亏度。二失也。

以课责之亏，措置之乖，将不得竭其才，卒不得尽其力，屯集虽众，无施战阵，虏常横行，以谓境无人焉。吏习其常，惟曰兵少不敌，朝廷莫不省，则又调发益师，无裨于备御，而有弊于供亿。闾井日耗，敛求日繁，倾家析产，榷盐税酒，无虑所入半以事边。制用若此，可谓财匮于兵众矣。三失也。

今四夷最强盛者，莫如吐蕃。举吐蕃众，未当中国十数大郡，而内虞外备与中国不殊，所以能寇边者无几。又器不犀利，甲不精完，材不趫敏。动则中国恐其众不敢抗，静则惮其强不敢侵，何哉？良以我之节制多，而彼之统帅一也。且节制多，则人心不一；人心不一，则号令不行；号令不行，则进退难必；进退难必，则疾徐失宜；疾徐失宜，则机会不及；机会不及，则气势自衰。斯乃勇废为尪，众失为弱。开元、天宝时，制西北二蕃，则朔方、河西、陇右三节度而已，尚虑权分，或诏兼领之。中兴未遑外讨，则侨四镇隶安定，以陇右附扶风，所当二蕃，则朔方、泾原、陇右、河东四节度而已，以关东戍卒属之。虽任未得人，而措置之法存焉。自贼泚乱以诱泾原，怀光反以污朔方，则分朔方为三节度，其镇军且四十，皆特诏任之，各有中人监军，咸得相抗。既无军法临下，莫能禀属，边书告急，方使关白用兵，是谓从容拯溺，揖让救焚矣。兵以气若势为用者也。气聚则盛，散则消；势合则威，析则弱。今之边戍，势弱气消。建军若此，可谓力分于将多矣。四失也。

治戎之要，在均齐而已。故军法无贵贱之差、多少之异，所以同其志，尽其力也。被边长镇之兵，皆百战伤夷，角所能则习，度所处则危，考服役则劳，察临敌则勇，然衣禀止于当身，又为家室所分，居常冻馁。而关东戍士，岁月更代，怯于应敌，懈于服劳，然衣禀优厚，继以茶药，资以蔬酱。丰寡相县，势则远甚。又有以边军诡为奏请遥隶神策者，禀赐之饶，有三倍之益。此士类所以忿恨，经费所以褊匮。夫事业未异，给养顿殊，人情所不甘也。不为戎首，已可嘉者，况使协力同心，以攘寇难，臣知有所不能焉。养士若此，可谓怨生于不均矣。五失也。

凡任将帅，必先考察行能，然后指所授之方、所委之要，令自揣可否，以见要领。须某甲兵，藉某参属，用若干步骑，计若干资粮，何所列屯，何时成功，观其言，校其实。若曰不足取，当艰之于初，不宜诒悔于后也。若曰可任，则当要之于终，不宜掣肘于内也。故疑者不使，使者不疑。劳神于拔选，端拱于委任，然后核否臧，信赏罚，受赏者不为滥，当罚者不敢辞，付授专则苟且之心息矣。是以古之遣将者，君推毂而命之，又赐铁钺，故军容不入国，国容不入军，机宜不以远决，号令不以两从。今陛下命帅，先求易制者，多其部使力分，轻其任使心弱。由是分阃责成之义废，死绥任咎之志衰。一则听命，二则听命，止取承顺可矣，若有意乎靖难则不可。两疆相接，两军相持，事机所急，鳞不留息，况千里之远，九重之深，陈述之难明，听览之不专，欲事无遗策，虽圣亦有所不能焉。守戍者以寡不敢抗，分镇者以无诏不敢救，逗留之顷，寇已奔逋。牧马屯牛，鞠椎剽矣；啬夫樵妇，罄俘囚矣。假令诏至发兵，更相顾望，莫敢遮碍。败者减百为一，获者衍百为千。帅守以总制在朝，不恤于罪；陛下以权出己，不究厥情。用帅若此，可谓机失于遥制矣。六失也。

臣愚谓宜罢四方之防秋者，以其数析而三之：其一，责本道节度，募壮士愿屯边者徙焉；其一，则弟以本道衣禀，责关内、河东募用蕃、夏子弟愿傅军者给焉；其一，以所输资粮给应募者，以安其业。诏度支市牛，召工就诸屯缮完器具。至者家给牛一，耕耨水火之器毕具，一岁给二口粮，赐种子，劝之播莳。须一年，则使自给，有余粟者，县官倍价以售。既息调发之烦，又无幸免之弊，出则人自为战，处则家自为耕。与夫暂屯遽

罢,岂同日论哉!然后建文武大臣一人为陇右元帅,自泾、陇、
凤翔薄长武城,尽山南西道,凡节度府之兵皆属焉。又诏一人
为朔方元帅,由鄜坊、邠宁揵灵夏,凡节度府之兵属焉。又诏一
人为河东元帅,举河东,极振武,节度府之兵属焉。各以临边要
州为治所,所部州若府遴柬良吏为刺史,外奉军兴,内课农桑,
慎守中国所长,谨行当今所易,则八利可致,六失可去矣。
帝爱重其言,不从也。

　　班宏判度支,卒官,赘荐李巽,帝漫许之,而自用裴延龄,赘言:
"延龄僻戾躁妄,不可用。"不听。俄而延龄奸佞得君,天下仇恶,无
敢言。赘上书苦谏,帝不怿,竟以太子宾客罢。赘本畏慎,未尝通宾
客。延龄揣帝意薄,谗短百绪,帝遂发怒,欲诛赘,赖阳城等交章论
辨,乃贬忠州别驾。后稍思之,会薛延为刺史,谕旨慰劳。韦皋数上
表请赘代领剑南,帝犹衔之,不肯与。顺宗立,召还。诏未至,卒,年
五十二,赠兵部尚书,谥曰宣。

　　始,赘入翰林,年尚少,以材幸,天子常以辈行呼而不名。在奉
天,朝夕进见,然小心精洁,未尝有过,由是帝亲倚,至解衣衣之,同
类莫敢望。虽外有宰相主大议,赘常居中参裁可否,时号"内相"。尝
为帝言:"今盗偏天下,宜痛自咎悔,以感人心。昔成汤罪己以兴;楚
昭王出奔,以一言善复国。陛下诚不吝改过,以言谢天下,使臣持笔
亡所忌,庶叛者革心。"帝从之。故奉天所制书,虽武人悍卒无不
感动流涕。后李抱真入朝,为帝言:"陛下在奉天、山南时,赦令至山
东,士卒闻者皆感泣思奋。臣是时知贼不足平。"议者谓兴元戡难
功,虽爪牙宣力,盖赘有助焉。狩山南也,道险涩,与从官相失,夜召
赘不得,帝惊且泣,诏军中得赘者赏千金。久之,上谒,帝喜见颜间,
自太子以下皆贺。及辅政,不敢自顾重,事有可否必言之,所言皆剀
拂帝短,恳到深切。或规其太过者,对曰:"吾上不负天子,下不负所
学,皇它恤乎?"既放荒远,常阖户,人不识其面。又避谤不著书,地
苦瘴疠,只为《今古集验方》五十篇示乡人云。

赞曰：德宗之不亡，顾不幸哉！在危难时听贽谋，及已平，追仇尽言，怫然以谗幸逐犹弃梗。至延龄辈，则宠任磐桓，不移如山，昏佞之相济也。世言贽白罢翰林，以为与吴通玄兄弟争宠，窦参之死，贽漏其言，非也。夫君子小人不两进，邪谄得君则正士危，何可訾耶？观贽论谏数十百篇，讥陈时病，皆本仁义，可为后世法，炳炳如丹，帝所用才十一。唐祚不竞，惜哉！

唐书卷一五八
列传第八三

韦皋 聿 正贯 刘辟　张建封 愔

严震 谋　韩弘 公武 充

　　韦皋字城武,京兆万年人。六代祖范,有勋力周、隋间。皋始仕为建陵挽郎,诸帅府更辟,擢监察御史。张镒节度凤翔,署营田判官。以殿中侍御史知陇州行营留事。

　　德宗狩奉天,李楚琳杀镒,劫众叛归朱泚,陇州刺史郝通奔降楚琳。始,泚以范阳军镇凤翔,既归节,而留兵五百戍陇上,以部将牛云光督之。至是,云光谋请皋为帅,将劫以臣泚。别将翟晔伺知,以白皋。云光惧不克,率众出奔,至汧阳,遇泚奴使皋所,谓云光曰:"太尉已为天子,使我以御史中丞授皋,若听,固吾人也,不受,可遂诛之,请以兵俱。"许之。皋迎劳,先纳奴,伪受泚诏。即让云光曰:"即去而复,何也?"对曰:"向未知公之命,故去;今还,愿与公同生死。"皋曰:"大使固善,苟无它图,请释甲以安众,而后可入也。"云光以皋诸生,亡能为,乃命士委仗铠,皋受而内其卒。明日,置酒大会,奴、云光与其下至,皋伏甲左右庑,酒行,尽杀之,以其首徇。泚复使它奴拜皋凤翔节度使,皋亦斩之及从骑三人,纵一人使报泚。帝闻,乃授皋陇州刺史,置奉义军,拜节度使,宠其功。皋遣兄平及弇继至奉天,士气益壮。乃筑坛血牲与士盟曰:"协力一心,以诛元恶,有渝此盟,神其殛之。"又驰使吐蕃与连和,陇坻遂安。帝自梁、洋还,召为左金吾卫将军,迁大将军。

贞元初，代张延赏为剑南西川节度使。初，云南蛮羁附吐蕃，其盗塞必以蛮为乡道。皋计得云南则斩虏右支，间使招徕之，稍稍通西南夷。明年，蛮大首领苴那时以王爵让其兄子乌星。始，乌星幼，那时摄领其部，故请归爵。皋上言："礼让行于殊俗，则悖戾者化，愿皆封以示褒进。"诏可。又明年，云南款边求内属，约东蛮鬼主骠傍、苴梦冲等绝吐蕃盟。五年，东蛮断泸水桥攻吐蕃，请皋济师。皋遣精卒二千，与蛮共破吐蕃于台登，杀青海大酋乞臧遮遮、腊城酋悉多杨朱及论东柴等，虏坠死崖谷不可计，多获牛马铠装。遮遮，尚结赞之子，虏贵将悍雄者也，既败，酋长百余行哭随之。悍将已亡，则屯栅以次降定。进检校吏部尚书。

初，东蛮地二千里，胜兵常数万，南倚阁罗凤，西结吐蕃，狙势强弱为患，皋能绥服之，故战有功。诏以那时为顺政王、梦冲怀化王、骠傍和义王，刻"两林"、"勿邓"等印以赐之。而梦冲复与吐蕃盟，皋遣别将苏峞召之，诘其叛，斩于琵琶川，立次鬼主样弃等，蛮部震服。乃建安夷军于资州，维制诸蛮。城龙溪于西山，保纳降羌。

九年，天子城盐州，策虏且来桡袭，诏皋出师牵维之。乃命大将董勔、张芬分出西山、灵关，破峨和、通鹤、定廉城，喻的博岭，遂围维州，搏栖鸡，攻下羊溪等三城，取剑山屯焚之。南道元帅论莽热来援，与战，破其军，进收白岸，乃城盐州。诏皋休士。以功为检校尚书右仆射、扶风县伯。

于是西山羌女、哥陵、南水、白狗、逋租、弱水、清远、咄霸八国酋长，皆因皋请入朝。乃遣幕府崔佐时由石门趣云南，而南诏复通。石门者，隋史万岁南征道也，天宝中，鲜于仲通下兵南溪，道遂闭。至是，蛮径北谷，近吐蕃，故皋治复之。繇黎州出邛部，直云南，置青溪关，号曰"南道"。乃诏皋统押近界诸蛮、西山八国、云南安抚使，俄进同中书门下平章事。

十三年，复嶲州。吐蕃怨，完垒造舟，谋扰边，皋辄破却之。自是暴贡、腊城等九节度婴婴、笼官马定德与大将举落皆降，昆明管些蛮又内附。赞普怒，遂北掠灵、朔，破麟州以取偿焉。帝诏皋深入以桄虏。皋遣大将陈泊等出三奇,崔尧臣趋石门无衣山,仇冕、董振走维州,邢玭出黄崖略栖鸡、老翁城,高倜、王英俊繇峨和、清溪道薄故松州,元膺出湿山、成溪,臧守至道黎、巂,韦良金趋平夷,路惟明自灵关、夏阳攻逋租、偏松城,王有道涉大度河,陈孝阳率蛮苴那时等道西泸攻昆明、诺济,师无虑五万,以八月悉出塞。十月,大破吐蕃,拔其保镇捕候,追奔转战千里,遂围维州。吐蕃释灵、朔兵,使论莽热以内大相兼东境五节度大使,率杂虏十万来救。师伏以待,虏乘胜深入,师噪而奋,虏大溃,生禽莽热献诸朝。帝悦,进检校司徒兼中书令、南康郡王,帝制纪功碑褒赐之。

顺宗立,诏检校太尉。会王叔文等干政,皋遣刘辟来京师谒叔文曰:"公使私于君,请尽领剑南,则惟君之报。不然,惟君之怨。"叔文怒,欲斩辟,辟遁去。皋知叔文多衅,又自以大臣可与国大议,即上表请皇太子监国,又上笺太子,暴叔文、伾之奸,且劝进。会大臣继请,太子遂受禅,因投殛奸党。是岁,皋暴卒,年六十一,赠太师,谥曰忠武。

皋治蜀二十一年,数出师,凡破吐蕃四十八万,禽杀节度、都督、城主、笼官千五百,斩首五万余级,获牛羊二十五万,收器械六百三十万,其功烈为西南剧。善拊士,至虽昏嫁皆厚资之,婿给锦衣,女给银涂衣,赐各万钱,死丧者称是。其僚掾官虽显,不使还朝,即署属州刺史,自以侈横,务盖藏之。故刘辟阶其厉,卒以叛。朝廷欲追绳其咎,而不与皋者诋所进兵皆镂"定秦"字,有陆畅者上言:"臣向在蜀,知'定秦'者,匠名也。"繇是议息。畅字达夫,皋雅所厚礼。始,天宝时,李白为《蜀道难》篇以斥严武,畅更为《蜀道易》以美皋焉。

始,皋务私其民,列州互除租,凡三岁一复。皋没,蜀人德之,见其遗象必拜。凡刻石著皋名者,皆镵其文尊讳之。

兄聿,弟平。

聿以荫调南陵尉,迁秘书郎,以父嫌名换太子司议郎,辟淮南杜佑府。元和初,为国子司业。刘辟与卢文若反,皋子行式娶文若女弟,聿不以闻。辟平,行式妻当没掖庭,有司并按聿,或以道远不应坐,乃皆赦之。终太子右庶子。

平与皋斩朱泚使者,间走奉天上功,擢万年尉。

平子正贯,字公理,少孤,皋谓能大其门,名曰臧孙。推荫为单父尉,不得意,弃官去,改今名。举贤良方正异等,除太子校书郎,调华原尉。后又中详闲吏治科,迁万年主簿,擢累司农卿。坐尚食乏供,贬均州刺史。久之,进寿州团练使。

宣宗立,以治当最,拜京兆尹、同州刺史。俄擢岭南节度使。南海舶贾始至,大帅必取象犀明珠,上珍而售以下直。正贯既至,无所取,吏咨其清。南方风俗右鬼,正贯毁淫祠,教民毋妄祈。会海水溢,人争咎撤祠事,以为神不厌,正贯登城沃酒以誓曰:“不当神意,长人任其咎,无逮下民。”俄而水去,民乃信之。居镇三岁,既病,遗令无厚葬,无用鼓吹,无请谥。卒,年六十八,赠工部尚书。

刘辟者,字太初,擢进士宏词科,佐韦皋府,迁累御史中丞、度支副使。皋卒,辟主后务,讽诸将徼旄节,宪宗以给事中召之,不奉诏。时帝新即位,欲静镇四方,即拜检校工部尚书、剑南西川节度使。辟意帝可动,益鸷骞,吐不臣语,求统三川,欲以所善卢文若节度东川,即以兵取梓州。且以术家言五福、太一舍于蜀,乃造大楼以祈祥。帝始重征讨,而宰相杜黄裳劝帝,且言:“辟,妄书生耳,可鼓而俘也。”荐高崇文、李元奕等将神策行营兵皆西,使严砺、李康掎角之。

诏许自新,辟不听,崇文取东川,帝乃不诏夺其官,进破鹿头关,遂下成都。辟从数十骑走至羊灌田,自投水,不能死,骑将郦定进禽之。文若先杀其族,缒石自沈于江,失其尸。槛车送辟京师,尚冀不死,食饮于道晏然,将至都,神策以兵迎之,系其首,曳而入,惊曰:“何至是邪?”帝御兴安楼受俘,诏诘反状,辟曰:“臣不敢反,五院子弟为恶,不能制。”诏问:“遣使赐节何不受?”乃伏罪。献庙社,徇于市,斩于城西南独柳下。子超郎等九人,与部将崔纲以次诛。

始,辟尝病,见问疾者必以手行入其口,辟即裂食之。唯卢文若至,如平常,故益与之厚,而皆夷族。

张建封,字本立,邓州南阳人,客隐兖州。父玠,少任侠。安禄山反,使李廷伟胁徇山东,鲁郡太守韩择木迎馆之。玠率豪桀段绛等集兵,将斩以徇,择木不许,唯司兵参军张孚助其谋,乃杀廷伟并其党以闻。择木、孚皆受赏,而玠去之江南,不自言功。

建封少喜文章,能辩论,慷慨尚气,自许以功名显。李光弼镇河南,盗起苏、常间,残掠乡县。代宗诏中人马日新与光弼麾下皆讨。建封见中人,请前喻贼,可不须战。因到贼屯开譬祸福,一日降数千人,纵还田里,由是知名。湖南观察使韦之晋辟署参谋,授左清道兵曹参军,不乐职,辄去。令狐彰节度滑亳,奏置幕府,彰不朝觐,建封非之。往见转运使刘晏,晏奏试大理评事,使笺漕务,岁余罢。时马燧为三城镇遏使,雅知之,表为判官,擢监察御史。燧伐李灵耀,军中事多所诹访,从镇河东,授侍御史,即表其能于朝。杨炎将任以要职,卢杞不喜,出为岳州刺史。

李希烈既破梁崇义,跋扈不臣,寿州刺史崔昭与相闻,德宗召宰相选代昭者,杞仓卒不暇取它吏,即白用建封。希烈数败王师,张甚,遂僭即天子位,淮南节度使陈少游阴附之。希烈遣将杨丰赍伪赦二,畀建封、少游。丰至,建封缚致军中,会中人来,对之斩其首,因送伪书于行在。少游闻之,恚汗不自处,建封乃劾其附贼状,帝方蒙难,不暇治也。希烈又署杜少诚为淮南节度使,约破寿州,以趣江都。建封壁霍丘秋栅拒之,贼不能东。迁团练使。帝还自梁,少游卒忧死。进兼御史大夫、濠寿庐观察使。是时,四方尚多故,乃缮陴隍,益治兵,四鄙附悦。希烈使票帅悍卒来战,建封皆沮衄之。贼平,进封阶,又任一子正员官。贞元四年,拜御史大夫、徐泗濠节度使。始,李洧以徐降,洧卒,高承宗、独孤华代之,地迫于寇,常困蠜不支。于是李泌建言:"东南漕自淮达诸汴,徐之埇桥为江、淮计口,今徐州刺史高明应甚少,脱为李纳所并,以梗饷路,是失江、淮也。请以建封代之,益与濠、泗二州。夫徐地重而兵劲,若帅又贤,即淄青震矣。"帝曰:"善。"繇是徐复为雄镇。久之,检校尚书右仆射。十三年,来朝,帝不待日召见延英殿,诏会朝赴大夫班,以示殊宠,建封赋《朝天行》以献。帝眷遇异等,赐名马、珍具。

是时,宦者主宫市,置数十百人阅物廛左,谓之"白望"。无诏文验核,但称宫市,则莫敢谁何,大率与直十不偿一。又邀阎闳所奉及脚佣,至有重荷趋肆而徒返者。有农卖一驴薪,宦人以数尺帛易之,又取它费,且驱驴入宫,而农纳薪辞帛,欲呕去,不许,恚曰:"惟有死耳!"遂击宦者。有司执之以闻,帝黜宦人,赐农帛十匹,然宫市不废也。谏臣交章列上,皆不纳,故建封请间为帝言之,帝颇顺听。会诏书蠲民逋赋,帝问何如? 答曰:"残逋积负,决无可敛,虽蠲除之,百姓尚无所益。"又陈:"河东节度使李说、华州刺史卢徵皆病不能事,左右得以为奸。右金吾大将军李翰好刺细事规宠,人疾恶之。"帝悉嘉可。未几,制诏:"官师过从,人情之常,自今金吾勿以闻。"

元巳,赐宴曲江,特诏与宰相同榻食。其还镇,帝赋诗以饯,于时虽马燧、浑瑊、刘玄佐、李抱真等勋宠卓越,未有以诗饯者。帝又使左右以所持鞭赐之,曰:"卿节谊岁寒弗渝,故用此为况。"建封又赋诗以自警励。十六年,以病求代,诏韦夏卿代之,未至而建封卒,年六十六,册赠司徒。

治徐凡十年,躬于所事,一军大治。善容人过,至健黠亦未尝曲法假之。其言忠义感激,故下皆畏悦。性乐士,贤不肖游其门者礼必均,故其往如归。许孟容、韩愈皆奏署幕府,有文章传于时。

子愔,始以荫补虢州参军事。建封卒,府佐郑通诚者摄留事,畏其军乱,因浙西戍兵过徐,谋引以为援。举军怒,斧库取兵,环府大噪,杀通诚及大将数人,乃表于朝,请愔为留后,假旄节。帝不许,披濠、泗隶淮南,诏杜佑讨徐乱。泗州刺史张伾以兵攻埇桥,与徐军确,伾大败。帝未有以制,乃授愔右骁卫将军、徐州刺史,知留后。以伾为泗州留后,杜兼为濠州留后。俄进愔开宁军节度使。

元和初,以疾求代,召为工部尚书,以王绍节度武宁,还濠、泗

隶徐。徐人喜,遂不敢乱,而愔得行。未逾境,卒。愔治徐七年,其
政称治,赠尚书右仆射。

　　严震字遐闻,梓州盐亭人。本农家子,以财役里闾。至德、乾元
中,数出赀助边,得为州长史。西川节度使严武知其才,署押衙,迁
恒王府司马,委以军府众务。武卒,罢归。会东川节度使李叔明表
为渝州刺史,震以叔明姻家,移疾去。山南西道节度府又表为凤州
刺史。母丧解。起为兴、凤两州团练使,好兴利除害。建中中,剑南
黜陟使韦桢状震治行为山南第一,乃赐上下考,封郧国公。治凤十
四年,号称清严,远迩咨美。迁山南西道节度使。

　　朱泚反,遣腹心穆廷光等遗帛书诱之,震即斩以闻。是时,李怀
光与贼连和,奉天危蹙,帝欲徙跸山南,震闻,驰表奉迎,遣大将张
用诚以兵五千捍卫。用诚至盩厔有反计,帝忧之,会震牙将马勋嗣
至,帝告以故,勋曰:“臣请归取节度符召之,即不受,斩其首以复
命。”帝悦,使计日往。勋还得符,请壮士五人与偕,出骆谷,用诚以
为未知其谋,以数百骑迓勋馆之,左右严侍。勋未发,阴令焚草馆
外,士寒急附火,勋从容引符示之,曰:“大夫召君。”用诚惧,将走,
壮士自后禽之。用诚子斫勋伤首,左右捍刀得免,遂仆用诚,而格杀
其子。勋即军中,士皆擐甲矣。勋昌言曰:“若父母妻子在梁州,今
弃之而反,何所利邪? 大夫取用诚尔,若等无与!”众乃服,不敢动。
即缚用诚送于震,杖杀之,而拔其副以统师。始,勋赴行在,逾半日
期,帝颇忧。比至,大喜。翌日,发奉天。既入骆谷,怀光以骑追袭,
赖山南兵以免。寻加检校户部尚书、冯翊郡王,实封二百户。

　　天子至梁州,宰相以为地贫无所仰给,请进幸成都,震曰:“山
南密迩畿辅,李晟锐于收复,方藉六师为声援,今引而西,则诸将顾
望,责功无期。”帝未决,会晟表至,亦请驻跸梁、洋,议遂定。然梁、
汉间刀耕火耨,民采稆为食,虽领十五郡,而赋入才比东方数大县。
自安、史后,山贼剽掠,户口流散,震随宜劝课,鸠敛有法,民不烦
扰,而行在供亿具焉。车驾将还,加检校尚书左仆射。诏改梁州为

兴元府,即用震为尹,加实封二百户。久之,进同中书门下平章事。贞元十五年卒,年七十六,赠太保,谥曰忠穆。

从孙譔,与宰相杨收善。咸通中繇桂管观察使擢为江西节度使,改号镇南军。时南蛮内寇,诏譔募士三万备之。或言譔广补卒,擅纳缣廪,及收得罪,韦保衡以譔素善收,赇贿狼藉,遣使按覆,诏赐死。

韩弘,滑州匡城人。少孤。依其舅刘玄佐。举明经不中,从外家学骑射。由诸曹试大理评事,为宋州南城将。事刘全谅,署都知兵马使。贞元十五年,全谅死,军中思玄佐,以弘才武,共立为留后,请监军表诸朝,诏检校工部尚书,充宣武节度副大使知节度事。

先是,曲环死,吴少诚与全谅谋袭陈许,使数辈仍在馆。弘始得帅,欲以忠自表于众,即驱出少诚使斩之,选卒三千,会诸军击少诚,败之。汴自刘士宁以来,军益骄,及杀陆长源,主帅势轻,不可制。弘察军中素恣横者刘锷等三百人,一日,数其罪斩之牙门,流血丹道,弘言笑自如。自是讫弘去,无一敢肆者。李师古屯曹州,以谋郑、滑,或告:“师古治道矣,兵且至,请备之。”弘曰:“师来不除道也。”师古情得,乃引去。累授检校司空、同中书门下平章事,弘以官与太原王锷等,诒书宰相,耻为锷下。宪宗方用兵淮西,藉其重,更授检校司徒,班锷上。

严绶以王师败,乃拜弘淮西诸军行营都统,使捍两河,而令李光颜、乌重胤击贼。弘不亲屯,子公武领兵三千属光颜,然阴为逗挠计以危国邀功者,每诸将告捷辄累日不怡。元济平,以功加兼侍中,封许国公。李师道诛,弘大惧,因请入朝,册拜司徒、中书令,以足疾,命中人掖拜,固愿留京师。帝崩,摄冢宰。俄出为河中节度使。以病请还,复拜司徒、中书令。卒,年五十八,赠太尉,谥曰隐。

始,弘自汴来朝,献马三千、绢五十万、它锦彩三万,而汴之库厩钱尚百万缗,绢亦百余万,马七千,粮三百万斛,兵械不可数。弘为人庄重寡言,罪杀人,问法何如,不自为轻重,沈谋勇断,故少诚、师道等皆惮之。诏使至，或骜侮不为礼。齐、蔡平，势屈而后请觐，然天子尊宠异等，能以名位始终，亦其天幸。

子公武，字从偃，起家卫尉主簿，为宣武行营兵马使，以讨蔡功检校左散骑常侍、鄜坊等州节度使。弘入朝，为右金吾将军。弘出河中，弘弟充徙宣武，乃曰："二父居重镇，我以孺子又当执金吾职乎？"因固辞，改右骁卫大将军。性恭逊不以富贵自处。卒，赠户部尚书，谥曰恭。

充本名璀，少亦依舅家。李元为河阳节度使，署牙将。元改昭义，又从之。元尝谓宾佐曰："充后当贵，诸君必善事之。"未几，弘领宣武，召主亲兵，元曰："我知君旧矣，吾儿不才，无足累君者，二女方幼，以为托。"遂辞去。累授御史大夫。

弘峻法，人人不自保。充谦慎无少懈，念弘在镇久，不入见天子，身又得士，不自安，因主表入宿卫，弘许之，不即遣。后因猎，单骑走洛阳，朝廷亮其节，擢右金吾卫将军，转大将军，斥军士虚名不如令者七百人。历少府监，鄜坊等州节度使。

穆宗立，幽、镇、魏复乱，王承元以冀兵二千屯滑州，朝廷恐冀兵相讻为叛，徙承元鄜坊，而授充检校尚书左仆射，为义成军节度使。会汴军逐李愿，以李岕主留事。帝谓充素为汴士悦向，诏节度宣武，兼统义成兵讨岕。战郭桥，破之，会李质斩岕，遂入汴。初，陈许李光颜亦奉诏讨岕，屯尉氏，意先得汴，欲俘掠以饵军，而汴监军姚文寿亦欲内光颜，充闻其谋，驰至城下，汴人望见充，欢跃无复贰者。

始帝遣人问破贼期，充对："汴，天下咽喉，臣颇习其人，然王师临之，一月可破。"方二旬，即克。帝喜曰："充料敌若神。"加检校司空。籍岕所胁为兵者三万，悉纵之。又责首乱者千余，斥出境，令曰："敢后者斩！"由是内外按堵，汴人爱赖之。卒，年五十五，赠司徒，谥曰肃。

充虽将家，性俭节，历三镇，居处服玩如儒先生，乘机决策无余悔,世推善将。李元没,充为嫁二女,周其家。自弘去汴,监军选军中敢士二千直阁下,日秩酒肴,物力几屈,然不敢废。充未入时,李质总军事,乃曰:"韩公至而顿去二千人食,岂不失人心乎?不去,且无以继,可以弊事遗吾帅乎!"因悉罢之而后迎充。

李质者,节士也,始为牙将,及齐为留后,邀帅节,劝之不从,齐疽发于首,委质以兵,遂禽齐。终金吾将军。

赞曰:皋、建封、弘本诸生,震兴田亩间,未有以异人,及投隙龙骧,皆为国梁楹,光奋一时。使不遭遇,与庸夫汩汩并骴而腐可也。皋、弘虽阴贼,卒能以诚言自解,长没天年,宜哉。

唐书卷一五九
列传第八四

鲍防　李自良　萧昕　薛播
樊泽 宗师　王纬　吴凑 士矩
郑权　陆亘　卢坦 阎济美
柳晟　崔戎 雍

鲍防字子慎，襄州襄阳人。少孤窭，强志于学，善辞章。及进士第，历署节度府僚属。入为职方员外郎。薛兼训帅太原，被病，代宗授防少尹、节度行军司马，召见，慰遣之。俄知留后，兼太原尹、节度使。人乐其治，诏图形别殿。入为御史大夫，历福建、江西观察使，召拜左散骑常侍。从德宗奉天，进礼部侍郎，封东海郡公。

贞元元年，策贤良方正，得穆质、裴复、柳公绰、归登、崔邠、韦纯、魏弘简、熊执易等，世美防知人。时比岁旱，策问阴阳祲沴，质对："汉故事，免三公，卜式请烹弘羊。"指当时辅政者。右司郎中独孤愐欲下质，防不许，曰："使上闻所未闻，不亦善乎？"卒置质高第，帝见策嘉揖。

初，防与知杂御史窦参遇，导骑不引避，参谪其仆。及为相，防尹京兆，迫使致仕，授工部尚书。防吒曰："吾与萧昕子齿，而同昕老，坐宰相余忿邪！"不得志卒，年六十九，赠太子少保，谥曰宣。

防于诗尤工，有所感发，以讥切世敝，当时称之。与中书舍人谢良弼友善,时号"鲍谢"云。

李自良,兖州泗水人。天宝乱,往从兖郓节度使能元皓。以战多,累授右卫率。从袁傪讨贼袁晁,积阀至试殿中监,事浙东薛兼训节度府。兼训徙太原,又为牙将。鲍防代总节度事,会回纥入寇,防遣大将焦伯瑜等击之,自良曰:"寇远来,难与争锋。请筑二垒扼归路,坚壁勿出,求战不许,师老而堕,其势易乘。"防不听。伯瑜战百井,大败。由是知名。

马燧代防,表为军候。自良为人勤且有谋,燧倚信之。从讨田悦还,攻李怀光河中,数履锋陷阵,功在诸将右。贞元三年,燧来朝,德宗罢燧兵,以自良代之。自良以事燧久,不敢当,议者多其让,乃授右龙武大将军。入谢,帝终以河东近胡,谓曰:"卿于进退宁不有礼?然守北门无易卿者,勉为朕行。"乃以检校工部尚书充河东节度使。居治九年,举不恣法,简俭易循,民不知有军,上下谐附。卒于官,赠尚书左仆射。

萧昕,字中明,梁鄱阳王恢七世孙,世居河南。再中博学宏辞科,调寿安尉,累迁左补阙。哥舒翰为副元帅拒安禄山,辟掌书记,翰败,傲道走蜀。肃宗立,奉诰册见行在。历中书舍人、礼部侍郎。代宗狩陕,昕由武关从帝,擢国子祭酒。建崇请太学以树教本,帝寤其言,诏群臣有籍于朝及神策六军子弟隶业者,听补生员。

大历中,持节吊回纥。回纥恃功,廷让昕曰:"乃中国乱,非我无以平,奈何市马不时归我直?"众失色。昕徐曰:"国家戡定寇难,功虽丝毫不遗赏,况邻国乎?仆固怀恩,我之叛臣,尔与连祸,又引吐蕃暴我郊甸。天舍其衷,吐蕃败北,回纥悔惧,叩颡乞和。非天子恤旧功,则支马不得出塞下,孰为失信者?"回纥大惭,因厚礼昕,遣使者约和。转工部尚书,封晋陵侯。德宗出奉天,昕年八十余,步出城。贼求之急,独窜山谷间,仅至奉天。迁太子少傅,爵郡公,兼礼部尚书,知贡举。久之,以太子少师致仕,卒,年九十三,赠扬州大都督,谥曰懿。

昕始荐张镐、来瑱,在礼部擢杜黄裳、高郢、裴垍。其后镐兴布衣,不数年位将相,瑱为将有威名,黄裳等继辅政,并为名宰云。

薛播,河中宝鼎人。曾祖文思,官中书舍人。播早孤,伯母林通经史,善属文,躬授经诸子及播兄弟,故开元、天宝间,播兄弟七人皆擢进士第,衣冠光趩。累授殿中侍御史,迁武功、万年令。温敏而裕,与人交有常,李栖筠、常衮、崔祐甫并器之。祐甫辅政,拜中书舍人,出为汝州刺史。坐小累,贬泉州,再迁至河南尹。以礼部侍郎卒,赠本曹尚书。

子公达,擢进士第。佐凤翔军。会帅不文,尝集射,设的高数十尺,令曰:“中者酬锦与金。”一军莫能中。公达执弓矢揖曰:“请为公欢。”射三发连中,众大呼笑。帅不喜,乃自免去。复佐河阳军。以国子助教居东都,卒。

樊泽,字安时,河中人。少孤,依外家客河朔。相卫节度使薛嵩表为尧山令。举贤良方正,次潼关,雨潦,困不能前。有熊执易者,同舍逆旅,哀之,辍所乘马,倾褚以济,自罢所举。是岁,泽上第,杨炎善之,擢左补阙。

泽有武力,喜兵法,议者谓有将帅器。尝召对延英,德宗叹其论兵“与我意合”。累迁山南东道司马,就拜节度使。每射猎,诸将惮其材武。数与李希烈确,擒骁将张嘉瑜、杜文朝、梁俊之等,贼气沮缩,遂取唐、隋二州。贞元三年,为荆南节度使。会山南东道嗣曹王皋卒,军乱,剽居人。以泽威惠著襄、汉间,复徙山南东道,加检校尚书右仆射。十四年卒,年五十七,赠司空,谥曰成。讣至,帝为撤宴废朝。

子宗师,字绍述。始为国子主簿,元和三年,擢军谋宏远科,授著作佐郎。历金部郎中、绵州刺史。徙绛州,治有迹。进谏议大夫,未拜,卒。始,宗师家饶于财,悉散施姻旧宾客,妻子告不给,宗师笑不答。然力学多通解，著《春秋传》、《魁纪公》、《樊子》凡百余篇，别集尚多。韩愈称宗师论议平正有经据，尝荐其材云。

王纬，字文卿，并州太原人。父之咸，为长安尉，与弟之贲、之奂皆有文。纬举明经，以书判入等，历长安尉。大历中，与李泌俱为路嗣恭江西观察判官。泌见恶于元载，嗣恭希意欲杀之，纬护解，仅免。泌执政，奏于己有私恩，德宗许为泌报，故进纬给事中。浙西观察使缺，泌拟纬，帝曰：“是朕为君报德者乎？黄门要地，独不留议事耶？”对曰：“浙西赋入尤剧，纬清而忠，能惠养民，故请遣之。”制可。初，州县有韩滉时罢钱未入者十八万缗，府史请哀为进奉，纬上疏愿蠲以纾民，诏听之。贞元十年，加御史大夫兼诸道盐铁转运使。裴延龄以诸道负钱四百万缗献为羡钱，以图宠，纬奏“此诸州经费”，大忤延龄意，改检校工部尚书。卒，年七十一，赠太子少保。

纬居官以清白称，然好用刻深吏督察其下，条约苛碎，人不聊云。

吴凑，章敬皇后弟也。繇布衣与兄溆一日赐官封皆等，而凑畏太盛，乞解太子詹事，换检校宾客兼家令。进累左金吾卫大将军。

凑才敏锐，而谦畏自将，帝数顾访，尤见委信。是时，令狐彰、田神功等继没，其下乘丧挟兵，辄偃蹇摇乱。凑持节至汴、滑，委悉慰说，裁所欲为奏，各尽其情，亦度朝廷可行者，故军中欢附。帝才其为，重之。元载当国久，慁状日肆，帝阴欲诛，未发也，顾左右无可与计，即召凑图之。俄而收载赐死。于是王缙、杨炎、王昂、韩会、包佶等皆当坐，凑建言：“法有首从，从不应死，一用极刑，亏德伤仁。”缙等繇是得减死。丁后母丧解职，既除，拜右卫将军。

德宗初，出为福建观察使，政勤清，美誉四腾。与宰相窦参有憾，参数加短毁，又言凑风痹不良趋走，帝召还，验其疾，非是，繇是不直参。擢凑陕虢观察使，代李翼。翼，参党也。宣武刘玄佐死，以凑检校兵部尚书领节度使驰代。未至，汴军乱，立玄佐子士宁。帝欲遣兵内凑,而参请授士宁以沮凑,还为右金吾卫大将军。

贞元十四年夏,大旱,谷贵,人流亡,帝以过京兆尹韩皋,罢之。即召凑代皋,已谢,督视事,明日诏乃下。凑为人强力劭俭,瞿瞿未尝扰民,上下爱向。京师苦宫市强估取物,而有司附媚中官,率阿从无敢争。凑见便殿,因言:"中人所市,不便宵民,徒纷纷流议。宫中所须,责臣可办。若不欲外吏与闻禁中事,宜料中官高年谨信者为宫市令,平贾和售,以息众欢。"又言:"掌闲、圹骑、飞龙、内园、芙蓉园、禁兵诸司杂供役手,资课太繁,宜有蠲省。"帝辄顺可。初,府中易凑贵戚子,不更簿领,每有疑狱,时其将出,则遮凑取决,幸苍卒得容欺。凑叩鞍一视,凡指摘,尽中其弊,初无留思,众畏服,不意凑精裁遣如此。僚史非大过不榜责,召至廷,诘服原去,其下传相训勖,举无稽事。

文敬太子、义章公主仍薨,帝悼念,厚葬之,车土治坟,农事废。凑候帝间徐言,极争不避。或劝论事宜简约,不尔,为上厌苦,凑曰:"上明睿,忧劳四海,不以爱所钟而疲民以逞也,顾左右钳噤自安耳。若反复启寤,幸一听之,则民受赐为不少。桥舌阿旨固善,有如穷民上诉,叵云罪何?"以能,进兼兵部尚书。

及属病,门不内医巫,不尝药,家人泣请,对曰:"吾以庸谨起田亩,位三品,显仕四十年,年七十,尚何求?自古外戚令终者可数,吾得以天年归侍先人地下,足矣!"帝知之,诏侍医敦进汤剂,不获已,一饮之。卒,年七十一,赠尚书右仆射,谥曰成。

先是,街樾稀残,有司莳榆其空,凑曰:"榆非人所荫玩。"悉易以槐,及槐成而凑已亡,行人指树怀之。唐兴,后族退居奉朝请者,犹以事失职,而凑任中外,未尝以罪过罢,为世外戚表云。

淑子士矩,文学蚤就,喜与豪英游,故人人助为谈说。开成初,为江西观察使,飨宴侈纵,一日费凡十数万。初至,库钱二十七万缗,晚年才九万,军用单匮,无所仰。事闻,中外共申解,得以亲议,文宗弗穷治也,贬蔡州别驾。谏官执处其罪,不纳。于是御史中丞狄兼谟建言:"陛下擢任士矩,非私也。士矩负陛下而治之,亦非私也。请遣御史至江西即讯,使杜江淮它镇循习意。"帝听,乃流端州。

郑权,汴州开封人。擢进士第,佐泾原节度刘昌府。昌被病入朝,度其军必乱,以权宽厚容众,檄主后务。昌去,军果乱,权挺身冒白刃,明谕逆顺,杀首乱者,一军畏伏。德宗方厌兵,藩屯校佐得士心者,皆就命之,权自试参军拜行军司马。擢累河南尹,进拜山南东道节度使,徙领德棣沧景军。时讨李师道,权身将兵出屯,奏置归化县,绥纳降附。沧州刺史李宗奭数违命,权劾奏,诏追之,宗奭以州兵留己自解。宪宗更以乌重胤代权,沧人惧,共逐宗奭还京师,有诏斩以徇,徙权节度邠宁。或讼宗奭为权所诬,左迁原王傅,改右金吾卫大将军。

穆宗立,以左散骑常侍持节为回鹘告哀使,以足疾辞,不许,肩舆就道。权识诣魁然,有闳辩。与可汗争曲直,持议明壮,虏礼异之。使还,三迁工部尚书。用度豪侈,乃结权幸求镇守,于是检校尚书右仆射、岭南节度使,多衰赏珍,使吏输送,凡帝左右助力者皆有纳焉,人笑之。卒于官。

陆亘,字景山,苏州吴人。元和三年,策制科中第,补万年丞。再迁太常博士。礼史孟真练容典,博士降色访逮,史侪以倨横。会将册皇太子,草仪,真参议偃蹇,亘榜逐之,胥曹失色。迁累户部郎中、太常少卿。历兖蔡虢苏四州刺史、浙东观察使,徙宣歙。大和八年卒,年七十一,赠礼部尚书。

亘文明严重,所到以善政称。初为兖州,对延英,具陈:"节度分兵屯属州,刺史不能制,故易乱。"帝因诏屯士得隶刺史。温州濒海,经贼乱,夺官吏半禄代民租,后相沿,更以为奸,亘还官全禀,绳赃罪,吏畏而赖之。

卢坦,字保衡,河南洛阳人。仕为河南尉。时杜黄裳为尹,召坦立堂下,曰:"某家子与恶人游,破产,盍察之?"坦曰:"凡居官廉,虽大臣无厚畜,其能积财者必剥下以致之。如子孙善守,是天富不道之家,不若恣其不道,以归于人。”黄裳惊其言,自是遇加厚。

李复为郑滑节度使,表为判官。监军薛盈珍数干政,坦每据理拒之。有善笛者,大将等悦之,诣复请为重职,坦笑曰:“大将久在军,积劳亟迁,乃及右职。奈何自薄,欲与吹笛少年同列邪?”诸将惭,遽出就坦谢。复病甚,盈珍以甲士五百内牙中,封府库,举军大恐。坦劝止之,军乃安。复卒,诏姚南仲代之,盈珍以南仲本书生,易之,曰:“是将材邪?”坦私谓人曰:“姚大夫外柔中刚,监军若侵之,必不受。我留,恐及祸。”乃从复丧归东都,为寿安令。盈珍果与南仲不相中,幕府多黜死者。

河南赋限已穷,县人诉机织未就,坦诣府请申十日,不听。坦谕县人弟输,勿顾限,违之不过罚令俸尔。由是知名。累为刑部郎中兼侍御史知杂事。赤县尉为台所按,京兆尹密救之,帝遣中人就释。坦白中丞请中覆,中人走以闻,帝曰:“吾固宜先命有司。”遂下诏,乃释。数月,迁中丞。

初,诸道长吏罢还者,取本道钱为进奉,帝因赦令一切禁止,而山南节度使柳晟、浙西观察使阎济美格诏输献,坦劾奏,晟、济美白衣待罪。帝谕坦曰:“二人所献皆家财,朕已许原,不可失信。”坦曰:“所以布大信者,赦令也。今二臣违诏,陛下奈何以小信失大信乎?”帝曰:“朕既受之,奈何?”坦曰:“出归有司,以明陛下之德。”帝纳之。李锜诛,有司将毁其祖墓,坦上疏谏止。裴均为仆射,将居谏议,常侍上。坦引故事及姚南仲旧比,均曰:“南仲何人?”曰:“守正而不交权幸者。”均怒,遂罢为左庶子。

数月,拜宣歙池观察使。初,刘辟婿苏强坐诛,强兄弘宦晋州,自免去,人莫敢用者。坦奏“弘有才行,其弟从辟时,距三千里,宜不通谋,今坐废,非用人意”,因请署判官,帝曰:“使强不诛,尚录其材,况彼兄耶!”时江淮旱,谷踊贵,或请抑其价,坦曰:“所部地狭,谷来他州,若直贱,谷不至矣,不如任之。”既而商以米坌至,乃多贷兵食出诸市,估遂平。

再迁户部侍郎,判度支。或告泗州刺史薛謇为代北水运时,畜异马,不以献,事下度支。坦遣吏验,未反,帝迟之,更遣中人刘泰昕往,坦曰:"事付有司,而又遣宦官,岂有司不足信乎?"三奏,帝乃止。表韩重华为代北水运使,开废田,列壁二十,益兵三千人,岁收粟二十万石。

河毁西受降城,宰相李吉甫议徙天德。坦以为:"城当碛口,得制北狄之要,美水丰草,边鄣所利。若避河流,不过退徙数里,奈何徇一时省费,堕万世策邪?天德故城地壤硗瘠,北倚山,去河远,烽候无所统接,虏骑唐突,势不容知,是无故而蹙地二百里,故曰非便。"城使周怀义亦以为言。吉甫不悦,出坦为东川节度。后数月,怀义忧死,燕重旰代之,遂徙天德,师人怨,杀重旰,覆其家。

初,坦与宰相李绛议多协,绛藉为己助,及坦出半岁而绛罢。治东川,尽蠲山泽盐井榷率之籍。吴少诚之诛,诏以兵二千屯安州,坦每朔望使人问其父母妻子,视疾病医药,故士皆感慰,无逃还者。惟请收军吏闰月粮助行营,为人所非。元和十二年卒,年六十九,赠礼部尚书。

旧制,官、阶、勋俱三品始听立戟,后虽转四品官,非贬削者戟不夺。坦为户部侍郎时,阶朝议大夫,勋护军,以尝任宣州刺史三品,请立戟,许之。时郑余庆淹练旧章,以为非是。为宪司劾正,诏罚一月俸,夺戟。自贞元以来,立戟十八家不应令,并追正之。

阎济美者,第进士,有长者名。贞元末,繇婺州刺史为福建观察使,徙浙西。为治简易,居镇未尝增常赋。罢浙西也,方在道,见诏而贡献无所还,故帝为言之。寻出华州刺史,入为秘书监,以工部尚书致仕。卒,谥曰温。

柳晟,河中解人。六世祖敏,仕后周为太子太保。父潭,尚和政公主,官太仆卿。晟年十二,居父丧,为闻孝。代宗养宫中,使与太子诸王授学于吴大瓘并子通玄,率十日辄上所学。既长,诏大瓘等即家教授。拜检校太常卿。

德宗立，晟亲信用事。朱泚反，从帝至奉天，自请入京师说贼党以携沮之，帝壮其志，得遣。泚将右将军郭常、左将军张光晟皆晟雅故，晟出密诏，陈祸福逆顺，常奉诏受命，约自拔归。要籍朱既昌告其谋，泚捕□晟及常外狱，晟夜半坎垣毁械而亡，断发为浮屠，间归奉天，帝见，为流涕。乘舆还京师，擢原王府长史。吴通玄得罪，晟上书理其辜，其弟止曰："天子方怒，无诒悔！"不听。凡三上书，帝意解，通玄得减死。

晟累迁将作少监，以护作崇陵，封河东县子，授山南西道节度使。府兵讨刘辟还，未叩城，复诏戍梓州，军曹怒，胁监军谋变。晟闻，疾驱入劳士卒，既而问曰："若等何为成功？"曰："诛骄不受命者。"晟曰："若知刘辟得罪天子而诛之，奈何复欲使后人诛若等耶？"士皆免胄拜，从所徙。入为将作监。使回鹘，奉册立可汗，逆谓曰："属闻可汗无礼自大，去信自强。夫礼信不能为，何足奉中国乎？"可汗诸贵人愕然骇，皆跪伏成礼。还为左金吾卫大将军，爵为公。卒，年六十九，诏从官临吊，赠太子少保。

晟敏于辩，下士乐施，唯自兴元入朝，贡献不如诏，为御史中丞卢坦所劾，宪宗以其贤，置弗暴云。

崔戎，字可大，玄暐从孙也。举明经，补太子校书郎。判入等，调蓝田主簿。辟淮南李鄘府。卫次公代鄘，宪宗称戎才，故次公倚成于职。裴度节度太原，署参谋。时王承宗以镇叛，度请戎往谕，承宗至泣下，乃听命。入为殿中侍御史，擢累谏议大夫。

云南蛮乱成都，诏戎持节剑南为宣抚使。奏罢税外姜芋钱。当赋钱者率三之，以其一准缯布，优其估以与民。绥招流亡。凡废若置，公私莫不便之。还拜给事中。出为华州刺史。吏以故事，置钱万缗为刺史私用，戎不取。及去，召吏曰："籍所置钱享军，吾重矫激以夸后人也。"徙兖海沂密观察使，民拥留于道不得行，乃休传舍，民至抱持取其靴。时诏使尚在，民泣诣使，请白天子丐戎还，使许诺。戎恚□其下，众曰："留公而天子怒，不过斩吾二三老人，则公不去矣。"戎夜单骑亡去，民追不及乃止。至兖州，钼灭奸吏十余辈，民大喜。岁余卒，年五十五，赠礼部尚书。

　　子雍，字顺中，由起居郎出为和州刺史。庞勋以兵劫乌江，雍不能抗，遣人持牛酒劳之，密表其状。民不知，诉诸朝，宰相路岩素不平，因是傅其罪，赐死宣州。

唐书卷一六〇
列传第八五

徐浩　吕渭 温 恭　孟简
刘伯刍 宽夫 允章　杨凭 凝
敬之　潘孟阳　崔元略 铉
沆 元受 元式 崔龟从　韦绶

　　徐浩，字季海，越州人。擢明经，有文辞。张说称其才，繇鲁山主簿荐为集贤校理，见《喜雨》、《五色鸽赋》，咨嗟曰："后来之英也！"进监察御史里行。辟幽州张守珪幕府。历河阳令，治有绩。东都留守王倕表署其府。民有妄作符命者，众不为疑，浩独按篆诘状，果诈为之。迁累都官郎中，为岭南选补使，又领东都选。
　　肃宗立，繇襄州刺史召授中书舍人。四方诏令，多出浩手，遣辞赡速，而书法至精，帝喜之。又参太上皇诰册，宠绝一时。授兼尚书右丞。浩建言："故事，有司断狱，必刑部审覆。自李林甫、杨国忠当国，专作威福，许有司就宰相府断事，尚书以下，未省即署，乖慎恤意。请如故便。"诏可。故详断复自此始。进国子祭酒，为李辅国谮，贬庐州长史。
　　代宗复以中书舍人召，迁工部侍郎、会稽县公，出为岭南节度使。召拜吏部侍郎，与薛邕分典选。浩有妾弟冒优，托之邕，拟长安尉，御史大夫李栖筠劾之，帝怒，黜邕歙州刺史，浩明州别驾。德宗初，召授彭王傅，进郡公。卒，年八十，赠太子少师，谥曰定。

始，浩父峤之善书，以法授浩，益工。尝书四十二幅屏，八体皆备，草隶尤工，世状其法曰"怒猊抉石，渴骥奔泉"云。晚节治广及领选，颇嗜财，惑于所嬖，卒以败。

吕渭，字君载，河中人。父延之，终浙东节度使。渭第进士，从浙西观察使李涵为支使，进殿中侍御史。大历末，涵为元陵副使，渭又为判官。涵繇御史大夫擢太子少傅，渭建言："涵父名少康，当避。"宰相崔祐甫善其言，擢司门员外郎。御史共劾渭："昔涵再任少卿，不以嫌，今谓少傅为慢官，疑渭为涵游说。"乃贬渭歙州司马。

贞元中，累迁礼部侍郎。始，中书省有古柳，建中末枯死，德宗自梁还，复荣茂，人以为瑞柳，渭令贡士赋之。帝闻，不以为善。又与裴延龄为姻家，擢其子操上第，会入阁，遗私谒之书于廷。出为潭州刺史。卒，赠陕州大都督。

四子：温、恭、俭、让。

温，字和叔，一字化光，从陆质治《春秋》，梁肃为文章。贞元末，擢进士第。与韦执谊厚，因善王叔文。再迁为左拾遗。以侍御史副张荐使吐蕃，会顺宗立，荐卒于虏，虏以中国有丧，留温不遣。时叔文秉权，与游者皆贵显，温在绝域不得迁，常自悲。元和元年乃还，而柳宗元等皆坐叔文贬，温独免，进户部员外郎。

温操翰精富，一时流辈推尚。性险躁，谲诡而好利，与窦群、羊士谔相昵。群为御史中丞，荐温知杂事，士谔为御史，宰相李吉甫持之，久不报，温等怨。时吉甫为宦侍所抑，温乘其间谋逐之。会吉甫病，夜召术士宿于第，即捕士掠讯，且奏吉甫阴事。宪宗骇异，既诘辨，皆妄言，将悉诛群等，吉甫苦救乃免，于是贬温均州刺史，士谔资州。议者不厌，再贬为道州。久之，徙衡州，治有善状。卒，年四十。

恭字恭叔，尚气节，喜纵横、孙、吴术。为山南西道府掌书记，进殿中侍御史，终岭南府判官。

俭亦为御史。让，太子右庶子。皆美材。

孟简，字几道，德州平昌人。曾祖诜，武后时同州刺史。简举进
士、宏辞连中，累迁仓部员外郎。王叔文任户部，简以不附离见疾，
不敢显黜，宰相韦执谊为徙它曹。元和中拜谏议大夫，知匦事。韩
泰、韩晔之复刺史，吐突承璀为招讨使，简皆固争，诣延英言不可
状，以悍切出为常州刺史。州有孟渎，久淤阏，简治导，溉田凡四千
顷，以劳赐金紫，召为给事中。

代李逊为浙东观察使。逊抑士族，右编人，至横恣不检；及简，
一反之，农估兼受其弊，时谓两失之。以工部侍郎召还。初，使府得
代，诏至，署留后即行。李翛观察浙西，始请留故使交政。及简还，
半道堂牒还之，如例，乃听解。

进户部，加御史中丞。户部有二员，判使按者居别一署，谓之
"左户"，元和后，选委华重，宰相多由此进。崔群既相，而简代之，故
简意且柄任。及出山南东道节度使，内不乐。政颇严峭。时有诏置
临汉监以牧马，命简兼使职。简以亲吏陆翰主奏邸，关通阉侍，翰持
之，数傲很，简怒，追还，以土囊毙之。家上变，发简奸赃，御史劾验，
得遗吐突承璀赀七百万。左授太子宾客，分司东都，再贬吉州司马。
以赦令进睦州刺史，复徙常州，仍太子宾客分司，卒。

简尤工诗，闻江、淮间。尚节义，与之交者，虽殁，视恤其孤不少
衰。晚路殊躁急，佞佛过甚，为时所诮。尝与刘伯刍、归登、萧俛译
次梵言者。

刘伯刍，字素芝，兵部侍郎迺之子。行修谨。淮南杜佑奏署节
度府判官。府罢，召拜右补阙，迁主客员外郎。数过友家饮噱，为韦
执谊阴劾，贬虔州参军。久乃除考功员外郎。裴垍待之善，擢累给
事中。李吉甫当国而垍卒，不加赠，伯刍为申理，乃赠太子少傅。或
言其妻垍从母也，吉甫欲按之，求补虢州刺史。稍迁刑部侍郎、左散
骑常侍。卒，赠工部尚书。

伯刍风度高严,善谈确,而动与时适,论者少之。

子宽夫,宝历中为监察御史。奏言:"以王府官摄祠,位轻,非严恭意,请以尚书省东宫三品若左右丞、侍郎通摄。"俄转左补阙。陈岵注浮屠书,因供奉僧以闻,除濠州刺史。宽夫劾状,敬宗怒谓宰相曰:"岵不緣僧得州,谏臣安受此言?"宽夫曰:"众劾岵,独臣草状,应伏诛。推言所从,恐累国体。"帝说其言,释之。

子允章,字蕴中,咸通中为礼部侍郎。请诸生及进士第并谒先师,衣青衿,介帻,以还古制。改国子祭酒。又建言:"群臣输光学钱治庠序,宰相五万,节度使四万,刺史万。"诏可。后为东都留守。黄巢至,分司李溪挈尚书印走河阳,允章寄治河清。巢僭号,辄受伪官,文书尽用金统。遣取印溪所,溪不与,更悔愧,移檄近镇起兵捍贼,溪持印还之。后废于家。

杨凭,字虚受,一字嗣仁,虢州弘农人。少孤,其母训道有方。长善文辞,与弟凝、凌皆有名,大历中,踵擢进士第,时号"三杨"。凭重交游,尚气节然诺,与穆质、许孟容、李鄘相友善,一时歆慕,号"杨穆许李"。

历事节度府,召为监察御史,不乐,辄免去。累迁太常少卿、湖南江西观察使。性简傲,接下脱略,人多怨之。在二镇尤侈忕。入拜京兆尹。与御史中丞李夷简素有隙,因劾凭江南奸赃及它不法,诏刑部尚书李鄘、大理卿赵昌即台参讯。于时凭治第永宁里,功役丛烦,又幽妓妾于永乐别舍,谤议颇欢,故夷简藉之痛擿发,欲抵以死。既置对,未得状,即逮捕故官属推蹑,簿凭家赀。翰林学士李绛奏言:"凭所坐赃,不当同逆人法。"乃止。宪宗以凭治京兆有绩,但贬临贺尉。始,德宗时假借方镇,习为僭儗事,夷简首按凭,时以为宜,而缘私怨,论者亦不与。俄徙杭州长史。以太子詹事卒。

凭所善客徐晦者,字大章,第进士、贤良方正,擢栎阳尉。凭得罪,姻支惮累,无往候者,独晦至蓝田慰饯。宰相权德舆谓曰:"君送临贺诚厚,无乃为累乎?"晦曰:"方布衣时,临贺知我,今忍遽弃邪?

有如公异时为奸邪谮斥，又可尔乎？"德舆叹其直，称之朝。李夷简遽表为监察御史，晦过谢，问所以举之之由。夷简曰："君不负杨临贺，肯负国乎？"后历中书舍人，强直守正，不沈浮于时。嗜酒丧明，以礼部尚书致仕，卒。

凝字懋功，由协律郎三迁侍御史，为司封员外郎，坐厘正嫡媵封邑，为权幸所忌，徙吏部，稍迁司封郎中。宣武董晋表为判官，亳州刺史缺，晋以凝行州事。增垦田，决污堰，筑堤防，水患讫息。时孟叔度横纵挠军治，而凝亦荒湎，晋卒，乱作。凝走还京师，阖门三年。拜兵部郎中，以痼疾卒。

凌字恭履，最善文，终侍御史。

子敬之。

敬之字茂孝，元和初，擢进士第，平判入等，迁右卫胄曹参军。累迁屯田、户部二郎中。坐李宗闵党，贬连州刺史。文宗尚儒术，以宰相郑覃兼国子祭酒，俄以敬之代。未几，兼太常少卿。是日，二子戎、戴登科，时号"杨家三喜"。转大理卿，检校工部尚书，兼祭酒，卒。

敬之尝为《华山赋》示韩愈，愈称之，士林一时传布，李德裕尤咨赏。敬之爱士类，得其文章，孜孜玩讽，人以为癖。雅爱项斯为诗，所至称之，繇是擢上第。斯字子迁，江东人。敬之祖客瀍上，见闽人濮阳愿，阅其文，大推挹，遍语公卿间。会愿死，敬之为敛葬。

潘孟阳，史亡何所人。父炎，大历末官右庶子，为元载所恶，久不迁。载诛，进礼部侍郎，以病免。方刘晏任权，炎乃其婿，虽书疏报答，未尝辄关，时称有古人节。晏得罪，坐贬澧州司马，时舆疾上道，不自言。于邵高其介，申救，不见听。

孟阳少以荫，俄登博学宏辞科，补渭南尉，再迁殿中侍御史。公卿多父行及外家宾客，故被慰荐，擢累兵部郎中。贞元末，王绍以恩幸进，数称孟阳才，权知户部侍郎。杜佑判度支，奏以自副。时宪宗新立，诏孟阳驰驿江淮视财赋，加盐铁转运副使，并察诸使治否。孟阳恃奥主，又气豪倨，从者数百人，所至会宾客，留连倡乐，招金钱，多补吏，誉望大丧。使还，罢为大理卿。其后左司郎中郑敬宣慰江淮，帝诫曰："朕宫中用尺寸物皆有籍，唯赈民无所计，卿是行，宜谕朕意，毋若潘孟阳殚财费酣饮游山寺而已。"

元和三年，出为华州刺史，迁剑南东川节度使。宰相武元衡与孟阳旧，复以户部侍郎召判度支，又兼京北五城营田使。太府王遂为西北供军使，持营田不可，至私忿恨，更请间论列，帝怒，罢孟阳左散骑常侍。明年，复旧官。盛葺第舍，帝微行至乐游原，望见之，以问左右，孟阳惧，辍不敢治。而伎媵用度过侈汏，人多指怒之。病风痹，复改左散骑常侍。卒，赠兵部尚书，谥曰康。

初，孟阳为侍郎，年未四十，其母谓曰："以尔之材而位丞郎，使吾忧之。"

崔元略，博州人。父儆，贞元时终尚书左丞。元略第进士，更辟诸府，迁累殿中侍御史，以刑部郎中知御史杂事，进拜中丞。时李夷简召为大夫，故诏元略留司东台。改京兆少尹，行府事，数月，迁为尹。徙左散骑常侍。

初，中丞缺，议者属崔植，而元略谬谓植入阁不如仪，使御史弹治。及宰相以二人进，元略果得之，植恨怅。既当国，以元略为宣抚党项使。辞疾不行。植奏："不少责，无以示群臣。"乃出为黔南观察使，徙鄂岳，久乃拜大理卿。

敬宗初，还京兆尹，兼御史大夫。收贷钱万七千缗，为御史劾奏，诏刑部郎中赵元亮、大理正元从质、侍御史温造以三司杂治。元略素事宦人崔潭峻，颇左右之，狱具，削兼秩而已。俄授户部侍郎，讥谤大兴，谏官斥元略方劾而迁，有助力，元略自解辨，乃止。京兆刘栖楚又劾元略前造东渭桥，纵吏增估物不偿直，取工徒赃二万缗。诏夺一月俸。于是栖楚规相位，疑元略妨己路，故举疑似蔑染之。大和三年，以户部尚书判度支，出为东都留守，改义成节度使。卒，赠尚书左仆射。

子铉。

铉字台硕,擢进士第,从李石荆南为宾佐,入拜司勋员外郎、翰林学士,迁中书舍人、学士承旨。武宗好蹴鞠、角抵,铉切谏,帝褒纳之。会昌三年,拜中书侍郎、同中书门下平章事。铉入朝凡三岁至宰相,而石犹在江陵。泽潞平,兼户部尚书。与李德裕不叶,罢为陕虢观察使。宣宗初,擢河中节度使,以御史大夫召,用会昌故官辅政,进尚书左仆射,兼门下侍郎,封博陵郡公。

铉所善者郑鲁、杨绍复、段瑰、薛蒙,颇参议论,时语曰:"郑杨段薛,炙手可热;欲得命通,鲁绍瑰蒙。"帝闻之,题于扆。是时,鲁为刑部侍郎,铉欲引以相,帝不许,用为河南尹。它日,帝语铉曰:"鲁去矣,事由卿否?"铉惶惧谢罪。

久之,出为淮南节度使,帝饯太液亭,赐诗宠之。因宣州军乱,逐观察使郑薰,铉出兵讨击,诏兼宣歙池观察使。既平,加检校司空,罢兼使。居九年,条教一下无复改,民以顺赖。咸通初,徙山南东道、荆南二镇,封魏国公。庞勋叛,自桂管北还,所过剽略。铉闻,大募兵屯江、湘,邀贼归路。贼惧,更逾岭,自淮而北,朝廷壮其忠。卒官下。

子沆,字内融,累迁中书舍人。韦保衡逐于琮,沆亦贬循州司户参军。僖宗立,召为永州刺史,复拜舍人,进礼部、吏部二侍郎。乾符五年,以户部侍郎同中书门下平章事。昕旦告麻,大雾塞廷中,百僚就班修庆,大风雨雹,时谓不祥。俄改中书侍郎、兼工部尚书。时王景崇进兼中书令,让其兄景儒,求易定节度。沆谓魏博、卢龙且相援,执不可。卢携专政,而黄巢势寖盛,沆每建裁遏,多为携沮抑。贼陷京师,匿张直方第,遇害。

元略弟元受、元式、元儒,皆举进士第。元受以高陵尉直史馆。元和时,于皋谟为河北行营粮料使,元受从之,督供馈。皋谟得罪,元受逐死岭表。

元式始署帅府僚佐,累官湖南观察使。会昌中,泽潞用兵,迁河中,拜河东、义成节度使。宣宗初,以刑部尚书判度支,拜门下侍郎、同中书门下平章事，进兼户部尚书。以疾罢。卒，赠司空，谥曰庄。

大中时，又有宰相崔龟从，字玄告，初举进士，复以贤良方正、拔萃，三中其科，拜右拾遗。大和初，迁太常博士。最明礼家沿革，问不虚酬。定敬宗庙室祝辞，皇帝不可云孝弟。九宫皆列星，不容为大祠。大臣□，不于讣日辍朝，乃在数日外。因引贞观时，任瓌卒，有司对仗奏，太宗责其不知礼；岑文本殁，是夕，罢警严；张公谨亡，哭不避辰日，故闵悼之切，不宜过时。又言三品以上官，非经任将相密近，不宜辍朝。诏皆可其议，九宫遂为中祠。再迁至司勋郎中，知制诰，真拜中书舍人，历户部侍郎。大中四年，以中书侍郎同中书门下平章事。再岁，罢为宣武军节度使，数徙镇，卒。

韦绶字子章，京兆万年人。有至性，然好不经，丧父，镵臂血写浮屠书。建中末，为长安尉。朱泚乱，羸服走奉天，拜华阴令。佐襄阳于頔府，数讥谪刺頔横恣，頔不能容，荐诸朝。三迁职方郎中。

穆宗为太子，绶入侍读，迁谏议大夫。太子书"依"字辄去"人"，曰："上以此可天下事，乌得全书耶？"绶白之，帝喜，即赐绶锦彩。方太子幼，绶数为俚言以悦太子，它日侍，太子为帝道之，帝怒曰："绶当以经义辅导太子，而反语此，朕何赖焉？"外迁虔州刺史。

穆宗立，召为尚书右丞、集贤院学士，出入禁中，怙宠甚。建白："帝诞日，百官先诣光顺门贺皇太后，然后上皇帝千万岁寿。"诏可。久之，宰相奏古无生日称贺者，绶议格。时大臣论启或未决，绶居中助可否。九月九日宴群臣曲江，绶请集贤学士得别会，帝一顺听。进位礼部尚书。帝问所以振灾邀福者，对曰："宋景公以善言退法星三舍，汉文除秘祝，敕有司祭而不祈，此二君皆受自至之福，书美前史。如失德以却灾，媚神以丐助，神而有知，且因以谴也。"时帝不德，故托讽焉。

俄以检校户部尚书为山南西道节度使。入辞，请门戟十二以行，又乞赐钱二百万，官子元弼太常丞，帝以旧恩许之。绶耄而贪，不能事军政,纲维乱弛。卒,赠尚书右仆射,帝遣中人吊其家。有司谥通丑,故吏以为言,改谬丑,不报,罢。

唐书卷一六一
列传第八六

张荐 _读	**赵涓** _{博宣}	**李纾**
郑云逵	**徐岱**	**王仲舒**
冯伉	**庾敬休**	

　　张荐,字孝举,深州陆泽人。祖鷟,字文成,早惠绝伦。为儿时,梦紫文大鸟,五色成文,止其廷。大父曰:"吾闻五色赤文,凤也;紫文,鸑鷟也。若壮,殆以文章瑞朝廷乎?"遂命以名。调露初,登进士第。考功员外郎骞味道见所对,称天下无双。授岐王府参军。八以制举皆甲科,再调长安尉,迁鸿胪丞。四参选,判策为铨府最。员外郎员半千数为公卿称"鷟文辞犹青铜钱,万选万中",时号鷟"青钱学士"。证圣中,天官侍郎刘奇以鷟及司马锽为御史。性躁卞,傥荡无检,罕为正人所遇,姚崇尤恶之。开元初,御史李全交劾鷟多口语讪短时政,贬岭南,刑部尚书李日知讼斥太重,得内徙。鷟属文下笔辄成,浮艳少理致,其论著率诋诮芜猥,然大行一时,晚进莫不传记。武后时,中人马仙童陷默啜,问:"文成在否?"答曰:"近自御史贬官。"曰:"国有此人不用,无能为也。"新罗、日本使至,必出金宝购其文。终司门员外郎。

　　荐敏锐有文辞,能为《周官》、《左氏春秋》。初,为颜真卿叹赏。大历中,浙西观察使李涵表荐才任史官,诏授左司御率府兵曹参军,以母老辞不就。丧除,礼部侍郎于邵以闻,召充史馆修撰,兼阳

翟尉。真卿为李希烈所拘,遣兄子岘及家仆奏事五辈,皆留内客省,不得出。荐上疏曰:

去正月中,真卿奉使淮西,期不先戒,行无素备。受命之后,不宿于家,亲党不遑告别,介副不及陈请,屡僮单骑,即日载驰。冒奸锋于临汝,折元恶于许下,捐躯杖义,威诟群凶,遂令胁制者回虑,忠勇者肆情。周曾奋发于外,韦清伺应于内,希烈苍黄窘迫,奔固旧穴,盖真卿义风所激也。真卿逮事四朝,为国元老,忠直孝友,羽仪王室。行年八十,被羸老之疾,拘囚环堵之间,顾眄钩戟之下,呼嗟愤恚,失寝忘食,不知悲翁何以堪此!

伏闻希烈之母,钟念幼子,目不绝泣,求责希烈;又希烈妻祖母郭及妻妹封并逮捕京师。此三人留之无益,请置境上以赎真卿,先降诏书,分明谕告。且希烈知真卿人望,不敢加害,既无嫌隙,但因循未遣耳。若归其亲爱,贼亦何吝还一使哉?

臣又闻真卿所遣兄子岘及家僮从官奉表来者五辈,皆留中,其子颙等拳拳实希一见,望许休浣,告以安否。

疏奏,卢杞持之,不报。

朱泚反,诡姓名伏匿城中,著《史通先生传》。京师平,擢左拾遗。诏复用杞为刺史,荐与陈京、赵需等论杞奸恶倾覆不当用,入对挺确,德宗纳之。

贞元元年,帝亲郊。时更兵乱,礼物残替,用荐为太常博士,参缀典仪,略如旧章。刑部尚书关播持节送咸安公主于回纥,以荐为判官。还,迁工部员外郎。久之,擢谏议大夫,复为史馆修撰。

方裴延龄用事,中伤俊良,建白无不当帝意。荐将疏其恶,延龄知之,因言于帝曰:“谏议论朝政得失,史官书人君善恶,二者不可兼。”荐改秘书少监。延龄必欲以罪斥废之。会遣使册回鹘毗伽怀信可汗,使荐至回鹘。还为监。吐蕃赞普死,擢荐工部侍郎,为吊祭使。荐占对详辩,三使绝域,始兼侍御史、中丞,后大夫。次赤岭,被病卒,年六十一,吐蕃传其枢以归。顺宗立,问至,赠礼部尚书,谥曰宪。

荐自拾遗至侍郎，凡二十年，常兼史馆修撰。初，贞元时，京师旱，帝避正殿，减膳，荐白限日以应古制。及定昭德皇后庙乐，迁献、懿二祖，定太仪位号、大臣祔庙鼓吹法，莫不参裁，诸儒谓博而详。所著书百余篇。

子又新，别有传。

孙读，字圣用，幼颖解。大中时第进士，郑薰辟署宣州幕府。累迁礼部侍郎。中和初为吏部，选牒精允。调者丐留二年，诏可，榜其事曹门。后兼弘文馆学士，判院事，卒。

赵涓，冀州人。幼有文，天宝时第进士，补鄠城尉，稍历台省。河南王缙引署副元帅府判官。德宗初，为衢州刺史。始，永泰时，禁中火，近东宫，代宗疑之。涓以监察御史为巡使，验治明谛，迹火所来，乃宦人直舍。帝在东宫颇德之。及治衢，不为观察使韩滉所容，奏免官，帝见其名，问宰相曰："是岂永泰时御史乎？"对曰："然。"诏拜尚书左丞。既至，劳之曰："卿正直，朕所自知，乃以罪闻，不信也。"命典吏部选。从狩梁。兴元元年卒，赠户部尚书。

子博宣，亦擢进士第。藻翰豪迈，沈于酒，傲忽少检。陈许曲环辟署于府，久不能堪，乃诬"受吴少诚金为反间，数言休咎惑众"。有诏杖四十，流康州，时人冤之。

李纾，字仲舒，始仕为校书郎，大历初，李季卿荐为左补阙，迁累中书舍人。德宗居奉天，繇礼部侍郎选为同州刺史。帝次梁，纾委城趋行在，擢兵部侍郎、高邑伯。建言享武成王庙不宜与文宣王等，制从之。

纾性乐易，喜接后进。其自奉养颇华裕，不为龊龊崖检。官虽贵，而游纵自如。奉诏为《兴元纪功述》及它郊庙乐章，论撰甚多。进吏部侍郎。年六十二卒，赠礼部尚书。

郑云逵,系本荥阳。父旷,为郾城尉,州刺史移职,民之暴謷者遮道留,旷诛杀六七人。采访使奇之,言状,擢北海尉。安禄山反,县民孙俊驱市人以应,旷率众击杀之。改登州司马。李光弼表为武宁府判官,迁沂州刺史,谕降贼李浩五千人。终滁州刺史。

云逵为人诞谲敢言,已登进士第,去客燕朔,朱泚善之,表为掌书记,妻以泚女。泚将朝,使云逵先入奏,同府蔡廷玉谮于泚,奏贬为平州参军。滔代泚将,复辟云逵为判官。廷玉与要藉官朱体微它日与泚从容言:"滔非长者,不可付以兵。"云逵数漏其语以怒滔,故滔论廷玉等,皆得罪死。滔助田悦,云逵谏,不从,遂弃室自归。德宗悦,擢谏议大夫。帝在梁,云逵依李晟,晟表以礼部侍郎为军司马,时时咨逮戎略。元和初,为京兆尹,卒。

弟方逵,悖悍,结徒剽劫,父欲杀之,不克。云逵自劾"不能教,恐赤臣家"。诏锢死黔州。

徐岱,字处仁,苏州嘉兴人,世农家子。于学无所不通,辩论明锐,座人常屈。大历中,刘晏表为校书郎。观察使李栖筠钦其贤,署所居为"复礼乡"。名达于朝,擢偃师尉。礼仪使蒋镇荐为太常博士,专掌礼事。从德宗出奉天,以膳部员外郎兼博士。

贞元初,为太子、诸王侍读,迁给事中、史馆修撰。帝以诞日岁岁诏佛、老者大论麟德殿,并召岱及赵需、许孟容、韦渠牟讲说。始三家若矛楯然,卒而同归于善。帝大悦,赍予有差。两宫恩遇无比。性笃慎,至宫殿中语未尝近之,不谈人短,宗族孤孺者皆为婚嫁。然吝啬,自持家管钥,世所讥云。卒,赠礼部尚书。

王仲舒,字弘中,并州祁人。少客江南,与梁肃、杨凭游,有文称。贞元中,贤良方正高第,拜左拾遗。德宗欲相裴延龄,与阳城交章言不可。后入阁,帝顾宰相指曰:"是岂王仲舒邪?"俄改右补阙,迁礼部考功员外郎。奏议详雅,省中伏其能。坐累为连州司户参军,再徙荆南节度参谋。

元和初，召为吏部员外郎，未几，知制诰。杨凭得罪斥去，无敢过其家，仲舒屡存之。将直凭冤，贬峡州刺史，母丧解。服除，为婺州刺史。州疫旱，人徙死几空，居五年，里闾增完，就加金紫服。徙苏州。堤松江为路，变屋瓦，绝火灾，赋调尝与民为期，不扰自办。

穆宗立，每言仲舒之文可思，最宜为诰，有古风。召为中书舍人。既至，视同列率新进少年，居不乐，曰："岂可复治笔研于其间哉！吾久弃外，周知俗病利，得治之，不自愧。"宰相闻之，除江西观察使。初，江西榷酒利多佗州十八，民私酿，岁抵死不绝，谷数斛易斗酒。仲舒罢酤钱九十万。吏坐失官息钱三十万，悉产不能偿，仲舒焚簿书、脱械不问。水旱，民赋不入，叹曰："我当减燕乐他用可乎！"为出钱二千万代之。有为佛老法、兴浮屠祠屋者，皆驱出境。卒于官，年六十二，赠左散骑常侍，谥曰成。

仲舒尚义慨，所居急民废置，自为科条，初若烦密，久皆称其便。

冯伉，魏州元城人，徙贯京兆。第五经、宏辞，调长安尉。三迁膳部员外郎，为睦王等侍读。

李抱真卒，伉持节临吊，归之帛，不受，又致京师，伉上表固拒。于是醴泉令缺，宰相高选，德宗曰："前使泽潞不受币者，其人清，可用也。"遂以授伉。县多嚣猾，数犯法，伉为著《谕蒙书》十四篇，大抵劝之务农、进学，而教以忠孝。乡乡授之，使转相教督。居七年，韦渠牟荐为给事中、皇太子诸王侍读。对殿中，赐金紫服。进兵部侍郎，出为同州刺史。以散骑常侍召，领国子祭酒者再。卒，年六十六，赠礼部尚书。

庾敬休，字顺之，邓州新野人。祖光烈，与弟光先不受安禄山伪官，遁去。光烈终大理少卿，光先吏部侍郎。父何，当朱泚反，又与弟倬逃山谷，不臣贼。官兵部郎中。

敬休擢进士第，又中宏辞，辟宣州幕府。入拜右补阙、起居舍人。建言:"天子视朝,宰相群臣以次对,言可传后者,承旨宰相示左右起居,则载录,季送史官,如故事。"诏可。既而执政以几密有不可露,罢之。召为翰林学士。文宗将立鲁王为太子,慎选师傅,敬休以户部侍郎兼鲁王傅。

初,剑南西川、山南道岁征茶,户部自遣巡院主之,募贾人入钱京师。大和初,崔元略奏责本道主当岁以四万缗上度支。久之,逗留多不至。敬休始请置院秭归,收度支钱,乃无逋没。又言:"蜀道米价腾踊,百姓流亡,请以本道阙官职田赈贫民。"诏可。再为尚书左丞。卒,赠吏部尚书。

敬休夷澹,多容可,不饮酒食肉,不迩声色。

弟简休,亦至工部侍郎。

唐书卷一六二
列传第八七

姚南仲　独孤及 朗 郁 庠
顾少连　韦夏卿 瓘 　段平仲
吕元膺　许孟容 季同
薛存诚 廷老 　李逊 方玄 建讷

　　姚南仲，华州下邽人。乾元初，擢制科，授太子校书。迁累右补阙。大历十年，独孤皇后崩，代宗悼痛，诏近城为陵，以朝夕临望。南仲上疏曰："臣闻人宅于家，帝王宅于国。长安乃祖宗所宅，其可兴凿建陵其侧乎？夫葬者，藏也，欲人之不得见也。今西近宫阙，南迫大道。使近而可视，殁而复生，虽宫以待之可也。如令骨肉归土，魂无不之，虽欲自近，了复何益？且王者必据高明，烛幽隐，先皇所以因龙首而建望春也。今起陵目前，心一感伤，累日不能平。且匹夫向隅，满堂不乐，况万乘乎，天下谓何？陛下谥后以贞懿，而终以亵近，臣窃惑焉。今国人皆曰后陵在迩，陛下将日省而时望焉，斯有损圣德，无益先后，欲宠反辱，惟陛下执计。"疏奏，帝嘉纳，进五品阶以酬谠言。

　　坐善宰相常衮，出为海盐令。浙西观察使韩滉表为推官，擢殿中侍御史内供奉。召还，四迁为御史中丞，改给事中、陕虢观察使。拜义成节度使。监军薛盈珍恃权桡政，不能逞，因毁南仲于朝，德宗惑之。俄遣小使程务盈诬表以罪。会南仲裨将曹文洽入奏，知其语，则晨夜追至长乐驿，及之，与同舍，夜杀务盈，投其诬于厕。为二书，一抵南仲，一治南仲冤，且自言杀务盈状，乃自杀。驿吏以闻，帝骇异，南仲不自安，固请入朝。帝劳曰："盈珍挠卿政邪？"曰："不挠臣政，臣隳陛下法耳。如盈珍辈，所在有之，虽使羊、杜复生，抚百姓，御三军，必不能成恺悌之化而正师律也。"帝默然。乃授尚书右仆射。贞元十九年卒，年七十五，赠太子太保，谥曰贞。

初崔位、马少微者，俱在南仲幕府。盈珍之谮也，出位为遂州别驾，东川观察使王叔邕希旨奏位，杀之。复出少微补外，使宦官护送，度江，投之水云。

独孤及，字至之，河南洛阳人。为儿时，读《孝经》，父试之曰："儿志何语？"对曰："立身行道，扬名于后世。"宗党奇之。天宝末，以道举高第补华阴尉，辟江淮都统李峘府掌书记。

代宗以左拾遗召，既至，上疏陈政曰：

陛下屡发德音，使左右侍臣得直言极谏。壬辰诏书，召裴冕等十有三人集贤殿待制，以备询问。此五帝盛德也。然顷者陛下虽容其直，而不录其言，所上封皆寝不报。有容下之名，无听谏之实，遂使谏者稍稍自钳口饱食，相招为禄仕，此忠鲠之人所以窃叹，而臣亦耻之。十室之邑，必有忠信，况朝廷之大，卿大夫之众，陛下选授之精欤！假令不能如文王之多士，其中岂不有温故知新，可懋陈政要而亿则屡中者？陛下议政之际，曾不采其一说，尧之畴咨，禹之昌言，岂若是耶？昔尧设谤木于五达之衢。孔子曰："以能问于不能，以多问于寡。"然则多闻阙疑，不耻下问，圣人之心也。愿陛下以尧、孔心为心，日降清问，其不可者罢之，可者议于朝，与执事者共之。使知之必言，言之必行，行之必公，则君臣无私论，朝廷无私政，陛下以此辨可否于献替，而建太平之阶可也。

师兴不息十年矣，人之生产，空于杼轴。拥兵者第馆亘街

陌,奴婢厌酒肉,而贫人赢饿就役,剥肤及髓。长安城中,白昼
椎剽,吏不敢诘。官乱职废,将愞卒暴,百揆隳刺,如沸粥纷麻。
民不敢诉于有司,有司不敢闻陛下,茹毒饮痛,穷而无告。今其
心颤颤,独恃于麦,麦不登,则易子咬骨矣。陛下不以此时厉精
更始,思所以救之之术,忍令宗庙有累卵之危,万姓悼心失图,
臣实惧焉。去年十一月丁巳夜,星陨如雨,昨清明降霜,三月苦
热,错缪颠倒,沴莫大焉。此下陵上替,怨讟之气取之也。天意
丁宁谴戒,以警陛下,宜反躬罪己,旁求贤良者而师友之,黜贪
佞不肖者,下哀痛之诏,去天下疾苦,废无用之官,罢不急之
费,禁止暴兵,节用爱人,兢兢乾乾,以徼福于上下,必能使天
感神应,反妖灾为和气矣。

又言:

> 减江淮、山南诸道兵以赡国用,陛下初不以臣言为愚,然
许即施行,及今未有沛然之诏,臣窃迟之。今天下唯朔方、陇西
有吐蕃、仆固之虞,邠、泾、凤翔兵足以当之矣。自此而往,东洎
海,南至番禺,西尽巴蜀,无鼠窃之盗,而兵不为解。倾天下之
货,竭天下之谷,以给不用之军,为无端之费,臣不知其故。假
令居安思危,以备不虞,自可厄害之地,俾置屯御,悉休其余,
以粮储扉屦之资充疲人贡赋,岁可以减国租半。陛下岂迟疑于
改作,逡巡于旧贯,使大议有所壅,而率土之患日甚一日?是益
其弊而厚其疾也。夫疗痈者,必决之使溃。今兵之为患,犹痈
也,不以渐戢之,其害滋大,大而图之,必力倍而功寡,岂《易》
"不俟终日"之义邪?

俄改太常博士。或言景皇帝不宜为太祖,及据礼条上。谥吕諲、
卢弈、郭知运等无浮美,无隐恶,得褒贬之正。迁礼部员外郎,历濠、
舒二州刺史。岁饥旱,邻郡庸亡什四以上,舒人独安。以治课加检
校司封郎中,赐金紫。徙常州,甘露降其廷。卒,年五十三,谥曰宪。

及喜鉴拔后进,如梁肃、高参、崔元翰、陈京、唐次、齐抗皆师事
之。性孝友。其为文彰明善恶,长于论议。晚嗜琴,有眼疾,不肯治,

欲听之专也。

子朗、郁。

朗字用晦，由处士辟署江西、宣歙、浙东三府。元行中，擢右拾遗。建言："宜用观察使领本道盐铁，罢场监管榷吏，除百姓之患。"不听。盗杀武元衡，朗请贬京兆尹，诛捕贼吏。因劝罢兵，忤宪宗意，贬兴元户曹参军。久乃拜殿中侍御史，兼史馆修撰。坐与李景俭饮，景俭使酒慢宰相，出为韶州刺史。召还，再迁谏议大夫。

敬宗初，宦官殴鄠令崔发鸡干下，朗请诛首恶以正常法。王播赂权近，还判盐铁，朗连疏论执。迁御史中丞。故事，选御史皆中丞自请。是时，崔晃、郑居中縣宰相力，得监察御史，朗拒不纳，晃、居中卒改他官。侍御史李道枢醉谒朗，朗劾不虔，下除司议郎。会殿中王源植贬官，朗直其枉，书五上不报，即自劾执法不称，愿罢去。帝遣中人尉谕不许。

文宗初，迁工部侍郎，出为福建观察使，创发背，卒，赠右散骑常侍。

郁字古风，始生而孤，与朗育于伯父汜。擢进士第，最为权德舆所称，以女妻之。元和初，举制科高等，拜右拾遗，俄兼史馆修撰，进右补阙。吐突承璀讨王承宗，郁执不可，挺议鲠固，号称职。擢翰林学士。德与辅政，以嫌去内职，拜考功员外郎，仍兼修撰。宪宗叹德舆乃有佳婿，诏宰相高选世族，故杜悰尚岐阳公主，然帝犹谓不如德舆之得郁也。俄知制诰。德舆去位，还为学士。九年，以疾辞禁近，徙秘书少监，屏居鄠，卒，年四十，赠绛州刺史。郁有雅名，帝遇之厚，议者亦谓当宰相，共以早世惜之。

子庠，字贤府，丧父始十岁，有至性，闻呼父官及吊客来，辄号恸几绝。后举进士，仕至尚书丞。

顾少连，字夷仲，苏州吴人。举进士，尤为礼部侍郎薛邕所器，擢上第，以拔萃补登封主簿。邑有虎孽，民患之，少连命塞陷阱，独移文岳神，虎不为害。御史大夫于顾荐为监察御史。德宗幸奉天，徒步诣谒，授水部员外郎、翰林学士。再迁中书舍人，阅十年，以谨密称。尝请徙先兆于洛，帝重远去，诏遣其子往，且命中人护葬役。

历吏部侍郎。裴延龄方横，无敢忤者，尝与少连会田镐第，酒酣，少连挺笏曰："段秀实笏击贼臣，今吾笏将击奸臣。"奋且前，元友直在坐，欢解之。改京兆尹。政尚宽简，不为灼灼名。先是京畿租赋薄厚不能一，少连以法均之。迁吏部尚书，封本县男，徙兵部。为东都留守，表禁苑及汝闲田募耕以便民。阅武力，利铠仗，号良吏。卒，年六十三，赠尚书右仆射，谥曰敬。

始，少连携少子师闵奔行在，有诏同止翰林院，车驾还，授同州参军。

韦夏卿，字云客，京兆万年人。少邃于学，善文辞。大历中，与弟正卿同举贤良方正，皆策高等。授高陵主簿，累迁刑部员外郎。时仍岁旱蝗。诏以郎官宰畿甸，授奉天令，课第一，改长安令。转吏部员外郎、郎中，擢给事中，出为常、苏二州刺史。徐州节度使张建封疾甚，诏夏卿为徐泗行军司马，且代之。未至，而建封卒，徐军立其子愔为留后，召夏卿为吏部侍郎。

时从弟执谊在翰林，尝受人金，有所干请，密以金内夏卿怀中，夏卿毁怀不受，曰："吾与尔赖先人遗德，致位及此，顾当是哉？"执谊大惭。转京兆尹、太子宾客，检校工部尚书，为东都留守，辞疾，改太子少保。卒，年六十四，赠尚书左仆射，谥曰献。

夏卿性通简，好古，有远韵，谈说多闻。晚岁将罢归，罢其居曰大隐洞。与齐映，穆赞、赞弟员友善，虽同游，终年不见其喜怛。抚孤侄恩逾己子。为政务通理，不甚作条教。所辟士如路隋、张贾、李景俭等至宰相达官，故世称知人。

正卿子璭，字茂弘，及进士第，仕累中书舍人。与李德裕善，德裕任宰相，罕接士，唯璭往请无间也。李宗闵恶之，德裕罢，贬为明州长史。会昌末，累迁楚州刺史，终桂管观察使。

段平仲字秉庸,本武威人,隋民部尚书达六世孙。擢进士第。杜佑、李复之节度淮南,连表掌书记。擢监察御史。磊落有气节,嗜酒敢言。是时,德宗春秋高,躬自听断,天下事有所壅隔,群臣畏帝苛察,无敢言。平仲常曰:“上聪明神武,但臣下畏怯,自为循默尔。使我一日得召见,宜大有开纳。”会京师旱,诏择御史、郎官开仓振恤。平仲与考功员外郎陈归被选,同得对,粗陈振恤事,帝察其意有所畜,以归在侧未言。事讫,平仲方独进,帝乃并留之,正色问之,杂以它语,平仲错愕不得言,乃谬称名,帝怒,叱去之。苍黄向幄后,归趋降招之,乃得去。由是坐废七年,然名由此显。

元和初,为谏议大夫,宪宗使吐突承璀讨镇州,亟疏争不可。及还,无功,又请斩之。再迁尚书右丞。朝廷有得失,未尝不论奏,世推其敢直云。终太子左庶子。

赞曰:君有常尊,臣有定卑,自然之势也。然臣不自通于上,君不降而逮诸下,则治不得成而功不彰。返是而天下之务粲焉几矣。德宗察察,欲折伏臣下,自为聪明,而治愈疏。段平仲一忤上,苍惶失对,而犹以取名,何哉?下知所职,而上丧其所以为上也。故圣王屈己从谏,君臣两得其美,知道之本欤!

吕元膺字景夫,郓州东平人。姿仪瓌秀,有器识。始游京师,谒故宰相齐映,映叹曰:“吾不及识娄、郝,殆斯人类乎!”策贤良高第,调安邑尉,辟长春宫判官。李怀光乱河中,辄解去。论惟明节度渭北,表佐其府。惟明卒,王栖曜代之,德宗敕栖曜留元膺自佐。入拜殿中侍御史。历右司员外郎。出为蕲州刺史。尝录囚,囚或白:“父母在,明日岁旦不得省为恨。”因泣,元膺恻然,悉释械归之,而戒还期。吏白不可,答曰:“吾以信待人,人岂我违?”如期而至。自是群盗感愧,悉避境去。

元和中,累擢给事中。俄为同州刺史。既谢,帝遽问政事,所对详诣。明日,谓宰相曰:“元膺直气谠言,宜留左右,奈何出之?”李藩、裴垍谢，因言："陛下及此，乃宗社无疆之休。臣等昧死，请留元膺给事左右。"未几，兼皇太子侍读，进御史中丞。拜鄂岳观察使。尝夜登城，守者不许。左右曰："中丞也。"对曰："夜不可辨。"乃还。明日，擢守者为大将。入拜尚书左丞。度支使潘孟阳、太府卿王遂交相恶，乃除孟阳散骑常侍，遂邓州刺史，诏辞无所轻重。元膺上其诏，请明枉直，以显褒惩。

江西裴堪按虔州刺史李将顺受赇，不覆讯而贬。元膺曰："观察使奏部刺史，不加覆，虽当诛，犹不可为天下法。"请遣御史按问，宰相不能夺。

选拜东都留守。故事，留守赐旗甲，至元膺不给。或上言："用兵讨淮西，东都近贼，损其仪，沮威望，请比华、汝、寿三州。"帝不听，并三州罢之。留守不赐旗甲，自此始。都有李师道留邸，邸兵与山棚谋窃发，事觉，元膺禽破之。始，盗发，都人震恐，守兵弱不足恃，元膺坐城门指纵部分，意气闲舒，人赖以安。东畿西南通邓、虢，川谷旷深，多麋鹿，人业射猎而不事农，迁徙无常，皆趫悍善斗，号曰"山棚"。权德舆居守，将羁縻之，未克。至是，元膺募为山河子弟，使卫宫城，诏可。

改河中节度使。时方镇多姑息，独元膺秉正自将，监军及中人往来者，无不严惮，入拜吏部侍郎。正色立朝，有台宰望，处事裁宜，人服其有体。以疾改太子宾客。居官始终无訾缺。卒，年七十二，赠吏部尚书。

许孟容，字公范，京兆长安人。擢进士异等，又第明经，调校书郎。辟武宁张建封府。李纳以兵拒境，建封遣使谕止，前后三辈往，皆不听。乃使孟容见纳，敷引逆顺，纳即悔谢，为罢兵。表为濠州刺史。

德宗知其能，召拜礼部员外郎。公主子求补崇文生者，孟容固谓不可，主诉之帝，问状，以著令对。帝嘉其守，擢郎中。累迁给事中。京兆上言"好畤风雹害稼"，帝遣宦人覆视，不实，夺尹以下俸。

孟容曰:"府县上事不实,罪应罚。然陛下遣宦者覆视,紊纲纪。宜更择御史一人参验,乃可。"不听。

浙东观察使裴肃诿判官齐总暴敛以厚献,厌天子所欲。会肃卒,帝擢总自大理评事兼监察御史为衢州刺史。衢,大州也。孟容还制曰:"方用兵处,有不待次而擢者。今衢不他虞,总无功越进超授,群议谓何?且总本判官,今诏书乃言'权知留后,摄都团练副使',初无制授,尤不见其可。假令总有可录,宜暴课最,解中外之惑。"会补阙王武陵等亦执争,于是诏中停。帝召谓曰:"使百执事皆如卿,朕何忧邪?"自袁高争卢杞后,凡十八年,门下无议可否者。至孟容数论驳,四方知天子开纳多士,浩然想见其风。

贞元十九年夏,大旱,上疏言:"陛下斋居损膳,具牲玉,走群望,而天意未答,岂丰歉有定,阴阳适然乎?窃惟天人交感之际,系教令顺民与否。今户部钱非度支岁计,本备缓急,若取一百万缗代京兆一岁赋,则京圻无流亡,振灾为福。又应省察流移征防当还未还,役作禁锢当释未释。负逋馈送,当免免之。沈滞郁抑,当伸伸之。以顺人奉天。若是而神弗祐、岁弗稔,未之闻也。"先是,为裴延龄、李齐运流斥者,虽十年弗内移,故孟容因旱及之。帝始不悦,改太常少卿。

元和初,再迁尚书右丞、京兆尹。神策军自兴元后,日骄恣,府县不能制。军吏李昱贷富人钱八百万,三岁不肯归。孟容遣吏捕诘,与之期使偿,曰:"不如期,且死!"一军尽惊,诉于朝。宪宗诏以昱付军治之,再遣使,皆不听,奏曰:"不奉诏,臣当诛。然臣职司辇毂,当为陛下抑豪强。钱未尽输,昱不可得。"帝嘉其守正,许之。京师豪右大震。

累迁吏部侍郎。盗杀武元衡,孟容白宰相曰:"汉有一汲黯,奸臣寝谋。今朝廷无有过失,而狂贼敢尔,尚谓国有人乎?愿白天子,起裴中丞辅政,使主兵柄,索贼党,罪人得矣。"后数日,果相度。俄以尚书左丞宣慰汴宋陈许河阳行营,拜东都留守。卒,年七十六,赠太子少保,谥曰宪。

孟容方劲有礼学，每所折衷，咸得其正。好提腋士，天下清议上之。

弟季同，始署西川韦皋府判官。刘辟反，弃妻子归，拜监察御史。历长安令，再迁兵部郎中。孟容为礼部侍郎，徙季同京兆少尹。时京兆尹元义方出为鄜坊观察使，奏劾宰相李绛与季同举进士为同年，才数月辄徙。帝以问绛，绛曰："进士、明经，岁大抵百人，吏部得官至千人，私谓为同年，本非亲与旧也。今季同以兄嫌徙少尹，岂臣所助邪？且忠臣事君，不以私害公，设有才，虽亲旧当白用。避嫌不用，乃臣下身谋，非天子用人意。"帝然之。终宣歙观察使。

薛存诚，字资明，河中宝鼎人。中进士第。擢累监察御史。元和初，讨刘辟，邮传事丛，诏以中人为馆驿使，存诚以为害体甚，奏罢之。转殿中侍御史，累迁给事中。琼林库广籍工徒，存诚曰："此奸人屠名以避征役，不可许。"又神策军与咸阳尉袁儋不平，诬奏之，儋被罚。二敕皆执不下。宪宗悦，遣使劳之，拜御史中丞。浮屠鉴虚者，自贞元中关通赂遗，倚宦竖为奸，会坐于頔、杜黄裳家事，逮捕下狱。存诚穷劾之，得赃数十万，当以大辟。权近更保救于帝，有诏释之，存诚不听。明日，诏使诣台谕曰："朕须此囚面诘，非赦也。"存诚奏曰："狱已具，陛下必欲召赦之，请先杀臣乃可。不然，臣不敢奉诏。"鉴虚卒抵死。江西监军高重昌妄劾信州刺史李位谋反，追付仗内诘状。存诚一日三表，请付位御史台。及按，果无实。

未几，复为给事中。会御史中丞阙，帝谓宰相曰："持宪无易存诚者。"乃复命之。会暴卒，帝悼惜，赠刑部侍郎。存诚性和易，于人无所不容，及当官，毅然不可夺。

子廷老。

廷老字商叟，及进士第，说正有父风。宝历中，为右拾遗。敬宗政日僻，尝与舒元褒、李汉入阁论奏曰："比除拜不由宰司拟进，恐纲纪寖坏，奸邪放肆。"帝厉语曰："更论何事？"元褒曰："宫中兴作太甚。"帝色变曰："兴作何所？"元褒不能对。廷老曰："臣等以谏为职,有闻即应论奏。然见外辇材瓦绝多,知有所营。"帝曰:"已谕。"时造清思院,殿中用铜鉴三千,薄金十万饼,故廷老等恳言之。寻加史馆修撰。

郑注用事,岭南节度使郑权附之,悉盗公库宝货输注为谢。廷老表按权罪,由是中人切齿。又论李逢吉党张权舆、程昔范不宜居谏争官,逢吉怒。会廷老告满百日,出为临晋令。

文宗立,召为殿中侍御史。李让夷数荐之,拜翰林学士。日酣饮,不持检操,帝不悦,并让夷罢之。开成三年,迁给事中。在公卿间,侃侃不干虚誉,推为正人。卒,赠刑部侍郎。

子保逊,第进士,擢因给事中。

保逊子昭纬,乾宁中至礼部侍郎。性轻率,坐事贬磩州刺史。

李逊,字友道,魏申公发之后,赵郡所谓申公房者,客居荆州。始署山南东道掌书记,累迁濠州刺史。初,濠州兵谋杀其将杨腾,腾走扬州,因灭腾家,曹亡剽劫。逊至,镌谕利害,众释铠自归。观察使旨限外浮敛,逊一不应。入为虞部郎中。由衢州刺史以政最擢浙东观察使。当贞元初,福建军乱,前观察使奏益兵三千屯于境,以折闽冲,遂为长戍,几三十年。逊署事,即停其兵。

入为给事中。故事,天子以晦日听政,对群臣。逊奏:"陛下求治,而下有所陈,当不时上,岂宜限以日。如是,毕岁得望天子者几何?"宪宗悦,从之。迁户部侍郎。

代严绶为山南东道节度使。时方讨蔡,析山南东道为两节度,以唐、邓、隋三州授高霞寓,得专攻讨,而逊督襄、复、郢、均、房五州赋馈之。初,襄阳兵隶霞寓者多逃还,后霞寓战贼不胜,言为逊所桡。帝欲按状,宰相请置不问,下迁太子宾客。中人诬之,更贬恩王傅。久乃历京兆尹、国子祭酒。以检校礼部尚书为忠武节度使。时吴元济始平,治条疏颣,逊召会大众,申严约束,明谕赏罚,上下皆感畏,众遂安。逊于为政,抑强植弱,贫富均一,所至有绩可纪。长庆初,幽、镇继乱,逊首建诛讨计,不听。诏以兵万人会行营,即日上道,先诸军至,由是进检校吏部尚书。未几,徙节凤翔,过京师,以疾求解为刑部尚书。卒,年六十三,赠尚书右仆射,谥曰贞。

子方玄,字景业,第进士。裴谊奏署江西府判官。有大狱,论死者十余囚,方玄刺审其冤,悉平贷之。累为池州刺史。钩检户籍,所以差量徭赋者,皆有科品程章,吏不得私。常曰:"沈约年八十,手写簿书,盖为此云。"终处州刺史。

逊弟建,字杓直,与兄俱客荆州。乡人争斗,不诣府而诣建,平决无颇。母怜其孝,每字之曰:"矮子劝吾食,吾辄饱;进药,吾意其瘳。"贞元中,补校书郎。德宗思得文学者,或以建闻,帝问左右,宰相郑珣瑜曰:"臣为吏部时,当补校书者八人,它皆藉贵势以请,建独无有。"帝喜,擢左拾遗、翰林学士。

顺宗立,李师古以兵侵曹州,建作诏谕还之,词不假借。王叔文欲更之,建不可。左除太子詹事,改殿中侍御史。以兵部郎中知制诰。宰相有窜定槁诏者,亟请解职,除京兆少尹。会逊被谗,建申治之,出为澧州刺史。召拜刑部侍郎。卒,赠工部尚书。

初,建为学时,家苦贫。兄造知其贤,为营丐,使成就之。故逊、建皆举进士。后虽通显,未尝治垣屋,以清俭称。

建子讷,字敦止,及进士第。迁累中书舍人,为浙东观察使。性疏下,遇士不以礼,为下所逐,贬朗州刺史。召为河南尹。时久雨,洛暴涨,讷行水魏王堤,惧漂泊,疾驰去,水遂大毁民庐。议者薄其材。初,讷居与宰相杨收接,收欲市讷冗舍以广第,讷叱曰:"先人旧庐,为权贵优笑地邪?"凡三为华州刺史,历兵部尚书,以太子太傅卒。遗命葬不请卤簿,避赠谥,诏听。

唐书卷一六三
列传第八八

孔巢父 戣 纬 戡 温业　穆宁 赞
质 员　崔邠 郾 郸 郴　柳公绰
仲郢 璞 珪 璧 玭 公权 子华　杨于陵
马总

　　孔巢父字弱翁，孔子三十七世孙。少力学，隐徂来山。永王璘称兵江淮，辟署幕府，不应，铲迹民伍。璘败，知名。广德中，李季卿宣抚江淮，荐为左卫兵曹参军。三迁库部员外郎。出为泾原行军司马。累拜湖南观察使，未行，会普王为荆襄副元帅，署行军司马。俄而德宗狩奉天，行在擢给事中，为河中、陕、华招讨使，累上破贼方略，帝嘉纳。未几，兼御史大夫，为魏博宣慰使。巢父辩而才，及见田悦，与言君臣大义，利害逆顺，开晓其众。是时，悦久不臣，下皆厌乱，杂然喜曰："不图今日还为王人！"酒中，悦起，自陈骑射工，曰："陛下见用，何敌不摧。"巢父曰："若尔，不蚤自归，乃一剧贼耳。"悦曰："能为剧贼，岂不能为功臣乎？"巢父曰："国方多虞，待子而息。"悦谢焉。数日，田绪杀悦，与大将邢曹俊等听命，巢父即以绪权知军务，纾其难。
　　李怀光据河中，帝复令巢父宣慰，罢其兵，以太子太保授之。怀光素服待命，巢父不止。众忿曰："太尉无官矣！"方宣诏，乃噪而合，害巢父,并杀中人唉守盈。初,巢父至,怀光以其使魏博而田悦死,疑其谋出巢父,故军乱不肯救。帝闻震悼,赠尚书左仆射,谥曰忠。诏具礼收葬,赐其家粟帛,存恤之。

从子戣、戢、戡。

戣字君严,擢进士第。郑滑卢群辟为判官,群卒,摄总留务。监军杨志谦雅自肆,众皆恐。戣邀志谦至府,与对榻卧起,示不疑,志谦严惮不敢动。入为侍御史,累擢谏议大夫。条上四事:"一,多冗官;二,吏不奉法;三,百姓田不尽垦;四,山泽榷酤为州县弊。宪宗异其言。中人刘希光受赇二十万缗,抵死,吐突承璀坐厚善,逐为淮南监军。太子舍人李涉知帝意,投匦上言承璀有功不可弃。戣得副章,不肯受,面质让之。涉更因左右以闻,戣劾奏涉结近倖,营罔上听。有诏斥涉峡州司马,宦宠侧目,人为危之,戣自以适所志,轩轩甚得。

俄兼太子侍读,改给事中。江西观察使李少和坐赃,狱寝不下;博陵崔易简杀从父兄,鞫状具。京兆尹左右之,翻其情。戣慷慨论正,贬少和,杀易简,夺尹三月俸。再迁尚书左丞。信州刺史李位好黄老道,数祠祷,部将韦岳告位集方士图不轨,监军高重谦上急变,捕位劾禁中。戣奏:"刺史有罪,不容系仗内,请付有司。"诏还御史台。戣与三司杂治,无反状。岳坐诬罔诛,贬位建州马。中人愈怒,故出为华州刺史。明州岁贡淡菜蚶蛤之属,戣以为自海抵京师,道路役凡四十三万人,奏罢之。历大理卿、国子祭酒。

会岭南节度使崔咏死,帝谓裴度曰:"尝论罢蚶菜者谁欤?今安在?是可往,为朕求之。"度以戣对,即拜岭南节度使。既至,免属州逋负十八万缗、米八万斛、黄金税岁八百两。先是,属刺史俸率三万,又不时给,皆取部中自衣食。戣乃倍其俸,约不得为贪暴,稍以法绳之。南方鬻口为货,掠人为奴婢,戣峻为之禁。亲吏得婴儿于道,收育之,戣论以死。由是闾里相约不敢犯。士之斥南不能北归与有罪之后百余族,才可用用之,禀无告者,女子为嫁遣之。蕃舶泊步有下碇税,至有阅货宴,所饷犀琲,下及仆隶。戣禁绝,无所求索。旧制,海商死者,官籍其赀,满三月无妻子诣府,则没入。戣以海道岁一往复,苟有验者不为限,悉推与。自贞元中,黄洞诸蛮叛,久不平。容、桂二管利虏掠,幸有功,乃请合兵讨之。戣固言不可,帝不听,大发江、湖兵,会二管入讨。士被瘴毒死者不胜计,安南乘之,杀都护李象古,而桂管裴行立、容管阳旻皆无功,忧死。独戣不邀一旦功,交、广晏然大治。

穆宗立,以吏部侍郎召,改右散骑常侍,还为左丞,以老自乞。雅善韩愈,谓曰:"公尚壮,上三留,何去这果?"戣曰:"吾岂要君者?吾年,一宜去;吾为左丞,不能进退郎官,二宜去。"愈曰:"公无留资,何恃而归?"曰:"吾负二宜去,尚奚顾子言?"愈嗟叹,即上疏言:"臣与戣同在南省,数与戣相见,其为人,守节清苦,论议正平。年七十,筋力耳目未衰,忧国忘家,用意至到。如戣辈,在朝不过三数人,陛下不宜苟顺其求,不留自助也。《礼》,大夫七十致事,若不得谢,则赐之几杖安车,不必七十尽许致事。今戣据礼求退,陛下若不听许,亦无伤义,而有贪贤之美。"不报。以礼部尚书致仕,岁致羊酒如汉徵士礼。卒,年七十三。赠兵部尚书,谥曰贞。

子遵孺;温裕,仕为天平节度使。遵孺子纬。

纬字化文,少孤,依诸父。多与有名者游,才誉蚤成。擢进士第,东川崔慎由表置幕府。从崔铉淮南,复从慎由守河中,再迁观察判官。宰相杨收荐以长安尉直弘文馆。迁监察御史,进礼部员外郎、兼集贤直学士。母丧解。还为右司员外郎。赵隐言其才,拜翰林学士,俄知制诰。频迁户部侍郎,擢御史中丞。纬方雅,疾恶若仇,中外闻风,未绳辄肃。三迁吏部侍郎。权要私谒至盈几,一不省,当路不悦,改太常卿。

从僖宗西到蜀,以刑部尚书判户部。萧遘雅不喜,坐调度不给,改太子少保。及帝避朱玫,次陈仓,惟黄门卫士数百扈乘与。诏拜纬御史大夫,令趣百官至行在。时群臣露次盝屋,为盗剽胁,衣囊略尽。纬谒宰相,欲有所论,遘与裴澈怨田令孜,不欲行,辞不见。纬召御史曰："吾等身被恩，谊不辞难，今诏群臣皆不至，夫与人布衣游，犹缓急相恤，况于君乎？"且泣下。御史亦辞方寇夺，丐衣食，请办一日费而行。纬曰："吾妻疾，且暮尽，丈夫岂以家事后国事乎？公善自谋，吾行决矣。"往见李昌符曰："诏书再至，而群臣顾未行。仆，大夫也，不敢后。愿假兵护送天子所。"昌符具资装送之。既及行在，纬策玫必反，建言关邑陋狭，不足驻六师，请幸梁州。即日去陈仓而玫兵至，微纬言几不脱。进拜兵部侍郎、同中书门下平章事。玫平，从帝还，领诸道盐铁转运使，累迁尚书左仆射，赐号"持危启运保义功臣"，铁券恕十死，又赐天兴良田、善和里第各一区，兼京畿营田使。

昭宗即位，进司空。以太学焚残，乃兼国子祭酒，完治之。加司徒，封鲁国公。帝将郊见，中尉枢密使索宰相朝服，有司白中人无衣冠助祭事，中尉怒，责礼官必得。纬言："中人不朝服，国典也。陛下欲假借之，则请以所兼官为之服。"谏官固执，帝召谓曰："方举大礼，为我容之。"进兼太保。时天武都头李顺节，疏暴人也，以浙西节度使兼平章事。台史白："已谢，当班见百官。"纬判止之。明日，顺节盛服至，则无班，怏怏去。他日见纬，以为言，纬曰："固疑公见望也。且百辟卿士，天子廷臣，班见宰相，以宰相为之长。公提天武健儿，据堂受礼，安乎？必欲用之，去都头乃可。"顺节惭缩不敢言。

张浚将伐太原，帝不决，以问纬，纬助浚请。既浚败，坐傅会，出荆南节度使，俄贬均州刺史。二人皆密结朱全忠，全忠为请，诏听所便，乃屏居华阴。李茂贞入杀韦昭度，帝恶大臣朋比，与藩臣交，更召纬入朝，再擢吏部尚书，以司空、门下侍郎复辅政。使者敦劝，力疾到京师，见帝呜咽流涕，自陈衰疾不任事，乞归田里。帝动容，诏使者送纬至堂视事。会天子出次石门，从至莎城，以病还都。家人召医视，纬曰："天下方乱，何久求生？"不肯服药，卒，赠太尉。

戬字胜始，进士及第，补修武尉，以大理评事佐昭义李长荣节度府。长荣死，卢从史自别将代之，留署掌书记。从史稍得志，益骄，与王承宗、田绪阴相结,欲久连兵以固其位。戡始阴争不从,则于会肆言以折之,从史始若受其言,后偃蹇不轨,戡遂以疾归洛阳。未几,李吉甫镇扬州,表置幕府,戡未应。从史曰:“是故舍我而从人邪?”即诬以事,奏三上,诏以卫尉丞分司东都。自贞元后,帅镇劾奏僚佐,不验辄斥。至是,给事中吕元膺执不可。宪宗遣使谕曰:“朕非不知戡,行用之矣。”未几,卒,年五十七。从史败,追赠司勋员外郎。

　　戢字方举。初,父死难,诏与一子官,补修武尉,不受,以让其兄戡。擢明经,书判高等,为校书郎、阳翟尉,累迁殿中侍御史,分司东都。昭义判官徐玫,故尝助卢从史为跋扈者,从史败,孟元阳代,欲复用之。戢移书昭义前系玫,乃上列其状。帝怒,流玫播州。转侍御史、库部员外郎。始,朱泚以彭偃为中书舍人,偃子充符得不死,辟鄜坊府。或荐其能,召还京师。戢谓京兆尹裴武曰:“泚所下诏令皆偃为之,悖逆子不鸟窜兽伏,乃干誉求进乎?子盍效季孙行父逐莒仆以勉事君者?”武即逐出充符。拜京兆少尹,再迁为湖南观察使,召授右散骑常侍、京兆尹。岁旱,文宗忧甚,戢躬祠曲江池,一夕大澍,帝悦,诏兼御史大夫。卒,赠工部尚书。

　　子温业,字逊志,擢进士第。大中时,为吏部侍郎。求外迁,宰相白敏中顾同列曰:“吾等可少警,孔吏部不乐居朝矣。”后为太子宾客。

　　穆宁,怀州河内人。父元休,有名开元间,献书天子,擢偃师丞,世以儒闻。

　　宁刚正,气节自任。以明经调盐山尉。安禄山反,署刘道玄为景城守,宁募兵斩之,檄州县并力捍贼。史思明略境,郡守召宁摄东光令御之。贼遣使诱宁,宁斩以徇。郡守恐怒贼,令致死,即夺其兵,罢所摄。始,宁过平原,见颜真卿,尝商贼必反。及是,闻真卿拒禄山,即遗真卿书曰:“夫子为卫君乎?”真卿喜,署宁河北采访支使。

宁以息属其母弟曰："苟不乏嗣，足矣！"即驰谒真卿曰："先人有嗣矣，我可从公死。"既而贼攻平原，宁劝固守，真卿不从，夜亡过河，见肃宗行在。帝问状，真卿对："不用穆宁言，故至此。"帝异之，驰驿召宁，将以谏议大夫任之。会真卿以直忤旨，宁亦罢。

上元初，为殿中侍御史，佐盐铁转运，住埇桥。李光弼屯徐州，饷不至，檄取资粮，宁不与。光弼怒，召宁欲杀之。或劝宁去，宁曰："避之失守，乱自我始，何所逃罪乎？"即往见光弼。光弼曰："吾帅众数万，为天子讨贼，食乏则人散，君闭廪不救，欲溃吾兵耶？"答曰："命宁主粮者，救也，公可以檄取乎？今公求粮，而宁专馈；宁有求兵，而公亦专与乎？"光弼执其手谢曰："吾固知不可，聊与君议耳。"时重其能守官。累迁鄂岳沔都团练及租庸盐铁转运使。当是时，河漕不通，自汉、沔径商山以入京师。淮西节度使李忠臣不奉法，设戍逻以征商贾，又纵兵剽行人，道路几绝。与宁夹淮为治，惮宁威，掠劫为衰，漕贾得通。坐杖死沔州别驾，贬平集尉。

大历初，起为监察御史，三迁检校秘书少监、兼和州刺史，治有状。后刺史疾之，以天宝旧版校见户，妄劾宁多逋亡，贬泉州司户参军事。子赞诉其枉，本年始得通。诏御史覆视，实增户数倍。召入拜太子右谕德。宁性不能事权右，毅然寡合，执政者恶之，虽直其诬，犹置散位。宁默不乐，喟曰："时不我容，我不时徇，又可以进乎！"遂移疾，满百日屡矣，亲友强之，辄复一朝。德宗在奉天，奔诣行在，擢秘书少监，改太子右庶子。帝还京师，乃曰："可以行吾志矣！"即罢归东都。以秘书监致仕，卒。

宁居家严，事寡姊恭甚。尝撰家令训诸子，人一通。又戒曰："君子之事亲，养志为大，吾志直道而已。苟枉而道，三牲五鼎非吾养也。"疾病不尝药，时称知命。

四子：赞、质、员、赏。宁之老，赞为御史中丞，质右补阙，员侍御史，赏监察御史，皆以守道行谊显。先是，韩休家训子姓至严。贞元间，言家法者，尚韩、穆二门云。

赞字相明,擢累侍御史,分司东都。陕虢观察使卢岳妻分赀不及妾子,妾诉之。中丞卢佋欲重妾罪,赞不听。佋与宰相窦参共诬赞受金,捕送狱。弟赏上冤状,诏三司覆治,无之,犹出为郴州刺史。参败,召为刑部郎中,对延英,擢御史中丞。裴延龄判度支,属吏受赇,具狱,欲曲贷吏,赞执不可。延龄白赞深文,贬饶州别驾。久之,拜州刺史。宪宗立,进宣歙观察使,卒于官。赠工部尚书。

质性强直,举贤良方正,条对详切,频擢至给事中,政事得失,未尝不尽言。元和时,盐铁、转运诸院擅系囚,笞掠严楚,人多死。质奏请与州县吏参决,自是不冤。后论吐突承璀不宜为将,宪宗不悦,改太子左庶子。坐与杨凭善,出为开州刺史,卒。

员字与直,工为文章。杜亚留守东都,署佐其府,蚤卒。

兄弟皆和粹,世以珍味目之:赞少俗,然有格,为"酪";质美而多入,为"酥";员为"醍醐";赏为"乳腐"云。

崔邠,字处仁,贝州武城人。父倕,三世一爨,当时言治家者推其法。至德初,献赋行在,肃宗异其文,位吏部侍郎。

邠第进士,复擢贤良方正,授渭南尉,迁补阙。上疏论裴延龄奸,以鲠亮知名。由中书舍人再迁吏部侍郎。性温裕沈密,行己又简俭,宪宗器之,裴垍亦荐邠材可宰相。会病,遂不拜。久乃为太常卿,知吏部尚书铨。故事,太常始视事,大阅四部乐,都人纵观。邠自第去帽,亲导母舆,公卿见者皆避道,都人荣之。以母忧解,卒于丧,年六十。赠吏部尚书,谥曰文简。

弟酆、郾、郇、鄯、郸。

郾字广略,姿仪伟秀,人望而慕之,然不可狎也。中进士第,补集贤校书郎。累迁吏部员外郎,下不敢欺,每拟吏,亲挟格,褒黜必当,寒远无留才。三迁谏议大夫。穆宗立,荒于游畋,内酣荡,昕曙不能朝。郾进曰:"十一圣之功德,四海之大,万国之众,其治其乱,系于陛下。自山以东百城,地千里,昨日得之,今日失之。西望戎垒,距宗庙十舍,百姓憔悴,畜积无有。愿陛下亲政事以幸天下。"帝动容慰谢,迁给事中。

敬宗嗣位,拜翰林侍讲学士,旋进中书舍人,谢曰:"陛下使臣侍讲,历半岁,不一问经义。臣无功,不足副厚恩。"帝惭曰:"朕少间当请益。"高钚适在旁,因言:"陛下乐善而无所咨询,天下之人不知有向儒意。"帝重咎谢,咸赐锦、币。郾与高重类《六经》要言为十篇,上之,以便观省。

迁礼部侍郎,出为虢州观察使。先是,上供财乏,则夺吏奉助输,岁率八十万。郾曰:"吏不能赡私,安暇恤民?吾不能独治,安得自封?"即以府常费代之。又诏赋粟输太仓者,岁数万石,民困于输,则又辇而致之河。郾乃旁流为大敖受粟,窦而注诸醩。民悦,忘输之劳。改鄂、岳等州观察使。自蔡人叛,鄂、岳常苦兵,江湖盗贼显行。郾修治铠仗,造蒙冲,驰追穿蹑,上下千里,岁中悉捕平。又观察浙西,迁检校礼部书,卒于官。赠吏部尚书,谥曰德。

郾不藏赀,有辄周给亲旧,为治其昏丧。居家怡然,不训子弟,子弟自化。室处痺漏,无步庑,至霖潦,则客盖而屐以就外位。治虢以宽,经月不笞一人。及莅鄂,则严法峻诛,一不贷。或问其故,曰:"陕土瘠而民劳,吾抚之不暇,犹恐其扰;鄂土沃,民剽,杂以夷俗,非用威莫能治。政所以贵知变者也。"闻者服焉。

五子:瑶、瑰、瑾、珮、璆。瑶任礼部侍郎、浙西鄂岳观察使。瑾,礼部侍郎、湖南观察使。瑰、珮俱达官。

鄯擢进士,累迁至左金吾卫大将军,暴卒,以韩约代之。不阅旬,李训乱,约死于难。世谓鄯之亡,崔氏积善报也。赠礼部尚书。

郸及进士第,补渭南尉。累除刑部郎中,出副杜元颖西川节度府。召入为工部侍郎、集贤殿学士。再迁吏部侍郎,由宣歙观察使入为太常卿。文宗末,擢同中书门下平章事,改中书侍郎,罢为剑南西川节度使。宣宗初,以检校尚书右仆射同平章事,节度淮南,卒于军。

崔氏四世缌麻同爨,兄弟六人至三品,邠、郿、郸凡为礼部五,吏部再,唐兴无有也。居光德里,构便斋,宣宗闻而叹曰:"郸一门孝友,可为士族法。"因题曰"德星堂"。后京兆民即其里为"德星社"云。

柳公绰,字宽,京兆华原人。始生三日,伯父子华曰:"兴吾门者,此儿也。"因小字起之。幼孝友,性质严重,起居皆有礼法。蜀文典正,不读非圣书。举贤良方正直言极谏,补校书郎。间一年,再登其科,授渭南尉。岁歉馑,其家虽给,而第饭不过一器,岁丰乃复。或问之,答曰:"四方病饥,独能饱乎?"累迁开州刺史,地接夷落,寇常逼其城,吏曰:"兵力不能制,愿以右职署渠帅。"公绰曰:"若同恶邪?何可挠法。"立诛之,寇亦引去。迁侍御史、吏部员外郎。时武元衡节度剑南,与裴度俱为判官,尤相引重。召为吏部郎中。

宪宗喜武功,且数出游畋,公绰奏《太医箴》以讽曰:"天布寒暑,不私于人。品类既一,高卑以均。人谨好爱,能保其身。清静无瑕,辉光以新。寒暑满天地,浃肌肤于外;好爱在耳目,诱心知于内。端絜为堤,奔射犹败。气行无间,隙不在大。谓天高矣,氛蒙晦之;谓地厚矣,横流溃之。饮食资身,过则生患;衣服称德,侈则生慢。唯过与侈,心必随之。气与心流,疾乃伺之。畋游恣乐,流情荡志。驰骋劳形,叱吒伤气。不养其外,前修所忌。人乘气生,嗜欲以萌。气离有患,气完则成。巧必丧真,智实诱情。医之上者,理于未然。患居虑后,防处事先。心静乐行,体和道全。克施万物,以享亿年。圣人在上,各有攸处。臣司太医,敢告诸御。"天子高其才,遣使谓曰:"卿言'气行无间,隙不在大',爱朕深者,当置之坐隅。"逾月,拜御史中丞。

公绰本与裴垍善,李吉甫复当国,出为湖南观察使。以地卑湿,不可迎养,求分司东都,不听。后徙鄂岳观察使。时方讨吴元济,诏发鄂岳卒五千,隶安州刺史李听。公绰曰:"朝廷谓吾儒生知兵邪!"

即请自行,许之。引兵度江抵安州,听以军礼迎谒。公绰谓曰:"公所以属鞭负弩,岂非兵事邪?若褫戎容,则两郡守耳,何所统一哉?以公世将晓兵,吾且欲署职,以兵法从事。"听曰:"唯命。"即以都知兵马使、中军先锋、行营都虞候三牒授之,选兵六千属焉,戒诸校曰:"行营事一决都将。"听被用畏威,遂尽力,当时服其知权。军出,公绰数省问其家,疾病生死存给之,妇人敖荡者,沈之江。军中感服曰:"中丞为我知家事,敢不死战!"故鄂军每战辄克。

元和十一年,为李道古代还,除给事中。李师道平,遣宣谕郓州,复命,拜京兆尹。方赴府,有神策校乘马不避者,即时搒死。帝怒其专杀,公绰曰:"此非独试臣,乃轻陛下法。"帝曰:"既死,不以闻,可乎?"公绰曰:"臣不当奏。在市死,职金吾;在坊死,职左右巡使。"帝乃解。以母丧去官。服除,为刑部侍郎,领盐铁转运使,转兵部,兼御史大夫。

长庆元年,复为京兆尹。时幽、镇用兵,补置诸将,使驲系道。公绰奏曰:"比馆递匮乏,驿置多阙。敕使衣绯紫者,所乘至三四十骑;黄绿者,不下十数。吏不得视券,随口辄供。驿马尽,乃掠夺民马。怨嗟惊扰,行李殆绝。请著定限,以息其弊。"有诏中书条检定数,由是吏得纾罪。宦官共恶疾之。改吏部侍郎,迁御史大夫。韩弘病,自河中还,诏百官问疾,弘遣子辞不能见,公绰谓曰:"上使百司省候,是谓异礼,宜力疾以见公卿,安可卧令子姓传言耶?"弘惧,挟扶以出。

改礼部尚书,以祖讳换左丞。俄检校户部尚书、山南东道节度使。行部至邓,县吏有纳贿、舞文二人同系狱。县令以公绰素持法,谓必杀贪者,公绰判曰:"赃吏犯法,法在;奸吏坏法,法亡。"诛舞文者。其厩马害圉人,公绰杀之。或言良马可爱,曰:"安有良马而害人乎?"

宝历元年,就迁检校左仆射。牛僧孺罢政事,为武昌节度使,公绰具军容伏谒,左右谏止之,答曰:"奇章始去台宰,方镇重宰相,所以尊朝廷也。"有道士献丹药,问所从来,曰:"自蓟门。"时朱克融方叛,遽曰:"惜哉,药自贼境来,虽验何益!"即弃药而逐道士。入为刑部尚书,俄拜邠宁节度使。先时神策诸镇列屯部中,不听本道节制,故虏得窥间。公绰论所宜,因诏屯营缓急悉受节度。复为刑部尚书。京兆狱有姑鞭妇至死者,府欲杀之。化绰曰:"尊殴卑,非斗也,且子在,以妻而戮其母,不顺。"遂减论。

大和四年,为河东节度。遭岁恶,撙节用度,辍宴饮,衣食与士卒钧。北虏遣梅禄将军李畅以马万匹来市,所过皆厚劳,饬兵以防袭夺。至太原,公绰独使牙将单骑劳问,待以至意,辟牙门,令译官引谒,宴不加常。畅德之,出涕,徐驱道中,不妄驰猎。陉北有沙陀部,勇武喜斗,为九姓、六州所畏。公绰召其酋朱邪执宜,治废栅十一,募兵三千留屯塞上,其妻、母来太原者,令夫人饮食问遗之。沙陀感恩,故悉力保鄣。

以病乞代,授兵部尚书,不任朝请。忽顾左右召故吏韦长,众谓属诿以家事。及长至,乃曰:"为我白宰相,徐州专杀李听亲吏,非用高瑀不能安。"因瞑目不复语,后二日卒,年六十八。赠太子太保,谥曰元。

公绰居丧毁慕,三年不澡沐。事后母薛谨甚,虽姻属不知非薛所生。外兄薛宫早卒,为育其女嫁之。尝曰:"吾莅官未尝以私喜怒加于人,子孙其昌乎!"与钱徽、蒋乂、杜元颖、薛存诚善,取士如许康佐、郑朗、卢简辞、崔玙、夏侯孜、李拭、韦长,皆知名显贵云。

子仲郢。

仲郢字谕蒙。母韩,即皋女也,善训子,故仲郢幼嗜学,尝和熊胆丸,使夜咀咽以助勤。长工文,著《尚书二十四司箴》,为韩愈咨赏。元和末,及进士第,为校书郎。牛僧孺辟武昌幕府,有父风矩,僧孺叹曰:"非积习名教,安及此邪?"入为监察御史,迁侍御史,有禁卒诬里人斫父墓柏,射杀之,吏以专杀论,而中尉护免其死,右补阙蒋系争,不省。仲郢监罚,执曰:"贼不死,是乱典刑。"有诏御史萧杰监之,杰复争。遂独诏京兆杖之,不监。朝廷嘉其守。

会昌初,累转吏部郎中。时诏减官冗长者,仲郢条简浃日,损千二百五十员,议者厌伏。迁左谏议大夫,武宗延方士筑望仙台,累谏谆切,帝遣中人愧谕。御史崔元藻以覆按吴湘狱得罪,仲郢切谏,宰相李德裕不为嫌,奏拜京兆尹。置权量于东、西市、使贸易用之,禁私制者。北司吏入粟违约,仲郢杀而尸之,自是人无敢犯,政号严明。会废浮屠法,尽坏铜象为钱。仲郢为铸钱使,吏请以字识钱者,不答。既,淮南铸会昌字,久之,僧反取为钟铍云。中书舍人纥干臮诉甥刘诩殴其母,诩为禁军校,仲郢不待奏,即捕取之,死杖下,宦官以为言,改右散骑常侍,知吏部铨。德裕颇抑进士科,仲郢无所徇。是时,以进士选,无受恶官者。又当调者,持阙簿令自阅,即拟唱,吏无能为奸。

宣宗初,德裕罢政事,坐所厚善,出为郑州刺史。周墀镇滑,而郑为属郡,高其绩;及入相,荐授河南尹,召拜户部侍郎。墀罢,它宰相恶仲郢,左迁秘书监。数月,复出河南尹,以宽惠为政。或言不类京兆时,答曰:“辇毂之下,先弹压;郡邑之治,本惠养。乌可类乎?”擢剑南东川节度使。大吏边章简挟势肆贪,前帅不能制,仲郢因事杀之,官下肃然。居五年,召为吏部侍郎,俄改兵部,领盐铁转运使。有刘习者,以药术进,诏署盐官。仲郢以为医有本色官,若委钱谷,名分不正。帝悟,乃赐缣遣还。

大中十二年,辞疾,以刑部尚书罢使,转户部,封河东县男,为山南西道节度使。南郑令权弈以罪,仲郢杖之,六日死,贬雷州刺史。顷之,以太子宾客分司东都,起为虢州刺史,以检校尚书左仆射东都留守。会盗发父墓,弃官归华原。徙华州刺史,不拜。咸通五年,为天平节度使。初,仲郢为谏议大夫,后每迁,必乌集升平第,庭树戟架皆满,五日乃散。及是不复集。卒于镇。

仲郢方严,尚气义,事亲甚谨。李德裕贬死,家无禄,不自振;及领盐铁,遂取其兄子从质为推官,知苏州院。宰相令狐绹持不可,乃移书开谕绹,绹感寤,从之。每私居内斋,束带正色,服用简素。父子更九镇,五为京兆,再为河南,皆不奏瑞,不度浮屠。急于摘贪吏,济单弱。每旱潦，必贷匮赒负，里无逋家。衣冠孤女不能自归者，斥廪为婚嫁。在朝，非庆吊不至宰相第。其迹略相同。

家有书万卷，所藏必三本：上者贮库，其副常所阅，下者幼学焉。仲郢尝手钞《六经》，司马迁、班固、范晔史皆一钞，魏、晋及南北朝史再，又类所钞它书凡三十篇，号《柳氏自备》，旁录仙佛书甚众，皆楷小精真，无行字。

子璞、珪、璧、玭。

璞字韬玉，学不营仕。著《春秋三氏异同义》，又述《天祚长历》，断自汉武帝纪元，为编年，以大政、大祥异、侵叛战伐随著之，闰位者附见其左。常谓"杜征南《春秋后序》述纪甲历为得实，自余史家皆差"。蒋系以为然。终著作郎。

珪字交玄。大中中，与璧继擢进士，皆秀整而文，杜牧、李商隐称之。杜惊镇西川，表在幕府，久乃至。会惊徙淮南，归其积俸，珪不纳。惊举故事为言，卒辞之。以蓝田尉直弘文馆，迁右拾遗，而给事中萧仿、郑裔绰谓珪不能事父，封还其诏。仲郢诉其子："冒处谏职为不可，谓不孝则诬。请勒就养。"诏可。始，公绰，治家埒韩滉，及珪被废，士人愧怅。终卫尉少卿。

璧字宾玉。马植镇汴州，辟管书记。又从李瓒桂州，规止其不法，瓒不听，乃拂衣去。未几，军乱。擢右补阙，再转屯田员外郎。僖宗幸蜀，授翰林学士，累迁右谏议大夫。

玭以经明补秘书正字，由书判拔萃，累转左补阙。高湜再镇昭义，皆表为副，擢刑部员外郎。湜贬高要尉，玭三疏申理，湜后得稿嗟叹，以为其言虽自辨不加也。出为岭南节度副使。廨中橘熟，既食，乃纳直于官。黄巢陷交、广，逃还，除起居郎。巢入京师，奔行在，再迁中书舍人、御史中丞。文德元年，以吏部侍郎修国史，拜御史大

夫。直清有父风，昭宗欲倚以相，中官潜批烦碎，非廊庙器，乃止。坐
事贬泸州刺史，卒。光化初，帝自华还，诏复官爵。

批常述家训以戒子孙曰：

夫门地高者，一事坠先训，则异它人，虽生可以苟爵位，死
不可见祖先地下。门高则自骄，族盛则人窥嫉。实艺懿行，人
未必信；纤瑕微累，十手争指矣。所以修己不得不至，为学不得
不坚。夫士君子生于世，己无能而望它人用，己无善而望它人
爱，犹农夫卤莽种之而怨天泽不润，虽欲弗馁，可乎？余幼闻先
公仆射言：立己以孝悌为基，恭默为本，畏怯为务，勤俭为法。
肥家以忍顺，保交以简恭，广记如不及，求名如傥来，莅官则洁
己省事，而后可以言家法，家法备，然后可以言养人。直不近
祸，廉不沽名。忧与祸不偕，洁与富不并。董生有云："吊者在
门，贺者在闾。"言忧则恐惧，恐惧则福至。又曰："贺者在门，吊
者在闾。"言受福则骄奢，骄奢则祸至。故世族远长与命位丰
约，不假问龟蓍星数，在处心行事而已。

昭国里崔山南琯子孙之盛，仕族罕比。山南会祖母长孙夫
人年高无齿，祖母唐夫人事姑孝，每旦，栉缝笄拜阶下，升堂乳
姑，长孙不粒食者数年。一日病，言无以报吾妇，异子孙皆得如
妇孝。然则崔之门安得不大乎？东都仁和里裴尚书宽子孙众
盛，实为名阀。天后时，宰相魏玄同选尚书之先为婿，未成婚而
魏陷罗织狱，家徙岭表。及北还，女已逾笄。其家议无以为衣
食资，愿下发为尼。有一尼自外至，曰："女福厚丰，必有令匹，
子孙将遍天下，宜北归。"家人遂不敢议。及荆门，则裴赍装以
迎矣。今势利之徒，舍信誓如返掌，则裴之蕃衍，乃天之报施
也。余旧府高公先君兄弟三人，俱居清列，非速客不二羹胾，夕
食龁卜瓠而已，皆保重名于世。

永宁王相国涯居位，窦氏女归，请曰："玉工货钗直七十万
钱。"王曰："七十万钱，岂于女惜？但钗直若此，乃妖物也，祸必
随之。"女不复敢言。后钗为冯球外郎妻首饰，涯曰："为郎吏

妻，首饰有七十万钱，其可久乎！"冯为贾相国铄门人，贾有奴颇横，冯爱贾，召奴责之，奴泣谢。未几，冯晨谒贾，贾未出，有二青衣赍银罂出，曰："公恐君寒，奉地黄酒三杯。"冯悦，尽举之。俄病渴且咽，因暴卒。贾为叹息出涕，卒不知其由。明年，王、贾皆遘祸。噫，王以珍玩为物之妖，信知言矣，而不知恩权隆赫之妖甚于物邪？冯以卑位贪货，不能正其家，忠于所事，不能保其身，不足言矣。贾之奴害客于墙庑间而不知，欲终始富贵，其得乎？舒相国元舆与李繁有隙，为御史，鞫谯狱，穷致繁罪，后舒亦及祸。今世人盛言宿业报应，曾不思视履考祥事欤？夫名门右族，莫不由祖考忠孝勤俭以成立之，莫不由子孙顽率奢傲以覆坠之。成立之难如升天，覆坠之易如燎毛。

余家本以学识礼法称于士林，比见诸家于吉凶礼制有疑者，多取正焉。丧乱以来，门祚衰落，基构之重，属于后生。夫行道之人，德行文学为根株，正直刚毅为柯叶。有根无叶，或可俟时；有叶无根，膏雨所不能活也。至于孝慈、友悌、忠信、笃行，乃食之醯酱，可一日无哉？

其大概如此。

公权字诚悬，公绰弟也。年十二，工辞赋。元和初，擢进士第。李听镇夏州，表为掌书记。因入奏，穆宗曰："朕尝于佛庙见卿笔迹，思之久矣。"即拜右拾遗、侍书学士，再迁司封员外郎。帝问公权用笔法，对曰："心正则笔正。笔正，乃可法矣。"时帝荒纵，故公权及之。帝改容，悟其以笔谏也。公绰尝寓书宰相李宗闵，言家弟本志儒学，先朝以侍书见用，颇类工祝，原徙散秩。乃改右司郎中、弘文馆学士。

文宗复召侍书，迁中书舍人，充翰林书诏学士。尝夜召对子亭，烛穷而语未尽，宫人以蜡液濡纸继之。从幸未央宫，帝驻辇曰："朕有一喜，边戍赐衣久不时，今中春而衣已给。"公权为数十言称贺，帝曰："当贺我以诗。"宫人迫之，公权应声成文，婉切而丽。诏令再赋,复无停思,天子甚悦,曰:"子建七步,尔乃三焉。"常与六学士对便殿,帝称汉文帝恭俭,因举袂曰:"此三浣矣!"学士皆贺,独公权无言。帝问之,对曰:"人主当进贤退不肖,纳谏诤,明赏罚。服浣濯之衣,此小节耳,非有益治道者。"异日,与周墀同对,论事不阿,墀为惴恐,公权益不夺,帝徐曰:"卿有诤臣风,可屈居谏议大夫。"乃自舍人下迁,仍为学士知制诰。

开成三年,转工部侍郎。召问得失,因言:"郭旼领邠宁,而议者颇有臧否。"帝曰:"旼,尚父从子,太皇太后季父,官无玷邮,自大金吾位方镇,何所更议?"答曰:"旼诚勋旧,然人谓献二女乃有是除,信乎?"帝曰:"女自参承太后,岂献哉?"公权曰:"疑嫌间不可户晓。"因引王珪谏庐江王妃事。是日,帝命中官自南内送女还旼家。其忠益多类此。迁学士承旨。

武宗立,罢为右散骑常侍。宰相崔珙引为集贤院学士,知院事,李德裕不悦,左授太子詹事,改宾客。累封河东郡公,复为常侍,进至太子少师。大中十三年,天子元会,公权稍耄忘,先群臣称贺,占奏忽谬,御史劾之,夺一季俸,议者恨其不归事。咸通初,乃以太子太保致仕。卒,年八十八。赠太子太师。

公权博贯经术,于《诗》、《书》、《左氏春秋》、《国语》、庄周书尤邃,每解一义,必数十百言。通音律,而不喜奏乐,曰:"闻之令人骄惰。"其书法结体劲媚,自成一家。文宗尝召与联句,帝曰:"人皆苦炎热,我爱夏日长。"公权属曰:"薰风自南来,殿阁生余凉。"它学士亦属继,帝独讽公权者,以为词情皆足,命题于殿壁,字率径五寸,帝叹曰:"钟、王无以尚也!"其迁少师,宣宗至御坐前,书纸三番,作真、行、草三体,奇秘,赐以器币,且诏自书谢章,无限真、行。当时大臣家碑志,非其笔,人以子孙为不孝。外夷入贡者,皆别署货贝曰:"此购柳书。"尝书京兆西明寺《金刚经》,有钟、王、欧、虞、褚、陆诸家法,自为得意。凡公卿以书贶遗,盖巨万,而主藏奴或盗用。尝贮杯盂一笥,滕识如故而器皆亡,奴妄言叵测者,公权笑曰:"银杯羽化矣!"不复诘。唯研、笔、图籍,自镝秘之。

子华，公绰诸父也。始辟严武剑南府，累迁池州刺史。代宗将幸华清宫，先命完葺，欲以子华为京兆少尹，尹恶其刚方，沮解之，遂为昭应令，检校金部郎中、修宫使。设棘围于市，徇邑中曰："民有得华清瓦石材用，投围中，逾三日不还者死。"不终日，已山积矣，营办略足。宰相元载有别墅，以奴主务，自称郎将，怙势纵暴，租赋未尝入官。子华因奴入谒，收付狱，劾发宿罪，杖杀之，一邑震伏。载不敢怨，遣吏厚谢。预知其终，自为墓铭。

子公器、公度。公度，善摄生，年八十余，有强力。常云："吾初无术，但未尝以气海暖冷物、熟生物，不以元气佐喜怒耳。"位光禄少卿。公器生遵，遵生璨，别有传。

杨于陵，字达夫，本汉太尉震之裔。父太清，倦宦，客河朔，死安禄山之乱。于陵始六岁，间关至江左，逮长，有奇志。十八擢进士，调句容主簿。节度使韩滉刚严少许可，独奇于陵，谓妻柳曰："吾求佳婿，无如于陵贤。"因以妻之。辟鄂岳、江西使府。滉居宰相，领财赋，权震中外。于陵随府罢，避亲不肯调，退庐建昌，以文书自娱乐。滉卒，乃入为膳部员外郎。以吏部判南曹，选者恃与宰相亲，文书不如式，于陵驳其违，宰相怒，以南曹郎出使吊宣武军。未几，迁右司郎中，换吏部，出为绛州刺史。德宗雅闻其名，留拜中书舍人。时京兆李实恃恩暴横，于陵与所善许孟容不离附，为所谮短，徙秘书少监。帝崩，宣遗诏于太原、幽州，节度献遗无所纳。拜华州刺史，迁浙东观察使。越人饥，请出米三十万石拯赡贫民，政声流闻。

入为京兆尹。先是，编民多窜北军籍中，倚以横闾里。于陵请限丁制，减三丁者不得著籍，奸人无所影赖，京师豪右大震。迁户部侍郎。元和初，牛僧孺等以贤良方正对策，于陵被诏程其文，居第一，宰相恶其言，出为岭南节度使。辟韦词、李翱等在幕府，咨访得失，教民陶瓦易蒲屋，以绝火患。监军许遂振者，悍戾贪肆，惮于陵不敢挠以私，则为飞语闻京师，宪宗不能无惑，有诏罢归。遂振领留事,笞吏剟抉其赃,吏呼曰:"杨公尚拒他方赂遗,肯私官钱邪?"宰相裴垍亦为帝别白言之,乃授吏部侍郎,而遂振终得罪。

初,吏部程判,别诏官参考,齐抗当国,罢之。至是,尚书郑余庆移疾,乃循旧制。于陵建言:"他官但第判能否,不知限员,有司计员为留遣之格,事不相谋,莫如勿置。"于是有诏三考官止较科目选,至常调悉还吏部。又请修甲历,南曹置别簿相检实,吏不能为奸。始奏选者纳直给符告,居四年,凡调三千员,时谓为适。

以兵部兼御史大夫,判度支。王师讨淮西,于陵用所亲为供军使,主唐、邓,而高霞寓腾牒度支,以饷道乏,及战败,诏责之,指以为言。帝怒,贬于陵郴州刺史。徙原王傅,复以户部侍郎知吏部选。李师道平,诏宣慰淄青。朝廷始议分其地,而刘悟节度支滑州,未出郛,于陵趣使上道。还奏,帝悦其能。会浙西观察使李脩死,皇甫镈素忌于陵,荐以代脩,帝不之可。

穆宗立,迁户部尚书,为东都留守。数上疏乞身,不许。授太子少傅,封弘农郡公。俄以尚书左仆射致仕,诏赐实俸,让不受。于陵器量方峻,进止有常度,节操坚明,始终不失其正,时人尊仰之。大和四年卒,年七十八。册赠司空,谥曰贞孝。

四子:景复仕至同州刺史,绍复中书舍人,师复大理卿;中子嗣复位宰相,自有传。

马总字会元,系出扶风。少孤婺,不妄交游。贞元中,辟署滑州姚南仲幕府,监军薛盈珍诬南仲不法,总坐贬泉州别驾。盈珍入用事,福建观察使柳冕希旨欲诛之,会刺史穆赞保护乃免,徙恩王傅。

元和中,以虔州刺史迁安南都护,廉清不挠,用儒术教其俗,政事嘉美,獠夷安之。建二铜柱于汉故处,镵著唐德,以明伏波之裔。徙桂管经略观察使,入为刑部侍郎。十二年,兼御史大夫,副裴度宣慰淮西。吴元济禽,为彰义节度留后。蔡人习伪恶,相掉讦,犷戾有夷貊风。总为设教令,明赏罚,磨治洗汰,其俗一变。始奏改彰义为淮西,寻擢拜淮西节度使,徙忠武,改华州防御、镇国军使。李师道平,析郓、曹、濮等为一道,除总节度,赐号天平军。

长庆初,刘总上幽、镇地,诏总徙天平,而诏总还,将大用之。会总卒,穆宗以郓人附赖总,复诏还镇。二年,检校尚书左仆射,入为户部尚书。总笃学,虽吏事倥偬,书不去前,论著颇多。卒,赠右仆射,谥曰懿。

赞曰:巢父恃正义,触群不肖,谋不以权,遂丧其身。宁、邠皆所谓邦之司直者,后世卒蕃衍。公绰仕而勇,于陵方重,总沈懿,皆有大臣风,才堪宰相而用不至,果时有不幸邪?穆、崔、柳代为孝友闻家,君子之泽远哉!

唐书卷一六四
列传第八九

归崇敬 _{登 融}　奚陟　崔衍
卢景亮 _{王源中}　薛苹 _膺
卫次公 _洙　薛戎 _放　胡证
丁公著　崔弘礼　崔玄亮
王质　殷侑 _{盈孙}　王彦威

归崇敬，字正礼，苏州吴人。治礼家学，多识容典，擢明经。遭
父丧，孝闻乡里。调国子直讲。天宝中，举博通坟典科，对策第一，
迁四门博士。有诏举才可宰百里者，复策高等，授左拾遗。肃宗次
灵武，再迁起居郎、赞善大夫、史馆修撰、兼集贤殿校理，修国史、仪
注。以贫求解。历同州长史、润州别驾。未几，有事桥陵、建陵，召
还参掌仪典，改主客员外郎，复兼修撰。

代宗幸陕，召问得失，崇敬极陈："生人疲敝，当以俭化天下，则
国富而兵可用。"时百官朝朔望，皆服裤褶，崇敬非之，建言："三代
逮汉无其制，隋以来，始有服者，事不稽古，宜停。"诏可。又言："东
都太庙不当置木主，按礼，'虞主用桑，练主用栗'，作栗主则瘗桑
主，犹天无二日，土无二王也。东都太庙，本武后所建以祀诸武，中
宗去主存庙，以备行幸迁都之置。且商迁都前八后五，不必每都别
立神主也。若曰神主已经奉祀，不得一日而废，则桑主以虞，至练祭

而埋之，明是不然。"时有方士巨彭祖建言："唐家土德，请以四季月郊祀天地。"诏礼官儒者杂议。崇敬议："礼以先立秋十八日迎黄灵，祀黄帝，黄帝于五行为土，而火为母，故火用事之末而祭之，三季月则否。彭祖牵纬候说，事诡不经，不可用。"又议："五人帝于国家为前后，无君臣义，天子祭宜毋称臣，祭而称臣，于天帝无异。"又"春、秋释奠孔子，祝版皇帝署，北面揖，以为太重。宜准武王受丹书于师尚父，行东面之礼。"事皆施行。

大历初，授仓部郎中，充吊祭册立新罗使。海道风涛，舟几坏，众惊，谋以单舸载而免，答曰："今共舟数十百人，我何忍独济哉？"少选，风息。先是，使外国多赍金帛，贸举所无，崇敬囊橐惟衾衣，东夷传其清德。还，授国子司业、兼集贤学士。八年，遣祀衡山，未至，而哥舒晃乱广州，监察御史惮之，请望祀而还，崇敬正色曰："君命岂有畏邪？"遂往。

皇太子欲临国学行齿胄礼，崇敬以学与官名皆不正，乃建议：

古天子学曰辟雍。以制言之，壅水环缭如璧；然以谊言之，以礼乐明和天下云尔。在《礼》为泽宫，故前世或曰璧池，或曰璧沼，亦言学省。汉光武立明堂、辟雍、灵台，号"三雍宫"。晋武帝临辟雍，行乡饮酒礼，别立国子学，以殊士庶。永嘉南迁，唯有国子学。隋大业中，更名国子监。今声明之盛，辟雍独阙，请以国子监为辟雍省。祭酒、司业之名，非学官所宜。业者，枸簴大版，今学不教乐，于义无当。请以祭酒为太师氏，位三品；司业为左师、右师，位四品。

近世明经，不课其义，先取帖经，颛门废业，传受义绝。请以《礼记》、《左氏春秋》为大经，《周官》、《仪礼》、《毛诗》为中经，《尚书》、《周易》为小经，各置博士一员。公羊、谷梁《春秋》共准一中经，通置博士一员。博士兼通《孝经》、《论语》依章疏讲解。德行纯洁、文词雅正、形容庄重可为师表者，委四品以上各举所知，在外给传，七十者安车蒲轮敦遣。国子、太学、四门三馆各立五经博士，品秩、生徒有差。旧博士、助教、直讲、经直、律馆算馆助教,请皆罢。

教授法。学生谒师,赘用腶修一束,酒一壶,衫布一裁,色如师所服。师出中门,延入与坐,割修酹酒,三爵止。乃发箧出经,抠衣前请,师为说经大略,然后就室,朝晡请益。师二时堂上训授道义,示以文行忠信、孝悌睦友。旬省,月试,时考,岁贡,视生徒及第多少为博士考课上下。有不率教者,榎楚之,国子移礼部,为太学生;太学又不变,徙之四门;四门不变,徙本州之学;复不变,繇役如初,终身不齿。虽率教,九年学不成者,亦归之本州。

礼部考试法。请罢帖经。于所习经问大义二十而得十八,《论语》、《孝经》十得八,为通;策三道,以本经对,通二为及第。其孝行闻乡里者,举解具言,试日义阙一二,许兼收焉。天下乡贡如之。习业考试,并以明经为名,得第授官,与进士同。有诏尚书省集百官议。皆以习俗久,制度难分明,省禁非外司所宜名,《周官》世职者称氏,国学非世官,不得名辟雍省、太师氏。大抵惮改作,故无施行者。

坐史给禀钱不实,贬饶州司马。德宗立,召还,复拜国子司业,稍迁翰林学士、左散骑常侍,充皇太子侍读,又兼普王元帅参谋,封余姚郡公。田悦、李纳禀命,持节宣慰,称旨。表归上冢,宠赐缯帛,儒先以为荣。迁工部尚书,仍前职。年老,以兵部尚书致仕。卒,年八十八,赠尚书左仆射,谥曰宣。论撰数十篇。

子登。

登字冲之,事继母笃孝。大历中,举孝廉高第。贞元初,策贤良,为右拾遗。裴延龄得幸,德宗欲遂以相,右补阙熊执易疏论之,以示登,登动容曰:“愿审吾名,雷霆之下,君难独处。”故同列有所谏正,辄联署无所回讳。转右补阙、起居舍人,凡十五年,僚类有出其下而进趋,自喜得显官,惟登与右拾遗蒋武退然远权势,终不以淹晚概怀。迁兵部员外郎。

　　顺宗为皇太子,登父子侍读,及即位,以东宫恩超拜给事中,迁工部侍郎,复为皇太子、诸王侍读,献《龙楼箴》以讽。徙左散骑常侍,入谢,宪宗问政所先,登知帝睿而果于断,劝顺纳谏争,内外传为说言。后判国子祭酒事,进工部尚书,累封长洲县男。卒,年六十七,赠太子少师,谥曰宪。

　　登性温恕,家僮为马所踢,笞折马足,登知,不加责。有遗金石不死药者,给曰已尝,及登服几死,讯之,乃未之尝,人皆为怒,而登不为愠。常慕陆象先为人,世亦许其类云。

　　子融。

　　融字章之,元和中,及进士第,累迁左拾遗。事文宗为翰林学士,进至户部侍郎。开成初,拜御史中丞。湖南观察使卢周仁以南方屡火,取羡钱亿万进京师。融劾奏:“天下一家,中外之财皆陛下府库,周仁陈小利,假异端,公违诏书,徇私希恩。恐海内效之,因缘渔刻,生人受弊,罪始周仁。请重责,还所进,代贫民租入。”诏不从,置钱河阴院以虞水旱。初,户部员外郎卢元中、左司员外郎判户部案姚康受平籴官秦季元绢六千匹,贷干没钱八千万,俱贬岭南尉。数年,金部员外郎韩益判度支,子弟受赇三百万,未入者半。帝问融:“益所犯与卢元中、姚康孰甚?”对曰:“元中等枉失库钱,益所坐子弟受贿,事异法轻。”故益止贬梧州参军。融迁京兆尹,李固言为相,恶之,徙秘书监。固言罢,擢权知兵部侍郎。岁间,出为山南西道节度使,徙东川。还,历兵部尚书。累封晋陵郡公。

　　会昌后,儒臣少,朝廷礼典多本融议。辞疾,以太子少傅分司东都。大中七年,卒,赠尚书左仆射。

　　奚陟,字殷卿,其先自谯亳西徙,故为京兆人。少笃志,通群书。大历末,擢进士、文辞清丽科,授弘文馆校书郎。德宗立,谏议大夫崔河图持节使吐蕃,表陟自副,以亲老辞不拜。杨炎辅政,召授左拾遗。居亲丧,毁瘠过礼。朱泚反,走间道及车驾于兴元,拜起居郎、翰林学士,不就职。贼平,改太子司议郎,历金部、吏部员外。会左右丞缺,转左司郎中。

贞元八年,迁中书舍人。于是江南、淮西皆大水,诏陟劳问循尉,所至人人便安。中书史倚宰相势,常姑息,独陟遇之无假借。先是,右省杂给视职田禀,主事与拾遗等,陟以奉稍为率,由是吏官有差。中书令李晟有纸笔猥料积于省,它日以遗舍人,而杂事舍人常私有之,陟均舍寮无厚薄。虽细务,皆身亲其劳,久益强力,人以为难。

迁刑部侍郎。京兆尹李充有美政,裴延龄恶之,诬劾充比赘,数遗金帛,当抵罪,又干没京兆钱六十八万缗,请付比部钩校,时郎中崔元翰怨赘,揣延龄指,逮系搒掠甚急,内以险文。陟持平无所上下,具狱上,且言:“京兆钱给县馆传,余以度支符用度略尽。”充既免,元翰不得意,以恚死。

陟寻知吏部选事,迁侍郎。铨综平允,时谓与李朝隐略等,不能摘发清明如裴行俭、卢从愿也。十五年,病痟,帝遣医疗视,敕曰:“陟,贤臣,为我善治之。”卒,年五十五,赠礼部尚书。

陟少自砥厉,著名节。常荐权德舆为起居舍人知制诰,杨于陵为郎中,其后皆有名。

子敬玄,位左补阙。

崔衍,字著,深州安平人。

父伦,字叙,居父丧,跣护柩行千里,道路为流涕,庐冢弥年。服除,及进士第,历吏部员外郎。安禄山反,陷于贼,不污伪官,使子弟间表贼事。贼平,下迁晋州长史。李齐物讼其忠,授长安令,封武邑县男。宝应二年,以右庶子使吐蕃,虏背约,留二岁,执伦至泾州,逼为书约城中降,伦不从,更囚逻娑城,阅六岁,终不屈,乃许还。代宗见之,为感动呜咽。即具陈虏情伪、山川险易,指画帝前,人服其详。迁尚书左丞,以疾改太子宾客。卒,年七十一,赠工部尚书,谥曰敬。

衍,天宝末擢明经,调富平尉。继母李不慈,伦自吐蕃归,李弊衣以见,问故,曰:"衍不吾给。"伦怒,召衍,将袒而鞭之,衍涕泣无所陈。伦弟殷趋白:"衍所禀举送夫人所,尚何云!"伦悟,繇是潜无入。调清源令,劝民力田,怀附流亡,观察使马燧表其能,徙美原。父卒,事李益谨,岁为李子部偿负不胜计,故官刺史,妻子仅免饥寒。

历苏、虢二州。虢居陕、华间,而赋数倍入,衍白太重。裴延龄领度支,方聚敛,私谓衍:"前刺史无发明,公当止。"衍不听,复奏:"州部多岩田,又邮传剧道,属岁无秋,民举流亡,不蠲减租额,人无生理。臣见长吏之患,在因循不以闻,不患陛下不忧恤也;患申请不实,不患朝廷不矜贷也。陛下拔臣大州,宁欲视民困而顾望不言哉?"德宗公其言,为诏度支减赋。迁宣歙池观察使,简静为百姓所怀。幕府奏聘皆有名士,后多显于时。卒,年六十九,赠工部尚书。衍俭约畏法,室无妾媵,禄稍周于亲族,葬埋嫁娶,倚以济者数十家。及卒,不能藏丧,表诸朝,赐赙帛三百段,米粟称之。

先是,天下以进奉结主恩,州藏耗竭,韦皋、刘赞、裴肃为之倡。赞死,衍代之。旧贡金锡凡十八品,皆倍直市于州,民匮,多逃去,至,蠲革之。居十年,啬用度,府库充衍。及穆赞代州,以钱四十万缗假民赋,故虽旱,人不流捐,由衍蓄积有素也。路应为观察使,以衍有惠在民,言状,元和元年,诏书褒美,赐一子官云。谥曰懿。

卢景亮,字长晦,幽州范阳人。少孤,学无不览。第进士、宏辞,授秘书郎。张延赏节度荆南,表为枝江尉、掌书记。入迁右补阙。朱泚反,景亮劝德宗曰:"陛下罪己不至,则感人不深。"帝然之。景亮志义峛然,多激发,与穆质同在谏争地,书数上,鲠毅无所回。宰相李泌劾景亮等尝众会,漏所上语言,引善在己,即有恶归之君。帝怒,贬为朗州司马,质也斥去,废抑二十年。至宪宗时,由和州别驾召还,再迁中书舍人。

景亮善属文,根于忠仁,有经国志,尝谓:"人君足食足兵而又得士,天下可为也。"乃兴轩、顼以来至唐,剟治道之要,著书上下篇,号《三足记》。又作《答问》,言辇运大较及陈西戎利害,切指当世,公卿伏其达古今云。元和初卒,赠礼部侍郎。

宪宗时,以直谏知名者,又有王源中,字正蒙。擢进士、宏辞,累迁左补阙。是时,中官领禁兵,数乱法,捕台府吏属系军中。源中上言:"台宪者,纪纲地,府县责成之所。设吏有罪,宜归有司,无令北军乱南衙,麾下重于仗内。"帝纳之。累转户部郎中、侍郎,擢翰林学士,进承旨学士。

源中嗜酒,帝召之,醉不能见。及寤,忧其慢,不悔不得进也。他日,又如之,遂失帝意。以疾自言,出为山南西道节度使,入拜刑部侍郎。未几,领天平节度使。开成三年卒,赠尚书右仆射。

源中淡名利,率身治人,约而简,当时咨美。

薛苹,河中宝鼎人。七世祖道实,为隋礼部尚书。父顺为奉天尉,与杨国忠有旧,及用事,将引之,辄谢绝。

苹以吏最拜长安令,历虢州刺史。宪宗时,奏最,擢湖南观察使,徙浙东,以治行迁浙西,加御史大夫,累封河东郡公。所居守法度,务在安人。治身戆薄,所衣绿袍更十年,至绯衣乃易。居三镇,声乐不闻于家,所得禄即分散亲属故人,而无余藏。除左散骑常侍,年七十致仕。是时有年过苹不肯去,故论者高苹。居四年,卒,赠工部尚书,谥曰宣。苹于文章中长于诗。

兄芳,有器干;莱与莘,其母代宗从母也,以外戚奉朝请,皆赞善大夫。

苹子膺,大和初,为右补阙内供奉。其弟齐佐兴元李绛幕府,绛遇害,齐死于难。膺闻,不及请,驰赴之,哀甚,闻者垂泣。后历工部员外郎。

卫次公,字从周,河中河东人。举进士,礼部侍郎潘炎异之,曰:"国器也。"高其第。调渭南尉。严震在兴元,辟佐其府。累迁殿中侍御史。贞元中,擢左补阙、翰林学士。德宗崩,与郑细皆召至金銮殿。时皇太子久疾,禁中或传更议所立,众失色。次公曰:"太子虽久疾,冢嫡也,内外系心久矣。必不得已,宜立广陵王。"纲随赞之,议乃定。

顺宗立,王叔文等用事,轻弄威柄,次公与纲多所持正。知礼部贡举,斥华取实,不为权力侵挠。由中书舍人充史馆修撰,改兵部侍郎。纲以宰相罢,坐与善,下除太子宾客。久乃为陕、虢州观察使,蠲横租钱岁三百万。复入为兵部侍郎。故英公李勣、大理卿徐有功之孙,皆以负不得调,次公召见曰:"子之祖,勋在王府,宁限常格乎?"即优补而遣。进尚书左丞。时方讨蔡,数建请罢兵,帝将相之,制稿具而蔡捷书至,乃追止。以检校工部尚书为淮南节度使。久之,召还,道病卒,年六十六,赠太子少傅,谥曰敬。

次公本善琴,方未显时,京兆尹李齐运使子与游,请授之法,次公拒绝,因终身不复鼓。其节尚终始完洁。

子洙,举进士,尚临真公主,检校秘书少监、驸马都尉。文宗曰:"洙起名家,以文进,谏官宠之。"乃为左拾遗,历义成节度使。咸通中卒。

薛戎,字元夫,河中宝鼎人。客毗陵阳羡山,年四十余不仕。江西观察使李衡辟署幕府,三返乃肯应。故宰相齐映代衡,奏留之,府罢,复归阳羡。福建观察使柳冕辟佐其府。先是,马总佐郑滑府,监军宦人诬劾之,贬泉州别驾。冕欲除总以附幸家,即使戎摄刺史,按置其罪。戎曰:"以是待我耶?我始不愿仕,正谓此尔!"不肯从,还白其状。冕怒,据案引戎入,戎叱引者曰:"见宾客乃尔乎?"由东厢进。冕度未可屈,揖而去,囚之它馆,环兵胁辱之。累月,戎终不为屈。淮南节度使杜佑闻之,书责冕,会冕亦病死,得解,自放江湖间。

复为藩府交奏,稍迁河南令。吐突承璀讨镇州,所过吏迎廷畏不及,治道前驱,惟戎境内按故无所治迓。留府卒犯令者,缚置狱,留守怒,遣将略出之,不与。累迁浙东观察使,所部州触酒禁者罪当死,橘未贡先鬻者死,戎弛其禁。卒治下,年七十五,赠左散骑常侍。

戎为吏，不尚约束诡名誉，其有善，归之所部，故居官时无灼灼可惊者，已罢则怀之。悉奉禀赒济内外亲，无疏远皆归之，既病，以所有分遗之曰："吾死矣，可持为归资！"众皆哭而去。

弟放，端厚寡言。第进士，擢累兵部郎中。穆宗为太子，拜侍读，及即位，参赞机命。帝谓曰："小子新立，惧不克荷，先生宜相，以辅不逮。"放叩头曰："臣庸浅，不足尘大任，自有贤能处之。"帝美其诚，进工部侍郎、集贤学士，宠待尤至。改刑部侍郎。

帝尝问："朕欲学经与史，何先？"放曰："《六经》者，圣人之言，孔子所发明，天人之极也。《史记》道成败得失，亦足以鉴，然谬于是非，非《六经》比。"帝曰："吾闻学者白首不能通一经，安得其要乎？"对曰："《论语》，《六经》之菁华也；《孝经》，人伦之本也。汉时《论语》首立于学官。光武令虎贲士皆习《孝经》，玄宗为注训，盖人知孝慈，则气感和乐也。"帝曰："圣人以孝为至德要道，信然。"终江西观察使，谥曰简。

胡证，字启中，河中河东人。举进士第，浑瑊美其才，以乡府奏置幕下。繇殿中侍御史为韶州刺史，以母老辞，为太子舍人。更从襄阳于頔，署掌书记。入为户部郎中。田弘正以魏博内属，请使自副，诏兼御史中丞，为弘正副使。入迁谏议大夫。

元和九年，党项屡扰边，而单于都护府累更武将，职事废，证以儒而勇选拜振武军节度使。道河中，时赵宗儒为帅，以州民入谒，里人荣之。居四年，召任金吾大将军。又充京西、京北巡边使。

太和公主降回鹘，以检校工部尚书为和亲使。旧制，行人有私觌礼，县官不能具，召富人子纳赀于使而命之官。证请俭受省费，以绝鬻官之滥。次漠南，虏人欲屈胁之，且言使者必易胡服，又欲主便道疾驱者，证固不从，以唐官仪自将，讫不辱命。还，拜工部侍郎，改京兆尹、左散骑常侍。宝历初，以户部尚书判度支，固辞，拜岭南节度使。卒，年七十一，赠尚书右仆射。

广有舶贝奇宝，证厚殖财自奉，养奴数百人，营第修行里，弥亘

间陌，车服器用珍侈，遂号京师高訾。素与贾悚善，李训败，卫军利
其财，声言悚匿其家，争入剽劫，执其子澂内左军，至斩以徇。

证旅力绝人。晋公裴度未显时，羸服私饮，为武士所窘，证闻，
突入坐客上，引觥三醋，客皆失色。因取铁灯檠，摘枝叶，栎合其跗，
横膝上，谓客曰：“我欲为酒令，饮不醋者，经此击之。”众唯唯。证一
饮辄数升，次授客，客流离盘杓不能尽，证欲击之，诸恶少叩头请
去，证悉驱出。故时人称其侠。

丁公著，字平子，苏州吴人。三岁丧母。甫七岁，见邻媪抱子，
哀感不肯食，请于父绪，愿绝粒学老子道，父听之。稍长，父勉敕就
学，举明经高第，授集贤校书郎，不满秩辄去，侍养于家。父丧，负土
作冢，貌力癯慑，见者忧其死孝。观察使薛苹表上至行，诏刺史吊
问，赐粟帛，旌阙其闾。淮南节度使李吉甫表授太子文觉察，兼集贤
校理。会入辅政，擢为右补阙，迁直学士，充皇太子、诸王侍读，因著
《太子诸王训》十篇。

穆宗立，未听政，召居禁中，条询治理，且许以相。公著陈让牢
切，乃擢给事中，迁工部侍郎，知吏部选事。公著内知帝欲进用，故
辞疾求外，迁授浙西观察使，徙为河南尹，治以清静闻。四迁礼部尚
书、翰林侍讲学士。长庆中，浙东灾疠，拜观察使，诏赐米七万斛，使
赈饥捐。久之，入为太常卿。大和中，以病丐还乡里，卒，年六十四，
赠尚书右仆射。

公著清约守道，每进一官，辄忧见颜间。四十丧妻，终身不畜
妾。及卒，天下惜之。

崔弘礼，字从周，系出博陵，北齐左仆射怀远六世孙。磊磊有大
志，通兵略。过宣武，从刘玄佐猎夷门，玄佐酒酣，顾曰：“崔生独不
知此乐邪？”弘礼笑曰：“我固喜武，请为公欢。”玄佐臂鹰与弘礼驰
逐，急缓在手，一军惊曰：“安得此奇客！”玄佐大悦，欲留之，固辞，
厚为资饷。至京师，所善李观病且死，弘礼殚褚为治丧，葬毕乃去。

及进士第,平判异等。灵武李栾表为判官,以亲老不应,更署东都留守吕元膺参谋。时天子讨蔡,李师道谋袭洛,胁沮朝廷以释蔡危。弘礼为箝揣贼情,部分设张,东都卒无患。迁留守判官,擢忻、汾二州刺史。田弘正请朝,表弘礼徙卫州,兼魏博节度副使。伐李师道,弘正多所咨。逮还魏博,又表为相州刺史。

长庆初,张弘靖镇幽州,诏弘礼往副,未及行,军乱,改绛州刺史。李齐反于汴,诏徙河南尹,倚以捍贼。迁河阳节度使,治河内秦渠,溉田千顷,岁收八万斛。徙华州刺史,改天平节度使。

李同捷叛,与李听合师讨之。至濮州,大将李万瑀、刘宷拥兵自固,弘礼表万瑀守沂州,宷守黄州,夺其兵,击贼禹城,破之,获铠装数十万。时徐泗节度使王智兴檄充、海、郓、曹、淄、青当徐道者出车五千乘,转粟馈军,弘礼度道远,乃自兖开盲山故渠,自黄队抵青丘,师人大济。李祐以郑滑兵三千入齐而溃,弘礼悉斩之,为出郓兵二千,祐遂大破贼,尸藉十余里,祐望郓拜曰:"活我者崔公也!"加检校尚书左仆射,徙东都留守。召还,以病自乞改刑部尚书,复为留守。卒,年六十五,赠司空。

弘礼短于治民,少爱利,晚务多积,素议诎之。

崔玄亮,字晦叔,磁州昭义人。贞元初,擢进士第,累署诸镇幕府。父丧,客高邮,卧苦终制,地下湿,因得痹病,不乐进取。元和初,召为监察御史,累转驾部员外郎。清慎介特,澹如也。稍迁密、歙二州刺史。歙人马牛生驹犊,官籍蹄噭,故吏得为奸,玄亮焚其籍,一不问。民山处,输租者苦之,下令许计斛输钱,民赖其利。历湖、曹二州,辞曹不拜。大和四年,繇太常少卿改谏议大夫,朝廷推为宿望,拜右散骑常侍。每迁官,辄让形于色。

郑注构宋申锡,捕逮仓卒,内外震骇。玄亮率谏官叩延英苦诤,反复数百言,文宗未谕,玄亮置笏在陛曰:"孟轲有言:众人皆曰杀之,未可也;卿大夫皆曰杀之,未可也;天下皆曰杀之,然后察之,乃置于法。今杀一凡庶,当稽典律,况欲诛宰相乎?臣为陛下惜天下法,不为申锡言也。"俯伏流涕,帝感悟,众亦服其不桡,縡此名重朝廷。

顷之,移疾归东都,召为虢州刺史。卒,年六十六,赠礼部尚书。

玄亮晚好黄老清静术,故所居官未久辄去。遗言:"山东士人利便近,皆葬两都,吾族未尝迁,当归葬滏阳,正首丘之义。"诸子如命。

王质,字华卿。五世祖通为隋大儒。质少孤,客寿春,力耕以养母。讲学不倦,诸生从业者甚众。年逾十,偃蹇无进取意,姻友苦劝以仕,乃举进士,中甲科。縡秘书省正字累佐帅府,五迁侍御史,縡山南西道节度副使再转谏议大夫。宋申锡之得罪,质与谏官伏阁,文宗开延英召见,泣涕陈谏,帝稍寤,申锡得不死。为宦竖所恶,出虢州刺史。李德裕素器之,擢给事中、河南尹,徙宣歙观察使。卒,年六十八,赠左散骑常侍,谥曰定。

质清白畏慎,为政必先究风俗,所至有惠爱。虽与德裕厚善,而中立自将,不为党。奏署幕府者,若河东裴夷直、天水赵哲、陇西李行方、梁国刘蕡,皆一时选云。

殷侑,陈州人。幼有志于学,不治赀产。长通经术,以讲道为娱。贞元末,及五经第,其学长于礼,擢太常博士。元和八年,回鹘请和亲,朝廷以仰费广剧,欲纾以期。诏侑、宗正少卿李孝诚使回鹘,可汗骄甚,盛陈甲兵,欲臣使者,侑不为屈。已传命,虏责其倨,宣言欲留不遣,众色怖,侑徐曰:"可汗,唐婿,欲坐屈使者拜,乃可汗无礼,非使臣倨也。"虏惮其言,不敢逼。还迁虞部员外郎。

王承宗叛,遣侑招谕,承宗听命。进谏大夫。侑论朝廷治乱得失,前后凡八十四通,以语切,出为桂管观察使。宝历元年,徙江西。所至以洁廉称。入为卫尉卿。

文宗即位,李同捷叛,而王廷凑阴为唇齿,兵久不解,诏五品以上官议尚书省。帝锐欲讨贼,群臣无敢异论者,独侑请舍廷凑而专事同捷,且言:"愿以宗社安危为计,善师攻心为武,含垢安人为远图,网漏吞舟为至诚。"帝不纳,然内嘉尚。

同捷平,以侑尝为沧州行军司马,遂拜义昌军节度使。于时瘴荒之余,骸骨蔽野,墟里生荆棘,侑单身之官,足粗淡,与下共劳苦,以仁惠为治。岁中,流户襁属而还,遂为营田,丐耕牛三万,诏度支赐帛四万匹佐其市。初,州兵三万,仰禀度支,侑始至一岁,自以赋入赡其半,二岁则周用,乃奏罢度支所赐。户口滋饶,积储盈腐,上下便安,请立石纪政。以劳加检校吏部尚书。

六年,徙天平节度。自李师道乱,朝廷虽析三镇,然务安反侧,赋入尽为军赀,无输王府者。侑以饷军有赢,当上送官,乃裁制经费,岁以钱十五万缗、粟五万石归有司。加检校尚书右仆射。御史大夫温造劾侑违制,擅赋敛民为无名之献,诏以庾承宣代还。会濮州掾崔元武受吏赇,又率属邑奉钱,增私马估售官,叠三罪计绢百二十匹。大理以入私马一重,削三官;刑部覆讯当流,未决。侑奏:"三犯不同,坐所重。律,频赃者累论。元武犯皆枉法,当死。"诏用覆讯,流元武贺州。帝嘉侑守法,进刑部尚书,以造所奏不直,复用为天平节度。

开成元年,再召为刑部尚书。时李训、郑注已诛,帝问侑治安术,侑言:"朝廷宜任耆德,毋轻用新进。"帝善之,赐彩三百匹。初,盐铁度支使属官悉得以罪人系在所狱,或私置牢院,而州县不闻知,岁千百数,不时决。侑奏许州县纠列所系,申本道观察使,并具狱上闻。许之,赐黄金十斤,以酬直言。

泾原节度使朱叔夜坐侵牟士卒,赃数万,家畜兵器,罢为左武卫大将军,侑薄其罪,天子由是疏之,赐叔夜死,出侑为山南东道节度使。坐减兵不先论启,左迁太子宾客分司东都。俄领忠武节度。卒,年七十二,赠司空。

侑以经术进,临事锐敏,有强直名,晚节内冀台辅,稍务交结,而素望少衰云。

孙盈孙。

　　盈孙，广明初，为成都诸曹参军。僖宗至蜀，闻有礼学，擢太常博士。光启三年，帝将还京，而七庙焚残，告享无所。盈孙白宰相："始乘舆西，有司尽载神主以行，至鄠，悉为盗夺。今天子还宫，宜前具其礼。"宰相建言，修复宗庙，功费广，请与礼官议。时佗博士不在，独盈孙从，议曰："故庙十一室，二十三楹，楹十一梁，垣墉广袤称之。今朝廷多难，宜少变礼。按至德时作神主长安殿，袷告如宗庙，庙成乃祔。今正衙外无它殿，伏闻诏旨以少府监寓太庙，请因增完为十一室，其三太后庙，权舍西南夹庑，须庙成议迁。"诏可。自是神主、乐县，皆所创定，旧学礼家当其议。

　　龙纪元年，昭宗郊祠，两中尉及枢密皆以宰相服侍上。盈孙奏言："先世典令，无内官朝服侍祠。必欲之，当随所摄资品，虽无援据，犹免僭逼。"诏可。时丧乱后，制度彫紊，追补容典，皆盈孙折衷焉。终大理卿，赠吏部尚书。

　　王彦威，其先出太原。少孤，家无赀，自力于学。举明经甲科，淹识古今典礼，未得调，求为太常散吏，卿知其经生，补检讨官。彦威采获隋以来下讫唐凡礼沿革，皆条次汇分，号《元和新礼》，上之。有诏拜博士。

　　宪宗以正月崩，有司议葬用十二月下旬，彦威建言："天子之葬七月，《春秋》之义，志崩不志葬，必其时也。举天下葬一人，故过期不葬则讥之。高祖、中宗葬皆六月，太宗四月，高宗九月，睿、代二宗皆五月，德宗十月，顺宗七月，惟玄、肃二宗皆十二月，有为为之，非常典也。且葬毕而虞，虞而卒哭，卒哭而祔，皆卜日。今葬卜岁暮，则毕祔在明年正月，是改元庆赐皆废矣。"有诏更用五月。

　　淮南李夷简上言："大行皇帝功高宜称祖。"穆宗下其议，彦威奏："古者始封为太祖，由太祖而降，则又祖有功，宗有德。故夏人祖颛顼而宗禹，商人祖契而宗汤，周人祖文王而宗武王。魏、晋而下，务欲推美，自始祖外并建列祖之议，叔世乱象，不可以为训。唐本周礼,以景皇帝为太祖,祖神尧而宗太宗,自高宗后咸称宗,以为成法。不然,太宗致升平,玄宗清内难,肃宗收复两都,皆拨乱反正,犹不称祖。今当本三代之制,黜魏、晋乱法,大行庙号宜称宗。"制可。又旧事,祔庙必告于太极殿,然后奉主入庙,既事则已,而有司祔主毕,又还告太极殿。彦威以为不可,执政怒,坐祝辞误,夺二季俸,削一阶。彦威终不回屈。后累擢司封郎中、弘文馆学士、谏议大夫。

李师道既平,其十二州赋法未均,诏彦威为勘定两税使,差量纤悉,人不为烦。还,兼史馆修撰。兴平民上官兴杀人亡命,吏囚其父。兴闻,自首请罪。京兆尹杜悰、御史中丞宇文鼎以自归死免父之囚,可劝风俗,议减死。彦威上言:"杀人者死,百王共守。原而不杀,是教杀人。"有诏贷死,彦威诣宰相据法争论,下迁河南少尹。俄改司农卿。

李宗闵执政,雅善之,进拜平卢节度使。开成初,召为户部侍郎,判度支。彦威于儒学固该邃,亦善吏事,但经总财用,出入米盐,非所长也。而性刚讦自恃,尝见文宗,显奏曰:"百口家知有岁计,而军用一切可不谨邪?臣按见财,量入以为出,随色占费,终岁用之,无毫厘差。假令臣一旦迷愚,欲自欺没,也不可得。"因上《占额图》。又言:"至德讫元和,天下观察者十,节度者二十有九,防御者四,经略者三,大都通邑皆有兵,最凡八十余万。长庆籍户三百五十万,而兵乃九十九万,率三户资一兵。今举天下之人,岁三千五百万,上供者三之一,又三之二则衣赐仰给焉。自留州留使外,余四十万众,皆仰度支。"又为《供军图》上之。彦威虽自谓楗椊奸冒,著定其费,于利害无益也。

始,神策军多以禀缣于度支取直,吏私增贾厚给之,经用益耗,开成初,有诏禁止。时宦者仇士良、鱼弘志方用事,彦威乃奏复与直,悦媚士良等。又劾王播贡羡赢以冀速进。会边兵诉所赐不时,缣皆敝恶,摄吏送台狱,而彦威视事自如,及诏停务,始惶恐就第。贬卫尉卿。

俄检校礼部尚书,为忠武节度使,毁山房三千余所,盗无所容。

徙节宣武，封北海县子。性强敏，善著书，颇行于时。卒，赠尚书右
仆射，谥曰靖。

　　赞曰：韩愈称："郡邑通得祀社稷、孔子，独孔子用王者事，以门
人为配，天子以下，北面拜跪荐祭，礼如亲弟子者。句龙、弃以功，孔
子则以德，固自有次第。"崇敬乃请东挘，以杀太重。方是时，公卿无
韩愈之贤，无有士折其非是者。道州刺史薛伯高尝谓："夫子称颜回
为庶几，其从于陈、蔡者，亦各有号，出于一时，后世坐祀十人以为
哲，岂夫子志哉？"观七十子之贤，未有加于十人，坐而祀之，始于开
元，非特牵于一时之称号。《记》曰："祭，有其举之，莫敢废也。"如崇
敬诚不知礼，尊君以媚世，历朝循而不改矣。伯高之语，柳宗元志之
于其书，必有辨其妄者。

唐书卷一六五
列传第九〇

郑余庆 浣 处诲 从谠　郑珣瑜 覃
裔 绰 朗　高郢 定　郑絪 颢
权德舆 璩　崔群

郑余庆,字居业,郑州荥阳人,三世皆显宦。余庆少善属文,擢进士第。严震帅山南西道,奏置幕府。贞元初,还朝,擢库部郎中,为翰林学士,以工部侍郎知吏部选。浮屠法凑以罪为民诉阙下,诏御史中丞宇文邈、刑部侍郎张彧、大理卿郑云逵为三司,与功德判官诸葛述参按。述,故史也,余庆劾述猥贱,不宜与三司杂治,时韪其言。

贞元十四年,拜中书侍郎、同中书门下平章事。每奏对,多傅经义。素善度支使于颀,凡所陈,必左右之,颀坐事贬;又岁旱饥,朝廷议赈禁卫十军,为中书史漏言。叠二忤,故贬郴州司马。顺宗以尚书左丞召,会宪宗立,即其官复拜同中书门下平章事。时主书滑涣与宦人刘光琦相倚为奸,每宰相议,为光琦沮变者,令涣往请必得,由是四方赆饷奔委之,弟泳至官刺史。杜佑、郑絪执政,颇姑息,而佑常行辈待,不名也。至余庆议事,涣傲然指画诸宰相前,余庆叱去。未几,罢为太子宾客。后涣以赃败,帝寖闻叱去事,善之。改国子祭酒,累迁吏部尚书。

医工崔环者,自淮南小将除黄州司马,余庆执奏:"诸道散将无功受五品正员，开徼幸路，不可。"权者不悦，改太子少傅，兼判太常卿事。自朱泚乱，都辇数惊，太常肆乐禁用鼓，余庆以时久平，奏复旧制。出为山南西道节度使。入拜太子少师，请老，不许。

　　时数赦，官多泛阶；又帝亲，陪祠者授三品、五品不计考；使府宾吏，以军功借赐朱紫率十八；近臣谢、郎官出使，多所赐与。每朝会，朱紫满廷而少衣绿者，品服大滥，人不以为贵，帝亦恶之，始诏余庆条奏惩革。迁尚书左仆射。仆射比非其人，乃余庆以宿德进，公论浩然归重。帝患典制不伦，谓余庆淹该前载，乃诏为详定使。俾参裁订正。余庆引韩愈、李程为副，崔郾、陈佩、杨嗣复、庾敬休为判官，凡损增仪矩，号称详衷。

　　俄拜凤翔尹，节度凤翔。复为太子少师，封荥阳郡公，兼判国子祭酒事。建言："兵兴以来，学校废，诸生离散。今天下承平，臣愿率文吏月俸百取一，以资完葺。"诏可。穆宗立，加检校司徒。卒，年七十五，赠太保，谥曰贞。帝以其贫，特给一月奉料为赗襚。

　　余庆少砥砺，行己完洁，仕四朝，其禄悉赒所亲，或济人急，而自奉粗狭，至官府，乃开肆广大，常语人曰："禄不及亲友而侈仆妾者，吾鄙之。"大抵中外姻嫁，其礼献皆亲阅之。后生内谒，必引见，谆谆教以经义，务成就儒学。自至德后，方镇除拜，必遣内使持幢节就第，至则多馈金帛，且以媚天子，唯恐不厚，故一使者纳至数百万缗。宪宗每命余庆，必诫使曰："是家贫，不可妄求取。"议者或诋其沽激，余庆不屑也。奏议类用古言，如"仰给县官"、"马万蹄"，有司不晓何等语，人訾其不适时。与从父绲家昭国坊，绲第在南，余庆第在北，世谓"南郑相"、"北郑相"云。

　　子澣。

　　澣本名涵，避文宗故名，改焉。第进士，累迁右补阙。敢言，无所讳，宪宗谓余庆曰："涵，卿令子，而朕直臣也，可更相贺。"迁起居舍人、考功员外郎。时刺史或迫吏下纪功爱，涵请责观察使以杜其欺。余庆为仆射，避除国子博士、史馆修撰。

文宗立，入翰林为侍讲学士。帝使稡撷经史为《要录》，爱其博而精，试举诸条摘问之，随即酬析，无留答，因赐金紫服。累进尚书左丞，出为山南西道节度使。始，余庆在兴元创学庐，浣嗣完之，养生徒，风化大行。以户部尚书召，未拜，卒，年六十四，赠尚书右仆射，谥曰宣。

四子，处诲、从谠，尤知名。

处诲，字廷美，文辞秀拔。仕历刑部侍郎、浙东观察、宣武节度使。卒。先是，李德裕《次柳氏旧闻》，处诲谓未详，更撰《明皇杂录》，为时盛传。

从谠，字正求。及进士第，补校书郎，迁累左补阙。令狐绹、魏扶皆浣门生，数进誉之，迁中书舍人。咸通中，为吏部侍郎，铨次明允。出为河东节度使，徙宣武，以善最闻，改岭南东道节度。先是，林邑蛮内侵，召天下兵进援，会庞勋乱，不复遣，而北兵寡弱。从谠募土豪，署其酋右职，为约束，使相捍御，交、广晏然。

僖宗立，召为刑部尚书。久之，擢同中书门下平章事，进门下侍郎。沙陀都督李国昌间边多虞，入据振武、云朔等州，南略太谷。河东节度使康传圭，遣大将伊钊、张彦球、苏弘轸引兵拒之，战数负，传圭斩轸以徇。彦球所部反，攻传圭，杀之，劫府库为乱。朝廷以为忧，帝欲大臣临制，乃拜从谠检校司徒，以宰相秩复为河东节度兼行营招讨使，诏自择参佐。从谠即表长安令王调自副，兵部员外郎刘崇龟、司勋员外郎赵崇为节度观察府判官，前进士刘崇鲁推官，左拾遗李渥掌书记，长安尉崔泽支使，皆一时选。京师士人比太原为小朝廷，言得才多也。时承军乱，剽夺日旁午，从谠既视事，奸无廋情，乃推捕反贼，诛其首恶。以彦球本善意，且才可任，释不问，而付以兵，旷无余猜，故得其死力。渠凶宿狡不敢发，发又辄得，士皆寒毛愒伏。

会黄巢犯京师。帝驻梁、汉，诏从谠发部兵属北面招讨副使诸葛爽入讨。从谠团士五千,遣将论安从爽。而李克用谓太原可乘,以沙陀兵奄入其地,壁汾东,释言讨贼,须索繁仍。从谠以饩醪犒军,克用隃谓曰:"我且引而南,欲与公面约。"从谠登城,开勉感慨,使立功报天子厚恩,克用辞穷,再拜去,然阴纵其下肆掠,以撼人心。从谠追安,使与将王蟾、高弁等踵击,亦会振武契苾通至,与沙陀战,沙陀大败引还。即遣安等屯北百井,安擅还,从谠合诸将,命持安出,斩之鞠场。中和二年,朝廷赦沙陀,使击贼自赎,兵不敢道太原,繇岚、石并河而南,独克用从数百骑过辞城下,从谠以名马器币归之。明年,贼平,诏克用代领河东。克用使来曰:"方省亲雁门,愿公徐行。"从谠即日以监军周从寓知兵马留后,掌书记刘崇鲁知观察留后,敕克用至按籍效之乃行。

黄头军以粮少劫其赍,从谠间走绛州,方道梗不通数月。召拜司空,复秉政,进太傅兼侍中。从帝至兴元,以疾乞骸骨,拜太子太保,还第,卒,谥文忠。

从谠进止有礼法,性不矜满,沈毅有谋。在汴时,以处诲殁于镇,讫代,不奏乐牙中。识陆扆于后生,数称誉之,扆后位宰相。张彦球者,拳挚善断,累破虏有功,奏为行军司马,后署金吾将军。初,盗流中原,沙陀强悍,而卒收其用者,盖从谠为太原重也。时郑畋以宰相镇凤翔,移檄讨贼,两人以忠义相提衡,贼尤惮之,号"二郑"云。

郑珣瑜,字元伯,郑州荥泽人。少孤,值天宝乱,退耕陆浑山以养母,不干州里。转运使刘晏奏补宁陵、宋城尉,山南节度使张献诚表南郑丞,皆谢不应。大历中,以讽谏主文科高第,授大理评事,调阳翟丞,以拔萃为万年尉。崔祐甫为相,擢左补阙,出为泾原帅府判官。入拜侍御史、刑部员外郎,以母丧解。讫丧,迁吏部。贞元初,诏择十省郎治畿、赤,珣瑜检校本官兼奉先令。明年,进饶州刺史。入为谏议大夫,四迁吏部侍郎。

为河南尹,未入境,会德宗生日,尹当献马,吏欲前取印,白珣瑜视事，且内赘。珣瑜徐曰：“未到官而遽事献，礼欤？”不听。性严重少言，未尝以私托人，而人亦不敢谒以私。既至河南，清静惠下，贱敛贵发以便民。方是时，韩全义将兵伐蔡，河南主馈运，珣瑜密储之阳翟以给官军，百姓不知儌运劳。凡迎送敕使，皆有常处，吏密识其马，进退不数步差也。全义与监军别檄有所取，非诏约者，珣瑜辄挂壁不酬，至军罢，凡数百封。有谏者曰：“军须期会为急，公可不报？”珣瑜曰：“武士统戎，多恃以取求。苟以为罪，尹宜坐之，终不为万人产沴也。”故下无怨讟。时谓治河南比张延赏，而重厚坚正过之。

复以吏部侍郎召，进门下侍郎、同中书门下平章事。李实为京兆尹，剥下务进奉，珣瑜显诘曰：“留府缯帛入有素，余者应内度支。今进奉乃出何色邪？”具以对。实方幸，依违以免。

顺宗立，即迁吏部尚书。王叔文起州吏为翰林学士、盐铁副使，内交奄人，攘挠政机。韦执谊为宰相，居外奉行。叔文一日至中书见执谊，直吏白：“方宰相会食，百官无见者。”叔文恚，叱吏，吏走入白，执谊起，就阁与叔文语。珣瑜与杜佑、高郢辍饔以待。顷之，吏白：“二公同饭矣。”珣瑜喟曰：“吾可复居此乎！”命左右取马，归卧家不出七日，罢为吏部尚书。亦会有疾，数月卒，年六十八，赠尚书左仆射。太常博士徐复谥文献，兵部侍郎李巽言：“文者，经纬天地。用二谥，非《春秋》之正，请更议。”复谓：“二谥，周、汉以来有之。威烈、慎静，周也；文终、文成，汉也。况珣瑜名臣，二谥不嫌。”巽曰：“谥一，正也，尧、舜是也。二谥，非古也，法所不载。”诏从复议。

子覃。

覃以父荫补弘文校书郎，擢累谏议大夫。宪宗取五中官为和籴使，覃奏罢之。

穆宗立，不恤国事，数荒昵。吐蕃方强。覃与崔郾等廷对曰：“陛下新即位，宜侧身勤政，而内耽宴嬉，外盘游败。今吐蕃在边，狙候中国，假令缓急，臣下乃不知陛下所在，不败事乎？夫金缯所出，固民膏血，可使倡优无功滥被赐与？愿节用之，以所余备边，毋令有司重取百姓，天下之幸也。”帝不怿，顾宰相萧俛曰：“是皆何人？”俛曰：“谏官也。”帝意解，乃曰：“朕之阙下，能尽规忠也。”因诏覃曰：“阁中殊不款款，后有为我言者，当见卿延英。”时阁中奏久废，至是，士相庆。

王承元徙郑滑节度使，镇人固留不出。承元请以重臣劳安其军，诏覃为宣谕使，起居舍人王璠副之。始，镇人慢甚，及覃传诏，开勖大义，军遂安，承元乃得去。

宝历初，擢京兆尹。文宗召为翰林侍讲学士，进工部侍郎。覃于经术该深，谆笃守正，帝尤重之。李宗闵、牛僧孺知政，以覃与李德裕厚，忌其亲近为助力，阳迁工部尚书，罢侍讲，欲推远之。帝雅向学，颇思覃，复召为侍讲学士。德裕既相，以为御史大夫。帝尝谓殷侑善言经，其为人郑覃比也。宗闵猥曰：“二人诚通经，然其议论不足取。”德裕曰：“覃、侑之言，它人不欲闻，惟陛下宜闻之。”俄德裕罢，宗闵复用，覃繇户部尚书下除秘书监。宗闵得罪，迁刑部尚书，进尚书右仆射，判国子祭酒。李训诛，帝召覃视诏禁中，遂拜同中书门下平章事，封荥阳郡公。

不喜文辞，病进士浮夸，建废其科，曰：“南北朝所以不治，文采胜质厚也。士惟用才，何必文辞。”又言：“文人多佻薄。”帝曰：“纯薄似赋性之异，奚特进士？且设是科二百年，渠可易？”乃止。帝尝谓百司不可使一日弛惰，因指香案炉曰：“此始华好，用久则晦，不治饰，何由复新？”覃曰：“救世之敝，在先责实。比皆不摄职事，至慕王夷甫，以不及为靳。此本于治平，人人无事，安逸致然。”帝曰：“要在谨法度而已。”进门下侍郎、弘文馆大学士。

帝坐延英论诗工否，覃曰：“孔子所删，三百篇是已，其非雅正者，乌足为天子道哉？夫《风》、大、小《雅》，皆下刺上之变，非上化下为之。故王者采诗，以考风俗得失。若陈后主、隋炀帝特能诗之章解，而不知王术，故卒归于乱。章什戋戋，愿陛下不取也。”

帝每言：“顺宗事不详实，史臣韩愈岂当时屈人邪？昔汉司马迁

《与任安书》,辞多怨怼,故《武帝本纪》多失实。"覃曰:"武帝中年大发兵事边,生人耗瘁,府库殚竭,迁所述非过言。"李石曰:"覃所陈,因武帝以谏,欲陛下终究盛德。"帝曰:"诚然,靡不有初,鲜克有终。"覃曰:"陛下乐观书,然要义不过一二,陛下所道是矣,宜寝馈以之。"

覃既名儒,故以宰相领祭酒,请太学《五经》经置博士,禄廪比王府官。再迁太子太师。开成三年,旱,帝多出宫人,李珏入贺曰:"汉制,八月选人。晋武帝平吴,多采择,仲尼所谓未见好德者。陛下以为无益,放之,盛德也。"覃又推赞曰:"晋以采择之失,举天下为左衽,宜陛下以为殷鉴。"帝善其将美。以病乞去位,有诏解太子太师,许五日一入中书商量政事。俄罢为尚书左仆射。武宗初,李德裕复用,欲援覃共政,固辞,乃授司空,致仕,卒。

覃清正退约,与人未尝串狎。位相国,所居第不加饰,内无姬媵。女孙适崔皋,官裁九品卫佐,帝重其不昏权家。覃之侍讲,每以厚风俗、黜朋比再三为天子言,故终为相。然疾恶多所不容,世以为太过,惮之。始,覃以经籍刓缪,博士陋浅不能正,建言:"原与巨学鸿生共力雠刊,准汉旧事,镂石太学,示万世法。"诏可。覃乃表周墀、崔球、张次宗、孔温业等是正其文,刻于石。

子裔绰。

裔绰峭立有父风,以门荫进,为李德裕所知,擢渭南尉,直弘文馆。累迁谏议大夫。宣宗初,刘潼繇郑州刺史授桂管观察使,裔绰固争:"潼被责未久,不宜付廉察。"帝已遣使者颁诏,追罢之。迁给事中。杨汉公为荆南节度使,坐贪沓,贬秘书监,寻拜同州刺史,裔绰与郑公舆封还制书。帝自即位,谏臣规正无不纳。至是,有为汉公地者,遂终不易。会赐宴禁中,天子击毬,至门下官,谓二人曰:"近论汉公事,类朋党者。"裔绰曰:"同州,太宗兴王地,陛下为人子孙,当慎所付。且汉公墨没败官,奈何以重地私之?"帝变色。翌日,贬商州刺史。时犹衣绿,因诏赐绯鱼。后繇秘书监迁浙东观察使,终太子少保。

覃弟朗。

朗字有融,始辟柳公绰山南幕府,入迁右拾遗。开成中,擢起居郎。文宗与宰相议政,适见朗执笔螭头下,谓曰:"向所论事,亦记之乎?朕将观之。"朗曰:"臣执笔所书者,史也。故事,天子不观史,昔太宗欲观之,朱子奢曰:'史不隐善,不讳恶。中主而下,或饰非护失,见之,则史官无以自免,且不敢执笔'。褚遂良亦称:'史记天子言动,虽非法必书,庶几自饬。'"帝悦,谓宰相曰:"朗援故事,不畀朕见起居注,可谓善守职者。然人君之为,善恶必记,朕恐平日言不叶治体,为将来者,庶一见,得以自改。"朗遂上之。

累迁谏议大夫,为侍讲学士。由华州刺史入拜御史中丞、户部侍郎。为鄂岳、浙西观察使,进义武、宣武二节度。历工部尚书判度支、御史大夫,复为工部尚书、同中书门下平章事。中人李敬实排朗骑导驰去,朗以闻。宣宗诘敬实,自言供奉官不避道,帝曰:"传我命则绝道行可也。而私出,不避宰相邪?"即斥敬实。右拾遗郑言者,故在幕府,朗以谏臣与辅相争得失,不论则废职,奏徙它官。久之,以疾自陈,罢为太子少师。卒,赠司空。

始,朗举进士,有相者言:"君当贵,然不可以科第进。"俄而有司擢朗第一,既又覆实被放,相者贺曰:"安之。"已而果相。

高郢,字公楚,其先自渤海徙卫州,遂为卫州人。九岁通《春秋》,工属文,著《语默赋》,诸儒称之。父伯祥为好畤尉,安禄山陷京师,将诛之,郢尚幼,解衣请代,贼义,并贷之。

宝应初,及进士第。代宗为太后营章敬寺,郢以白衣上书谏曰:

陛下大孝因心,与天罔极,蒸蒸之思,要无以加。臣谓悉力追孝,诚为有益,妨时剿人,不得无损。舍人就寺,何福之为?昔鲁庄公丹桓公庙楹而刻其桷,《春秋》书之为非礼。汉孝惠、孝景、孝宣令郡国诸侯立高祖、文、武庙,至元帝,与博士、议郎斟

酌古礼,一罢之。夫庙犹不越礼而立,况寺非宗祏所安、神灵所
宅乎?殚万人之力,邀一切之报,其为不可亦明矣。

间者昆吾孔炽,荐食生人,百姓尽懔懔,无日不惕。遣将攘
却,亡尺寸功,陇外壤地,委诸豺狼。太宗艰难之业,传之陛下,
一夫不获,尺土见侵,告成之时,犹恐有阙。况用武以来十三
年,伤者不救,死者不收,缮卒补乘,于今未已。夫兴师十万,日
费千金,计十三年,举百万之众,资粮扉屦,取足于人,劳罢宛
转,十不一在。父子兄弟,相视无聊,延颈嗷嗷,以役王命。纵
未能出禁财赡鳏寡,犹当稍息劳弊,以噢休之。奈何戎虏未平,
侵地未复,金革未戢,疲人未抚,太仓无终岁之储,大农有榷酤
之敝,欲以此时兴力役哉?比八月雨不润下,菽麦失时,黔首狼
顾,忧在艰食,若遂不给,将何以救之?无寺犹可,无人其可乎?
然土木之勤。功用之费,不虚府库,将焉取之?府库既竭,则又
诛求,若人不堪命,盗贼相挺而兴,戎狄乘间,以为风尘,得不
为陛下深忧乎?

臣闻圣人受命于天,以人为主,苟功济于天,天人同和,则
宗庙受福,子孙蒙庆。《传》曰:“德教加于百姓,刑于四海,天子
之孝也。”又曰:“无念尔祖,聿修厥德。”“既受帝祉,施于孙
子。”是知王者之孝,在于承顺天地,严配宗考,恭慎德教,以临
兆民。俾四海之内,欢心助祭,延福流祚,永永无穷。未闻崇树
梵宫,彫琢金玉之为孝者。夏禹卑宫室,尽力沟洫,人到于今称
之。梁武帝穷土木,饰塔庙,人无称焉。陛下若节用爱人,当与
夏后齐美,何必劳人动众,蹑梁武遗风乎?及制作之初,伎费尚
浅,人贵量力,不贵必成,事贵相时,不贵必遂。陛下若回思虑,
从人心,则圣德孝思,格于天地,千福万禄,先后受之,曾是一
寺较功德邪?

书奏,未报。复上言:

王者将有为也,将有行也,必稽于众而顺于人,则自然之
福,不求而至,未然之祸,不除而绝。臣闻神人无功者,不为有

功之功；圣人无名者，不为有名之名。不为有功之功，故功莫
大；不为有名之名，故名莫厚。古之明王积善以致福，不费财以
求福；修德以销祸，不劳人以攘祸。陛下之营作，臣窃惑之。若
以为功，则天覆地载，阴施阳化，未曾有为也。若以为名，则至
德要道，以顺天下，未曾有待也。若以致福，则通于神明，光于
四海，不在费财。若以攘祸，则方务厥德，罔有天灾，不在劳人。
今兴造趣急，人徒竭作，土木并起，日课万工，不遑食息，榜笞
愁痛盈于道路。以此望福，臣恐不然。陛下戡定多难，励精思
治，务行宽仁，以幸天下。今固违群情，徇左右过计，臣窃为陛
下惜之。

不纳。

以茂才异行高第，累擢咸阳尉。郭子仪取为朔方掌书记。子仪
怒判官张昙，奏抵死，郢引救甚力，忤子仪意，下徙猗氏丞。李怀光
引佐邠宁府。怀光将还河中，郢劝不如西迎乘舆，怀光反方锐，不
听。既又欲悉兵鼓而西。时浑瑊提孤军抗贼，群将未集，郢恐为怀
光所乘，与李鄘固止之。会怀光子璀候郢，郢因胁说曰："君视天宝
以来称兵者，今尚谁在？且国家固有天命，人力不豫焉。今若恃众
而动，自绝于天。十室之小，必得忠信，安知三军不有奔溃而助顺者
乎？"璀大惧，流汗不能语。郢因与其将吕鸣岳、张延英谋间道归国，
事泄，怀光先斩二将，然后引郢诘诮，郢抗词无所愧隐，观者为泣
下。怀光惭，赦之。孔巢父遇害，郢抚尸而哭。怀光已诛，李晟表其
忠，马燧奏管书记。召拜主客员外郎，迁中书舍人。久之，进礼部侍
郎。时四方士务朋比，更相誉荐，以动有司，徇名亡实，郢疾之，乃谢
绝请谒，颛行艺。司贡部凡三岁，甄幽独，抑浮华，流竞之俗为衰。迁
太常卿。

贞元末，擢中书侍郎、同中书门下平章事。顺宗立，病不能事，
王叔文党根据朝廷，帝始诏皇太子监国，而郢以刑部尚书罢。明年，
为华州刺史，政尚仁静。初，骆元光自华引军戍良原，元光卒，军入
神策，而州仍岁饷其粮，民困输入，累刺史惮不敢白，郢奏罢之。复

召为太常卿,除御史大夫。数月,改兵部尚书,固乞骸骨,以尚书右仆射致仕。卒,年七十二,赠太子太保,谥曰贞。

郢恭慎不与人交。常掌制诰,家无留稿,或劝盍如前人传制集者,答曰:"王言不可藏私家。"生平不治产,有劝营之者,答曰:"禄廪虽薄,在我则有余,田庄何所取乎?"郢之相也,与郑珣瑜同拜。既叔文用事,珣瑜忧甚,争不能得,乃称疾不出,郢未有所建白,俄与珣瑜免,故议者贤珣瑜而咎郢。

子定。

赞曰:王叔文虽内连姬尹,外倚奸回,以攘天权。然是时太子已长,朝无嫌鳞。若珣瑜、郢与杜佑等毅然引东宫监国,执退叔文辈,其力不难。顾循嘿苟安,所谓焉用彼相者矣。珣瑜一忿卧第,与郢佑固位,二者亦称不足相轻重云。

子定辩惠,七岁读《尚书》,至《汤誓》,跪问郢曰:"奈何以臣伐君?"郢曰:"应天顺人,何云伐邪?"对曰:"用命赏于祖,不用命戮于社,是顺人乎?"郢异之。小字董二,世重其早惠,以字显。长通王氏《易》,为图合八出,上圆下方,合则重,转则演,七转而六十四卦,六甲、八节备焉。仕至京兆府参军。

郑絪,字文明,余庆从父行也。幼有奇志,善属文,所交皆天下有名士。擢进士、宏辞高第。张延赏帅剑南,奏署掌书记。入为起居郎、翰林学士,累迁中书舍人。

德宗自兴元还,置六军统军视六尚书,以处功臣,除制用白麻付外。又废宣威军益左右神策,以监军为中尉。窦文场恃功,阴讽宰相进拟如统军比。絪当作制,奏言:"天子封建,或用宰相,以白麻署制,付中书、门下。今以命中尉,不识陛下特以宠文场邪?遂著为令也?"帝悟,谓文场曰:"武德、贞观时,中人止内侍,诸卫将军同正赐绯者无几。自鱼朝恩以来,无复旧制。朕因用尔不谓私,若麻制宣告，天下谓尔胁我为之。”文场叩头谢。更命中书作诏，并罢统军用麻矣。明日，帝见绲曰：“宰相不能拒中人，得乡言乃悟。”

顺宗病，不得语，王叔文与牛美人用事，权震中外，惮广陵王雄睿，欲危之。帝召绲草立太子诏，绲不请辄书曰：“立嫡以长。”跪白之，帝颔乃定。

宪宗即位，拜中书侍郎、同中书门下平章事，迁门下侍郎。始，卢从史阴与王承宗连和，有诏归潞，从史辞潞乏粮，请留军山东。李吉甫密潜绲漏言于从史，帝怒，坐浴堂殿，召学士李绛语其故，且曰：“若何而处？”绛曰：“诚如是，罪当族。然谁以闻陛下者？”曰：“吉甫为我言。”绛曰：“绲任宰相，识名节，不当如犬彘枭镜与奸臣外通。恐吉甫势轧内忌，造为丑辞以怒陛下。”帝良久曰：“几误我！”

先是杜黄裳方为帝夷削节度，强王室，建议裁可，不关决于绲，绲常默默。居位四年，罢为太子宾客。久乃检校礼部尚书，出为岭南节度使，后累迁河中节度。入为御史大夫，检校尚书左仆射，兼太子少保。文宗大和中，年老乞骸骨，以太子太傅致仕。卒，年七十八，赠司空，谥曰宣。

绲本以儒术进，守道寡欲，所居不为烜赫事，以笃实称。善名理学，世以耆德推之。

孙颢，举进士，以起居郎尚万寿公主，拜驸马都尉。有器识，宣宗时，恩宠无比。终检校礼部尚书、河南尹。

权德舆，字载之。父皋，见《卓行传》。德舆七岁居父丧，哭踊如成人。未冠，以文章称诸儒间。韩洄黜陟河南，辟置幕府。复从江西观察使李兼府为判官。杜佑、裴胄交辟之。德宗闻其材，召为太常博士，改左补阙。

贞元八年，关东、淮南、浙西州县大水，坏庐舍，漂杀人。德舆建言：“江、淮田一善熟，则旁资数道，故天下大计，仰于东南。今霪雨二时，农田不开，庸亡日众。宜择群臣明识通方者，持节劳徕，问人所疾苦，蠲其租入，与连帅守长讲求所宜。赋取于人，不若藏于人之固也。"帝乃遣奚陟等四人循行慰抚。裴延龄以巧幸进,判度支,德舆上疏斥言:"延龄以常赋正额用度未尽者为羡利,以夸己功;用官钱售常平杂物,还取其直,号别贮羡钱,因以罔上;边军乏,不禀粮,召祸疆场,其事不细。陛下疑为流言,胡不以新利召延龄,质核本末,择中朝臣按覆边资。如言者不谬,则邦国之务,不宜委非其人。"疏奏,不省。

迁起居舍人。岁中,兼知制诰,进中书舍人。当是时,帝亲揽庶政,重除拜,凡命诸朝,皆手制中下。始,德舆知制诰,而徐岱给事中,高郢为舍人。居数岁,岱卒,郢知礼部,德舆独直两省,数旬一还舍,乃上书言:"左右掖垣,承天子诰命,奉行详覆,各有攸司。旧制,分曹十员,以相防检。大抵事有所壅,则吏得为非。四方闻者,或以朝廷为乏士,要重之司,不宜久废。"帝曰:"非不知卿之劳,但择如卿者未得其人耳。"久之,知礼部贡举,真拜侍郎。凡三岁,甄品详谛,所得士相继为公卿、宰相。取明经初不限员。

十九年,大旱,德舆因是上陈阙政曰:"陛下斋心减膳,闵恻元元,告于宗庙,祷诸天地,一物可祈,必致其礼,一士有请,必听其言,忧人之心可谓至已。臣闻销天灾者修政术,感人心者流惠泽,和气洽,则祥应至矣。畿甸之内,大率赤地而无所望,转徙之人,毙踣道路,虑种麦时,种不得下。宜诏在所裁留经用,以种贷民。今兹租赋及宿逋远贷,一切蠲除。设不蠲除,亦无可敛之理,不如先事图之,则恩归于上。去十四年夏旱,吏趣常赋,至县令为民殴辱者,不可不察。"又言:"漕运本济关中,若转东都以西缘道仓廪,悉入京师,督江、淮所输以备常数,然后约太仓一岁计,斥其余者以粜于民,则时价不踊而蓄藏者出矣。"又言:"大历中,一缣直钱四千,今止八百,税入加旧,则出于民者五倍其初。四方锐于上献,为国掊怨,广军实之求,而兵有虚籍,剥取多方,虽有心计巧历,能商功利,其于割股啖口,困人均也。"又言:"比经缁放者,自谓抆拭无期,坐为匪人,以动和气。而冬荐官逾三年未受命,衣食既空,溘然就毙,此亦穷人之一端也。近陛下洗宥缁放者,或起为二千石,其徒更相勉,知牵复可望。惟因而弘之,使人人自效。"帝颇采用之。

宪宗元和初,历兵部侍郎,坐累,徙太子宾客,俄还前官。时泽潞卢从史诈傲,寝不制,其父虔卒京师,而成德王承宗父死求袭,德舆谏,以为:"欲变山东,先择昭义之帅。从史拔自军校,偃蹇不法,今可因其丧,选守臣代之。成德习俗既久,当制以渐,许成德之请则可,许昭义则不可。"帝不听。及王承宗叛,从史乃诡计以桡王师,兵老无功。德舆复请赦承宗,徙从史。后皆略如所料。

会裴垍病,德舆自太常卿拜礼部尚书、同中书门下平章事。王锷繇河中入朝,求兼宰相,李藩以为不可,德舆亦奏:"平章事非序进宜得,比方镇带宰相,必有大忠若勋,否则强不制者,不得已与之。今锷无功,又非姑息时,一假此名,以开后人,不可。"帝乃止。

董溪、于皋谟以运粮使盗军兴,流岭南,帝悔其轻,诏中使半道杀之。德舆谏:"溪等方山东用兵,干没库财,死不偿责。陛下以流斥太轻,当责臣等缪误,审正其罪,明下诏书与众同弃,则人人惧法。臣知已事不浄,然异时或有此比,要须有司论报,罚一劝百,孰不甘心。"帝深然之。尝问政之宽猛孰先,对曰:"唐家承隋苛虐,以仁厚为先。太宗皇帝见《明堂图》,始禁鞭背,列圣所循,皆尚德教。故天宝大盗窃发,俄而夷灭,盖本朝之化感人心之深也。"帝曰:"诚如公言。"

德舆善辨论,开陈古今本末,以觉悟人主。为辅相,宽和不为察察名。李吉甫再秉政,帝又自用李绛参赞大机。是时,帝切于治,事巨细悉责宰相。吉甫、绛议论不能无持异,至帝前遽言诟辩,德舆从容不敢有所轻重,坐是罢为本官。以检校吏部尚书留守东都,进扶风郡公。于頔以子杀人,自囚,亲戚莫敢过门,朝廷无为请者。德舆将行,言于帝曰:"頔之罪既贷不竟,宜因赐宽诏。"帝曰:"然,卿为吾过谕之。"复拜太常卿,徙刑部尚书。

先是,诏许孟容、蒋乂刊汇格敕,既成,上之,留禁中;德舆请出其书,与侍郎刘伯刍参复研考,定三十篇奏上。复检校吏部尚书,出为山南西道节度使。后二年,以病乞还,卒于道,年六十,赠尚书左仆射，谥曰文。

德舆生三岁，知变四声，四岁能赋诗，积思经术，无不贯综。自始学至老未曾一日去书不观。尝著论，辨汉所以亡，西京以张禹，东京以胡广，大指有补于世。其文雅正赡缛，当时公卿侯王功德卓异者，皆所铭纪，十常七八。虽动止无外饰，其酝藉风流，自然可慕。贞元、元和间，为缙绅羽仪云。

子璹，字大圭，元和初擢进士。历监察御史，有美称。宰相李宗闵乃父门生，故荐为中书舍人。时李训挟宠，以《周易》博士在翰林，璹与舍人高元裕、给事中郑肃、韩佽等连章劾训覆阴巧，且乱国，不宜出入禁中。不听。及宗闵贬，璹屡表辨解，贬阆州刺史。文宗怜其母病，徙郑州。训诛，时人多璹明祸福大体，能世其家。

崔群，字敦诗，贝州武城人。未冠，举进士，陆贽主贡举，梁肃荐其有公辅才，擢甲科，举贤良方正，授秘书省校书郎。累迁右补阙、翰林学士、中书舍人。数陈谠言，宪宗嘉纳，因诏学士：“凡奏议，待群署乃得上。”群以“禁密之言，人人当自陈，一为故事，后或有恶直丑正，则它学士不得上言矣”，固让，见听。惠昭太子薨，是时，遂王嫡，而澧王长，多内助。帝将建东宫，诏群为澧王作让。群奏：“大凡己当得则让，不当得之，乌用让？今遂王嫡，宜为太子。”帝从其议。魏博田季安以五千缣助营开业佛祠，群以为无名之献，不当受。有诏却之。进户部侍郎。

元和十二年，以中书侍郎同中书门下平章事。李师道既诛，师古等妻子没掖廷，帝疑以问群，群请释之，并还其奴婢赀产。盐铁院官权长孺坐罪抵死，其母耄，丐子以养。帝奭然欲赦之，以问宰相，群对：“陛下幸怜其老，宜即遣使谕旨，若须出敕，无及矣。”于是免死。群凡启奏，平恕如此。帝尝语宰相：“听受之际，不亦难乎！比诏学士集前世事，为《辨谤略》，以自儆鉴。其要云何？”群对：“无情，曲直辨之至易；有情，则欺为难审也。故孔子有众好众恶、浸润肤受之说，以其难辨也。若陛下择贤而任，待之以诚，纠之以法，则人自归正，而不敢以欺。"帝韪其言。

处州刺史苗积进羡钱七百万，群以受这失信天下，请还赐其州，以纾下户之赋。是时皇甫镈言利幸于帝，阴藉左右求宰相，群数言其佞邪不可用。既入对，及开元、天宝事，群因推言其极曰："安危在出令，存亡系所任。昔玄宗少历屯险，更民间疾苦。故初得姚崇、宋璟、卢怀慎辅以道德，苏颋、李元纮孜孜守正，则开元为治。其后安于逸乐，远正士，昵小人，故宇文融以言利进，李林甫、杨国忠怙宠朋邪，则天宝为乱。愿陛下以开元为法，以天宝为戒，社稷之福也。"又言："世谓禄山反，为治乱分时。臣谓罢张九龄，相林甫，则治乱固已分矣。"左右为感动。群以是讽帝，故镈衔之。帝卒自相镈。会群臣上帝号，镈欲兼用"孝德"为号，群独以为有"睿圣"，则"孝德"并见。帝闻不乐。会度支禀赐边士不时，物多弊恶，李光颜忧甚，至欲引佩刀自决，中外皆恐。镈奏："边鄙无事，乃群鼓动，欲以买直，归怨天子。"于是罢为湖南观察使。

穆宗立，以吏部侍郎召之，劳曰："我为太子，卿力也。"群曰："此先帝意，臣何力焉？且陛下向为淮西节度使，臣起制草，其言有'能辨南阳之牍，允符东海之贵'，先帝然之，则传付久矣。"俄拜御史大夫。未几，检校兵部尚书，充武宁节度使。群以其副王智兴得士心，不若假以节度，不报。智兴讨幽、镇还，藉兵逐群，群失守，左迁秘书监，分司东都。改华州刺史，历宣歙池观察使，进兵部尚书，出为荆南节度使，召拜吏部尚书。卒，年六十一，赠司空。

赞曰：圣人不畏多难，畏无难。何哉？多难之世，人人长虑而深谋，日惕于中，犹以为未也，曰："吾覆亡不暇，又何以安？"故能举天下付之兴，畏之也。祸难已平，上恬下嬉，施施自如曰："贤难得，虽无贤，尚可治也；佞可去，虽存佞，不遽乱也。"视漏弗填，忽倾弗支，偃然自尉曰："我曷以丧？"故能举天下付之亡，不畏也。常人所畏，圣人易之；所不畏，圣人难之。观孝明皇帝本中主，遭变可与谋始，持成不可与共终。崔群以为相李林甫则治乱已分，其言信哉！是扁鹊所以诮桓侯也。

唐书卷一六六
列传第九一

贾耽　杜佑 式方 悰 孺休 悎 牧
颛　令狐楚 绪 绹 滈 定

　　贾耽，字敦诗，沧州南皮人。天宝中举明经，补临清尉。上书论事，徙太平。河东节度使王思礼署为度支判官。累进汾州刺史，治凡七年，政有异绩，召授鸿胪卿，兼左右威远营使。俄为山南西道节度使。梁崇义反东道，耽进屯谷城，取均州，建中三年，徙东道。德宗在梁，耽使司马樊泽奏事。泽还，耽大置酒会诸将。俄有急诏至，以泽代耽，召为工部尚书。耽内诏于怀，饮如故。既罢，召泽曰："诏以公见代，吾且治行。"敕将吏谒泽。大将张献甫曰："天子播越，而行军以公命问行在，乃规旄钺，利公土地，可为事人不忠矣。军中不平，请为公杀之。"耽曰："是何谓邪？朝廷有命，即为帅矣。吾今趋觐，得以君俱。"乃行，军中遂安。

　　俄为东都留守。故事，居守不出城，以耽善射，优诏许猎近郊。迁义成节度使。淄青李纳虽削伪号，而阴蓄奸谋，冀有以逞。其兵数千自行营还，道出滑，或请馆于外。耽曰："与我邻道，奈何疑之，使暴于野？"命馆城中，宴庑下，纳士皆心服。耽每畋，徙数百骑，往往入纳境。纳大喜，然畏其德，不敢谋。

　　贞元九年，以尚书右仆射同中书门下平章事，俄封魏国公。常以"方镇帅缺，当自天子命之，若谋之军中，则下有背向，人固不安"。帝然之，不用也。顺宗立，进检校司空、左仆射。时王叔文等干政，耽病之，屡移疾乞骸骨，不许。卒，年七十六，赠太傅，谥曰元靖。

耽嗜观书，老益勤，尤悉地理。四方之人与使夷狄者见之，必从询索风俗，故天下地土区产、山川夷岨，必究知之。方吐蕃盛强，盗有陇西，异时州县远近，有司不复传。耽乃绘布陇右、山南九州，且载河所经受为图，又以洮湟甘凉屯镇额籍、道里广狭、山险水原为《别录》六篇、《河西戎之录》四篇，上之。诏赐币马珍器。又图《海内华夷》，广三丈，从三丈三尺，以寸为百里。并撰《古今郡国县道四夷述》，其中国本之《禹贡》，外夷本班固《汉书》，古郡国题以墨，今州县以朱，刊落疏舛，多所厘正。帝善之，赐予加等。或指图问其邦人，咸得其真。又著《贞元十道录》，以贞观分天下隶十道，在景云为按察，开元为采访，废置升降备焉。至阴阳杂数闒不通。

其器恢然，盖长者也，不喜臧否人物。为相十三年，虽安危大事亡所发明，而检身厉行，自其所长。每归第，对宾客无少倦，家人近习，不见其喜愠。世谓淳德有常者。

杜佑，字君卿，京兆万年人。

父希望，重然诺，所交游皆一时俊杰。为安陵令，都督宋庆礼表其异政。坐小累去官。开元中，交河公主嫁突骑施，诏希望为和亲判官。信安郡王祎表署灵州别驾、关内道支度判官。自代州都督召还京师，对边事，玄宗才之。属吐蕃攻勃律，勃律乞归，右相李林甫方领陇西节度，故拜希望鄯州都督，知留后。驰传度陇，破乌莽众，斩千余级，进拔新城，振旅而还。擢鸿胪卿。于是置镇西军，希望引师部分塞下，吐蕃惧，遗书求和。希望报曰："受和非臣下所得专。"虏悉众争檀泉，希望大小战数十，俘其大酋，至莫门，焚积蓄，卒城而还。授二子官。时军屡兴，府库虚寡，希望居数岁，刍粟金帛丰余。宦者牛仙童行边，或劝希望结其欢，答曰："以货藩身，吾不忍。"仙童还，奏希望不职，下迁恒州刺史，徙西河。而仙童受诸将金事泄，抵死，畀金者皆得罪。希望爱重文学，门下所引如崔颢等皆名重当时。

佑以荫补济南参军事、剡县丞。尝过注州刺史韦元甫，元甫以故人子待之，不加礼。它日，元甫有疑狱不能决，试讯佑，佑为辨处契要无不尽，元甫奇之，署司法参军，府徙浙西、淮南，皆表置幕府。入为工部郎中，充江淮青苗使，再迁容管经略使。杨炎辅政，历金部郎中，为水陆转运使，改度支兼和籴使。于是军兴馈漕，佑得剖决。以户部侍郎判度支。建中初，河朔兵挐战，民困，赋无所出。佑以为救敝莫若省用，省用则省官，乃上议曰：

汉光武建武中废县四百，吏率十署一；魏太和时分遣使者省吏员，正始时并郡县；晋太元省官七百；隋开皇废郡五百；贞观初省内官六百员。设官之本，以治众庶，故古者计人置吏，不肯虚设。自汉至唐，因征战艰难以省吏员，诚救弊之切也。

昔咎繇作士，今刑部尚书、大理卿，则二咎繇也。垂作共工，今工部尚书、将作监，则二垂也。契作司徒，今司徒、户部尚书，则二契也。伯夷为秩宗，今礼部尚书、礼仪使，则二伯夷也。伯益为虞，今虞部郎中、都水使者，则二伯益也。伯冏为太仆，今太仆卿、驾部郎中、尚辇奉御、闲厩使，则四伯冏也。古天子有六军，汉前后左右将军四人，今十二卫、神策八军，凡将军六十员。旧名不废，新资日加。且汉置别驾，随刺史巡察，犹今观察使之有副也。参军者，参其府军事，犹今节度判官也。官名职务，直迁易不同尔，讵有事实哉？诚宜斟酌繁省。欲治者先正名。神龙中，官纪荡然，有司大集选者，既无阙员，则置员外官二千人，自是以为常。当开元、天宝中，四方无虞，编户九百余万帑藏丰溢，虽有浮费，不足为忧。今黎苗凋瘵，天下户百三十万，陛下诏使者按比，才得三百万，比天宝三分之一，就中浮寄又五之二，出赋者已耗，而食之者如旧，安可不革？

议者以天下尚有跋扈不廷，一省官吏，被罢者皆往托焉。此常者之说，类非至论。且才者荐用，不才者何患其亡，又况顾姻戚有家产哉！建武时公孙述、隗嚣未灭，太和、正始、太元时吴、蜀鼎立，开皇时陈尚割据，皆罗取俊乂，犹不虑失人以资敌。今田悦辈繁刑暴赋，惟军是恤，遇士人如奴，固无范睢业秦、贾季强狄之患。若以习久不可以遽改，且应权省别驾、参军、司马，州县额内官，约户置尉。当罢者，有行义，在所以闻；不如状，举者当坐；不为人举者，任参常调。亦何患哉？如魏置柱国，当时宿德盛业者居之，贵宠第一，周、隋间授受已多，国以为勋级，才得地三十顷耳。又开府仪同三司、光禄大夫，亦官名，以其太多，回作阶级。随时立制，遇弊则变，何必因循惮改作耶？

议入，不省。

卢杞当国，恶之，出为苏州刺史。前刺史母丧解，佑母在，辞不行，改饶州。俄迁岭南节度使。佑为开大衢，疏析廛闬，以息火灾。朱厓黎民三世保险不宾，佑讨平之。召拜尚书右丞。俄出为淮南节度使，以母丧解，诏不许。

徐州度使张建封卒，军乱，立其子愔，请于朝，帝不许，乃诏佑检校尚书左仆射、同中书门下平章事，节度徐泗讨定之。佑具舟舰，遣属将孟准度淮击徐，不克，引还。佑于出师应变非所长，因固境不敢进，乃诏授愔徐州节度使，祈濠、泗二州隶淮南。初，佑决雷陂以广灌溉，斥海濒弃地为田，积米至五十万斛，列营三十区，士马整饬，四邻畏之；然宽假僚佐，故南宫傅、李亚、郑元均至争权乱政，帝为佑斥去之。

十九年，拜检校司空、同中书门下平章事。德宗崩，诏摄冢宰。进检校司徒，兼度支盐铁使。于是王叔文为副，佑既以宰相不亲事，叔文遂专权。后叔文以母丧还第，佑有所按决，郎中陈谏请须叔文，佑曰：“使不可专耶？”乃出谏为河中少尹。叔文欲摇东宫，冀佑为助，佑不应，乃谋逐之，未决而败。佑更荐李巽以自副。宪宗在谅闇，复摄冢宰，尽让度支盐铁于巽。始，度支啬用度，多署吏权摄百司，繁而不纲；佑以营缮还将作，木炭归司农，湅染还少府，职务简修。明年，拜司徒，封岐国公。

党项阴导吐蕃为乱，诸将邀功，请讨之，佑以为无良边臣，有为而叛，即上疏曰：

> 昔周宣中兴，猃狁为害，追之太原，及境而止，不欲弊中国，怒远夷也。秦恃兵力，北拒匈奴，西逐诸羌，结怨阶乱，实生谪戍。盖圣王之治天下，惟欲绥静生人，西至于流沙，东渐于海，在北与南，止存声教，岂疲内而事外耶？昔冯奉世矫诏斩莎车王，传首京师，威震西域，宣帝议加爵土，萧望之独谓矫制违命，虽有功不可为法，恐后奉使者为国家生事夷狄。比突厥默啜寇害中国，开元初，郝灵佺捕斩之，自谓功莫与二，宋璟虑边臣由此邀功，但授郎将而已，繇是讫开元之盛，不复议边，中国遂安。此成败鉴戒之不远也。

> 党项小蕃，与中国杂处，间者边将侵刻，利其善马子女，敛求繇役，遂致叛亡，与北狄、西戎相诱盗边。《传》曰：“远人不服，则修文德以来之。”管仲有言：“国家无使勇猛者为边境。”此诚圣哲识微知著之略也。今戎丑方强，边备未实，诚宜慎择良将，使之完辑，禁绝诛求，示以信诚，来则惩御，去则谨备。彼当怀柔，革其奸谋。何必亟兴师役，坐取劳费哉？

帝嘉纳之。

岁余，乞致仕，不听，诏三五日一入中书平章政事。佑每进见，天子尊礼之，官而不名。后数年，固乞骸骨，帝不得已，许之，仍拜光禄大夫、守太保致仕，俾朝朔望，遣中人锡予备厚。元和七年卒，年七十八，册赠太傅，谥曰安简。

佑资嗜学，虽贵犹夜分读书。先是，刘秩摭百家，侔周六官法，为《政典》三十五篇，房琯称才过刘向。佑以为未尽，因广其阙，参益新礼为二百篇，自号《通典》，奏之，优诏嘉美，儒者服其书约而详。

为人平易逊顺，与物不违忤，人皆爱重之，方汉胡广，然练达文采不及也。朱坡樊川，颇治亭观林芳，凿山股泉，与宾客置酒为乐。子弟皆奉朝请，贵盛为一时冠。天性精于吏职，为治不瞰察，数斡计赋，相民利病而上下之，议者称佑治行无缺。惟年以妾为夫人，有所蔽云。

　　子式方。

　　式方字考元，以荫授扬州参军事。再迁太常寺主簿，考定音律，卿高郢称之。佑既相，出为昭应令，迁太仆卿。子憬，尚公主。式方以右戚，辄病不视事。穆宗立，授桂管观察使。弟从郁痼疾，躬为药羞膳，及死，期而泣，世称其笃行。卒，赠礼部尚书。

　　从郁，元和初为左补阙，崔群等以之宰相子为嫌，再徙秘书丞。终驾部员外郎。子牧。

　　憬字永裕，以门荫三迁太子司议郎。权德舆为相，其婿翰林学士独孤郁以嫌自白。宪宗见郁文雅，叹曰：“德舆有婿乃尔！”时岐阳公主，帝爱女。旧制，选多戚里将家，帝始诏宰相李吉甫择大臣子，皆辞疾，唯憬以选召见麟德殿。礼成，授殿中少监、驸马都尉。大和初，由澧州刺史召为京兆尹，迁凤翔忠武节度使。入为工部尚书，判度支。会公主薨，憬久不谢，文宗怪之。户部侍郎李珏曰：“比驸马都尉皆为公主服斩衰三年，故憬不得谢。”帝戄然，始诏杖而期，著于令。

　　会昌初，为淮南节度使。武宗诏扬州监军取倡家女十七人进禁中，监军请憬同选，又欲阅良家有姿相者，憬曰：“吾不奉诏而辄与，罪也。”监军怒，表于帝。帝以憬有大臣体，乃诏罢所进伎，有意倚憬为相矣。逾年，召拜检校尚书右仆射、同中书门下平章事，仍判度支。刘稹平，进左仆射、兼门下侍郎。未几，以本官罢，出为剑南东川节度使，徙西川，复镇淮南。时方旱，道路流亡藉藉，民至漉漕渠遗米自给，呼为“圣米”，取陂泽茭蒲实皆尽，憬更表以为祥。狱囚积数百千人，而荒湎宴适不能事。罢，兼太子太傅，分司东都。逾岁，起为留守，复节度剑南西川。召为右仆射，判度支，进兼门下侍郎同平章事。

　　始，宣宗世，夔王以下五王处大明宫内院，而郓王居十六宅。帝大渐，枢密使王归长、马公儒等以遗诏立夔王，而左军中尉王宗实等入殿中，以为归长等矫诏，乃迎郓王立之，是为懿宗。久之，遣枢密使杨庆诣中书，独揖悰，它宰相毕诚、杜审权、蒋伸不敢进，乃授悰中人请帝监国奏，因谕悰劾大臣名不在者抵罪。悰遽封授使者复命，谓庆曰：“上践祚未久，君等秉权，以爱憎杀大臣，公属祸无日矣。”庆色沮去，帝怒亦释，大臣遂安。未几，册拜司空，封邠国公，以检校司徒为凤翔、荆南节度使，加兼太傅。会黔南观察使秦匡讨蛮，兵败，奔于悰，悰囚之，劾不能伏节，有诏斩之。悰不意其意，骇愕得疾，卒，年八十，赠太师。葬日，诏宰相临奠。

悰于大议论往往有所合，然才不周用。虽出入将相，而厚自奉养，未尝荐进幽隐，佑之素风衰焉，故时号“秃角犀。”

子裔休，懿宗时历翰林学士、给事中，坐事贬端州司马。弟孺休，字休之。累擢给事中。大顺初，钱镠遣弟铢率兵击徐约于苏州，破之，以海昌都将沈粲行刺史事，而昭宗更命孺休为之，以粲为制置指挥使。镠不悦，密遣粲害焉。始，孺休见攻也，曰：“勿杀我，当与尔金。”粲曰：“杀尔，金焉往？”与兄述休同死。

悰弟慆。

慆，咸通中为泗州刺史。会庞勋反，围城，处士辛谠自广陵来见慆，劝出家属，独以身守。慆曰：“吾出百口求生，众心摇矣，不如与将士生死共之。”众闻皆泣下。慆之闻难，完浚城隍，阅器械无不具。

贼将李圆易慆，驰勇士百人欲入封府库，慆为好言厚礼迎劳，贼不虞慆之谋也。明日，伏甲士三百，宴球场，贼皆歼焉。圆怒，傅城战。慆杀数百人，圆退壁城西。勋闻，益其兵，而以书射城中促降。会夜，慆击鼓乘城大呼，圆气夺，奔还徐州。未几，贼焚淮口，昼夜战不息，谠乃请救于戍将郭厚本，贼解去。浙西节度使杜审权遣将以兵千人来援，反为圆所包，一军尽没；慆使人间道走京师，诏戴可师以沙陀、吐浑兵二万招讨。淮南节度使令狐绹遣牙将李湘屯淮口，与郭厚本合，为圆败，湘等并没，于是援绝。贼乃以铁锁绝淮流，梯冲乘城。粮尽，为薄馇以给。懿宗遣使加慆检校右散骑常侍，勉以坚守。勋遣圆入城见慆约降，慆怒杀之。勋复遗之书，慆答书言安禄山、朱泚等终底覆灭者，以阴携其党。勋累攻不得志，招讨使马举率兵至，遂解去。围凡十月，慆拊循士，皆殊死奋，而辛谠冒围出入，纠辑援师，卒完一州，时称为难。贼平，慆迁义成军节度使，检校兵部尚书，卒。

牧字牧之，善属文。第进士，复举贤良方正。沈传师表为江西团练府巡官，又为牛僧孺淮南节度府掌书记。擢监察御史，移疾分司东都，以弟顗病弃官。复为宣州团练判官，拜殿中侍御史内供奉。

是时，刘从谏守泽潞，何进滔据魏博，颇骄蹇不循法度。牧追咎长庆以来朝廷措置亡术，复失山东，巨封剧镇，所以系天下轻重，不得承袭轻授，皆国家大事，嫌不当位而言，实有罪，故作《罪言》。其辞曰：

生人常病兵，兵祖于山东，羡于天下。不得山东，兵不可死。山东之地，禹画九土曰冀州，舜以其分太大，离为幽州，为并州。程其水土，与河南等，常重十一二，故其人沈鸷多材力，重许可，能辛苦。魏、晋以下，工机纤杂，意态百出，俗益卑弊，人益脆弱，唯山东敦五种，本兵矢，他不能荡而自若也。产健马，下者日驰二百里，所以兵常当天下。冀州，以其恃强不循理，冀其必破弱；虽已破，冀其复强大也。并州，力足以并吞也。幽州，幽阴惨杀也。圣人因以为名。

黄帝时，蚩尤为兵阶，自后帝王多居其地。周劣齐霸，不一世，晋大，常佣役诸侯。至秦萃锐三晋，经六世乃能得韩，遂折天下脊；复得赵，因拾取诸国。韩信联齐有之，故蒯通知汉、楚轻重在信。光武始于上谷，成于鄗。魏武举官渡，三分天下有其二。晋乱胡作，至宋武号英雄，得蜀，得关中，尽有河南地，十分天下之八，然不能使一人度河以窥胡。至高齐荒荡，宇文取之,隋文因以灭陈,五百年间,天下乃一家。隋文非宋武敌也,是宋不得山东,隋得山东,故隋为王,宋为霸。由此言之,山东,王者不得不为王,霸者不得不为霸,猾贼得之,足以致天下不安。

天宝末,燕盗起,出入成皋、函、潼间,若涉无人地。郭、李辈兵五十万,不能过邺。自尔百余城,天下力尽,不得尺寸,人望之若回鹘、吐蕃,义无敢窥者。国家因之畦河修障戍,塞其街蹊。齐、鲁、梁、蔡被其风流,因亦为寇。以里拓表,以表撑裹,混涊回转,颠倒横邪,未常五年间不战。生人日顿委,四夷日日炽,天子因之幸陕,幸汉中,焦焦然七十余年。运遭孝武,浣衣一肉,不畋不乐,自卑冗中拔取将相,凡十三年,乃能尽得河南、山西地,洗削更革,罔不能适。唯山东不服,亦再攻之,皆不利。岂天使生人未至于怗泰邪?岂人谋未至邪?何其艰哉!

今日天子圣明,超出古昔,志于平治。若欲悉使生人无事,其要先去兵。不得山东,兵不可去。今者,上策莫如自治。何者?当贞元时,山东有燕、赵、魏叛,河南有齐、蔡叛,梁、徐、陈、汝、白马津、盟津、襄、邓、安、黄、寿春皆戍厚兵,十余所才足自护治所,实不辍一人以他使,遂使我力解势弛,熟视不轨者,无可奈何。阶此,蜀亦叛,吴亦叛,其他未叛者,迎时上下,不可保信。自元和初至今二十九年间,得蜀,得吴,得蔡,得齐,收郡县二百余城,所未能得,唯山东百城耳。土地人户,财物甲兵,较之往年,岂不绰绰乎?亦足自以为治也。法令制度,品式条章,果自治乎?贤才奸恶,搜选置舍,果自治乎?障戍镇守,干戈车马,果自治乎?井闾阡陌,仓廪财赋,果自治乎?如不果自治,是助房为房。环土三千里,根七十年,复有天下阴为之助,则安可以取?故曰上策莫如自治。中策莫如取魏。魏于山东最重,于河南亦最重。魏在山东,以其能遮赵也。既不可越魏以取赵,固不可越赵以取燕。是燕、赵常取重于魏,魏常操燕、赵之命。故魏在山东最重。黎阳距白马津三十里,新乡距盟津一百五十

里,陣垒相望,朝驾暮战,是二津虏能溃一,则驰入成皋,不数
日间。故魏于河南亦最重。元和中,举天下兵诛蔡,诛齐,顿之
五年,无山东忧者,以能得魏也。昨日诛沧,顿之三年,无山东
忧,亦以能得魏也。长庆初诛赵,一日五诸侯兵四出溃解,以失
魏也。昨日诛赵,罢如长庆时,亦以失魏也。故河南、山东之轻
重在魏。非魏强大,地形使然也。故曰取魏为中策。最下策为
浪战,不计地势,不审攻守是也。兵多粟多,驱人使战者,便于
守;兵少粟少,人不驱自战者,便于战。故我常失于战,虏常困
于守。山东叛且三五世,后生所见言语举止,无非叛也,以为事
理正当如此,沈酗入骨髓,无以为非者,至有围急食尽,啖尸以
战。以此为俗,岂可与决一胜一负哉? 自十余年凡三收赵,食
尽且下。郗士美败,赵复振;杜叔良败,赵复振;李听败,赵复
振。故曰不计地势,不审攻守,为浪战,最下策也。

累迁左补阙、史馆修撰,改膳部员外郎。宰相李德裕素奇其才。会
昌中,黠戛斯破回鹘,回鹘种落溃入漠南,牧说德裕不如遂取之,以
为:“两汉伐虏,常以秋冬,当匈奴劲弓折胶,重马兔乳,与之相校,
故败多胜少。今若以仲夏发幽、并突骑及酒泉兵,出其意外,一举无
类矣。”德裕善之。会刘稹拒命,诏诸镇兵讨之,牧复移书于德裕,以
“河阳西北去天井关强百里,用万人为垒,窒其口,深壁勿与战。成
德军世与昭义为敌,王元逵思一雪以自奋,然不能长驱径捣上党,
其必取者在西面。今若以忠武、武宁两军益青州精甲五千、宣润弩
手二千,道绛而入,不数月必覆贼巢。昭义之食,尽仰山东,常日节
度使率留食邢州,山西兵单少,可乘虚袭取。故兵闻拙速,未睹巧之
久也。”俄而泽潞平,略如牧策。历黄、池、睦三州刺史,入为司勋员
外郎,常兼史职。改吏部,复乞为湖州刺史。喻年,以考功郎中知制
诰,迁中书舍人。

牧刚直有奇节,不为龊龊小谨,敢论列大事,指陈病利尤切至。
少与李甘、李中敏、宋刓善,其通古今,善处成败,甘等不及也。牧亦
以疏直,时无右援者。从兄悰更历将相,而牧回踬,不自振,颇怏怏

不平。卒，年五十。初，牧梦人告曰："尔应名毕。"复梦书"皎皎白驹"字，或曰"过隙也"。俄而炊甑裂，牧曰："不祥也。"乃自为墓志，悉取所为文章焚之。

牧于诗，情致豪迈，人号为"小杜"，以别杜甫云。

颛字胜之，幼病目，母禁其为学。举进士。礼部侍郎贾𬤊语人曰："得杜颛足敌数百人。"授秘书省正字。李德裕奏为浙西府宾佐。德裕贵盛，宾客无敢忤，惟颛数谏正之。及谪袁州，叹曰："门下爱我皆如颛，吾无今日。"大和末，召为咸阳尉，直史馆。常语人曰："李训、郑注必败。"行未及都，闻难作，即辞疾归。颛亦善属文，与牧相上下。竟以丧明卒。

令狐楚，字壳士，德棻之裔也。生五岁，能为辞章。逮冠，贡进士，京兆尹将荐为第一，时许正伦轻薄士，有名长安间，能作蜚语，楚嫌其争，让而下之。既及第，桂管观察使王拱爱其材，将辟楚，惧不至，乃先奏而后聘。虽在拱所，以父官并州不得奉养，未尝豫宴乐。满岁谢归。李说、严绶、郑儋继领太原，高其行，引在幕府，由掌书记至判官。德宗喜文，每省太原奏，必能辨楚所为，数称之。儋暴死，不及占后事，军大欢，将为乱。夜十数骑挺刃邀取楚，使草遗奏，诸将圜视，楚色不变，秉笔辄就，以遍示士，皆感泣，一军乃安。由是名益重。以亲丧解，既除，召授右拾遗。

宪宗时，累擢职方员外郎，知制诰。其为文，于笺奏制令尤善，每一篇成，人皆传讽。皇甫镈以言利幸，与楚、萧俛皆厚善，故荐于帝。帝亦自闻其名，召为翰林学士，进中书舍人。方伐蔡，久未下，议者多欲罢兵，帝独与裴度不肯赦。元和十二年，度以宰相领彰义节度使，楚草制，其辞有所不合，度得其情。时宰相李逢吉与楚善，皆不助度，故帝罢逢吉，停楚学士，但为中书舍人。俄出为华州刺史。后它学士比比宣事不切旨，帝抵其草，思楚之才。

镈既相，擢楚河阳怀节度使，代乌重胤。始，重胤徙沧州，以河

阳士三千从，士不乐，半道溃归，保北城，将转掠旁州。楚至中渭，以
数骑自往劳之。众甲而出，见楚不疑，乃皆降。楚斩其首恶，众遂定。
度出太原，铸荐楚为中书侍郎、同中书门下平章事。穆宗即位，进门
下侍郎。铸得罪，时谓楚缘铸以进，且尝逐裴度，天下所共疾，会萧
俛辅政，乃不敢言。方营景陵，诏楚为使，而亲吏韦正牧、奉天令于
辇等不偿佣钱十五万缗，楚献以为羡余，怨诉系路。诏捕辇等下狱
诛，出楚为宣歙观察使。俄贬衡州刺史，再徙，以太子宾客分司东
都。长庆二年，擢陕虢观察使，谏官论执不置，楚至陕一日，复罢还
东都。

　　会逢吉复相，力起楚，以李绅在翰林沮之，不克。敬宗立，逐出
绅，即拜楚为河南尹。迁宣武节度使。汴军以骄故，而韩弘弟兄务
以峻法绳治，士偷于安，无革心。楚至，解去酷烈，以仁惠镌谕，人人
悦喜，遂为善俗。入为户部尚书，俄拜东都留守，徙天平节度使。始，
汴、郓帅每至，以州钱二百万入私藏，楚独辞不取。又毁李师古园槛
僭制者。久之，徙节河东。召为吏部尚书，检校尚书右仆射。故事，
检校官重，则从其班，楚以吏部自有品，固辞，有诏嘉允。俄兼太常
卿，进拜左仆射、彭阳郡公。

　　会李训乱，将相皆系神策军。文宗夜召楚与郑覃入禁中，楚建
言：“外有三司御史，不则大臣杂治，内仗非宰相系所也。”帝颔之。
既草诏，以王涯、贾餗冤，指其罪不切，仇士良等怨之。始，帝许相
楚，乃不果，更用李石，而以楚为盐铁转运使。先是，郑注奏建榷茶
使，王涯又议官自治园植茶，人不便，楚请废使，如旧法，从之。元和
中，出禁兵界左右街使卫宰相入朝，至建福门。及是乱，乃罢。楚即
奏：“镇帅初拜，必戎服属仗诣省谒辞，本于郑注，实为乱兆，故王
璠、郭行余驱将吏，蹀血京师，所宜停止。”诏可。开成元年上巳，赐
群臣宴曲江。楚以新诛大臣，暴骸未收，怨沴感结，称疾不出，乃请
给衣衾槥椟，以敛刑骨，顺阳气。是时，政在宦竖，数上疏辞位，拜山
南西道节度使。卒，年七十二，赠司空，谥曰文。

　　楚外严重不可犯，而中宽厚，待士有礼。客以星步鬼神进者，一

不接。为政善抚御，治有绩，人人得所宜。疾甚，诸子进药，不肯御，曰："士固有命，何事此物邪？"自力为奏谢天子，召门人李商隐曰："吾气魄且尽，可助我成之。"其大要以甘露事诛谴者众，请霁威，普见昭洗。辞致曲尽，无所谬脱。书已，敕诸子曰："吾生无益于时，无请谥，勿求鼓吹，以布车一乘葬，铭志无择高位。"是夕，有大星霣寝上，其光烛廷。坐与家人诀，乃终。有诏停卤簿以申其志。

子绪、绹，显于时。

绪以荫仕，历隋、寿、汝三州刺史，有佳政。汝人请刻石颂德，绪以绹当国，固让。宣宗嘉其意，乃止。

绹字子直，举进士，擢累左补阙、右司郎中。出为湖州刺史。

大中初，宣宗谓宰相白敏中曰："宪宗葬，道遇风雨，六宫百官皆避，独见顾而髯者奉梓宫不去，果谁耶？"敏中言："山陵使令狐楚。"帝曰："有子乎？"对曰："绪少风痹，不胜用。绹今守湖州。"因曰："其为人，宰相器也。"即召为考功郎中，知制诰。入翰林为学士。它夜，召与论人间疾苦，帝出《金镜》书曰："太宗所著也，卿为我举其要。"绹摘语曰："至治未尝任不肖，至乱未尝任贤。任贤，享天下之福；任不肖，罹天下之祸。"帝曰："善，朕读此常三复乃已。"绹再拜曰："陛下必欲兴王业，舍此孰先？《诗》曰：'惟其有之，是以似之。'"进中书舍人，袭彭阳男。迁御史中丞，再迁兵部侍郎。还为翰林承旨。夜对禁中，烛尽，帝以乘舆、金莲华炬送还，院吏望见，以为天子来。及绹至，皆惊。俄同中书门下平章事，辅政十年。懿宗嗣位，由尚书左仆射、门下侍郎册拜司空。未几，检校司徒，平章事，为河中节度使。徙宣武，又徙淮南副大使。安南平，以馈运劳，封凉国公。

庞勋自桂州还，道浙西白沙入浊河，剽舟而上。绹闻，遣使慰抚，且馈之。裨将李湘曰："徐兵擅还，果反矣，虽未有诏，一切制乱，我得专之。今其兵不二千，而广舟舰，张旗帜，示侈于人，其畏我甚。

高邮峭水狭,若使获艒火其前,劲兵乘其后,一举可覆。不然,使得绝淮泗,合徐之不逞,祸乱滋矣。"绚懦缓不能用,又自以不奉诏,因曰:"彼不为暴,听其度淮,何豫我哉?"勋还,果盗徐州,其众六七万。徐乏食,分兵攻滁、和、楚、寿,陷之,粮尽,啖人以饱。诏绚为徐州南面招讨使。贼方攻泗州,杜慆坚守,绚命湘率兵五千救之。勋谩辞谢绚曰:"数蒙赦,所以未即降者,一二将为异耳,愿图去之,以身听命。"绚喜,即请假勋节,而敕湘曰:"贼已降,弟谨戍淮口,无庸战。"湘乃彻警释械,日与勋众欢言。后贼乘间直袭湘垒,悉俘而食之,醢湘及监军郜厚本。时浙西杜审权使票将翟行约率千兵与湘会,未至而湘覆,贼伪建淮南旌帜诱之,亦皆陷。

绚既师败,乃以左卫大将军马举代之。以绚为太子太保,分司东都。僖宗初,拜凤翔节度使。顷之,就加同平章事,徙封赵。卒,年七十八,赠太尉。

子滈、涣、洞。

滈避嫌不举进士。绚辅政,而滈与郑颢为姻家,怙势骄偃,通宾客,招权,以射取四方货财,皆侧目无敢言。懿宗嗣位,数为人白发其罪,故绚去宰相。因丐滈与群进士试有司,诏可,是岁及第。谏议大夫崔瑄劾奏绚以十二月去位,而有司解牒尽十月,屈朝廷取士法为滈家事,请委御史按实其罪。不听。滈乃以长安尉为集贤校理。稍迁右拾遗、史馆修撰。诏下,左拾遗刘蜕、起居郎张云交疏指其恶,且言:"绚用李琢为安南都护,首乱南方,赃虐流著,使天下兵戈调敛不给。琢本进赂于滈,滈为人子,陷绚于恶,顾可为谏臣乎?"又劾:"绚,大臣,当调护国本,而大中时,乃引谏议大夫豆卢籍、刑部侍郎李邺为夔王等侍读,乱长幼序,使先帝贻厥之谋几不及陛下。且滈居当时,谓之'白衣宰相'。滈未尝举进士,而妄言已解,使天下谓无解及第,不已罔乎?"滈亦惧,求换它官,改詹事府司直。绚方守淮南,上奏自治,帝为贬云为兴元少尹,蜕华阴令。滈亦湮泯不振死。

焕、沨皆举进士,焕终中书舍人。

定字履常,楚弟。及进士第。大和末,以驾部郎中为弘文馆直学士。李训乱,王遇休方以是日就职,定往贺,为神策军并收,欲杀者屡矣,已而免。终桂管观察使。

赞曰:耽、佑、楚皆惇儒,大衣高冠,雍容庙堂,道古今,处成务,可也;以大节责之,盖碌中而玉表欤!悰、绚世当国,亦无足讥。牧论天下兵曰:"上策莫如自治。"贤矣哉!

唐书卷一六七
列传第九二

白志贞　　裴延龄　　崔损
韦渠牟　　李齐运　　李实
皇甫镈 镛　　王播 起 龟 式

白志贞□，本名琇珪，故太原史也。事节度使李光弼，硁硁自力，有智数，光弼善之，使与帐下议。代宗素闻，及光弼卒，擢累司农卿。在官十年，德宗以为敏，遂倚腹心，进授神策军使，赐今名。有所建白，善窥亿帝指，故言无不从。

从狩奉天，以为行在都知兵马使。惧李怀光暴其恶，乃与赵赞、卢杞等抑怀光不使朝。怀光反，论斥其奸，贬恩州司马，赞播州司马。稍徙阆州别驾。贞元二年，起为果州刺史，宰相李勉固谏，不许。明年，拜浙西观察使，死于官。

裴延龄，河中河东人。乾元末，为汜州尉，贼陷东都，去客江夏。华州刺史董晋表署判官，稍迁太常博士。卢杞秉政，引为膳部员外郎、集贤院直学士。崔造表知东都度支院。召为祠部郎中，不待命，辄还集贤院，宰相张延赏疾其易，出为昭应令，与尉交诉所赇，京兆尹郑叔则佑尉，而御史中丞窦参善延龄，卒逐尹。德宗用参辅政，即擢延龄司农少卿。

会班宏卒，假领度支。延龄素不善财计，乃广钩距，取宿奸老吏与谋,以固帝幸。因建言:"左藏,天下岁入不赀,耗登不可校,请列别舍,以检盈虚。"于是以天下宿负八百万缗析为负库,抽贯三百万缗为剩库,样物三十万缗为季库,帛以素出、以色入者为月库。帝皆可之。然天下负皆穷人,偿入无期,抽贯与给皆尽;样物与帛固有籍,延龄但多其簿最吏员以诡帝,于财用无所加也。俄以户部侍郎为真。又请以京兆苗钱市草千万,俾民输诸苑。宰相陆贽等以为非是,不从。京右偏故有蓳荠地数顷,延龄妄言:"长安、咸阳间得陂芳数百顷,愿以为内厩牧地,水甘草荐与苑厩等。"帝信之,以问宰相,皆曰:"当无有。"帝遣使按覆,果诈,延龄大惭,帝不责也。

京兆积岁和市不得直,尹李充请之官,延龄诬其妄,反令还输,号曰"底折钱"。尝请敛财以实府,帝曰:"安得而实之?"延龄曰:"开元、天宝间,户口繁息,百司务殷,官且有缺者,比兵兴,户不半在,今一官治数司足矣。请后官阙不即补,收其禀以实帑簿。"

它日,帝谓延龄曰:"朕所居浴堂殿,一栋将压,念易之,未能也。"延龄曰:"宗庙至重,殿栋微矣。且陛下本分钱,用之亡穷,何所难哉?"帝惊曰:"本分钱奈何?"对曰:"此在经谊,愚儒不能知,臣能言之。按礼,天下赋三之:一以充干豆,一以事宾客,一君之庖厨。陛下奉宗庙,能竭天下赋三之一乎?鸿胪礼宾,劳予四夷,用十一为有赢。陛下所御饔饩简俭,以所余为百官禀料飨钱,未尽也,则所不尽者为本分钱。以治殿数十尚不乏,况一栋哉!"帝颔曰:"人未尝为朕言之。"又造神龙佛祠,须材五十尺者。延龄妄奏:"同州得大谷,木数千章,度皆八十尺。"帝曰:"吾闻开元时,近山无巨木,求之岚、胜间。今何地之近,材之良邪?"延龄曰:"异材瑰产,处处有之,待圣主乃出。今生近辅,岂开元所当得也!"帝悦。

是时,陆贽为宰相,帝素所信重,极论其谲妄不可任,帝以为排媚,愈益厚延龄。贽上疏列其状,具言:"延龄尝奏句获干隐二千万缗,请舍别库为羡余,供天子私费,故上之兴作广,宣索多矣。延龄欲实其言,乃大搜市廛,夺所入献,逮捕匠徒,迫胁就功,号曰'敕索',弗雠其直,名曰'和雇',弗与之庸。又度支出纳,与太府交相关制,出物旬计,见物月计,符桉覆核,有御史以监董之,则财用不得回隐。延龄乃言掊粪土得银十三万两,它货且百万,已弃而获,皆羡余也,悉移舍以供别敕。太府卿韦少华劾其妄,陛下纵之不为治,此乃侵削兆民,为天子取怨于下。”又引建中横敛多积致播迁者,其言甚深切。帝得奏不悦,会盐铁使张滂、京兆尹李充、司农卿李铦皆指延龄专以险伪罔上,帝怒,乃罢赞宰相,左除滂等官。

时大旱,人情愁憺。延龄言:赞等失权怨望,显言岁饥民流、度支粮刍乏以激怒众士。它日,帝畋苑中,而神策军诉度支不赋厩刍者,天子惑延龄言,乃下诏斥逐赞等,朝廷震恐。延龄又捕充所善吏张忠榜掠之,诬充“没官钱五十万缗,以饵结权幸,令妻以犊车载金饷赞。”忠具狱,其母投诉光顺门阃,有诏御史审劾,一夕得状,乃释忠。延龄不得逞,复奏充妄用京兆谷,愿下有司比句,以比部郎中崔元翰欲释憾于赞也。赖刑部侍郎奚陟辨治,充等得不冤。

延龄资苛刻,又劫于利,专剥下附上,肆骋谲怪。其进对,皆他人莫敢言,而延龄言之不疑,亦人之所未闻者。帝颇知其诈,但以其不隐,欲闻外事,故断用不疑。延龄恃得君,谓必辅政,少所降下,至嫚骂迩臣,时人侧目。属疾卧第,载度支官物输之家,无敢言。帝念之,使者日三辈往。死,年六十九。人语以相安,唯帝悼不已。册赠太子太傅、上柱国。永贞初,度支建言:“延龄曩列别库分藏正物,无实益而有吏文之烦。”乃诏复以还左藏。元和中,有司谥曰缪。

崔损,字至无,系本博陵。大历末,中进士、博学宏辞,补校书郎、咸阳尉。避亲,改大理评事。累劳至右谏议大夫。于时,宰相赵憬卒,卢迈属疾,裴延龄素善损,荐之德宗。贞元十二年,以本官同中书门下平章事。始,中书虚位十日,议者谓选有德,及用损,中外怅失。而损性龊龊能自将,延英进见,不敢出一言及天下事。逾年,进门下侍郎。尝以疾卧家久,赐绢三百为医药费。

损无卓卓称于人者,而历二省华要至宰相。母殡而不葬,亦不展殡;女兄为尼,没不临丧。建中后,宰相无久任者,损以便柔逊愿中帝意,乃留八年。帝亦知公议病其持禄,然怜遇弥渥。卒,赠太子太傅,谥曰靖。

韦渠牟,京兆万年人,工部侍郎述从子也。少警悟,工为诗,李白异之,授以古乐府。去为道士,不终,更为浮屠,已而复冠。浙西韩滉表试校书郎,进至四门博士。

贞元十二年,德宗诞日,诏给事中徐岱、兵部郎中赵需、礼部郎中许孟容与渠牟及佛、老二师并对麟德殿,质问大趣。渠牟有口辩,虽于三家未究解,然答问锋生,帝听之意动。迁秘书郎,进诗七百言,未浃旬,擢右补阙内供奉。始,同列易之,后数遣中人专召渠牟,由是皆属目。岁中,至谏议大夫。大抵延英对,虽大臣率漏下二三刻止,渠牟每奏事,辄五六刻乃罢,天子欢甚。渠牟为人佻躁,志向浮浅,不根于道德仁义,特用恉巧中帝意,非有嘉谟正辞感悟得君也。

自陆贽免,帝躬揽庶政,不复委权于下,宰相取充位、行文书而已,至守宰、御史,皆自推简。然处深宫,所倚而信者裴延龄、李齐运、王绍、李实、韦执谊与渠牟等,其权侔人主。延龄、实皆奸虐,绍无所建明。渠牟后出,望最轻,张恩势以动天下,召崔芊于茅山,超郑随布衣至补阙,引醴泉令冯伉为给事中、太子侍读。帝既偏于任听,士之浮竞甘进者出其门,赫然势焰可炙。再擢太常卿。卒,年五十三,赠刑部尚书,谥曰忠。所论著甚多,传于时。

李齐运者,蒋王恽孙。始补宁王府东阁祭酒,擢累监察御史,复辟江淮都统李峘府。由工部郎中为长安令,政颇修办。宗正少卿李瀚从子有所讼,齐运于瀚为卑行,而不礼讼者。瀚怒,辱诸朝,齐运以闻,代宗贬瀚。由是稍擢京兆少尹。出为河中尹、晋绛慈隰观察使。

德宗出狩,李怀光还兵奔难,昼夜驰及河中,士罢困,乃休三日。齐运悉所赋劳军,牛酒丰甘,人人喜悦。及怀光反,还守河中,齐运弃城走。诏拜京兆尹。时李晟壁渭桥,齐运发民筑城保,督刍粟以饷晟。贼平,颇有助。万年丞源邃不事,齐运怒,捽辱之,死于廷。邃家告冤,御史大夫崔纵请穷治,帝不许。御史联章深劾,齐运诉于帝,言为朋党所挤。天子使宰相谕谏官、御史,后毋得群署章以劾,然卒不直邃冤。

久之,大蝗旱,齐运不能政,乃以韩洄代之,改宗正卿、闲厩宫苑使。进至礼部尚书。宰相内殿对已,齐运常次进,帝与参决大事。既无学,暗于大体,第以甘言阿匼而已。尝荐李锜为浙西,受赂数十万,又荐李词为湖州刺史,人告其赃,帝置不问。齐运卧疾,满岁不能谒,每除吏,往往遣使即家咨逮。晚以姜为妻,具冕服行礼,士人蚩之。卒,年七十二,赠尚书左仆射。

李实,道王元庆四世孙。以荫仕,嗣曹王皋辟署江西府判官,迁蕲州刺史。皋节度山南东道,复从之。皋卒,实知后务,刻薄军费,士怨怒,欲杀之,夜缒亡归京师。

累进司农卿,擢拜京兆尹,封嗣道王。怙宠而愎,不循法度。贞元二十年旱,关辅饥,实方务聚敛以结恩,民诉府上,一不问。德宗访外疾苦,实诡曰:“岁虽旱,不害有秋。”乃峻责租调,人穷无告,至彻舍鬻苗输于官。优人成辅端为俳语讽帝,实怒,奏贱工谤国,帝为杀之。或言:“古者,瞽颂箴谏,虽诙谐托谕,何诛焉?”帝悔,然不罪实。

故事,京兆避台官。实尝与御史王播遇,而驺唱争道,播钩责从者,实怒,奏播为三原令,廷辱之。恶万年令李众,诬逐虔州司马,以所善虞部员外郎房启代之。其怙权作威若此。公卿为谗短迁斥者甚众,专情谀色见颜间。权德舆为礼部,而实私士二十人,迫语曰:“应用此第,不尔,君且外迁!”德舆虽拒之,然常惮其诬。吏部每奏科目颇严密,以杜请托,实公诣曹劫请赵宗儒,无所畏。

诏书蠲人逋租,实格诏固敛,畿民大困,官吏皆被榜罚,掊取三十万缗。吏乞贷豪牦,辄死,桉之无罪者,猥曰“死亦非枉”,复杀之。

专以残忍为政。顺宗在谅暗，不逾月，实杀数十人于府。贬通州长史。市人争怀瓦石邀劫之，实惧，夜遁去，长安中相贺。以赦令内移，死虢州。

皇甫镈，泾州临泾人。贞元初，第进士，又擢制科，为监察御史。居丧游处不度，下除詹事府司直。久之，迁吏部员外郎，典南曹，钤制吏奸，稍知名。进郎中，迁累司农卿，判度支，改户部侍郎。宪宗方伐蔡，急于用度，镈衰会严亟，以办济师，帝悦，进兼御史大夫。蔡平之明年，遂同中书门下平章事，犹领度支。

镈以吏道进，既由聚敛句剥为宰相，至虽市道皆嗤之。崔群、裴度以闻，帝怒，不听。度乃表罢政事，极论镈奸邪苛刻，天下怨之，将食其肉。且言："天下安否系朝廷，朝廷轻重在辅相。今承宗削地，程权赴阙，韩弘舆疾讨贼，非力能制之，顾朝廷处置能服其心也。若相镈，则四方解矣。请授以浙西观察使。"其词切至。帝以天下略平，亦欲崇台沼宫观自娱乐，镈与程异知帝意，故数贡羡财，阴佐所欲，又赂吐突承璀为奥援，故帝排众论，决任之，反以度为朋党，不内其言。

镈乃益以巧媚自固，建损内外官禀佐国用，给事中崔植上还诏书，乃止。帝斥内帑所余，诏度支评直，镈贵售之以给边兵，故缯陈彩，触手辄坏，士怨怒，聚焚之。裴度以其事闻，镈指所著靴曰："此内府所出，牢韧可服，彼言不可用，诈也。"帝信之。镈衔度，乃与李逢吉、令狐楚合挤之，出度太原。又以崔群有天下重望，劲正敢言，后议帝号，镈乃谮群抑损徽称，帝怒，逐群湖南。

镈罢度支，进门下侍郎平章事。尝与金吾将军李道古共荐方士柳泌、浮屠大通为长年药，帝惑之。穆宗在东宫，闻其奸妄，始听政，集群臣于月华门，贬镈崖州司户参军，死其所。

泌者，本杨仁昼也，习方伎。道古荐于镈，召入禁中，自云能致药为不死者，因言："天台山灵仙所舍，多异草，愿官天台，求采之。"起徒步拜天台刺史，赐金紫。谏臣固争，以为列圣亦有宠方士，未尝使牧民,帝曰:"烦一州而致长年于君父,何爱哉?"后不敢言。泌驱吏民采药山谷间,鞭笞苛急,岁余无所获。惧诈穷,举族遁去,浙东观察使捕得。铸与道古营解,乃复待诏翰林。帝饵泌药,寖躁怒不常,宦侍惧,以弑崩。大通自言百五十岁,铸败,与泌皆诛。初,吏责泌妄,答曰:"皆道古教我。"解衣即刑,卒无它异。

铸之贬,前坊州刺史班肃以尝僚,独饯于野,朝廷义之,擢为司封员外郎。

铸弟镛,字和卿,第进士。铸为相时,任河南少尹,见权宠太盛,每极言之,铸不悦,乃求分司为太子右庶子。铸败,朝廷贤之,授国子祭酒。开成初,以太子少保卒。

镛能属文,工诗。为人寡言正色,衣冠甚伟,不屑世务,所交皆知名士。著书数十篇。

王播字明敭,其先太原人,父恕为扬州仓曹参军,遂家焉。播,贞元中与弟炎、起皆有名,并擢进士,而播、起举贤良方正异等。补盩厔尉。以善治狱,御史中丞李汶荐为监察御史。云阳丞源咸季坐赇免,赂有司复得调,播劾解其官。历侍御史。李实为京兆尹,与播遇诸衢。故事,尹当避道揖,实不肯。播移文诋之。实大怒,表播为三原令,将折之。播受命,趋府谢如礼。邑中豪强犯法,未尝辄贷,岁终课最。实重其才,更荐之,德宗将擢以要近,会母丧解。还,除驾部员外郎。长安令于頔奴客与民盗马,吏系民而纵奴,播捕取,均其罚。迁工部郎中,知御史杂事。刺举不阿,有能称。关中饥,诸镇或闭籴,播以为言,三辅不乏。历虢州刺史。

李异领盐铁,奏以副己。擢御史中丞,岁终,改京兆尹。时禁屯列畿内者,出入属鞬佩剑,奸人冒之以剽劫,又勋戚家驰猎近郊,播请一切苛止,盗贼不能隐,皆走出境。宪宗以为能,进刑部侍郎,领诸道盐铁转运使。是时,天下多故,大理议谳,科条丛繁,播悉置格律坐隅,商处重轻,剖决如流,吏不能窜其私。帝讨淮西也,切于馈饷，播引程异自副，异尤通万货盈虚，使驰传江淮，哀财用以给军兴，兵得无乏。帝嘉其功，超拜礼部尚书。稍以赀赂结宦要，中外以为言。

播荐皇甫镈，及镈用事，更忌播，而以异代使，播罢守本官。久之，检校户部尚书，为剑南西川节度使。穆宗立，逐镈，播求还。长庆初，召为刑部尚书，复领盐铁，进中书侍郎、同中书门下平章事。时权幸竞进，播赖其力至宰相，专务将迎，居位无所裨益，复失河北，众望不厌，乃以检校尚书右仆射出为淮南节度使，仍领使职，不肯易印，诏听自随。是时，南方旱歉，人相食，播掊敛不少衰，民皆怨之。然浚七里港以便漕引，后赖其利。

敬宗即位，即拜检校司空，以王涯代使。播失职，见王守澄方得君，厚以金谢，守澄乘间荐之，天子有意复用播。于是谏议大夫独孤朗张仲方、起居郎孔敏行柳公权宋申锡、补阙韦仁实刘敦儒、拾遗李景让薛廷老等见延英，言播倾邪关通帝左右状，帝冲暗，不内其言，遂复领使，天下公议益不与。

文宗立，就进检校司徒。大和元年，入朝，拜左仆射，复辅政，累封太原郡公。时韦处厚当国，以献替自任，天子向之。播专以钱谷进，不甚与事。居位四年卒，年七十二，赠太尉，谥曰敬。

播少孤贫，自刻苦至成立，居官以强济称。天性勤吏职，每视簿领纷积于前，人所不堪者，播反用为乐。所署吏，苟无大罪，以岁劳增秩而已，卒不易所职。雅善占奏，虽数十事，未尝书于笏。再领盐铁，嗜权利，不复初操。重赋取，以正额月进为羡余，岁百万缗。自淮南还，献玉带十有三、银碗数千、绫绢四十万，遂再得相云。

起字举之，释褐校书郎，补蓝田尉。李吉甫辟为淮南掌书记，以殿中侍御史入兼集贤殿直学士。元和末，累迁中书舍人。数上疏谏穆宗畋游事，岁中考第一。钱徽坐贡举失实贬，诏起覆核，起建言："以所试送宰相阅可否，然后付有司。"诏可。议者谓起为失职。

拜礼部侍郎。李齐叛，与播俱上疏请诏王智兴讨之，卒定其乱。

赐金紫,拜河南尹,进吏部侍郎。方播以仆射居相,避选曹,改兵部,为集贤殿学士。拜陕虢观察使。时亳州刺史李繁以擅诛贼抵罪,起言:"繁父有功,而二千石不宜偿贼死。"不报。

入拜尚书丞,以户部尚书判度支。灵武、邠宁多旷土,奏为营田,以省馈辇。历河中节度使。方蝗旱,粟价腾踊,起下令家得储三十斛,斥其余以市,否者死。神策士怙势不从,置于法。由是庤积咸出,民赖以生。召授兵部尚书。以检校尚书右仆射为山南东道节度使。滨汉塘堰联属,吏弗完治,起至部,先修复,与民约为水令,遂无凶年。

李训为宰相,起门生也,欲引与共政,即加银青光禄大夫,复以兵部尚书召判户部。训败,起素长厚,人不以训诿之,止罢其判。俄加皇太子侍读。文宗上文,好古学。是时,郑覃以经术进,起以敦博显,帝数访逮时政。因积雨,愿宽逐臣过恶,又短鲍叔终身不忘人过,以解帝锢人意。俄兼太常卿、礼仪使。帝题诗太子笏以赐,诏画像便殿,号"当世仲尼",其宠遇如此。又使广《五位图》,俾太子知古今治乱。开成三年,入翰林为侍讲学士,改太子少师。

起治生无检,所得禄赐为僮婢盗有,贫不能自存。帝知之,诏月益仙韶院钱三十万。议者谓与玩臣分给,可耻也,起赖其入,不克让。

武宗立,为章陵卤簿使、东都留守。召为吏部尚书,判太常卿。帝患选士不得才,特命起典贡举。进尚书左仆射,封魏郡公。凡四举士,皆知名者,人伏其鉴。擢山南西道节度使、同中书门下平章事。以凤儒兼宰相秩,前世所罕。入辞,帝劳曰:"宰相无内外。公,国耆老,朕有阙,当以闻。"宴赐备厚。

宣宗初,检校司空,以疾愿代,不许。卒,年八十八,赠太尉,谥曰文懿。丧还,命使者吊其家,葬及祥亦如之。

起性友悌,播丧,哀戚加于人。嗜学,非寝食不辄废。天下之书无不读,一经目,弗忘也。庄恪太子薨,诏为哀册,词情凄惋,当世称之。帝尝以疑事令使者口质,起具榜子附使者上,凡成十篇,号曰

《写宣》。它撰集亦多。

炎终太常博士。子铎、镣自有传。

起子龟、式。

龟字大年，性高简，博知书傅，无贵胄气。常以光福第宾客多，更住永达里，林木穷僻，构半隐亭以自适。侍父至河中，庐中条山，朔望一归省，州人号郎君谷，未始以人事自婴。武宗雅知之，以左拾遗召。入谢，自陈病不任职，诏许。终父丧，召为右补阙。再擢屯田员外郎，称疾去。崔玙观察宣歙，表为副，龟乐宛陵山水，故从之。

入为祠部郎中、史馆修撰。咸通中，知制诰。铎为相，改太常少卿、同州刺史。牙将白约素暴横，尝哗言月禀薄，以动士心为乱，龟捕杀之，人皆震慄。徙浙东观察使。初，式临州有惠政，人闻其至，欢迎之。卒，赠工部尚书。

子荛，力学，有文辞，以铎当国，不贡进士。终右司员外郎。

式以荫为太子正字，擢贤良方正科，累迁殿中侍御史。少节检，巧于宦，因郑注以交王守澄，中丞归融劾之，出为江陵少尹。

大中中，为晋州刺史，饰邮传，器用毕给。会河曲大歉，民流徙，佗州不纳，独式劳恤之，活数千人。时特峨胡亦饥，将入寇汾、浍，闻式严备，不敢道境，报其种落曰："晋州刺史当避之！"以善最称。

徙安南都护。故都护田早作木栅，岁率缗钱，既不时完，而所责益急。式取一年赋市芀木，竖周十二里，罢岁赋外率以纾齐人。浚壕缭栅，外植刺竹，寇不可冒。后蛮兵入掠锦田步，式使译者开谕，一昔去，谢曰："我自缚叛獠，非为寇也。"忠武戍卒服短后褐，以黄冒首，南方号"黄头军"，天下锐卒也。初，交阯数有变，惧式威，不自安，哗曰："黄头军将度海袭我矣！"相率夜围城，合噪："请都护北归，我当抗黄头军。"式徐被甲，引家僮乘城责让，矢旝交发，叛者走。翌日尽捕斩之。初，容管灾歉，不岁贡，式始上输，大犒宴军中。归质外蕃，而占城、真腊慕义，悉入献，亦还所掠王民。

　　宁国剧贼仇甫乱,明越观察使郑祗德不能讨,宰相选式往代,诏可,因至京师。懿宗问方略,对曰:"弟假臣兵,寇不足平也。"左右宦要皆曰:"兵众则馈多,当惜天下费。"式奏:"盗若倡狂,天诛不亟决,东南征赋阙矣。宁得以亿万计之乎?兵多则功速费寡。二者孰利?"帝顾左右曰:"宜与兵。"于是诏益许、滑、淮南兵。式发自光福里第,麾帜皆东靡,猎猎有声,喜曰:"是谓得天时矣!"闻贼用骑兵,乃阅所部,得吐蕃、回鹘迁隶数百,发龙陂监牧马起用之,集土团诸儿为向导,擒甫斩之。加检校右散骑常侍。余姚民徐泽专鱼盐之利,慈溪民陈瑊冒名仕至县令,皆豪纵州不能制。式曰:"甫窃发,不足畏;若泽、瑊,乃巨猾也。"穷治其奸,皆榜死。

　　咸通三年,徐州银刀军乱,以式检校工部尚书,徙武宁节度使,诏许、滑兵自随。视事三日,悉以计诛乱兵。会诏降武宁为团练,罢归。终左金吾大将军。

　　赞曰:裴延龄引经谊惑其主,以不忠为忠。德宗倚延龄、韦渠牟等商天下成败,自谓明而卒陷不明。君臣回沇,可不戒哉!宪宗锐于立功,而皇甫镈以聚敛取宰相。夫宰相者,乃天下选,彼暂劳一功,乌足胜任哉?中兴之不终,有为而然。

唐书卷一六八
列传第九三

韦执谊　王叔文　王伾　韩晔　陈谏
凌准　韩泰　陆质　刘禹锡
柳宗元　程异

　　韦执谊,京兆旧族也。幼有才,及进士第,对策异等,授右拾遗。年逾冠,入翰林为学士,便敏侧媚,得幸于德宗。使豫诗歌属和,被诏称旨。与裴延龄、韦渠牟等宠相埒,出入备顾问。帝诞日,皇太子献画浮屠象,帝使执谊赞之,太子赐以帛,诏执谊到东宫谢太子,卒见无所藉言者,乃曰:"君知王叔文乎,美才也。"执谊由是与叔文善。以母丧解。终丧,为吏部郎中,数召至禁中。补阙张正一以上书召见,所善王仲舒、韦成季、刘伯刍、裴茝、常仲孺、吕洞往贺之,或谓执谊曰:"彼将论君与叔文钩党事。"执谊即白成季等朋比,有所窥望。帝诏金吾伺,得相过食饮状,悉逐出之。

　　顺宗立,以疾不亲政,叔文用事,乃擢执谊为尚书左丞、同中书门下平章事。叔文与王伾居中窃命,欲执谊据以奉行,因用迷夺朝权。执谊既为所引,然外迫公议,欲示天下非党与者,乃时时异论相可否,而密谢叔文曰:"不敢负约,欲共济国家事尔。"叔文数为所梗,遂诟怒,反成仇怨。及宪宗受内禅,流叔文、伾,分北支党,贬执谊为崖州司户参军。帝以宰相杜黄裳之婿,故最后贬。

　　执谊已失形势,知祸且及,虽尚在位,而临事奄奄无气,闻人足声辄悸动，至于败。始未显时，不喜人言岭南州县。既为郎，尝诣职方观图，至岭南辄瞑目，命左右彻去。及为相，所坐堂有图，不就省。既易旬，试观之，崖州图也，以为不祥，恶之。果贬死。

王叔文，越州山阴人。以棋待诏。颇读书，班班言治道。德宗诏直东宫，太子引以侍读，因论政及宫市之弊，太子曰："寡人见上，将极言之。"坐皆趣赞，叔文独嘿然。既罢，太子曰："向君无言，何哉？"叔文曰："太子之事上，非视膳问安无与也。且陛下在位久，有如小人间之，谓殿下收厌群情，则安解乎？"太子谢曰："非先生不闻此言！"由是重之，宫中事咸与参订。

叔文浅中浮表，遂肆言不疑，曰："某可为相，某可为将，它日幸用之。"阴结天下有名士，而士之欲速进者，率谐附之，若韦执谊、陆质、吕温、李景俭、韩晔、韩泰、陈谏、柳宗元、刘禹锡为死友，而凌准、程异又因其党进，出入诡秘，外莫得其端。强藩剧帅，或阴相赂遗以自结。

顺宗立，不能听政，深居施幄坐，以牛昭容、宦人李忠言侍侧，群臣奏事，从幄中可其奏。王伾密语诸黄门："陛下素厚叔文。"即繇苏州司功参军拜起居郎，翰林学士。大抵叔文因伾，伾因忠言，忠言因昭容，更相依仗。伾主传受，叔文主裁可，乃授之中书，执谊作诏文施行焉。时景俭居亲丧，温使吐蕃，惟质、泰、谏、准、晔、宗元、禹锡等倡誉之，以为伊、周、管、葛复出，惘然谓天下无人。叔文每言："钱谷者，国大本，操其柄，可因以市士。"乃白用杜佑领度支、盐铁使，己副之，实专其政。不淹时，迁户部侍郎。

宦人俱文珍忌其权，罢叔文学士，诏出，骇怅曰："吾当数至此议事，不然，无由入禁中。"伾复力请，乃听三五日一至翰林，然不得旧职矣。

在省不事所职，日引其党谋取神策兵，制天下之命。乃以宿将范希朝为西北诸镇行营兵马使，泰为司马副之。于是诸将移书中尉，告且去，宦人始悟夺其权，大怒曰："吾属必死其手！"乃谕诸镇，慎毋以兵属人。希朝、泰到奉天，诸将不至，乃还。

叔文母死，匿不发，置酒翰林，忠言、文珍等皆在，袖金以饷，因扬言曰："天子适射兔苑中，跨鞍若飞，敢异议者斩。"又自陈："亲疾病，以身任国大事，朝夕不得侍，今当请急，宜听。然向之悉心戮力，难易亡所避，报天子异知尔。今一去此，则百谤至，孰为吾助者？"又言："羊士谔毁短我，我将杖杀之，而执谊懦不果。刘辟来为韦皋求三川，吾生平不识辟，便欲前执吾手，非凶人邪？扫木场将斩之，而执谊持不可。每念失此二贼，令人怅恨。"又陈领度支所以兴利去害者为己劳。文珍随语诘折，叔文不得对。左右窃语曰："母死已腐，方留此，将何为邪？"明日，乃发丧。执谊益不用其语，乃谋起复，斩执谊与不附己者，闻者恟惧。

广陵王为太子，群臣皆喜，独叔文有忧色，诵杜甫诸葛祠诗以自况，歔欷泣下。太子已监国，贬渝州司户参军，明年，诛死。

王伾者，杭州人。始以书待诏翰林，入太子宫侍书。顺宗立，迁左散骑常侍、待诏。伾本阘茸儿，邋陋，楚语，无它大志，帝亵宠之，不如叔文任气好言事，为帝所礼。至出处，又不及伾之无间也，叔文入止翰林，而伾至柿林院，见牛昭容等。当其党盛，门皆若沸羹，而伾尤通天下赇谢，日月不阕。为巨匮，裁窍以受珍，使不可出，则寝其上。

叔文既居丧，伾日请中人及杜佑起叔文为宰相，且总北军，不许；又请以威远军使同中书门下平章事，复不可。乃一日三表皆不报。忧悸，行且卧，至夕大呼曰："吾疾作。"舆归第。贬开州司马，死其所。支党皆逐，惟质以前死免。

晔者，浞族子，有俊才。以司封郎中贬饶州司马。终永州刺史。

谏，警敏，尝览染署岁簿，悉能言其尺寸。所治，一阅籍，终身不忘。自河中少尹贬台州司马，终循州刺史。

准字宗一,有史学。自翰林学士贬连州司马,死于贬。

泰字安平,有筹画,伾、叔文所倚重,能决大事。以户部郎中、神策行营节度司马贬虔州司马。终湖州刺史。

陆质,字伯冲。七代祖澄,仕梁为名儒。世居吴。明《春秋》,师事赵匡,匡师啖助,质尽传二家学。陈少游镇淮南,表在幕府,荐之朝,授左拾遗。累迁左司郎中,历信、台二州刺史。

质素善韦执谊,方执谊附叔文窃威柄,用其力召为给事中。宪宗为太子,诏侍读。质本名淳,避太子名,故改。时执谊惧太子怒己专,故以质侍东宫,阴伺意解释左右之。质伺间有所言,太子辄怒曰:“陛下命先生为寡人讲学,何可及它?”质惶惧出。

执谊未败时,质病甚,太子已即位,为临问加礼。卒,门人以质能文圣人书,通于后世,私共谥曰文通先生。所著书甚多,行于世。

刘禹锡,字梦得,自言系出中山。世为儒。擢进士第,登博学宏辞科,工文章。淮南杜佑表管书记。入为监察御史。素善韦执谊。时王叔文得幸太子,禹锡以名重一时,与之交,叔文每称有宰相器。太子即位,朝廷大议秘策多出叔文,引禹锡及柳宗元与议禁中,所言必从。擢屯田员外郎,判度支、监盐案,颇冯藉其势,多中伤士。若武元衡不为柳宗元所喜,自御史中丞下除太子右庶子;御史窦群劾禹锡挟邪乱政,群即日罢;韩皋素贵,不肯亲叔文等,斥为湖南观察使。凡所进退,视爱怒重轻,人不敢指其名,号“二王、刘、柳”。

宪宗立,叔文等败,禹锡贬连州刺史,未至,斥朗州司马。州接夜郎诸夷,风俗陋甚,家喜巫鬼,每祠,歌《竹枝》鼓吹裴回,其声伧伫。禹锡谓屈原居沅、湘间作《九歌》,使楚人以迎送神,乃倚其声,作《竹枝辞》十余篇。于是武陵夷俚悉歌之。

始,坐叔文贬者八人,宪宗欲终斥不复,乃诏虽后更赦令不得

原。然宰相哀其才且困，将澡濯用之，会程异复起领运务，乃诏禹锡
等悉补远州刺史。而元衡方执政，谏官颇言不可用，遂罢。

　　禹锡久落魄，郁郁不自聊，其吐辞多讽托幽远，作《问大钧》、
《谪九年》等赋数篇。又叙："张九龄为宰相，建言放臣不宜与善地，
悉徙五溪不毛处。然九龄自内职出始安，有瘴疠之叹；罢政事守荆
州，有拘囚之思。身出遐陬，一失意不能堪，矧华人士族必致丑地，
然后快意哉！议者以为开元良臣，而卒无嗣，岂恃心失恕，阴责最
大，虽它美莫赎邪！"欲感讽权近，而憾不释。久之，召还。宰相欲任
南省郎，而禹锡作《玄都观看花君子》诗，语讥忿，当路者不喜，出为
播州刺史。诏下，御史中丞裴度为言："播极远猿狄所宅，禹锡母八
十余，不能往，当与其子死诀，恐伤陛下孝治，请稍内迁。"帝曰："为
人子者宜慎事，不贻亲忧。若禹锡望它人，尤不可赦。"度不敢对，帝
改容曰："朕所言责人子事，终不欲伤其亲。"乃易连州，又徙夔州刺
史。禹锡尝叹天下学校废，乃奏记宰相曰：

　　　　言者谓天下少士，而不知养材之道，郁堙不扬，非天不生
材也。是不耕而叹廪庾之无余，可乎？贞观时，学舍千二百区，
生徒三千余，外夷遣子弟入附者五国。今室庐圮废，生徒衰少，
非学官不振，病无赀以给也。

　　　　凡学官，春秋释奠于先师，斯止辟雍、頖宫，非及天下。今
州县咸以春秋上丁有事孔子庙，其礼不应古，甚非孔子意。汉
初群臣起屠贩，故孝惠、高后间置原庙于郡国，逮元帝时，韦玄
成遂议罢之。夫子孙尚不敢违礼飨其祖，况后学师先圣道而欲
违之。传曰："祭不欲数。"又曰："祭神如神在。"与其烦于荐飨，
孰若行其教？今教頹靡，而以非礼之祀媚之，儒者所宜疾。窃
观历代无有是事。

　　　　武德初，诏国学立周公、孔子庙，四时祭。贞观中，诏修孔
子庙兖州。后许敬宗等奏天下州县置三献官，其他如立社。玄
宗与儒臣议，罢释奠牲牢，荐酒脯。时王孙林甫为宰相，不涉
学，使御史中丞王敬从以明衣牲牢著为令，遂无有非之者。今

夒四县岁释奠费十六万,举天下州县岁凡费四千万,适资三献
官饰衣裳,饴妻子,于学无补也。

　　请下礼官博士议,罢天下州县牲牢衣币,春秋祭如开元
时,籍其资半畀所隶州,使增学校,举半归太学,犹不下万计,
可以营学室,具器用,丰馔食,增掌故,以备使令。儒官各加稍
食,州县进士皆立程督,则贞观之风,粲然可复。

当时不用其言。由和州刺史入为主客郎,复作《游玄都》诗,且言:
"始谪十年,还京师,道士植桃,其盛若霞。又十四年过之,无复一
存,唯兔葵、燕麦动摇春风耳。"以诋权近,闻者益薄其行。俄分司东
都。宰相裴度兼集贤殿大学士,雅知禹锡,荐为礼部郎中、集贤直学
士。度罢,出为苏州刺史。以政最,赐金紫服。徙汝、同二州。迁太
子宾客,复分司。

　　禹锡恃才而废,褊心不能无怨望,年益晏,偃蹇寡所合,乃以文
章自适。素善诗,晚节尤精,与白居易酬复颇多。居易以诗自名者,
尝推为"诗豪",又言:"其诗在处应有神物护持。"

　　会昌时,加检校礼部尚书。卒,年七十二,赠户部尚书。始疾病,
自为《子刘子传》,称:"汉景帝子胜,封中山,子孙为中山人。七代祖
亮,元魏冀州刺史,迁洛阳,为北部都昌人,坟墓在洛北山,后其地
狭不可依,乃葬荥阳檀山原。德宗弃天下,太子立,时王叔文以善弈
得通籍,因间言事,积久众未知。至起苏州掾,超拜起居舍人、翰林
学士,阴荐丞相杜佑为度支、盐铁使,翌日,自为副,贵震一时。叔文
北海人,自言猛之后,有远祖风,东平吕温、陇西李景俭、河东柳宗
元以为信然。三子者皆予厚善,日夕过,言其能。叔文实工言治道,
能以口辩移人,既得用,所施为人不以为当。太上久疾,宰臣及用事
者不得对,宫掖事秘,建桓立顺,功归贵臣,由是及贬。"其自辩解大
略如此。

　　柳宗元,字子厚,其先盖河东人。从曾祖奭为中书令,得罪武
后,死高宗时。父镇,天宝末遇乱,奉母隐王屋山,常间行求养,后徙

于吴。肃宗平贼，镇上书言事，擢左卫率府兵曹参军。佐郭子仪朔方府，三迁殿中侍御史。以事触窦参，贬夔州司马。还，终侍御史。

宗元少精敏绝伦，为文章卓伟精致，一时辈行推仰。第进士、博学宏辞科，授校书郎，调蓝田尉。贞元十九年，为监察御史里行。善王叔文、韦执谊，二人者奇其才。及得政，引内禁近与计事，擢礼部员外郎，欲大进用。

俄而叔文败，贬邵州刺史，不半道，贬永州司马。既窜斥，地又荒疠，因自放山泽间，其堙厄感郁，一寓诸文，仿《离骚》数十篇，读者咸悲恻。雅善萧俛，诒书言情曰：

仆向者进当龁龁不安之势，平居闭门，口舌无数，又久与游者，岌岌而操其间。其求进而退者，皆聚为仇怨，造作粉饰，蔓延益肆。非的然昭晰、自断于内，孰能了仆于冥冥间哉？仆当时年三十三，自御史里行得礼部员外郎，超取显美，欲免世之求进者怪怒娼疾，可得乎？与罪人交十年，官以是进，辱在附会。圣朝宽大，贬黜甚薄，不塞众人之怒，谤语转侈，嚣嚣嗷嗷，渐成怪人。饰智求仕者，更訾仆以悦仇人之心，日为新奇，务相悦可，自以速援引之路。仆辈坐益困辱，万罪横生，不知其端，悲夫！人生少六七十者，今三十七矣，长来觉日月益促，岁岁更甚，大都不过数十寒暑，无此身矣。是非荣辱，又何足道！云云不已，祇益为罪。

居蛮夷中久，惯习炎毒，昏眊重腿，意以为常。忽遇北风晨起，薄寒中体，则肌革惨懔，毛发萧条，瞿然注视，怵惕以为异候，意绪殆非中国人也。楚、赵间声音特异，鸩舌啅噪，今听之恬然不怪，已与为类矣。家生小童，皆自然哓哓，昼夜满耳，闻北人言，则啼呼走匿，虽病夫亦怛然骇之。出门见适州闾市井者，其十八九杖而后兴。自料居此尚复几何，岂可更不知止，言说长短，重为一世非笑哉？读《易·困卦》至"有言不信，尚口乃穷"，往复益喜，曰："嗟乎！余虽家置一喙以自称道，诟益甚耳。"用是更乐瘖默，与木石为徒，不复致意。

　　今天子兴教化,定邪正,海内皆欣欣怡愉,而仆与四五子者,沦陷如此,岂非命欤?命乃天也,非云云者所制,又何恨?然居治平之世,终身为顽人之类,犹有少耻,未能尽忘。偿因贼平庆赏之际,得以见白,使受天泽余润,虽朽枯败腐不能生植,犹足蒸出芝菌,以为瑞物。一释废锢,移数县之地,则世必曰罪稍解矣。然后收召魂魄,买土一廛耕氓,朝夕歌谣,使成文章,庶木铎者采取,献之法宫,增圣唐大雅之什,虽不得位,亦不虚为太平人矣。

又诒京兆尹许孟容曰:

　　宗元早岁与负罪者亲善,始奇其能,谓可以共立仁义,裨教化。过不自料,勤勤勉励,唯以忠正信义为志,兴尧、舜、孔子道,利安元元为务,不知愚陋不可以强,其素意如此也。末路厄塞觖兀,事既壅隔,狠忤贵近,狂疏缪戾,蹈不测之辜。今其党与幸获宽贷,各得善地,无公事,坐食奉禄,德至渥也,尚何敢更俟除弃废痼,希望外之泽哉?年少气锐,不识几微,不知当否,但欲一心直遂,果陷刑法,皆自所求取,又何怪也?

　　宗元于众党人中,罪状最甚,神理降罚,又不能即死,犹对人语言,饮食自活,迷以知耻,日复一日。然亦有大故。自以得姓来二千五百年,代为冢嗣,今抱非常之罪,居夷獠之乡,卑湿昏雾,恐一日填委沟壑,旷坠先绪,以是怛然痛恨,心骨沸热。茕茕孤立,未有子息,荒陬中少士人女子,无与为婚,世亦不肯与罪人亲昵。以是嗣续之重,不绝如缕,每春秋时飨,子立捧奠,顾眄无后继者,懔懔欷歔惴惕,恐此事便已,摧心伤骨,若受锋刃。此诚丈人所共闵惜也。先墓在城南,无异子弟为主,独托村邻。自谴逐来,消息存亡不一至乡间,主守固以益怠。昼夜哀愤,惧便毁伤松柏,刍牧不禁,以成大戾。近世礼重拜扫,今阙者四年矣。每遇寒食,则北向长号,以首顿地。想田野道路,士女遍满,皂隶庸丐,皆得上父母丘墓,马医、夏畦之鬼,无不受子孙追养者。然此已息望,又何以云哉?城西有数顷田,树果数百株，多先人手自封植，今已荒秽，恐便斩伐，无复爱惜。家有赐书三千卷，尚在善和里旧宅，宅今三易主，书存亡不可知。皆付受所重，常系心腑，然无可为者。立身一败，万事瓦裂，身残家破，为世大僇。是以当食不知辛咸节适，洗沐盥漱，动逾岁时，一搔皮肤，尘垢满爪，诚忧恐悲伤，无所告诉，以至此也。

自古贤人才士，秉志遵分，被谤议不能自明者以百数。故有无兄盗嫂、娶孤女挝妇翁者，然赖当世豪桀分明辨列，卒光史册。管仲遇盗，升为功臣；匡章被不孝名，孟子礼之。今已无古人之实为而有诟，欲望世人之明己，不可得也。直不疑买金以偿同舍；刘宽下车，归牛乡人。此诚知疑似之不可辩，非口舌所能胜也。郑詹束缚于晋，终以无死；钟仪南音，卒获返国；叔向囚虏，自期必免；范痤骑危，以生易死；删通据鼎耳，为齐上客；张苍、韩信伏斧锧，终取将相；邹阳狱中，以书自治；贾生斥逐，复召宣室；儿宽摈厄，后至御史大夫；董仲舒、刘向下狱当诛，为汉儒宗。此皆瓌伟博辩奇壮之士，能自解脱。今以悾怯洷涩，下才末伎，又婴痼病，虽欲慷慨攘臂，自同昔人，愈疏阔矣。

贤者不得志于今，必取贵于后，古之著书者皆是也。宗元近欲务此，然力薄志劣，无异能解，欲秉笔觊缕，神志荒耗，前后遗忘，终不能成章。往时读书，自以不至抵滞，今皆顽然无复省录。读古人一传，数纸后，则再三伸卷，复观姓氏，旋又废失。假令万一除刑部囚籍，复为士列，亦不堪当世用矣！

伏惟兴哀于无用之地，垂德于不报之所，以通家宗祀为念，有可动心者操之勿失。虽不敢望归扫茔域，退托先人之庐，以尽余齿，姑遂少北，益轻瘴疠，就婚娶，求胃嗣，有可付托，即冥然长辞，如得甘寝，无复恨矣！

然众畏其才高，惩刈复进，故无用力者。

宗元久汩振，其为文，思益深。尝著书一篇，号《贞符》，曰：

　　臣所贬州流人吴武陵为臣言：“董仲舒对三代受命之符，诚然？非邪？”臣曰：“非也。何独仲舒尔，司马相如、刘向、扬雄、班彪、彪子固皆沿袭嗤嗤，推古瑞物以配受命，其言类淫巫瞽史，诳乱后代，不足以知圣人立极之本，显至德，扬大功，甚失厥趣。臣为尚书郎时，尝著《贞符》，言唐家正德受命于生人之意、累积厚久宜享无极之义，本末闳阔。会贬逐中辍，不克备究。”武陵即叩头邀臣：“此大事不宜以辱故休缺，使圣王之典不立，无以抑诡类、拔正道、表核万代。”臣不胜奋激，即具为书。今终泯没蛮夷，不闻于时，独不为也。苟一明大道，施于人世，死无所憾，用是自决。臣宗元稽首拜手以闻曰：

　　孰称古初朴蒙空侗而无争，厥流以讹，越乃奋夺斗怒振动，专肆为淫威？曰：是不知道。惟人之初，总总而生，林林而群。雪霜风雨雷雹暴其外，于是乃知架巢空穴，挽草木，取皮革；饥渴牝牡之欲驱其内，于是乃噬禽兽，咀果谷合偶而居。交焉而争，睽焉而斗，力大者搏，齿利者啮，爪刚者决，群众者轧，兵良者杀，披披藉藉，草野涂血。然后强有力者出而治之，往往为曹于阴阻，用号令起，而君臣什伍之法立。德绍者嗣，道怠者夺。于是有圣人焉，曰黄帝，游其兵车，交贯乎其内，一统类，齐制量，然犹大公之道不克建。于是有圣人焉，曰尧，置州牧四岳，持而纲之，立有德有功有能者，参而维之，运臂率指，屈伸把握，莫不统率，年老，举圣人而禅焉，大公乃克建。由是观之，厥初罔匪极乱，而后稍可为也。而非德不树，故仲尼叙《书》，于尧曰“克明俊德”，于舜曰“浚哲文明”，于禹曰“文命祇承于帝”，于汤曰“克宽克仁，章信兆民”，于武王曰“有道曾孙”。稽揆《典》、《誓》，贞哉惟兹德，实受命之符，以奠永祀。后之祅淫嚚昏好怪之徒，乃始陈大电、大虹、玄鸟、巨迹、白狼、白鱼、流火之乌以为符，斯皆诡谲阔诞，其可羞也，莫知本于厥贞。

　　汉用大度，克怀于有氓，登能庸贤，濯痍煦寒，以瘳以熙，兹其为符也。而其妄臣，乃下取虺蛇，上引天光，推类号休，用夸诬于无知氓，增以驺虞、神鼎，胁驱纵踊，俾东之泰山、石闾，作大号谓之"封禅"，皆《尚书》所无有。莽、述承效，卒奋骜逆。其后有贤帝曰光武，克绥天下，复承旧物，犹崇《赤伏》，以玷厥德。魏晋而下，龙乱钩裂，厥符不贞，邦用不靖，亦罔克久，驳乎无以议为也。

积大乱至于隋氏，环四海以为鼎，跨九垠以为炉，爨以毒燎，煽以虐焰，其人沸涌灼烂，号呼腾蹈，莫有救止。于是大圣乃起，丕降霖雨，浚涤盈沃，蒸为清氛，疏为泠风，人乃瀏然休然，相晞以生，相持以成，相弥以宁。琢斫屠剔膏流节离之祸不作，而人乃克完平舒愉，尸其肌肤，以达于夷途。焚坼抵掎奔走转死之害不起，而人乃克鸠类集族，歌舞悦怿，用祗于元德。徒奋祖呼，犒迎义旅，欢动六合，至于麾下。大盗豪据，阻命遏德，义威殄戮，咸坠厥绪。无刘于虐，人乃并受休嘉，去隋氏，克归于唐，踯躅讴歌，灏灏和宁。帝庸威栗，惟人之为。敬奠厥赋，积藏于下，是谓丰国。乡为义廪，敛发谨饬，岁丁大侵，人以有年。简于厥刑，不残而惩，是谓严威。小蜀而支，大生而孳，恺悌祗敬，用底于治。凡其所欲，不谒而获；凡其所恶，不祈而息。四夷稽服，不作兵革，不竭货力。丕扬于后嗣，用垂于帝式，十圣济厥治，孝仁平宽，惟祖之则。泽久而逾深，仁增而益高，人之戴唐，永永无穷。

是故受命不于天，于其人；休符不于实，于其仁。惟人之仁，匪祥于天。匪祥于天，兹惟贞符哉！未有丧仁而久者也，未有恃祥而寿者也。商之王以桑谷昌，以雊雉大，宋之君以法星寿，郑以龙衰，鲁以麟弱，白雉亡汉，黄犀死莽，恶在其为符也？不胜唐德之代，光绍明浚，深鸿庞大，保人斯无疆，宜荐于郊庙，文之雅诗，祗告于德之休。帝曰谌哉！乃黜休祥之奏，究贞符之奥，思德之所未大，求仁之所未备，以极于邦治，以敬于人事。其诗曰：

于穆敬德，黎人皇之。惟贞厥符，浩浩将之。仁函于肤，刃莫毕屠。泽燩于爨，灂炎以浣。勃厥凶德，乃驱乃夷。懿其休风，是煦是吹，父子熙熙，相宁以嬉。赋彻而藏，厚我糗粻。刑轻以清，我完靡伤。贻我子孙，百代是康，十圣嗣于治，仁后之子。子思孝父，易患于己。拱之戴之，神其尔宜。载扬于雅，承天之䯄。天之诚神，宜鉴于仁。神之曷依？宜仁之归。濮铅于北，祝粟于南，幅员西东，祇一乃心。祝唐之纪，后天闳坠；祝皇之寿，与地咸久。曷徒祝之，心诚笃之。神协人同，道以告之。俾弥亿万年，不震不危。我代之延，永永毗之。仁增以崇，曷不尔思？有号于天，金曰呜呼，咨尔皇灵，无替厥符！

宗元不得召，内闵悼，悔念往咎，作赋自儆曰：

惩咎愆以本始兮，孰非余心之所求？处卑污以闵世兮，固前志之为尤。始余学而观古兮，怪今昔之异谋。惟聪明为可考兮，追骏步而遐游。絜诚之既信直兮，仁友蔼而萃之。日施陈以系縻兮，邀尧舜与之为。上睢盱而混茫兮，下驳诡而怀私。旁罗列以交贯兮，曰道有象兮，而无其形。推变乘时兮，与忘相迎。不及则治兮，过则失贞。谨守而中兮，与时偕行。万类其芸芸兮，率由以宁。刚柔弛张兮，出入论泾。登能抑枉兮，白黑浊清。蹈于大方兮，物莫能婴。

奉诋谟以植内兮，欣余志之有获。再明信乎策书兮，谓耿然而不惑。愚者果于自用兮，惟惧夫诚之不一。不顾虑以周图兮，专兹道以为服。逸妒构而不戒兮，犹断断于所执。哀吾党之不淑兮，遭遇任之卒迫。势危疑而多诈兮，逢天地之否隔。欲图退而保己兮，悼乖期乎曩昔。欲操术以致忠兮，众呀然而互吓。进与退吾无归兮，甘脂润兮鼎镬。幸皇鉴之明宥兮，累郡印而南适。惟罪大而宠厚兮，宜夫重仍乎祸谪。既明惧乎天讨兮，又幽栗乎鬼责。惶惶乎夜寤而昼骇兮，类麛麚之不息。

凌洞庭之洋洋兮，诉湘流之沄沄。飘风击以扬波兮，舟摧抑而回遭。日霾曀以昧幽兮，黝云涌而上屯。暮屑窣以淫雨兮，听嗷嗷之哀猿。众鸟萃而啾号兮，沸洲渚以连山。漂遥逐其讵止兮,逝莫属余之形魂。攒峦奔以纡委兮,束汹涌之崩湍。畔尺进而寻退兮,荡洄泪乎沦涟。际穷冬而止居兮,羁霫梦以萦缠。

哀吾生之孔艰兮,循《凯风》之悲诗。罪通天而降酷兮,不亟死而生为!逾再岁之寒暑兮,犹贸贸而自持。将沈渊而陨命兮,讵蔽罪以塞祸?惟灭身而无后兮,顾前志犹未可。进路呀以划绝兮,退伏匿又不果。为孤囚以终世兮,长拘挛而辘轲。

曩余志之修蹇兮,今何为此戾也?岂贪食而盗名兮,不混同于世也。将显身以直遂兮,众之所宜蔽也。不择言以危肆兮,固群祸之际也。

御长辕之无桡兮,行九折之峨峨。却惊棹以横江兮,溯凌天之腾波。幸余死之已缓兮,完形躯之既多。苟余齿之有惩兮,蹈前烈而不颇。死蛮夷固吾所兮,虽显宠其焉加?配大中以为偶兮,谅天命之谓何!

元和十年,徙柳州刺史。时刘禹锡得播州,宗元曰:"播非人所居,而禹锡亲在堂,吾不忍其穷无辞以白其大人,如不往,便为母子永决。"即具奏欲以柳州授禹锡而自往播。会大臣亦为禹锡请,因改连州。

柳人以男女质钱,过期不赎,子本均,则没为奴婢。宗元设方计,悉赎归之。尤贫者,令书庸,视直足相当,还其质。已没者,出己钱助赎。南方为进士者,走数千里从宗元游,经指授者,为文辞皆有法。世号柳柳州。十四年卒,年四十七。

宗元少时嗜进,谓功业可就。既坐废,遂不振。然其才实高,名盖一时。韩愈评其文曰:"雄深雅健,似司马子长,崔、蔡不足多也。"既没,柳人怀之,托言降于州之堂,人有慢者辄死。庙于罗池,愈因碑以实之云。

程异,字师举,京兆长安人。居乡以孝称。第明经,再补郑尉。精吏治,为叔文所引,由监察御史为盐铁扬子院留后。叔文败,贬郴州司马。

李巽领盐铁，荐异心计可任，请拔濯用之，乃授侍御史，复为扬子留后。稍迁淮南等道两税使。异起痕废，能厉己竭节，悉矫革征利旧弊，入迁累卫尉卿、监铁转运副使。方讨蔡，异使江表调财用，因行谕诸帅府，以羡赢贡，故异所至不剥下，不加敛，经用以饶。遂兼御史大夫为盐铁使。

元和十三年，以工部侍郎同中书门下平章事，犹领盐铁。异以钱谷奋而至宰相，自以非人望，久不敢当印秉笔。明年，西北军政不治，议置巡边使，宪宗问孰可者，乃自请行。会卒，赠尚书左仆射，谥曰恭。身殁官第，无留赀，世重其廉云。

赞曰：叔文沾沾小人，窃天下柄，与阳虎取大弓，《春秋》书为盗无以异。宗元等桡节从之，徼幸一时，贪帝病昏，抑太子之明，规权遂私。故贤者疾，不肖者媚，一偾而不复，宜哉！彼若不传匪人，自励材猷，不失为名卿才大夫，惜哉！

唐书卷一六九
列传第九四

杜黄裳 胜 裴垍 李藩
韦贯之 澳 绶 温 萧祜

　　杜黄裳,字遵素,京兆万年人。擢进士第,又中宏辞。郭子仪辟佐朔方府,子仪入朝,使主留事。李怀光与监军阴谋矫诏诛大将等,以动众心,欲代子仪。黄裳得诏,判其非,以质怀光,怀光流汗服罪。于是诸将狠骄难制者,黄裳皆以子仪令易置,众不敢乱。

　　入为侍御史,为裴延龄所恶,十期不迁。贞元末,拜太子宾客,居韦曲。时中人欲请其地赐公主,德宗曰:"城南杜氏乡里,不可易。"迁太常卿。时王叔文用事,黄裳未尝过其门。婿韦执谊辅政,黄裳劝请太子监国,执谊曰:"公始得一官,遽开口议禁中事!"黄裳怒曰:"吾受恩三朝,岂以一官见卖!"即拂衣出。

　　皇太子总军国事,擢黄裳门下侍郎、同中书门下平章事。于是,夏绥银节度使韩全义恢佞无功,因其来朝,白罢之。俄而刘辟叛,议者以辟恃险,讨之或生事,唯黄裳固劝不赦,因奏罢中人监军,而专委高崇文。凡兵进退,黄裳自中指授,无不切于机。崇文素惮刘澭,黄裳使人谓曰:"公不奋命者,当以澭代。"崇文惧,一死力缚贼以献。蜀平,群臣贺,宪宗目黄裳曰:"时卿之功。"

　　始,德宗创艾多难,务姑息藩镇,每帅臣死,遣中人伺其军,观众所欲立者,故大将私金币结左右,以求节制,晏年尤甚,方镇选不出朝廷。黄裳每从容具言:"陛下宜鉴贞元之弊,整法度,朘损诸侯,则天下治。"帝尝问前古王者所以治乱云云,黄裳知帝锐于治,恐不得其要,因推言:"王者之道,在修己任贤而已。操执纲领,要得其大者,至簿书狱讼,百吏能否,本非人主所自任。昔秦始皇帝亲程决事,见嗤前世;魏明帝欲按尚书事,陈矫不从;隋文帝日昃听政,卫士传餐,太宗笑之。故王者择人任而责成,见功必赏,有罪信罚,孰敢不力?孔子之称帝舜恭己南面,以其能举十六相,去四凶,而至无为。岂必刓神疲体,劳耳目之察,然后为治哉?"以黄裳言忠,嘉纳之。由是平夏,翦齐,灭蔡,复两河,以机秉还宰相,纪律设张,赫然号中兴,自黄裳启之。

元和二年,以检校司空同中书门下平章事,为河中、晋绛节度使,俄封邠国公。明年卒,年七十,赠司徒,谥曰宣献。

黄裳达权变,有王佐大略。性雅澹,未始忤物。初不为执谊所礼,及败悉力营救;既死,表还其柩葬焉。尝被疾,医者误进药,疾遂甚,终不怒谴。然除吏不甚别流品,通馈谢,无洁白名。当大政未久,不究其才,及处外,天下常所属意。卒后数年,御史劾奏黄裳纳邠宁节度使高崇文钱四万五千缗,按故吏吴凭及黄裳子载,辞服。帝念旧功,但流凭昭州,原载不问。

载终太仆少卿。

载弟胜,字斌卿,宝历初擢进士第。杨嗣复数荐材堪谏官,不为郑覃所佑。宣宗感章武旧事,元和时大臣子若孙在者,多振拔之。帝尝问胜,胜具道黄裳首建宪宗监国议,帝嘉欢,拜给事中,迁户部侍郎判度支,欲倚为宰相。及萧邺罢,为中人沮毁,而更用蒋伸,以胜检校礼部尚书,出为天平节度使,不得意,卒。

裴垍,字弘中,绛州闻喜人。擢进士第,以贤良方正对策第一,补美原尉。藩府交辟,不就。四迁考功员外郎。吏部侍郎郑珣瑜委垍校辞判,研核精密,皆值才实。

宪宗元和初,召入翰林为学士,再迁中书舍人。李吉甫始执政,以情谓垍曰:"吾落魄远裔,更十年始相天子,比日人物,吾懵不及知;且宰相职当进贤任能,君精鉴,为我言之。"垍即崖略疏三十许人,吉甫籍以荐于朝,天下翕然称得人。坐覆视皇甫湜、牛僧孺等对策非是,罢学士,为户部侍郎。帝器垍方直,以为任公卿,薄其过,眷馆弥厚。吉甫罢,乃拜垍中书侍郎、同中书门下平章事。加集贤殿大学士,监修国史。

垍始承旨翰林,天子新翦蜀乱,励精致治,中外机筦,垍多所参与,以小心慎默称帝意。既当国,请绳不轨,课吏治,分明淑慝,帝降意顺纳。吐突承璀自东宫得侍,恩顾亲渥,承间欲有关说,帝惮垍,诚使勿言。帝在殿中,常呼垍官而不名。岭南节度使杨于陵为监军许遂振所诬,诏授冗官,垍曰:"以一中人罪藩臣,陛下之法安在?"更授美官。严绶守太原,政一出监军李辅光,垍劾其懦,以李鄘代之。

王承宗擅袭节度,方帝屡削叛族,意必取之,又吐突承璀每欲桡垍权,因探帝意,自请往。于时泽潞卢从史诡献征讨计,垍固争,以为:"从史苟逆节,内连承宗,外请兴师,以图身利。且武俊有功于国,陛下前以地授李师道,而今欲夺承宗地有之,赏罚不一,沮劝废矣。"帝猗违不能决。久之,卒用承璀谋,会兵讨承宗,从史果反覆,兵久暴无功,王师告病。既而从史遣部将王翊元奏事,垍从容以语动之,翊元因言从史恶稔可图状,垍比遣往,得其大将乌重胤等要领。垍乃为帝陈"从史暴戾不君,视承璀若小儿,往来神策军不甚戒,可因其机致之,后无兴师之劳"。帝初矍然,徐乃许之。垍请秘其计,帝曰:"惟李绛、梁守谦知之。"俄而承璀缚从史献于朝,因班师。垍奏:"承璀首谋无功,陛下虽诎法,人心不厌,请流斥以谢天下。"乃罢所领兵。

先是,天下赋法有三:曰上供,曰送使,曰留州。建中初,厘定常赋,而物重钱轻。其后轻重相反,民输率一倍其初,而所在以留州、送使之入,舍公估,更实私直以自润,故赋益苛,齐民重困。垍奏禁之,一以公估准物,观察使得用所治州租调,至不足,乃取支郡以赡,故送使之财悉为上供。自是起淮、江而南,民少息矣。

垍器局峻整，持法度，虽宿贵前望造诣，不敢干以私。谏官言得失，大抵执政多忌之，惟垍奖励使尽言。初，拾遗独孤郁、李正辞、严休复三人皆迁，及过谢垍，垍独让休复曰："君异夫二人孜孜献纳者，前日进拟，上固为疑。"休复大惭。垍为学士时，引李绛、崔群与同列。及相，又擢韦贯之、裴度知制诰，李夷简御史中丞，皆踵蹑为辅相，号名臣。自它选任，罔不精明，人无异言。士大夫不以垍年少柄用为嫌，故元和之治，百度修举，称朝无幸人。

五年，暴风痹，帝怅惜遣使致问，药膳进退辄疏闻。居三月，益痼，乃罢为兵部尚书。垍之进，李吉甫荐颇力，及居中，多变更吉甫时约束，吉甫复用，衔之。会垍与史官蒋武等上《德宗实录》，吉甫以垍引疾解史任，不宜冒奏，乃徙垍太子宾客，罢武等史官。会卒，不加赠，给事中刘伯刍表其忠，帝乃赠太子太傅。

垍始相，建言："集贤院官，登朝自五品上为学士，下为直学士，余皆校理，史馆以登朝者为修撰，否者直史馆，以准《六典》。"遂著于令。京兆少尹裴武使王承宗还，得德、棣二州，已而地不入。或言："武还，先见垍，明日乃朝。"帝怒，召学士李绛议斥武，绛言："垍身备宰相，明练时事，势不容先见武。"帝悟，释之。议者谓帝知垍明，倚任方笃，尚不免疑嫌，以信处位之难云。

李藩，字叔翰，其先赵州人。父承仕，为湖南观察使，有名于时。藩少沈靖有检局，姿制闲美，敏于学。居父丧，家本饶财，姻属来吊，有持去者，未尝问，益务施与，居数年略尽。年四十余，困广陵间，不自振，妻子追咎，藩晏如也。杜亚居守东都，表致府中。亚尝疑牙将令狐运为盗，掠服之，藩争不从，辄去，后果获真盗，稍知名。

徐州张建封辟节度府，未尝察苛细。建封卒，濠州刺史杜兼疾驱至，阴有觊望，藩泣谓曰："公今丧，君宜谨守土，何弃而来？宜速还，否则以法劾君！"兼错忤去，恨之，因诬奏"建封死，藩撼其军，有非望"。德宗怒，密诏徐泗节度使杜佑杀之。佑雅器藩，得诏，十日不发，召见藩曰："世谓生死报应，验乎？"藩曰："殆然。"曰："审若

此,君宜遇事无恐。"因出诏示藩,藩色不变,曰:"信乎,杜兼之报
也!"佑曰:"慎毋畏,吾以阖门保君矣。"帝未之信,亟追藩。既入,帝
望其状貌,曰:"是岂作乱人邪?"释之,拜秘书郎。

　　时王绍得君,邀藩与相见,当即用,终不诣。王仲舒与同舍郎韦
成季、吕洞日置酒邀宾客相乐,慕藩名,强致之。仲舒等为俳说庾语
相狎昵,藩一见,谢不往曰:"吾与终日,不晓所语何哉!"后仲舒等
果坐斥废。宪宗为皇太子,王绍避太子讳,始改名,时议以为诐。藩
曰:"自古故事,由不识体之人败之,不可复正,虽绍何诛?"累擢吏
部郎中。坐小累,左授著作郎,再迁给事中。制有不便,就敕尾批却
之,吏惊,请联它纸,藩曰:"联纸是牒,岂曰敕邪?"裴垍白宪宗,谓
藩有宰相器。会郑絪罢,因拜门下侍郎、同中书门下平章事。

　　藩忠谨,好丑必言,帝以为无隐。尝问前世所以家给或国匮乏
者何致而然及祈禳之数。藩具对:"俭则足用,敦本则百姓富,反是
则匮。"又言:"孔子病,止子路之祷。汉文帝每祭,敕有司敬而不祈。
使神无知,则不能降福;有知,固不可私己求媚而悦之也。且义于人
者和于神,人乃神之主,人安而福至。"帝悦曰:"当与公等上下相
勖,以保此言。"后复问神仙长年事,藩知帝且有所惑,极陈荒妄谩
诞不可信。后入柳泌等语,果为累云。

　　河东节度使王锷赂权近求兼宰相,密诏中书门下曰:"锷可兼
宰相。"藩遽取笔灭"宰相"字,署其左曰:"不可。"还奏之。宰相权德
舆失色曰:"有不可,应别为奏,可以笔涂诏邪?"藩曰:"势迫矣,出
今日便不可止。"既而事得寝。

　　李吉甫复相,藩颇沮止。会吴少阳袭淮西节度,吉甫已见帝,潜
欲中藩,即奏曰:"道逢中人假印节与吴少阳,臣为陛下恨之。"帝变
色不平。翌日,罢藩为太子詹事。后数月,帝复思藩,召对殿中,事
寝释。明年,为华州刺史,未行,卒,年五十八,赠户部尚书,谥曰贞
简。

　　藩材能不及韦贯之、裴垍,然人物清整,是其流亚云。

韦贯之，名纯，避宪宗讳，以字行。后周柱国复八世孙。

父肇，大历中为中书舍人，累上疏言得失，为元载所恶，左迁京兆少尹。久之，改秘书少监。载曰："肇若过我，当择善地处之。"终不肯诣。载诛，除吏部侍郎。代宗欲相之，会卒，谥曰贞。

贯之及进士第，为校书郎，擢贤良方正异等，补伊阙、渭南尉。河中郑元、泽潞郗士美以厚币召，皆不应。居贫，啖豆糜自给。再迁长安丞。或荐之京兆尹李实，实举笏示所记曰："此其姓名也，与我同里，素闻其贤，愿识之而进于上。"或者喜，以告曰："子今日诣实，而明日贺者至矣！"贯之唯唯，不往，官亦不迁。

永贞时，始为监察御史，举其弟缤自代，及为右补阙，缤代为御史，议者不谓之私。宰相杜佑子从郁为补阙，贯之与崔群持不可，换左拾遗，复奏："拾遗、补阙为谏官等，宰相政有得失，使从郁议，是子而议父，殆不可训。"卒改它官。迁礼部员外郎。新罗人金忠义以工巧幸，擢少府监，荫子补斋郎，贯之不与，曰："是将奉郊庙祠祭，阶为守宰者，安可以贱工子为之。"又劾忠义不宜污朝籍，忠义竟罢。于是权幸侧目。

进吏部员外郎，坐考贤良方正牛僧孺等策独署奏，出为果州刺史，半道贬巴州。久之，召为都官郎中，知制诰，进中书舍人。宰相裴垍尝三奏事，宪宗不从。贯之曰："公亦以进退决请乎。"垍曰："奉教。"事果见听。垍因曰："君异时当位于此。"改礼部侍郎。所取士，抑浮华，先行实，于时流竞为息。尝从容奏曰："礼部侍郎重于宰相。"帝曰："侍郎是宰相除，安得重？"曰："然为陛下柬宰相者，得无重乎？"帝美其言。改尚书右丞，俄同中书门下平章事。迁中书侍郎。

讨吴元济也，贯之请释镇州，专力淮西，且言："陛下岂不知建中事乎？始于蔡急而魏应也，齐、赵同起，德宗引天下兵诛之，物力殚屈，故朱泚乘以为乱。此非它，速于扑灭也。今陛下独不能少忍，俟蔡平而镇邪？"时帝业已讨镇，不从。终之，蔡平镇乃服。初，讨蔡，以宣武韩弘为都统，又诏河阳乌重胤、忠武李光颜合兵以进。贯之谏诸将战方力，今若置都统，又令二帅连营，则各持重养威，未可岁月下也。亦不从。后四年乃克蔡,皆如贯之策云。

帝以段文昌、张仲素为翰林学士。贯之谓学士所以备顾问,不宜专取辞艺,奏罢之。皇甫镈、张宿皆以幸进。宿使淄青,裴度欲为请银绯,贯之曰:"宿奸佞,吾等纵不能斥,标何欲假以宠乎?"由是宿等怨,阴构之,又与度论兵帝前,议颇驳,故罢为吏部侍郎。于是翰林学士、左拾遗郭求上疏申理,诏免求学士,出贯之为湖南观察使。不三日,韦颛、李正辞、薛公干、李宣、韦处厚、崔韶坐与贯之厚善,悉贬为州刺史。颛、正辞、处厚皆清正,以钩党去,由是中外始大恶宿。

时国用不足,遣盐铁副使程异督诸道赋租,异讽州县厚敛以献。贯之不忍横赋,而所献不中异意,因取属内六州留钱继之。左迁太子詹事分司东都。穆宗立,即拜河南尹,以工部尚书召,未行,卒,年六十二,赠尚书右仆射,谥曰贞,后更谥曰文。

贯之沈厚寡言,与人交,终岁无款曲,不为伪辞以悦人。为右丞时,内僧造门曰:"君且相。"贯之命左右引出,曰:"此妄人也。"居辅相,严身律下,以正议裁物,室居无所改易。裴均子持万缣请撰先铭,答曰:"吾宁饿死,岂能为是哉!"生平未尝通馈遗,故家无羡财。

子澳,字子斐,第进士,复擢宏辞。方静寡欲,十年不肯调。御史中丞高元裕与其兄温善,欲荐用之,讽澳谒己。温归以告,澳不答,温曰:"元裕端士,若轻之邪?"澳曰:"然恐无呈身御史。"

周墀节度郑滑,表署幕府。会墀入相,私谓曰:"何以教我?"澳曰:"愿公无权。"墀愕眙,澳曰:"爵赏刑罚人主之柄,公无以喜怒行之,俾庶官各举其职,则公敛衽庙堂上,天下治矣,乌用权?"墀叹曰:"吾先居此得无愧乎!"

擢考功员外郎、史馆修撰。岁中知制诰,召为翰林学士。累迁兵部侍郎,进学士承旨,与萧置皆为宣宗礼遇,每两人直必偕召部问政得失。常夜被旨草诏书,事有不安者,即迁延须见帝,开陈可否,未尝不顺纳。一日,召入屏左右问曰:"朕于敕使如何?"澳陈帝

威制前世无比。帝摇首曰:"未也。策安出?"澳仓卒答曰:"若谋之
外廷,则大和事可用追鉴,不若就择可任者与计事。"帝曰:"朕固行
之矣。自黄至绿,自绿至绯犹可,衣紫即合为一矣。"澳愧汗不能对,
乃罢。改京兆尹。

　　帝舅郑光主墅吏豪肆,积年不输官赋,澳逮系之。它日延英,帝
问其故。澳具道奸状,且言必实以法。帝曰:"可贷否?"答曰:"陛下
自内署擢臣尹京邑,安可使画一法独行于贫下乎?"帝入白太后曰:
"是不可犯。"后为输租,乃免。由是豪右敛迹。

　　会户部阙判使,帝以问澳,澳三不对。帝曰:"任卿可乎?"曰:
"臣老矣,力疲气耗,烦剧非所任者。"帝默不乐。出谓其甥柳玭曰:
"吾本不为宰相知,上便委以使务,脱谓吾他岐而得,卒无以自白。
今时事寖恶,皆吾辈贪爵位致然。"未几,授河阳节度使。入辞,帝
曰:"卿自便而远我,非我去卿。"

　　懿宗立,徙平卢军,入为吏部侍郎,复出为邠宁节度使。宰相杜
审权素不悦澳,坐吏部时史盗簿书为奸,贬秘书监,分司东都。就迁
河南尹,辞疾不拜,丐归樊川。逾年,以吏部侍郎召,不起。卒,赠户
部尚书,谥曰贞。

　　澳在河阳累年,宣宗遣使至魏博,道出澳所,帝以薄纸手作诏
赐澳曰:"密饬装,秋当见卿。"盖将以为相也。因问辅养术,澳具言
金石非可御,方士怪妄,宜斥远之。其八月,帝崩,不果相。

　　为学士时,帝尝曰:"朕每遣方镇刺史,欲各悉州郡风俗者,卿
为朕撰一书。"澳乃取十道四方志,手加铀次,题为《处分语》。后邓
州刺史薛弘宗中谢,帝敕戒州事,人人惊服。

　　绶,贯之兄。举孝廉,又贡进士,礼部侍郎潘炎将以为举首,绶
以其友杨凝亲老,故让之,不对策辄去,凝遂及第。后擢明经,辟东
都幕府。

　　德宗时,以左补阙为翰林学士,密政多所参逮。帝尝幸其院,韦
妃从,会绶方寝,学士郑絪欲驰告之,帝不许,时大寒,以妃蜀襦袍

覆而去,其待遇若此。每入直,逾月不得休。以母老,屡丐解职,每请,帝辄不悦。出入八年,而性谨畏甚。晚乃感心疾,罢还第,不极于用。九月九日,帝为《黄花歌》,顾左右曰:"安可不示韦绶!"即遣使持往,绶遽奉和,附使进。帝曰:"为文不已,岂颐养邪!"敕自今勿复尔。终左散骑常侍。

弟纁有精识,为士林器许,兄弟皆名重当时。

绶子温。

温字弘育。方七岁,日诵书数千言。十一,举两经及第,以拔萃高等补咸阳尉。父愕然,疑假权谒进,召而试诸廷,文就无留意,喜曰:"儿无愧矣!"入为监察御史,以台制苛严,不可以省养不拜。换著作郎,既谢辄解归。侍亲疾,调适汤剂,弥二十年,衣不弛带。既居丧,毁瘠不支。服除,李逢吉辟置宣武府。频迁右补阙。宰相宋申锡被构。罪不测,温倡曰:"丞相操履有初,不宜反,乃奸人陷之。吾等岂避雷霆,使上蒙雾昝邪!"率同舍伏阁切争,由是益知名。

大和五年,太庙室漏罅,诏宗正、将作营治,不时毕,文宗怒责卿李锐、监王堪,夺其禀,自敕中人葺之。温谏:"吏举其职,国以治;事归于正,法以修。夫设制度,立官司,度经费,则宗庙最重也。比诏下阅月,有司弛愔不力,正可黜慢官,惩不恪,择可任者缮完之,则吏举职事归正矣。今慢吏夺禀,而易以中人,是许百司公废职,以宗庙之重,为陛下所私,臣窃惜之。请还将作,则官修业矣。"帝乃罢宦人。会群臣请上尊号,温固谏:"今河南水,江淮旱歉,京师雪积五尺,老稚冻仆,此非崇饰虚名时。"帝顺纳,乃谢群臣。改侍御史。

李德裕入辅,擢礼部员外郎。或言雅为牛僧孺厚,德裕曰:"是子坚正,可以私废乎?"郑注节度凤翔,表为副,温曰:"拒则远黜,从之祸不测,吾焉能为注起邪?"注诛,由考功员外郎拜谏议大夫。未几,为翰林学士。先是,绶在禁廷,积忧畏病废,故诚温不得任近职,至是固辞。帝怒曰:"宁绶治命邪?"礼部侍郎崔蠡曰:"温用乱命,益所以为孝。"帝意释,换知制诰。引疾徙太常少卿。宰相李固言荐温给事中,帝曰:"温素避事,肯为我论驳乎?须太子长,以为宾客。"久之,卒为给事中。

初,兼庄恪太子侍读,晨诣宫,日中见太子,谏曰:"殿下盛年,宜鸡鸣蚤作,问安天子,如文王故事。"太子不悦。辞侍读,见听。王晏平罢灵武节度使,以马及铠仗自随,贬康州司户参军,厚赂贵近,浃日,改抚州司马;乐工尉迟璋授光州长史,温悉封上诏书。太子得罪,诏谕群臣,温曰:"陛下训之不早,非独太子罪。"时颇直其言。迁尚书右丞。盐铁推官姚勖按大狱,帝以为能,擢职方员外郎,将趋省,温使户止,即上言:"郎官清选,不可赏能吏。"帝命中人谕送,温执议不移,诏改勖检校礼部郎中。帝问故于杨嗣复,对曰:"勖,名臣后,治行无疵。若吏材干而不入清选,佗日孰肯当剧事者?此衰晋风,不可以法。"帝奕重温,出为陕虢观察使。民当输租而麦未熟,吏白督之,温曰:"使民货田中穗以供赋,可乎?"为缓期而赋办。

武宗立,擢吏部侍郎。李德裕欲引同辅政,温苦言李汉可释,德裕怅然,出宣歙观察使。池民讼刺史,劾无状,榜杀之,威行部中。

既疾,召亲属,赋缓诗"在室愧屋漏",因泣下曰:"今知没身不负斯诫矣!"卒,年五十八,赠工部尚书,谥曰孝。

温性刚峻,人望见无敢戏慢者。与杨嗣复、李珏善,尝劝与李德裕平故憾,二人不从,及皆谪,温叹曰:"用吾言,孰至是邪!"一女,归薛蒙。女工属文,续曹大家《女训》,行于世。温少合,所善惟萧祐。

祐者,字祐之,夷澹君子也。少贫婺,隐居,以孝养闻。司农卿李实督官租,祐居丧,未及输,召至,将责之,会有赐与,倩祐为奏,实称善,即荐于朝。终制,以处士拜左拾遗。累迁谏议大夫,终桂州观察使,赠右散骑常侍。

精画及书,自钟、王、萧、张以来,皆能识其真蓍。然不以尘事自蒙,故温号"山林友"云。

赞曰:杜黄裳善谋,裴垍能持法,李藩鲠挺,韦贯之忠实皆足穆天绰,经国体,拨衰奋王,蓄攘四方。宪宗中兴,宁不谓得人而致然邪？昔子贡孔堂高第而货殖，韩安国汉名宰而资贪，黄裳亦以受饷见疵，至于忠烈嶷然，则不乎掩已。

唐书卷一七〇
列传第九五

高崇文 <small>承简</small>　伊慎　朱忠亮
刘昌裔　范希朝　王锷 <small>稷</small>
孟元阳　王栖曜 <small>茂元</small>　刘昌
<small>士泾</small> 赵昌　李景略　任迪简
张万福　高固 <small>郝玭 史敬奉</small>
野诗良辅

　　高崇文，字崇文，其先自渤海徙幽州，七世不异居，开元中，再表其闾。崇文性朴重寡言，少籍平卢军。贞元中，从韩全义镇长武城，治军有声。累官金吾将军。吐蕃三万寇宁州，崇文率兵三千往救，战佛堂原，大破之，封渤海郡王。全义入朝，留知行营节度后务，迁长武城都知兵马使。

　　刘辟反，宰相杜黄裳荐其才，诏检校工部尚书、左神策行营节度使，俾统左右神策麟游、奉天诸屯兵讨辟。时显功宿将，人人自谓当选，及诏出，皆大惊。始，崇文选兵五千，常若寇至，至是，卯漏受命，辰已出师，器良械完，无一不具。过兴元，士有折逆旅匕箸者，即斩以徇。乃西自阆中出，却剑门兵，解梓潼之围，贼将邢泚退守梓州。诏拜崇文东川节度使。初，辟陷东川，执节度使李康不杀也，至是归康以丐雪，崇文数康失守罪，斩之。鹿头山南距成都百五十里，扼二川之要，辟城之，旁连八屯，以拒东兵。崇文始破贼二万于城下，会雨不克攻。明日，战万胜堆，堆直鹿头左，使骁将高霞寓鼓之，士扳缘上，矢石如雨，募死士夺而有之，尽杀戍者，焚其栅，下瞰鹿头城，人可头数。凡八战皆捷，贼心始摇。大将阿跌光颜与崇文约，后期，惧罪，请深入自赎，乃军鹿头西，断贼粮道。贼大震，其将李文悦以兵三千自归，仇良辅举鹿头城二万众降，执辟子方叔、婿苏强。遂趣成都，余兵皆面缚送款。辟走，追禽之，槛送京师。

入成都也，师屯大逵，市井不移，珍货如山，无秋豪之犯。邢泚已降而贰，斩于军，衣冠胁污者诣牙请命，崇文为条上全活之。进检校司空、西川节度副大使、南平郡王，实封三百户，刻石纪功于鹿头山。

崇文不通书，厌桉牍谘判以为繁，且蜀优富无所事，请捍边自力，乃诏同中书门下平章事、邠宁庆节度使，为京西诸军都统。崇文恃功而侈，举蜀帑藏百工之巧者皆自随，又不晓朝廷仪，惮于觐谒，有诏听便道之屯。居邠三年，戎备整修。卒，年六十四，赠司徒，谥曰威武。会昌六年，诏配享宪宗庙。

子承简，少事忠武军，后更隶神策。以崇文平蜀功，除嘉王傅。

裴度征蔡，奏署牙将。蔡平，诏析上蔡、郾城、遂平、西平四县为溵州，拜承简刺史，治郾城。始开屯田，列防庸，濒溵绵地二百里无复水败，皆为腴田。先是，贼筑武宫以夸战劳，承简夷其丘，庀家财以葬。葺儒宫，备俎豆，岁时行礼。野有菽实，民得以食。将吏立石颂功。迁邢州刺史，观察府责赋尤急，承简代下户数百输租。

迁宋州。会宣武将李齐反，遣使责财于宋，承简囚之，前后数辈辄系狱，一日并出斩于牙门，威震部中。齐悉兵攻之，宋有三城，南城陷，承简保北两城，数为贼确，会徐州救至，齐为李质所执，兵遂溃。拜兖海沂密节度使。

迁义成军，检校尚书左仆射。入拜右金吾卫大将军，复节度邠宁。先是，虏多以盛秋犯边，承简请屯宁州以制其侵。属疾还朝，道卒，赠司空，谥曰敬。

崇文孙骈自有传。

伊慎，字寡悔，兖州人。通《春秋》、《战国策》、天官、五行书，用善射为折冲都尉。丧母，将合葬而不知父墓，昼夜哭，梦若有导者，既发之，旧志可按也，乃得葬。

江西路嗣恭讨哥舒晃，以慎为先锋。疾战破贼，斩首三千级，下韶州。战把江口，水湍驶，乃为桴，置薪焉，乘风纵火，贼焚且溺不可计，与诸将追斩晃泔溪。授连州长史，知团练副使。三迁江州别驾。

讨梁崇义也，慎以江西牙兵属李希烈，希烈署汉南北兵马使，不受，独率所部破崇义于蛮水，效俘三万。襄、汉平，功多。希烈爱其材，数馈遗，欲縻止之，卒以计免。明年，希烈果反。嗣曹王皋至钟陵，得而壮之，拔为大将。希烈恐为皋所任，遗以七属甲，诈为慎书，行反间。帝遣使即军中斩之，皋表列其诬，来报贼溯江徇地，皋授慎兵，劳而遣，与贼大战，破之，收黄梅，次长平，杀贼将，斩级千余，拔蔡山尤力，遂下蕲州，即拜刺史，封南兖郡王。

天子在梁州，包佶转东南财粮次蕲口，贼遣饶将杜少诚以兵万人遏江道，不得西。慎选士七千，列三屯相望，偃旗以待。少诚分围之，未合，慎自中屯鼓之，诸屯悉出奋击，贼乱，少诚走，斩别将许少华，封其尸为京冢，漕无留艰。进围安州，希烈之甥刘戒虚以兵八千来援，慎逆击于应山，禽之，示城下，州开门降。以功为安州刺史，实封百户。改隋州。战厉乡，斩首五千级，喻降李惠登，即荐惠登为刺史。拜慎安、黄州节度使。

吴少诚反，诏领步骑五千兼统荆南、湖南、江西兵当一面，遇贼于三州港，营义阳，战于申，斩首数千，加检校刑部尚书。贞元末，诏安、黄为奉义军，即为奉义节度。

宪宗即位，以兵付其子宥，身入朝，拜尚书右仆射，改金吾卫大将军。以钱三千万赂官人求帅河中，事暴，帝没其半赃，贬右卫将军。明年，念旧劳，复检校右仆射兼右卫上将军。卒，赠太子太保，谥曰壮缪。乾符中，盗发其墓，赐绢二百修瘗云。

朱忠亮，字仁辅，汴州浚仪人。举明经不中，往事昭义节度使薛嵩为裨将，屯普润，开田峙粮，以功擢太子宾客。

朱泚乱，率麾下四十骑至奉天，封东阳郡王，为"定难功臣"。扈狩梁州，为贼钞获，系长安狱。贼平，李晟释之，奏隶本军，累迁定平军使。宪宗立，加御史大夫。泾州将杨琦谋拒诏为乱，方集诸校计事，屋坏，琦压死，乃授忠亮泾原四镇节度使。本名士明，至是赐今名。

隐核军籍，得窜名者三千人，岁收干没十万缗。吏白耄卒不任战者可罢，答曰："古于老马不弃，况战士乎？"闻者莫不感奋。泾俗旧多卖子，忠亮以财赎免者前后数百。筑潘原城有劳，改封丹杨。卒，赠尚书右仆射，谥曰灵。

刘昌裔，字光后，太原阳曲人。幼重迟不好戏，常若有所思度。及壮，策说边将不售，去入蜀。杨惠琳乱，昌裔说之。惠琳顺命，拜泸州刺史，署昌裔州佐。惠琳死，客河朔间。曲环方攻濮州，表为判官。为环檄李纳，剖晓大谊，环上其稿，德宗异之。环领陈许军，又从府迁。累进营田副使。

环卒，上官涚知后务，吴少诚引兵薄城，涚欲遁去，昌裔止曰："受诏而守，死其职也。况士马完奋，足支贼。若坚壁不战七日，贼气必衰，我以全制之可也。"涚许诺。贼攻堞坏，不得修。昌裔密造飞棚联栅，即募突将千人凿城以出，击贼走之。比还，栅已立，守埤遂安。兵马使安国宁谋应贼，昌裔以计斩之；召其麾下千人为飨，人赏二缣，乃伏兵于道，令"持缣者斩"，一不能脱，贼闻解去。以功擢涚陈许节度使，昌裔陈州刺史。

韩全义败于溵水，引军走陈，求入保，昌裔登陴揖曰："天子命君讨蔡，何为来陈？且贼不敢至我城下，君其舍外无恐。"明日，从十余骑持牛酒抵全义营劳军，全义不自意，迎拜叹服。

改陈许行军司马。涚卒，军中推昌裔，有诏检校工部尚书，代节度。命境上吏不得犯蔡人，少诚吏有来犯者，捕得，缚送使自治之。少诚惭，其军亦禁境上暴掠者。封彭城郡公。

元和八年，大水坏庐舍，溺居人，以检校尚书左仆射兼左龙武统军召还京师。始，宪宗恶昌裔自立，欲召之而重生变，宰相李吉甫曰："陛下乘人心愁苦可召也。"遂以韩皋代之。至长乐驿，知帝意，因称风眩卧第。岁中卒，赠潞州大都督，谥曰威。

范希朝，字致君，河中虞乡人。初从邠宁军为别将，事节度使韩游瓌。德宗在奉天，以战守功累兼御史中丞。治军整毅，游瓌畏其才，将伺隙杀之，希朝惧，奔凤翔。帝闻，召置左神策军。贞元四年，以游瓌政无状，使代之。希朝曰："始逼而来，终代其任，非所以防觊觎、安反仄也。"固让左金吾卫将张献甫。军中惮献甫严，以兵胁监军使请于帝，必得希朝乃止。诏拜宁州刺史、邠宁节度副使，俾佐献甫。

俄迁振武节度使。部有党项、室韦杂居，暴掠放肆，日入愿作，谓之"刮城门"。希朝度要害置屯保，斥逻严密，鄙民以安。至小窃取亦杀无赦，虏人惮伏，相谓曰："是必张光晟给姓名来也！"边州每长帅至，必效橐它骏马，虽甚廉者犹受之，以结其欢。希朝一不纳。积十四年，虏保塞不敢横。初，单于城池不树，希朝命莳柳，数岁成林。

贞元末，请朝。时诸镇不以事自述职者，希朝而已。帝悦，拜右金吾卫大将军。王叔文用事，谓其易制，用为右神策统军，充左右神策京西诸城镇行营节度使，屯奉天，以韩泰为副，因欲使泰代之。会不能得神策军而罢。

宪宗立，检校尚书左仆射，复为右金吾卫大将军。俄检校司空，出为朔方灵盐节度使。迁河东，率师讨王承宗，败之木刀沟，然老病不能有大功。还朝，改左龙武统军，以太子太保致仕。卒，赠太子太师，谥忠武，改曰宣武。

希朝号当世善将，或比之赵充国。在朔方时，招突厥别部沙陀千落众万余有之,其后用沙陀战者,所至有功。

王锷,字昆吾,自言太原人。始隶湖南团练府为裨将,杨炎道潭,与语,异其才。嗣曹王皋为团练使,俾锷诱降武冈叛将王国良,以功擢邵州刺史。

皋之节度江西也,李希烈南侵,皋与锷兵三千,使屯浔阳,而皋全军临九江,袭蕲州,遂以众济。表锷江州刺史兼御史中丞,充都虞候。锷小心,善刺军中情伪,事无细大,皋悉知之。因推以腹心,虽家人燕居或预焉。皋攻安州,使伊慎盛兵围之,而遣锷入城中约降,使杀不从者。翌日城开,慎以贼降乃己功,不下锷,锷称疾避之。

皋为荆南节度使,欲署府少尹,而上佐鄙其人,乃复檄都虞候。从皋朝京师,皋奏锷文用虽不足,而它可试。德宗擢为鸿胪少卿。先是,天宝末西域朝贡酋长及安西、北廷校吏岁集京师者数千人,陇右既陷,不得归,皆仰禀鸿胪礼宾,月四万缗,凡四十年,名田养子孙如编民。至是,锷悉藉名王以下无虑四千人,畜马二千,奏皆停给。宰相李泌尽以隶左右神策军,以酋长署牙将,岁省五十万缗。帝嘉其公,擢容管经略使,凡八年,溪落安之。

迁岭南节度使。广人与蛮杂处,地征薄,多牟利于市,锷租其廛,榷所入与常赋埒,以为时进,哀其余悉自入。诸蕃舶至,尽有其税,于是财蓄不赀,日十余艘载皆犀象珠琲,与商贾杂出于境。数年,京师权家无不富锷之财。

召为刑部尚书。淮南节度使杜佑数请代,乃以锷检校兵部尚书为佑副,厚事佑以悦之,坐必就司马听事,不数日,遂代佑。久之,入拜尚书左仆射,又检校司徒,为河中节度使。

进兼太子太傅,徙河东。河东自范希朝讨镇无功,兵才三万,骑六百,府库残耗。锷能补完啬费,未几,兵至五万,骑五千,财用丰余。会回鹘并摩尼师入朝,锷欲示威武倾骇之,乃悉军迎,廷列五十里,旗帜光鲜,戈铠犀密。回鹘恐,不敢仰视,锷偃然受其礼。帝闻嘉之,即除检校司空、同中书门下平章事。锷自见居财多,且惧谤,纳钱二千万。李绛奏言："锷虽有劳，然金望不属，恐天下议以为宰相可市而取。"帝曰："锷当太原残破后，成雄富之治。官爵所以待功，功之不图，何以为劝？王播所献数万万，亦可以平章政事乎？"不听。卒，赠太尉，谥曰魏。

　　锷初附太原王翃为从子，以婚阀自高。翃子弟亦藉锷多得官。又常读《春秋》，自称儒者，士颇笑之。善任数持下，在淮南时，尝得无名书，内靴中，俄取它书焚之，人信其无名者，异日因小罪，并以所告穷验，示众以神明。性纤啬，有所程作，虽碎琐无所遗。官曹帘坏，吏将易之，锷取坏者付船坊以针箬。每燕飨，辄录其余卖之以收利。故锷家钱遍天下。

　　子稹，历鸿胪少卿。锷在藩，稹常留京师，视势高下轻重以纳赀焉。尝请籍坊以广第舍，作复垣洞穴，实金钱其中。锷卒，奴告稹更遗占，没所献，裴度为言，乃论杀奴。长庆二年，用稹为德州刺史，悉金宝、媵侍以行。节度使李全略利其货，因军乱杀稹，纳其女为媵。开成中，沧州节度使刘约奏稹子叔泰生五岁，值全略乱，为郡人匿养，得不死。送叔泰京师，文宗悯焉，诏授九品官，使奉锷祀。

　　孟元阳，史失其何所人。起陈许军中，以严整称。曲环领节度使时已为大将，使董作西华屯。盛夏，屏而立于涂，役休乃就舍，故田辄岁稔，而军食常足。环卒，吴少诚来寇，元阳婴城守，围甚急，然终不能傅城。韩全义败五楼，列将多私去，独元阳与神策将苏元策、宣州将王干以所部屯溵水，破贼二千，诏拜陈州刺史。宪宗立，迁河阳节度使。五年，卢从史败，检校尚书右仆射，徙帅昭义军。入为右羽林统军，封赵国公。改右金吾大将军，复拜统军。卒，赠扬州大都督。

　　王栖曜，濮州濮阳人。安禄山反，尚衡哀义兵讨贼，署牙将，徇兖、郓诸县下之，进牙前总管。贼将邢超然守曹州，乘城指顾，栖曜曰："彼可取也。"一矢殪之，遂拔曹州。累授试金吾卫将军。

袁晁乱浙东,御史中丞袁傪讨之,表为偏将。与贼战,日十余遇,生禽晁,收州县十六,授常州别驾、浙西都知兵马使。时江介未定,诏内常侍马日新以汴滑军五千镇之,中人暴横,贼萧廷兰乘众怨逐日新,劫其众。栖曜方游弈近郊,贼胁取之,与围苏州。栖曜乘贼息,挺身登城,率城中兵出战,贼众大败,迁试金吾大将军。

李灵曜反汴州,浙西观察使李涵使提兵四千为河南掎角,有功。李希烈陷汴州也。乘胜东略,次宁陵,将袭宋州。浙西节度使韩滉使栖曜以强弩三千涉水夜入宁陵,希烈不之知,晨朝,矢集帐前,惊曰:"江淮弩士入矣!"遂不敢东。

贞元初,拜左龙武大将军,出为鄜坊节度使。十九年,卒,赠尚书右仆射,谥曰成。

栖曜性谨厚,善骑射。始将兵时,涉寇境,遇游骑环合,乃规百步立表而射,每射破的,虏相顾惧,引去。

子茂元,少好学。德宗时上书自荐,擢试校书郎,改太子赞善大夫。吕元膺留守东都,署防御判官。淄青留邸卒谋乱,元膺率兵围之,士无敢先者,茂元取一人斩之,众乃进,贼遂出奔。累迁岭南节度使,蛮落安之。家积财,交煽权贵。郑注用事,迁泾原节度使。注败,悉出家赀饷两军,得不诛,封濮阳郡侯。召为将作监,领陈许节度使,又徙河阳。讨刘稹也,李德裕以茂元兵寡,诏王宰领陈许合义成兵援之,以河阴所贮兵械、内库甲弓矢陌刀赐之。会病,以宰兼河阳行营攻讨使。卒,赠司徒,谥曰威。

刘昌,字公明,汴州开封人。善骑射。天宝末,从河南防御使张介然讨安禄山,授易州遂城府左果毅。史朝义兵围宋州,城中食尽且降。昌说刺史李岑曰:"李光弼在河阳,江淮足兵,势必来援。今廪麹尚多,若屑以食,可支二十日,则救至。"岑听之,昌乃被铠登城,以忠义谕贼,贼不敢攻。俄而光弼援兵至,贼夜溃。光弼闻其谋,召置军中,将用之。会光弼卒,还为宋州牙门将。

李灵曜以汴州反,刺史李僧惠欲应之,昌请见,陈逆顺计,且泣。僧惠悟，即驰奏请自将讨贼。故灵曜失助，不得逞。汴州平，李忠臣疾僧惠，攻杀之，昌遁去。

刘玄佐领宣武节度使，擢昌左厢兵马使。李纳反，以偏师收考城，充行营诸军马步都虞候，玄佐攻濮州，以昌摄刺史。李希烈取汴，玄佐别将高翼提精卒守襄邑，城陷，翼赴水死，江淮大震。昌以兵三千守宁陵，希烈众五万攻之，昌掘堑以遏地道，相拒凡四十余日，贼数败，乃解围去。更攻陈州，昌从玄佐以浙西兵三万救之。西去陈五十里，昌薄其军，大战破之，禽贼将翟曜，希烈奔还蔡州。加检校工部尚书，累实封二百户。

贞元三年入朝，诏以宣武兵八千北出五原。士卒有逗留沮事者，斩三百人乃行，举军慑伏。寻授京西行营节度使。岁余，改四镇、北庭行营兼泾原节度。七年，城平凉，开地二百里，扼弹筝峡。又西筑保定，捍青石岭，凡七城二堡，旬日就。以功检校尚书右仆射，累封南川郡王。十四年，归化堡军乱，逐大将张国诚，诏昌经略。昌入堡，诛数百人，复使国诚统之。昌在边凡十五年，身率士垦田，三年而军有羡食，兵械锐新，边障妥宁。及感疾，诏赴京师，未行，卒，年六十五，赠司空。

初城平凉，当劫盟后，将士骸骨不藏，昌始命瘗之。夕梦若诣昌厚谢者，昌具以闻。德宗下诏哀痛，出衣数百称，官为赛具，敛以棺槽，分建二冢，大将曰旌义冢，士曰怀忠冢，葬浅水，厚诏翰林学士为铭识其所。昌盛陈兵卫，具牢醴，率诸将素服临之，边兵莫不感泣。

子士泾尚云安公主，拜驸马都尉，累迁少卿。家积财，内结权近。善胡琴，故得幸于贵人。后迁太仆卿，给事中韦弘景等封还制书，以士泾交通近幸，不当居九卿。宪宗曰："昌有功于边，士泾又尚主，官少卿已十余年，制书宜下。"弘景等乃奉诏。

赞曰：唐杜牧称："宁陵之围解，刘玄佐召昌问曰：'君以孤城，用一当十，何以能守？'昌泣曰：'始，昌令守陴，内顾者斩。昌孤甥张俊守西北，未尝内顾，捽下斩之，士有死志，故能守。'因伏地流涕，玄佐亦泣曰：‘国家将富贵汝。’史臣谓不然。且勒兵乘城与贼抗，所赖惟赏罚耳。今无罪而斩其甥，士心且离，不祥莫大焉，宁好事者传此以益其美？非昌志也。牧以为张巡、许远陷睢阳，其名传，昌全宁陵而事不得暴于世，宁牧未之思邪？

　　赵昌，字洪祚，天水人。始为昭义李承昭节度府属，累迁虔州刺史。安南酋獠杜英翰叛，都护高正平以忧死，拜昌安南都护，夷落向化母敢桀。居十年，足疾，请还朝，以兵部郎中裴泰代之，入为国子祭酒。未几，州将逐泰，德宗召昌问状，时年逾七十，占对精明，帝奇之，复拜安南都护。诏书至，人相贺，叛兵即定。

　　宪宗初立，检校户部尚书，迁岭南节度使。降辑陬荒，以劳徙节荆南。召入，再迁工部尚书、兼大理卿。出为华州刺史，对麟德殿，趋拜强驶，帝访其所以颐养。迁太子少保。卒，年八十五，赠扬州大都督，谥曰成。

　　李景略，幽州良乡人。父承悦，檀州刺史、密云军使。景略以荫补幽州府功曹参军。大历末，客河中，阖门读书。

　　李怀光为朔方节度使，署巡官。五原将张光杀其妻，以赀市狱，前后不能决，景略核实，论杀之。既而有若女历者进谢廷中，如光妻云。迁大理司直。怀光屯咸阳，将袭东渭桥，召幕府计议。景略曰：“杀朱泚，还军诸道，杖策诣行在，此转祸为福也。”不听。既出军门，恸哭曰：“岂意此军乃陷不义乎！”遂遁归。

　　灵武节度使杜希全表置于府，累转侍御史、丰州刺史。丰州当回纥通道，前刺史软柔，每虏使至，与抗礼。时梅录将军入朝，景略欲折之，因郊劳，前遣人谓曰：“可汗新没，欲吊使者。”乃坐高垅待之。梅录俯偻前哭，景略即抚之曰：“可汗弃代，助尔号慕。”于是虏容气沮索，不敢抗，以父行呼景略。自此回纥使至者，皆拜于廷，威名显闻。希全忌之，诬奏，贬袁州司马。

　　希全死，迁左羽林将军，对德宗延英殿，论奏衍衍，有大臣风。

会河东节度使李说病，以景略为太原少尹、行军司马。时方镇既重，故少召还者，惟不幸则司马代之。自说有疾，人心固属景略矣。会梅录复入朝，说大会，虏人争坐，说不敢遏，景略叱之，梅录识其声，惊拜曰："非李丰州邪？"遂就坐。将吏相顾严惮，说愈不平，赂中尉窦文场谋毁去之。

岁余，塞下传言回纥将南寇，文场方侍帝傍，即言丰州当得良将，且举景略，乃拜丰州刺史、天德军西受降城都防御使。穷塞苦寒。地埼卤，边户劳悴。景略至，节用约己，与士同甘蓼，凿咸应、永清二渠，溉田数百顷，储禀器械毕具，威令肃然，声雄北疆，回纥畏之。卒于屯，年五十五。天下惜用景略才有所未尽。赠工部尚书。

任迪简，京兆万年人。擢进士第。天德李景略表佐其军。尝宴客，而行酒者误进醯，景略用法严，迪简不忍其死，饮为醋，徐以它辞请易之，归崎血，不以闻，军中悦其长者。景略卒，举军请为帅，监军使拘迪简，不听，众大呼，破户出之。德宗遣使者察变，具得所以然，乃授丰州刺史、天德军使。由殿中侍御史授兼大夫、散骑常侍。入为太常少卿、太子左庶子。

张茂昭以易、定归，擢迪简行军司马代之。大将扬伯玉据牙不纳，众杀之，别将张佐元复叛，迪简斩以徇乃入，以检校工部尚书为节度使。承茂昭奢纵后，公私屈夐，欲飨士，无所给，至与下同粝食，身居戟户。逾月，军中感其公，请安卧内，迪简乃许。三年，上下完充。以疾入，除工部侍郎。不能朝，改太子宾客。卒，赠刑部尚书，谥曰襄。

张万福，魏州元城人。三世明经，止县令、州佐。万福以儒业不显，乃学骑射，从王斛斯以别校征辽东，有功。

李峘伐刘展，署为部将，效首万级。累摄寿州刺史、舒庐寿都团练使。州送租赋诣都，至颍为盗所夺，万福领轻兵尾袭，贼仓卒不得战，悉禽之，尽得所亡，并先掠人妻女、财畜万计，还其家，不能自致者,给船车以遣。真拜刺史,兼淮南节度副使。而节度崔圆忌之,失刺史,改鸿胪卿,使将千人镇寿州,不以为恨。时许杲以平卢行军司马将卒三千驻濠州,阴窥淮南。圆使万福摄濠州刺史。杲闻,即移戍当涂。贼陈庄陷舒州,圆又令摄舒州刺史,督淮南盗贼,穷破株党。

大历三年召见,代宗曰:"欲一识卿面,且将以许杲累卿。"万福辞谢,因前曰:"陛下以一许杲召臣,如河北诸将叛,欲属何人?"帝笑曰:"始为我了杲事,且当大用。"乃拜和州刺史兼行营防御使,督盗淮南。万福至州,杲惧,徙屯上元,过楚州,大掠,节度使韦元甫使万福追讨。未至,杲为其将康自劝所逐,自劝循淮钞而东,万福倍道追杀之,免者十三,尽还所剽于民。元甫将厚赏士,万福曰:"官健坐仰衣食,无所事,今一小烦之,不足过赏请用三之一。"帝下诏褒美,赐具衣、宫锦十双。

久之,诏以本镇兵千五百人防秋京西。万福诣扬州还所领兵,会元甫死,诸将愿得万福为帅,监军使邀请之,对曰:"我非幸人,勿以此待我。"遂去。以利州刺史镇咸阳,且留宿卫。

李正己反,屯兵埇桥,江淮漕船积千余不敢逾涡口。德宗乃以万福为濠州刺史,召谓曰:"先帝改尔名正者,所以褒也。朕谓江淮草木亦知尔威名,若从所改,恐贼不晓是卿也。"复赐旧名。万福因驰至涡口,驻马于岸,悉发漕船相衔进,贼兵倚岸熟视不敢动。改泗州刺史。魏州饥,父子相卖,万福曰:"魏州吾乡里,安忍其困?"令兄子将米百车饷之,赎魏人自卖者,给资遣之。

为杜亚所忌,召拜右金吾将军。及见,帝惊曰:"亚乃言尔昏耄,何邪?"诏图形凌烟阁,数赐与,并敕度支籍口畜给其费。阳城等诣延英门论裴延龄事,伏阁不去,帝震怒,左右惧不测。万福大言曰:"国有直臣,天下无虑矣。吾年八十,与见盛事。"遍揖城等劳之,天下益重其名。以工部尚书致仕,卒,年九十。

万福自始终禄食七十年,未尝一日言病。莅凡九州,皆有惠爱。初,在泗州,遇李希烈反,陈少游悉以部刺史妻子质扬州,万福独不

遣。谓使者："为我白公，妻老且丑，不足溷公意。"卒不行，人称其
直。

　　高固，不知何许人，或言四世祖侃，永徽中为北廷安抚使，禽车
鼻可汗，以功为安东都护。

　　固生微贱，为家所卖，转为浑瑊童奴，字黄芩。性敏惠，有旅力，
善骑射，能读《左氏春秋》。瑊爱养之，以齐有高固，因以名，以乳媪
女女固。从瑊屯朔方。德宗在奉天，固仍从瑊，贼突入东雍门，固引
锐士长刀杀贼数十人，曳车塞阃，贼不能入。封渤海郡王。

　　李怀光反，使邠宁留后张昕将兵万人先趣河中，固在行，乃伺
间入帐下斩昕首以徇，拜检校右散骑常侍、前军兵马使。贞元十七
年，邠宁节度使杨朝晟卒，诏将并邠宁、朔方为一军。议以李朝宷为
节度，刘南金副之，以询邠军，咸曰："如诏。"数日复劫固为帅，固
曰："然能听吾言，乃可。"众唯唯。固徇曰："毋杀人，毋肆掠！"三军
皆顺悦。帝亦念固功，乃拜邠宁节度使。固本宿将，且宽厚，人皆安
之。然久在散位，数为侪类轻笑。及受命，众多惧，固一释不问。

　　宪宗时，检校尚书右仆射，入为右羽林统军。卒，赠陕州大都
督。

　　郝玼，不记其乡里。贞元中为临泾镇将，尝从数百骑出野，还说
节度使马璘曰："临泾扼洛口，其川饶衍，利畜牧。其西走戎道，旷数
百里皆流沙，无水草。愿城之，为休养便地。"玼出，或谓璘曰："玼言
信然。虽然，公所以蒙恩大幸，以边防未固也。上心日夜念此，故厚
于公。今若用玼言，则边已安，尚何事为？"璘遂不听。

　　及段佑代节度，玼又说曰："天宝时，天下以兵为防，独西戎耳。
而塞至京师且万里。自禄山反，西陲尽亡，寰内为边郡，每虏入寇，
驱井闾父子与马牛，焚积聚，残室庐，边人耗尽。今若筑临泾以折虏
势，便甚。"佑唯许，请于朝，卒诏城临泾，为行原州，以玼为刺史，戍
之，自是虏不敢过临泾。

玼在边积三十年，每讨贼，不持糗粮，取之于敌。获虏必刳剔而归其尸，虏大畏，道其名以怖啼儿。迁检校左散骑常侍、泾原行营节度使，封保定郡王。赞普常等玼身铸金象，令于国曰："得生玼者，以金玼偿之。"朝廷畏失名将，徙为庆州刺史，卒。

佑本郭子仪牙将，从征伐有功。贞元末，为泾原节度使，虏畏惮之。终右神策大将军。

史敬奉者，灵州人。事朔方军为牙将。元和中，吐蕃数犯塞，十四年，敬奉白节度使杜叔良，请兵三千，赍一月粮，深入虏地分贼势。叔良以二千兵予之，行十余日，不闻问，皆谓已殁。敬奉乃由间道绕出虏后，部落奔骇，因大破之，驱其余众于瓠芦河，获马牛杂畜迨万数。赐实封五十户。

敬奉莲陋，不胜衣，其走逐奔马，挟鞍勒以上，而后羁带之，矛矢在手，前无强敌。甥侄部曲二百人，每出辄分其队为四五，随水草，数日不相知，及相遇，已皆有获。与凤翔将野诗良辅及郝玼皆以名雄边。

良辅者，后为陇州刺史。朝廷遣使至吐蕃，虏辄言："唐家称和好岂妄邪！不尔，安得任良辅为陇州刺史？"

唐书卷一七一
列传第九六

李光进 光颜　乌重胤 石洪 李琪
王沛 逢　杨元卿 延宗　曹华
高瑀　刘沔　石雄

李光进，其先河曲诸部，姓阿跌氏。贞观中内属，以其地为鸡田州，世袭刺史，隶朔方军。

光进与弟光颜少依舍利葛旃，葛旃妻，其女兄也。初，葛旃杀仆固场，归河东辛云京，遂与光进俱家太原。以沈果称。从马燧救临洺，战洹水有功。历前后军牙门将、兼御史大夫、代州刺史。元和四年，王承宗，范希朝引师救易定，表光进为都将。时光颜亦至大夫，故军中呼"大小大夫"。俄检校工部尚书为振武节度使，赐姓以光宠之。别诏光颜拜洺州刺史。弟兄荣冠当时。光进徙灵武，卒，年六十五，赠尚书左仆射。

有至性，居母丧，三年不归寝。光颜先娶，而母委以家事。及光进娶，母已亡，弟妇籍赀贮、纳管钥于姒，光进命反之，曰："妇逮事姑，且尝命主家事，不可改。"因相持泣，乃如初。

光颜字光远。葛旃少教以骑射，每叹其天资票健，已所不逮。长从河东军为裨将，节度使马燧谓曰："若有奇相，终必光大。"解所佩剑赠之。讨李怀光、杨惠琳，战有功。从高崇文平剑南，数摹旗蹈军，出入若神，益知名。进兼御史大夫，历代、洛二州刺史。

元和九年讨蔡，以陈州刺史充忠武军都知兵马使。始逾月，擢本军节度使，诏以其军当一面。光颜乃壁溵水。明年，大破贼时曲。初，贼晨压其营以阵，众不得出，光颜毁其栅，将数骑突入贼中，反往一再，众识光颜，矢集其身如猬。子揽马鞚谏无深入，光颜挺刃叱之，于是士争奋，贼乃溃北。当此时，诸镇兵环蔡十余屯，相顾不肯前，独光颜先败贼。始，裴度宣慰诸军，还为宪宗言："光颜勇而义，必立功。"

俄又与乌重胤破贼小溵河。初，都统韩弘约诸军攻贼，贼先薄重胤垒，重胤中矛创甚，请救于光颜。光颜策贼既出，则小溵桥之堡可乘，且重胤不可破。遣大将田颖、宋朝隐袭其城，夷之，贼失赀聚。弘怒不救重胤，违节度，取颖等将戮之，举军惜其材，光颜不敢拒。会中人景忠信至，知其然，即矫诏械系在所，驰以闻，有诏释之。弘及光颜更以表言，帝谓弘使曰："违都统令当死，但以功可赎，赦之以为后图。"弘不悦。自是与弘有隙。

十一年，屡困贼，遂拔凌云栅。捷奏入，帝大悦，厚赉其使，进检校尚书左仆射。十二年四月，败贼于郾城，死者什三，数其甲凡三万，悉画雷公符、斗星，署曰："破城北军。"郾守将邓怀金大恐，其令董昌龄因是劝怀金降，且来请曰："城中兵父母妻子皆质贼，有如不战而屈，且赤族。请公攻城，我举火求援，援至，公迎破之，我以城下。"光颜许之。贼已北，昌龄奉伪印，怀金率诸将素服开门待。光颜入之，城自坏者五十版。

弘素褰纵，阴挟贼自重，且恶光颜忠力，思有以桡蔑之。乃饰名姝，教歌舞、六博，襦裤珠琲，举止光丽，费百钜万，遣使以遗光颜，曰："公以君暴露于外，恭进侍者，慰君征行之勤。"光颜约旦日纳焉。乃大合将校置酒，引使者以侍姝至，秀曼都雅，一军惊视。光颜徐曰："我去室家久，以为公忧，诚为以报德。然战士皆弃妻子，蹈白刃，奈何独以女为乐。为我谢公，天子于光颜恩厚，誓不与贼同生！"指心曰："虽死不贰。"因呜咽泣下，将卒数万皆感激流涕，乃厚赂使者还之,于是士气益励。

裴度筑赫连城于洨口,率轻骑观之。贼以奇兵自五沟至,大呼薄战,城为震坏,度危甚,光颜力战却之。先是,光颜策贼必至,密遣田布伏精骑沟下,扼其归。贼败,弃骑去,颠死沟中者千余。由是贼悉锐士当光颜,而李愬得乘虚入蔡矣。董重质弃洄曲军降愬,光颜跃马入贼营大呼,众万余人投甲请命。贼平,加检校司空。入朝,召对麟德殿,赐与蕃渥,命宴其第,归刍米二十车。

帝讨李师道,徙义成节度使,许以忠武兵自随。不三旬,再败贼濮阳,拔斗门,斩数千级。上言许郑兵合不可用。遂复镇忠武。吐蕃入寇,徙邠宁军。时虏毁盐州城,使光颜复城之,亦以忠武兵从。初,田缙镇夏州,以叨沓开边隙,故党项引吐蕃围泾州,郝玼力战破之。光颜闻贼至,料兵以赴,邠人慢言恟恟,腾噪不肯行。光颜为陈说大义,感慨流涕,闻者亦泣下,遽即路,虏走出塞。

穆宗立,召还,赐开化里第,加同中书门下平章事,还军,赍况不赀,以宠示群臣。俄徙凤翔。帝将伐镇州,复还忠武,又兼深冀行营节度使。宰相百官班饯,帝御通化门临送,赐珍器、良马、玉带。光颜提军深入,而馈运不至,有诏以沧、景、德、棣州益之。光颜以宰相处置失宜,辞兼领,亦会赦王廷凑,复所治。李㝏乱汴州,诏总军出讨,朝受命,暮即戎。翌日,拔尉氏。与汴人战琵琶沟,未阵,薄之,贼走。㝏平,进兼侍中。敬宗初,真拜司徒、河东节度。宝历二年卒,年六十六,赠太尉,谥曰忠,赗赐良厚。及葬,文宗以其功高,复赐帛二千匹。

光颜性忠义,善抚士,其下乐为用。许师劲悍,常为诸军锋,故数立勋。王仙芝、黄巢反,诸道告急,多请以助守。大校曹师㠁以千五百人隶招讨使宋威,张贯以四千人隶副使曾元裕。僖宗倚许军屏蔽东都,有请以为援,率不报。

大将张自勉讨云南、党项,庞勋乱,解围寿州,战淮口,以功累擢右威卫上将军。至是表请讨贼,诏乘传赴军,解宋州围。威忌自勉成功,请以隶麾下,且欲杀之。宰相得其谋,不听,以自勉代元裕。

　　乌重胤,字保君,河东将承玭子也。少为潞牙将,兼左司马。节度使卢从史奉诏讨王承宗,阴与贼连。吐突承璀将图之,以告重胤,乃缚从史,帐下士持兵合欢,重胤叱曰:“天子有命,从者赏,违者斩!”士敛手还部无敢动。宪宗嘉其功,擢河阳节度使,封张掖郡公。

　　帝讨淮蔡,诏重胤以兵压贼境,割汝州隶其军,与李光颜相掎角。大小百余战,凡三年,贼平,再迁检校司空,进邠国公。徙横海军,建言:“河朔能拒朝命者,盖刺史失权,镇将领军能作威福也。使刺史得职,大帅虽有禄山、思明之奸,能据一州为叛哉?臣所管三州,辄还刺史职,各主其兵。”因请废景州。法制修立,时以为宜。

　　讨王廷凑也,出屯深州。方朝廷号令乖迕,贼寖不制,重胤久不敢进。穆宗以为观望,诏杜叔良代之,以重胤为太子太保。长庆末,以检校司徒、同中书门下平章事为山南西道节度使。召至京师,改节天平军。文宗初,真拜司徒。李同捷请袭父位,帝方务静安,授同捷兖海,以重胤耆将,兼节度沧景,以齐州隶军。未几卒,年六十七,赠太尉,谥懿穆。

　　重胤出行伍,善抚士,与下同甘苦。蔡将李端降重胤,蔡人执其妻杀之,妻呼曰:“善事乌仆射!”得士心大抵如此。待官属有礼,当时有名士如温造、石洪皆在幕府。既殁,士二十余人刲股以祭。

　　子汉弘嗣爵。居母丧,夺为左领军卫将军,固辞,帝嘉许之。

　　石洪者,字濬川,其先姓乌石兰,后独以石为氏。有至行,举明经,为黄州录事参军,罢归东都,十余年隐居不出。公卿数荐,皆不答。重胤镇河阳,求贤者以自重,或荐洪,重胤曰:“彼无求于人,其肯为我来邪?”乃具书币邀辟,洪亦谓重胤知己,故欣然戒行。重胤喜其至,礼之。后诏书召为昭应尉、集贤校理。

　　又有李珙者,世儒家,珙独尚材武,有崖岸。尝至泽潞见李抱真,欲署牙将,闻其使酒,不用。都将王虔休曰:“珙奇士,不能用即杀之，天为它人得也。"抱真不纳。虔休代节度，引为将。重胤禽从史，珙将救之，既闻谋出朝廷，乃止。重胤爱其才，讨淮西也，表为行营都将。终右武卫上将军。

王沛，许州许昌人。少勇决，为节度使上官涗所器，妻以女，署牙门将。涗卒，它婿田偶胁涗子袭领其军，谋杀监军。沛知其计，密告之，支党悉禽。德宗嘉美，即拜行军司马。而刘昌裔领节度，奏沛为监察御史，有诏护涗丧还京师。帝召见叹息，以为功异等，嫌昌裔所请薄，谓沛曰："吾意殊未厌，尔归矣，方使别奏。"沛未至许，拜兼御史中丞。

李光颜讨吴元济，奇沛风概，署行营兵马使，使将劲兵别屯。数破贼有功。时诏书趣战，诸将观望，不敢度洑以壁。沛引兵五千夜济合流，扼贼冲，遂城以居。于是河阳、宣武、太原、魏博等军继度，围郾城。沛先结垒与贼对，蔡将邓怀金遂降。蔡平，加兼大夫。复从光颜定淄青。及光颜镇邠，诏分许兵往戍，沛又为都将，救盐州，败吐蕃，以功擢宁州刺史。徙陈州。

李𥑒之乱，以忠武节度副使率师讨𥑒，加检校右散骑常侍，进拜兖海沂密节度使。是时新建府，俗犷骜，沛明示法制，搜阅以时，军政大治。以检校工部尚书徙忠武。大和元年卒，赠尚书右仆射。

子逢，从父征伐，累功署忠武都知兵马使。大和中，入为诸卫将军。从刘沔、石雄破回鹘于天德，有士二千人未尝战，欲冒常赐，逢不与，或为请之，答曰："士奋死取赏，若无功而赏，何哉？"武宗以逢用法严，使宰相李德裕让之，逢曰："战者前蹈白刃，不以法，人孰用命？"讨刘稹也，为太原道行营将，领陈兵七千屯翼城。稹平，加检右散骑常侍。后亦至忠武节度使云。

杨元卿，史失其何所人。少孤，慷慨有术略。客江海上，时时高论，人谓狂生。吴少诚跋扈蔡州，元卿以褐衣见，署剧县，俄召入幕府。又事少阳。每奏事至京师，颇为宰相李吉甫慰纳。元卿还，与少阳言君臣大义以动其心，贼党恶而共构之，判官苏肇保救乃免。然元卿阴桡少阳事，而输款朝廷。及元济擅袭节度，元卿欲困其财使不振，谬说曰："先公吝于财，诸将至寒馁。府之有亡，我具知之。君若大赐将士以自固，又卑辞厚礼邀事诸镇，则诸将悦，庶几助我。吾为君持表见天子，安有不从者？"元济许之。既至，则具条贼虚实，请敕诸道执元济诛之。元济觉，乃杀其妻并四子，圬为一坰射之，肇亦被害。

宪宗拜元卿岳王府司马，与李愬议侨置蔡州，以元卿为刺史，优纳降附，坏贼党与。元卿入见，愿假度支钱及它奏请不合旨，又裴度以诸将讨蔡三年，功且成，若又以州与元卿，恐觖望生事，议格。更授光禄少卿。蔡平，超拜左金吾卫将军。建言："淮西多怪珍宝带，往取必得。"帝曰："我讨贼，为人除害。贼平，我求得矣，焉用宝！止勿复言。"出为汾州刺史，复入为金吾。

长庆初，镇、魏易帅，元卿具道所以成败事，穆宗久乃悟，赐白玉带，擢泾原渭节度使。元卿垦发屯田五千顷，屯筑高垣，牢键闭，寇至，耕者保垣以守。居六年，泾人德之。徙节河阳。何进滔乱魏博，元卿请自赍三月粮举军出讨，文宗嘉美，加检校司空。献粟二十万石，助天子经费，进光禄大夫。徙宣武军。大和七年，以疾归东都，授太子太保。卒，赠司徒。然性憸巧，所至聚敛，谐结权近，故累更方任云。

子延宗，开成中为磁州刺史，与河阳兵谋逐帅自立。事败，诏以元卿尝毁家归忠，全其宗，杖死延宗于京兆府，赐还田产。

曹华，宋州楚丘人。始从宣武军，缚乱将李迺送阙下，节度使董晋署为牙将。后避仇奔东都，会吴少诚叛，留守王翃署华襄城戍将。华浚隍埤堞，日与贼搏，数禽馘，贼惮之。宪宗初，拜检校右散骑常侍，召至京师，赐予甲缯锦，还屯。拜宁州刺史，未行，属吴元济不受命，诏河阳怀汝节度使乌重胤讨之，重胤请华自副。战青陵城，贼大奔，拔凌云栅，以功封陈留郡王。

蔡平,进棣州刺史。州与郓比,时贼略定滴河,华遽逐贼,斩二千级,复其县。又募群盗可用者,贷死,补屯卒使据孔道。贼至,辄击却之不敢北。擢横海节度副使,时朝廷披郓为三镇。其明年,兖海军乱,杀观察使王遂,诏华往代。视事三日,合军大飨,幕甲士于庑,酒中,令曰:“天子以郓人参别而戍,有转徙劳,欲厚赏之。请郓人右,州兵左。”既而出州兵,乃阖门大言曰:“天子有命,诛杀帅者。”甲起于幕,环之。凡斩千二百人,血流殷渠,赤气冒门高丈余。海、沂之人,重足屏息。

华恶沂地褊,请治兖,许之。自李正己盗齐、鲁,俗益污骜,华下令曰:“邹、鲁礼义乡,不可忘本。”乃身见儒士,春秋祀孔祠,立学官讲诵,斥家赀佐赡给,人乃知教,成就诸生,仕诸朝。

镇人害田弘正,华亟请以本军进讨,不从。进华检校工部尚书,就充节度使。李齐叛,以兵取宋州,华不待命,以兵逆击,破之。齐平,检校尚书右仆射。徙镇义成军。盗杀商贾,吏捕得,乃华嬖人。华怒,断其颈以祭死者。卒,年六十九,赠左仆射。

华虽出戎伍,而动必由礼,爱重士大夫,不以贵倨人,至厮竖必待以诚信,人以为难。

高瑀,冀州蓚人。少沈邃,喜言兵。释褐右金吾胄曹参军,累迁陈、蔡二州刺史,入为太仆卿。

忠武节度使王沛死,卫军诸将多自谓得之,宰相裴度、韦处厚以瑀治陈、蔡素有状,习军中情伪,欲任之。会其军表丐瑀,乃检校左散骑常侍,领忠武节度使。自大历后,择帅悉出宦人中尉,所输货至巨万,贫者假贷富人,既得所欲,则椎骹膏血,倍以酬息,十常六七。及瑀有命,士相告曰:“韦、裴作相,天下无债帅。”州比水旱无年,瑀相地宜,筑堤庸百八十里,时其钟泄,民赖不饥。再加检校尚书右仆射。六年,徙节武宁军。以刑部尚书召,辞疾,拜太子少傅。不阅月,复诏节度忠武,卒于镇,赠司空。

瑀宽和,居官无赫然誉,所至称治,士人怀之。

　　刘沔字子汪，徐州彭城人。父廷珍，以羽林军扈德宗奉天，以战功官左骁卫大将军、东阳郡王。

　　沔少孤，客振武，节度使范希朝署牙将。军中大会，沔捉刀立堂下，希朝奇之，召谓曰："后日必处吾坐。"希朝卒，入为神策将，大和末，迁累大将军，擢泾原节度使，徙振武。开成三年，突厥劫营田，沔发吐浑、契苾、沙陀部万人击之，贼一簪无返者，悉颁所获马羊于战卒，筑都护府西北四垒。进检校户部尚书。

　　武宗立，迁检校尚书左仆射。回鹘寇天德，诏以兵据云伽关，房引去。会昌二年，又掠太原、振武，天子使兵部郎中李拭调兵食，因视诸将能否，拭独称沔，乃拜河东节度兼招抚回鹘使，进屯雁门关。房寇云州，沔击之，斩七裨将，败其众。以还太和公主功，加检校司空。议者恨其薄，又进金紫光禄大夫，赐一子官。房残众走，诏沔追北，仍录李靖平颉利事赐之。军还，次代州，归义军降房三千，使隶食诸道，不受诏，据滹沱河叛，沔悉禽诛之。

　　刘稹阻命，诏沔南讨，屯榆社。沔素与张仲武不协，时方追幽州兵，故徙义成。会王宰逗留，宰相李德裕表沔镇河阳，以滑兵二千壁万善，居宰肘腋下，激之俾出军。稹平，进检校司徒，徙忠武节度使。以病改太子少保，不任谒，拜太子太傅致仕。卒，年六十五，赠司徒。

　　石雄，徐州人，系寒，不知其先所来。少为牙校，敢毅善战，气盖军中。王智兴讨李同捷，收棣州，使雄先驱度河，鼓行无前。初，徐军恶智兴苛酷，谋逐之而立雄。智兴惧变，因立功奏除州刺史，诏以为壁州刺史。智兴由是杀雄素所善百余人，诬雄阴结士摇乱，请以军法论。文宗素知其能，不杀，流白州。徙为陈州长史。党项扰河西，召雄隶振武刘沔军，破羌有劳，帝难智兴，久不擢。

　　会昌初，回鹘入寇，连年掠云、朔，牙五原塞下。诏雄为天德防御副使，兼朔州刺史，佐刘沔屯云州。沔召雄谋曰："房离散，当扫除久矣。国家以公主故，不欲亟攻。我若径趋其牙，彼不及备，必弃公主走，我当迎主归。有如不捷，吾则死之。"雄曰："诺。"即选沙陀李国昌及契苾、拓拔杂虏之者骑，夜发马邑，且登振武城望之，见厩车十余乘，从者朱碧衣，谍者曰："公主帐也。"雄潜使喻之曰："天子取公主，兵合，第无动。"雄穴城夜出，纵牛马鼓噪，直捣乌介帐。可汗大骇，单骑走，追至杀胡山，斩首万级，获马牛羊不赀，迎公主还。进丰州防御使。

武宁李彦佐讨刘稹，逗留，以雄为晋绛行营诸军副使，助彦佐。是时，王宰屯万善，刘沔屯石会关，顾望莫先进。雄受命，即勒兵越乌岭，破贼五壁，斩获千计，贼大震。雄临财廉，每朝廷赐与，辄置军门，自取一匹缣，余悉分士伍，由是众感发无不奋。武宗喜曰："今将帅义而勇罕雄比者。"就拜行营节度使，代彦佐。徙河中。稹危蹙，其大将郭谊密献款，请斩稹首自归。众疑其诈，雄大言曰："稹之叛，谊为谋主。今欲杀稹，乃谊自谋，又何疑？"雄以七千人径薄潞，受谊降。进检校兵部尚书，徙河阳。初，雄讨稹，水次见白鹭，谓众曰："使吾射中其目，当成功。"一发如言。帝闻，下诏褒美。

宣宗立，徙镇凤翔。雄素为李德裕识拔。王宰者，智兴子，于雄故有隙。潞之役，雄功最多，宰恶之，数欲沮陷。会德裕罢宰相，因代归。白敏中狠曰："黑山、天井功，所酬已厌。"拜神武统军。失势，怏怏卒。

赞曰：世皆谓李愬提孤旅入蔡缚贼为奇功，殊未知光颜于平蔡为多也。是时，贼战日窘，尽取锐卒抗光颜，凭空壁以居，故愬能乘一切势，出贼不意。然则无光颜之胜，愬乌能奋哉？

唐书卷一七二
列传第九七

于頔 季友　王智兴 晏平 宰
杜兼 羔 中立　杜亚 范传正

　　于頔，字允元，后周太师谨七世孙。荫补千牛，调华阴尉，累劳迁侍御史。为吐蕃计会使，有专对材。擢长安令、驾部郎中。出为湖州刺史。部有湖陂，异时溉田三千顷，久庱废，頔行县，命修复堤阏，岁获粳稻蒲鱼无虑万计。州地庳薄，葬者不掩枢，頔为坎，瘗枯骨千余，人赖以安。

　　未几，改苏州。罢淫祠，浚沟浍，端路衢，为政有绩。然暴横少恩，杖前部尉以逞憾，观察使王纬以闻，德宗不省，俄迁大理卿，为陕虢观察使，慢言谢纬曰："始足下劾我，三进官矣！"益自肆。峻罚苛惩，官吏慑恐，皆重足一迹。参军事姚岘不胜虐，自沈于河。

　　贞元十四年，拜山南东道节度使。是时，吴少诚叛，頔率兵自唐州战吴房、朗山，取之，禽其将李璨，又胜之濯神沟。于是请升襄州为大都督府，广募战士，储良械，□然有专汉南意，所牾者类治以军法。帝晚务姑息，頔所奏建，无不开允。公敛私输，持下益急，而慢于奉上。诬劾邓州刺史元洪，朝廷重违，为流端州，命中人护送至枣阳。頔遣兵劫洪还，拘之，表责洪太重，改吉州长史，遣使厚谕乃已。尝怒判官薛正伦，奏贬陕州长史，比诏下，頔中悔，奏复署旧职。正伦死，以兵围其居，强使孽子与婚。昵吏高洪，纵吏剥下，别将陈仪不胜忿，刺杀洪，一府惊溃。累迁检校尚书左仆射、同中书门下平章事,封燕国公。俄擅以兵取邓州,天子未始谁何。初,襄有矜器,天下以为法。至頔骄蹇,故方帅不法者号"襄样节度"。

宪宗立,权纲自出,頔稍惧,愿以子尚主,帝许之。遂入朝,拜司空、同中书门下平章事。请准杜佑,月三奉朝,诏可。

时宦者梁守谦幸于帝,颇用事。有梁正言者,与頔子敏善,敏因正言厚赂守谦,求頔出镇。久不报,敏怒其绐,责所馈,诱正言家奴支解之,弃溷中。家童上变,诏捕頔吏沈壁及它奴送御史狱,命中丞薛存诚、刑部侍郎王播、大理卿武少仪杂问之。頔与诸子素服待罪建福门,门史不内,屏营负墙立,更遣人上章,有司拒不闻。翌日复往,宰相谕使还第。贬为恩王傅;子敏窜雷州,至商山赐死,次子季友夺二官,正及方免官;流壁封州,正言诛死。

久之,拜户部尚书。帝讨蔡,頔献家财以助国,帝却之。又坐季友居丧荒宴,削金紫光禄大夫。帝初欲頔告老,宰相李逢吉谓得谢乃优礼,非所以示责。明年,乃致仕。宰司将以太子少保官之,帝改署宾客。郁郁不得意卒,赠太保,太常谥曰厉。

頔尝制《顺圣乐舞》献诸朝。又教女伎为八佾,声态雄侈,号《孙吴顺圣乐》云。

季友尚宪宗永昌公主,拜驸马都尉。从穆宗猎苑中,求改頔谥,会徐泗节度使李愬亦为请,更赐谥曰思。尚书右丞张正甫封还诏书,右补阙高钘、博士王彦威持不可,谓:"頔文吏,倔强犯命,擅军襄、邓,欲胁制朝廷;杀不辜,留制囚,遮使者,僭正乐。势迫而朝,非其宿心,得全腰领而殁,犹以为幸,不宜更谥。"帝不从。

方,长庆时以勋家子通豪侠,欲事河朔,以策干宰相元稹。而李逢吉党谋倾执政,乃告稹结客刺裴度,事下有司,验无状,方坐诛。

王智兴,字匡谏,怀州温人。少骁锐,为徐州牙兵,事刺史李洧。洧弃李纳,挈州自归。纳怒,急攻洧。智兴能驶步,奉表不数日至京师告急,德宗出朔方军五千击纳,解去,自是为徐特将。

讨吴元济也,李师道谋桡王师,数侵徐救蔡。节度使李愿遣智兴率步骑拒贼。其将王朝晏方攻沛，智兴逆击，败之，朝晏脱身保沂州。进破姚海兵五万于丰北，获美妾三人，智兴曰："军中有女子，安得不败。"即斩以徇，朝晏自沂以轻兵袭沛，夜战狄丘，复破之。累迁侍御史。

元和十三年，伐师道，智兴以步骑八千次胡陵，与忠武军会，以骑界其子晏平、晏宰为先锋，自率军继之。坏河桥，收黄队，攻金乡，拔鱼台，俘斩万计，贼平，进御史中丞，明年，召还为沂州刺史。

长庆初，河朔用兵，加检校左散骑常侍，充武宁军副使、河北行营诸军都知兵马使，帅兵三千度河，属朝廷用崔群为武宁节度使，群畏智兴难制，密请追还京师，未报。会赦王廷凑，诸节度班师，智兴还，群遣僚属迎之，令士委甲而入。智兴心不悦，因勒兵斩关入，杀异己者十余辈，然后谒群谢曰："此军情也！"群乃治装去，智兴以兵卫送还朝，至埇桥掠盐铁院及贡物，劫商旅，逐濠州刺史侯弘度。朝廷甫罢兵，不能讨，即诏检校工部尚书，充本军节度使。智兴由是揪索财赂，交权幸以贾虚名，用度不足，始税泗口以佐军须。

李齐攻宋州，智兴悉锐师出宋西鄙，破之漳口。齐平，加检校尚书左仆射。李同捷以沧德叛，智兴请悉师三万赍五月粮讨贼，诏拜检校司徒、同中书门下平章事、沧德行营招抚使。既战，降其将十辈、锐士三千，遂拔棣州。诸将闻，战愈力，遂有功。入朝，燕麟德殿，赐予备厚，册拜太傅，封雁门郡王，进兼侍中。改忠武、河中、宣武三节度。卒，年七十九，赠太尉。

子九人，晏平、宰知名。

晏平幼从父军，以讨同捷功，检校右散骑常侍、朔方灵盐节度使。父丧，擅取马四百、兵械七千自卫归洛阳。御史劾之，有诏流康州，不即行，阴求援于河北三镇。三镇表其困，改抚州司马。给事中韦温、薛廷老、卢弘宣等还诏不敢下，改永州司户参军。温固执，文宗谕而止。

晏宰后去"晏",独名宰。少拳果,长隶神策军。甘露之变,以功兼御史大夫为光州刺史。有美政,观察使段文昌荐之朝,除盐州刺史。持法严,人不甚便。累擢邠宁庆节度使。回鹘平,徙忠武军。

讨刘稹也,诏宰以兵出魏博,趋磁州。当是时,何弘敬阴首鼠,闻宰至,大惧,即引军济漳水。宰相李德裕建言:"河阳兵寡,以忠武为援,既以捍洛,则并制魏博。"遂诏宰以兵五千推锋,兼统河阳行营。进取天井关,贼党离沮,德裕以宰乘破竹势不遂取泽州,以其子晏实守磁,为顾望计,帝有诏切责。宰惧,急攻陵川,破贼石会关,进攻泽州。其将郭谊杀稹降。宰传稹首京师,遂节度太原。

宣宗初,入朝,厚结权幸求宰相,周墀劾之,乃还军。吐蕃引党项、回鹘寇河西,诏统代北诸军进击。以疾不任事,徙河阳。罢为太子少保,分司东都。进少傅,卒。

晏实幼机警,智兴自养之,故名与诸父齿。稹平,擢淄州刺史,终天雄节度使。

杜兼,字处弘,中书令正伦五世孙。初,正伦无子,故以兄子志静为后。父廙,为郑州录事参军事。安禄山乱,逃去,贼索之急,宋州刺史李岑以兵迎之,为追骑所害。兼尚幼,逃入终南山。伯父存介为贼执,临刑,兼号呼愿为奴以赎,遂皆免。

建中初,进士高第,徐泗节度使张建封表置其府,积劳为濠州刺史。性浮险,尚豪侈。德宗既厌兵,大抵刺史重代易,至历年不徙。兼探帝意,谋自固,即修武备,募占劲兵三千。帝以为才,遂横恣。僚官韦赏、陆楚皆闻家子,有美誉,论事忤兼,诬劾以罪。帝遣中人至,兼廷劳毕,出诏执赏等杀之,二人无罪死,众莫不冤。又妄系令狐运而陷李藩,欲杀之,不克。

元和初,入为刑部郎中,改苏州刺史。比行,上书言李锜必反,留为吏部郎中。寻擢河南尹,杜佑素善兼,终始倚为助力。所至大杀戮,衰艺财赀,极奢欲。适幸其时,未尝败。卒,年六十。

家聚书至万卷,署其末,以坠鬻为不孝戒子孙云。

从弟羔，贞元初及进士第，有至性。父死河北，母更兵乱，不知所之，羔忧号终日。及兼为泽潞判官，鞠狱，有媪辨对不凡，乃羔母，因得奉养。而不知父墓区处，昼夜哀恸，它日舍佛祠，观柱间有文字，乃其父临死记墓所在。羔奔往，亦有耆老识其垅，因是得葬。元和中，为万年令，时许季同为长安令，京兆尹元义方责租赋不时，系二县吏，将罪之。羔等辩列尤若，尹不为纵。羔乃谒宰相，请移散官。宪宗遣中使问状，具对府政苛细，力不堪奉，诏皆免官，夺尹三月俸，议者以羔为直。未几，授户部郎中，后历振武节度使，以工部尚书致仕。卒，赠尚书右仆射，谥曰敬。

子中立，字无为，以门荫历太子通事舍人。开成初，文宗欲以真源、临真二公主降士族，谓宰相曰："民间修昏姻，不计官品而上阀阅。我家二百年天子，顾不及崔、卢耶？"诏宗正卿取世家子以闻。中立及校书郎卫洙得召见禁中，拜著作郎。月中，迁光禄少卿、驸马都尉，尚真源长公主。

中立数求自试，愦愦不乐，因言："朝廷法令备具，吾若不任事，何赖贵戚桡天下法耶？"帝闻异之，转太仆、卫尉二少卿，历左右金吾大将军。京师恶少优戏道中，具驺唱呵卫，自谓"卢言京兆"，驱放自如。中立部从吏捕系，立箠死。迁司农卿。绳吏急，反为中伤，左徙庆王傅。

久之，复拜司农卿，入谢，帝曰："卿用法深，信乎？"答曰："穀下百司养名不肯事，如司农，尤丛剧。陛下无遽信流言，假臣数月，事可济。"帝许之。初，度支度六宫飧钱移司农，司农季一出付吏，大吏尽举所给于人权其子钱以给之，既不以时，黄门来督责慢骂。中立取钱纳帑舍，率五日一出，吏不得为奸，后遂以为法。加检校右散骑常侍。

京兆尹缺，宣宗将用之，宰相以年少，欲历试其能，更出为义武节度使。旧徭车三千乘岁辇盐海濒，民苦之。中立置"飞雪将"数百人，具舟以载，自是民不劳，军食足矣。大中十二年，大水泛徐、兖、青、郓，而沧地积卑，中立自按行，引御水入之毛河，东注海，州无水灾。卒，年四十八，赠工部尚书。

中立居官精明，吏下寒慄畏伏。中虽坐累免，及复用，亦不为宽假，其天资所长云。

杜亚，字次公，自云本京兆人。肃宗在灵武，上书论当世事，擢校书郎。杜鸿渐节度河西，奏署幕府。入朝，历吏部员外郎。鸿渐为山南、剑南副元帅，亚与杨炎并为判官。再迁谏议大夫。

亚自以当衡柄，悒悒不悦。李栖筠风望高，时谓当宰相，故亚厚结纳。元载得罪，亚与晏等劾治。载死，迁给事中。常衮恶之，出为江西观察使。德宗立，召还。亚意必任台宰，倍道进，与人语皆天下大政。或以事祈谒，辄相然可。帝知，不悦也。既又建奏疏阔，不称旨，罢为陕虢观察兼转运使。徙河中。刘晏抵罪，贬睦州刺史。

兴元初，入迁刑部侍郎，又拜淮南节度使。至则治漕渠，引湖陂，筑防庸，入之渠中，以通大舟，夹堤高印，田因得溉灌。疏启道衢，彻壅通堙，人皆悦赖。然承陈少游后，哀率烦重，用度无艺，人冀有所矫革，而亚雅意丞弼，厌外官，往往不亲事，日夜召宾客言嗫流连。方春，南民为竞度戏，亚欲轻驶，乃繄船底，使篙人衣油采衣，没水不濡，观沼华邃，费皆千万。陇西李衡在坐曰："使楸、纣为之，不是过也！"既泛九曲池，曳绣为驸，诧曰："要当称是林沼。"衡曰："未有锦缆，云何？"亚大惭。自是府财耗竭。

贞元中，罢归。宰相窦参惮其宿望，以检校吏部尚书留守东都。病风痹且废，犹欲固宠，奏垦苑中为营田，可减度支岁禀。诏许之。先是，苑地可耕者，皆留司中人及屯士占假。亚计窘，更举军帑钱与佃人，至秋取菽粟偿息输军中，贫不能偿者发囷窖略尽，流亡过半。又是赂中人求兼河南尹。帝审其妄，使礼部尚书董晋代之，赐亚还。病不能谒。卒，年七十四，赠太子少傅，谥曰肃。

范传正，字西老，邓州顺阳人。父伦，为户部员外郎，与赵郡李华善,有当世名。

传正举进士、宏辞,皆高第,授集贤殿校书郎。历歙、湖、苏三州刺史,有殊政,进拜宣歙观察使。代还,坐治第过制,宪宗薄不用,改光禄卿。以风痹卒,赠左散骑常侍。

传正好古,性精悍,初自整饬。宦益达,用度益奢侈,倾赀货市权贵欢,私公府如家帑,亦幸素有名,得不败云。

唐书卷一七三
列传第九八

裴度 识 谂

裴度，字中立，河东闻喜人。贞元初，擢进士第，以宏辞补校书郎。举贤良方正异等，调河阴尉，迁监察御史。论权嬖梗切，出为河南功曹参军。武元衡帅西川，表掌节度府书记。召为起居舍人。

元和六年，以司封员外郎知制诰。田弘正效魏、博六州于朝，宪宗遣度宣谕，弘正知度为帝高选，故郊迎趋跽受命，且请遍至属州，布扬天子德泽，魏人由是叹服。还，拜中书舍人。久之，进御史中丞。宣徽五坊小使方秋阅鹰狗，所过桡官司，厚得饷谢乃去。下邽令裴寰，才吏也，不为礼，因构寰出丑言，送诏狱，当大不恭。宰相武元衡婉辞诤，帝怒未置。度见延英，言寰无辜，帝恚曰："寰诚无罪，杖小使；小使无罪，且杖寰。"度曰："责若此固宜，第寰为令，惜陛下百姓，安可罪？"帝色霁，乃释寰。

王师讨蔡，以度视行营诸军，还，奏攻取策，与帝意合。且问诸将才否，度对："李光颜义而勇，当有成功。"不三日，光颜破时曲兵，帝叹度知言。进兼刑部侍郎。

王承宗、李师道谋缓蔡兵，乃伏盗京师，刺用事大臣，已害宰相元衡，又击度，刃三进，断靴，刜背裂中单，又伤首，度冒毡，得不死。哄导骇伏，独骖王义持贼大呼，贼断义手。度坠沟，贼意已死，因亡去。议者欲罢度，安二镇反侧，帝怒曰："度得全，天也。若罢之，是贼计适行。吾倚度，足破三贼矣！"度亦以权纪未张，王室陵迟，常愤愧无死所。自行营归，知贼曲折，帝益信杖。及病创一再旬，分卫兵护第，存候踵路。疾愈，诏毋须宣政衙，即对延英，拜中书侍郎、同中书门下平章事。时方连诸道兵，环挈不解，内外大恐，人累息。及度当国，外内始安。由是讨贼益急。

始，德宗时尚何伺，中朝士相过，金吾辄飞启，宰相至阖门谢宾客。度以时多故，宜延天下髦英咨筹策，乃建请还第与士大夫相见，诏可。会庄宪太后崩，为礼仪使。帝不听政，议置冢宰。度曰："冢宰，商、周六官首，秉统百僚，王者谅暗，有权听之制。历世官废，故国朝置否不常，不宜徇空名，稽枢务。"乃诏百司权听中书门下处可。

王锷死，家奴告锷子稷易父奏末，冒遗献。帝留奴仗内，遣使者如东都按责其赀。度谏曰："自锷死，数有献。今因告讦而检省其私，臣恐天下将帅闻之，有以家为计者。"帝司杀二奴，还使者。

于时，讨蔡数不利，群臣争请罢兵，钱徽、萧俛尤确苦。度奏："病在腹心，不时去，且为大患。不然，两河亦将视此为逆顺。"会唐邓节度使高霞寓战却，它相揣帝厌兵，欲赦贼，钩上指。帝曰："一胜一负，兵家常势。若兵常利，则古何惮用兵耶？虽累圣亦不应留贼付朕。今但论帅臣勇怯、兵强弱、处置何如耳，渠一败便沮成计乎？"于是左右不能容其间。十二年，宰相逢吉、涯建言："饷亿烦匮，宜休师。"唯度请身督战，帝独目度留，曰："果为朕行乎？"度俯伏流涕曰："臣誓不与贼偕存。"即拜门下侍郎、平章事、彰义军节度、淮西宣慰招讨处置使。

度以韩弘领都统，乃上还诏讨以避弘，然实行都统事。又制诏有异辞，欲激贼怒弘者，意弘快快则度无与共功。度请易其辞，窒疑间之嫌。于是表马总为宣慰副使，韩愈行军司马，李正封、冯宿、李宗闵备两使幕府。入对延英，曰："主忧臣辱，义在必死。贼未授首，臣无还期。"帝壮之，为流涕。及行，御通化门临遣，赐通天御带，发神策骑三百为卫。初，逢吉忌度，帝恶居中桡沮，出之外。

度屯郾城，劳诸军，宣朝廷厚意，士奋于勇。是时，诸道兵悉中官统监,自处进退。度奏罢之,使将得颛制,号令一,战气倍。未几,李愬夜入悬瓠城,缚吴元济以报。度遣马总先入蔡,明日,统洄曲降卒万人持节徐进,抚定其人。

初,元济禁偶语于道,夜不然烛,酒食相馈遗者以军法论。度视事,下令唯盗贼、斗死抵法,余一蠲除,行来不限昼夜,民始知有生之乐。度以蔡牙卒侍帐下,或谓反侧未安,不可去备,度笑曰:“吾为彰义节度,元恶已擒,人皆吾人也!”众感泣。既而申、光平定,以马总为留后。

度入朝,会帝以二剑付监军梁守谦,使悉诛贼将。度遇诸郾城,复与入蔡,商罪议诛。守谦请如诏,度固不然,腾奏申解,全宥者甚众。策勋进金紫光禄大夫、弘文馆大学士、上柱国、晋国公,户三千,复知政事。

程异、皇甫镈以言财赋幸,俄得宰相。度三上书极论不可,帝不纳。自上印,又不听,纤人始得乘衅。

初,蔡平,王承宗惧,度遣辩士柏耆胁说,乃献德、棣二州,纳质子。又谕程权入觐。始判沧、景、德、棣为一镇,朝廷命帅,而承宗势乃离。

李师道怙强,度密劝帝诛之。乃诏宣武、义成、武宁、横海四节度会田弘正致讨。弘正请自黎阳济,合诸节度兵,宰相皆谓宜,度曰:“魏博军黎阳,即叩贼境,封畛比联,易生顾望,是自战其地。弘正、光颜素少断,士心盘桓,果不可用。不如养威河北,须霜降水落,绝阳刘,深抵郓,以营阳谷,则人人殊死,贼势穷矣。”上曰:“善。”诏弘正如度言。弘正奉诏,师道果禽。

大贾张陟负五坊息钱亡命,坊使杨朝汶收其家簿,阅贷钱虽已偿,悉钩止,根引数十百人,列筮挺胁不承。又获卢大夫通券,捕卢坦家客责偿,久乃悟卢群券,坦子上诉,朝汶谰语:“钱入禁中,何可得?”御史丞萧俛及谏官列陈中人横恣,度亦极言之。时方讨郓,帝曰:“姑议东军,此细事,我自处办。”度曰:“兵事不理,止山东;中人横暴,将乱都下。”帝不悦,徐乃悟,让朝汶曰:“以尔,使我羞见宰相!"命杀之而原系者。繇是京师澄肃。

帝尝语:"臣事君当励善底公,朕恶夫树党者。"度曰:"君子小人以类而聚,未有无徒者。君子之徒同德,小人之徒同恶,外其类,中实远,在陛下观所行则辨。"帝曰:"言者大抵若此,朕岂易辨之?"度退,喜曰:"上以为难辨则易,以为易辨则难,君子小人行判矣。"已而卒为异、铸所构,以检校尚书右仆射兼门下侍郎平章事为河东节度使。

穆宗即位,进检校司空。朱克融、王廷凑乱河朔,加度镇州行营招讨使。时帝以李光颜、乌重胤爪牙将,倚以击贼,兵十余万,有所畏,无尺寸功。度既受命,入贼境,数斩将以闻。俄兼押北山诸蕃使。时元稹显结宦官魏弘简求执政,惮度复当国,因经制军事,数居中持梗,不使有功。度恐乱作,即上书痛暴稹过恶。帝不得已,罢弘简、稹近职。俄擢稹宰相,以度守司空、平章事、东都留守。谏官叩延英,言不可罢度兵,摇众心。帝不召,于是交章极论,未之省。

会中人使幽、镇还,言:"军中谓度在朝,而两河诸侯忠者怀,强者畏。今居东,人人失望。"帝悟,诏度由太原朝京师。及陛见,始陈二贼畔涣,受命无功,并陈所以入觐意,感概流涕。伏未起,谒者欲宣旨,帝遽曰:"朕当延英待卿!"始,议者谓度无援奥,且久外,为奸憸拫抑,虑帝未能其忠。及进见,辞切气怡,卓然当天子意。在位闻者皆竦,毅将贵臣至赍咨出涕。旧仪,阁中群臣未退,宰相不奏事,称贺则谒者答。帝以度勋德,故待以殊礼。度之行,移克融、庭凑书,开说谆沓,傅以大谊,二人不敢桀,皆愿罢兵。帝方忧深州围,欲必出牛元翼,更使度腾书布旨。或曰:"贼知度失兵柄,必背约顾望。"帝释然,乃拜度守司徒,领淮南节度使。

会昭义监军刘承偕慢刘悟,举军哗怒,执承偕,悟拘以闻。帝怒,问度:"何施而可?"度顿首谢:"藩臣不与政。"辞不对。帝强之,度曰:"臣素知承偕怙宠,悟不能堪,尝以书诉臣。是时,中人赵弘亮在行营知状,欲持悟书以奏,陛下亦知之邪?"帝曰:"我不及知。顾悟诚恶之,胡不自闻,何哉?"度曰:"虽悟得闻,恐陛下不必听。且臣视天颜不咫尺，比尚未能决，千里单言，可悟圣听哉？"帝亟曰："前语姑置，直谓今日奈何？"度曰："必欲收忠义心，使帅臣死节，独斩承偕，则四方群盗隐然破胆矣。"帝曰："顾太后养为子，且我何爱？更言其次。"度曰："投诸荒裔可乎？"帝曰："可。"悟果出承偕，昭义遂安。

是时，徐州王智兴逐崔群，诸军盘互河北，进退未一，议者交口请相度，乃以本官兼中书侍郎、平章事。权佞侧目，谓李逢吉险贼善谋，可以构度，共讽帝自襄阳召逢吉还，拜兵部尚书。度居位再阅月，果为逢吉所间，罢为左仆射。帝暴风眩，中外不闻问者凡三日。度数请到内殿，求立太子，翼日乃见。帝遂立景王为嗣。逢吉既代相，思有以牙孽之，引所厚李仲言、张又新、李续、张权舆等，内结宦官，种支党，丑沮日闻，乃出度山南西道节度使，夺平章事。

长庆四年，王廷凑屠元翼之家，敬宗嗟惋，叹宰辅非其人，使凶贼炽肆。学士韦处厚上疏曰："臣闻汲黯在朝，淮南寝谋；干木处魏，诸侯息兵。王霸之理，以一士止百万之师，一贤制千里之难。裴度元勋巨德，文武兼备。若位岩庙，委参决，必使戎虏畏威，幽、镇自臣。管仲曰：'人离而听之则愚，合而听之则圣。'治乱之本，非有他术。陛下当愦而叹，恨无萧、曹，今一裴度摈弃于外，所以冯唐知汉文帝有颇、牧不能用也。"帝感悟，谓处厚曰："度累为宰相，而官无平章事，谓何？"处厚具道其由，帝于是复度兼平章事。帝虽儒蒙，然注意度，中人至度所，必丁宁慰安，且示召期。宝历二年，度请入朝，逢吉党大惧，权舆作伪谣云："非衣小儿坦其腹，天上有口被驱逐。"以度平元济也。都城东西冈六，民间以为乾数，而度第平乐里，直第五冈。权舆乃言："度名应图谶，第据冈原，不召而来，其意可见。"欲以倾度。天子独能明其诬，诏复使辅政。

先是，帝将幸东都，大臣切谏，不纳，帝恚曰："朕意决矣！虽从官宫人自挟糗，无扰百姓。"趣有司检料行宫，中外莫敢言。度从容奏："国家建别都，本备巡幸。自艰难以来，宫阙、署屯、百司之区，荒圮弗治，假岁月完新，然后可行。仓卒无备，有司且得罪。"帝悦曰：

"群臣谏朕不及此。如卿言，诚有未便，安用往邪？"因止行。

汴宋观察使令狐楚言亳州圣水出，饮者疾辄愈。度判曰："妖由人兴，水不自作。"命在所禁塞。

朱克融执赐衣使者杨文端，诡言慢已，并诉所赐滥恶，又丐假度支帛三十万匹，不者，军必有变，且请遣工五千助治东都，须天子东巡。帝怒，患之，欲遣重臣临慰。度曰："克融无患而悖，是将亡。譬猛虎自哮跃山林，凭窟穴则然，势不得离其处，人亦不为惧。陛下无庸遣重使，第以诏书言：'中人倨骄，须还，我自责遣。春服不谨，方诘有司。所上工宜即遣，已诏在所供拟。'此则贼谋穷矣。陛下若未能然，则答：'宫室营缮既有序，毋遣工为重劳。朝廷缘召发乃有赐与，朕无所爱，独与范阳，体不可尔。'"帝曰："善。"用度次策。克融听命，归文端。未几军乱，杀克融。

帝纵弛，日晏坐朝。度谏曰："比陛下月率六七临朝，天下人知勤政，河朔贼臣皆耸畏，近开延英益稀，恐万机奏禀，有所壅阏。夫颐养之道，当顺适时候，则六气和平，万寿可保。道家法：春夏蚤起，取鸡鸣时；秋冬晏起，取日出时。盖在阳，胜之以阴；在阴，胜之以阳。今方居盛夏，谓宜诘旦数坐，广加延问；漏及巳午，则炎赫可畏，圣躬劳矣。"帝嘉纳，为数视朝。

未几，判度支。帝崩，定策诛刘克明等，迎立江王，是为文宗。加门下侍郎。李全略死，子同捷求袭沧景军。度奏讨平之，即陈："调兵食非宰相事，请罢度支归有司。"奏可。进阶开府仪同三司，赐实封户三百。度恳让不得可，乃受实封。

大和四年，数引疾不任机重，愿上政事。帝择上医护治，中人日劳问相蹑，乃诏进司徒、平章军国重事，须疾已，三日若五日一至中书。度让免册礼。度自见功高位极，不能无虑，舟诡迹避祸。于是牛僧孺、李宗闵同辅政，媢度勋业欠居上，欲有所逞，乃共訾其迹损短之，因度辞位，即白帝进兼侍中，出为山南东道节度使。白罢元和所置临汉监，收千马纳之校，以善田四百顷还襄人。顷之，固请老，不许。

八年，徙东都留守，俄加中书令。李训之祸，宦官肆威以逞，凡训、注宗娅宾客悉收逮，讯报苛惨。度上疏申理，全活数十姓。武德县主藏史盗钱亡命，捕不得。河阳节度使温造狱其令王赏责负，系三年，母死弗许丧。度为帝言之，赏得释。

时阉竖擅威，天子拥虚器，缙绅道丧。度不复有经济意，乃治第东都集贤里，沼石林丛，岑缭幽胜。午桥作别墅，具燠馆凉台，号绿野堂，激波其下。度野服萧散，与白居易、刘禹锡为文章、把酒，穷昼夜相欢，不问人间事。而帝知度年虽及，神明不衰，每大臣自洛来，必问度安否。

开成二年，复以本官节度河东。度牢辞老疾，帝命吏部郎中卢弘宣谕意曰：“为朕卧护北门可也。”趣上道，度乃之镇。易定节度使张璠卒，军中将立其子元益，度乃遣使晓譬祸福，元益惧，束身归朝。

三年，以病丐还东都，真拜中书令，卧家未克谢，有诏先给俸料。上巳宴群臣曲江，度不赴，帝赐诗曰：“注想待元老，识君恨不早。我家柱石衰，忧来学丘祷。”别诏曰：“方春，慎疾为难，勉医药自持。朕集中欲见公诗，故示此，异日可进。”使者及门而度薨，年七十六，帝闻震悼，以诗置灵几。册赠太傅，谥文忠，赗礼优缛，命京兆尹郑复护丧。度临终，自为铭志。帝怪无遗奏，敕家人索之，得半藁，以储贰为请，无私言。会昌元年，加赠太师。大中初，诏配享宪宗庙廷。

度退然才中人，而神观迈爽，操守坚正，善占对。既有功，名震四夷。使外国者，其君长必问度年今几，状貌孰似，天子用否。其威誉德业比郭汾阳，而用不用常为天下重轻。事四朝，以全德始终。及殁，天下莫不思其风烈。葬管城，逮今庙食。

五子，识、谂知名。

识字通理，性敏晤，凡经目未始忘。推荫补京兆参军，擢累大理少卿。王师讨刘稹，为供军使。稹平，改司农卿，进湖南观察使。入拜大理卿，袭晋国公半封。为泾原节度使。

时蕃酋尚恐热上三州七关，列屯分守。宣宗择名臣，以识帅泾原，毕诚帅邠宁，李福帅夏州，帝亲临遣。

识至，治堡障，整戎器，开屯田。初，将士守边，或积岁不得还。识与立戍限，满者代；亲七十，近戍。由是人感悦。加检校刑部尚书，徙凤翔、忠武、天平、邠宁、灵武等军。进检校尚书右仆射。灵武地斥卤无井，识誓神而凿之，果得泉。历六节度，所莅皆有可述。卒，赠司空，谥曰昭。

谂有文，藉荫累官考功员外郎。宣宗访元和宰相子，思度勋望，故待谂有加。为翰林学士，累迁工部侍郎，诏加承旨。适会帝幸其院，谂即称谢。帝曰："可归与妻子相庆。"取御食果以赐，谂举衣踞受。帝顾宫人取巾裹赐之。后为太子少师，封河东郡公。黄巢盗国，迫以伪官，不从，遇害。

赞曰：宪宗讨蔡，出入四年。元济外连奸臣，刺宰相，反用事者，沮骇朝谋。惟天子赫然排群议，任度政事，倚以讨贼。身督战，遂平淮西。非度破贼之难，任度之为难也。韩愈颂其功曰："凡此蔡功，惟断乃成。"其知言哉！穆宗不君，憸人腐夫乘衅镵诋，而度遂无显功。非前智后愚，用不用，势当然矣。前史称度晚沉浮为自安计，是不然，《大雅》曰："既明且哲，以保其身。"度何訽云。

唐书卷一七四
列传第九九

李逢吉　元稹　牛僧孺 _蔚 _徽
丛　李宗闵　杨嗣复 _授 _㼞 _损

　　李逢吉，字虚舟，系出陇西。父颜，有痼疾，逢吉自料医剂，遂通方书。举明经，又擢进士第。范希朝表为振武掌书记，荐之德宗，拜左拾遗。元和时，迁给事中、皇太子侍读。改中书舍人，知礼部贡举。未已事，拜门下侍郎、同中书门下平章事。诏礼部尚书王播署榜。

　　逢吉性忌前，险谲多端。及得位，务偿好恶。裴度讨淮西，逢吉虑成功，密图沮止，趣和议者请罢诸道兵。宪宗知而恶之，出为剑南东川节度使。

　　穆宗即位，徙山南东道。缘讲侍恩，阴结近幸。长庆二年，召入为兵部尚书。时度与元稹知政，度尝条稹�佞，逢吉以为其隙易乘，遂并中之，遣人上变，言：和王傅于方结客，欲为稹刺度。帝命尚书左仆射韩皋、给事中郑覃与逢吉参鞫方，无状，稹、度坐是皆罢，逢吉代为门下侍郎、平章事。因以恩爵动诡薄者，更相挺以诋伤度，于是李绅、韦处厚等诵言度为逢吉排挤，度初得留。时已失河朔，王智兴以徐叛，李齐以汴叛，国威不振，天下延颈俟相度，而中外交章言之，帝讫不省，度遂外迁。齐平，进尚书右仆射。

　　帝暴疾，中外阻遏，逢吉因中人梁守谦、刘弘规、王守澄议，请立景王为皇太子，帝不能言，颔之而已。明日下诏，皇太子遂定。郑注得幸于王守澄，逢吉遣从子训赂注，结守澄为奥援，自是肆志无所惮。其党有张又新、李续、张权舆、刘栖楚、李虞、程昔范、姜洽及训八人，而傅会者又八人，皆任要剧，故号"八关十六子"。有所求请，先赂关子，后达于逢吉，无不得所欲。未几封凉国公。

敬宗新立，度求入觐，逢吉不自安，张权舆为作谶言以沮度，而韦处厚亟为帝言之，计卒不行。有武昭者，陈留人，果敢而辩。度之讨蔡，遣说吴元济，元济临以兵，辞不桡，厚礼遣还，度署以军职，从镇太原，除石州刺史。罢归不得用，怨望，与太学博士李涉、金吾兵曹参军茅汇居长安中，以气侠相许。逢吉与李程同执政，不叶。程族人仍叔谓昭曰："丞相欲用君，顾逢吉持不可。"昭愈愤，酒所，语其友刘审，欲刺逢吉。审窃语权舆，逢吉因汇召见昭，厚相结纳，忿隙得解。逢吉素厚待汇，尝与书曰："足下当以'自求'字仆，吾当以'利见'字君。"辞颇猥昵。及度将还，复命人发昭事。由是昭、汇皆下狱，命御史中丞王播按之。训讽汇使诬昭与李程同谋，不然且死。汇不可，曰："诬人以自免，不为也！"狱成，昭榜死，汇流崖州，涉康州，仍叔贬道州司马，训流象州。擢审长寿主簿。而逢吉谋益露。昭死，人皆冤之。

初，逢吉兴昭狱以止度入而不果，天子知度忠，卒相之。逢吉于是寝疏，以检校司空、平章事为山南东道节度使，表李续自副，张又新行军司马。顷之，检校司徒。初，门下史田伾倚逢吉亲信，顾财利，进婢，嬖之。伾坐事匿逢吉家，名捕弗获。及出镇，表随军，满岁不敢集，使人伪过门下省，调房州司马。为有司所发，即襄州捕之，诡谰不遣。御史劾奏，诏夺一季俸，因是贬续为涪州刺史，又新汀州刺史。久乃徙宣武，以太子太师为东都留守。及训用事，召拜尚书左仆射，足病不能朝，以司徒致仕，卒，年七十八，赠太尉，谥曰成。无子，以从弟子植嗣。

元稹，字微之，河南河内人。六代祖岩，为隋兵部尚书。稹幼孤，母郑贤而文，亲授书传。九岁工属文，十五擢明经，判入等，补校书郎。元和元年举制科，对策第一，拜左拾遗。性明锐，遇事辄举。

始，王叔文、王伾蒙幸太子宫，而桡国政，稹谓宜选正人辅导，因献言曰：

伏见陛下降明诏，修废学，增胄子，然而事有先于此，臣敢昧死言之。

贾谊有言："三代之君仁且久者，教之然也。"周成王本中才，近管、蔡则谗入，任周、召则善闻。岂天聪明哉？而克终于道者，教也。始为太子也，太公为师，周公为傅，召公为保，伯禽、唐叔与游，目不阅淫艳，耳不闻优笑，居不近庸邪，玩不备珍异。及为君也，血气既定，游习既成，虽有放心，不能夺已成之性。则彼道德之言，因吾所习闻，陈之者易谕焉；回佞庸违，固吾所积惧，诳之者易辨焉。人之情莫不耀所能，党所近，苟得志，必快其所蕴。物性亦然，故鱼得水而游，鸟乘风而翔，火得薪而炽。夫成王所蕴，道德也；所近，圣贤也。快其蕴，则兴礼乐，朝诸侯，措刑罚，教之至也。

秦则不然，灭先王之学，黜师保之位。胡亥之生也，《诗》《书》不得闻，圣贤不得近。彼赵高，刑余之人，傅之以残忍牂贼之术，日恣睢，天下之人未尽愚，而亥不能分马鹿矣；高之威慑天下，而亥自幽深宫矣。若秦亡则有以致之也。

太宗为太子，选知道德者十八人与之游；即位后，虽间宴饮食，十八人者皆在。上之失无不言，下之情无不达，不四年而名高盛古，斯游习之致也。贞观以来，保、傅皆宰相兼领，余官亦时重选，故马周恨位高不为司议郎，其验也。

母后临朝，剪弃王室，中、睿为太子，虽有骨鲠敢言之士，不得在调护保安职，及谗言中伤，惟乐工剖腹为证，岂不哀哉！比来兹弊尤甚，师资保傅，不疾废眊聩，即休戎罢帅者处之。又以僻滞华首之儒备侍直、侍读，越月逾时不得召。夫以匹士之爱其子，犹求明哲慈惠之师，由天下元良而反不及乎？

臣以为高祖至陛下十一圣，生而神明，长而仁圣，以是为屑屑者，故不之省。设万世之后，有周成中才，生于深宫，无保助之教，则将不能知喜怒哀乐所自，况稼穑艰难乎！愿令皇太子泪诸王齿胄讲业，行严师问道之礼，辍禽色之娱，资游习之善，岂不美哉！

又自以职谏诤，不得数召见，上疏曰：

臣闻治乱之始，各有萌象。容直言，广视听，躬勤庶务，委信大臣，使左右近习不得蔽疏远之人，此治象也。大臣不亲，直言不进，抵忌讳者杀，犯左右者刑，与一二近习决事深宫中，群臣莫与，此乱萌也。人君始即位，萌象未见，必有狂直敢言者。上或激而进之，则天下君子望风曰："彼狂而容于上，其欲来天下士乎？吾之道可以行矣！"其小人则竦利曰："彼之直，得幸于上，吾将直言以徼利乎！"由是天下贤不肖各以所忠贡于上，上下之志需然而通。合天下之智，治万物之心，人人乐得其所，戴其上如赤子之亲慈母也，虽欲诱之为乱，可得乎？及夫进计者入，而直言者戮，则天下君子内谋曰："与其言不用而身为戮，吾宁危行言逊以保其终乎！"其小人则择利曰："吾君所恶者拂心逆耳，吾将苟顺是非以事之。"则是时见者革而不内，言事者寝而不闻，若此则十步之事不得见，况天下四方之远乎！故曰：聋瞽之君非无耳目，左右前后者屏蔽之，不使视听，欲不乱可得哉？

太宗初即位，天下莫有言者，孙伏伽以小事持谏，厚赐以勉之。自是论事者唯惧言不直、谏不极、不能激上之盛意，曾不以忌讳为虞，于是房、杜、王、魏议可否于前，四方言得失于外，不数年大治。岂文皇独运聪明于上哉？盖下尽其言，以宣扬发畅之也。夫乐全安，恶戮辱，古今情一也，岂独贞观之人犯忌讳而好戮辱哉？盖上激而进之也。喜顺从，怒蹇犯，亦古今情一也，岂独文皇甘逆耳、怒从心哉？盖以顺从之利轻，而危亡之祸大，思为子孙建安计也。为后嗣者，其可顺一朝意，而蔑文皇之天下乎？

陛下即位已一岁，百辟卿士，天下四方之人，曾未有献一计进一言而受赏者；左右前后拾遗补阙，亦未有奏封执谏而蒙劝者。庙谏鼓，置鞮函，曾未闻雪冤决事、明察幽之意者。以陛下睿博洪深，励精求治，岂言而不用哉？盖下不能有所发明耳！承顾问者独一二执政，对不及顷而罢，岂暇陈治安、议教化哉？它有司或时召见，仅能奉簿书计钱谷登降耳。以陛下之政，视贞观何如哉？贞观时，尚有房、杜、王、魏辅翊之智，日有献可替否者。今陛下当致治之初，而言事进计者岁无一人，岂非群下因循窃位之罪乎？辄昧死条上十事：一、教太子，正邦本；二、封诸王，固磐石；三、出宫人；四、嫁宗女；五、时召宰相讲庶政；六、次对群臣广聪明；七、复正衙奏事；八、许方幅纠弹；九、禁非时贡献；十、省出入游畋。

于时论俊、高弘本、豆卢靖等出为刺史，阅旬追还诏书，积谏："诏令数易，不能信天下。"又陈西北边事。宪宗悦，召问得失。当路者恶之，出为河南尉，以母丧解。服除，拜监察御史。按狱东川，因劾奏节度使严砺违诏过赋数百万，没入涂山甫等八十余家田产奴婢。时砺已死，七刺史皆夺俸，砺党怒。俄分司东都。

时浙西观察使韩皋仗安吉令孙澥，数日死；武宁王绍护送监军孟升丧乘驿，内丧邮中，吏不敢止；内园擅系人逾年，台不及知；河南尹诬杀诸生尹大阶；飞龙使诱亡命奴为养子；田季安盗取洛阳衣冠女；汴州没入死贾钱千万。凡十余事，悉论奏。会河南尹房式坐罪，积举劾，按故事追摄，移书停务。诏薄式罪，召积还。次敷水驿，中人仇士良夜至，积不让，中人怒，击积败面。宰相以积年少轻树威，失宪臣体，贬江陵士曹参军，而李绛、崔群、白居易皆论其枉。久乃徙通州司马，改虢州长史。元和末，召拜膳部员外郎。

积尤长于诗，与居易名相埒，天下传讽，号"元和体"，往往播乐府。穆宗在东宫，妃嫔近习皆诵之，宫中呼元才子。积之谪江陵，善监军崔潭峻。长庆初，潭峻方亲幸，以积歌词数十百篇奏御，帝大悦。问积今安在，曰："为南宫散郎。"即擢祠部郎中，知制诰。变诏书体，务纯厚明切，盛传一时。然其进非公议，为士类訾薄。积内不平，因《诫风俗诏》历诋群有司逞其憾。

俄迁中书舍人、翰林承旨学士。数召入，体遇益厚，自谓得言天下事。中人争与稹交，魏弘简在枢密，尤相善。裴度出屯镇州，有所论奏，共沮却之。度三上疏劾弘简、稹倾乱国政："陛下欲平贼，当先清朝廷乃可。"帝迫群议，乃罢弘简，而出稹为工部侍郎。然眷倚不衰，未几，进同中书门下平章事；朝野杂然轻笑，稹思立奇节报天子以厌人心。时王廷凑方围牛元翼于深州，稹所善于方言："王昭、于友明皆豪士，雅游燕、赵间，能得贼要领，可使反间而出元翼。愿以家赀办行，得兵部虚告二十，以便宜募士。"稹然之。李逢吉知其谋，阴令李赏诉裴度曰："于方为稹结客，将刺公。"度隐不发。神策军中尉以闻，诏韩皋、郑覃及逢吉杂治，无刺度状，而方计暴闻，遂与度偕罢宰相，出为同州刺史。谏官争言度不当免，而黜稹轻。帝独怜稹，但削长春宫使。初，狱未具，京兆刘遵古遣吏罗禁稹第，稹诉之，帝怒，责京兆，免捕贼尉，使使者慰稹。再期，徙浙东观察使。明州岁贡蚶，役邮子万人，不胜其疲，稹奏罢之。

大和三年，召为尚书左丞，务振纲纪，出郎官尤无状者七人。然稹素无检，望轻，不为公议所右。王播卒，谋复辅政甚力，讫不遂。俄拜武昌节度使。卒，年五十三，赠尚书右仆射。

所论著甚多，行于世。在越时，辟窦巩。巩，天下工为诗，与之酬和，故镜湖、秦望之奇益传，时号"兰亭绝唱"。稹始言事峭直，欲以立名，中见斥废十年，信道不坚，乃丧所守。附宦贵得宰相，居位才三月罢。晚弥沮丧，加廉节不饰云。

牛僧孺，字思黯，隋仆射奇章公弘之裔。幼孤，下杜樊乡有赐田数顷，依以为生。工属文，第进士。元和初，以贤良方正对策，与李宗闵、皇甫湜俱第一，条指失政，其言鲠讦，不避宰相。宰相怒，故杨于陵、郑敬、韦贯之、李益等坐考非其宜，皆谪去。僧孺调伊阙尉，改河南，迁监察御史，进累考工员外郎、集贤殿直学士。

穆宗初，以库部郎中知制诰。徙御史中丞，按治不法，内外澄肃。宿州刺史李直臣坐赃当死，赂宦侍为助，具狱上。帝曰："直臣有才，朕欲贷而用之。"僧孺曰："彼不才者，持禄取容耳。天子制法，所以束缚有才者。禄山、朱泚以才过人，故乱天下。"帝异其言，乃止。赐金紫服，以户部侍郎同中书门下平章事。

始，韩弘入朝，其子公武用财赂权贵，杜塞言者。俄而弘、公武卒，孙弱不能事，帝遣使者至其家，悉收赀簿，校计出入。所以饷中朝臣者皆在，至僧孺，独注其左曰："某月日，送钱千万，不纳。"帝善之，谓左右曰："吾不谬知人。"繇是遂以相。寻迁中书侍郎。

敬宗立，进封奇章郡公。是时政出近幸，僧孺数表去位，帝为于鄂州置武昌军，授武昌节度使、同平章事。鄂城土恶圮，岁增筑，赋蓑茅于民，吏倚为扰。僧孺陶甓以城，五年毕，鄂人无复岁费。又废沔州以省冗官。

文宗立，李宗闵当国，屡称僧孺贤，不宜弃外。复以兵部尚书平章事。幽州乱，杨志诚逐李载义，帝不时召宰相问计，僧孺曰："是不足为朝廷忧。夫范阳自安、史后，国家无所系休戚，前日刘总挈境归国，荒财耗力且百万，终不得范阳尺帛斗粟入天府，俄复失之。今志诚繇向载义也，第付以节使捍奚、契丹，彼且自力，不足以逆顺治也。"帝曰："吾初不计此，公言是也。"因遣使慰抚之。进门下侍郎、弘文馆大学士。

是时，吐蕃请和约弛兵，而大酋悉怛谋举维州入之剑南，于是李德裕上言："韦皋经略西山，至死恨不能致，今以生羌二千人烧十三桥，捣虏之虚，可以得志。"帝使群臣大议，请如德裕策。僧孺持不可，曰："吐蕃绵地万里，失一维州无害其疆。今修好使者尚未至，遽反其言。且中国御戎，守信为上，应敌次之。彼来责曰：'何故失信？'赞普牧马蔚茹川，若东袭陇坂，以骑缀回中，不三日抵咸阳桥，则京师戒严，虽得百维州何益！"帝然之，遂诏返降者。时皆谓僧孺挟素怨，横议沮解之，帝亦以为不直。

会中人王守澄引纤人窃议朝政，它日延英召见宰相曰："公等有意于太平乎？何道以致之？"僧孺曰："臣待罪宰相，不能康济，然太平亦无象。今四夷不内扰,百姓安生业,私室无强家,上不壅蔽,下不怨讟,虽未及至盛,亦足为治矣。而更求太平,非臣所及。"退谓它宰相曰:"上责成如是,吾可久处此耶?"固请罢,乃检校尚书左仆射平章事,为淮南节度副大使。天子既急于治,故李训等投隙得售其妄,几至亡国。

开成初,表解剧镇,以检校司空为东都留守。僧孺治第洛之归仁里,多致嘉木美石,与宾客相娱乐。三年,召为尚书左仆射。僧孺入朝,会庄恪太子薨,既见,陈父子君臣人伦大经,以悟帝意,帝泫然流涕。以足疾不任谒,检校司空、平章事,为山南东道节度使。赐彝樽、龙勺,诏曰:"精金古器以比况君子,卿宜少留。"僧孺固请,乃行。

会昌元年,汉水溢,坏城郭,坐不谨防,下迁太子少保,进少师。明年,以太子太傅留守东都。刘稹诛,而石雄军吏得从谏与僧孺、李宗闵交结状。又河南少尹吕述言:"僧孺闻稹诛,恨叹之。"武宗怒,黜为太子少保,分司东都,累贬循州长史。宣宗立,徙衡、汝二州,还为太子少师。卒,赠太尉,年六十九。谥曰文简。

诸子蔚、丛最显。

蔚字大章,少擢两经,又第进士,繇监察御史为右补阙。大中初,屡条切政,宣宗喜曰:"牛氏果有子,差尉人意。"出金州刺史,迁累吏部郎中。失权幸意,贬国子博士,分司东都。复以吏部召,兼史馆修撰。

咸通中,进至户部侍郎,袭奇章侯。坐累免,未一岁,复官。久之,检校兵部尚书、山南西道节度使。治梁三年,徐州盗起,神策两中尉讽诸藩悉财助军,蔚索府帛三万以献,中人嫌其啬,用吴行鲁代之。黄巢入京师,遁山南,故吏民喜蔚至,争迎候。因请老,以尚书右仆射致仕,卒。

子徽。

徽举进士,累擢吏部员外郎。乾符中选滥,吏多奸,岁调四千员，徽治以刚明，柅杜干请，法度复振。

蔚避地于梁，道病，徽与子扶篮舆，历阁路，盗击其首，血流面，持舆不息。盗迫之，徽拜曰："人皆有父，今亲老而疾，幸无骇惊。"盗感之，乃止。及前谷，又逢盗，辄相语曰："此孝子也！"共举舆舍之家，进帛裹创，以饘饮奉蔚，留信宿去。抵梁，徽趋蜀谒行在，丐归侍亲疾。会拜谏议大夫，固辞，见宰相杜让能曰："上迁幸当从，亲有疾当侍，而徽兄在朝廷，身乞还营医药。"时兄循已位给事中，许之。父丧，客梁、汉。终丧，以中书舍人召，辞疾，改给事中，留陈仓。

张浚伐太原，引人判官，敕在所敦遣。徽太息曰："王室方复，庱藏殚耗，当协和诸侯以为藩屏，而又济以兵，诸侯离心，必有后忧。"不肯起。浚果败。复召为给事中。

杨复恭叛山南，李茂贞请假招讨节伐之，未报，而与王行瑜辄出兵。昭宗怒，持奏不下。茂贞亟请，帝召群臣议，无敢言。徽曰："王室多难，茂真诚有功。今复恭阻兵而讨之，罪在不俟命尔。臣闻两镇兵多杀伤，不早有所制，则梁、益之人尽矣。请假以节，明约束，则军有所畏。"帝曰："然。"乃以招讨使授茂贞，果有功，然益偃蹇，帝使宰相杜让能将兵诛讨，徽谏曰："岐，国西门。茂贞凭其众而暴，若令万分一不利，屈威重奈何？愿徐制之。"不听，师出，帝复召徽曰："今伐茂贞，彼众乌合，取必万全，卿计何日有捷？"对曰："臣职谏争，所言者军国大体，如运贼平之期，愿陛下考蓍龟，责将帅，非臣职也。"既而师果败，遂杀大臣，王室益弱。

俄繇中书舍人为刑部侍郎，袭奇章男。崔胤忌徽之正，换左散常侍，徙太子宾客，以刑部尚书致仕，归樊川。卒，赠吏部尚书。

丛字表龄，第进士，繇藩帅幕府任补阙，数言事。会宰相请广谏员，宣宗曰："谏臣惟能举职为可，奚用众耶？今张符、赵璘、牛丛使朕闻所未闻，三人足矣。"以司勋员外郎为睦州刺史，帝劳曰："卿非得怨宰相乎？"对曰："陛下比诏不由刺史、县令不任近臣，宰相以是擢臣，非嫌也。"即赐金紫，谢曰："臣今衣刺史所假绯，即赐紫，为越等。"乃赐银绯。咸通末,拜剑南西川节度使。时蛮犯边,抵大渡,时略黎、雅,叩邛崃关,谩书求入朝,且曰假道。丛囚其使四十人,释二人还之,蛮惧,即引去。僖宗幸蜀,授太常卿。以病求为巴州刺史,不许。还京,为吏部尚书。嗣襄王乱,丛客死太原。

李宗闵,字损之,郑王元懿四世孙。擢进士,调华州参军事。举贤良方正,与牛僧孺诋切时政,触宰相,李吉甫恶之,补洛阳尉。久流落不偶,去从藩府辟署。入授监察御史、礼部员外郎。裴度伐蔡,引为彰义观察判官。蔡平,迁驾部郎中,知制诰。穆宗即位,进中书舍人。时翱为华州刺史,父子同拜,世以为宠。

长庆初,钱徽典贡举,宗闵托所亲于徽,而李德裕、李绅、元稹在翰林,有宠于帝,共白徽纳干丐,取士不以实,宗闵坐贬剑州刺史。由是嫌忌显结,树党相磨轧,凡四十年,缙绅之祸不能解。

俄复为中书舍人,典贡举,所取多知名士,若唐冲、薛庠、袁都等,世谓之"玉笋"。宝历初,累进兵部侍郎,父丧解。大和中,以吏部侍郎同中书门下平章事。时德裕自浙西召,欲以相,而宗闵中助多,先得进,即引僧孺同秉政,相唱和,去异己者,德裕所善皆逐之。迁中书侍郎。

久之,德裕为相,与宗闵共当国。德裕入谢,文宗曰:"而知朝廷有朋党乎?"德裕曰:"今中朝半为党人,虽后来者,趋利而靡,往往陷之。陛下能用中立无私者,党与破矣。"帝曰:"众以杨虞卿、张元夫、萧浣为党魁。"德裕因请皆出为刺史,帝然之。即以虞卿为常州,元夫为汝州,萧浣为郑州。宗闵曰:"虞卿位给事中,州不容在元夫下。德裕居外久,其知党人不如臣之详。虞卿日见宾客于第,世号行中书,故臣未尝与美官。"德裕质之曰:"给事中非美官云何?"宗闵大沮,不得对。俄以同平章事为山南西道节度使。

李训、郑注始用事,疾德裕,共訾短之。乃罢德裕,复召宗闵知政事,进封襄武县侯,恣肆附托。会虞卿以京兆尹得罪,极言营解,帝怒叱曰:"尔尝以郑覃为妖气,今自为妖耶?"即出为明州刺史,贬处州长史。训、注乃劾宗闵异时阴结附马都尉沈㺹、内人宋若宪、宦者韦元素王践言等求宰相，且言："顷上有疾，密问术家吕华，迎考命历，曰：'恶十二月。'而践言监军剑南，受德裕赇，复与宗闵交私。"乃贬宗闵潮州司户参军事，㺹逐柳州，元素等悉流岭南，亲信并斥。

时训、注欲以权市天下，凡不附己者，皆指以二人党，逐去之，人人骇栗。连月雺晦，帝乃诏宗闵、德裕姻家门生故吏，自今一切不问，所以慰安中外。尝叹曰："去河北贼易，去此朋党难！"

开成初，幽州刺史元忠、河阳李载义累表论洗，乃徙为衢州司马。杨嗣复辅政，与宗闵善，欲复用，而畏郑覃，乃托宦人讽帝。帝因紫宸对覃曰："朕念宗闵久斥，应授一官。"覃曰："陛下徙令少近则可，若再用，臣请前免。"陈夷行曰："宗闵之罪，不即死为幸。宝历时，李续、张又新等号'八关十六子'，朋比险妄，朝廷几危。"李珏曰："此李逢吉罪。今续丧阕，不可不任以官。"夷行曰："不然，舜逐四凶天下治，朝廷何惜数俭人，使乱纪纲？"嗣复曰："事当适宜，不可以憎爱夺。"帝曰："州刺史可乎？"覃请授洪州别驾，夷行曰："宗闵始庇郑注，阶其祸几覆国。"嗣复曰："陛下向欲官郑注，而宗闵不奉诏，尚当记之。"覃曰："嗣复党宗闵者，彼其恶似李林甫。"嗣复曰："覃言过矣，林甫嫉贤忌功，夷灭十余族，宗闵固无之。始，宗闵与德裕俱得罪，德裕再徙镇，而宗闵故在贬地。夫惩劝宜一，不可谓党。"因折覃曰："比殷侑为韩益求官，臣以其昔坐赃，不许。覃托臣勿论，是岂不为党乎？"遂擢宗闵杭州刺史。迁太子宾客，分司东都。

既而覃、夷行去位，嗣复谋引宗闵复辅政，未及而文宗崩。会昌中，刘稹以泽潞叛，德裕建言宗闵素厚从谏，今上党近东都，乃拜宗闵湖州刺史。稹败，得交通状，贬漳州长史，流封州。宣宗即位，徙郴州司马，卒。

宗闵性机警，始有当世令名，既寖贵，喜权势。初为裴度引拔，后度荐德裕可为相，宗闵遂与为怨。韩愈为作《南山》、《猛虎行》视之。而宗闵崇私党，熏炽中外，卒以是败。

子珉、瓒,皆擢进士。令狐绹作相,而瓒以知制诰历翰林学士。绹罢,亦为桂管观察使。不善御军,为士卒所逐,贬死。

宗闵弟宗冉,其子汤,累官京兆尹,黄巢陷长安,杀之。

杨嗣复,字继之。父于陵,始见识于浙西观察使韩滉,妻以其女,归谓妻曰:"吾阅人多矣,后贵且寿无若生者,有子必位宰相。"既而生嗣复,滉抚其顶曰:"名与位皆逾其父,杨氏之庆也。"因字曰庆门。八岁知属文,后擢进士、博学宏辞,与裴度、柳公绰皆为武元衡所知,表署剑南幕府。进右拾遗,直史馆。尤善礼家学,改太常博士,再迁礼部员外郎。时于陵为户部侍郎,嗣复避同省,换它官,有诏:"同司,亲大功以上,非联判句检官长,皆勿避。官同职异,虽父子兄弟无嫌。"迁累中书舍人。

嗣复与牛僧孺、李宗闵雅相善,二人辅政,引之,然不欲越父当国,故权知礼部侍郎。凡二期,得士六十八人,多显宦。文宗嗣位,进户部侍郎。于陵老,求侍,不许。丧除,擢尚书左丞。大和中,宗闵罢,嗣复出为剑南东川节度使。宗闵复相,徙西川。

开成初,以户部侍郎召,领诸道盐铁转运使。俄与李珏并拜同中书门下平章事,弘农县伯,仍领盐铁。后紫宸奏事,嗣复为帝言:"陆洿屏居民间,而上书论兵,可劝以官。"珏和曰:"士多趋竞,能奖洿,贪夫廉矣。比窦洵直以论事见赏,天下释然,况官洿耶!"帝曰:"朕赏洵直,褒其心尔。"郑覃不平曰:"彼苞藏固未易知。"嗣复曰:"洵直无邪,臣知之。"覃曰:"陛下当察朋党。"嗣复曰:"覃疑臣党,臣应免。"即再拜祈罢。珏见言切,缪曰:"朋党固少弸。"覃曰:"附离复生。"帝曰:"向所谓党与不已尽乎?"覃曰:"杨汉公、张又新、李续故在。"珏乃陈边事,欲绝其语。覃曰:"论边事安危,臣不如珏;嫉朋比,珏不如臣。"嗣复曰:"臣闻左右佩剑,彼此相笑,未知覃果谓谁为朋党邪?"因当香案顿首曰:"臣位宰相,不能进贤退不肖,以朋党获讥,非所以重朝廷。"固乞罢,帝方委以政,故尉安之。

它日,帝问:"符谶可信乎?何从而生?"嗣复曰:"汉光武以谶决事,隋文帝亦喜之,故其书蔓天下。班彪《王命论》有所引述,特以止贼乱,非重之也。"珏曰:"治乱宜直推人事耳。"帝曰:"然。"又问:"天后时有起布衣为宰相者,果可用乎?"嗣复曰:"天后重用刑,轻用官,自为之计耳。必责能否,要待历试乃可。"

是时延英访对,史官不及知。嗣复建言:"故事:正衙,起居注在前;便坐,无所纪录。姚璹、赵璟皆请置时政记,不能行。臣请延英对宰相语关道德刑政者,委中书门下直日纪录,月付史官。"它宰相议不同,止。久之,帝史问:"延英政事,孰当记之?"珏监修国史,对曰:"臣之职也。"陈夷行曰:"宰相所录,恐掩蔽圣德,自盗美名。臣向言不欲威权在下者此也。"珏曰:"夷行疑宰相卖威权,货刑赏。不然,何自居位而为此言邪?臣得罢为幸。"覃曰:"陛下开成初政甚善,三年后,日不逮前。"嗣复曰:"开成初,覃、夷行当国,三年后,臣与李珏同进。臣不能悉心奉职,使政事日不逮前,臣之罪也。纵陛下不忍加诛,当自殄灭。"即叩头请从此辞,不敢更至中书,乃趋出。帝使使者召还,曰:"覃言失,何及此邪?"覃起谢曰:"臣愚不知忌讳,近事虽善,犹未尽公。臣非专斥嗣复,而遽求去,乃不使臣言耳。"嗣复曰:"陛下月费俸禀数十万,时新异赐必先及,将责臣辅圣功,求至治也。使不及初,岂臣当死,累陛下之德,奈何?惟陛下别求贤以自辅。"帝曰:"覃偶及之,奚执咎?"嗣复阖门不肯起,帝乃免覃、夷行相,而嗣复专天下事。

进门下侍郎。建言:"使府官属多,宜省。"帝曰:"无反滞才乎?"对曰:"才者自异,汰去秕滓者,菁华乃出。"帝曰:"昔萧复秉政,难言者必言,卿其志之!"

未几,帝崩,中尉仇士良废遗诏,立武宗。帝之立,非宰相意,故内薄执政臣,不可礼,自用李德裕,而罢嗣复为吏部尚书,出为湖南观察使。会诛薛季棱、刘弘逸,中人多言尝附嗣复、珏,不利于陛下。帝刚急,即诏中使分道诛嗣复等,德裕与崔郸、崔珙等诣延英言:"故事,大臣非恶状明白,未有诛死者。昔太宗、玄宗、德宗三帝,皆尝用重刑,后无不悔,愿徐思其宜,使天下知盛德有所容,不欲人以为冤。"帝曰："朕缵嗣之际，宰相何尝比数！且珏等各有附会，若珏、季棱属陈王，犹是先帝意。如嗣复、弘逸属安王，乃内为杨妃谋。且其所诒书曰：'姑何不学天后？'"德裕曰："飞语难辨。"帝曰："妃昔有疾，先帝许其入侍，得通其谋。禁中证左尤具，我不欲暴于外。使安王立，肯容我耶？"言毕戚然，乃曰："为卿赦之！"因追使者还，贬嗣复潮州刺史。

宣宗立，起为江州刺史。以吏部尚书召，道岳州卒，年六十六，赠尚书左仆射，谥曰孝穆。

嗣复领贡举时，于陵自洛入朝，乃率门生出迎，置酒第中，于陵坐堂上，嗣复与诸生坐两序。始于陵在考功，擢浙东观察使李师稷及第，时亦在焉。人谓杨氏上下门生，世以为美。

嗣复五子，其显者：授、损。

授字得符，于昆弟最贤。由进士第迁累户部侍郎，以母病求为秘书监。后以刑部尚书从昭宗幸华，徙太子少保，卒，赠尚书左仆射。

子戭，字公隐，累擢左拾遗。昭宗初立，数游宴，上疏极谏。历户部员外郎。崔胤招朱全忠入京师，戭挈族客湖南。终谏议大夫。

损字子默，繇荫补蓝田尉，至殿中侍御史。家新昌里，与路岩第接。岩方为相，欲易其厩以广第。损族仕者十余人，方曰："家世盛衰，系权者喜怒，不可拒。"损曰："今尺寸土皆先人旧赍，非吾等所有，安可奉权臣邪？穷达，命也！"卒不与。岩不悦，使损按狱黔中，逾年还。三迁绛州刺史。岩罢去，召为给事中，迁京兆尹。与宰相卢携雅不叶，复除给事中。陕虢军乱，逐观察使崔荛，命损代之，至则尽诛有罪者。拜平卢节度使，徙天平，未赴复留，卒官下。

赞曰：夫口道先王语，行如市人，其名曰"盗儒"。僧孺、宗闵以方正敢言进，既当国，反奋私昵党，排擎所憎，是时权震天下，人指曰"牛李"，非盗谓何？逢吉险邪，积浮躁，嗣复辩给，固无足言。幸主屡昏，不底于戮，治世之罪人欤！

唐书卷一七五
列传第一〇〇

窦群 _{常 牟 巩}　刘栖楚
张又新　杨虞卿 _{汉公 汝士}
张宿　熊望　柏耆

窦群,字丹列,京兆金城人。父叔向,以诗自名,代宗时,位左拾遗。群兄弟皆擢进士第,独群以处士客隐毗陵。母卒,啮一指置棺中,庐墓次终丧。从卢庇传啖助《春秋》学,著书数十篇。苏州刺史韦夏卿荐之朝,并表其书,报闻,不召。后夏卿入为京兆尹,复言之,德宗擢为左拾遗。时张荐持节使吐蕃,乃迁群侍御史,为荐判官。入见帝曰:"陛下即位二十年,始自草茅擢臣为拾遗,何其难也?以二十年难进之臣为和蕃判官,一何易?"帝壮其言,不遣。

王叔文党盛,雅不喜群,群亦悻悻不肯附。欲逐之,韦执谊不可,乃止。群往见叔文曰:"事有不可知者。"叔文曰:"奈何?"曰:"去年李实伐恩恃权,震赫中外,君此时逡巡路傍,江南一吏耳。今君又处实之势,岂不思路傍复有如君者乎?"叔文悚然,亦卒不用。

宪宗立,转膳部员外郎,兼待御史知杂事。出为唐州刺史。节度使于頔闻其名,与语,奇之,表以自副。武元衡、李吉甫皆所厚善,故召拜吏部郎中。元衡辅政,荐群代为中丞。群引吕温、羊士谔为御史,吉甫以二人躁险,持不下。群忮很,反怨吉甫。吉甫节度淮南,群谓失恩,因挤之。陈登者,善术,夜过吉甫家,群即捕登掠考,上言吉甫阴事。宪宗面覆登，得其情，大怒，将诛群，吉甫为救解，乃免，出为湖南观察使。改黔中。会水坏城郭，调溪洞群蛮筑作，因是群蛮乱，贬开州刺史。稍迁容管经略使。召还，卒于行，年五十五，赠左散骑常侍。

群很自用，果于复怨。始召，将大任之，众皆惧，及闻其死，乃安。

兄常、牟，弟庠、巩，皆为郎，工词章，为《联珠集》行于时，义取昆弟若五星然。

常字中行，大历中及进士第，不肯调，客广陵，多所论著，隐居二十年。镇州王武俊闻其才，奏辟不应。杜佑镇淮南，署为参谋。历朗夔江抚四州刺史、国子祭酒，致仕。卒，赠越州都督。

牟字贻周，累佐节度府。晚从昭义卢从史，从史寝骄，牟度不可谏，即移疾归东都。从史败，不以觉微避去自贤。位国子司业。

庠字胄卿，终婺州刺史。

巩字友封，雅裕，有名于时。平居与人言若不出口，世号"嗫嚅翁"。元稹节管武昌，奏巩自副，卒。

刘栖楚，其出寒鄙。为镇州小史，王承宗奇之，荐于李逢吉，縻邓州司仓参军擢右拾遗。逢吉之罢裴度、逐李绅，皆嗾而为奸者。敬宗立，视朝常晏，数游畋失德。栖楚谏曰："惟前世王者初嗣位，皆亲庶政，坐以待旦。陛下新即位，安卧寝内，日晏乃作。大行殡宫密迩，鼓吹之声日闻诸朝。且宪宗及先帝皆长君，朝夕恪勤，四方犹有叛者。陛下以少主，践祚未几，恶德流布，恐福祚之不长也。臣以谏为官，使陛下负天下讥，请碎首以谢。"遂额叩龙墀，血被面。李逢吉传诏："毋叩头，待诏旨。"栖楚捧首立，帝动容，扬袂使去。栖楚曰："不听臣言，臣请死于此。"有诏尉喻，乃出。迁起居郎，辞疾归洛。后谏官对延英，帝问："向廷争者在邪？"以谏议大夫召。未几，宣授刑部侍郎。故事，侍郎无宣授者，逢吉喜助己，故不次任之。

数月，改京兆尹，峻诛罚，不避权豪。先是，诸恶少窜名北军，凌藉衣冠，有罪则逃军中，无敢捕。栖楚一切穷治，不阅旬，宿奸老蠹为敛迹。一日，军士乘醉有所凌突，诸少年从旁噪曰："痴男子，不记头上尹邪？"

然其性诡激，敢为怪行，乘险抵巇，若无顾藉，内实恃权怙宠以干进。诣宰相，厉色慢辞，韦处厚恶之，出为桂管观察使。卒，赠左散骑常侍。

张又新，字孔昭，工部侍郎荐之子。元和中，及进士高第，历左右补阙。性倾邪。李逢吉用事，恶李绅，冀得其罪，求中朝凶果敢言者厚之，以危中绅。又新与拾遗李续、刘栖楚等为逢吉搏吠所憎，故有"八关十六子"之目。

敬宗立，绅贬端州司马，朝臣过宰相贺，闻者曰："止，宰相方与补阙语，姑伺之。"及又新出，流汗揖百官曰："端溪之事，窃不敢让。"人皆辟易畏之。寻转祠部员外郎。尝买婢迁约，为牙侩搜索陵突，御史劾举，逢吉庇之，事不穷治。及逢吉罢，领山南东道节度，表又新为行军司马。坐田伓事，贬汀州刺史。李训有宠，又新复见用，迁刑部郎中，为申州刺史。训死，复坐贬。终左司郎中。

又新善文辞，再以谄附败，丧其家声云。

杨虞卿，字师皋，虢州弘农人。父宁，有高操，谈辩可喜，擢明经，调临涣主簿，弃官还夏，与阳城为莫逆交。德宗以谏议大夫召城，城未拜，诏宁即谕，与俱来。陕虢观察使李齐运表置幕府。齐运入为京兆尹，表奉先主簿，拜监察御史，坐累免。顺宗初，召为殿中侍御史，终国子祭酒。

虞卿第进士、博学宏辞，为校书郎。抵淮南，委婚币焉，会陈商葬其先，贫不振，虞卿未尝与游，悉所赍助之。擢累监察御史。

穆宗初立，逸游荒恣，虞卿上疏曰："乌鸢遭害仁鸟逝，诽谤不诛良臣进。臣敢冒诛献瞽言。臣闻尧、舜以天下为忧，不以位为乐。

况今北虏方梗，西戎弗靖，两河有疮痏之虞，五岭罹氛厉之役。人之疾苦积下，朝之制度莫修。边亡见储，国用寖屈，固未可以高枕而息也。陛下初临万几，宜有忧天下心。当日见辅臣公卿百执事，垂意以问，使四方内外灼有所闻。而听政六十日，八对延英，独三数大臣承圣问而已，它内朝臣偕入齐出，无所咨询。谏臣盈廷，忠言不闻，臣实羞之。盖主恩疏而正路塞也。公卿大臣宜朝夕燕见，则君臣情接而治道得矣。今宰臣四五人，或顷刻侍坐，鞠躬陨越，随旨上下，无能往来，此繇君太尊、臣太卑故也。公卿列位，虽陟降清地，曾未奉优睠、承下问。虽陛下神圣如五帝，犹宜周爱顾逮，惠以气色，使支体相成，君臣昭明。陛下求治于宰相，宰相求治于臣等，进忠若趋利，论政若诉冤，此而不治，无有也。自古天子居危思安之心同，而居安虑危之心则异，故不得皆为圣明也。"时又有衡山布衣赵知微，亦上书指言帝倡优在侧，驰骋无度，内作色荒，外作禽荒。辞颇危切，帝诏宰相尉谢。宰相因是贺天子纳谏，然不能用也。

俄诏行劳西北边。还，迁侍御史，改礼部员外郎、史馆修撰。进吏部。会曹史李贾等鬻伪告，调官六十五员，赃千六百万以上，虞卿发其奸，贾等系御史府。而虞卿亲吏尝受二百万，亡命，私奴受三十万，虞卿缚奴送狱。三司严休复、高钅予、韦景休杂推，贾等皆诛死。虞卿坐不检下免官。

李宗闵、牛僧孺辅政，引为右司郎中、弘文馆学士。再迁给事中。虞卿佞柔，善谐丽权幸，倚为奸利。岁举选者，皆走门下，署第注员，无不得所欲，升沈在牙颊间。当时有苏景胤、张元夫，而虞卿兄弟汝士、汉公为人所奔向，故语曰："欲趋举场，问苏、张；苏、张犹可，三杨杀我。"宗闵待之尤厚，就党中为最能唱和者，以口语轩轾事机，故时号党魁。

德裕之相，出为常州刺史。宗闵复入，以工部侍郎召，迁京兆尹。大和九年，京师讹言郑注为帝治丹，剔小儿肝心用之。民相惊，扃护儿曹。帝不悦，注亦内不安，而雅与虞卿有怨，即约李训奏言："语出虞卿家，因京兆骀伍布都下。"御史大夫李固言素嫉虞卿固比，因傅左端倪。帝大怒，下虞卿诏狱。于是诸子弟自囚阙下称冤，虞卿得释，贬虔州司户参军，死。

子知退、知权、坛、堪，汉公，皆擢进士第，汉公最显。

汉公字用义。始辟兴元李绛幕府，绛死，不与其祸。迁累户部郎中、史馆修撰，转司封郎中。坐虞卿，下除舒州刺名，徙湖、亳、苏三州。擢桂管、浙东观察使。繇户部侍郎拜荆南节度使，召为工部尚书。或劾汉公治荆南有贪赃，降秘书监。稍迁国子祭酒。

宣宗擢为同州刺史。于是，给事中郑裔绰、郑公舆共奏汉公冒猥无廉概，不可处近辅，三还制书。帝它日凡门下论执驳正未尝却。汉公素结左右，有奥助。至是，帝惑不从，制卒行。会寒食宴近臣，帝自击球为乐，巡劳从臣，见裔绰等曰："省中议无不从，唯汉公事为有党。"裔绰独对："同州，太宗兴王地，陛下为人子孙，当精择守长付之，汉公既以墨败，陛下容可举剧部私贪人？"帝恚见颜间。翌日，斥裔绰为商州刺史。汉公自同州更宣武、天平两节度使，卒。

子筹、范，仕亦显。

汝士字慕巢。中进士第，又擢宏辞。牛、李待之善，引为中书舍人。开成初，繇兵部侍郎为东川节度使。时嗣复镇西川，乃族昆第，对拥旄节，世荣其门。终刑部尚书。

子知温、知至，悉以进士第入官。知温终荆南节度使。知至为宰相刘瞻所善，以比部郎中知制诰。瞻得罪，亦贬琼州司马，擢累户部侍郎。

杨氏自汝士后，贵赫为冠族。所居静恭里，兄弟并列门戟。咸通后，在台省方镇率十余人。

张宿者，本寒人，自名诸生。宪宗为广陵王时，因张茂宗荐尉，得出入邸中，诞谲敢言。及监抚，自布衣授左拾遗，交通权幸，四方赂遗满门。数召对，不能慎密，坐漏禁中语，贬郴丞十余年。

累迁比部员外郎。宰相李逢吉数言其狡谲不可信,白为濠州刺史,宿上疏自言,留不遣。帝欲以为谏议大夫,逢吉曰:"谏议职要重,当待贤者。宿细人,不可使污是官。陛下必用之,请先去臣乃可。"帝不悦。后逢吉罢,诏权知谏议大夫,宰相崔群、王涯同议曰:"谏议大夫,前世或自山林、擢行伍任之者,然皆道义卓异于时。今宿望轻,若待以不次,未足以宠,适以累之也。"请授它官,不听,使中人宣授焉。宿怨执政不与己,乃日肆谗慝,与皇甫镈相附离,多中伤正人君子。元和末,持节至淄青,李师道愿割地遣子入侍。既而悔,复遣宿往,暴卒于道,赠秘书监。

熊望者,字原师,擢进士第。性险躁,以辩说游公卿间。刘栖楚为京兆尹,树权势,望日出入门下,为刺取事机,阴佐计画。敬宗喜为歌诗,议置东头学士,以备燕狎。栖楚荐望,未及用,帝崩。文宗立,韦处厚秉政,诏望因缘险薄,营密职,图褒幸,欢沸众议,贬漳州司户参军。

柏耆者,有纵横学。父良器,为时威名将。耆志健而望高,急于立名。是时,王承宗以常山叛,朝廷厌兵,耆杖策诣淮西行营谒裴度,且言愿得天子一节驰入镇,可掉舌下之。度为言,乃以左拾遗往。既至,以大谊动承宗,至泣下。乃请献二州,以二子入质。真擢耆左拾遗,由是声震一时,迁起居舍人。

王承元徙义成军,遣谏议大夫郑覃往慰成德军,赉缯钱百万。赉未至,举军哗议,穆宗遣耆谕天子意,众乃信悦。转兵部郎中、谏议大夫。

大和初,李同捷反,诏两河诸镇出兵,久无功。乃授耆德州行营诸军计会使,与判官沈亚之谕旨。会横海节使李祐平德州,同捷穷,请降,祐使大将万洪代守沧州,同捷未出也,耆以三百骑驰入沧,以事诛洪,与同捷朝京师。既行,谍言王廷凑欲以奇兵劫同捷,耆遂斩其首以献。诸将嫉耆功,比奏攒诋,文宗不获已,贬耆循州司户参军、亚之南康尉。宦人马国亮潜耆受同捷先所得王稷女及奴婢珍赀。初，祐闻耆杀洪，大惊，疾遂剧。帝曰："祐若死，是耆杀之。"至是，积前怒，诏长流爱州，赐死。

赞曰：诗人斥谮人最甚，投之豺虎、有北，不置也。如群、栖楚辈则然，肆讦以示公，构党以植私，其言缅缅若可听，卒而入于败乱也。孔子所谓"顺非而泽"者欤，"利口覆邦家"者欤！耆掩众取功，自速其死，哀哉！

唐书卷一七六
列传第一○一

韩愈 孟郊 张籍 皇甫湜 卢仝 贾岛 刘义

　　韩愈，字退之，邓州南阳人。七世祖茂，有功于后魏，封安定王。父仲卿，为武昌令，有美政，既去，县人刻石颂德。终秘书郎。

　　愈生三岁而孤，随伯兄会贬官岭表。会卒，嫂郑鞠之。愈自知读书，日记数千百言，比长，尽能通《六经》、百家学。擢进士第。会董晋为宣武节度使，表署观察推官。晋卒，愈从丧出，不四日，汴军乱，乃去依武宁节度使张建封，建封辟府推官。操行坚正，鲠言无所忌。调四门博士，迁监察御史。上疏极论宫市，德宗怒，贬阳山令。有爱在民，民生之多以其姓字之。改江陵法曹参军。元和初，权知国子博士，分司东都，三岁为真。改都官员外郎，即拜河南令。迁职方员外郎。

　　华阴令柳涧有罪，前刺史劾奏之，未报而刺史罢。涧讽百姓遮索军顿役直，后刺史恶之，按其狱，贬涧房州司马。愈过华，以为刺史阴相党，上疏治之。既御史覆问，得涧赃，再贬封溪尉，愈坐是复为博士。既后高数黜，官又下迁，乃作《进学解》以自谕曰：

　　国子先生晨入太学，召诸生立馆下，诲之曰："业精于勤，荒于嬉；行成于思，毁于随。方今圣贤相逢，治具毕张，拔去凶邪，登崇畯良。占小善者率以录，名一艺者无不庸，杷罗剔抉，刮垢磨光。盖有幸而获选，孰云多而不扬？诸生业患不能精，无患有司之不明；行患不能成，无患有司之不公。"

　　言未既，有笑于列者曰："先生欺予哉！弟子事先生，于兹有年矣。先生口不绝吟于六艺之文，手不停披于百家之编，记事者必提其要，纂言者必钩其玄。贪多务得，细大不捐。烧膏油以继晷，常兀兀以穷年。先生之业，可谓勤矣。抵排异端，攘斥佛老。补苴罅漏，张皇幽眇。寻坠绪之茫茫，独旁搜而远绍。停百川而东之，回狂澜于既倒。先生之于儒，可谓有劳矣。沈浸浓郁，含英咀华。作为文章，其书满家。上规姚姒，浑浑亡涯。周《诰》商《盘》，佶屈聱牙。《春秋》谨严，《左氏》浮夸。《易》奇而法，《诗》正而葩。下迨《庄》《骚》，太史所录，子云、相如，同工异曲。先生之于文，可谓闳其中而肆其外矣。少始知学，勇于敢为。长通于方，左右其宜。先生之于为人，可谓成矣。然而公不见信于人，私不见助于友。跋前踬后，动辄得咎。暂为御史，遂窜南夷。三年博士，冗不见治。命与仇谋，其败几时。冬暖而儿号寒，年丰而妻啼饥。头童齿豁，竟死何裨？不知虑此，而反教人为！"

　　先生曰："吁！子来前。夫大木为宋，细木为桷，榑栌侏儒，根阒扂楔，各得其宜施以成室者，匠氏之工也。玉札丹砂，赤箭青芝，牛溲马勃，败鼓之皮，俱收并蓄，待用无遗者，医师之良也。登明选公，杂进巧拙，纡余为妍，卓荦为杰，校短量长，唯器是适者，宰相之方也。昔者孟轲好辩，孔道以明；辙环天下，卒老于行。荀卿宗王，大伦以兴；逃谗于楚，废死兰陵。是二儒者，吐词为经，举足为法，绝类离伦，优入圣域，其遇于世何如也？今先生学虽修而不繇其统，言虽多而不要其中；文虽奇而不济于用，行虽修而不显于众。犹且月费俸钱，岁靡禀粟，子不知耕，妇不知织；乘马从徒，安坐而食；踵常涂之促促，窥陈编以盗窃。然而圣主不加诛，宰臣不见斥，兹非其幸欤？动而得谤，名亦随之。投闲置散，乃分之宜。若夫商财贿之有无，计班资之崇庳，忘量己之所称，指前人之瑕疵，是所谓诘匠氏之不以杙为楹，而訾医师以昌阳引所，欲进其豨苓也。"

执政览之,奇其才,改比部郎中、史馆修撰。转考功,知制诰,进中书舍人。

初,宪宗将平蔡,命御史中丞裴度使诸军按视。及还,且言贼可灭,与宰相议不合。愈亦奏言:

> 淮西连年修器械防守,金帛粮畜耗于给赏,执兵之卒四向侵掠,农夫织妇饷于其后,得不偿费。比闻畜马皆上槽枥,此譬有十夫之力,自朝抵夕,跳跃叫呼,势不支久,必自委顿。当其已衰,三尺童子可制其命。况以三州残弊困剧之余而当天下全力,其败可立而待也。然未可知者,在陛下断与不断耳。夫兵不多不足以取胜,必胜之师不在速战,兵多而战不速则所费必广。疆埸之上,日相攻劫,近贼州县,赋役百端,小遇水旱,百姓愁苦。方此时,人人异议以惑陛下,陛下持之不坚,半途而罢,伤威损费,为弊必深。所要先决于心,详度本末,事至不惑,乃可图功。

又言:“诸道兵羁旅单弱不足用,而界贼州县,百姓习战斗,知贼深浅,若募以内军,教不三月,一切可用。”又欲“四道置兵,道率三万,畜力伺利,一日俱纵,则蔡首尾不救,可以责功”。执政不喜。会有人诋愈在江陵时为裴均所厚,均子锷素无状,愈为文章,字命锷,谤语嚣暴,由是改太子右庶子。及度以宰相节度彰义军,宣慰淮西,奏愈行军司马。愈请乘遽先入汴,说韩弘使叶力。元济平,迁刑部侍郎。

宪宗遣使者往凤翔迎佛骨入禁中,三日,乃送佛祠。王公士人弃走膜呗,至为夷法灼体肤,委珍贝,腾沓系路。愈闻恶之,乃上表曰:

> 佛者,夷狄之一法耳。自后汉时始入中国,上古未尝有也。昔黄帝在位百年,年百一十岁;少昊在位八十年,年百岁;颛顼在位七十九年,年九十岁;帝喾在位七十年,年百五岁;尧在位九十八年,年百一十八岁;帝舜在位及禹年皆百岁。此时天下太平,百姓安乐寿考,然而中国未有佛也。其后,汤亦年百岁,

汤孙太戊在位七十五年,武丁在位五十年,书史不言其寿,推其年数,盖不减百岁。周文王年九十七岁,武王年九十三岁,穆王在位百年。此时佛法亦未至中国,非因事佛而致然也。汉明帝时始有佛法,明帝在位才十八年。其后乱亡相继,运祚不长。宋、齐、梁、陈、元魏以下,事佛渐谨,年代尤促。唯梁武帝在位四十八年,前后三舍身施佛,宗庙祭不用牲牢,昼日一食,止于菜果,后为侯景所逼,饿死台城,国亦寻灭。事佛求福,乃更得祸。由此观之,佛不足信,亦可知矣。

高祖始受隋禅,则议除之。当时群臣识见不远,不能深究先王之道、古今之宜,推阐圣明,以救斯弊,其事遂止。臣常恨焉!伏惟睿圣文武皇帝陛下,神圣英武,数千百年以来,未有伦比。即位之初,即不许度人为僧尼、道士,又不许别立寺观。臣当时以为高祖之志,必行于陛下。今纵未能即行,岂可恣之令盛也?今陛下令群僧迎佛骨于凤翔,御楼以观,异入大内,又令诸寺递加供养。臣虽至愚,必知陛下不惑于佛,作此崇奉以祈福祥也。直以丰年之乐,徇人之心,为京都士庶设诡异之观、戏玩之具耳。安有圣明若比,而肯信此等事哉?然百姓愚冥,易惑难晓,苟见陛下如此,将谓真心信佛,皆云:“天子大圣,犹一心信向,百姓微贱,于佛岂合更惜身命?”以至灼顶燔指,十百为群,解衣散钱,自朝至暮,转相放效,唯恐后时,老幼奔波,弃其生业。若不即加禁遏,更历诸寺,必有断臂脔身以为供养者。伤风败俗,传笑四方,非细事也。

佛本夷狄之人,与中国言语不通,衣服殊制,口不道先王之法言,身不服先王之法服,不知属臣之义、父子之情。假如其身尚在,奉其国命来朝京师,陛下容而接之,不过宣政一见,礼宾一设,赐衣一袭,卫而出之于境,不令贰于众也。况其身死已久,枯朽之骨,凶秽之余,岂宜以入宫禁?孔子曰:“敬鬼神而远之。”古之诸侯吊于其国,必令巫祝先以桃茢祓除不祥,然后进吊。今无故取朽秽之物,亲临观之,巫祝不先,桃茢不用,群臣不言其非，御史不举其失，臣实耻之。乞以此骨付之水火，永绝根本，断天下之疑，绝前代之惑，使天下之人知大圣人之所作为出于寻常万万也。佛如有灵，能作祸祟，凡有殃咎，宜加臣身。上天鉴临，臣不怨悔。

表入，帝大怒，持示宰相，将抵以死。裴度、崔群曰："愈言讦忤，罪之诚宜。然非内怀至忠，安能及此？愿少宽假，以来谏争。"帝曰："愈言我奉佛太过，犹可容；至谓东汉奉佛以后，天子咸夭促，言何乖刺邪？愈，人臣，狂妄敢尔，固不可赦。"于是中外骇惧，虽戚里诸贵，亦为愈言，乃贬潮州刺史。

既至潮，以表哀谢曰：

臣以狂妄戆愚，不识礼度，陈佛骨事，言涉不恭，正名定罪，万死莫塞。陛下哀臣愚忠，恕臣狂直，谓言虽可罪，心亦无它，特屈刑章，以臣为潮州刺史，既免刑诛，又获禄食，圣恩宽大，天地莫量，破脑刳心，岂足为谢！

臣所领州，在广府极东，过海口，下恶水，涛泷壮猛，难计期程，飓风鳄鱼，患祸不测。州南近界，涨海连天，毒雾瘴氛，日夕发作。臣少多病，年才五十，发白齿落，理不久长。加以罪犯至重，所处远恶，忧惶惭悸，死亡无日。单立一身，朝无亲党，居蛮夷之地，与魑魅同群，苟非陛下哀而念之，谁肯为臣言者？

臣受性愚陋，人事多所不通，维酷好学问文章，未尝一日暂废，实为时辈所见推许。臣于当时之文，亦未有过人者。至于论述陛下功德，与《诗》、《书》相表里，作为歌诗，荐之郊庙，纪太山之封，镂白玉之牒，铺张对天之宏休，扬厉无前之伟绩，编于《诗》、《书》之策而无愧，措于天地之间而无亏，虽使古人复生，臣未肯让。

伏以皇唐受命有天下，四海之内，莫不臣妾，南北东西，地各万里。自天宝以后政治少懈，文致未优，武克不刚，孽臣奸隶，蠹居棋处，摇毒自防，外顺内悖，父死子代，以祖以孙，如古诸侯，自擅其地，不朝不贡，六七十年。四圣传序，以至陛下。陛下即位以来,躬亲听断,旋乾转坤,关机阖开,雷厉风飞,日月清照,天戈所麾,无不从顺。宜定乐章,以告神明,东巡泰山,奏功皇天,具著显庸,明示得意,使永永年服我成烈。当此之际,所谓千载一时不可逢之嘉会,而臣负罪婴衅,自拘海岛,戚戚嗟嗟,日与死迫,曾不得奏薄伎于从官之内、隶御之间,穷思毕精,以赎前过。怀痛穷天,死不闭目,伏惟陛下天地父母哀而怜之。

帝得表,颇感悔,欲复用之,持示宰相曰:"愈前所论是天爱朕,然不当言天子事佛乃年促耳。"皇甫镈素忌愈直,即奏言:"愈终狂疏,可且内移。"乃改袁州刺史。

初,愈至潮,问民疾苦,皆曰:"恶溪有鳄鱼,食民畜产且尽,民以是穷。"数日,自往视之,令其属秦济以一羊一豚投溪水而祝之曰:

昔先王既有天下,刬山泽,罔绳擉刃以除虫蛇恶为民物害者,驱而出之四海之外。及德薄,不能远有,则江、汉之间尚皆弃之,以与蛮夷楚、越,况湖、岭之间去京师万里哉?鳄鱼之涵淹卵育于此,亦固其所。

今天子嗣唐位,神圣慈武,四海之外,六合之内,皆抚而有之,况禹迹所揜,扬州之近地,刺史县令之所治,出贡赋以供天地、宗庙、百神之祀之壤者哉?鳄鱼其不可与刺史杂处此土也。刺史受天子命,守此土,治此民,而鳄鱼睅然不安溪潭,据处食民畜熊豕鹿獐以肥其身,以种其子孙,与刺史拒争为长雄。刺史虽驽弱,亦安肯为鳄鱼低首下心,伈伈睍睍,为吏民羞,以偷活于此也?承天子命来为吏,固其势不得不与鳄鱼辨。鳄鱼有知,其听刺史。

潮之州,大海在其南,鲸鹏之大,虾蟹之细,无不容归,以生以食,鳄鱼朝发而夕至也。今与鳄鱼约:"尽三日,其率丑类南徙于海,以避天子之命吏。三日不能,至五日;五日不能,至七日。七日不能,至七日。七日不能,是终不肯徙也,是不有刺史听从其言也。不然，则是鳄鱼冥顽不灵，刺史虽有言，不闻不知也。夫傲天子之命吏，不听其言，不徙以避之，与顽不灵而为民物害者，皆可杀。刺史则选材技民，操强弓毒矢，以与鳄鱼从事，必尽杀乃止，其无悔！"

祝之夕，暴风震电起溪中，数日水尽涸，西徙六十里，自是潮无鳄鱼患。

袁人以男女为隶，过期不赎，则没入之。愈至，悉计庸得赎所没，归之父母七百余人。因与约，禁其为隶。召拜国子祭酒，转兵部侍郎。

镇州乱，杀田弘正而立王廷凑，诏愈宣抚。既行，众皆危之。元稹言："韩愈可惜。"穆宗亦悔，诏愈度事从宜，无必入。愈至，廷凑严兵迓之，甲士陈廷。既坐，廷凑曰："所以纷纷者，乃此士卒也。"愈大声曰："天子以公为有将帅材，故赐以节，岂意同贼反邪？"语未终，士前奋曰："先太师为国击朱滔，血衣犹在，此军何负，乃以为贼乎？"愈曰："以为尔不记先太师也，若犹记之，固善。天宝以来，安禄山、史思明、李希烈等有子若孙在乎？亦有居官者乎？"众曰："无。"愈曰："田公以魏、博六州归朝廷，官中书令，父子受旗节，刘悟、李祐皆大镇，此尔军所共闻也。"众曰："弘正刻，故此军不安。"愈曰："然尔曹亦害田公，又残其家矣，复何道？"众欢曰："善。"廷凑虑众变，疾麾使去。因曰："今欲廷凑何所为？"愈曰："神策六军将如牛元翼者为不乏，但朝廷顾大体，不可弃之。公久围之，何也？"廷凑曰："即出之。"愈曰："若尔，则无事矣。"会元翼亦溃围出，廷凑不追。愈归奏其语，帝大悦。转吏部侍郎。

时宰相李逢吉恶李绅，欲逐之，遂以愈为京兆尹兼御史大夫，特诏不台参，而除绅中丞。绅果劾奏愈，愈以诏自解。其后文刺纷然，宰相以台、府不协，遂罢愈为兵部侍郎，而出绅江西观察使。绅见帝，得留，愈亦复为吏部侍郎。长庆四年卒，年五十七，赠礼部尚书，谥曰文。

愈性明锐，不诡随。与人交，终始不少变。成就后进士，往往知名,经愈指授,皆称"韩门弟子",愈官显,稍谢遣。凡内外亲若交友无后者,为嫁遣孤女而恤其家。嫂郑丧,为服期以报。

每言文章自汉司马相如、太史公、刘向、杨雄后,作者不世出,故愈深探本元,卓然树立,成一家言。其《原道》、《原性》、《师说》等数十篇,皆奥衍闳深,与孟轲、杨雄相表里而佐佑《六经》云。至它文造端置辞,要为不袭蹈前人者。然惟愈为之,沛然若有余,至其徒李翱、李汉、皇甫湜从而效之,遽不及远甚。从愈游者,若孟郊、张籍,亦皆自名于时。

孟郊者,字东野,湖州武康人。少隐嵩山,性介,少谐合。愈一见为忘形交。年五十,得进士第,调溧阳尉。县有投金濑、平陵城,林薄蒙翳,下有积水。郊间往坐水旁,裴回赋诗,而曹务多废。令白府,以假尉代之,分其半奉。郑余庆为东都留守,署水陆转运判官。余庆镇兴元,奏为参谋。卒,年六十四。张籍谥曰贞曜先生。

郊为诗有理致,最为愈所称,然思苦奇涩。李观亦论其诗曰:"高处在古无上,平处下顾二谢"云。

张籍者,字文昌,和州乌江人。第进士,为太常寺太祝。久次,迁秘书郎。愈荐为国子博士,历水部员外郎、主客郎中。当时有名士皆与游,而愈贤重之。籍性狷直,尝责愈喜博簺及为驳杂之说,论议好胜人,其排释老不能著书若孟轲、杨雄以世者。愈最后答书曰:

　　吾子不以愈无似,意欲推之纳诸圣贤之域,拂其邪心,增其所未高。谓愈之质有可以至于道者,浚其源,道其所归,溉其根,将食其实。此盛德之所辞让,况于愈者哉?抑其中有宜复者,故不可遂已。

　　昔者圣人之作《春秋》也,既深其文辞矣,犹不敢公传道之,口授弟子,至于后世,其书出焉。其所以虑患之道微也。今夫二氏之所宗而事之者,下及公卿辅相,吾岂敢昌言排之哉?择其可语者诲之,犹时与吾悖,其声嘵嘵。若遂成其书,则见而怒之者必多矣，必且以我为狂为惑。其身之不能恤，书于何有？夫子，圣人也，而曰："自吾得子路，而恶声不入于耳。"其余辅而相者周天下，犹且绝粮于陈，畏于匡，毁于叔孙，奔走于齐、鲁、宋、卫之郊。其道虽尊，穷亦至矣。赖其徒相与守之，卒有立于天下。向使独言之，而独书之，其存也可冀乎？今夫二氏行乎中土也，盖六百年有余矣。其植根固，其流波漫，非所以朝令而夕禁也。自文王没，武王、周公、成、康相与守之，礼乐皆在，及乎夫子未久也，自夫子而至乎孟子未久也，自孟子而至乎杨雄亦未久也。然犹其勤若此，其困若此，而后能有所立，吾岂可易而为之哉？其为也易，则其传也不远，故余所以不敢也。然观古人，得其时，行其道，则无所为书。为书者，皆所为不行乎今，而行乎后世者也。今吾之得吾志、失吾志未可知，则俟五十、六十为之，未失也。天不欲使兹人有知乎，则吾之命不可期；如使兹人有知乎，非我其谁哉！其行道，其为书，其化今，其传后，必有在矣。吾子其何遽戚戚于吾所为哉？

前书谓吾与人论不能下气，若好胜者。虽诚有之，抑非好己胜也，好己之道胜也。非好己之道胜也，己之道乃夫子、孟轲、扬雄之道。传者若不胜，则无所为道，吾岂敢避是名哉！夫子之言曰："吾与回言终日，不违如愚。"则其与众人辩也有矣。驳杂之讥，前书尽之，吾子其复之。昔者夫子犹有所戏，《诗》不云乎："善戏谑兮，不为虐兮。"《记》曰："张而不弛，文武不为也。"恶害于道哉？吾子其未之思乎？

籍为诗，长于乐府，多警句。仕终国子司业。

皇甫湜，字持正，睦州新安人。擢进士第，为陆浑尉，仕至工部郎中。辨急使酒，数忤同省，求分司东都。留守裴度辟为判官。度修福先寺，将立碑，求文于白居易。湜怒曰："近舍湜而远取居易，请从此辞。"度谢之。湜即请斗酒，饮酣，援笔立就。度赠以车马缯采甚厚，湜大怒曰："自吾为《顾况集序》，未常许人。今碑字三千，字三缣，何遇我薄邪？"度笑曰："不羁之才也。"从而酬之。

湜尝为蜂螫指，购小儿敛蜂，捣取其液。一日命其子录诗，一字误，诟跃呼听杖，杖未至，啮其臂血流。

卢仝，居东都，愈为河南令，爱其诗，厚礼之。仝自号玉川子，尝为《月蚀诗》以讥切元和逆党，愈称其工。

时又有贾岛、刘义，皆韩门弟子。

岛字浪仙，范阳人，初为浮屠，名无本。来东都，时洛阳令禁僧午后不得出，岛为诗自伤。愈怜之，因教其为文，遂去浮屠，举进士。当其苦吟，虽逢值公卿贵人，皆不之觉也。一日见京兆尹，跨驴不避，谭诘之，久乃得释。累举，不中第。文宗时，坐飞谤，贬长江主簿。会昌初，以普州司仓参军迁司户，未受命卒，年六十五。

刘义者，亦一节士。少放肆为侠行，因酒杀人亡命。会赦，出，更折节读书，能为歌诗。然恃故时所负，不能挽仰贵人，常穿屦，破衣。闻愈接天下士，步归之，作《冰柱》、《雪车》二诗，出卢仝、孟郊右。樊宗师见，为独拜。能面道人短长，其服义则又弥缝若亲属然。后以争语不能下宾客，因持愈金数斤去，曰："此谀墓中人得耳，不若与刘君为寿。"愈不能止，归齐、鲁，不知所终。

赞曰：唐兴，承五代剖分，王政不纲，文弊质穷，趣俚混并，天下已定，治荒剔蠹，讨究儒术，以兴典宪，薰浓涵浸，殆百余年，其后文章稍稍可述。至贞元、元和间，愈遂以《六经》之文为诸儒倡，障堤末流，反刓以朴，划伪以真。然愈之才，自视司马迁、杨雄，至班固以下不论也。当其所得，粹然一出于正，刊落陈言，横骛别驱，汪洋大肆，要之无抵捂圣人者。其道盖自比孟轲，以荀况、扬雄为未淳，宁不信然？至进谏陈谋，排难恤孤，矫拂谕末，皇皇于仁义，可谓笃道君子矣。自晋汔隋，老佛显行，圣道不断如带。诸儒倚天下正议，助为怪神。愈独喟然引圣,争四海之惑,虽蒙讪笑,跲而复奋,始若未之信,卒大显于时。昔孟轲拒杨、墨,去孔子才二百年。愈排二家,乃去千余岁,拔衰反正,功与齐而力倍之,所以过况、雄为不少矣。自愈没,其言大行,学者仰之如泰山、北斗云。

唐书卷一七七
列传第一○二

钱徽 珝　　崔咸　　韦表微
高钛 浞 铢 锴 湘　　冯宿 定 审
李虞仲　　李翱　　卢简辞 知猷
弘止 简求 汝弼　　高元裕 少逸 璩
封敖　　郑薰　　敬晦　　韦博
李景让 景温

钱徽，字蔚章。父起，附见《卢纶传》。徽中进士第，居谷城。谷城令王郢善接侨士游客，以财贷馈，坐是得罪。观察使樊泽视其簿，独徽无有，乃表署掌书记。蔡贼方炽，泽多募武士于军。泽卒，士颇希赏，周沨主留事，重擅发军仓，不敢给。时大雨雪，士寒冻，徽先冬颁衣絮，士乃大悦。又辟宣歙崔衍府。王师讨蔡，檄遣采石兵会战，戍还，颇骄蹇。会衍病亟，徽请召池州刺史李逊署副使，逊至而衍死，一军赖以安。

入拜左补阙，以祠部员外郎为翰林学士，三迁中书舍人，加承旨。宪宗尝独召徽，从容言它学士皆高选，宜预闻机密，广参决，帝称其长者。是时，内积财，图复河湟，然禁无名贡献，而至者不甚却。徽恳谏罢之。帝密戒后有献毋入右银台门，以避学士。梁守谦为院使，见徽批监军表语简约，叹曰："一字不可益邪！"衔之。以论淮西事忤旨，罢职，徙太子右庶子，出虢州刺史。

入拜礼部侍郎。宰相段文昌以所善杨浑之、学士李绅以周汉宾并谒徽求致第籍。浑之者，凭子也，多纳古帖秘画于文昌，皆世所宝。徽不能如二人请，自取杨殷士、苏巢。巢者李宗闵婿，殷士者汝士之弟，皆与徽厚。文昌怒，方帅剑南西川，入辞，即奏徽取士以私。访绅及元稹，时稹与宗闵有隙，因是共挤其非。有诏王起、白居易覆试，而黜者过半，遂贬江州刺史。汝士等劝徽出文昌、绅私书自直，徽曰："苟无愧于心，安事辨证邪？"敕子弟焚书。

初，州有盗劫贡船，捕吏取滨江恶少年二百人系讯，徽按其枉，悉纵去。数日，舒州得真盗。州有牛田钱百万，刺史以给宴饮赠饷者，徽曰："此农耕之备，可他用哉！"命代贫民租入。转湖州。时宣、歙旱，左丞孔戣请徙徽领宣歙，宰相以其本文辞进，不用。戣曰："相君宜知天下事，徽江、虢之治不及知，况其它邪？"还，迁工部侍郎，出为华州刺史。

文宗立，召拜尚书左丞。会宣墨麻，群臣在廷，方大寒，稍稍引避，徽素恭谨，不去位，久而仆。因上疏告老，不许。大和初，复为华州，俄以吏部尚书致仕。卒，年七十五，赠尚书右仆射。

徽与薛正伦、魏弘简善，二人前死，徽抚其孤至婚嫁成立。任庶子时，韩公武以赂结公卿，遗徽钱二十万，不纳。或言非当路可无让，徽曰："取之在义不在官。"时称有公望。

子可复、方义。可复死郑注时。方义终太子宾客，子玽，字瑞文，善文辞，宰相王抟荐知制诰，进中书舍人。抟得罪，玽贬抚州司马。

崔咸，字重易，博州博平人。元和初，擢进士第，又中宏辞。郑余庆、李夷简皆表在幕府，与均礼。入朝为侍御史，处正特立，风采动一时。

敬宗将幸东都，裴度在兴元忧之，自表求觐，与章偕来。于是李逢吉当国，畏度复相，使京兆尹刘栖楚等十余人悉力报却之，虽度门下宾客,皆有去就意。它日,度置酒延客,栖楚曲意自解,附耳语。咸嫉其矫,举酒让度曰:"丞相乃许所由官嗫嚅耳语,愿上罚爵。"度笑受而饮。栖楚不自安,趋出,坐上莫不壮之。

累迁陕虢观察使,日与宾客僚属痛饮,未尝醒;夜分辄决事,裁剖精明,无一毫差,吏称为神。入拜右散骑常侍、秘书监。大和八年卒。

咸素有高世志,造诣崛远。间游终南山,乘月吟啸,至感慨泣下。诸文中歌诗最善。

韦表微,字子明,隋郿城公元礼七世孙。羁丱能属文。母训谕稍厉,辄不敢食,以是未尝让责。

韦皋镇西川,王纬、司空曙、独孤良弼、裴况居幕府,皆厚相推挹。况尝谓表微似卫玠,自以不能及也。擢进士第,数辟诸使府。久之,入授监察御史里行,不乐,曰"爵禄譬滋味也,人皆欲之,吾年五十,拭镜擿白,冒游少年间,取一班一级,不见其味也。将为松菊主人,不愧陶渊明"云。

俄为翰林学士。是时,李绅忤宰相,贬端州,庞严、蒋防皆谪去,学士缺人,人争荐丞相所善者,表微独荐韦处厚,人服其公。进知制诰。后与处厚议增选学士,复荐路隋。处厚以诸父事表微,因曰:"隋位崇,入且翁右,奈何?"答曰:"选德进贤,初不计私也。"久之,迁中书舍人。敬宗尝语左右,欲相二韦,会崩。文宗立,独相处厚,进表微户部侍郎。

开志沼叛,诏李听率师讨之,次河上。天子忧无成功,表微曰:"以听军势,不十五日必破贼。"及捷书上,止浃日。志沼残兵六千奔昭义,宰相请推处首恶者诛之,归胁从者于魏。表微上言:"逆子降,又杀之,非好生也。请以听代史宪诚于魏,志沼之徒,可使招纳。"不听。以病瘤罢学士。卒,年六十,赠礼部尚书。

始,被病,医药不能具,所居堂寝隘陋。既没,吊客咨嗟。笃故旧,虽庸下,与携手语笑无间然。尤好《春秋》,病诸儒执一概,是非纷然，著《三传总例》，完会经趣。又以学者薄师道，不如声乐贱工能尊其师，著《九经师授谱》诋其违。

高钅于，字翘之，史失其何所人。与弟铢、锴俱擢进士第。累迁右补阙、史馆修撰。元和末，以中人为和籴使，钅于继疏论执。转起居郎，数陈政得失，穆宗嘉之，而赐绯、鱼，召入翰林为学士。

张韶变兴仓卒，钅于从敬宗夜驻左军。翌日，进知制诰，拜中书舍人。入见帝，因劝躬听寋以示忧勤，帝纳其言，赐锦采。俄罢学士。累进吏部侍郎，人善其振职。出为同州刺史。卒，赠兵部尚书，遗命薄葬。

钅于少孤窭，介然无党援，以致宦达。诸弟皆检愿友爱，为缙绅景重。

子湜，字澄之，第进士，累官右谏议大夫。咸通末，为礼部侍郎。时士多緣权要干请，湜不能裁，既而抵帽于地曰："吾决以至公取之，得谴固吾分！"乃取公乘亿、许棠、聂夷中等。以兵部侍郎判度支出为昭义节度使，为下所逐，贬连州司马。以太子宾客分司东都，卒。

亿字寿仙，棠字文化，夷中字坦之，皆有名当时。

铢字权仲，既擢第，署太原张弘靖幕府，入迁监察御史。大和时，擢累给事中。文宗得李训，骤拜侍讲学士，铢率谏官伏阁言训素行憸邪，不可任，必乱天下。帝遣使者谕曰："朕留训时时讲绎，前命不可改。"当是时，已旱而水，彗变未息，郑注权震赫，人情危骇，既铢等弗见省，群臣失色。明年，训当国，出铢为浙东观察使，历义成节度使。大中初，迁礼部尚书判户部，徙太常卿。尝罚礼生，博士李悳愠见曰："故事，礼院不关白太常，故卿苫职，博士不参集。不宜罚小史，隳旧典。"铢叹曰："吾老不能退，乃为小儿所辱！"卒。

锴字弱金，连中进士、宏辞科，辟河东府参谋，历吏部员外郎，迁中书舍人。

开成元年,权知贡举。文宗自以题界有司,锴以籍上,帝语侍臣曰:"比年文章卑弱,今所上差胜于前。"郑覃曰:"陛下矫革近制,以正颓俗,而锴乃能为陛下得人。"帝曰:"诸镇表奏太浮华,宜责掌书记,以诫流宕。"李石曰:"古人因事为文,今人以文害事,惩弊抑末,诚如圣训。"即以锴为礼部侍郎。阅三岁,颇得才实。始,岁取四十人,才益少,诏减十人,犹不能满。迁吏部侍郎,出为鄂岳观察使。卒,赠礼部尚书。

子湘,字浚之,擢进士第,历长安令、右谏议大夫。从兄浞与路岩亲善,而湘厚刘瞻,岩既逐瞻,贬湘高州司马。僖宗初,召为太子右庶子,终江西观察使。

冯宿,字拱之,婺州东阳人。父子华,庐亲墓,有灵芝、白兔,号"孝冯家"。

宿,贞元中与弟定、从弟审宽并擢进士第,徐州张建封表掌书记。建封卒,子愔为军中胁主留事。李师古将乘丧复故地,愔大惧。于是,王武俊拥兵观衅,宿以书说曰:"张公□与公为兄弟,欲共力驱两河归天子,天下莫不知。今张公不幸,幼儿为乱兵所胁,内则诚款隔绝,外则强寇侵逼,公安得坐视哉?诚能奏天子不忘旧勋,赦愔罪,使束身自归,则公有靖乱之功、继绝之德矣。"武俊悦,即以表闻,遂授愔留后。宿不乐佐愔,更从浙东贾全观察府。愔憾其去,奏贬泉州司户参军。

召为太常博士。王士真死,子承宗阻命,不得谥,宿谓世劳不可遗,乃上佳谥,示不忘忠。再迁都官员外郎。裴度节度彰义军,表为判官。淮西平,除比部郎中。长庆时,进知制诰。牛元翼徙节山南东道,为王廷凑所围,以宿总留事。还,进中书舍人,出华州刺史,避讳不拜,徙左散骑常侍、兼集贤殿学士。拜河南尹。洛苑使姚文寿纵部曲夺民田,匿于军,吏不敢捕。府大集,部曲辄与文寿偕来,宿掩取榜杀之。历工部、刑部二侍郎。修《格后敕》三十篇,行于时。累封长乐县公。

擢东川节度使,完城郛,增兵械十余万,诏分余甲赐黔巫道。涪水数坏民庐舍,宿修利防庸,一方便赖。疾革,将断重刑,家人请宥之,宿曰:“命修短,天也,挠法以求祐,吾不敢。”卒,年七十,赠吏部尚书,谥曰懿。治命薄葬,悉以平生书纳墓中。

子图,字昌之,连中进士、宏辞科。大中时,终户部侍郎、判度支。

宽为起居郎。

定字介夫,伟仪观,与宿齐名,人方汉二冯。于頔素善之。頔在襄阳,定徒步上谒,吏不肯白,乃诇去。頔闻,斥吏,归钱五十万,及诸境,定返其遗,以书让頔不下士,頔大渐。

第进士异等,辟浙西薛苹府,以鄠尉为集贤校理。始,定居丧,号毁甚,故数移疾,大学士疑其简急,夺职。三迁祠部员外郎,出为郢州刺史。吏告定略民妻,干没库钱,御史鞫治无状。坐游宴不节免官。起为国子司业,再迁太常少卿。文宗尝诏开元《霓裳羽衣舞》参以《云韶》,肄于廷。定部诸工立县间,端凝若植。帝异之,问学士李珏,珏以定对。帝喜曰:“岂非能古章句者邪?”亲诵定《送客西江》诗,召升殿,赐禁中瑞锦,诏悉所著以上。迁谏议大夫。

是岁,训、注败,多诛公卿,中外危惴。及改元,天子御前殿,仇士良请以神策仗卫殿门,定力争罢之。又请许左右史从宰相至延英记所言,执政不悦,改太子詹事。郑覃兼太子太师,上日欲会尚书省,定据礼当集詹事府,诏可。论者多其正。换卫尉卿,以左散骑常侍致仕。卒,赠工部尚书,谥曰节。

初,源寂使新罗,其国人传定《黑水碑》、《画鹤记》;韦休符使西蕃,所馆写定《商山记》于屏。其名播戎夷如此。

审字退思,开成中,为谏议大夫,拜桂管观察使,历国子祭酒。监有孔子碑,武后所立,睿宗署额。审请琢“周”著“唐”。终秘书监。

子缄,字宗之。乾符初,历京兆、河南尹。

李虞仲,字见之。父端,附见《文艺传》。虞仲第进士、宏辞,累迁太常博士。建言:"谥者所以表德惩恶,《春秋》褒贬法也。茆土爵禄,僇辱流放,皆缘一时,非以明示百代。然而后之所以知其行者,唯谥是观。古者将葬请谥,今近或二三年,远乃数十年,然后请谥;人殁已久,风绩湮歇,采诸传闻,不可考信,谏状虽在,言与事浮。臣请凡得谥者,前葬一月,请考功刺太常定议,其不请与请而过时者,听御史劾举。居京师不得过半期,居外一期。若善恶著而不请,许考功察行谥之。节行卓异,虽无官及官卑者,在所以闻。"诏可。

宝历初,以兵部郎中知制诰,进中书舍人,出为华州刺史,历吏部侍郎。简俭寡欲,进望归重。卒,年六十五,赠吏部尚书。

李翱,字习之,后魏尚书左仆射冲十世孙。中进士第,始调校书郎,累迁。元和初,为国子博士、史馆修撰。常谓史官纪事不得实,乃建言:"大氐人之行,非大善大恶暴于世者,皆访于人。人不周知,故取行状谥牒。然其为状者,皆故吏门生,苟言虚美,溺于文而忘其理。臣请指事载功,则贤不肖易见。如言魏徵,但记其谏争语,足以为直言;段秀实,但记倒用司农印追逆兵,笏击朱泚,足以为忠烈。不者,愿敕考功、太常、史馆勿受。如此可以传信后世矣。"诏可。又条兴复太平大略,曰:

> 陛下即位以来,怀不廷臣,诛畔贼,刷五圣愤耻,自古中兴之盛无以加。臣见圣德所不可及者,若淄青生口夏侯澄等四十七人,为贼逼胁,质其父母妻子而驱之战,陛下俘之,赦不诛,诏田弘正随材授职,欲归者纵之。澄等得生归,转以相谓,贼众莫不怀盛德,无肯拒战。刘悟所以能一昔斩师道者,以三军皆苦贼而匿就陛下,故不淹日成大功。一也。今岁关中麦不收,陛下哀民之穷,下明诏蠲赋十万石,群臣动色,百姓歌乐遍畎亩。二也。昔齐遗鲁以女乐,季桓子受之,群臣共观,三日不朝,

孔子行。今韩弘献女乐，陛下不受，遂以归之。三也。又出李宗奭妻女于掖廷，以田宅赐沈遵师，圣明宽恕，亿兆欣感。臣愚不能尽识。若它诏令一皆类此，武德、贞观不难及，太平可覆掌而致。

臣闻定祸乱者，武功也；复制度、兴太平者，文德也。今陛下既以武功定海内，若遂革弊事，复高祖、太宗旧制：用忠正而不疑；屏邪佞而不迩；改税法，不督钱而纳布帛；绝进献，宽百姓租赋；厚边兵，以制蓄戎侵盗；数引见待制官，问以时事，通壅蔽之路。此六者政之根本，太平所以兴。陛下既已能行其难，若何而不为其易者乎？

以陛下资上圣，如惑近习容悦之辞，任骨鲠正直，与之修复故事，以兴大化，可不劳而成也。若一日不事，臣恐大功之后，逸乐易生，进言者必曰："天下既平矣，陛下可以高枕自逸。"如是，则高祖、太宗之制不可以复。制度不复，则太平未可以至。臣窃惜陛下当可兴之时，而谦让未为也。

再迁考功员外郎。

初，谏议大夫李景俭表翱自代。景俭斥，翱下除朗州刺史。久之，召为礼部郎中。翱性峭鲠，论议无所屈，仕不得显官，怫郁无所发，见宰相李逢吉，面斥其过失，逢吉诡不校，翱愚惧，即移病。满百日，有司白免官，逢吉更表为庐州刺史。时州旱，遂疫，遭捐系路，亡籍口四万，权豪贱市田屋牟厚利，而婺户仍输赋。翱下教使以田占租，无得隐，收豪室税万二千缗，贫弱以安。

入为谏议大夫，知制诰，改中书舍人。柏耆使沧州，翱盛言其才。耆得罪，由是左迁少府少监。后历迁桂管湖南观察使、山南东道节度使，卒。翱始从昌黎韩愈为文章，辞致浑厚，见推当时，故有司亦谥曰文。

卢简辞，字子策。父纶，别传。与兄简能、弟弘止、简求皆有文，并第进士。历佐帅府，入迁侍御史，习知法令及台阁旧事。宝历中，黎干子煏诣台请复叶县故田,有司莫能知,简辞独诘曰:"按干坐党鱼朝恩诛,赀田皆没。大历后数十年,比有赦令,无原洗之言,煏安得冒论?"不为治。福建盐铁院官卢昂坐赃,简辞穷按,乃得金床、瑟瑟枕大如斗。敬宗曰:"禁中无此,昂为吏可知矣。"

李程镇太原,表为节度判官。入授考功员外郎,累擢湖南、浙西观察使,以检校工部尚书为忠武节度使。徙山南东道。坐事贬衢州刺史,卒。

简能,见《郑注传》。其子知猷,字子谟,中进士第,登宏辞,补秘书省正字。萧邺镇荆南、剑南,再辟掌书记。入迁右补阙,出为饶州刺史,以政最闻。累进中书舍人。朱玫乱,避难不出。僖宗还京,召拜工部侍郎、史馆修撰。历太常卿、户部尚书,至太子太师。昭宗为刘季述所幽,感愤卒,赠太尉。

知猷器量浑厚,世推为长者。善书,有楷法。文辞赡丽。子文度,亦贵显。

弘止字子强,佐刘悟府,累擢监察御史。沈传师表为江西团练副使。入拜待御史。华州刺史宇文鼎、户部员外卢允中坐赃,诏弘止按讯。文宗将杀鼎,弘止执据罪由允中,鼎乃连坐,不应死,帝释之。累迁给事中。

会昌中,诏河北三节度讨刘稹。何弘敬、王元逵先取邢、洺、磁三州,宰相李德裕畏诸帅有请地者,乃以弘止为三州团练观察留后。制未下,稹平,即诏为三州及河北两镇宣慰使。还,拜工部侍郎,以户部领度支。初,两池盐法弊,得费不相偿,弘止使判官司空舆检钩厘正,条上新法,即表舆两池使,自是课入岁倍,用度赖之。逾年,出为武宁节度使。徐自王智兴后,吏卒骄沓,银刀军尤不法。弘止戮其尤无状者。终弘止治,不敢哗。优诏褒劳。弘止嬴病,丐身还东都,不许。徙宣武,卒于镇,赠尚书右仆射。

子虔灌,有美才,终秘书监。

简求字子臧，始从江西王仲舒幕府，两为裴度、元稹所辟，又佐牛僧孺镇襄阳，入迁户部员外郎。会昌中，讨刘稹，以忠武节度使李彦佐为招讨使，咨选简求副之，俾知后务。历苏、寿二州刺史。

大中九年，党项扰边，拜泾原渭武节度使。徙义武、凤翔、河东三镇。简求为政长权变，文不害，居边善绥御，人皆安之。太原统退浑、契苾、沙陀三部，难驯制，它帅或与诅盟，质子弟，然寇掠不为止。简求归所质，开示至诚，虏惮其恩信，不敢乱。久之，辞疾，以太子少师致仕，还东都，治园沼林苑，与宾客置酒自娱。卒，年七十六，赠尚书左仆射。

子嗣业、汝弼，皆中进士第。汝弼以祠部员外郎知制诰，从昭宗迁洛。方柳璨斫丧王室，汝弼惧，移疾去，客上党。后依李克用，克用表为节度副使。太原府子亭，简求所署多在，每宴亭中，未尝居宾位，西向俛首，人美其有礼。

嗣业子文纪，后贵显。

高元裕，字景圭，其先盖渤海人。第进士，累辟节度府。以右补阙召，道商州，会方士赵归真擅乘驿马，元裕诋曰："天子置驿，尔敢疾邪？"命左右夺之，还，具以闻。敬宗视朝不时，稍稍决事禁中，宦竖恣放，大臣不得进见。元裕谏曰："今西头势乃重南衙，枢密之权过宰相。"帝颇寤而不能有所检制，人皆危之。俄换侍御史内供奉，士始相贺。

李宗闵高其节，擢谏议大夫，进中书舍人。郑注入翰林，元裕当书命，乃言"以医术侍"，注愧憾。及宗闵得罪，元裕坐出饯，贬阆州刺史。注死，复授谏议大夫、翰林侍讲学士。

庄恪太子立，择可辅导者，乃兼宾客。进御史中丞。即建言："纪纲地官属须选，有不称职者请罢之。"于是监察御史杜宣猷柳璟崔郢、侍御史魏中庸高弘简并夺职。故事，三司监院官带御史者，号"外台"，得察风俗，举不法。元和中，李夷简因请按察本道州县。后益不职。元裕请监院御史隶本台，得专督察，诏可。累擢尚书左丞，领吏部选。出为宣歙观察使，入授吏部尚书。拜山南东道节度使，封渤海郡公，奏蠲逋赋甚众。在镇五年，复以吏部尚书召，卒于道，年七十六，赠尚书右仆射。

元裕性勤约，通经术，敏于为吏，岩岩有风采，推重于时。自侍讲为中丞，文宗难其代，元裕表言兄少逸才可任，因以使之，世荣其迁。

少逸，长庆末为侍御史，坐失举劾，贬赞善大夫，累迁谏议大夫，乃代无裕。稍进给事中，出为陕虢观察使。中人责峡石驿吏供饼恶，鞭之，少逸封饼以闻。宣宗怒，召使者责曰：“山谷间是饼岂易具邪？”谪隶恭陵，中人皆敛手。以兵部尚书致仕，卒。

元裕始名允中，大和中今名。

元裕子璩，字莹之。第进士，累佐使府。以左拾遗为翰林学士，擢谏议大夫。近世学士超省郎进官者，惟郑颢以尚主，而璩以宠升云。懿宗时，拜剑南东川节度使，召拜中书侍郎、同中书门下平章事。阅月卒，赠司空。太常博士曹邺建言：“璩，宰相，交游丑杂，取多蹊径，谥法‘不思妄爱曰刺’，请谥为刺。”从之。

封敖，字硕夫，其先盖冀州蓚人。元和中，署进士第，江西裴堪辟置其府，转右拾遗，雅为宰相李德裕所器。会昌初，以左司员外郎召为翰林学士，三迁工部侍郎。敖属辞赡敏，不为奇涩，语切而理胜。武宗使作诏书慰边将伤夷者，曰：“伤居尔体，痛在朕躬。”帝善其如意出，赐以宫锦。刘稹平，德裕以定策功进太尉，时敖草其制曰：“谋皆予同，言不它惑。”德裕以能明专任己以成功，谓敖曰：“陆生恨文不逌意，如君此等语，岂易得邪？”解所赐玉带赠之。未几，拜御史中丞，与宰相卢商虑囚，误纵死罪，复为工部侍郎。

大中中，历平卢、兴元节度使。初，郑涯开新路，水坏其栈，敖更治斜谷道，行者告便。蓬、果贼依鸡山，寇三川，敖遣副使王赞捕平之。加检校吏部尚书。还为太常卿。始视事，廷设九部乐，敖宴私第，为御史所劾，徙国子祭酒。复拜太常，进尚书右仆射。然少行检，士但高其才，故不至宰相，卒。

子彦卿、望卿，从子特卿，皆第进士。

郑薰，字子溥，亡乡里世系。擢进士第，历考功郎中、翰林学士。出为宣歙观察使。前人不治，薰颇以清力自将。牙将素骄，共谋逐出之，薰奔扬州。贬隶王府长史，分司东都。

懿宗立，召为太常少卿，擢累吏部侍郎。时数大赦，阶正议光禄大夫者，得荫一子，门施戟。于是宦人用阶请荫子，薰却之不肯叙。宰相杜悰才其人，拟判度支，辞；又拟刑部兼御史中丞，固辞乃免。久之，进左丞。性爱友，纠族百口，禀不充，求外迁。拟华州刺史，辄留中，为幸侍酬沮。后以太子少师致仕。

薰端劲，再知礼部举，引寒俊，士类多之。既老，号所居为隐岩，莳松于廷，号"七松处士"云。

敬晦，字日彰，河中河东人。祖括，字叔弓，进士及第，迁殿中侍御史。杨国忠恶不谐己，外除果州刺史，进累兵部侍郎。志简淡，在职不求名。周智光已诛，议者健括才，选为同州刺史，拜御史大夫。隐然持重，弗以私害公。大历中卒。

晦，进士及第，辟山南东道节度府，与马曙联舍。于是，帅不政，法制陵颓，曙引大吏廷责之。吏负兼军职，不引咎，走诉诸府牙将且十辈，方杂语以申吏枉，晦让诸将曰："吏冒军名，公等不能诘，反引与为伍，奈何？"众愧谢，阖府咨美。擢累谏议大夫。武宗时，赵归真以诈营罔天子，御史平吴湘狱，得罪宰相。晦上疏道非是，不少回纵。

大中中，历御史中丞、刑部侍郎、诸道盐铁转运使、浙西观察使。时南方连馑，有诏弛榷酒、茗，官用告窭，晦处身俭勤，赀力遂克。徙兖州节度使，以太子宾客分司，卒，赠兵部尚书，谥曰肃。

晦兄昕、暤，弟旷、煦，俱第进士籍。昕为河阳节度使，暤右散骑常侍，世宠其家。

　　韦博，字大业，京兆万年人。祖黄裳，浙西节度观察使。博取进士第，寖迁殿中侍御史。开成中，萧本诈穷得罪，诏与中人籍其财，中人利宝玉，欲窃取去，博夺还，簿无遗赀。

　　回鹘入寇，以苻泐为河东节度使，拜博为判官。久之，进主客郎中。时诏毁佛祠，悉浮屠隶主客。博言令太暴，宜近中，宰相李德裕恶之。会羌、浑叛，以何清朝为灵武节度使，诏博副之，擢右谏议大夫，召对，赐之金紫。因行西北边，商虏强弱，还奏有旨，进左大夫，为京兆尹。与御史中丞器竞不平，皆得罪，下除博卫尉卿。出为平卢节度使、检校礼部尚书，徙昭义。卒，年六十二，赠兵部尚书。

　　李景让，字后己，赠太尉憕孙也。性方毅有守。宝历初，迁右拾遗。淮南节度使王播以钱十万市朝廷欢，求领盐铁，景让诣延英亟论不可，遂知名。沈传师观察江西，表以自副。历中书舍人、礼部侍郎、商华虢三州刺史。

　　母郑，治家严，身训勤诸子。始贫乏时，治墙得积钱，僮婢奔告，母曰：“士不不勤而禄，犹菑其身，况无妄而得，我何取？”亟使闭坎。景让自右散骑常侍出为浙西观察使，母问行日，景让率然对：“有日。”郑曰：“如是，吾方有事，未及行。”盖怒其不尝告也。且曰：“已贵，何庸母行？”景让重请罪，乃赦。故虽老犹加箠敕，已起，欣欣如初。尝怒牙将，杖杀之，军且谋变，母欲息众欢，召景让廷责曰：“尔填抚方面而轻用刑，一夫不宁，岂特上负天子，亦使百岁母衔羞泉下，何面目见先大夫乎？”将鞭其背，吏、大将再拜请，不许，皆泣谢，乃罢，一军遂定。景让家行修治，闺门唯谨。

　　入为尚书左丞，拜天平节度使，徙山南东道，封酒泉县男。大中中，进御史大夫，甫视事，劾免侍御史孙玉汝、监察御史卢栯，威肃当朝。为大夫三月，蒋伸辅政，景让名素出伸右，而宣宗择宰相，尽书群臣当选者，以名内器中，祷宪宗神御前射取之，而景让名不得。世谓除大夫百日，有他官相者，谓之“辱台”。景让愧艴不能平，见宰相,自陈考深当代,即拜西川节度使。以病丐致仕,或谏:"公廉洁亡素储,不为诸子谋邪?"景让笑曰:"儿曹讵饿死乎?"书闻,辄还东都。以太子少保分司。卒,年七十二,赠太子太保,谥曰孝。

性奖士类,拔孤仄,如李蔚、杨知退皆所推引。始为左丞,蒋伸坐宴所,酌酒语客曰:"有孝于家、忠于国者饮此。"客肃然,景让起卒爵,伸曰:"无宜于公。"所善苏涤、裴夷直皆为李宗闵、杨嗣复所擢,故景让在会昌时,抑厌不迁。宣宗衔穆宗旧怨,景让建请迁敬、文、武三主,以犹子行为嫌,请还代宗以下主复入庙,正昭穆。事下百官议,不然,乃罢,德望稍衰矣。然清素寡欲,门无杂宾。李琢罢浙西,以同里访之,避不见,及去,命斸其骗石焉。元和后,大臣有德望者,以居里显,景让宅东都乐和里,世称清德者,号"乐和李公"云。

弟景温,字德己,历谏议大夫、福建观察使,徙华州刺史,以美政闻。累迁尚书右丞。卢携当国,弟隐慸博士迁水部员外郎,材下资浅,人疾其冒,无敢绳,景温不许赴省。时故事久废,景温既举职,人皆韪其正。

弟景庄,亦至显官。

唐书卷一七八
列传第一○三

刘 蕡

　　刘蕡,字去华,幽州昌平人,客梁、汴间。明《春秋》,能言古兴亡事,沈健于谋,浩然有救世意。擢进士第。元和后,权纲弛迁,神策中尉王守澄负弑逆罪,更二帝不能讨,天下愤之。文宗即位,思洗元和宿耻,将翦落支党。方宦人握兵,横制海内,号曰"北司",凶丑朋挻,外胁群臣,内掣侮天子,蕡常痛疾。

　　大和二年,举贤良方正能直言极谏,帝引诸儒百余人于廷,策曰:

　　　朕闻古先哲王之治也,玄默无为,端拱司契,陶甿心以居简,凝日用于不宰,厚下以立本,推诚而建中,繇是天人通,阴阳和,俗跻仁寿,物无疵疠。噫!盛德之所臻,复乎其不可及已。三代令王,质文迭救,百氏滋炽,风流寖微,自汉以降,足言盖寡。

　　　朕顾唯昧道,祗荷丕构,奉若谟训,不敢怠荒,任贤惕厉,宵衣旰食,讵追三五之遐轨,庶绍祖宗之鸿绪。而心有未达,行有未孚,由中及外,阙政斯广。是以人不率化,气或埋扼,灾旱竟岁,播植愆时。国廪罕蓄,乏九年之储;吏道多端,微三载之绩。京师,诸夏之本也,将以观治,而豪猾逾检;太学,明教之源也,期于变风,而生徒惰业。列郡在乎颁条,而干禁或未绝;百工在乎按度,而淫巧或未息。俗恬风靡,积讹成蠹,其择官济治也,听人以言则枝叶难辨,御下以法则耻格不形。其阜财发号也,生之寡而食之众,烦于令而鲜于治。思所以究此缪盭,致之治平,兹心浩然,若涉渊水。故前诏有司,博延群彦,伫启宿懵,冀臻时雍。

子大夫皆识达古今,志在康济,造廷等问,副朕虚怀,必当箴治之阙,辨政之疵,明纲条之致紊,稽富庶之所急。何施革于前弊?何泽惠于下土?何修而治古可近?何道而和气克充?推之本源,著于条对。至若夷吾轻重之权,执辅于治?严尤底定之策,孰叶于时?元凯之考课何先?叔子之克平何务?惟此龟鉴,择乎中庸,斯在洽闻,朕将亲览。

蕡对曰:

臣诚不佞,有正国致君之术,无位而不得行;有犯颜敢谏之心,无路而不得达。怀愤郁抑,思有时而发。常欲与庶人议于道、商贾谤于市,得通上听,一悟主心,虽被袄言之罪无所悔。况逢陛下询求过阙,咨访嘉谋,制诏中外,举直言极谏。臣辱斯举,专承大问,敢不悉意以言。至于上所忌,时所禁,权幸所讳恶,有司所与夺,臣愚不识,伏惟陛下少加优容,不使圣时有谠言受戮者,天下之幸也。谨昧死以对:

伏以圣策有思古先之治,念玄默之化,将欲通天地以济俗,和阴阳以煦物,见陛下虑道之深也。臣以为哲王之治,其则不远,惟致之之道何如耳。伏以圣策有祗荷丕构而不敢荒宁,奉若谟训而罔有怠忽,见陛下忧劳之至也。若夫任贤惕厉,宵衣旰食,宜绌左右之纤佞,进股肱之大臣。若夫追踪三五,绍复祖宗,宜鉴前古之兴亡,明当代之成败。心有未达,以下情蔽而不得上通;行有未孚,以上泽壅而不得下浹。欲人之化,在修己以先之;欲气之和,在遂性以导之。救灾旱在致精诚,广播殖在视食力。国廪罕畜,本乎冗食尚繁;吏道多端,本乎选用失当。豪猾逾检,繇中外之法殊;生徒惰业,繇学校之官废;列郡干禁,繇授任非人;百工淫巧,繇制度不立。伏以圣策有择官济治之心，阜财发号之叹，见陛下教化之本也。且进人以行，则枝叶安有难辨乎？防下以礼，则耻格安有不形乎？念生寡而食众，可罢斥惰游；念令烦而治鲜，要察其行否。博延属彦，愿陛下必纳其言；造廷待问，则小臣安敢爱死？伏以圣策有求贤箴阙之言，审政辨疵之令，见陛下咨访之勤也。遂小臣斥奸豪之志，则弊革于前；守陛下念康济之心，则惠敷于下，邪正之道分，而治古可近；礼乐之方著，而和气克充。至若夷吾之法，非皇王之权；严尤所陈，无最上之策；元凯之所先，不若唐尧考绩；叔子之所务，不若虞舜舞干。且非大德之中庸、上圣之龟鉴，又何足为陛下道之哉？或有以系安危之机、兆存亡之变者，臣请披肝胆为陛下别白而重言之。

臣前所谓"哲王之治，其则不远"者，在陛下慎思之、力行之、始终不懈而已。谨按《春秋》，元者气之始也，春者岁之元也。《春秋》以元加于岁，以春加于王，明王者当奉若道，以谨其始也。又举时以终岁，举月以终时，《春秋》虽无事，必书首月以存时，明王者当承天之道，以谨其终也。王者动作终始必法于天者，以其运行不息也。陛下能谨其始，又能谨其终，懋而修之，勤而行之，则执契而居简，无为而不宰，广立本之大业，崇建中之盛德，安有三代循环之弊、百伪滋炽之渐乎？臣故曰："唯致之之道何如耳。"

臣前所谓"若夫任贤惕厉，宵衣旰食，宜绌左右之纤佞，进股肱之大臣"，实以陛下忧劳之至也。臣闻不宜忧而忧者，国必衰；宜忧而不忧者，国必危。陛下不以国家存亡、社稷安危之策而降于清问，臣未知陛下以布衣之臣不足与定大计耶？或万机之勤有所未至也？不然，何宜忧而不忧乎？臣以为陛下所先忧者，宫闱将变，社稷将危，天下将倾，四海将乱。此四者，国家已然之兆，故臣谓圣虑宜先及之。夫帝业艰难而成之，固不可容易而守之。太祖肇其基，高祖勤其绩，太宗定其业，玄宗继其明，至于陛下，二百余载，其间圣明相因，扰乱继作，未有不用贤士、近正人而能兴者。或一日不念，则颠覆大器，宗庙之耻，万古为恨。臣谨按《春秋》，人君之道，在体元以居正。昔董仲舒为汉武帝言之略矣，有未尽者，臣得为陛下备论之。夫继故必书即位，所以正其始也；终必书所终之地，所以正其终也。故为君者所发必正言，所履必正道，所居必正位，所近必正人。《春秋》："阍弑吴子余祭。"书其名，讥疏远贤士，昵刑人，有不君之道。伏惟陛下思祖宗开国之勤，念《春秋》继故之诫。明法度之端，则发正言，履正道；杜篡弑之渐，则居正位，近正人。远刀锯之残，亲骨鲠之直，辅相得以颛其任，庶寮得以守其官。奈何以亵近五六人总天下大政，外专陛下之命，内窃陛下之权，威慑朝廷，势倾海内，群臣莫敢指其状，天子不得制其心，祸稔萧墙，奸生帷幄，臣恐曹节、侯览复生于今日，此宫闱将变也。臣谨按《春秋》："定公元年春王。"不言正月者，《春秋》以为先君不得正其终，则后君不得正其始，故曰"定无正"也。今忠贤无腹心之寄，阍寺专废立之权，陷先帝不得正其终，致陛下不得正其始，况太子未立，郊祀未修，将相之职不归，名器之宜不定，此社稷将危也。臣谨按《春秋》："王札子杀召伯、毛伯。"《春秋》之义，两下相杀不书。此书者，重其颛王命也。夫天之所授者在命，君之所存者在令。操其命而失之者，是不君也；侵其命而专之者，是不臣也。君不君，臣不臣，此天下所以将倾也。臣谨按《春秋》，晋赵鞅以晋阳之兵叛入于晋，书其归者，能逐君侧之恶以安其君，故《春秋》善之。今威柄陵夷，藩臣跋扈。有不违人臣大节，而首乱者将以安君为名；不究《春秋》之微，称兵者以逐恶为义。则典刑不蘇天子，征伐必自诸侯，此海内之将乱也。故樊哙排闼而雪涕，袁盎当车而抗辞，京房发愤以殒身，窦武不顾而毕命，此皆陛下明知之矣。臣谨按《春秋》，晋狐射姑杀阳处父，书襄公杀之者，以其君漏言也。襄公不能固阴重之机，处父所以及残贼之祸，故《春秋》非之。夫上漏其情，则下不敢尽意；上泄其事，则下不敢尽言。故《传》有造膝诡辞之文,《易》有失身害成之戒。今公卿大臣,非不欲为陛下言之,虑陛下不能用也。忽而不用,必泄其言,臣下既言而不行,必婴其祸;适足钳直臣之口,而重奸臣之威。是以欲尽其言则有失身之惧,欲尽其意则有害成之忧,裴回郁塞,以须陛下感悟,然后尽其启沃。陛下何不听朝之余,时御便殿,召当世贤相老臣,访持变扶危之谋,求定倾救乱之术,塞阴邪之路,屏亵狎之臣,制侵陵迫胁之心,复门户扫除之役,戒其所宜戒,忧其所宜忧。既不得治其前,当治于后;不得正其始,当正其终。则可以虔奉典谟,克承丕构,终任贤之效,无宵旰之忧矣。

臣前所谓"追踪三五,绍复祖宗,宜鉴前古之兴亡,明当时之成败"者,臣闻尧、禹之为君而天下大治者,以能任九官、四岳、十二牧,不失其举,不贰其业,不侵其职,居官唯其能,左右唯其贤,元凯在下虽微而必举,四凶在朝虽强而必诛,考其安危,明其取舍。至秦二世、汉元成,咸愿措国如唐、虞,致身如尧、舜,而终败亡者,以其不见安危之机,不知取舍之道,不任大臣,不辨奸人,不亲忠良,不远谗佞也。伏惟陛下察唐、虞之所以兴,而景行于前;鉴秦、汉之所以亡,而戒惧于后。陛下无谓庙堂无贤相,庶官无贤士。今纪纲未绝,典刑犹在,人谁不欲致身为王臣,致时为升平?陛下何忽而不用邪?又有居官非其能。左右非其贤,恶如四凶,诈如赵高,奸如恭、显,陛下何惮而不去邪?神器固有归,天命固有分,祖宗固有灵,忠臣固有心,陛下其念之哉!昔秦之亡也,失于强暴;汉之亡也,失于微弱。强暴则奸臣畏死而害上,微弱则强臣窃权而震主。臣伏见敬宗不虞亡秦之祸,不翦其萌,伏惟陛下深轸亡汉之忧,以杜其渐,则祖宗之洪业可绍,三五之逸轨可追矣。

臣前所谓陛下"心有所未达,以下情塞而不能上通,行有所未孚,以上泽壅而不得下浃",且百姓有涂炭之苦,陛下无繇而知;陛下有子惠之心,百姓无繇而信。臣谨按《春秋》书"梁亡"不书"取"者,梁自亡也,以其思虑昏而耳目塞,上出恶政,人为寇盗,皆不知其所以,终自取其灭亡也。臣闻国君之所以尊者,重其社稷也;社稷之所以重者,存其百姓也。苟百姓不存,则虽社稷不得固其重;社稷不重,则人君不得保其尊。故治天下者,不可不知百姓之情。夫百姓者,陛下之赤子,陛下宜令慈仁者视育之,如保傅焉。如乳哺焉。如师之教导焉。故人之于上也,恭之如神明,爱之如父母。今或不然,陛下亲近贵幸,分曹建署,补除卒吏,召致宾客,因其货贿,假以声势,大者统藩方,小者为守牧,居上无清惠之政而有饕餮之害,居下无忠诚之节而有奸欺之罪。故人之于上也,畏之如豺狼,恶之如仇敌。今海内困穷,处处流散,饥者不得食,寒者不得衣,鳏寡孤独不得存,老幼疾病不得养,加以国权兵柄颛于左右,贪臣聚敛以固宠,奸吏因缘而弄法,冤痛之声,上达于九天,下入于九泉,鬼神为之怨怒,阴阳为之愆错,君门万重,不得告诉,士人无所归化,百姓无所归命。官乱人贫,盗贼并起,土崩之势,忧在旦夕。即不幸因之以病疠,继之以凶荒,陈胜、吴广不独起于秦,赤眉、黄巾不独生于汉,臣所以为陛下发愤扼腕,痛心泣血也。如此则百姓有涂炭之苦,陛下何繇而知之乎?陛下有子惠之心,百姓安得而信之乎?使陛下行有所未孚,心有所未达,固其然也。臣闻汉元帝即位之初,更制七十余事,其心甚诚,其称甚美。然纪纲日紊,国祚日衰,奸宄日强,黎元日困,繇不能择贤明而任之,失其操柄也。自陛下即位,忧勤兆庶,屡降德音,四海之内,莫不抗首而长息,自喜复生于死亡之中也。伏惟陛下慎终如始,以塞四方之望。诚能揭国柄以归于相,持兵柄以归于将,去贪臣聚敛之政,除奸吏因缘之害,惟忠贤是近,惟正直是用,内宠便僻无所听焉。选清慎之官,择仁惠之长,敏之以利,煦之以和,教之以孝慈,导之以德义,去耳目之塞,通上下之情,俾万国欢康,兆庶苏息,即心无不达,而行无不孚矣。

　　臣前所谓"欲人之化也,在修己以先之",臣闻德以修己,教以导人。修之也,则人不劝而自立;导之也,则人不教而率从。君子欲政之必行也，故以身先之；欲人之从化也，故以道御之。今陛下先之以身而政未必行，御之以道而人未从化，岂立教之旨未尽其方邪？夫立教之方，在乎君以明制之，臣以忠行之。君以知人为明，臣以正时为忠。知人则任贤而去邪，正时则固本而守法。贤不任则重赏不足以劝善，邪不去则严刑不足以禁非，本不固则人流，法不守则政散，而欲教之必至，化之必行，不可得也。陛下能斥奸邪而不私其左右，举贤正而不遗其疏远，则化浃朝廷矣。爱人而敦本，分职而奉法，修其身以及其人，始于中而成于外，则化行天下矣。

臣前所谓"欲气之和也，在遂其性以导之"者，当纳人于仁寿也。夫欲人之仁寿也，在立制度，修教化。夫制度立则财用省，财用省则赋敛轻，赋敛轻则人富矣。教化修则争竞息，争竞息则刑罚清，刑罚清则人安矣。既富矣，则仁义兴焉；既安矣，则寿考至焉。仁义之心感于下，和平之气应于上，故灾害不作，休祥荐臻，四方底宁，万物咸遂矣。

臣前所谓"救灾旱在乎致精诚"者，臣谨按《春秋》，鲁僖公一年之中，三书"不雨"者，以其人君有恤人之志也；文公三年之中，一书"不雨"者，以其人君无闵人之心也。故僖致诚而旱不害物，文无恤闵而变则成灾。陛下有闵人之志，则无成灾之变矣。

臣前所谓"广播殖在乎视食力"者，臣谨按《春秋》："君人者必时视人之所勤。人勤于力则功筑罕，人勤于财则贡赋少，人勤于食则百事废。"今财食与力皆勤矣，愿陛下废百事之用，以广三时之务，则播植不愆矣。

臣前所谓"国廪罕蓄，本乎冗食尚繁"者，臣谨按《春秋》："臧孙辰告籴于齐。"《春秋》讥其无九年之蓄，一年不登而百姓饥。臣愿斥游惰之人以笃耕殖，少不急之费以赡黎元，则廪蓄不乏矣。

臣前所谓"吏道多端，本乎选用失当"者，繇国家取人不尽其材、任人不明其要故也。今陛下之用也,求其声而不求其实,故人之趋进也,务其末而不务其本。臣愿核考课之实,定迁序之制,则多端之吏息矣。

臣前所谓"豪猾逾检,繇中外之法殊"者,以其官禁不一也。臣谨按《春秋》,齐桓盟诸侯不日,而葵丘之盟特以日者,美其能宣明天子之禁,率奉王官之法,故《春秋》备而书之。然则官者,五帝、三王之所建也;法者,高祖、太宗之所制也。法宜画一,官宜正名。今又分外官、中官之员,立南司、北司之局,或犯禁于南则亡命于北,或正刑于外则破律于中,法出多门,人无所措,繇兵农势异,而中外法殊也。臣闻古者因井田以制军赋,间农事以修武备,提封约卒乘之数,命将在公卿之列,故兵农一致,而文武同方,以保乂邦家,式遏乱略。太宗置府兵台省军卫,文武参掌,闲岁则囊弓力穑,有事则释耒荷戈,所以修复古制,不废旧物。今则不然。夏官不知兵籍,止于奉朝请;六军不主武事,止于养阶勋。军容合中官之政,戎律附内臣之职。首一戴武弁,疾文吏如仇雠;足一蹈军门,视农夫如草芥。谋不足以翦除奸凶,而诈足以抑扬威福;勇不足以镇卫社稷,而暴足以侵害闾里。羁绁藩臣,干陵宰辅,隳裂王度,汩乱朝经。张武夫之威,上以制君父;假天子之命,下以御英豪。有藏奸观衅之心,无仗节死难之谊。岂先王经文纬武之旨邪!臣愿陛下贯文武之道,均兵农之功,正贵贱之名,一中外之法,还军卫之职,修省署之官,近崇贞观之风,远复成周之制,自邦畿以形下国,始天子而达诸侯,可以制猾奸之强,无逾检之患矣。

臣前所谓"生徒惰业,繇学校之官废"者,盖国家贵其禄,贱其能,先其事,后其行,故庶官乏通经之学,诸生无修业之心矣。

臣前所谓"列郡干禁,繇授任非人"者,臣为刺史之任,治乱之根本系焉,朝廷之法制在焉,权可以御豪强,恩可以惠孤寡,强可以御奸寇,政可以移风俗。其将校曾更战陈,及功臣子

弟,请随宜酬赏,苟无治人之术者,不当任此官,即绝干禁之患
矣。

臣前所谓"百工淫巧,繇制度不立"者,臣请以官位禄秩制
其器用车服,禁以金银珠玉,锦绣雕镂不蓄于私室,则无荡心
之巧矣。

臣前所谓"辨枝叶"者,繇考言以询行也;臣前所谓"形于
耻格"者,遥道德而齐礼也。

臣前所谓"念生寡而食众,可罢斥惰游"者,已备于前矣。

臣前所谓"令烦而治鲜,要察其行否"者,臣闻号令者,治
国之具也,君审而出之,臣奉而行之,或亏益止留,罪在不赦。
今陛下令烦而治鲜,得非持之者有所蔽欺乎?

臣前谓"博延群彦,愿陛下必纳其言;造廷待问,则小臣其
敢爱死"者,昔晁错为汉削诸侯,非不知祸之将至,忠臣之心,
壮夫之节,苟利社稷,死无悔焉。臣非不知言发而祸应,计行而
身僇,盖痛社稷之危,哀生人之悔,岂忍姑息时忌,窃陛下一命
之宠哉?昔龙逢死而启商,比干死而启周,韩非死而启汉,陈蕃
死而启魏。今臣之来也,有司或不敢荐臣之言,陛下又无以察
臣之心,退必戮于权臣之手,臣幸得从四子游于地下,固臣之
愿也。所不知杀臣者,臣死之后,将孰为启之哉!

至如人主之阙,政教之疵,前日之弊,臣既言之矣。若乃流
下土之惠,修近古之治,而致和平者,在陛下行之而已。然上之
所陈者,实以臣亲承圣问,敢不条对。虽臣之愚,以为未极教化
之大端、皇王之要道。伏惟陛下事天地以教人恭,奉宗庙以教
人孝,养高年以教人悌长,字百姓以教人慈幼,调元气以煦育,
扇大和以仁寿,可以消摇无为,垂拱成化。至若念陶钧之道,在
择宰相以任之,使权造化之柄;念保定之功,在择将帅以任之,
使修阃外之寄;念百度之求正,在择庶官而任之,使颛职业之
守;念百姓之怨痛,在择良吏以任之,使明惠养之术。自然言足
以为天下教,动足以为天下法,仁足以劝善,义足以禁非,又何

必宵衣旰食,劳神惕虑,然后致治哉!

是时,第策官左散骑常侍冯宿、太常少卿贾𫗧、库部郎中庞严见蕡对嗟伏,以为过古晁、董,而畏中官眦睚,不敢取。士人读其辞,至感概流涕者。谏官御史交章论其直。

于时,被选者二十有三人,所言皆冗靘常务,类得优调。河南府参军事李郃曰:"蕡逐我留,吾颜其厚邪!"乃上疏曰:"陛下御正殿求直言,使人得自奋。臣才志懦劣,不能质今古是非,使陛下闻未闻之言,行未行之事,忽忽内思,愧羞神明。今蕡所对,敢空臆尽言,至皇王之成败,陛下所防闲,时政之安危,不私所料。又引《春秋》为据,汉、魏以来,无与蕡比。有司以言涉讦忤,不敢闻。自诏书下,万口籍籍,叹其诚鲠,至于垂泣,谓蕡指切左右,畏近臣衔怒,变兴非常,朝野慑息,诚恐忠良道穷,纲纪遂绝,季汉之乱复兴于今。以陛下仁圣,臣故无害忠良之谋;以宗庙威严,近臣故无速败亡之祸。指事取验,何惧直言?且陛下以直言召天下士,蕡以直言副陛下所问,虽讦必容,虽过当奖,书于史策,千古光明。使万有一蕡不幸死,天下必曰陛下阴杀谠直,结仇海内,忠义之士,皆惮诛夷,人心一摇,无以自解。况臣所对,不及蕡远甚,内怀愧耻,自谓贤良,奈人言何!乞回臣所授,以旌蕡直。臣逃苟且之惭,朝有公正之路,陛下免天下之疑,顾不美哉!"帝不纳。郃字子玄,后历贺州刺史。

蕡对后七年,有甘露之难。令狐楚、牛僧孺节度山南东、西道,皆表蕡幕府,授秘书郎,以师礼礼之。而宦人深嫉蕡,诬以罪,贬柳州司户参军,卒。

始,帝恭俭求治,志除凶人,然懦而不睿,臣下畏祸不敢言,故蕡对极陈晋襄公杀阳处父以戒帝,又引阍杀吴子,阴赞帝决。帝后与宋申锡谋诛守澄不克,守澄废帝弟漳王而斥申锡,帝依违其间,不敢主也。贾𫗧与王涯、李训、舒元舆位宰相,以谋败,皆为中官夷其宗,而宦者益横,帝以忧崩。

及昭宗诛韩全诲等,左拾遗罗衮上言:"蕡当大和时,宦官始炽,因直言策请夺爵土,复扫除之役,遂罹谴逐,身死异土,六十余年，正人义夫切齿饮泣。比陛下幽东内，幸西州，王室几丧。使蒉策蚤用，则杜渐防萌，逆节可消，宁殷忧多难，远及圣世耶！今天地反正，枉魄愤骴，有望于陛下。"帝感悟，赠蒉左谏议大夫，访子孙授以官云。

　　赞曰：汉武帝三策董仲舒，仲舒所对，陈天人大概，缓而不切也。蒉与诸儒偕进，独讥切宦官，然亦太疏直矣。戒帝漏言，而身诵语于廷，何邪？其后宋申锡以谋泄贬，李训以计不臧死，宦者遂强，可不戒哉！意蒉之贤，当先以忠结上，后为帝谋天下所以安危者，庶其纾患邪！

唐书卷一七九
列传第一〇四

李训　郑注　王涯　贾悚
舒元舆　王璠　郭行余　韩约　罗立言
李孝本　顾师邕　李贞素

　　李训,字子垂,始名仲言,字子训,故宰相揆族孙。质状魁梧,敏于辩论,多大言,自标置。擢进士第,补太学助教,辟河阳节度府。从父逢吉为宰相,以仲言阴险善谋事,厚昵之。坐武昭狱,流象州。文宗嗣位,更赦还,以母丧居东都。郑注佐昭义府,仲言慨然曰:"当世操权力者皆龊龊,吾闻注好士,有中助,可与共事。"因往见注,相得甚欢。时逢吉方留守,怏怏不乐,思复用,知与注善,付金币百万,使西至京师厚结注。注喜,介之谒王守澄。守澄善遇之,即以注术、仲言经义并荐于帝。

　　仲言持诡辩,激卬可听,善钩揣人主意,又以身儒者,海内望族,既见识擢,志望不浅。始,宋申锡谋诛守澄不克,死,宦尹益横,帝愈愤耻。而宪祖之弑,罪人未得,虽外假借,内不堪,欲夷绝其类,顾在位臣持禄取安,无伏节死难者。注阴知帝指,屡建密计,引仲言叶力。帝外托讲劝,又皆以守澄进,故与之谋则其党不疑。仲言尚缞粗,帝使衣戎服,号"王山人",与注出入禁中。服除,起为四门助教,赐绯袍、银鱼,时大和八年也。其十月,迁《周易》博士兼翰林侍讲学士。入院,诏法曲弟子二十人侑宴,示优宠。于是给事中郑肃韩佽、谏议大夫李珏郭承嘏、中书舍人高元裕权璩等共劾仲言恼人，天下共知，不宜在左右。帝不听。仲言数进讲，至阉寺，必感愤申重，以激帝心。帝见其言纵横，谓果可任，遂不疑，而待遇莫与比，因改名训。帝犹虑宦人猜忌，乃疏《易》五义示群臣，有能异训意者赏，欲天下知以师臣待训。

明年秋七月，进翰林学士、兵部郎中，知制诰，居中倚重，实行宰相事。宦人陈弘志时监襄阳军，训启帝召还，至青泥驿，遣使者杖杀之。复以计白罢守澄观军容使，赐鸩死。又逐西川监军杨承和、淮南韦元素、河东王践言于岭外，已行，皆赐死。而崔潭峻前物故，诏剖棺鞭尸。元和逆党几尽。

训本挟奇进，及大权在己，锐意去恶，故与帝言天下事，无不如所欲。挟注相朋比，务报恩复仇。素忌李德裕、宗闵之宠，乃因杨虞卿狱，指为党人，尝所恶者，悉陷党中，迁贬无阅日，班列几空，中外震畏。帝为下诏开谕，群情稍安。不逾月，以礼部侍郎同中书门下平章事，赐金紫服，仍诏三日一至翰林，以终《易》义。

训起流人，一岁至宰相，谓遭时，其志可行。欲先诛宦竖，乃复河、湟，攘夷狄，归河朔诸镇。意果而谋浅，天子以为然。俄赐第胜业里，赏赉旁午。每进见，他宰相备位，天子倾意，宦官卫兵皆慑惮迎拜。天下险怪士徼取富贵，皆凭以为资。训时时进贤才伟望，以悦士心，人皆惑之。尝建言天下浮屠避徭赋，耗国衣食，请行业不如令者还为民。既执政，自白罢，因以市恩。

始，注先显，训藉以进，及势相埒，赖宠争功，不两立。然方事未集，乃出注使镇凤翔，外为助援，内实猜克，待逞且杀之。擢所厚善分总兵柄，于是王璠为太原节度使，郭行余为邠宁节度使，罗立言权京兆尹，韩约金吾将军，李孝本权御史中丞。阴许璠、行余多募士及金吾、台、府卒，劫以为用。

十一月壬戌，帝御紫宸殿，约奏某露降金吾左仗树，群臣贺。训、元舆奏言：“甘露近在禁中，陛下宜亲往以承天祉。”许之。即辇如含元殿，诏宰相君臣往视，还，训奏言：“非甘露。”帝曰：“岂约妄邪？”顾中尉仇士良、鱼志弘等验之，训因欲闭止诸宦人，使无逸者。

时璠、行余皆辞赴镇,兵列丹凤门外毂而待,训传呼曰:"两镇军入受诏旨!"闻者趋入,邠宁军不至,璠惧,弗能前,独行余拜殿下。宦人至仗所,约流汗不能举首,士良等怪之曰:"将军何为尔?"会风动庑幕,见执兵者,士良等惊,走出,阍者将阖扉,为宦侍叱争,不及闭。训急,连呼金吾兵曰:"卫乘舆者,人赐钱百千!"于是有随训入者。宦人曰:"急矣,上当还内!"即扶辇决罘罳下殿趋,训攀辇曰:"陛下不可去!"士良曰:"李训反!"帝曰:"训不反。"士良手搏训而蹶,训压之,将引刀靴中,救至,士良免。立言、孝本领众四百东西来,上殿与金吾士纵击,宦官死者数十人。训持辇愈急,至宣政门,宦人郗志荣搛训仆之,辇入东上阁,即闭,宫中呼万岁。元舆虽知谋,不以告涯,曰:"上将开延英邪?"而群臣见宰相问故。会士良遣神策副使刘泰伦、陈君奕等率卫士五百挺兵出,所值辄杀。涯等惶遽易服步出。杀诸司史六七百人,复分兵屯诸宫门,捕训党千余人斩四方馆,流血成渠。宦竖知训事连天子,相与怨噴,帝惧,伪不语,故宦人得肆志杀戮。俄而元舆、涯皆为兵所执。涯实不知谋,士良榜笞急,乃自署反状。诏出卫骑千余,驰咸阳、奉天捕亡者,大索都城,分掩涯、训等第,兵遂大掠,入黎埴、罗让、浑锣、胡证等家及贾耽庙,赀产一空。两省印、簿书辄持去,秘馆图籍,荡然无余者。

　　明日,召群臣朝,至建福门,从者不得入,光范门尚闭,列兵谁何,乃繇金吾右仗至宣政衙,兵皆露持。是时无宰相、御史中丞,久之,阁门使马元贽启宣政扉,传诏张仲方可京兆尹,而吏皆前死,群臣不能班。帝初未知涯等被系,犹迟其不朝,既而士良白涯与训谋逆,将立郑注。遽召仆射令狐楚郑覃、兵部尚书王源中、吏部侍郎李虞仲等至,帝对悲愤,因付涯讯牒曰:"果涯书邪?"楚曰:"然!""涯诚有谋,罪应死。"

　　是日,京师兵剽劫未止,民乘乱,往往复私怨相戕击,人死甚众。帝遣杨镇、靳遂良等屯兵大衢,鼓而徼之,兵乃止。帝逼宦官,于是下诏暴训、涯等罪。孝本易绿胯,犹金带,以帽幛面,奔郑注,至咸阳,追骑及之。悚匿民间,羸服乘驴自归。璠聚河东兵环第自卫,弘志使偏将攻之,呼曰:"王涯等得罪,起尚书为相。"璠喜,启关纳之,既行,知见绐,泣曰:"李训累我。"俄行余、立言皆得。自涯,十余族并奴婢悉系左右军。璠见涯,恚曰:"公何见引?"涯曰:"君昔漏宋丞相谋于守澄,今焉逃死?"

训既败,被绿衣,诡言黜官,走终南山,依浮屠宗密。宗密欲匿之,其徒不可,乃奔凤翔,为盩厔将所执,械而东。训恐为宦人酷辱,祈监者曰:"得我者有赏,不如持首去。"乃斩之,传其首,余党悉禽。

后一日,两神策兵将涯等赴郊庙,过两市,皆腰斩枭首以徇。悚临刑愤叱,独元舆曰:"晁错、张华尚不免,岂特吾属哉?"约最后捕得,责以反状,不服,斩之。杀训弟仲褒、元皋。始,元皋以属疏自解,得去,士良讯奴,言事前一昔宿训第,遣人追斩之。训死,士良捕宗密将杀之,怡然曰:"与训游久,浮屠法遇困则救,死固其分。"乃释之。是时暴尸旁午,有诏弃都外,男女孩婴相杂厕。淹旬,许京兆府瘗敛,作二大冢,葬道左右。

它日,帝颇思训,数为李石、郑覃称其才。而宦竖益炽,帝末以制,居常忽忽不怿,每游燕,虽倡乐杂沓,未尝欢,颜惨不展,往往瞑目独语,或裴回眺望,赋诗以见情,自是感疢,至弃天下云。

郑注,绛州翼城人。世微贱,以方伎游江湖间。元和末,至襄阳,依节度使李愬。为愬煮黄金饵之,寖亲遇,署衙推,从至徐州,稍参处军政。注多艺,诡谲阴狡,亿探人廋隐,辄中所欲。为愬筹事,未尝不用,挟邪市权,举军患之。监军王守澄白愬,愬曰:"然彼奇士也,将军试与语。"守澄始拒不纳,既坐,机辩横生,钩得其意,守澄大惊,引至后堂,语终夕,恨相见晚。谢愬曰:"诚如公言。"即署巡官。

守澄入总枢密,与俱至京师,厚加赡恤,日夜为守澄计议,因阴通赂遗。初,士纤巧者附离,后要官贵人亦趋往。既陷宋申锡,缙绅侧目。金吾将军孟文亮镇邠宁,取为司马,不肯行,御史中丞宇文鼎劾奏,乃上道,过奉天,辄还。御史复言注奸状,请付有司治罪。始,王涯用注力再辅政,又惮守澄,遏其奏。更擢通王府司马、右神策判官,士议欢骇。刘从谏恶其人,欲因斥去之,即表副昭义节度,至府不旬月,文宗暴眩,守澄复荐注,即日召入,对浴堂门,赐赉至渥。是夜彗出东方,长三尺,芒耀怒急。俄进太仆卿,兼御史大夫。

注资贪沓,既藉权宠,专鬻官射利,赀积巨万,不知止。起第善和里,通永巷,飞庑复壁,聚京师轻薄子、方镇将吏,以煽声焰。间入神策,与守澄语必终日,或夜艾乃罢。险人躁夫有所干谢,日走门。李训既附注进,于是两人权震天下矣。寻擢工部尚书、翰林侍讲学士,时训已在禁中,日日议论帝前,相倡和,谋钼豂中官,自谓功在晷刻,帝惑之。乘是进退士大夫,挠骫朝法,贤不肖淆乱,以为弛张当然。众策其必乱。

帝问富人术,以榷茶对。其法欲置茶官,籍民圃而给其直,工自撷暴,则利悉之官。帝始诏王涯为榷茶使。又言秦、雍灾,当兴役厌之。帝尝咏杜甫《曲江辞》,有"宫殿千门"语,意天宝时环江有观榭宫室,闻注言,即诏两神策治曲江、昆明,作紫云楼、采霞亭,诏公卿得列舍堤上。

注本姓鱼,冒为郑,故当时号"鱼郑",及用事,人庬谓曰"水族"。貌寝陋,不能远视,常衣粗裘,外示质素。始,李愬病痿,注治之有状,守澄神其术,故中人皆昵爱。

俄检校尚书左仆射、凤翔陇右节度使,诏月入奏事。请寮属于训,训与舒元舆谋终杀注,虑其豪俊为助,更择台阁长厚者,以钱可复为副,李敬彝为司马,卢简能、萧杰为判官,卢弘茂为掌书记。旧制,节度使受命,戎服诣兵部谒,后寖废,注请复之,而王璠、郭行余皆踵为常。是日,度支、京兆等供帐。入辞,帝赐通天犀带。出都门,旗干折,注恶之。

先是,守澄死,以十一月葬浐水,注奏言:"守澄,国劳旧,愿身护丧。"因群宦者临送,欲以镇兵悉禽诛之。训畏注专其功,乃先五日举事。注率五百骑至扶风,令韩辽知其谋,奔武功。注闻训败,乃还。其属魏弘节劝注杀监军张仲清及大将贾克中等十余人,注惊挠不暇听。仲清与前少尹陆畅用其将李叔和策,访注计事,斩其首,兵皆溃去。注妻兄魏逢尤佻险,赞注为奸,数顾赇,为率更令,凤翔少尹。遣逢至京师与训约,被诛。可复等及亲卒千余人皆族矣。擢仲清内常侍,辽咸阳令,叔和检校太子宾客,赐钱千万,畅凤翔行军司马。枭注首光宅坊,三日瘗之,群臣皆贺,乃夷其家。初,未获注,京师戒严,泾原、鄜坊节度使王茂元、萧弘皆勒兵备非常。及是人相庆。藉其赀,得绢百万匹,它手称是。注败前,菌生所服带上,褚中药化为蝇数万飞去。

可复,徽子也,为礼部郎中。简能者,简辞弟,驾部员外郎。杰者,俛弟也,主客员外郎。弘茂,右拾遗。可复将死,女年十四,为祈免,女曰:"杀我父,何面目以生!"抱可复求死,亦斩之。弘茂妻萧,临刑诉曰:"我太后妹,奴辈可来杀!"兵皆敛手,乃免。弘节勇而多谋,始在鄜坊赵儋节度府,为注所辟。敬彝为路隋所辟,隋卒,客江淮,以未赴免,因擢兵部员外郎,终衢州刺史。

王涯,字广津,其先本太原人,魏广阳侯冏之裔。祖祚,武后时谏罢万象神宫知名,开元时,以大理司直驰传决狱,所至仁平。父晁,历左补阙、温州刺史。

涯博学,工属文。往见梁肃,肃异其才,荐于陆贽。擢进士,又举宏辞,再调蓝田尉。久之,以左拾遗为翰林学士,进起居舍人。元和初,会其甥皇甫湜以贤良方正对策异等,忤宰相,涯坐不避嫌,罢学士,再贬虢州司马,徙为袁州刺史。宪宗思之,以兵部员外郎召,知制诰,再为翰林学士,累迁工部侍郎,封清源县男。

涯文有雅思,永贞、元和间,训诰温丽,多所稿定。帝以其孤进自树立,数访逮,以私居远,或召不时至,诏假光宅里官第,诸学士莫敢望。俄拜中书侍郎、同中书门下平章事,坐循默不称职罢,再迁吏部侍郎。

穆宗立,出为剑南东川节度使。时吐蕃寇边,西北骚然,又略雅州;涯调兵拒之。上言:"蜀有两道直捣贼腹,一繇龙川清川以抵松州，一繇绵州威蕃栅抵栖鸡城，皆虏险要地。臣愿不爱金帛，使信臣持节与北虏约曰：'能发兵深入者，杀某人，取某地，受某赏。'开怀以示之，所以要约谆熟异它日者，则匈奴之锐可出，西戎之力衰矣。"帝不报。

长庆三年，入为御史大夫，迁户部尚书、盐铁转运使。宝历时，复出领山南西道节度使。文宗嗣位，召拜太常卿，以吏部尚书代王播，复统盐铁，政益刻急。岁中，进尚书右仆射、代郡公。而御史中丞宇文鼎以涯兼使职，耻为之屈，奏："仆射视事日，四品以上官不宜独拜。"涯怒，即建言："与其废礼，不如审官，请避位以存旧典。"帝难之，诏尚书省杂议。工部侍郎李固言谓："《礼》，君于士不答拜，非其臣则答，不臣人之臣也；大夫于其臣，虽贱必答拜，避正君也；大夫于献不亲，君有赐不面拜，为君之答已也。古者列国君犹与大夫答拜，所以尊事天子，别嫌明微也。议者谓'仆射代尚书令，礼当重。凡百司州县皆有副贰，缺则摄总，至著定之礼，则不可越，仆射由是也'。按令，凡文武三品拜一品，四品拜二品。《开元礼》，京兆河南牧、州刺史、县令上日，丞以下答拜。此礼、令相戾，不可独据。"又言："受册官始上，无不答拜者，而仆射亦受册，礼不得异。虽相承为故事，然人情难安者，安得弗改？请如礼便。"帝不能决，涯竟用旧仪。

自李师道平，三道十二州皆有铜铁官，岁取冶赋百万，观察使擅有之，不入公上。涯始建白："如建中元年九月戊辰诏书，收隶天子盐铁。"诏可。久之，以本官同中书门下平章事，合度支、盐铁为一使，兼领之。乃奏罢京畿榷酒钱以悦众。俄检校司空，兼门下侍郎。罢度支，真拜司空。始变茶法，益其税以济用度，下益困，而郑注亦议榷茶，天子命涯为使，心知不可，不敢争。李训败，乃及祸。初，民怨茶禁苛急，涯就诛，皆群诟詈，抵以瓦砾。

涯质状颀省，长上短下，动举详华。性啬俭，不畜妓妾，恶卜祝及它方伎。别墅有佳木流泉，居常书史自怡，使客贺若夷鼓琴娱宾。文宗恶俗侈靡，诏涯惩革。涯条上其制，凡衣服室宇，使略如古，贵戚皆不便，谤讪嚣然，议遂格。然涯年过七十，嗜权固位，偷合训等，不能絜去就，以至覆宗。是时，十一族赀货悉为兵掠，而涯居永宁里，乃杨凭故第，财贮巨万，取之弥日不尽。家书多与秘府侔，前世名书画，尝以厚货钩致，或私以官，凿垣纳之，重复秘固，若不可窥者，至是为人破垣剔取奁轴金玉，而弃其书画于道。籍田宅入于官。

子孟坚，为工部郎中、集贤殿学士；仲翔，太常博士；季琰，校书郎：皆死。仲翔始匿侍御史裴镭家，镭执以赴军，仲翔曰："业不见容，当自求生，奈何反相噬邪？"闻者哀之。后令狐楚见帝从容言："身与臣并列者，既族灭矣，而露胔不藏，深可悼痛。"帝恻然，诏京兆尹薛元赏葬涯等十一人，各赐袭衣。仇士良使盗窃发其冢，投骨渭水。涯女为窦纵妻，以痼病免，家人绐告涯当贬，忽梦涯自提首告曰："族灭矣，惟若存，岁时无忘我。"女惊号坠地，乃以实告。涯从弟沐，客江南，困穷来京师谒涯，二岁乃得见，许以禄仕，难作，亦死。

昭宗天复初，大赦，明涯、训之冤，追复爵位，官其后裔。

贾𫗧，字子美，河南人。少孤，客江、淮间。从父全观察浙东，𫗧往依之，全尤器异，收恤良厚。举进士高第，声称籍甚。又策贤良方正异等，授渭南尉、集贤校理。擢累考功员外郎，知制诰。𫗧美文辞，开敏有断，然褊急，气陵辈行。李渤为谏议大夫，恶其人，为宰相言之，而李逢吉、窦易直爱𫗧才，得不斥。

穆宗崩，告哀江、浙，道拜常州刺史。旧制，两省官出使，得朱衣吏前导，𫗧赴州，犹用之，观察使李德裕敕吏还，怏怏为憾。入为太常少卿，复知制诰，历礼部侍郎，凡三典贡举，得士七十五人，多名卿宰相。再迁京兆尹、兼御史大夫、姑臧县男。大和九年上巳，诏百官会曲江。故事，尹自门步入，揖御史。𫗧自矜大，不彻扇盖，骑而入。御史杨俭、苏特固争，𫗧曰："黄面儿敢尔！"俭曰："公为御史，能嘿嘿耶？"大夫温造以闻。坐夺俸，不胜恚，求出，为浙西观察使。未行，拜中书侍郎，同中书门下章事。俄为集贤殿大学士、监修国史。既得位，会李宗闵得罪，而指俭、特为党，斥去之。

　　少与沈传师善，传师前死，尝梦云："君可休矣!"𫗧瘗而祭诸寝，复梦曰："事已尔，叵奈何!"刘蕡以贤良方正对策，指中人为祸乱根本，而𫗧与冯宿、庞严为考官，畏避不敢闻，竟罹其祸。𫗧本中立，不肯身犯颜排奸幸以及诛，与王涯实不知谋，人冤之。

　　舒元舆，婺州东阳人。地寒，不与士齿。始学，即警悟。去客江夏，节度使郗士美异其秀特，数延誉。

　　元和中，举进士，见有司钩校苛切，既试尚书，虽水炭脂炬餐具，皆人自将，吏一倡名乃得入，列棘围，席坐庑下，因上书言："古贡士未有轻于此者。且宰相公卿繇此出，夫宰相公卿非贤不在选，而有司以隶人待之，诚非所以下贤意。罗棘遮截疑其奸，又非所以求忠直也。诗赋微艺，断离经传，非所以观人文化成也。臣恐贤者远辱自引去，而不肖者为陛下用也。今贡珠贝金玉，有司承以栲笥皮币，何轻贤者，重金玉邪？"又言："取士不宜限数，今有司多者三十，少止二十，假令岁有百元凯，而曰吾格取二十，谓求贤可乎？岁有才德才数人，而曰必取二十，谬进者乃过半，谓合令格可乎？"

　　俄擢高第，调鄠尉，有能名。裴度表掌兴元书记，文檄豪健，一时推许。拜监察御史，劾按深害无所纵。再迁刑部员外郎。

　　元舆自负才有过人者，锐进取。大和五年，献文阙下，不得报，上书自言："马周、张嘉贞代人作奏，起逆旅，卒为名臣。今臣备位于朝，自陈文章，凡五晦朔不一报，窃自谓才不后周、嘉贞，而无□入，又不露所缊，是终无振发时也。汉主父偃、徐乐、严安以布衣上书，朝奏暮召，而臣所上八万言，其文锻炼精粹，出入今古数千百年，披剔剖抉，有可以辅教化者未始遗，拔犀之角，擢象之齿，岂主父等可比哉？盛时难逢，窃自爱惜。"文宗得书，高其自激卬，出示宰相，李宗闵以浮躁诞肆不可用，改著作郎，分司东都。

　　时李训居丧，尤与元舆善。及训用事，再迁左司郎中。御史大夫李固言表知杂事。固言辅政，权知御史中丞。会帝录囚，元舆奏辨明审，不三月即真，兼刑部侍郎。专附郑注，注所恶，举绳逐之。月中,以本官同中书门下平章事。诡谋谬算,日与训比,败天下事,二人为之也。然加礼旧臣,外钓人誉。先时,裴度、令狐楚、郑覃皆为当路所轧,致闲处,至是悉还高秩。

元舆为《牡丹赋》一篇,时称其工。死后,帝观牡丹,凭殿阑诵赋,为泣下。

弟元褒、元肱、元迥,皆第进士。元褒又擢贤良方正,终司封员外郎。余及诛。

王璠,字鲁玉。元和初举进士、宏辞皆中,迁累监察御史。仪寓峻整,著称于时。以起居舍人副郑覃宣慰镇州。长庆末,擢职方郎中,知制诰。

时李逢吉秉政,特厚璠,骤拜御史中丞。璠挟所恃,颇横恣,道直左仆射李绛,交骑不避。绛上言:"左右仆射,师长庶官,开元时,名左右丞相,虽去机务,然犹总百司,署位不著姓。上日班见百官,而中丞、御史在廷。元和中,伊慎为仆射,太常博士韦谦以慎位缘恩进,削其礼,至仆射就台见中丞,或立廷中,中丞乃至。宪度倒置,不可为法。"逢吉惮绛正,遏其事不奏,俱罢璠为工部侍郎,而绛亦用太子少师分司东都,议者不直之。初,璠按武昭狱,意逢吉德己,及罢中丞,乃大望。

久之,出为河南尹。时内厩小儿颇扰民,璠杀其尤暴者,远近畏伏。入为尚书右丞,再迁京兆尹。自李谅后,政条隳敚,奸豪寖不戢,璠颇修举,政有名。

郑注奸状始露,宰相宋申锡、御史中丞宇文鼎密与璠议除之,璠反以告王守澄,而注由是倾心于璠。进左丞,判太常卿事。出为浙西观察使。李训得幸,璠于逢吉旧故,故荐之,复召为左丞,拜户部尚书,判度支,封祁县男。李宗闵得罪,璠亦其党,见注求解乃免。训将诛宦人,乃授河东节度使,已而败。

璠子退休,直弘文馆,所善学士令狐定及刘轲、刘轷、仲无颇、柳喜集其所,皆被缚。定等自解辩,得释。退休诛。璠凿润州外隍,得石刻曰："山有石，石有玉，玉有瑕。"术家谓璠祖名崟，生础，础生璠，尽退休。盖其应云。

郭行余者，元和时擢进士。河阳乌重胤表掌书记。重胤葬其先，使志冢，辞不为，重胤怒，即解去。

擢累京兆少尹。尝值尹刘栖楚，不肯避，栖楚捕导从系之。自言宰相裴度，颇为谕止。行余移书曰："京兆府在汉时有尹，有都尉，有丞，皆诏自除，后循而不改。开元时，诸王为牧，故尹为长史，司马即都尉、丞耳。今尹总牧务，少尹副焉，未闻道路间有下车望尘避者，故事犹在。"栖楚不能答。

迁楚、汝二州刺史、大理卿，擢邠宁节度使。李训在东都，与行余善，故用之。

韩约，朗州武陵人，本名重华。志勇决，略涉书，有吏干。历两池榷盐使、虔州刺史。交趾叛，领安南都护。再迁太府卿。

大和九年，代崔郸为左金吾卫大将军，居四日，起事。约籍钱谷进，更安南富饶地，聚赀尤多。

罗立言者，宣州人。贞元末擢进士，魏博田弘正表佐其府。改阳武令，以治剧迁河阴。立言始筑城郭，地所当者，皆富豪大贾所占，下令使自筑其处，吏籍其阔狭，号于众曰："有不如约，为我更完！"民惮其严，数旬毕，民无田者，不知有役。设锁绝汴流，奸盗屏息。河南尹丁公著上状，加朝散大夫。然倨下傲上，出具弓矢呵道，宴宾客列倡优如大府，人皆恶之，以是稀迁，然自放不衰。

改度支、河阴留后，坐平籴非实，没万九千缗，盐铁使惜其干，止奏削兼侍御史。繇庐州刺史召为司农少卿，以财事郑注，亦与李训厚善。训以京兆多吏卒，擢为少尹，知府事，以就其谋。

李孝本，宗室子。元和时第进士，累迁刑部郎中。依训得进，于是御史中丞舒元舆引知杂事。元舆入相，擢权知中丞事。

顾师邕，字睦之，少连子。性恬约，喜书，寡游合。第进士，累迁监察御史。李训荐为水部员外郎、翰林学士。训遣宦官田全操、刘行深、周元稹、薛士干、似先义逸、刘英诲按边，既行，命师邕为诏赐六道杀之，会训败，不果。师邕流崖州，至蓝田赐死。

李贞素，嗣道王实子。性和裕，衣服喜鲜明。汉阳公主妻以季女。累迁宗正少卿，由将作监改左金吾卫将军。韩约之诈，贞素知之，流儋州，至商山赐死。

赞曰：李训浮躁寡谋，郑注斩斩小人，王涯暗沓，舒元舆险而轻，邀幸天功，宁不殆哉！李德裕尝言天下有常势，北军是也。训因王守澄以进，此时出入北军，若以上意说诸将，易如靡风，而返以台、府抱关游徼抗中人以搏精兵，其死宜哉！文宗与宰相李石、李固言、郑覃称："训禀五常性、服人伦之教，不如公等，然天下奇才，公等弗及也。"德裕曰："训曾不得齿徒隶，尚才之云！"世以德裕言为然。传曰："国将亡，天与之乱人。"若训等持腐株支大厦之颠，天下为寒心竖毛，文宗堰然倚之成功，卒为阉谒所乘，天果厌唐德哉！

唐书卷一八〇
列传第一〇五

李德裕 烨 延吉 崔碬 丁柔立

　　李德裕字文饶，元和宰相吉甫子也。少力于学，既冠，卓荦有大节。不喜与诸生试有司，以荫补校书郎。河东张弘靖辟为掌书记。府罢，召拜监察御史。

　　穆宗即位，擢翰林学士。帝为太子时，已闻吉甫名，由是顾德裕厚，凡号令大典册，皆更其手。数召见，赉奖优华。帝怠荒于政，故戚里多所请丐，挟宦人诇禁中语，关托大臣。德裕建言："旧制，驸马都尉与要官禁不往来。开元中，诃督尤世，今乃公至宰相及大臣私第。是等无它材，直泄漏禁密，交通中外耳。请白事宰相者，听至中书，无辄诣第。"帝然之。再进中书舍人。未几，授御史中丞。

　　始，吉甫相宪宗，牛僧孺、李宗闵对直言策，痛诋当路，条失政。吉甫诉于帝，且泣，有司皆得罪，遂与为怨。吉甫又为帝谋讨两河叛将，李逢吉沮解其言，功未既而吉甫卒，裴度实继之。逢吉以议不合罢去，故追衔吉甫而怨度，挨德裕不得进。至是，间帝暗庸，讽度使与元稹相怨，夺其宰相而己代之。欲引僧孺益树党，乃出德裕为浙西观察使。俄而僧孺入相，由是牛、李之憾结矣。

　　初，润州承王国清乱，窦易直倾府库赉军，赏用空殚，而下益骄。德裕自检约，以留州财赒兵，虽俭而均，故士无怨，再期，则赋物储material。南方信机巫，虽父母疠疾，子弃不敢养。德裕择长老可语者，谕以孝慈大伦，患难相收不可弃之义，使归相晓敕，违约者显置以法。数年，恶俗大变。又按属州非经祠者，毁千余所，撤私邑山房千四百舍，寇无所庾蔽。天子下诏褒扬。

敬宗立，侈用无度，诏浙西上脂盝妆具，德裕奏："比年旱灾，物力未完。乃三月壬子赦令，'常贡之外，悉罢进献'。此陛下恐聚敛之吏缘以成奸，雕篓之人不胜其敝也。本道素号富饶，更李锜、薛苹，皆榷酒于民，供有羡财。元和诏书停榷酤，又赦令禁诸州羡余无送使。今存者惟留使钱五十万缗，率岁经费常少十三万，军用编急。今所须脂盝妆具，度用银二万三千两，金百三十两，物非土产，虽力营索，尚恐不逮。愿诏宰相议，何以俾臣不违诏旨，不乏军兴，不疲人，不敛怨，则前敕后诏，咸可遵承。"不报。方是时，罢进献不阅月，而求贡使者足相接于道，故德裕推一以讽它。

又诏索盘条缭绫千匹，复奏言："太宗时，使至凉州，见名鹰，讽李大亮献之，大亮谏止，赐诏嘉叹。玄宗时，使者抵江南捕鸂鶒、翠鸟，汴州刺史倪若水言之，即见褒纳。皇甫恂织半臂、造琵琶捍拨、镂牙篦于益州，苏颋不奉诏，帝不加罪。夫鸂鶒、镂牙，微物也。二三臣尚以劳人损德为言，岂二祖有臣如此，今独无之？盖有位者蔽而不闻，非陛下拒不纳也。且立鹅天马、盘条掬豹，文彩怪丽，惟乘舆当御。今广用千匹，臣所未谕。昔汉文身衣弋绨，元帝罢轻纤服，故仁德慈俭，至今称之。愿陛下师二祖容纳，远思汉家恭约，裁赐节灭，则海隅苍生毕受赐矣。"优诏为停。

自元和后，天下禁毋私度僧。徐州王智兴绐言天子诞月，请筑坛度人以资福，诏可。即显募江淮间，民皆曹辈奔走，因牟攗其财以自入。德裕劾奏："智兴为坛泗州，募愿度者人输钱二千，则不复勘诘，普加髡落。自淮而右，户三丁男，必一男剔发，规景徭赋，所度无算。臣阅度江者日数百，苏、常齐民，十固八九，若不加禁遏，则前至诞月，江淮失丁男六十万，不为细变。"有诏徐州禁止。

时帝昏荒，数游幸，狎比群小，听朝简忽。德裕上《丹扆六箴》，表言："'心乎爱矣，遐不谓矣'，此古之贤人笃于事君者也。夫迹疏而言亲者危，地远而意忠者忤。臣窃惟念拔自先圣，遍荷宠私，不能竭忠，是负灵鉴。臣在先朝，尝献《大明赋》以讽，颇蒙嘉采。今日尽节明主，亦由是也。”其一曰《宵衣》，讽视朝希晚也；二曰《正服》，讽服御非法也；三曰《罢戏》，讽敛求怪珍也；四曰《纳诲》，讽侮弃忠言也；五曰《辨邪》，讽任群小也；六曰《防微》，讽伪游轻出也。辞皆明直婉切。帝虽不能用其言，犹敕韦处厚谆谆作诏，厚谢其意。然为逢吉排笮，讫不内徙。

时亳州浮屠诡言水可愈疾，号曰“圣水”，转相流闻，南方之人，率十户僦一人使往汲。既行若饮，病者不敢近荤血，危老之人率多死。而水斗三十千，取者益它汲转鬻于道，互相欺诳，往者日数十百人。德裕严勒津逻捕绝之，且言：“昔吴有圣水，宋、齐有圣火，皆本妖祥，古人所禁。请下观察使令狐楚填塞，以绝妄源。”从之。

帝方惑佛老，祷福祈年，浮屠方士并出入禁中。狂人杜景先上言，其友周息元寿数百岁，帝遣宦者至浙西迎之，诏在所驰驲敦遣。德裕上疏曰：“道之高者，莫若广成、玄元；人之圣者，莫若轩辕、孔子。昔轩辕问广成子治身之要，曰：‘无视无听，抱神以静，形将自正。无劳子形，无摇子精，乃可长生。慎守其一，以处其和。故我修身千二百岁矣，形未尝衰。’又曰：‘得吾道者上为皇，下为王。’玄元语孔子曰：‘去子之骄气与多欲，态色与淫志，是皆无益于子之身。’陛下修轩后之术，物色异人，若使广成、玄元混迹而至，告陛下之言，亦无出于此。臣虑今所得者，皆迂怪之士，使物淖冰，以小术欺聪明，如文成、五利者也。又前世天子虽好方士，未有御其药者。故汉人称黄金可成，以为饮食器则寿。高宗时刘道合、玄宗时孙甑生皆能作黄金，二祖不之服，岂非以宗庙为重乎？傥必致真隐，愿止师保和之术，慎毋及药，则九庙尉悦矣。”息元果诞谲不情，自言与张果、叶静能游。帝诏画工肖状为图以观之，终帝世无它验。文宗即位，乃逐之。

大和三年，召拜兵部侍郎。裴度荐材堪宰相，而李宗闵以中人助，先秉政，且得君，出德裕为郑滑节度使，引僧孺协力，罢度政事。二怨相济，凡德裕所善，悉逐之。于是二人权震天下，党人牢不可破矣。

逾年，徙剑南西川。蜀自南诏入寇，败杜元颖，而郭钊代之，病不能事，民失职，无聊生。德裕至，则完残奋怯，皆有条次。成都既南失姚、协，西亡维、松，由清溪下沫水而左，尽为蛮有。始，韦皋招来南诏，复巂州，倾内资结蛮好，示以战阵文法。德裕以皋启戎资盗，其策非是，养成雍疽，弟未决耳。至元颖时，遇隙而发，故长驱深入，蹂剔千里，荡无子遗。今瘢夷尚新，非痛矫革，不能刷一方耻。乃建筹边楼，按南道山川险要与蛮相入者图之左，西道与吐蕃接者图之右。其部落众寡，馈饷远迩，曲折咸具。乃召习边事者与之指画商订，凡虏之情伪尽知之。又料择伏瘴旧獠与州之任战者，废遣狞氄什三四，士无敢怨。又请甲人于安定，弓人河中，弩人浙西。繇是蜀之器械皆犀锐。率户二百取一人，使习战，贷勿事，缓则农，急则战，谓之"雄边子弟"。其精兵曰南燕保义、保惠、两河慕义、左右连弩；骑士曰飞星、鸷击、奇锋、流电、霆声、突骑。总十一军。筑杖义城，以制大度、青溪关之阻；作御侮城，以控荣经掎角势；作柔远城，以扼西山吐蕃；复邛崃关，徙巂州治台登，以夺蛮险。

旧制，岁杪运内粟赡黎、巂州，起嘉、眉，道阳山江，而达大度，乃分饷诸戍。常以盛夏至，地苦瘴毒，辇夫多死。德裕命转邛、雅粟，以十月为漕始，先夏而至，以佐阳山之运，馈者不涉炎月，远民乃安。

蜀人多鬻女为人妾，德裕为著科约，凡十三而上，执三年劳；下者，五岁。及期则归之父母。毁属下浮屠私庐数千，以地予农。蜀先主祠旁有猱村，其民剔发若浮屠者，畜妻子自如，德裕下令禁止。蜀风大变。

于是二边寝惧，南诏请还所俘掠四千人，吐蕃维州将悉怛谋以城降。维距成都四百里，因山为固，东北繇索丛岭而下二百里，地无险，走长川不三千里，直吐蕃之牙，异时戍之，以制虏入者也。德裕既得之，即发兵以守，且陈出师之利。僧孺居中沮其功，命返悉怛谋于虏，以信所盟，德裕终身以为恨。会监军使王践言入朝，盛言悉怛谋死，拒远人向化意。帝亦悔之，即以兵部尚书召，俄拜中书门下平章事，封赞皇县伯。

故事，丞郎诣宰相，须少间乃敢通，郎官非公事不敢谒。李宗闵时，往往通宾客。李听为太子太傅，招所善载酒集宗闵阁，酣醉乃去。至德裕，则喻御史："有以事见宰相，必先白台乃听。凡罢朝，縻龙尾道趋出。"遂无辄至阁者。又罢京兆筑沙堤、两街上朝卫兵。尝建言："朝廷惟邪正二途，正必去邪，邪必害正。然其辞皆若可听，愿审所取舍。不然，二者并进，虽圣贤经营，无縻成功。"俄而宗闵罢，德裕代为中书侍郎、集贤殿大学士。始，二省符江淮大贾，使主堂厨食利，因是挟赀行天下，所至州镇为右客，富倚以自高。德裕一切罢之。

后帝暴感风，害语言。郑注始因王守澄以药进帝，少间，又荐李训使待诏帝，欲授谏官，德裕曰："昔诸葛亮有言：'亲贤臣，远小人，汉所以兴隆也。亲小人，远贤士，后汉所以倾颓也。'今训小人，顷咎恶暴天下，不宜引致左右。"帝曰："人谁无过，当容其改。且逢吉尝言之。"对曰："圣贤则有改过，若训天资奸邪，尚何能改？逢吉位宰相，而顾爱凶回，以累陛下，亦罪人也。"帝语王涯别与官，德裕摇手止涯，帝适见，不怿，训、注皆怨，即复召宗闵辅政，拜德裕为兴元节度使。入见帝，自陈愿留阙下，复拜兵部尚书，宗闵奏："命已行，不可止。"更徙镇海军以代王璠。

先是，大和中，漳王养母杜仲阳归浙西，有诏在所存问。时德裕被召，乃檄留后使如诏书。璠入为尚书左丞，而漳王以罪废死，因与户部侍郎李汉共谮德裕尝赂仲阳导王为不轨。帝惑其言，召王涯、李固言、路隋质之。注、璠、汉三人者语益坚，独隋言："德裕大臣，不宜有此。"谗焰少衰。遂贬德裕为太子宾客，分司东都。复贬袁州长史，隋亦免宰相。未几，宗闵以罪斥而注、训等乱败，帝追悟德裕以诬构逐，乃徙滁州刺史。又以太子宾客分司东都。开成初，帝从容语宰相："朝廷岂有遗事乎？"众进以宋申锡对。帝俯首涕数行下，曰："当此时，兄弟不相保，况申锡邪？有司为我褒显之。"又曰："德裕亦申锡比也。"起为浙西观察使。后对学士禁中，黎埴首言："德裕与宗闵皆逐，而独三进官。"帝曰："彼尝进郑注，而德裕欲杀之，今当以官与何人？"埴惧而出。又指坐宸前示宰相曰："此德裕争郑注处。"

德裕三在浙西，出入十年，迁淮南节度使，代牛僧孺。僧孺闻之，以军事付其副张鹭，即驰去。淮南府钱八十万缗，德裕奏言止四十万，为鹭用其半。僧孺诉于帝，而谏官姚合、魏谟等共劾奏德裕挟私怨沮伤僧孺，帝置章不下，诏德裕覆实。德裕上言："诸镇更代，例杀半数以备水旱、助军费。因索王播、段文昌、崔从相授簿最具在。惟从死官下，僧孺代之，其所杀数最多。"即自劾"始至镇，失于用例，不敢妄"。遂待罪，有诏释之。

武宗立，召为门下侍郎、同中书门下平章事。既入谢，即进戒帝："辨邪正，专委任，而后朝廷治。臣尝为先帝言之，不见用。夫正人既呼小人为邪，小人亦谓正人为邪，何以辨之？请借物为谕，松柏之为木，孤生劲特，无所因倚。萝茑则不然，弱不能立，必附它木。故正人一心事君，无待于助。邪人必更为党，以相蔽欺。君人者以是辨之，则无惑矣。"又谓治乱系信任，引齐桓公问管仲所以害霸者，仲对琴瑟笙竽、弋猎驰骋，非害霸者；惟知人不能举，举不能任，任而又杂以小人，害霸也。太、玄、德、宪四宗皆盛朝，其始临御，自视若尧、舜，寖久则不及初，陛下知其然乎？始一委辅相，故贤者得尽心。久则小人并进，造党与，乱视听，故上疑而不专。政去宰相则不治矣。在德宗最甚，晚节宰相惟奉行诏书，所与图事者，李齐运、裴延龄、韦渠牟等，讫今谓之乱政。夫辅相有欺罔不忠，当亟免，忠而材者属任之。政无它门，天下安有不治？先帝任人，始皆回容，积纤微以至诛贬。诚使虽小过必知而改之，君臣无猜，则谗邪不干其间矣。"又言："开元初，相率三考辄去，虽姚崇、宋璟不能逾。至李林甫秉权乃十九年，遂及祸败。是知亟进罢宰相，使政在中书，诚治本也。"

帝尝疑杨嗣复、李珏顾望不忠，遣使杀之，德裕知帝性刚而果于断，即率三宰相见延英，呜咽流涕曰："昔太宗、德宗诛大臣，未尝不悔。臣欲陛下全活之，无异时恨。使二人罪恶暴著，天下共疾之。"帝不许，德裕伏不起。帝曰："为公等赦之。"德裕降拜升坐。帝曰："如令谏官论争，虽千疏，我不赦。"德裕重拜。因追还使者，嗣复等乃免。

时帝数出畋游，暮夜乃还，德裕上言："人君动法于日，故出而视朝，入而燕息。传曰：'君就房有常节。'惟深察古谊，毋继以夜。侧闻五星失度，恐天以是勤勤儆戒。《诗》曰：'敬天之渝，不敢驰驱。'愿节田游，承天意。"寻册拜司空。

回鹘自开成时为黠戛斯所破。会昌后，乌介可汗挟公主牙塞下，种族大饥，以弱口、重器易粟于边。退浑、党项利虏掠，因天德军使田牟上言，愿以部落兵击之。议者请可其奏。德裕曰："回鹘于国尝有功，以穷来归，未辄扰边，遽伐之，非汉宣帝待呼韩之义。不如与之食，以待其变。"陈夷行曰："资盗粮，非计也，不如击之便。"德裕曰："沙陀、退浑，不可恃也。夫见利则进，遇敌则走，杂房之常态，孰肯为国家用邪？天德兵素弱，以一城与劲房确，无不败。请诏牟无听诸戎计。"帝于是贷粟三万斛。

会嗢没斯杀赤心以降，赤心兵溃去。于是回鹘势穷，数丐羊马，欲藉兵复故地，又愿假天德城以舍公主，帝不许。乃进逼振武保大栅杷头峰，以略朔川，转战云州，刺史张献节婴城不出。回鹘乃大掠，党项、退浑皆保险莫敢拒。帝益知向不许田牟用二部兵之效，乃复问以计，德裕曰："杷头峰北皆大碛，利用骑，不可以步当之。今乌介所恃公主尔，得健将出奇夺还之，王师急击，彼必走。今锐将无易石雄者，请以藩浑劲卒与汉兵衔枚夜击之，势必得。"帝即以方略授刘沔，令雄邀击可汗于杀胡山，败之，迎公主还，回鹘遂败。进位司徒。

黠戛斯遣使来，且言攻取安西、北廷，帝欲从黠戛斯求其地，德裕曰："不可。安西距京师七千里，北廷五千里。异时繇河西、陇右抵玉门关，皆我郡县，往往有兵，故能缓急调发。自河、陇入吐蕃，则道出回鹘。回鹘今破灭，未知黠戛斯果有其地邪？假令安西可得，即复置都护，以万人往戍，何所兴发，何道馈饟？彼天德、振武于京师近，力犹苦不足，况七千里安西哉？臣以为纵得之，无用也。昔汉魏相请罢田车师，贾捐之请弃珠崖，近狄仁杰亦请弃四镇及安东，皆不愿贪外以耗内。此三臣者，当全盛时，尚欲弃割以肥中国，况久没甚远之地乎？是持实费市虚事，灭一回鹘，而又生之。"帝乃止。

泽潞刘从谏死，其从子稹擅留事以邀节度，德裕曰："泽潞内地，非河朔比，昔皆儒术大臣守之。李抱真始建昭义军，最有功，德宗尚不许其子继。及刘悟死，敬宗方怠于政，遂以符节付从谏。大和时，擅兵长子，阴连训、注，外托效忠，请除君侧。及有狗马疾，谢医拒使，便以兵属稹。舍而不讨，无以示四方。"帝曰："可胜乎？"对曰："河朔，稹所恃以唇齿也。如令魏、镇不与，则破矣。夫三镇世嗣，列圣许之。请使近臣明告以'泽潞命帅，不得视三镇，今朕欲诛稹，其各以兵会。'"帝然之。乃以李回持节谕王元逵、何弘敬，皆听命。始议用兵，中外交章固争，皆曰："悟功高，不可绝其嗣。又从谏畜兵万，粟支十年，未可以破也。"它宰相亦婟妸趋和，德裕独曰："诸葛亮言曹操善为兵，犹五攻昌霸，三越灄，况其下哉。然赢缩胜负，兵家之常，惟陛下圣策先定，不以小利钝为浮议所摇，则有功矣。有如不利，臣请以死塞责！"帝忿然曰："为我语于朝，有沮吾军议者，先诛之！"群论遂息。元逵兵已出，而弘敬逗留持两端，德裕建遣王宰以陈、许精甲，假道于魏以伐磁。弘敬闻，遽勒兵请自涉漳取磁、潞。

会横水戍兵叛，入太原，逐其帅李石，奉裨将杨弁主留事。方是进，稹未下，朝廷益为忧。议者颇言兵皆可罢。帝遣中人马元实如太原，侦其变。弁厚赂中人，帐饮三日。还，谬曰："弁兵多，属明光甲者十五里。"德裕诘曰："李石以太原无兵，故调横水卒千五百使戍榆社，弁因以乱，渠能列卒如此多邪？"则曰："晋人勇，皆兵也，募而得之。"德裕曰："募士当以财，李石以人欠一缣，故兵乱，石无以索之，弁何得邪？太原一铠一戟，举送行营，安致十五里明光乎？"使者语塞。德裕即奏："弁贱伍，不可赦。如力不足，请舍稹而诛弁。"

遽趣王逢起榆社军,诏元逵趋土门,会太原。河东监军吕义忠闻,即日召榆社卒入斩弁,献首京师。

德裕每疾贞元、大和间有所讨伐,诸道兵出境,即仰给度支,多迁延以困国力。或与贼约,令懈守备,得一县一屯以报天子,故师无大功。因请敕诸将,令直取州,勿攻县。故元逵等下邢、洺、磁,而积气索矣。俄而高文端归命,称积粮乏,皆女子授饟哺兵。未几,郭谊持积首降。帝问:"何以处谊?"德裕曰:"积竖子,安知反?职谊为之。今三州已降,而积穷蹙,又贩其族以邀富贵,不诛,后无以惩恶。"帝曰:"朕意亦尔。"因诏石雄入潞,尽取谊等及尝为积用者,悉诛之。策功拜太尉,进封赵国公。德裕固让,言:"唐兴,太尉惟七人,尚父子仪乃不敢拜。近王智兴、李载义皆超拜保、傅,盖重惜此官。裴度为司徒十年,亦不迁,臣愿守旧秩足矣。"帝曰:"吾恨无官酬公,毋固辞。"德裕又陈:"先臣封于赵,冢孙宽中始生,字曰三赵,意将传嫡,不及支庶。臣前益封,已改中山。臣先世皆尝居汲,愿得封卫。"从之,遂改卫国公。

帝尝从容谓宰相曰:"有人称孔子其徒三千亦为党,信乎?"德裕曰:"昔刘向云:'孔子与颜回、子贡更相称誉,不为朋党;禹、稷与皋陶转相汲引,不为比周。无邪心也。'臣尝以共、鲧,欢兜与舜、禹杂处尧朝,共工、欢兜则为党,舜、禹不为党。小人相与比周,迭为掩蔽也。贤人君子不然,忠于国则同心,闻于义则同志,退而各行其己,不可交以私。赵宣子、随会继而纳谏,司马侯、叔向比以事君,不为党也。公孙弘每与汲黯请间,黯先发之,弘推其后,武帝所言皆听。黯、弘虽并进,然廷诘齐人少情,讥其布被为诈,则先发后继,不为党也。太宗与房玄龄图事,则曰非杜如晦莫能筹之。及如晦在焉,亦推玄龄之策。则同心图国,不为党也。汉朱博、陈咸相为腹心,背公死党。周福、房植各以其党相倾,议论相轧,故朋党始于甘陵二部。及甚也,谓之钩党,继受诛夷。以王制言之,非不幸也。周之衰,列国公子有信陵、平原、孟尝、春申,游谈者以四豪为称首,亦各有客三千,务以谲诈势利相高;仲尼之徒,唯行仁义。今议者欲以比之，罔矣。臣未知所谓党者为国乎？为身乎？诚为国邪，随会、叔向、汲黯、房、杜之道可行，不必党也。今所谓党者，诬善蔽忠，附下罔上，车马驰驱，以趋权势，昼夜合谋，美官要选，悉引其党为之，否则抑压以退。仲尼之徒，有是乎？陛下以是察之，则奸伪见矣。”

时韦弘质建言，宰相不可兼治钱谷，德裕奏言："管仲明于治国，其语曰：'国之重器，莫重于令。令重君尊，君尊国安。治人之本，莫要于令。'故曰'亏令者死，益令者死，不行令者死，留令者死，不从令者死。五者无赦'。又曰：'令在上而论可否在下，是主威下系于人也。'大和后，风俗寖敝，令出于上，非之在下。此敝不止，无以治国。匡衡曰：'大臣者，国家股肱，万姓所瞻仰，明主所慎择也。'传曰：'下轻其上爵，贱人图柄臣，则国家摇动而人不静。'今弘质为人所教而言，是图柄臣者也。且萧望之汉名儒，为御史大夫，奏云：'岁首，日月少光，咎在臣等。'宣帝以望之意轻丞相，下有司诘问。贞观中，监察御史陈师合上言：'人之思虑有限，一人不可总数职。'太宗曰：'此欲离间我君臣。'斥之岭外。臣谓宰相有奸谋隐慝，则人人皆得上论。至于制置职业，人主之柄，非小人所得干。古者朝廷之士，各守官业，思不出位。弘质贱臣，岂得以非所宜言妄触天听！是轻宰相。陛下照其邪计，从党人中来，当遏绝之。"德裕大意，欲朝廷尊，臣下肃，而政出宰相，深疾朋党，故感愤切言之。

又尝谓："省事不如省官，省官不如省吏，能简冗官，诚治本也。"乃请罢郡县吏凡二千余员，衣冠去者皆怨。时天下已平，数上疏乞骸骨，而星家言荧惑犯上相，又恳丐去位，皆不许。当国凡六年，方用兵时，决策制胜，它相无与，故威名独重于时。

宣宗即位，德裕奉册太极殿。帝退谓左右曰："向行事近我者，非太尉邪？每顾我，毛发为森竖。"翌日，罢为检校司徒、同中书门下平章政事、荆南节度使。俄徙东都留守。白敏中、令狐绹、崔弦皆素仇，大中元年，使党人李咸斥德裕阴事。故以太子少保分司东都，再贬潮州司马。明年，又导吴汝纳讼李绅杀吴湘事，而大理卿卢言、刑部侍郎马植、御史中丞魏扶言："绅杀无罪，德裕徇成其冤，至为黜御史，罔上不道。"乃贬为崖州司户参军事。明年，卒，年六十三。德裕既没，见梦令狐绹曰："公幸哀我，使得归葬。"绹语其子滈，滈曰："执政皆其憾，可乎？"既夕，又梦，绹惧曰："卫公精爽可畏，不言，祸将及。"白于帝，得以丧还。

德裕性孤峭，明辩有风采，善为文章。虽至大位，犹不去书。其谋议援古为质，衮衮可喜。常以经纶天下自为，武宗知而能任之，言从计行，是时王室几中兴。

先是，韩全义败于蔡，杜叔良败于深，皆监军宦人制其权，将不得专进退，诏书一日三四下，宰相不豫。又诸道锐兵票士，皆监军取以自随，每督战，乘高建旗自表，师小不胜，辄卷旗去，大兵随以北。繇是王师所向多负。至讨回鹘、泽潞，德裕建请诏书付宰司乃下，监军不得干军要，率兵百人取一以为卫。自是，号令明壹，将乃有功。

元和后数用兵，宰相不休沐，或继火乃得罢。德裕在位，虽遽书警奏，皆从容裁决，率午漏下还第，休沐辄如令，沛然若无事时。其处报机急，帝一切令德裕作诏，德裕数辞，帝曰："学士不能尽吾意。"伐刘稹也，诏王元逵、何弘敬曰："勿为子孙之谋，存辅车之势。"元逵等情得，皆震恐思效。已而三州降，贼遂平。帝每称魏博功，则顾德裕道诏语，咨其切于事而能伐谋也。三镇每奏事，德裕引使者戒敕为忠义，指意丁宁，使归各谓其帅道之，故河朔畏威不敢慢。后除浮屠法，僧亡命多趣幽州，德裕召邸吏戒曰："为我谢张仲武，刘从谏招纳亡命，今视之何益？"仲武惧，以刀授居庸关吏曰："僧敢入者斩！"

帝既数讨叛有功，德裕虑怙于武，不可戢，即奏言："曹操破袁绍于官度，不追奔，自谓所获已多，恐伤威重。养由基古善射者，柳叶虽百步必中，观者曰：'不如少息，若弓拨矢钩，前功皆弃。'陛下征伐无不得所欲，愿以兵为戒，乃可保成功。"帝嘉纳其言。

方士赵归真以术进，德裕谏曰："是尝敬宗时以诡妄出入禁中，人皆不愿至陛下前。"帝曰："归真我自识，顾无大过，召与语养生术尔。"对曰："小人于利，若蛾赴烛。向见归真之门，车辙满矣。"帝不听。于是挟术诡时者进,帝志衰焉。

所居安邑里第,有院号起草,亭曰精思,每计大事,则处其中,虽左右侍御不得豫。不喜饮酒,后房无声色娱。生平所论著多行于世云。

子烨,仕汴宋幕府,贬象州立山尉。懿宗时,以赦令徙郴州。余子皆从死贬所,

烨子延古,乾符中,为集贤校理,擢累司勋员外郎,还居平泉。昭宗东迁,坐不朝谒,贬卫尉主簿。

德裕之斥,中书舍人崔嘏,字乾锡,谊士也。坐书制不深切,贬端州刺史。嘏举进士,复以制策历邢州刺史。刘稹叛,使其党裴问戍于州,嘏说使听命,改考功郎中,时皆谓邀赏。至是,作诏不肯巧傅以罪。

吴汝纳之狱,朝廷公卿无为辨者,惟淮南府佐魏铏就逮,吏使诬引德裕,虽痛楚掠,终不从,竟贬死岭外。

又丁柔立者,德裕当国时,或荐其直清可任谏争官,不果用。大中初,为左拾遗。既德裕被放,柔立内愍伤之,为上书直其冤,坐阿附,贬南阳尉。

懿宗时,诏追复德裕太子少保、卫国公,赠尚书左仆射,距其没十年。

赞曰:汉刘向论朋党,其言明切,可为流涕,而主不悟,卒陷亡辜。德裕复援向言,指质邪正,再被逐,终婴大祸。嗟乎,朋党之兴也,殆哉! 根夫主威夺者下陵,听弗明者贤不肖两进,进必务胜,而后人人引所私,以所私乘狐疑不断之隙,是引桀、跖、孔、颜相阋于前,而以众寡为胜负矣。欲国不亡,得乎? 身为名宰相,不能损所憎,显挤以仇,使比周势成,根株牵连,贤智播奔,而王室亦衰,宁明有未哲欤? 不然,功烈光明,佐武中兴,与姚、宋等矣。

唐书卷一八一
列传第一○六

陈夷行　李绅　李让夷
曹确　刘瞻 助 李蔚

　　陈夷行,字周道,其先江左诸陈也,世客颍川。由进士第,擢累起居郎、史馆修撰。以劳迁司封员外郎,凡再岁,以吏部郎中为翰林学士。庄恪太子在东宫,夷行兼侍读,五日一谒,为太子讲说。数迁至工部侍郎。

　　开成二年,进同中书门下平章事。而杨嗣复、李珏相次辅政,夷行介特,雅不与合,每议论天子前,往往语相侵短。夷行不能堪,辄引疾求去,文宗遣使者尉劳起之。会以王彦威为忠武节度使,史孝章领邠宁,议皆出嗣复。及夷行对延英,帝问:"除二镇当否?"对曰:"苟自圣择,无不当者。"嗣复曰:"若用人尽出上意而当,固善,如小不称,下安得嘿然?"夷行曰:"比奸臣数干权,愿陛下无倒持大阿,以镡授人。"嗣复曰:"古者任则不疑,齐桓公器管仲于仇虏,岂有倒持虑邪?"帝以其面相触,颇不悦。仙韶乐工尉迟璋授王府率,右拾遗窦洵直当衙论奏,郑覃、嗣复嫌以细故,谓洵直近名。夷行曰:"谏官当衙,正须论宰相得失,彼贱工安足言者?然亦不可置不用。"帝即徙璋光州长史,以百缣赐洵直,进门下侍郎。

　　帝常怪天宝政事不善,问:"姚元崇、宋璟于时在否?"李珏曰:"姚亡而宋罢。"珏因推言:"玄宗自谓未尝杀一不辜,而任李林甫,种夷数十族,不亦惑乎?"夷行曰:"陛下今亦宜戒以权属人。"嗣复曰："夷行失言，太宗易暴乱为仁义，用房玄龄十有六年，任魏征十有五年，未尝失道。人主用忠良久益治，用邪佞一日多矣。"时用郭薳为坊州刺史，右拾遗宋刓论不可，薳果坐赃败，帝欲赏刓，夷行曰："谏官论事是其职，若一事善辄进官，恐后不免有私。"夷行盖专诋嗣复。又素善覃，阴助其力，以排折朋党。是进，虽天子亦恶其太过，恩礼遂衰，罢为吏部尚书，寻拜华州刺史。

武宗即位，召为御史大夫，俄还门下侍郎平章事，进位尚书左仆射。夷行与崔珙俱拜，乃奏："仆射始视事，受四品官拜，无著令。比日左右丞、吏部侍郎、御史中丞皆为仆射拜阶下，谓之'隔品致敬'。准礼，皇太子见上台群官，群官先拜而后答，以无二上也。仆射与四品官并列朝廷，不容独优。前日郑余庆著《仆射上仪》，谓隔品官无亢礼。进窦易直任御中丞，议不可。及易直自为仆射，乃忘前议，当时鄙厌之。臣等不愿以失礼速诮于时，且开元元年，以左右仆射为左右丞相，位次三公，三公上日答拜，而仆射受之，非是。望敕所司约《三公上仪》，著定令。"诏可。始，累朝纷议不决，至夷行遂定。以足疾乞身，罢为太子太保，以检校司空为河中节度使，卒。

李绅，字公垂，中书令敬玄曾孙。世宦南方，客润州。绅六岁而孤，哀等成人。母卢，躬授之学。为人短小精□，于诗最有名，时号"短李"。苏州刺史韦夏卿数称之。葬母，有乌衔芝坠辁车。

元和初，擢进士第，补国子助教，不乐，辄去。客金陵，李锜爱其才，辟掌书记。锜寝不法，宾客莫敢言，绅数谏，不入；欲去，不许。会使者召锜，称疾，留后王澹为具行，锜怒，阴教士脔食之，即胁使者为众奏天子，幸得留。锜召绅作疏，坐锜前，绅阳怖栗，至不能为字，下笔辄涂去，尽数纸，锜怒骂曰："何敢尔，不惮死邪？"对曰："生未尝见金革，今得死为幸。"即注以刃，令易纸，复然。或言许纵能军中书，绅不足用。召纵至，操书如所欲，即因狱中，锜诛乃免。或欲以闻，谢曰："本激于义，非市名也。"乃止。

久之，从辟山南观察府。穆宗召为右拾遗、翰林学士，与李德裕、元稹同时，号"三俊"。累擢中书舍人，稹为宰相，而李逢吉教人告于方事，稹遂罢；欲引牛僧孺，惧绅等在禁近沮解，乃授德裕浙西观察使。僧孺辅政，以绅为御史中丞，顾其气刚卞，易疵累，而韩愈劲直，乃以愈为京兆尹，兼御史大夫，免台参以激绅。绅、愈果不相下，更持台府故事，论诘往反，诋讦纷然，繇是皆罢之，以绅为江西观察使。帝素厚遇绅，遣使者就第劳赐，以为乐外迁，绅泣言为逢吉中伤。入谢，又自陈所以然，帝悟，改户部侍郎。

逢吉终欲陷之。绅族子虞，有文学名，隐居华阳，自言不愿仕，时来省绅，雅与柏耆、程昔范善。及耆为拾遗，虞以书求荐，绅恶其无立操，痛诮之。虞失望，后至京师，悉暴绅所言于逢吉。逢吉滋怒，乃用张又新、李续等计，擢虞、昔范与刘栖楚皆为拾遗，以伺绅隙，内结中人王守澄自助。会敬宗立，逢吉知绅失势可乘，使守澄从容奏言："先帝始议立太子，杜元颖、李绅劝立深王，独宰相逢吉请立陛下，而李续、李虞助之。"逢吉乘间言绅尝不利于陛下，请逐之。帝初即位，不能辨，乃贬绅为端州司马。栖楚等怒得善地，皆切齿。诏下，百官贺逢吉，唯右拾遗吴思不往，逢吉斥思，令告大行丧于吐蕃。此时，人无敢言者，惟韦处厚屡言绅枉，折逢吉之奸。后天子于禁中得先帝手械书一笥，发之，见裴度、元颖、绅三疏请立帝为嗣，始大感悟，悉焚逢吉党所上谤书。

始，绅南逐，历封、康间，湍濑险涩，惟乘涨流乃济。康州有媪龙祠，旧传能致云雨，绅以书祷，俄而大涨。宝历赦令不言左降官与量移，处厚执争，诏为追定，得徙江州长史，迁滁、寿二州刺史。霍山多虎，撷茶者病之，治机箄，发民迹射，不能止。绅至，尽去之，虎不为暴。以太子宾客分司东都。大和中，李德裕当国，擢绅浙东观察使。李宗闵方得君，复以太子宾客分司。开成初，郑覃以绅为河南尹。河南多恶少，或危帽散衣，击大球，户官道，车马不敢前。绅治刚严，皆望风遁去。迁宣武节度使。大旱，蝗不入境。

武宗即位，徙淮南，召拜中书侍郎、同中书门下平章事，进尚书右仆射、门下侍郎，封赵郡公。居位四年，以足缓不任朝谒，辞位，以检校右仆射平章事,复节度淮南。卒,赠太尉,谥文肃。

　　始,澧人吴汝纳者,韶州刺史武陵兄子也。武陵坐赃贬潘州司户参军死,汝纳家被逐,欠不调。时李吉甫任宰相,汝纳怨之,后遂附宗闵党中。会昌时为永宁尉。弟湘为江都尉。部人讼湘受赃狼籍,身娶民颜悦女。绅使观察判官魏铏鞫湘,罪明白,论报杀之。时,议者谓吴氏世与宰相有嫌,疑绅内顾望,织成其罪。谏官屡论列,诏遣御史崔元藻覆按,元藻言湘盗用程粮钱有状,娶部人女不实,按悦尝为青州衙推,而妻王故衣冠女,不应坐。德裕恶元藻持两端,奏贬崖州司户参军。宣宗立,德裕去位,绅已卒。崔铉等久不得志,导汝纳使为湘讼,言:"湘素直,为人诬蔑,大校重牢,五木被体,吏至以娶妻资媵结赃。"且言:"颜悦故士族,湘罪皆不当死,绅枉杀之。"又言:"湘死,绅令即瘗,不得归葬。按绅以旧宰相镇一方,恣威权。凡戮有罪,犹待秋分;湘无辜,盛夏被杀。"崔元藻衔德裕斥己,即翻其辞,因言:"御史覆狱还,皆对天子别白是非,德裕权轧天下,使不得对,具狱不付有司,但用绅奏而置湘死。"是时,德裕已失权,而宗闵故党令狐绹、崔铉、白敏中皆当路,因是逞憾,以利诱动元藻等,使三司结绅杖钺作藩,虐杀良平,准神龙诏书,酷吏殁者官爵皆夺,子孙不得进宦,绅虽亡,请从《春秋》戮死者之比。诏削绅三官,子孙不得仕。贬德裕等,擢汝纳左拾遗,元藻武功令。

　　始,绅以文艺节操见用,而屡为怨仇所根却,卒能自伸其才,以名位终。所至务为威烈,或陷暴刻,故虽没而坐湘冤云。

　　李让夷,字达心,系本陇西。擢进士第,辟镇国李绛府判官,又从西川杜元颖幕府。与宋申锡善,申锡为翰林学士,荐让夷右拾遗,俄拜学士。素善薛廷老,廷老不饬细检,数饮酒不治职,罢去,坐是亦夺职。累进谏议大夫。

　　开成初,起居舍人李褒免,文宗谓李石曰:"褚遂良以谏议大夫兼起居郎,今谏议谁欤? 可言其人。"石以冯定、孙简、萧俶、李让夷对,帝曰:"让夷可也。"李固言请用崔球、张次宗。郑覃曰:"球故与李宗闵善，且记注操笔在赤墀下，所书为后世法，不可用党人。若裴中孺、李让夷，臣不敢有言。"乃决用让夷，进中书舍人。既而李珏、杨嗣复以覃之荐，终帝世不得迁。

武宗初，李德裕复入，三迁至尚书右丞，拜中书侍郎、同中书门下平章事。潞州平，检校尚书右仆射。宣宗立，进司空、门下侍郎，为大行山陵使。未复土，拜淮南节度使。以疾愿还，卒于道，赠司徒。让夷廉介不妄交，位虽显剧，以俭约自将，为世咨美。

曹确，字刚中，河南河南人。擢进士第，历践中外官，累拜兵部侍郎。懿宗咸通中，以本官同中书门下平章事，俄进中书侍郎。

确邃儒术，器识方重，动循法度。时帝薄于德，昵宠优人李可及。可及者，能新声，自度曲，辞调凄折，京师媮薄少年争慕之，号为"拍弹"。同昌公主丧毕，帝与郭淑妃悼念不已，可及为帝造曲，曰《叹百年》，教舞者数百，皆珠翠襦饰，刻画鱼龙地衣，度用缯五千，倚曲作辞，哀思裴回，闻者皆涕下。舞阕，珠宝覆地，帝以为天下之至悲，愈宠之。家尝娶妇，帝曰："第去，吾当赐酒。"俄而使者负二银榼与之，皆珠珍也。可及凭恩横甚，人无敢斥，遂擢为威卫将军。确曰："太宗著令，文武官六百四十三，谓房玄龄曰：'朕设此待天下贤士。工商杂流，假使技出等夷，正当厚给以财，不可假以官，与贤者比肩立、同坐食也。'文宗欲以乐工尉迟璋为王府率，拾遗窦洵直固争，卒授光州长史。今而位将军，不可。"帝不听。至僖宗立，始贬死。方幸时，惟确屡言之。而神策中尉西门季玄者，亦刚鲠，谓可及曰："汝以巧佞惑天子，当族灭。"尝见其受赐，谓曰："今载以官车，后籍没亦当尔。"

确居位六年，进尚书右仆射，以同平章事出为镇海节度使，徙河中，卒。始，毕諴与确同宰相，俱有雅望，世谓"曹毕"云。

弟汾以忠武军节度使入为户部侍郎，判度支，卒。

刘瞻字几之，其先出彭城，后徙桂阳。举进士、博学宏词，皆中。

徐商辟署盐铁府，累迁太常博士。刘瑑执政，荐为翰林学士，拜中书舍人，进承旨。出为河东节度使。

咸通十一年，以中书侍郎同中书门下平章事。同昌公主薨，懿宗捕太医韩宗绍等送诏狱，逮系宗族数百人。瞻喻谏官，皆依违无敢言，即自上疏固争："宗绍穷其术不能效，情有可矜，陛下徇爱女，囚平民，忿不顾难，取肆暴不明之谤。"帝大怒，即日赐罢，以检校刑部尚书、同平章事为荆南节度使。路岩、韦保衡从为恶言闻帝，俄斥廉州刺史。于是，翰林学士郑畋以责诏不深切，御史中丞孙瑝、谏议大夫高湘等坐与瞻善，分贬岭南。岩等殊未慊，按图视欢州道万里，即贬欢州司户参军事，命李庚作诏极诋，将遂杀之。天下谓瞻鲠正，特为谗挤，举以为冤。幽州节度使张公素上疏申解，岩等不敢害。

僖宗立，徙康、虢二州刺史，以刑部尚书召，复以中书侍郎平章事，居位三月卒。

瞻为人廉约，所得俸以余济亲旧之婺困者，家不留储。无第舍，四方献馈不及门，行己终始完洁。

弟助，字元德，性仁孝，幼时与诸兄游，至食饮，取最下者。及长，能文辞，喜黄老言。年二十卒。

李蔚，字茂休，系本陇西。举进士、书判拔萃，皆中，拜监察御史，擢累尚书右丞。

懿宗惑浮屠，常饭万僧禁中，自为赞呗。蔚上疏切谏，引狄仁杰、姚元崇、辛替否所言，讥病时弊。帝不听，但以虚礼褒答。俄拜京兆尹、太常卿。出为宣武节度使，徙淮南。代还，民诣阙请留，诏许一岁。僖宗乾符初，以吏部尚书同中书门下平章事。罢为东都留守。河东乱，杀其帅崔季康，用邠宁李侃代之，士不附，以蔚尝在太原府有惠政，为人所怀，拜河东节度使，同平章事。至镇三日，卒。

始，懿宗成安国祠，赐宝坐二，度高二丈，构以沈檀，涂髹，镂龙凤葩蒳，金钿之，上施复坐，陈经几其前，四隅立瑞鸟神人，高数尺，磴道以升，前被绣囊锦襜，珍丽精绝。咸通十四年春，诏迎佛骨凤翔，或言："昔宪宗尝为此，俄晏驾。"帝曰："使朕生见之，死无恨！"乃以金银为刹，珠玉为帐，孔鷸周饰之，小者寻丈，高至倍，刻檀为檐注，陛墄涂黄金，每一刹，数百人举之。香舆前后系道，缀珠瑟瑟幡盖，残采以为幢节，费无赀限。夏四月，至长安，采观夹路，其徒导卫。天子御安福楼迎拜，至泣下。诏赐两街僧金币，京师耆老及见元和事者，悉厚赐之。不逞小人至断臂指，流血满道。所过乡聚，皆裒土为刹，相望于途，争以金翠拟饰。传言刹悉震摇，若有光景云。京师高赀相与集大衢，作缯台缦阙，注水银为池，金玉为树木，聚桑门罗像，考鼓鸣螺继日夜，锦车绣舆，载歌舞从之。秋七月，帝崩。方人主甘心笃向，如蔚言者甚多，皆不能救。僖宗立，诏归其骨，都人耆耋辞饯，或呜咽流涕。

赞曰：人之惑怪神也，甚哉！若佛者，特西域一槁人耳。裸颠露足，以乞食自资，癯辱其身，屏营山樊，行一概之苦，本无求于人，徒属稍稍从之。然其言荒茫漫靡，夷幻变现，善推不验无实之事，以鬼神死生贯为一条，据之不疑。掊嗜欲，弃亲属，大抵与黄老相出入。至汉十四叶，书入中国。迹夫生人之情，以耳目不际为奇，以不可知为神，以物理之外为畏，以变化无方为圣，以生而死、死复生、回复偿报、歆艳其间为或然，以贱近贵远为意。鞮译差殊，不可研诘，华人之谲诞者，又攘庄周、列御寇之说佐其高，层累架腾，直出其表，以无上不可加为胜，妄相夸胁而倡其风。于是，自天子逮庶人，皆震动而祠奉之。

初，宰相王缙以缘业事佐代宗，于是始作内道场，昼夜梵呗，冀禳寇戎，大作盂兰，肖祖宗像，分供塔庙，为贼臣嘻笑。至宪宗世，遂迎佛骨于凤翔，内之宫中。韩愈指言其弊，帝怒，窜愈濒死，宪亦弗获天年。幸福而祸，无亦左乎！懿宗不君，精爽夺迷，复陷前车而覆之。兴哀无知之场，丐庇白解之胔，以死自誓，无有顾藉，流泪拜伏，虽事宗庙上帝，无以进焉。屈万乘之贵，自等太古胡，数千载而远，以身为徇，呜呼，运痑祚殚，天告之矣！懿不三月而徂，唐德之不竞，厥有来哉,悲夫!

唐书卷一八二
列传第一〇七

李固言　李珏　崔珙 涓 琯 澹
远　萧邺　郑肃 仁表 卢商
卢钧 卢简方　韦琮　周墀
裴休　刘瑑 夏侯孜　赵隐
裴坦 贽 郑延昌　王溥
卢光启 韦贻范

　　李固言，字仲枢，其先赵人。擢进士甲科，江西裴堪、剑南王播皆表署幕府。累官户部郎中。温造为御史中丞，表知杂事，进给事中。将作监王堪坐治太庙不谨，改太子宾客，固言上还制书曰："陛下当以名臣左右太子，堪以慢官斥，处调护地非所宜。"诏改它王傅。固言再迁尚书右丞。

　　李德裕辅政，出固言华州刺史。俄而李宗闵复用，召为吏部侍郎。州大豪何延庆横猾，哗众遮道，使不得去，固言怒，捕取杖杀之，尸诸道。既领选，按籍自拟，先收寒素，柅吏奸。进御史大夫。

　　大和九年，宗闵得罪，李训、郑注用事，训欲自取宰相，乃先以固言为门下侍郎、同中书门下平章事。旋坐党人，出为山南西道节度使，训自代其处。训败，文宗颇思之，复召为平章事，仍判户部。

　　群臣请上徽号,帝曰:"今治道犹郁,群臣之请谓何? 比州县多不治,信乎?"固言因白邓州刺史王堪、隋州刺史郑襄尤无状。帝曰:"贞元时御史,独王堪尔。"郑覃本举堪,疑固言抵己,即曰:"臣知堪,故用为刺史。举天下不职,何独二人?"帝识其意,不主前语,因称:"《诗》曰:'济济多士,文王以宁。'闻德宗时多阙官,宁乏才邪?"固言曰:"用人之道,随所保任,观称与否而升黜之,无乏才矣。"帝曰:"宰相用人毋计亲疏。窦易直为宰相,未尝用姻戚,使己才不足任天下重,自宜引去;苟公举,虽亲何嫌?用所长耳!"帝不欲大臣有党,故语两与之。

　　俄以门下侍郎平章事为西川节度使,诏云韶雅乐即临皋馆送之。让还门下侍郎,乃检校尚书左仆射。始置赢军千匹,又募锐士三千,武备雄完。

　　武宗立,召授右仆射。会崔珙、陈夷行以仆射为宰相,改检校司空兼太子少师,领河中节度使。蒲津岁河水坏梁,吏撤笮用舟,邀丐行人。固言至,悉除之。帝伐回鹘,诏方镇献财助军,上疏固谏,不从。以疾复为少师,迁东都留守。宣宗初,还右仆射。后以太子太傅分司东都。卒,年七十八,赠太尉。固言吃,接宾客颇謇缓,然每议论人主前,乃更详辩。

　　李珏,字待价,其先出赵郡,客居淮阴。幼孤,事母以孝闻。甫冠,举明经,李绛为华州刺史,见之,曰:"日角珠廷,非庸人相,明经碌碌,非子所宜。"乃更举进士高第。河阳乌重胤表置幕府。以拔萃补渭南尉,擢右拾遗。

　　穆宗即位,荒酒色,景陵始复土,即召李光颜于邠宁,李愬于徐州,期九月九日大宴群臣。珏与宇文鼎、温畬、韦瓘、冯约同进曰:"道路皆言陛下追光颜等,将与百官高会。且元朔未改,陵土新复,三年之制,天下通丧。今同轨之会适去,远夷之使未还。遏密弛禁,本为齐人,钟鼓合飨,不施禁内。夫王者之举,为天下法,不可不慎。且光颜、愬忠劳之臣,方盛秋屯边,如令访谋猷,付强事,召之可也,岂以酒食之欢为厚邪？"帝虽置其言，然厚加劳遣。

盐铁使王播增茶税十之五以佐用度。珏上疏谓："榷率本济军兴，而税茶自贞元以来有之。方天下无事，忽厚敛以伤国体，一不可。茗为人饮，与盐粟同资，若重税之，售必高，其敝先啙贫下，二不可。山泽之产无定数，程斤论税，以售多为利，若价腾踊，则市者稀，其税几何？三不可。陛下初即位，诏惩聚敛。今反茶赋，必失人心。"帝不纳。方是时，禁中造百尺楼，土木费巨万，故播巠敛，阴中帝欲。珏以数谏不得留，出为下邽令。武昌牛僧孺辟署掌书记。还为殿中侍御史。宰相韦处厚曰："清庙之器，岂击搏才乎？"除礼部员外郎。僧孺还相，以司勋员外郎知制诰为翰林学士，加户部侍郎。

始，郑注以医进，文宗一日语珏曰："卿亦知有郑注乎？宜与之言。"珏曰："臣知之，奸回人也。"帝愕然曰："朕疾愈，注力也，可不一见之？"注由是怨珏。及李宗闵以罪去，珏为申辨，贬江州刺史。徙河南尹，复为户部侍郎。

开成中，杨嗣复得君，引珏同中书门下平章事，与李固言皆善。三人者居中秉权，乃与郑覃、陈夷行等更持议，一好恶，相影和，朋党益炽矣。珏数辞位，不许。帝尝自谓："临天下十四年，虽未至治，然视今日承平亦希矣！"珏曰："为国者如治身，及身康宁，调适以自助，如恃安而忽，则疾生。天下当无事，思所阙，祸乱可至哉？"

杜悰领度支有劳，帝欲拜户部尚书，以问宰相，陈夷行答曰："恩权予夺，愿陛下自断。"珏曰："祖宗倚宰相，天下事皆先平章，故官曰平章事。君臣相须，所以致太平也。苟用一吏、处一事皆决于上，将焉用彼相哉？隋文帝劳于小务，以疑待下，故二世而亡。陛下尝谓臣曰：'窦易直劝我，凡宰相启拟，五取三，二取一。彼宜劝我择宰相，不容劝我疑宰相。'"帝曰："易直此言殊可鄙。"帝又语："贞元初政事诚善。"珏曰："德宗晚喜聚财，方镇以进奉市恩，吏得赋外求索，此其敝也。"帝曰："人君轻所赋，节所用，可乎？"珏曰："贞观时，房、杜、王、魏为文皇帝谋，固此耳！"帝颇向纳。进封赞皇县男。

始，庄恪太子薨，帝意属陈王。既而帝崩，中人引宰相议所当立,曰:"帝既命陈王矣!"已而武宗即位,人皆为危之。珏曰:"臣下知奉所言,安与禁中事?"帝新听政,珏数称道《无逸篇》以劝。时潞州刘从谏献大马,沧州刘约献白鹰,珏请却之以示四方。迁门下侍郎,为文宗山陵使。会秋大雨,梓宫至安上门陷于泞,不前,罢为太常卿。终以议所立,贬江西观察使,再贬昭州刺史。

宣宗立,内徙郴、舒二州,以太子宾客分司东都。迁河阳节度使,罢横赋宿逋百余万,以吏部尚书召。珏去镇,而府库十倍于初。俄检校尚书右仆射、淮南节度使。珏顾已大臣,谊不以内外自异,表请立皇太子维天下心。江淮旱,发仓廪赈流民,以军羡储杀半价与人。卒,年六十九,赠司空,谥曰贞穆。

始,淮南三节度皆卒于镇,人劝易署寝,珏曰:"上命我守扬州,是实正寝,若何去之?"及疾亟,官属见卧内,惟以州有税酒直而神策军常为豪商占利,方论奏,未见报为恨,一不及家事。性寡欲,早丧妻,不置妾侍,门无馈饷。淮南之人德之,珏已殁,叩阙下,愿立碑刻其遗爱云。

赞曰:天子待宰相以不疑,是矣。虽然,于贤不肖当别白分明,乃可与言治。文宗无知人之明,但以不疑责宰相。是时善恶混淆,故党人成于下,主听乱于上,王室之衰,由此为之阶。刘向所云"持不断之虑者,开群枉之门",殆文宗为邪!

崔珙,其先博陵人。父颋,官同州刺史,生八子,皆有才,世以拟汉荀氏"八龙"。珙为人有威重,精吏治,以拔萃异等,累擢至泗州刺史。由太府卿为岭南节度使,入对延英,文宗访治抚后先,珙对精亮有理趣,帝咨磋迁久。

时徐州以王智兴后,军骄,数犯法,节度使高瑀未能制。天子思材望威烈者检革其弊,见珙意慷慨,又知治泗得士心,即谓宰相曰:"欲武宁节度使者,无易珙才。"更诏王茂元帅岭南,而以珙代瑀。居二岁,徐人戢畏。

入为右金吾大将军,迁京兆尹。会大旱,奏析浐入禁中者,取十九溉民田。仇士良使盗击宰相李石于亲仁里,迹出禁军,珙坐不能捕,以为负,望少衰。开成末,累进刑部尚书、诸道盐铁转运使。俄同中书门下平章事,仍领盐铁,即拜中书侍郎。会昌二年,进位尚书左仆射。明年,以兄琯丧,被疾求解,以所守官罢。

与崔铉故有怨,及铉宰相代为使,即奏珙安费宋滑院盐铁钱九十万缗,又劾与刘从谏厚,数护其奸。贬澧州刺史,再斥恩州司马。宣宗立,徙商州刺史,以太子宾客分司东都,起为凤翔节度使。铉复执政,珙惧,以疾自乞。方是时,西戎归故地,边奏系驿,议所以绥接,珙坐不自力避事,下除太子少师,分司东都,就拜留守。复节度凤翔,卒于官。

子涓,性开敏。为杭州刺史,受署,未尽识卒史,乃以纸各署姓名傅襟上,过前一阅,后数百人呼指无误。终御史大夫。

琯字从律,珙兄。举进士、贤良方正,皆高第。累辟诸使府。入朝,稍历吏部员外郎。李德裕任御史中丞,引知杂事,进给事中。大和初,持节宣慰卢龙,使有指。及兴元杀李绛,复往尉抚,军皆按堵。还,迁工部侍郎、京兆尹。

宋申锡为谗所危,宦竖切齿,时罕敢辨者。琯与大理卿王正雅固请出狱付外,与众治之,天下重其贤。以尚书右丞出为荆南节度使,进左丞。时弟珙任京兆尹,并据显剧处,世以为荣。俄判兵部西铨、吏部东铨,徙东都留守,以吏部尚书召,辞疾不拜。会昌中,终山南西道节度使,赠尚书左仆射。琯行方介,有器蕴,人属以为相而卒不至,当时共咨云。

弟璪、玙尤显,璪位刑部尚书,玙河中节度使。

玙子澹,举止秀峙,时谓玉而冠者。擢进士第,累进礼部员外郎。当时士大夫以流品相尚,推名德者为之首,咸通中,世推李都为大龙甲,涓豪放不得预,虽自抑下,犹不许,而澹与焉。终吏部侍郎。

子远,有文而风致整峻,世慕其为,目曰“钉座梨”,言座所珍也。乾宁中,以兵部侍郎同中书门下平章事,迁中书侍郎。从迁洛,罢为尚书右仆射。柳璨忌衣冠有望者,贬为白州长史,被杀于白马驿,家没掖庭。

诸崔自咸通后有名,历台阁藩镇者数十人,天下推士族之冠。始,其曾王母长孙春秋高,无齿,祖母唐事姑孝,每旦乳姑。一日病,召长幼言:"吾无以报妇,愿后子孙皆若尔孝。"世谓崔氏昌大有所本云。

萧邺,字启之,梁长沙宣王懿九世孙。及进士第,累进监察御史、翰林学士,出为衡州刺史。大中中,召还翰林,拜中书舍人,迁户部侍郎,判本司,以工部尚书同中书门下平章事。懿宗初,罢为荆南节度使,仍平章事,进检校尚书左仆射,徙剑南西川。南诏内寇,不能制,下迁检校右仆射、山南西道观察使。历户部、吏部二尚书,拜右仆射,还,以平章事节度河东,在官无足称道,卒。

郑肃,字义敬,其先荥阳人,以儒世家。肃力于学,有根柢。第进士、书判拔萃,补兴平尉。累擢太常少卿,博士有疑议往咨,必据经条答。文宗高择鲁王府属,肃以谏议大夫兼长史。王为皇太子,迁给事中,进尚书右丞。出为陕虢观察使。

开成二年,召拜吏部侍郎。帝以肃尝辅导东宫,诏兼宾客,为太子授经。既而太子母爱弛,为谗所乘,废斥有端,肃因入见,言天下大本,不可轻动,意致深切,帝为动容。然内宠方煽,太子终以忧死。出为检校礼部尚书、河中节度使。武宗知太子无罪,特困于谗,而朝廷谓肃临义不可夺,侹侹有大臣节,召为太常卿。迁山南东道节度使,五年,以检校尚书右仆射同中书门下平章事,与李德裕叶心辅政。宣宗即位,迁中书待郎,罢为荆南节度使。卒,赠司空,谥曰文简。

子泊,仕至州刺史。泊子仁规、仁表,皆豪爽有文。仁规位中书舍人。

仁表累擢起居郎。尝以门阀文章自高,曰:"天瑞有五色云,人瑞有郑仁表。"傲纵多所陵藉,人畏薄之。刘邺未仕,往谒洎,而仁表等鄙诎其文。邺为相,因罪贬仁表,死岭外。

始,肃罢政事,帝以卢商代之。

商字为臣,蚤孤,家窭困,能以学自奋,举进士、拔萃,皆中。由校书郎佐宣歙、西川幕府。入朝,累十余迁,至大理卿。为苏州刺史,吏以盐法求赢赀,民愈困,商令计口售盐,无常额,人便之,岁赀返增。宰相上其劳,进浙西观察使,召为刑部侍郎、京兆尹。

方伐潞,刍粮逾太行饷军,环六七镇,诏商以户部侍郎判度支,又诏杜悰兼盐铁、度支,并二使财以赡兵,乃不乏。出为东川节度使,以兵部侍郎还判度支,擢中书侍郎、同中书门下平章事,范阳郡公。

大中元年春旱,诏商与御史中丞封敕理囚系于尚书省,误纵死罪,罢为武昌军节度使。以疾解,拜户部尚书,卒。

卢钧,字子和,系出范阳,徙京兆蓝田。举进士中第,以拔萃补秘书正字。从李绛为山南府推官,调长安尉。又从裴度为太原观察支使。迁监察御史,争宋申锡狱知名。进吏部郎中,出为常州刺史。迁给事中,有大诏令,必反覆省审,驳奏无私。拜华州刺史。关辅驿马疲耗,钧为市健马,率三岁一易,自是无乏事。

擢岭南节度使。海道商舶始至,异时帅府争先往,贱售其珍,钧一不取,时称洁廉。蕃獠与华人错居,相婚嫁,多占田营第舍,吏或桡之,则相挺为乱。钧下令蕃华不得通婚,禁名田产,阓部肃壹无敢犯。贞元后流放衣冠,其子姓穷弱不能自还者,为营棺槥还葬,有疾若丧则经给医药、殡敛,孤女稚儿,为立夫家,以奉禀资助,凡数百家。南方服其德,不惩而化。又除采金税。华、蛮数千走阙下,请为钧生立祠,刻石颂德,钧固辞。以户部侍郎召判户部。

会昌中,汉水害襄阳,拜钧山南东道节度使,筑堤六千步,以障汉暴。王师伐刘稹,武宗以钧宽厚能得众,诏兼节度昭义军。会稹死,敕乘驲往,进检校兵部尚书,专领昭义。钧及潞,石雄兵已入,而稹将白惟信率余卒三千保潞城,未下。雄召之,使往十余辈皆死。钧次高平,惟信献款,且曰:"不即降者,畏石尚书尔。"钧与约而遣。方雄欲尽夷潞兵,钧不听,坐治堂上,左右皆雄亲卒,击鼓传漏,钧自居甚安,雄引去,乃召惟信至,送阙下,余众悉原。

俄而兴士五千戍代北,钧坐城门劳遣,帷家人以观。戍卒骄,顾家属不欲去,酒醑,反攻城,迫大将李文矩为帅,钧仓卒奔潞城。文矩投地僵卧,稍谕叛者,众乃悔服,即相与谢钧,迎还府,斩首恶乃定。诏趣戍者行,密使尽戮之。钧请徐乘其变,而使者不发,须报。时戍人已去潞一舍,钧选牙卒五百,壮骑百,以骑载兵夜趋,迟明至太平驿,尽斩之。即拜检校尚书左仆射。

宣宗即位,改吏部尚书。会刘约自天平徙宣武,未至,暴死,家僮五百无所仰衣食,思乱,乃授钧宣武节度使,人情妥然。召入,复为吏部尚书,迁检校司空、太子少师,封范阳郡公,节度河东。

大中九年,召为左仆射。钧宿齿,数外迁,而后来多至宰相。始被召,自以当辅政,既失志,故内怨望,数移病不事事,遨游林墅,累日一还。令狐绹恶之,罢仆射,以检校司空守太子太师。帝元日大飨含元殿,钧年八十,升降如仪,音吐鸿畅,举朝咨叹。以钧耆硕长者,顾不任职,咎绹为媚贤。绹闻,言于帝,即以钧同中书门下平章事,为山南西道节度使。俄检校司徒,为东都留守。懿宗初,复节度宣武,辞不拜,以太保致仕。卒,年八十七,赠太傅,谥曰元。

钧与人交,始若澹薄,既久乃益固。所居官必有绩,大抵根仁恕至诚而施于事。玩服不为鲜明,位将相,没而无赢财。

卢简方,失其系世,不知所以进。卢钧镇太原,表为节度府判官。会党项羌叛,钧使简方督兵乘边,旁河相险,集树堡郭,自神山至鹿泉县三百里,扈遏其冲,贼不得骋,候逻便之。累迁江州刺史。

徙大同军防御使,大开屯田,练兵佗斗,沙陀畏附。擢义昌节度使,入拜太仆卿,领大同节度。久之,徙振武军,道病卒。

韦琮,字礼玉,世显仕。琮进士及第,稍进殿中侍御史。坐讯狱不得实,改太常博士。擢累户部侍郎、翰林学士承旨,以中书侍郎同中书门下平章事,迁门下侍郎兼礼部尚书,无功,罢为太子宾客分司,卒。

周墀,字德升,本汝南人。少孤,事母孝。及进士第,辟湖南团练巡官,入为监察御史、集贤殿学士。长史学,属辞高古,文宗雅重之。李宗闵镇山南,表行军司马,阅岁召还。

大和末,训、注乱政,以党语污缙绅付名士,分逐之,独墀虽尝为宗闵所礼,不能以罪诬也。迁起居舍人,改考功员外郎,兼舍人事。帝御紫宸,与宰相语事已,或召左右史咨质所宜,墀最为天子钦瞩。俄知制诰,入翰林为学士。

武宗即位,以疾改工部侍郎,出为华州刺史。徙江西观察使。劾举部刺史,蔪捕剧贼,出兵戍彭蠡湖,禁止剽劫。进拜义成节度使,封汝南县男。宿将暴警不循令者,墀命鞭其背,一军大治。

以兵部侍郎召判度支,进同中书门下平章事,迁中书侍郎。建言:“故宰相德裕重定《元和实录》,窜寄它事,以广父功。凡人君尚不改史,取必信也。”遂削新书。河东节度使王宰重赂权幸,求同平章事领宣武,墀言:“天下镇如并、汴者才几,宰之求何可厌?”宣宗纳之。驸马都尉韦让求为京兆,持不与,繇是妄进者少衰。

会吐蕃微弱,以三州七关自归。帝召宰相议河湟事,墀对不合旨,罢为剑南东川节度使。驸马都尉郑颢言于帝曰:“世谓墀以直言相,亦以直言免。”帝悟,加拜检校尚书右仆射,卒,年五十九,赠司徒。

裴休,字公美,孟州济源人。父肃,贞元时为浙东观察使,剧贼栗锽诱山越为乱,陷州县,肃引州兵破禽之,自记平贼一篇上之,德宗嘉美。生三子,休,仲子也,操守严正。方儿童时,兄弟偕隐家墅,昼讲经,夜著书,终年不出户。有馈鹿者,诸生共荐之,休不食,曰:"疏食犹不足,今一啖肉,后何以继?"

擢进士第,举贤良方正异等。历诸府辟署,入为监察御史,更内外任。至大中时,以兵部侍郎领诸道盐铁转运使。六年,进同中书门下平章事,即奏言:"宰相论政上前,知印者次为时政记,所论非一,详己辞,略它议,事有所缺,史氏莫得详。请宰相人自为记,合付史官。"诏可,进中书侍郎。

大和后,岁漕江、淮米四十万斛,至渭河仓者才十三,舟楫偾败,吏乘为奸,冒没百端,刘晏之法尽废。休分遣官询按其弊,乃命在所令长兼董漕,褒能者,谪怠者。由江抵渭,旧岁率雇缗二十八万,休悉归诸吏,敕巡院不得辄侵牟。著新法十条,又立税茶十二法,人以为便。居三年,粟至渭仓者百二十万斛,无留壅。时方镇设邸阁居茶取直,因视商人它货横赋之,道路苛扰。休建言:"许收邸直,毋擅赋商人。"又:"收山泽宝冶,悉归盐铁。"

秉政凡五岁,罢为宣武军节度使,封河东县子。久之,由太子少保分司东都,复起历昭义、河东、凤翔、荆南四节度。卒,年七十四,赠太尉。休不为曒察行,所治吏下畏信。能文章,书楷遒媚有体法。为人酝藉,进止雍闲。宣宗尝曰:"休真儒者。"然嗜浮屠法,居常不御酒肉,讲求其说,演绎附著数万言,习歌呗以为乐。与纥干臮素善,至为桑门号以相字,当世嘲薄之,而所好不衰。

刘瑑,字子全,高宗宰相仁轨五世孙。第进士,镇国陈夷行表为判官。入迁左拾遗,谏罢武宗方士,言多恳愊。大中初,擢翰林学士。宣宗始复关陇,裁处丛繁,书诏夜数十,虽捉笔遽成,辞皆允切。会伐党项,诏为行营宣慰使。

迁刑部侍郎,乃哀汇敕令可用者,由武德讫大中,凡二千八百六十五事,类而析之,参订重轻,号《大中刑律统类》以闻,法家推其详。

　　繇河南尹进宣武军节度使。先时，大飨杂进倡舞，瑑曰："岂军中乐邪？"取壮士千人，被铠拥矛盾，习击刺，与吏士临观。又下令不何止夜行，使民自便，境内以安。徙河东节度使。

　　未几，以户部侍郎召判度支。始，瑑在翰林，帝素器遇，至是，手诏追还，外无知者，既发太原，人方大惊。后请间，帝视案上历，谓瑑："为朕择一令日。"瑑跪曰："某日良。"帝笑曰："是日卿可遂相。"即诏同中书门下平章事，仍领度支。

　　尝与崔慎由议帝前，慎由请甄别流品，瑑质曰："王夷甫相晋，崇尚浮虚，以述流品，卒致沦夷。今日不循名责实，使百吏各称职，而先流品，未知所以致治也。"慎由不得对，繇是罢宰相，俄而瑑大病，加工部尚书，拜卧内，犹手疏陈政事。居位半岁卒，年六十三，赠尚书左仆射。

　　瑑以名节自将，凡议论处事不私，趋于当乃止，未尝以言色借贵近。与瑑同知政者夏侯孜。

　　孜，字好学，亳州谯人。累迁婺、绛等州刺史。繇兵部侍郎、诸道盐铁转运使为同中书门下平章事，仍领盐铁。懿宗立，进门下侍郎、谯郡侯。俄以同平章事出为西川节度使。召拜尚书左仆射，还执政，进司空，为真陵山陵使。坐隧坏，出为河中节度使，犹同平章事。初，堂史署制，仆孜怀中，即死。不数日，孜罢。

　　咸通时，蛮犯蜀深入，士乏粮，追责孜治蜀无素备，以太子少保分司东都，卒。

　　赵隐，字大隐，京兆奉天人。祖植，当德宗出狩，变仓卒，羽卫单寡，朱泚攻城急，植率家人奴客以死拒守，献家财劳军，帝嘉之。贼平，浑瑊引在幕府。累擢郑州刺史。郑滑节度使李融奏以自副，融疾病，委以军政，大将宋朝晏火其营，夜为乱，植列卒不动须之，迟明而溃，捕斩皆尽，优诏嘉慰。累擢岭南节度使，终于官。父存约，辟署兴元李绛府,值军乱,方与绛燕间,吏报贼至,绛麾存约使去,对曰:"荷公德厚,谊不当独免。"即部勒左右捍之,而同被害。

隐以父死难,与兄骘庐墓几十年,阖门诵书,不应辟召。亲友更敦勉令仕,会昌中,擢进士第,历州刺史、河南尹。以兵部侍郎领盐铁转运使。咸通末,进同中书门下平章事,迁中书侍郎,封天水县伯。

性仁悌,不敢以贵权自处。始布衣时,家无赀,与骘同耕以养,虽姻宗之富,未尝干以财。宦寖显,还家,易衣侍左右,由布衣也。骘终宣歙观察使。

既辅政,它宰相及百官皆诣第升堂庆母,岁时公卿必参讯。懿宗诞日,宴慈恩寺,隐侍母以安舆临观,宰相方率百官拜恩于廷,即回班候夫人起居,缙绅以为荣。后崔彦昭、张浚当国,皆有母,遂踵其礼。

僖宗初,罢为镇海军节度使。王郢之乱,坐抚御失宜,下除太常卿。广明初,为吏部尚书。居母丧,卒。

子光逢、光裔、光胤,皆第进士,历台省华剧。光逢尤规矱自持,以中书舍人为翰林学士。时光裔由膳部郎中知制诰,对掌内外命书,士歆羡之。

裴坦,字知进,隋营州都督世节裔孙。父乂,福建观察使。

坦及进士第,沈传师表置宣州观察府,召拜左拾遗、史馆修撰,历楚州刺史。令狐绹当国,荐为职方郎中,知制诰,而裴休持不可,不能夺。故事,舍人初诣省视事,四丞相送之,施一榻堂上,压角而坐。坦见休,重愧谢,休勃然曰:"此令狐丞相之举,休何力?"顾左右索肩舆亟出,省吏眙骇,以为唐兴无有此辱,人为坦羞之。再进礼部侍郎,拜江西观察使、华州刺史。召为中书侍郎、同中书门下平章事,不数月卒。

坦性简俭,子娶杨收女,赍具多饰金玉,坦命撤去,曰:"乱我家法。"世清其概。

从子贽。

贽，字敬臣，及进士第，擢累右补阙、御史中丞、刑部尚书。昭宗引拜中书侍郎兼本官、同中书门下平章事，寻兼户部尚书。

帝疑其外风俭而暱帷薄，逮问翰林学士韩偓，偓曰："贽，咸通大臣坦从子，内雍友，合疏属以居，故臧获猥众，出入无度，殆此致谤言者。"帝每闻咸通事，必□然敛衽，故偓称之为贽地。

帝幸凤翔，为大明宫留守，罢。俄进尚书左仆射，以司空致仕。朱全忠将篡，贬青州司户参军，杀之。

郑延昌，字光远，咸通末，得进士第，迁监察御史。郑畋镇凤翔，表在其府。黄巢乱京师，畋倚延昌调兵食，且谕慰诸军。畋再秉政，擢司勋员外郎、翰林学士。进累兵部侍郎，兼京兆尹，判度支。拜户部尚书，以中书侍郎同中书门下平章事，兼刑部尚书。无它功，以病罢，拜尚书左仆射，卒。

王溥，字德润，失其何所人。第进士，擢累礼部员外郎、史馆修撰。崔胤镇武安，表署观察府判官。胤不赴镇，溥留充集贤殿直学士，御史中丞赵光逢奏为刑部郎中，知杂事。

昭宗蒙难东内，溥与胤说卫军执刘李述等杀之。帝反正，骤拜翰林学士、户部侍郎，以中书侍郎同中书门下平章事，判户部。不能有所裨益，罢为太子宾客，分司东都。未几，召拜太常卿、工部尚书。会朱温侵逼，贬淄州司户参军，赐自尽，与裴枢等投尸于河。

卢光启，字子忠，不详何所人。第进士，为张浚所厚，擢累兵部侍郎。昭宗幸凤翔，宰相皆不从，以光启权总中书事，兼判三司，进左谏议大夫，参知机务。复拜兵部侍郎、同中书门下平章事。俄罢为太子少保，改吏部侍郎。

初，光启执政，韦贻范、苏检相继为宰相。贻范字垂宪，以龙州刺史贬通州,检为洋州刺史。二人奔行在,贻范迁给事中,用李茂贞荐,阅旬为工部侍郎、同中书门下平章事,判度支。倚权臣,恣骜不恭。会母丧免,逾月夺服。不数月卒。检初拜中书舍人,贻范荐于茂贞,即拜工部侍郎、同中书门下平章事。茂贞与朱全忠通好,乃求尚主,取检女为景王妃以固恩。帝还京师,检长流环州,光启赐死。